BIBLIOTHECA

AMERICANA

———◆———

CATALOGUE RAISONNÉ

D'UNE TRÈS-PRÉCIEUSE

COLLECTION DE LIVRES ANCIENS

ET MODERNES

SUR L'AMÉRIQUE ET LES PHILIPPINES

Classés par ordre alphabétique de noms d'Auteurs.

———◆———

RÉDIGÉ PAR CH. LECLERC.

PARIS

MAISONNEUVE & Cie

15, *QUAI VOLTAIRE*

M.D.CCC.LXVII

BIBLIOTHECA

AMERICANA

La Vente se fera le 15 Janvier et jours suivants

A sept heures du soir

RUE DES BONS-ENFANTS, 28, AU PREMIER

Par le ministère de M. DELBERGUE-CORMONT, commissaire-priseur, 8, rue de Provence, assisté de M. MAISONNEUVE

MM. Maisonneuve & Cie rempliront les commissions des personnes qui ne pourraient assister à la vente.

ORDRE DES VACATIONS :

Mercredi 15 Janvier . . . . . . Numéros	1 —	180
Jeudi 16 —	181 —	261
Vendredi 17 —	262 —	442
Samedi 18 — . . . . . : . . .	443 —	623
Lundi 20 —	624 —	804
Mardi 21 —	805 —	985
Mercredi 22 —	986 —	1166
Jeudi 23 —	1167 —	1347
Vendredi 24 —	1348 —	1528
Samedi 25 —	1529 —	1647

Il y aura, chaque jour de vente, exposition, de 2 heures à 4, des livres qui seront vendus le soir.

Les livres vendus devront être collationnés sur place dans les vingt-quatre heures de l'adjudication. Passé ce délai, ou une fois sortis de la salle de vente, ils ne seront repris pour aucune cause.

Les acquéreurs payeront, en sus du prix d'adjudication, *cinq centimes*, par franc, applicables aux frais.

BIBLIOTHECA

AMERICANA

———◇———

CATALOGUE RAISONNÉ

D'UNE TRÈS-PRÉCIEUSE

COLLECTION DE LIVRES ANCIENS

ET MODERNES

SUR L'AMÉRIQUE ET LES PHILIPPINES

Classés par ordre alphabétique de noms d'Auteurs.

———•———

RÉDIGÉ PAR CH. LECLERC.

PARIS

MAISONNEUVE & Cie

15, QUAI VOLTAIRE

M.D.CCC.LXVII

PRÉFACE.

Notre but en publiant ce Catalogue n'a pas été seulement d'annoncer une remarquable collection de livres, fruit de longues et persévérantes recherches en France et à l'Etranger.

Nous nous sommes proposé avant tout de faire un livre utile aux collectionneurs et aux libraires. Avec l'aide des bibliographes de quelque autorité, nous avons décrit avec soin chaque ouvrage, en donnant la *Collation exacte*, souvent même l'analyse de son contenu, en faisant connaître toutes ses particularités dignes de remarques, toutes les opinions sur son mérite et même sur sa valeur commerciale.

Pour les ouvrages, assez nombreux, que nous n'avons trouvé cités nulle part, nous n'avons épargné aucun détail pouvant aider à les bien faire connaître.

Tous ces renseignements donnent à notre *Bibliotheca Americana,* un grand intérêt.

Ne pouvant citer ici toutes les raretés et ouvrages importants de ce catalogue, nous nous contenterons d'en indiquer quelques uns qui suffiront pour donner une idée de la richesse de cette collection en livres d'histoire et de linguistique du Nouveau Continent encore si peu connu, et pour montrer qu'elle est digne à bien des titres d'attirer l'attention non seulement des amateurs de raretés; mais aussi des philologues et des historiens.

No 29. La Collection des Conciles des Indes par Aguirre; — No 55. Les Océaniques de P. Martyr d'Anghiera, édition du célèbre Hakluyt; — No 111.

BARCIA, collection des premiers historiens des Indes; — N° 136. La gram-
maire Maya de BELTRAN DE S. ROSA; — N°s 210-212. Les ouvrages du P.
BRETON sur la langue Caraïbe; — N° 223. LE RECUEIL COMPLET DES GRANDS ET
PETITS VOYAGES DES FRÈRES DE BRY, édition allemande; — N° 253. DIAZ DE
LA CALLE. Memorial de las Indias. Ouvrage presqu'inconnu; — N° 268. Le P.
CAROCHI grammaire mexicaine. *Edition originale*; — N° 274. Un très-beau
manuscrit contenant un Recueil de lettres des PP. Jésuites relatives aux
missions; — N° 310. CHAMPLAIN. Voyage au Canada. *Edition originale*; —
N° 350. COGOLLUDO. Historia de Yucatan. *Edition originale*; — N° 380. Un
manuscrit *inédit* contenant une relation du troisième Concile de Mexico,
écrit par un des prélats assistants; — N° 398. L'édition latine des lettres de
CORTEZ et N° 399. La version italienne des mêmes lettres; — N° 402. La
Cosmographiæ Introductio, contenant les quatre navigations de VESPUCE; —
N° 462. Doctrine chrétienne en Quichua et Aymara. La *première impression*
faite au Pérou; — N° 467. DOMINGO DE LA ANUNCIACION. Doctrina christiana.
Mexico 1565, in-4, *gothique*. Superbe exemplaire d'un ouvrage peut-être
unique; — N°s 468-469. La grammaire et le dictionnaire Quichua espagnol du
P. DOMINGO DE S. THOMAS. *Premiers ouvrages* imprimés dans cette langue; —
N° 501. EGUIARA. Bibliotheca Mexicana; — N°s 613-614. Les éditions originales
de l'historien GARCILASO DE LA VEGA; — N° 681. Le recueil de voyages de HAK-
LUYT, *gothique*; — N° 710. HERRERA, traité de l'amour de Dieu, en langue
Tagale. Impression faite à Manille en 1639, exemplaire peut-être unique;
— N° 781. Un MANUSCRIT INÉDIT des plus importants, orné de *onʒe magni-
fiques plans* et relatif à la campagne de 1781, faite sous les ordres de Ro-
chambeau. Cette pièce est digne de figurer dans une bibliothèque natio-
nale des Etats-Unis; — N° 838. LAS CASAS. Obras. *Editions originales*; —
N° 886. LESCARBOT. Hist. de la Nouvelle-France. *Paris*, 1618; — N° 942.
Un manuscrit UNIQUE écrit sur PARCHEMIN, EN LANGUE QUICHÉ, attribué au
P. DOMINGO DE VICO. L'un des plus précieux articles de la collection; —
N° 983. MENTRIDA. Bocabulario de la lengua Bisaia. *Manila*, 1637. Le seul
exemplaire connu provenant de la bibliothèque de R. Heber; — N° 985. La
Collection du *Mercurio Peruano*. Périodique des plus rares; — N° 1006.
MOLINA. Le précieux dictionnaire Mexicain, in-fol.; — N° 1007. Arte de la
lengua mexicana du même auteur; — N° 1049. MUÑEZ y VELA. Anales de
Potosi. *Manuscrit inédit*; — N° 1065. Une doctrine chrétienne en langue
des indiens montagnais, peut-être unique; — N° 1097. OLMOS. ARTE DE LA
LENGUA MEXICANA. *Très-beau manuscrit*; — N° 1118. PALAFOZ y MENDOZA.
Virtudes del Indio; — N° 1146. Une relation de la Louisiane, écrite par un
nommé PENICAUD. *Manuscrit inédit*; — N° 1168. Le rare ouvrage de PIE-
DRAHITA sur la Nouvelle-Grenade; — N° 1232 et suivants, la collection de
RAMUSIO; — N° 1279-1285. Les Recueils des PP. Jésuites sur le Canada; —
N° 1303. REYNOSO. Arte de la lengua Mame. Le seul ex. connu en Europe;
— N° 1340-1342. Les précieux ouvrages du P. RUIZ BLANCO sur les langues
et les peuples de la Nouvelle-Andalousie; — N° 1344-1350. Les célèbres
livres du P. RUIZ DE MONTOYA sur la langue et l'histoire des indiens gua-
ranis; — N° 1354. Les voyages des Hurons, du P. SAGARD et N° 1355.

Son histoire du Canada, ouvrage bien plus rare que le précédent; — Nº 1443. Tapia. Confessonario en lengua Cumanagota; — Nº 1445. Tapia Zenteno. Noticia de la lengua Huasteca; — Nº 1465-67. Les Singvlaritez de la France Antarctique, par André Thevet; — Nº 1478. Torres Rubio. Arte de la lengua Quichua. 1619 et 1754; — Nº 1483-1485. Totanes. Arte de la lengua Tagala. *Manila, 1745. Édit. originale*; 1796 et 1850; — Nº 1507. Un important recueil de pièces relatives aux Etats-Unis et imprim. à l'époque de la formation de la République, provenant du cabinet de Larochefoucauld-Liancourt; — Nº 1510. Urlsperger. Collect. relative aux émigrés de Saltzbourg, qui se sont établis en Géorgie (Etats-Unis); — Nº 1521. Vasconcellos. Chronica da comp. de Jesus do estado do Brasil; — Nº 1533. Vera-Cruz (Fr. Alonso). L'ordinaire, la règle et les constitutions des ermites de l'ordre de S. Augustin au Mexique. *Impr. à Mexico en 1556 par Juan Pablo*, le premier typographe mexicain. Ouvrages peut-être uniques, contenant de la musique; — Nº 1584. Fr. de Xerez. Conquista del Peru. *Salamanca, 1547, gothique*; — Nº 1587. Yangues. Reglas de la lengua Cumanagota, etc. etc.

Et dans le Supplément:

Nº 1615. Champlain, ses voyages, la fameuse édit. de 1632; — Nº 1633. L'histoire des Philippines de Juan de là Concepcion, ouvrage capital sur ce pays, composé de 14 vol. in-4, et dont les exemplaires Complets sont très-rares.

BIBLIOTHECA AMERICANA

1. (ABBAD (Iñigo)). Historia geografica, civil y politica de la isla de S. Juan Bautista de Puerto Rico. Dala á luz Ant. Valladares de Sotomayor. *Madrid, Ant. Espinosa,* 1788, in-4, rel.

> 3 fnc., 403 pp. — Valladares de Sotomayor, l'éditeur de cette histoire de Puerto Rico, a publié à Madrid, en 1787-91, un ouvrage très-important, intitulé « *Semanario erudito* » qui forme 34 vol. in-4º.

2. ABREGÉ de la vie de la B. sœvr Rose de Sainte Marie, religieuse du tiers ordre de S. Dominique, originaire dv Perov dans les Indes Occidentales. Avec le bref de nostre S. Pere le Pape Clement IX. Ensemble l'antienne et l'oraison de cette bienheureuse. *Paris, André Cramoisy,* 1668, in-12, vél.

> 29 et 3 pnc. Petite pièce fort rare non citée par Ternaux. Au bas de la dernière page on y lit l'annonce d'une réimpression de la vie de la sainte, divisée en 24 chapitres, par le P. J. B. Feuillet, de l'ordre des ff. Prêcheurs. L'abrégé que nous annonçons est sans doute extrait du mss. de cet ouvrage, l'impression n'ayant été faite qu'en 1671.
>
> Exemplaire très-court de marge.

3. ABREU (D. Ant. Jose Alvarez). Victima real legal, discurso unico juridico-historico-politico sobre que las vacantes mayores y menores

1

de las iglesias de las Indias Occidentales pertenecen a la corona de Castilla y León....... Segunda edicion, corregida y aumentada por el mismo autor, que da nuevamente a luz el actual Marquès su hijo. *Madrid, A. Ortega*, 1769, in-fol., vél.

> 17 fnc., 374 pp., 14 fnc. — Jose Alvarez de Abreu fut l'un des jurisconsultes les plus savants de l'Espagne. Son ouvrage *Victima Real*, dans lequel il défendit le droit de la couronne, de nommer aux places vacantes des églises des Indes, attira particulièrement l'attention du Roi, qui le nomma marquis de la Regalia.

4. ACCIOLI DE CERQUEIRA E SILVA (Ignacio). Corografia Paraense, ou descripção fisica, historica, e politica, da provincia do Gram-Para. *Bahia, typografia do Diario*, 1833, in-8, demi rel.

> 8 et 347 pp., 5 tableaux. Exemplaire ayant quelques piqures.

5. —— Memorias historicas, e politicas da provincia da Bahia. *Bahia, De Précourt et C*[ie], 1835-43, 5 tomes en 2 vol. gr. in-8, demi rel.

> Vol. I. VIII et 349 pp., 1 tableau. — Vol. II. VIII et 318 pp., 1 fnc. — Vol. III. 256 pp., 2 fnc. — Vol. IV. 251 pp. — Vol V. 2 fnc., 219 pp.
>
> Ces deux ouvrages très-importants pour l'histoire du Brésil ne sont pas communs en France. Dans la *Corografia paraense*, l'auteur dit qu'un peuple indien, nommé Quatas Tapuyas, doit son origine aux grands singes de la forêt, et qu'il est muni d'une queue.

6. ACOSTA (P. Joseph de). De natvra Novi Orbis libri dvo, et de promvlgatione evangelii apvd barbaros, siue, de procvranda Indorvm salute, libri sex. *Coloniæ Agrippinæ, in officina Birckmannica*, 1596, in-8, vél.

> 7 fnc., 581 pp. Troisième édition. Cet ouvrage parut d'abord à Salamanque. en 1589 et 1595. (Brunet). Réimprimé à Lyon en 1670. L'auteur le traduisit en espagnol (1590, Séville), en y ajoutant cinq autres livres de l'histoire des Indes.

7. —— Historia natvral y moral de las Indias. En qve se tratan las cosas notables del cielo, y elementos, metales, plantas, y animales dellas: y los ritos, y ceremonias, leyes, y gouierno, y guerras de los Indios. *Barcelona, emprenta de Jayme Cendrat*, 1591, in-8.

> 7 fnc., texte ff. 9-345; 28 fnc. Seconde édition. Il a été publié à Séville et sous la même date de 1591, une autre édition de ce livre, laquelle d'après Brunet et de Backer serait la troisième. Le Manuel du Libraire cite aussi une édition espagnole 1580, in-8°. Ce doit être certainement une erreur.

8. ——El mismo libro. *Impreſſo en Madrid en casa de Alonso Martin*, 1608, in-4, vél.

> 535 pp., 21 fnc. Quatrième édition. Réimprimé dans la même ville en 1610 et en 1792.

9. ACOSTA (P. Joseph de). Historia natvrale, e morale delle Indie ; .... Nouamente tradotta della lingua Spagnuola nella Italiana da. GIO. PAOLO GALVCCI academico veneto. *In Venetia, presso Bernardo Basa*, 1596, in-4, vél.

> 23 fnc., 173 ff. Cette traduction est peu commune ; BRUNET n'en fait pas mention.

10. —— Histoire natvrelle et moralle des Indés tant Orientalles qu'Occidentalles... traduite en françois par ROBERT REGNAULT, Cauxois. *Paris, Marc Orry*, 1606, in-8, demi rel.

> 6 fnc., 352 ff., 37 pnc. Troisième édition de cette traduction. La première a été publiée en 1598 et la seconde en 1600. Il existe aussi une édition de 1616 citée par DAVID CLÉMENT.

11. —— Le même ouvrage. *Paris, Marc Orry*, 1606, in-8, mar. vert, fil., d. s. t. (*Très-bel exemplaire*).

12. —— Historie Naturael ende Morael van de Westersche Indien : Waer inne ghehandelt wordt van de merckelijckste dinghen des Hemels, Elementen, Metalen, Planten ende Ghedierten van dien : als oock de Manieren, Ceremonien, Wetten, Regeeringen ende Oorloghen der Indianen..... Ende nu eerstmael uyt den Spaenschen in onser Nederduytsche tale overgheset : door JAN HUYGHEN van LINSCHOTEN. *Tot Enchuysen, By Jacob Lenaertsz*, 1598, in-8, gothique, vél.

> 6 fnc., 389 ff., 8 fnc. Au bas de l'avant-dernier f. on lit : *Ghedruckt t'Haerlem, By Gillis Rooman*, 1598.
>
> Première édition de cette traduction hollandaise. (Réimprimée en 1624, in-4). Elle a servi de base à la traduction allemande dudit ouvrage, qui est insérée dans le tome IX de la collection des grands voyages des frères de Bry.
>
> Bel exempl. auquel on a ajouté l'ouvrage suivant : DE HISTORIE ofte Beschrijuinghe van het groote Rijck van China. Eerst in Spaensch beschreuen, door M. JAN GONZALES VAN MENDOZA, Monick van d'oorden van S. Augustijn : ende nv wt het Italiaensch nieus in Nederlandtsche tale gebracht. *Tot Amstelredam, Ghedruckt voor Cornelis Claesz*, 1595, 197 pp., *gothique*. Cette traduction de l'histoire du grand royaume de la Chine de GONÇALES DE MENDOZA (V. ce nom), a été faite sur la version italienne par CORNELIS TAEMSZ. Exemplaire NON ROGNÉ.
>
> Le P. J. DE ACOSTA, né à Medina del Campo, vers l'an 1539, entra avant l'âge de quatorze ans dans la société de Jésus. Après avoir professé la théologie à Ocaña, il passa en 1571 aux Indes occidentales, et fut le second provincial du Pérou. Il mourut recteur à Salamanque, le 11 février 1600. (DE BACKER. *Bibl. des écrivains de la Compagnie de Jésus*. Vol. I, pp. 1-2 ; et vol. VII, pp. 2-3.)

13. ACTS of Assembly, passed in the Island of Jamaica ; from 1770, to 1783 inclusive. *Kingston Jamaica : Printed for James Jones, Esq. by Lewis and Eberall*, 1786, in-4, cart.

> 2 fnc., 31, 424 et 40 pp. Le premier recueil des actes de l'assemblée de la Ja-

maïqne (A. 1681-1737) a été imprimé à Londres, in-fol., en 1738. Le catal. de la vente Steevens faite en janvier et mars 1861, cite un recueil impr. à Londres en 1756, pour les années 1681-1754 inclusivement. Le vol. que nous annonçons commence la nouvelle série de cette publication, qui maintenant paraît tous les ans.

14. ACTS of Assembly of the Province of Pennsylvania, carefully compared with the Originals. And an Appendix, containing such Acts, and parts of Acts, relating to property, as are expired, altered or repealed. Together, with the royal, proprietary, city and borough charters; and the original concessions of the honourable Wm. Penn to the first settlers of the province. Published by order of Assembly. *Philadelphia, printed and sold by Hall and Sellers,* 1775, in-fol., v.

xxi et 536 pp. «Appendix » 22 pp. « Index » 6 fnc. « Addendum » 3 pp. Bel exemplaire de cet important volume.

15. —— Passed at the First (Second and Third) congress of the U.S. of America. Published by Authority. *Philadelphia, Francis Childs,* 1795, 3 vol. in-8, rel.

Vol. I. 434 pp., 24 fnc. — Vol. II. 406 pp., 12 fnc. — Vol. III. 260 et iv pp.; 12 fnc.

16. ACTUACIONES literarias de la Vacuna en la real universidad de San Marcos de Lima. *Impressas en la real casa de niños expósitos,* 1807, in-4, br.

3 fnc., 1 tabl. « Unanue (H.). Discurso á don José Salvandy, el 8 de noviembre de 1806. » 18 pp. Les pp. 19-39 contiennent un autre discours du même Unanue, prononcé le 30 nov. 1806.

17. ACUÑA (Christoval de). Señor. Chr. de Acuña, religioso de la compañia de Jesus, que vino por orden de V. Magestade, al descubrimiento del grá Rio de las Amazonas.... Dize, que aunque... (*Madrid,* 1641?) 2 fnc.

Ce Mémorial, présenté au Roi, en 1641, est relatif à la découverte de la rivière des Amazones; il indique les avantages que pourrait en retirer S. M. Cette pièce a probablement précédé la célèbre relation du même auteur. Elle est fort rare, car Antonio n'en fait pas mention. Le P. Rodriguez l'a réimprimée dans son précieux ouvrage. (Voy. ce nom.)

A la suite se trouvent jointes douze autres pièces, savoir :

Copia de vna carta, y relacion, que desde la ciudad de Lima, en el Reyno del Pirù, escriuio Garcia de Tamayo y Mendoça, secretario de Juntas en aquel Reyno, y Ciudad, al señor Principe de Esquilache, Virrey que fue de aquel Reyno. En la qual se da cuenta del bué estado en que corren las cosas de aquel Reyno.... La qual hizo imprimir vn religioso

de el orden de nuestra señora de la Merced.... *En Mexico, por Fran-cisco Robledo impressor del secreto del santo oficio.* Año 1643.
(8 ff. Le lieu d'impression que nous donnons ci-dessus se trouve au bas du dernier f. Cette pièce non citée par les bibliographes est datée de *Lima,* 16 juin 1642.)

Excelent.ᵐᵒ señor. El doctor don Luis de Mendoça Cataño y Ara-gon, suplica a V. Excelencia se sirua de hazerle merced en la Con-sulta de la Mastrescoliá de la santa Iglesia de Lima, ya que no huuo lugar de hazersela en el Arcedianato. (*Lima,* 1633). Pièce de 4 ff. (Pinelo, vol. II, col. 772.)

Copia de diez y siete capitvlos qve Joseph de Naʸeda Alvarado, regi-dor de la insigne, y leal ciudad de Manila propuso al ayuntamiento de aquella ciudad, en los quales representa los daños, y inconuenientes de q̃ se siguen, y se han experimentado de q̃ los Portugueses de Macan continué el trato que tiené empeçado a introduzir en aquella ciudad. (*Madrid,* 1632?), 2 fnc.

Señor. El Padre Francisco Diaz Taño de la Compañia de Jesus, y Procurador general della, de las prouincias del Paraguay, Tucuman, y Rio de la Plata, dize.... 2 fnc. (Demande au roi d'accorder la permission au P. général, d'envoyer 60 religieux de la compagnie, dans les provinces du Paraguay, Tucuman, et Rio de la Plata. Cette pièce entièrement in-connue a été imprimée en 1632.)

Señor. Don Juan Grau y Monfalcó Procurador general de la ciu-dad de Manila, en nombre della. Dize, que auiendo representado a V. M. en vn largo memorial el miserable estado en q̃ se hallá las Islas Filipinas.... 2 ff. (Demande au roi, d'envoyer 500 soldats, pour protéger le commerce des îles Philippines contre l'invasion hollandaise dans ces parages. Imprimé vers 1638.)

Señor. El lic.ᵈᵒ don Juan de la Concha Bernardo de Quiros, Pro-curador general de la grã ciudad del Cuzco, cabeça de los Reynos del Peru.... dize : Que entre los grandes daños.... ecc. 2 fnc. (Urgence d'éta-blir à Cuzco, une maison pour déposer le produit des mines. Pièce im-primée à *Lima,* en 16..).

Excelentissimo señor. El doctor don Nicolas Polanco de Santillana, dize, que V. Excelencia ha sido seruido de proueer en la substitucion de su oficio de Relator de Lima al doctor don Manuel de Escalante.... 5 ff. (Imprimé à *Lima* en 16..).

Memorial y Carta en qve el padre Alonso del Valle, Procvrador ge-neral de la Prouincia de Chile, representa a N. muy Reuerendo Padre Mucio Vitilesqui, preposito general de la Compañia de Jesvs, la necessidad que sus missiones tienen de sujetos para los gloriosos empleos de sus apostolicos ministerios. 8 fnc. (Pièce non citée et imprimée vers 1641.)

Señor. El Capitan Domingo de Cãpos, vassallo de V. M. residente en esta corte : dize, que auiendo por vn memorial ofrecido siete proposiciones de arbitrios.... 6 ff. (Sur la conduite à tenir, pour le transport des nègres en Amérique. Imprimé à *Madrid* vers 1638.)

En el priuilegio de vna compra que hizo el señor doctor Diego Gasca del consejo Real, para el obispo don Pedro Gasca su hermano.... año de 1565, se refieren los seruicios del dicho obispo, y dize assi el señor Rey don Felipe segundo, que los refiere. 1 fnc.

Señor Rodrigo Barnueuo, de la Compañia de Jesus, y su Procurador general de la prouincia del Perù, dize : Que la dicha su prouincia ha mas de setenta años, que por orden de la Real corona administra, y tiene a su cargo las doctrinas de los Indios del pueblo de Juli, en la Prouincia de Chucuyto.... 2 fnc. (Demande pour fonder un collége à Juli. Imprimé à Lima, en 16...)

Señor. El Prior, y Consules de la Vniuersidad de los mercaderes de la Nueua-España : Dizen, q̃ siendo, como es de su cargo, atender à la conseruacion, y mayor perpetuidad del comercio... 4 ff. (Sur le commerce du cacao.)

Señor Sivorio Siuori dize : Que en el año de 1633, a instancia del regente Otauio Vilani vino de Genoua a esta corte de Madrid, para tratar la fundacion de vn Erario, intitulado El monte Catolico... 6 ff... (*Madrid*, 1643, deux exemplaires).

La plupart de ces pièces imprimées en Amérique, au milieu du xviiᵉ siècle, ne sont pas citées par Pinelo, et il serait presque impossible de s'en procurer une autre collection. Destinées à être présentées au Roi et au Conseil général des Indes sous la forme de Mémorial, elles n'ont été imprimées qu'à un petit nombre d'exemplaires et n'ont pas été livrées à la circulation.

Dans le courant de ce catalogue on trouvera plusieurs autres pièces du même genre qui ne sont pas moins précieuses que celles-ci.

18. ACUÑA (Chr. de). Relation de la riviere des Amazones, tradvite par feu M. de Gomberville. Avec une dissertation sur la riviere des Amazones pour servir de preface. *Paris, Claude Barbin,* 1682; 4 tom. en 2 vol. in-12, rel.

Vol. I. « Dissertation » 199 pp. — Vol. II. 1 fnc., 238 pp. — Vol. III. 218 pp. — Vol. IV. « Lettre escrite de l'isle de Cayenne (par le P. Grillet) » pp. 1-8 « Jovrnal dv voyage qu'ont fait les PP. Jean Grillet et François Bechamel de la compagnie de Jesus, dans la Goyane, l'an 1674 » pp. 9-136. « Nottes du voyage » pp. 137- 178. « Relation de la Guiane et du commerce qu'on y peut faire » pp 179-206.

Traduction très-recherchée d'un ouvrage fort rare imprimé à Madrid en 1641 à très-peu d'exemplaires, après le retour de l'auteur, qui accompagna le général Texeira, chargé d'explorer la rivière des Amazones. (Voy. Brunet et de Backer.) Ce qui donne une certaine valeur à cette traduction, c'est le voyage des PP. Grillet et Bechamel, qui est publié ici pour la première fois. Ce furent les premiers Européens qui pénétrèrent à travers mille difficultés, jusqu'au pays des Indiens Nouragues et Acoquas.

19. ACUÑA (Chr. de). Relation de la rivière des Amazones. *Paris, chez la veuve Louis Billaine,* 1684, 4 vol. in-12, rel.

> Cette édition n'a que le titre de changé. Cependant notre ex. offre une particularité importante; à la fin du vol. III, on a inséré des CARTONS pour les pages 3, 4, 5, 6, 13, 14, 121, 122, 167, 168, 211, 212, du vol. II; et pour les pages 3 et 4 du vol. III.
> C'est, à notre connaissance, le seul exemplaire qui soit arrivé jusqu'à nous dans cette condition.

20. —— Voyages and Discoveries in South-America. The first up the River of Amazons to Quito in Peru, and back again to Brazil, perform'd at the command of the king of Spain. By CHR. D'ACUGNA. The second up the River of Plata, and thence by land to the mines of Potosi. By Mons. ACARETE. The third from Cayenne into Guiana, in search of the lake of Parima reputed the richest place in the world. By M. GILLET and BECHAMEL. Done into English from the originals, being the only accounts of those parts hitherto extant. *London, printed for S. Buckley,* 1698, in-8, rel.

> viii pp. « Relation du P. ACUÑA » 190 pp., 1 carte. « Voyage du sieur ACARETE (trad. sur la relation française qui se trouve dans la quatrième partie du recueil de Thevenot) » 79 pp., 1 carte. « Voyage du P. GRILLET et du P. BECHAMEL » 68 pp.

21. ACUÑA (Fr. Antonio Gonçalez de, obispo de Caracas). Informe a N. P. General de el Orden de Prediccadores (*sic*) fr. Jhoan Baptista de Marinis. Le ofrece Fr. A. GONÇALEZ DE ACUÑA, Procurador de la real Vniversidad de los Reyes, difinidor de la provincia de S. Jhoan Baptista de el Peru. En su nombre. *Gregorius Forstman faciebat Matriti,* 1659, in-4, vél.

> 224 ff. et titre gravé. Ce livre dépourvu des licences nécessaires qui se trouvent dans tous les ouvrages imprimés à cette époque, semble indiquer que l'impression en a été faite à très-petit nombre d'exemplaires, destinés à être distribués dans quelques couvents de l'ordre et aux membres du conseil des Indes.
> PINELO. *Epitome de la Bibliotheca Oriental y Occidental,* citant ce livre, le dit extrait d'une histoire de la province de S. Juan Baptista del Peru, écrite par Fr. Antonio de Luque, et qui serait entièrement perdue.

22. ADAIR (James). The history of the American Indians; particularly those nations adjoining to the Missisippi, East and West Florida, Georgia, South and North Carolina, and Virginia: containing an Account of their Origin, Language, Manners, Religious and Civil Customs, Laws, Form of Government, etc., etc.; with an Appendix, containing A description of the Floridas, and the Missisippi Lands, with

their productions. *London, Edwards and Ch. Dilly,* 1775, in-4, rel.

4 fnc., 464 pp., carte. « In this very curious work, the author, who was a résident in North America above forty years, endeavours to trace the Indians to a Hebrew origin. Lowndes'. » — Le ve argument qui occupe les pp. 37-74, traite de la langue des Indiens.

23. ADRESSE à l'Assemblée Nationale de France, pour les Anglois, créanciers des habitans de Tabago. (*Paris,* 1793?), in-4, br.

Pièce de 8 pp., signée « W. Tod, Gilbert Francklyn, députés des créanciers anglois de Tabago ». Cette pièce présentée à l'Assemblée nationale, est presque introuvable.

24. ADVERTENCIAS para el idioma Chiriguano, in-12, br.

Manuscrit sur papier, composé de 38 fnc. Provenant de la biblioth. Chaumette des Fossés ; il est annoncé, avec un autre ouvrage, sous le n° 583 du catalogue de vente faite en novembre 1842. Cité par Ludewig. *Bibl. Glottica,* p. 162, d'après ledit catalogue.

Le Chiriguano est la même langue que le Guarani, parlé par les Indiens du Paraguay et de l'Uruguay.

25. ADVERTISSEMENT certain contenant les pertes aduenues en l'armée d'Espagne, vers le Noest, de la coste d'Irlande, en leur voyage intenté depuis les Isles du Nord, par delà l'Escosse enuers Espagne. Et du nombre des hommes et nauires perdus. Auec deux lettres, l'vne d'vn Flamen, Catholique zelé, demeurant à Londres, à vn Seigneur Espagnol, et l'autre de Monsieur Candiche, qui a passé le destroit de Magellan, pour aller aux Indes, et est retourné par le Cap de Bonne-Esperance. M.D.LXXXVIII, in-8, non rel.

28 pp. « Navires et hommes enfondrez noyez tvez et prins svr la coste d'Irlande au moys de septembre 1588 » 1 fnc. « Copie de la lettre de Monsieur Candiche » 1 fnc.

Pièce fort rare imprimée vraisemblablement à Paris. Elle est surtout curieuse par la lettre de Thomas Candish, relative à son premier voyage autour du monde.

26. A GLORIA y loor de Dios : y para dechado y exéplo de los fieles. Siguese el glorioso martyrio del bienauéturado padre fray Andres de espoleto : frayle de los menores de la orden del serafico padre nuestro sant Francisco. El qual martyrio recibio en la ciudad de Fez por la verdad de nuestra sagrada fe, A nueue dias del mes de Enero del Año de M. D. xxxij.

Pièce gothique extrêmement rare, sans lieu ni date, composée de 12 fnc., sign. A vj (le dernier f. blanc). Elle contient :

1° La relation du martyre du P. Espoleto, extraite des lettres écrites par le P. Fernando de Meneses, son compagnon.

2º Une lettre envoyée au chapitre général tenu à Toulouse la fête de la Pentecôte en l'année 1532, par l'évêque de Temistitan ou Mexico (*en Hurretan*) JUAN DE ZUMMARAGA.

3º Une lettre écrite par le P. MARTIN DE VALENCIA, datée du couvent de « Talmanaco acerca de la gran cindad (*sic*) de Mexico..... a dozę dias del mes de Junio... M.D. xxxj » adressée au frère Mathias Vuensen, commissaire général de l'ordre.

Le P.MARTIN DE VALENCIA, né dans la ville de don Juan de la Vieille Castille, fut un des premiers religieux qui passèrent au Mexique en 1524, et devint le premier custode de cette province. Il écrivit au Pape, à Charles-Quint et au général de son ordre plusieurs lettres relatives à la conversion des Indiens. Il mourut en 1534 dans un endroit nommé Ayotzmoo, en odeur de sainteté, et fut enseveli dans le couvent de Talmanalco.

Dans la lettre de ZUMARRAGA, on y parle du franciscain PIERRE DE MOOR, ou de MURA, plus connu sous le nom de PIERRE DE GAND. Ce savant religieux, né à Ighem, dans la Flandre occidentale, passait pour être frère naturel de l'empereur. Il fonda les premières écoles indigènes et fit imprimer une doctrine chrétienne en mexicain, dont on cite une édition de 1553. Il mourut au couvent de S. Francisco de Mexico, en 1572, après avoir refusé l'archevêché de cette ville que l'empereur lui offrit à plusieurs reprises.

Comme on le voit, notre opuscule n'est pas sans intérêt pour l'histoire des premières missions au Nouveau-Monde. D'après l'auteur de la *Bibl. vetustissima* nº 244 (Cf. TERNAUX, nº 50), il ne serait qu'un extrait d'un ouvrage imprimé à Medina del Campo, en 1543, intitulé :

« *Libro llamado thesoro de virtudes, vtil et copioso. Compilado por vn religioso portugues.... Medina del Cãpo* M. D. xliij. »

Les lettres relatives à la conversion des Indiens, écrites par l'évêque ZUMARRAGA et MARTIN DE VALENCIA, ont d'abord paru dans l'édition latine des lettres de Cortez (Coloniæ 1532), réimprimées dans le Novus orbus, ed. de 1555. Il en existe une traduction allemande, imp. vers 1533 (TRÖMEL, *Bibl. americaine*, nº 7. — HARRISSE, *Bibl. vetustissima*, nº 177). Elles ont ensuite été insérées dans la chronique d'Amandus (Anvers, 1534, in-8º).

Sous le nº 169 de la *Bibl. vetustissima*, M. HARRISSE indique d'après RICH un vol. intitulé : « Martyrio, etc. y tres cartas de Mexico, 4to » sous la date de 1532. Nous pensons que cet ouvrage est le même que notre opuscule sur lequel on lit également la date de 1532.

BRUNET, vol. I, col. 793, en cite une traduction française sous le nom de Jehan Bernal, imprimée à *Tholose, par J. Barril*, vers 1532, de 10 ff. in-4º gothique.

27. AGUEROS (Padre fray Pedro Gonzalez de). Descripcion historial de la provincia y archipielago de Chilóe en el reyno de Chile, y obispado de la Concepcion. (*Madrid*) *Benito Cano*, 1791, in-4, bas.

3 fnc., 318 pp., carte ; entre les pp. 14-15, une pl. représentant un arbre en forme de croix sur lequel on a ébauché une sculpture représentant le Christ. Cet arbre est dans la vallée de Limache, et la planche est reproduite d'après une estampe qui se trouve dans la description du Chili, du P. OVALLE (V. ce nom). L'auteur de cet ouvrage, fray GONZALEZ DE AGUERROS, était de la régulière observance de S. François et archevêque de Lima.

28. AGUILAR (D. Manuel). Memoria sobre el cultivo del Cafe, arreglada a la practica que se observa en Costa-Rica. *Guatemala, imprenta de la Paz,* 1845, in-8, br., 16 pp.

29. AGUIRRE (Card. Jos. Saenz de). Collectio maxima Conciliorum omnium Hispaniæ et Novi Orbis, epistolarumque decretalium celebriorum, necnon plurium monumentorum veterum ad illam spectantium. Editio altera in sex tomos distributa, et novis additionibus aucta. Auct. JOSEPHO CATALANO.*Romæ, Ant. Fulgonii,* 1753-55, 6 vol. in-fol., vél.

> Vol. I. xl et 358 pp. — Vol. II. xxiv et 495 pp. — Vol. III. xii et 475 pp. — Vol. IV. xii et 476 pp. — Vol. V. xii et 530 pp. — Vol. VI. xvi et 487 pp.
>
> Collection très-importante, devenue très-rare. Le vol. VI contient la relation du premier concile de Lima, suivie des synodes diocésains donnés par D. Torribio. A. 1582 (pp. 27-71). Le concile mexicain, tenu en 1585 suivi des synodes III-VI, de Lima (pp. 79-222). La relation du IIe concile de Lima, tenu en 1591, suivie des synodes VII-VIII de ce diocèse (pp. 395-440). La relation du IIIe concile (1601) de Lima et les synodes IX-X de ce diocèse (pp. 477-487).
>
> L'ouvrage du cardinal de Aguirre a été imprimé à Rome en 1693-94, 4 vol. in-fol. L'édition de 1753-55, qui en est la seconde, a été publiée par les soins du savant Jos. CATALANI. Elle est beaucoup plus complète que la première.

30. ALAMAN (D. Lucas). Disertaciones sobre la historia de la República Megicana, desde la epoca de la conquista que los españoles hicieron a fines del siglo XV y principios del XVI de las islas y continente Americano hasta la independencia. *Mégico, J. Mariano Lara,* 1844-49, 3 vol. in-8, fig., bas. fil.

> Vol. I. vii et 270 pp., « appendix » 30 et 226 pp., « index » 8 pp., 7 pl. et 1 carte. — Vol. II. 325 pp., «appendix» 22 et 138 pp., «index » 13 pp., « errata » 1 f. et 16 pl.—Vol. III. xvi et 392 pp., «appendix » 116 pp., «errata » 1 f. et 14 pl.
>
> Publication importante, renfermant de précieux documents pour l'histoire du Mexique, depuis sa découverte jusqu'à l'indépendance. Les pl. qui ornent cet ouvrage, sont pour la plupart des portraits historiques et des fac-simile des signatures des *conquistadores.*
>
> LUCAS ALAMAN, a publié à Mexico (1849-52) une histoire du Mexique depuis l'indépendance jusqu'en 1852, en 5 vol., ouvrage qui fait suite à celui que nous annonçons.

31. ALBERDI (J. B.). De la integridad nacional de la republica Arjentina bajo todos sus gobiernos a proposito de sus recientes tratados con Buenos-Aires. *Valparaiso,* 1855, in-12, cart. 159 pp.

32. —— Sistema económico y rentistico de la Confederacion Arjentina,

segun su constitucion de 1853. *Valparaiso, Imprenta del Mercurio,* 1854, in-8, cart.

xvi et 499 pp. Envoi autographe de l'auteur sur le titre.

33. ALBUENE (D. Manuel de). Origen y estado de la causa formada sobre la Real orden de 17 de Mayo de 1810, que trata del comercio de América. *Cadiz, Vicente Lema,* 1811, in-4, br.

122 pp. « Apendice de documentos » chiffré 80, 8 et 81 à 120.

34. ALCEDO (D. Antonio de). Diccionario geográfico-histórico de las Indias Occidentales ó America : es á saber : de los reynos del Perú, Nueva España, Tierra-Firme, Chile, y Nuevo reyno de Granada. Con la descripcion de sus provincias, naciones, ciudades, villas, pueblos, rios, montes, ecc., ecc. *Madrid,* 1786-89, 5 vol. in-4, demi rel.

Vol. I: *Benito Cano,* 1786, xvi et 791 pp. — Vol. II. *Man. Gonzales,* 1787, 636 pp. — Vol. III. *Blas Roman,* 1788, 496 pp. — Vol. IV. *Manuel Gonzales,* 1788, 609 pp. — Vol. V. *Man. Gonzales,* 1789, 461 pp. « Vocabulario de las voces provinciales de la America » 186 pp., « Resumen » 7 pnc.

Ouvrage important et très-estimé.

35. —— The geographical and historical Dictionary of America and the West-Indies ; translated with large additions and compilations from modern voyages and travels, and from original and authentic information. By G. A. Thompson. *London, James Carpenter,* 1812-15, 5 vol. in-4, demi rel. v.

Vol. I. 1812, xl, xx et 574 pp. — Vol. II. 597 pp. — Vol. III. 512 pp. — Vol. IV. *Printed for the author,* 1814, 636 pp. — Vol. V. 1815, 462 pp., 1 fnc., 105 pp.

« Thompson's edition for its additions etc. is infinitely more valuable than the original. Lowndes'. » Vendu L. 5. 5 s.

Antonio de Alcedo a écrit aussi une *Bibliotheca Americana,* qui est restée manuscrite.

36. ALCOZER (P. Joseph Antonio, predicador apostólico). Carta apologética a favor del titulo de madre santisima de la luz, que goza la reyna del cielo, y de la Imagen que con el mismo titulo se venera en algunos lugares de esta America. *Mexico, Zuñiga y Ontiveros,* 1790, in-4, vélin.

33 fnc., xi et 197 pp., portrait de la vierge de la Luz, gravé par Tomas Suria. Cet ouvrage a été imprimé aux frais de la comtesse de Valenciana, Maria Guadalupe Barrera de Torres Cano.

37. ALFONSO (D. Pedro Antonio). Memorias de un Matancero.

Apuntes para la historia de la isla de Cuba, con relacion de la ciudad de san Cárlos y san Severino de Matanzas. *Matanzas, Marsal y Cª.*, 1854, in-8, br. 232 pp., 4 fnc., plan.

38. ALMANACH Américain, ou état physique, politique, ecclésiastique ; ouvrage qui comprend les forces, la population, les loix, le commerce et l'administration de chaque province de cette partie du monde, etc., par (DE LAROCHE TILHAC, conseiller du Roi). *Paris, chez l'auteur*, 1783-85, 2 années, in-18, rel.

    1783, xij et 396 pp. — 1785, 1 fnc., 390 pp., « Recueil diplomatique... » 132 pp.

39. ALMANAK y kalendario general diario de quartos de luna, segun el meridiano de Buenos-Ayres. Para el año de 1795. *Buenos-Ayres, imprenta de niños expósitos (1795)*, pet. in-8, br.

    58 pp. Cet Almanach contient un guide des étrangers dans la ville et la vice-royauté de Buenos-Ayres. Ce livre est une des premières productions typographiques de Buenos-Ayres.

40. ALMANAQUE para el año de 1837, arreglado al meridiano de Guatemala. *Guatemala, imprenta de la Academia de ciencias*, in-32, br., 39 fnc.

41. —— ó Calendario, para el año de 1842. *En el real colegio de Sto. Thomas de Manila*, 1841, in-12, br.

    28 fnc. Imprimé sur papier de riz.

42. ALSEDO Y HERRERA (D. Dionysio de). Compendio historico de la provincia, partidos, ciudades, astilleros, rios, y puerto de Guayaquil en las costas de la mar del Sur. *Madrid, Manuel Fernandez*, 1741, in-4, bas.

    15 fnc., 99 pp., 1 carte.

43. —— Aviso historico, politico, geographico, con las noticias mas particulares del Peru, Tierra-Firme, Chile, y nuevo reyno de Granada, en la relacion de los sucessos de 205 años, por la chronologia de los adelantados, presidentes, governadores, y Virreyes de aquel Reyno Meridional, desde el año de 1535 hasta el de 1740. *Madrid, Diego Miguel de Peralta* (1740?), in-4, rel.

    7 fnc., 368 pp. Deux ouvrages fort rares. L'auteur D. ALSEDO Y HERRERA, était ancien gouverneur et capitaine général de la province de Quito.

44. ALVARADO (José Antonio). Discurso que el dia 15 de Septiembre de 1837, aniversario XVI. de la independencia, pronuncio en la casa del gobierno nacional el prebistero J. A. ALVARADO. *S. Salvador, imprenta mayor* (1837), in-4, br., 11 pp.

45. ALVAREZ Y TEJERO (D. Luis Prudencio). De las islas Filipinas. Memoria. *Valencia,* 1842, in-4, br., 2 fnc., 92 pp. 1 pnc.

46. ALZATE RAMIREZ (D. Joseph). Gazeta de literatura de Mexico. *Mexico, Zuñiga y Ontiveros,* 1790-92, 3 vol. in-4, vél.

Vol. I. Nos 1 à xi, 96 pp.; xii, 10 pp., 1 pl.; xiii, 8 pp.; xiv-xxiii, pp. 25-124. Il y a deux nos xx, un du 25 avril et l'autre du 12 mai. Cette première série commencée, le 15 janvier 1788, se termine le 14 août 1789. — Nos 1-xxiv, 196 pp., « Indice » 4 fnc. Cette seconde série, commencée le 7 septembre 1789, se termine au 16 août 1790.

Vol. II, Nos 1-xlvii, 378 pp., 3 pl. 1 carte gravée à Mexico en 1786, donnant le plan des eaux qui se jettent dans la lagune de Tezcuco. Le n° xxxi a un supplément sous ce titre : « *Descripcion de las antiguedades de Xochicalco.....* par A. ALZATE Y RAMIREZ. *Mexico, Zuñiga y Ontiveros,* 1791, 2 fnc., 24 pp., 5 pl. d'antiquitées mexicaines fort bien gravées. » Les nos x à xxiv (manque le xvii) sont remplacés dans ce vol. par les mêmes nos du 1er volume. Ce second tome commencé le 7 septembre 1790 se termine au 2 octobre 1792.

Vol. III. 2 fnc., Nos 1-xliv, 350 pp., 5 pl. Le n° xxxiv a un supplément de 8 pp., daté du 5 novembre. Les pp. 199-262, nos xxvi à xxxii, contiennent un mémoire fort important sur la cochenille enrichi de 3 pl. coloriées.

Avec le n° xliv du tome III, se termine la publication de la *Gazette de littérature de Mexico.* Cette précieuse collection, qui renferme de curieux documents pour l'histoire et pour les sciences, n'a pu être continuée faute de souscripteurs. Le vol. III commencé le 27 octobre 1792 se termine au 22 octobre 1795.

47. AMERICAN (The) guide : comprising the declaration of independence; the articles of confederation; the constitution of the U. S. and the constitutions of several states composing the union. *Philadelphia, Hogan,* 1833, in-12, rel., 402 pp., 1 fnc.

48. ANBUREY (Thomas). Journal d'un voyage fait dans l'intérieur de l'Amérique Septentrionale. Ouvrage dans lequel on donne des détails précieux sur l'insurrection des Anglo-Américains, et sur la chute désastreuse de leur papier-monnoie. Traduit de l'anglois et enrichi de notes par NOEL. *Paris, La Villette,* 1793, 2 vol. in-8, rel.

Vol. I. 336 pp., carte, 2. pl. — Vol. II. 453 pp., 1 fig. Ce voyage écrit en forme de lettres, par un officier de l'armée anglaise, contient des renseignements curieux et exacts sur l'histoire de la guerre des Etats-Unis, pendant les années 1776 à 1781. L'édition originale a paru à Londres en 1789 en 2 vol. in-8°; avec un nouveau titre sous la date de 1791 (V. LOWNDES', vol. I, p. 36).

49. ANDERSON (Johann). Nachrichten von Island, Grönland und der Strasze Davis, zum wahren Nutzen der Wissenschaften und der Handlung. *Hamburg, G. Ch. Grund*, 1746, in-8, rel. v.

14 fnc., 328. pp., 3 fnc., front. gravé, 4 fig., 1 carte. Les pp. 285-328, de cet ouvrage sont occupées par un dictionnaire, des dialogues, une grammaire et des extraits de la bible en langue groenlandaise. EDITION ORIGINALE.

50. —— Histoire naturelle de l'Islande, du Groenland, du détroit de Davis, et d'autres pays situés sous le Nord, traduite de l'allemand par M*** (ROUSSELOT DE SURGY). *Paris, Jorry,* 1750, 2 vol. in-12, rel.

Vol. I. xl et 314 pp., front. gravé, 1 carte, 2 fig. — Vol. II. iv et 391 pp., 5 fig. Cet ouvrage est très-recherché pour la partie de l'histoire naturelle de l'Islande. Les pp. 295-386 du vol. II, contiennent sous le titre de *Supplément*, un petit dictionnaire et un abrégé de grammaire de la langue groenlandaise, avec des extraits de la bible.

51. ANDREA (Gudmundus). Lexicon Islandicum sive Gothicæ Runæ vel lingvæ Septentrionalis dictionarium. (Auctore) GUDMUNDO ANDREÆ Islando et in lucèm productum per PETRUM JOHAN. RESENIUM. *Havniæ, typis Christier. Weringii,* 1683, in-4, vél.

28 pp. de prélim., 2 portraits (p. 25 et 27) imp. dans le texte, celui de Gudbrandi Thorlacii, 22ᵉ évêque d'Islande, mort en 1627, et celui de Arn. Jonæ Widalini, pasteur de Melstade en Islande, auteur de plusieurs ouvrages curieux sur l'histoire de ce pays. « Texte » 270 pp.

Très-bel exemplaire d'un dictionnaire fort rare, que nous croyons être en GRAND PAPIER.

Pour d'autres ouvrages relatifs à l'histoire et à la littérature islandaises, voyez notre catalogue de Philologie européenne.

52. ANDREWS (W.), BARCLAY (Henry), and OGLIVIE (John). The order for Morning and Evening Prayer, and administration of the Sacraments, and some other Offices of the Church, Together with a Collection of Prayers, and some Sentences of the Holy Scriptures, necessary for Knowledge Practice. Collected, and translated into the Mohawk Language under the Direction of the late Rev. Mr. WM. ANDREWS, the late Rev. Dr. HENRY BARCLAY, and the Rev. Mr. JOHN OGLIVIE: Formerly missionaries from the society for the Propagation of the Gospel, to the Mohawk Indians. (*London*), *printed in the Year,* 1769, in-8, v. à comp. aux armes.

Contents : 1 fnc., « texte » pp. 3-204. PREMIÈRE ÉDITION de la traduction en mohawk du livre « of the Common prayer. » Elle est fort rare; l'exemplaire est très-beau. Le titre en langue mohawk, est ainsi :

« Ne Yagawagh Niyadewighniserage Yonderaenayendaghkwa orghoongene neoni

Yogaraskha yoghseragwegough. Neoni Yagawagh Sakramenthogoon, neoni oya
Addereanaiyent ne Onoghsadogeaghtige. Oni ne Watkeanissaghtough Odd'yage
Addereanaiyent, neoni Siniyoghthare ne Kaghyadoghseradogeaghti, ne Wahooni
Ayago derieandaragge neoni Ayondadderighhoenie. »

53. ANDREWS (W.). The book of Common Prayer and administration of the Sacraments, and other Rites and Ceremonies of the church
of England... Formerly collected, and translated into the Mohawk
Language under the direction of the missionaries of the Society for
the propagation of the Gospel in foreign parts, to the Mohawk Indians.
A new Edition to which is added the Gospel according to St. Mark,
translated into the Mohawk language, by Captn. JOSEPH BRANT, an
indian of the Mohawk nation. *London, C. Buckton, 1787,* in-8, rel.

Deux titres dont l'un en mohawk; iii et 506 pp., texte anglais et mohawk en
regard, front. et 17 pl. grav. par PEACHEY.

Cette seconde édition est plus complète que la première ; elle contient en plus
la traduction anglaise en regard du texte mohawk et l'évangile de S. Marc, traduit
par l'indien J. BRANT, également avec la trad. anglaise.

54. ANECDOTA de la Havana. (*Havana,* 1803), in-4, br.

22 pp. Pièce relative à un procès, sur l'usure, jugé le 7 juin 1803, entre Barth.
Olazaga et Arango, commerçants de la Havane.

55. ANGLERIUS. De Orbe Novo PETRI MARTYRIS ANGLERII Mediolanensis, protonotarij, et Caroli quinti senatoris Decades octo, diligenti
temporum obseruatione, et vtilissimis annotationibus illustratæ, suó-
que nitori restitutæ, Labore et industria RICHARDI HAKLVYTI Oxonien-
sis Angli. Additus est in vsum lectoris accuratus totius operis index.
Parisiis, Gvillelmvm Avvray, 1587, in-8, v. f., à comp.

« Epître de Hakluyt à Raleigh » 5 fnc., « dédicace à Charles V » 2 fnc., carte
gravée sur cuivre en 1587; 605 pp. de texte; 12 fnc. Magnifique exempl. à toutes
marges dans sa reliure originale.

Edition fort rare et l'une des plus complètes que nous ayons de cet ouvrage
précieux.

Voyez TRÖMEL. *Biblioth. américaine,* n° 40, où un exempl. sans la carte est
estimé 25 thalers.

56. —— De rebvs Oceanicis et Novo orbe, decades tres; Item eivsdem de
Babylonica legatione, libri III. et item de rebvs Æthiopicis, Indicîs,
Lusitanicis et Hispanicis, opuscula quédã Historica doctissima, quæ
hodiè non facilè alibi reperiuntur, DAMIANI A GOES Equitis Lusitani.
Coloniæ, Geruinum Calenium et hæredes Quentelios, 1574, in-8, vél.

23 fnc., 655 pp., 15 fnc. Cette édition ne renferme, comme l'indique le titre,

que trois décades de l'histoire du Nouveau-Monde; mais on y trouve les opuscules curieux du chevalier DE GOES, sur l'empire du prêtre Jean; une description
de la Laponie, etc.

57. ANGLERIUS. Opus epistolarum PETRI MARTYRIS mediolanensis,
Protonotarii Apostolici.... Cui accesserunt epistolæ FERDINANDI DE
PULGAR Coætanei Latinæ pariter atque Hispanicæ cum Tractatu
Hispanico de Viris Castellæ Illustribus. Editio postrema. *Amstelo-
dami, typis Elzevirianis. Veneunt Parisiis, apud Fred. Leonard,*
1670, in-fol., vél.

13 fnc., 486 pp. « FERD. DE PULGAR. Epistolæ ex hispanico in latinum idioma
conversæ a JULIANO MAGON, SS. theol. doctore et ecclesiæ Dolensis canonico, cum
notis additis. *Amstelodami, D. Elz.,* 1670, » 32 pp. « Los claros varones de
España, hecho por FERNANDO DE PULGAR » 62 pp , 1 fnc.

La meilleure édition de ces lettres curieuses, donnée par les soins de CH. PATIN.

Pierre Martyr d'Anghiera, né à Arona, petite ville sur les bords du lac Majeur,
en 1455 ou 1459, vint en Espagne avec le comte Tendilla en 1487, fut ordonné
prêtre en 1494 et nommé la même année tuteur des enfants de Ferdinand et
d'Isabelle. Pierre Martyr fut envoyé en 1501 avec une mission diplomatique près
du sultan d'Egypte; on en trouve le récit dans un de ses ouvrages, intitulé « *De
legatione Babylonicæ.* » Le pape Léon X le nomma protonotaire apostolique, il
fut aussi nommé, en 1505, doyen du chapitre de la cathédrale de Grenade. Il
mourut dans cette ville en 1525 ou 1526. Ami et contemporain de C. Colomb,
Vasco de Gama, Cortes, Magellan, Cabot et Vespuce, membre du conseil des
Indes, il était à même, par sa position et ses relations, d'avoir des informations
exactes sur les découvertes faites dans l'Océan. Son ouvrage qu'il divisa en huit
décades sous le titre d'*Océaniques,* composé sur des documents de cette importance, place son livre au premier rang dans toutes les bibliothèques américaines.

58. ANNUAIRE du Comité d'Archéologie Américaine, publié sous la
direction de la commission de rédaction par les secrétaires, 1863-65.
Paris, Maisonneuve et Cⁱᵒ (1866), in-8, br.

232 pp., 2 cartes, 1 pl.

Première année tirée à un très-petit nombre d'exemplaires.

Ce volume renferme de très-curieux documents fournis par MM. DE WALDECK,
LÉON DE ROSNY, MARTIN DE MOUSSY, etc. Parmi les mémoires de ce dernier, nous
citerons un article sur l'industrie indienne dans le bassin de la Plata, à l'époque
de la découverte, et de l'état social de la population à cette époque, et par LUCIEN
DE ROSNY, une pièce sur l'histoire de la céramique chez les anciens Américains.

59. ANNUARIO historico Braziliense. Primeiro anno 1821. *Rio de Janeiro, Plancher,* 1824, in-8, br., 150 pp.

60. ANSELMO (Dr. D. Juan, colegial antiguo y rector del Eximio Teó
logo de S. Pablo de la Puebla, examinador sinodal de su obispado).
Platicas doctrinales de contricion, confesion, y satisfaccion, y dos se-

mones de penitencia. *Reimpresas, en la Puebla de los Angeles, D.
Pedro de la Rosa,* 1796, in-4, vél.

> 13 fnc., 154 pp. A la suite : « Sermon, que con motivo de la dedicacion, y
> estrenas de la iglesia del convento de carmelitas descalzos de la ciudad de
> Tehuacan.... Predico en ella el 19 de Enero de 1783. » *Reimpreso a la Puebla de
> los Angeles,* 1796, 4 fnc., 29 pp.

61.ANSON (G.). Voyage autour du monde, fait pendant les années 1740,
41, 42, 43, 44 ; tiré des journaux et autres papiers de ce seigneur, et
publié par R. WALTER. Traduit de l'anglois (par l'abbé DE GUA DE
MALVES). *Genève, Alb. Gosse,* 1750, in-4, cart.

> xxiv et 363 pp., 34 pl. et cartes.

62. —— Le même ouvrage. Seconde édition. *Paris,* 1764, 4 vol. in-12,
rel.

> Vol. I. xxxiv pp., 2 fnc., 268 pp., 9 pl. — Vol. II. 194 pp., 8 pl. — Vol. III.
> 227 pp., 11 pl. — Vol. IV. 300 pp., table 28 pp., 7 pl.
> Cette relation se recommande par les plans et cartes dont elle est ornée, qui
> sont de la plus grande exactitude.

63. ANTONIO (Nicolao). Bibliotheca Hispana Vetus et Nova, sive hispani scriptores qui ab Octaviani Augusti ævo ad annum Christi
MCLXXXIV floruerunt. Curante FRANC. PEREZIO BAYERIO, qui et
prologum, et auctoris vitæ epitomen, et notulas adiecit. *Matriti,
J. de Ibarra,* 1783-88, 4 vol. in-fol., rel.

> *Bibliotheca Vetus.* Vol. I. xxvii, 556 et viii pp., portraits de Charles XII et d'An-
> tonio; fac-simile. — Vol. II. xxii et 467 pp. *Bibliotheca Nova.* Vol. I. 4 fnc., xxiii
> et 830 pp. — Vol. II. 669 pp.
> Ouvrage important et qui fait nécessairement partie de toute *Bibliotheca Ame-
> ricana.* La première édition de ce livre a paru à Rome en 1672-96, également en
> 4 vol. in-fol. La seconde, publiée par le savant BAYER, bibliothécaire de S. M. est
> plus complète. Dans la Bibliotheca Vetus, on a suivi l'ordre chronologique, tandis
> que la Bibliotheca Nova est disposée par ordre alphabétique des noms de baptême
> des auteurs.

64. ANTUÑEZ Y ACEVEDO (D. Rafael). Memorias históricas sobre la
legislacion, y gobierno del comercio de los Españoles con sus colonias
en las Indias Occidentales. *Madrid, Sancha,* 1797, in-4, bas.

> 1 fnc., xvi et 330 pp. « Apendice. Copias de algunos documentos citados en
> estas memorias historicas. » cv pp.
> Cet ouvrage, fait avec exactitude, contient des documents précieux sur le com-
> merce des Espagnols avec l'Amérique. L'auteur était ministre du conseil suprême
> des Indes.

65. APOLLONIUS (Levinus). De Peruuiæ Regionis, inter Noui orbis prouincias celeberrimæ, inuentione : et rebus in eadem gestis libri V. Ad Jacobvm Clarovtivm Maldeghemmæ ac Pittemiæ dominvm. Breuis, exactáque Noui orbis, èt Peruuiæ regionis Chorographia. *Antverpiæ, apud Joannem Bellerum,* 1566, in-8, vél.

> 236 ff., 7 fnc., plus un autre sur lequel on lit : « *Antverpiæ, Typis Amati Tavernerii.* » Carte gravée sur bois.

66. —— Le même livre. *Antverpiæ, apud Joannem Bellerum,* 1567, in-8, vél., *carte.*

> Cette édition est la même que la précédente, dont on a changé le titre. TERNAUX cite une édition de ce livre sous la date de 1565.
>
> L'ouvrage de Levinus Apollonius, gantois; est divisé en cinq livres, dans lesquels l'auteur raconte successivement les premières expéditions de Pizarre et d'Almagro dans l'intérieur du Pérou, les combats de Pizarre et de l'Inca Atabila, le siège de Cuzco; l'arrivée d'Alvarado, sa jonction avec Almagro et leurs différends avec Pizarre. Dans le dernier livre il rend compte de la mission du licencié Gasca au Pérou, pour pacifier ce pays, les exécutions qu'il y ordonna et la mort de Pizarre.

67. APRECIANSE las cosas que los Indios de los siete Pueblos del Uruguay han de dexar por su transmigracion en manos de los Portugueses. in-4, rel.

> Document manuscrit de 12 ff., sur papier, très-important pour l'histoire des tentatives faites par les Portugais à l'effet de s'emparer de l'Uruguay. Il est aussi curieux pour l'histoire de la domination des Jésuites dans ces contrées. Envoyé par un P. de la compagnie de Jésus, en 1752, au confesseur du roi, il a dû rester manuscrit. La copie que nous possédons a été faite en Amérique le 27 mai 1757, ainsi que l'indique une note qui se lit au bas du dernier feuillet.

68. APUNTES sobre los principales sucesos que han influido en el actual estado de la América del sud. *Londres* (*Paris*), 1829, in-8, demi rel.

> 242 pp., 2 fnc.

69. ARANGO (D. Jose de). Examen de los derechos con que se establecieron los gobiernos populares en la Peninsula, y con que pudieron por cautiverio del Sr. D. Fernando VII, establecerse en la America española. Escrito para probar la injusticia de la oposicion que malogró la junta proyectada en la Habana en julio de 1808. *Habana, Araʒaʒa y Soler,* 1813, in-4, br., 28 pp.

70. ARCHÆOLOGIA AMERICANA. Transactions and Collections of the American Antiquarian Society. Published by direction of the

Society. *Worcester*, *Massachusetts*, 1820, *Cambridge (Mass.)*, 1836, vol. I et II, in-8, cart. et rel.

Vol. I. Titre gravé, 436 pp., 14 pl. et cartes. *Contenu* : Discovery of the river Missisippi and the adjacent country. By L. HENNEPIN (pp. 61-104). Cette traduction de l'ouvrage du P. Hennepin avait d'abord paru à Londres en 1698. L'éditeur annonce qu'il la fait réimprimer à cause de sa rareté et ensuite pour servir d'introduction à un article sur de nouvelles découvertes faites dans cette contrée. — ATWATER (Caleb). Description of the Antiquities discovered in the state of Ohio and other Western states. 12 pl. (pp. 105-267). — Account of the present state of the Indian tribes inhabiting Ohio. In a letter from JOHN JOHNSTON, agent of Indian affairs, at Piqua, to Caleb Atwater (pp. 269-299). Cette lettre contient un vocabulaire de la langue des Shawanoes et des Hurons. — FISKE (Moses). Conjectures respecting the ancient inhabitants of North America (pp. 300-307). — ALDEN (T.) Antiquities and curiosities of Western Pennsylvania (pp. 308-313).— MITCHILL (Dr. Samuel). Letters to S. Burnside (pp. 313-355). Ces lettres traitent de l'origine et des usages des habitants de l'Amérique. — Extract of a letter from JOHN H. FARNHAM ; describing the Mammoth cave, in Kentucky (pp. 355-361).—LETTER from CH. WILKINS; respecting an exsiccated body discovered in a cave, in Kentucky (pp. 361-364). — SHELDON (Wm.). Brief account of the Caraibs, who inhabited the Antilles (pp. 365-433). 2 pl. — ADAMS (B.) (Appendix pp. 434-436). Account of a great and very extraordinary Cave in Indiana.

Vol. II. xxx et 573 pp., 1 fnc., carte. *Contenu* : A Synopsis of the Indian tribes within the U. S. East of the Rocky mountains, and in the British and Russian Possessions in N. America. By ALBERT GALLATIN (pp. 1-422). — An historical account of the doings and sufferings of the Christian Indians in New-England, in the years 1675, 76, 77. By DANIEL GOOKIN (pp. 423-534). Précieux document publié ici pour la première fois. — CLINTON (de Witt). Description of a leaden plate or medal, found near the mouth of the Muskingum, in the state of Ohio (pp. 535-541). — GALINDO (Juan). The ruins of Copan, in Central America (pp. 543-550). —Letter from the Rev. ADAM CLARKE to Peter Duponceau (pp. 551-555).—Obituary notice of Christ. Baldwin (pp. 557-564). Catalogue of the members of the society (pp. 565-573). Errata 1 fnc.

Collection très-importante, surtout pour la Philologie américaine. Un troisième vol. a été imprimé à Cambridge (Mass.) en 1857.

71. ARCHENHOLTZ. Histoire des flibustiers, traduite de l'allemand (par BOURGOING), avec un avant-propos et quelques notes du traducteur. *Paris, Heinrichs, an* XII-1804, in-8, rel.

xvj et 355 pp. Cet ouvrage extrait de celui d'Oexmelin est très-estimé.

72. ARENAS (D. Rafael Diaz). Memoria sobre el comercio y navegacion de las islas Filipinas. *Cádiz,* 1838, in-4, br.

2 fnc., 95 pp., 2 fnc., 1 tableau du poids des monnaies américaines et espagnoles.

73. —— Viaje curioso é instructivo de Manila á Cádiz por China, Batavia, el Brasil y Portugal. *Cádiz,* 1839, in-12, br.

IV et 257 pp.

74. ARENAS (Pedro de). Vocabulario manual de las lenguas Castellana, y Mexicana, en que se contienen las palabras, preguntas, y respuestas mas comunes, y ordinarias que se suelen ofrecer en el trato, y comunicacion entre Españoles, é Indios. *Reimpreso. En la Puebla de los Angeles, en la oficina de D. Pedro de la Rosa,* 1793, in-8, vél.

5 fnc., 145 pp.

Très-bel exemplaire d'un Vocabulaire réimprimé plusieurs fois. La première édition faite à Mexico, sans date, est de 1611, ainsi que l'indique le privilége. Réimprimé en 1728, 1793 et 1831.

La seconde partie, mexicaine-espagnole, occupe dans cette édition de 1793, les pp. 102-145.

75. —— Le même ouvrage. *Reimpreso en Puebla, à cargo del C. Manuel Buen Abad,* 1831, in-18, non-rel.

9 pnc., 93 pp. « Segunda parte » pp. 94-132.

C'est sur cette édition que la suivante a été faite.

76. —— Guide de la conversation en trois langues, français, espagnol et mexicain, contenant un abrégé de la grammaire mexicaine, un vocabulaire des mots les plus usuels et des dialogues familiers, par PEDRO DE ARENAS, revu et traduit en français par Ch. ROMEY. *Paris, Maisonneuve et Cie,* 1862, in-12, br.

72 pp. Réimpression faite sur l'édition de Puebla, 1831, à laquelle on a ajouté le français, et quelques principes de grammaire pris dans l'Arte de CAROCHI.

77. ARESSE (D. Francisco de). Oracion que en elogio del excmo. e illmo. señor D. Bartolomé Maria de las Heras, caballero, gran cruz de la real y distinguida órden española de Carlos III ecc., Dixo en la universidad de S. Marcos el 27 de Octubre de 1815. *Lima, Bernardino Ruiz,* 1815, in-4, br.

1 fnc., pp. 5-44, 8 fnc.

78. ARGAIZ (fr. Gregorio de, chronista de la Religion de San Benito). Vida, y escritos del venerable varon Gregorio Lopez. *Madrid, A. Franc. de Zafra,* 1678, in-4, rel.

15 fnc., 121 pp., 3 fnc.

Le Ven. Gregorio Lopez, naquit à Linhares, dans l'évêché de Coimbre, en 1542; il mourut à Santa Fè, près de Mexico, en 1596, après avoir passé trente-trois années de sa vie dans la solitude, principalement dans la vallée de Amayac, chez les indiens Chichimèques.

Le volume que nous annonçons est le seul ouvrage imprimé qui existe de ce pieux personnage. Il est intitulé « *Tratado del Apocalipsi.* » Les savants de l'époque considéraient cet ouvrage comme étant très profond et rempli d'érudition. V. la *Bibliotheca Lusitana* de Barbosa, vol. II, et celle de N. Antonio.

La vie de ce religieux a été écrite par Fr. Losa (V. ce nom), qui fut un de ses compagnons et qui l'assista dans ses derniers moments.

79. ARGENSOLA (Bart. Leonardo de). Conqvista de las islas Malvcas. *Madrid, por Alonso Martin,* 1609, in-fol., rel.

> 5 fnc., 407 pp., titre gravé par P. Perret. Cet ouvrage important pour l'histoire de la navigation des Espagnols et des Portugais aux Indes, renferme des documents intéressants sur le célèbre navigateur Magellan.
> Son auteur, chapelain de l'impératrice et recteur de Villahermosa, était un écrivain distingué des xvie et xviie siècles. Il publia une suite aux Annales de Zurita et un recueil de poésies.

80. ARGUELLES (Joseph Canga). Quelques mots en réponse à une pétition des négocians de Londres, ainsi qu'à plusieurs articles du « Times», tendant à attaquer l'honneur et les droits du Roi d'Espagne, sur l'indépendance des Amériques. *Londres, M. Calero,* 1829, in-8, br. 93 pp.

81. ARIAS Y MIRANDA (D. José). Examen crítico-histórico del influjo que tuvo en el comercio, industria y poblacion de España, su dominacion en América. *Madrid, Imprenta de la real Academia de la historia,* 1854, in-4, br.

> 176 pp. Obra premiada por la real Academia de la historia en el concurso de 1853.

82. ARMITAGE (João). Historia do Brazil, desde a chegada da real familia de Bragança, en 1808, até a abdicação do Imperador D. Pedro I, em 1831. Traduzida do Inglez por hum Brazileiro (T. Teixeira de Macedo). *Rio de Janeiro, Villeneuve et Cie,* 1837, in-8, rel.

> 2 fnc., 323 pp. Un nom a été coupé sur le titre. Histoire estimée.

83. ARRIAGA (P. Pablo Joseph de la Compañia de Jesvs). Extirpacion de la idolatria del Pirv. *En Lima, por Geronymo de Contreras,* 1621, in-4, non relié.

> 7 fnc., 142 pp., « Litaniæ » 3 pnc., « Indice de algvnos vocablos (indianos) » 2 fnc.
> Le P. Paul de Arriaga, né à Ocaña en 1562, s'embarqua pour les missions du Pérou et s'y distingua par ses vertus. Après avoir enseigné la rhétorique, il gouverna d'abord le collége d'Arequipa, et ensuite celui de Lima, pendant 24 ans. Envoyé par sa province à Rome, il fit naufrage près de Cuba en 1622 et périt à l'âge de 60 ans.

84. ARROYO DE LA CUESTA (R. P. F. Felipe, de l'ordre de St.

François). A Vocabulary or phrase book of the Mutsun language of Alta California. *New York, Cramoisy Press*, 1862, gr. in-8, br.

96 pp. Tiré à 100 ex. et imprimé soigneusement. Le titre du mss. original, appartenant à la bibliothèque de l'évêque de Monterey et dont la « *Smithsonian institution* » possède une copie, est :

« *Jesus, Maria et Josp. Alphab*. *rivulus obeundus, exprimationum causa horum Indorum Mutsun missionis sanct. Joann. Baptistæ, exquisitarum a fr.*. PHILIPP. *ab* AR. YO. DE LA CUESTA , *supradictæ missionis Indion. minist.* . . . . . . Año de 1815, con privilegio de. . . . . . »

Les Indiens Mutsuns habitent le pays situé près de la mission de *San Juan Bautista*, Monterey-Californie. Leur langue semble être la même que celle des Indiens *Diegeño*, peuple sauvage, vivant près de la mission de *la Soledad*, sur la rivière *Salinas*, et que celle des Indiens *Rumsens* ou *Achastlians* de la mission de *San Carlos*, près de Monterey.

85. ARROYO DE LA CUESTA. Extracto de la gramatica Mutsun, ó de la lengua de los naturales de la mision de San Juan Bautista. *Nueva-York, Cramoisy Press*, 1861, gr. in-8, br.

Deux titres dont l'un en anglais, 48 pp. Tiré à 100 ex. Impression très-soignée, faite d'après le mss. appartenant au collége de Santa Inés.
Le Père FELIPE ARROYO DE LA CUESTA, l'auteur de ces deux ouvrages, était Catalan. Il vint en Californie, vers 1810, et fut pendant plusieurs années missionnaire à San Juan Bautista. Il composa son « *Alphabeticus rivulus obeundus* » en 1815, et sa grammaire Mutsun en 1816. Il mourut en 1842 à la mission de Santa Iñez.

86. ARRUDA DA CAMARA (Manoel). Discurso sobre a utilidade da instituição de jardins nas principaes provincias do Brazil. *Rio de Janeiro, Impressão Regia*, 1810, in-8, br. 51 pp.

87. ARTE de la lengua Zebuana. In-4, vél.

616 pp., 8 fnc. Grammaire de toute rareté, imprimée sur papier de riz, à *Manille*, à la fin du siècle dernier, ou au commencement de celui-ci. Notre ex. n'a pas de titre et ne porte aucune indication de nom d'auteur. La langue Zebuana, un des quatre dialectes de la langue Bisaya, se parle dans l'île de Bohol et dans la partie de l'île de los Negros qui se rapproche de Zébu.

88. ARTHAUD. Discours prononcé à l'ouverture de la première séance publique du cercle des Philadelphes, tenue au Cap-François le 11 Mai 1785 ; avec une description de la ville du Cap, pour servir à l'histoire des maladies que l'on y observe dans les différentes constitutions. *Paris*, 1785, in-8, rel.

55 pp. Rare. L'auteur, médecin du roi au Cap, était président du cercle.

89. ATWATER (Caleb). Remarks made on a tour to Prairie du Chien ;

thence to Washington city, in 1829. *Columbus (O.),* 1831, in-12, rel.

vii et 296 pp. Cet ouvrage, cité par LUDEWIG, contient aux pp. 149-172, une grammaire et un vocabulaire de la langue des Sioux ou Dahkotah.

90. AUBIN (A.). Mémoire sur la peinture didactique et l'écriture figurative des anciens mexicains. (*Paris,* 1859-61), in-8, br.

Quatre articles extraits de la Revue américaine et orientale. Cet important travail, qui n'a pas été continué, contient la description d'un certain nombre de mss. mexicains provenant des collections Boturini et Gama, ainsi que de précieuses peintures mexicaines, tirées du cabinet de M. Aubin; le second article renferme un essai de dictionnaire mexicain en signes hiéroglyphiques. Tous ces documents sont ornés de 3 grandes pl. représentant la généalogie des empereurs Chichimèques, depuis Tlotzin jusqu'au dernier roi don Fernando Cortès Ixtlilxochitzin, c'est-à-dire l'histoire du royaume d'Acolhuacan ou de Tezcuco.

91. ——Mémoire sur la peinture didactique. Deuxième article. *Paris,* 1860, in-8, br.

Extrait de la Revue américaine et orientale, n° d'avril 1860. Ce second article qui occupe les pp. 33-51, contient un essai de dictionnaire mexicain en signes hiéroglyphiques. Le même n° contient un article de M. A. CASTAING sur l'avenir de Nicaragua et de Costa-Rica.

92. AUENDAÑO Y VILELA (D. Francisco de). Relacino (sic) del viaie, y svcesso de la Armada qve por mandado de su Magestad partió al Brasil, à echar de alli a los enemigos que lo ocupauan. Dase cuenta de las capitulaciones con que salio el enemigo, y valia de los despojos. *Seuilla, Francisco de Lyra,* 1625, in-4, cart.

4 fnc. Pièce extrêmement rare et tout-à-fait inconnue.

Relation de la prise de S. Salvador sur les Hollandais par l'amiral don Juan Fajardo et don Fadrique de Toledo. Cette pièce écrite par un témoin oculaire est d'une grande valeur historique pour l'histoire de l'occupation hollandaise au Brésil.

93. AVISI particolari delle Indie di Portugallo riceuuti in questi doi anni del 1551 et 1552 da li Reuerēdi Padri de la cōpagnia de Jesu, doue fra molte cose mirabili, si uede delli paesi, delle genti, et costumi loro et la grande cōuersioue (sic) di molti populi, che cominciano a riceuere il lume della sata fede et relligione christiana. *Roma, Valerio Dorico, et Luigi fratelli Bressani,* 1552, in-8, demi rel. cuir de Russie.

267 pp. Imprimée en caractères ronds, cette collection renferme plusieurs notices intéressantes sur le Brésil, savoir :

« COPIA di vna litera del padre MANUEL DE NOBREGA della Cia di Jesu mandata del Brasil al dottor Nauarro suo maestro in Coymbra riceuuta l'anno del 1552. » (pp. 86-99).

« Copia de alcvne littere mandate del Brasil, per il P. Nobrega. » (pp. 100-108). « Cauato d'vn' altra mandata di Pernambuco. » (pp. 109-125). « Vn' a ltra littera d'vn' altro Padre man data medesimamente di Pernam-, buco » (pp. 125-130). « Vn' altra mandata del porto del Spirito Santo.» (pp. 131-134). « Vn' altra mandata della citta del Saluatore. »(pp. 135-143). « Vn' altra mandata dal porto de San Vincentio. » (pp. 144-155).

Le |P. Emmanuel de Nobrega, d'une famille |distinguée, entra |au noviciat de Coimbre en 1544, et s'embarqua pour le Brésil en 1549, où il partagea les glorieux travaux du P. Anchieta. Il mourut en 1570, à l'âge de 53 ans.

94. AYANZ. Respvesta de D. Geronimo de Ayanz, Comendador de Ballesteros, de la Orden de Calatraua, a lo q̃ el Reyno le pregunto acerca de las minas destos Reynos, y del metal Negrillo de Potosi. *Valladolid*, 1603, in-fol., non-rel.

4 fnc.

95. AZARA (D. Felix de). Apuntamientos para la historia natural de los quadrúpedos del Paraguay y Rio de la Plata. *Madrid, viuda de Ibarra,* 1802, 2 vol. in-8, rel.

Vol. I. 1 fnc., xiii et 318 pp., 1 fnc. — Vol. II. 2 fnc., 328 pp.
Cet ouvrage estimé a été traduit en français, ainsi que l'histoire des oiseaux du même auteur, par Walkenaer et Sonnini.

96. —— Viaggi nell' America meridionale, fatti tra il 1781 e il 1801, e publicati sulla scorta de' suoi manoscritti dal sig. C. A. Walkenaer, tradotti dal sig. Gaetano Barbieri. *Milano,* 1817, 2 to. en 1 vol. in-12, cart., non rogné.

Vol. I. xxxvi et 278 pp., 1 fnc. 4 fig. col., 1 carte. Vol. II. 394 pp., 1 pnc., 3 fig.

97. AZEVEDO (P. Ignatii Soc. Jes.). Recueil de pièces et procès-verbaux, dressés pour la canonisation du P. Azevedo et de 39 autres pères de la Cie de Jésus martyrisés au Brésil. In-fol., vél., à comp., dorés, d. s. t. aux armes de Portugal.

Ce précieux volume renferme les traités suivants :

Svmmarivm additionale. De sanctitate vitæ P. Ignatij, et sociorum et religiosissima præparatione ad Apostolicam prædicationem. 70 pp. (Au bas de la dernière on lit) : Reuid. Michael Angelus Lapius subpromotor fidei. *Romæ, typis N. Angeli Tinassii,* 1671.—De publico cultu erga 40. Martyres ante Decreta Sa. mem. Vrbani VIII. 15 pp. *Romæ, N. A. Tinassii,* 1671. — Brasilien. Canonizationis, seu Declarationis Martyrij Seruorum Dei Ignatij Azeuedi, et sociorum soc. Jesu. Svmmarivm de signis svpernatvralibvs. 17 pp. *Romæ, N. A. Tinassij,* 1671.

Une partie de ces pièces est en italien.

· On sait que les procès-verbaux que l'on ¦dressait pour la canonisation des martyrs n'étaient imprimés qu'à un nombre très-restreint d'exempl. que l'on distribuait exclusivement aux principaux personnages de la cour de Rome ou à de hauts fonctionnaires ecclésiastiques.

98. BACQUEVILLE DE LA POTHERIE. Histoire de l'Amérique septentrionale. *Paris, J. Luc Nion et Fr. Didot,* 1722, 4 vol. in-12, rel.

> Vol. I. 5 fnc., 370 pp., 2 fnc., front. grav. 9 fig.—Vol. II. 356 pp., 4 fnc., 9 pl., 3 cartes.—Vol. III. 5 fnc., 310 pp.; 3 fnc., 5 fig.—Vol. IV. 271 pp., 4 fnc., 2 fig.

> « BACQUEVILLE a décrit le premier d'une manière exacte les établissements des Français à Québec, à Mont-Réal, aux Trois-Rivières. Il a fait connaître surtout dans un grand détail et en jetant dans sa narration beaucoup d'intérêt, les mœurs, les usages, etc., des Iroquois. » BIBLIOTHÈQUE DES VOYAGES.

99. —— Le même ouvrage· *Paris, Nyon,* 1753, 4 vol. in-12, rel.

> Cette édition est la même que la précédente, à laquelle on a mis un nouveau titre.

100. BAERS (Joannem). Olinda, Ghelegen int Landt van Brasil, inde Capitania van Phernambuco, met Mannelijcke dapperheyt ende groote couragie inghenomen, ende geluckelijck verovert op den 16. Februarij A° 1630, etc. *Ghedruckt tot Amsterdam, Voor Hendrick Laurentsz,* 1630, in-4, cart.

> 2 fnc., 38 pp. Relation de la prise d'Olinda, le 16 février 1630, par le général Henrick Lonck et le colonel Diederich van Weerdenburg. Ecrite par un témoin oculaire, JOA. BAERS, ministre du saint Evangile, dans la terre noble de Vreeswijck.

101. BAJON. Mémoires pour servir à l'histoire de Cayenne, et de la Guiane françoise, dans lesquels on fait connoître la nature du climat de cette contrée, les maladies qui attaquent les Européens nouvellement arrivés, et celles qui règnent sur les blancs et les noirs. *Paris,* 1777, 2 vol. in-8, rel. fig.

> Vol. I. 5 fnc., xvj et 460 pp., 2 fnc., 5 fig. — Vol. II. 4 fnc., 416 pp., 4 fig.
> BAJON, chirurgien-major de l'île de Cayenne et dépendances, résida douze ans à la Guyane française. Son ouvrage, fruit de ses observations, est très-estimé pour son exactitude l'auteur n'avance rien que d'après les expériences faites sur les lieux mêmes. Les registres de l'Académie des sciences du 3 septembre 1777, font un grand cas de ces mémoires.

102. BALLESTEROS (D. Thomas de, relator del goviero superior). Tomo Primero de las Ordenanzas del Peru, dirigidas al rey nuestro señor.... Y nuevamente añadidas las Ordenanzas, que para el nuevo Establecimiento del Tribunal de la Sta. Cruzada, ha dispuesto, y man-

dado observar segun la real intencion de S. M. y Bula de Benedicto XIV, el Exc. Señor Ant. Manso de Velasco Virrey del Peru y Chile., *Reimpressas en Lima, en la Imprenta de Franc. Sobrino y Bados,* 1752, in-fol., vél.

> 21 fnc., 339 ff., 35 fnc.
>
> Collection fort importante dont il n'a paru que ce premier volume divisé en trois livres. Le premier livre contient les Ordonnances de l'audience royale de Lima et des tribunaux ; le second comprend les Ordonnances et pièces relatives aux Indiens ; le troisième ne traite que des mines.
>
> La première édition de ce livre, moins complète que la seconde, est de Lima 1685.

103. BANDO de buen gobierno para la ciudad de la Havana 1792. *Reimpreso en la Imprenta de la capitania general,* in-4, br.

> 42 pp. Le gouverneur de la Havane par l'ordre duquel ces réglements furent publiés, se nommait D. Luis de Las Casas y Aragorri.

104. BAPTISTA (Fray Joan). Advertencias. Para los Confessores de los Naturales. Compvestas por el padre fray Joan Baptista, de la Orden del Seraphico Padre Sanct Francisco, Lector de Theologia, y Guardian del Conuento de Sanctiago Tlatilulco : de la Provincia del Sancto Euangelio. *En Mexico, en el Conuento de Sanctiago Tlatilulco, por M. Ocharte, año* 1600, in-8, vél.

> « Primera parte » 15 fnc., 112 ff., 58 fnc. « Segunda parte » titre, « texte » ff., 113-443, « index locorum » 104 ff., au verso du dernier on lit : « *Excudebat Ludouicus Ocharte Figueroa, Mexici, in Regio Collegio sancte crucis, sancti Jacobi de Tlatilulco. Anno domini* 1601. » Les ff. 37 (verso) - 51, contiennent une doctrine chrétienne en mexicain et en espagnol, et les ff. 80 (verso) - 85 des questions relatives au mariage, en mexicain et en espagnol. Plusieurs autres ff. sont également en mexicain. Très-bel exemplaire. Ce rare volume est indiqué dans Antonio d'après le P. Wadding, sous la date de 1599, et dans Pinelo (2ᵉ édit.) sous la date de 1606, et de 1600 dans la 1ʳᵉ édition de ce livre.
>
> Ternaux, en indiquant un autre ouvrage sorti des mêmes presses en 1601 (nº 252), dit : Je ne connais pas d'autre ouvrage sorti des presses du collége de Tlatilulco, qui n'est pas, comme on pourrait le croire, une ville du Mexique, mais un couvent situé dans un des faubourgs de Mexico.
>
> Pour d'autres ouvrages de ce religieux, voy. Pinelo, Antonio et Wadding.

105. BARBÉ DE MARBOIS. Etat des finances de Saint-Domingue, contenant le résumé des recettes et dépenses de toutes les caisses publiques, depuis le 10 nov. 1785, jusqu'au 1ᵉʳ janv. 1788. *Au Port-au-Prince, de l'imprimerie de Mozard,* 1788, in-4, rel. v. f. d. s. t.

> 2 fnc., 64 pp., xii tabl. en xi. L'on a ajouté à ce volume : 1º une copie d'une lettre adressée le 3 juillet 1789, par Louis XVI à l'auteur ; 2º les ouvrages suivants :
>
> Barbé de Marbois. Etat des finances de Saint-Domingue...., depuis le

1er janv. 1788, jusqu'au 31 décembre de la même année. *Au Port-au-Prince, de l'imprimerie de Mozard,* 1789, 2 fnc., 58 pp., XIII tabl. en XI. — PROISY (le chev. de). Etat des finances de Saint-Domingue.... depuis le 1er janv. 1789, jusqu'au 31 décembre de la même année. *Paris, imprimerie Royale,* 1790, 44 pp., XII tabl. en X. — MÉMOIRE laissé par BARBÉ DE MARBOIS, intendant à Saint-Domingue, à l'ordonateur, en conformité des ordres du roi. 15 pp.; au bas de la dernière on lit : *Imprimé par Mozart ; au Port-au-Prince, le 26 Octobre 1789, et réimprimé depuis à Paris.* — OBSERVATIONS personnelles à l'intendant de Saint-Domingue, pour être jointes aux états imprimés des finances de la Colonie. *Paris, Knapen et fils,* 1790. — EXTRAIT du procès-verbal de l'Assemblée nationale du 12 juillet 1790. (Relativement aux doutes élevés par M. de la Chevalerie sur le compte rendu de Barbé de Marbois). *Paris, Knapen et fils,* 1790, 2 pp.

Collection de pièces importantes pour notre colonie. Il serait impossible aujourd'hui d'en former un autre ex., attendu qu'elles n'ont été imprimées qu'à un très-petit nombre d'exemplaires. Le nôtre est en PAPIER FORT.

« C'est à M. de MARBOIS que la colonie doit l'avantage d'avoir une connoissance entière de la manutention de ses diverses branches de revenu royal et colonial ; je n'ai trouvé dans sa correspondance avec le ministre du roi aucun ordre qui l'ait obligé à publier les résultats de cette partie de son administration, mais j'ai trouvé la preuve que S. M. avoit daigné applaudir à l'exécution du projet qu'il en avoit formé à son arrivée dans la colonie..... » *Etat des finances de Saint-Domingue de 1789, par le chevalier* DE PROISY. Page 2.

106. BARBÉ DE MARBOIS. Histoire de la Louisiane et de la cession de cette Colonie par la France aux Etats-Unis de l'Amérique septentrionale ; précédée d'un discours sur la constitution et le gouvernement des Etats-Unis. *Paris, F. Didot,* 1829, in-8, demi rel. 1 fnc., 485 pp., 1 carte col.

107. —— The history of Louisiana, particularly of the cession of that Colony to the U. S. of America ; with an introductory essay on the constitution and government of the U. S. Translated by (WM. BEACH LAWRENCE). *Philadelphia, Carey and Lea,* 1830, in-8, cart., *non rogné,* 456 pp.

Le marquis de BARBÉ-MARBOIS, né à Metz en 1745, mort en 1837, fut successivement secrétaire de légation et chargé d'affaires en Allemagne, consul aux Etats-Unis, intendant de Saint-Domingue, ministre de France auprès de la diète de l'Empereur, quitta les affaires pendant la terreur, devint maire de Metz en 1795, puis membre et président du conseil des anciens. Après le 18 fructidor il fut déporté à Sinnamary. Rappelé en 1800, il entra au conseil d'État, fut nommé en 1801 directeur du Trésor, en 1808 président de la Cour des comptes et sénateur en 1813. Sous Louis XVIII les sceaux lui furent confiés. Il se retira des affaires en 1834.

108. BARBER (John Warner). Historical collections, being a general collection of interesting facts, traditions, biographical sketches, anec-

dotes, etc., relating to the history and antiquities of every town in Massachusetts, with Geographical descriptions. Illustrated by 200 engravings. *Worcester, Dorr, Howland et C°*, 1841, in-8, rel.

VIII et 632 pp., 1 carte, nombreuses gravures.

109. BARBEY (Th.). Le Téxas. *Paris, l'auteur*, 1841, in-8, cart. 1 fnc., 22 pp.

110. BARBOSA MACHADO (Diogo). Bibliotheca Lusitana Historica, Critica e Cronologica. Na qual se compréhende a noticia dos authores Portuguezes, e das Obras que compuserão desde o tempo da promulgação da Ley da Graça até o tempo prezente. *Lisboa Occidental, A. Isidoro da Fonseca*, 1731-59, 4 vol. in-fol. rel.

Vol. I. 38 fnc., portrait de l'auteur, 767 pp. — Vol. II. *Ignacio Rodrigues*, 1747, 926 pp., 1 fnc.— Vol. III. 1752, 798 pp., 1 fnc.—Vol. IV. *Fr. Luiz Ameno*, 1759, 2 fnc., 721 pp., 2 fnc.

Cet important ouvrage de. même que celui d'Antonio, doit être dans toute collection américaine que l'on veut pouvoir dire complète.

C'est un ouvrage fort estimable, dit M. Brunet, et nous ajoutons qu'il est fort rare, même en Portugal. TICKNOR, dans son histoire de la littérature espagnole, dit aussi que ce livre est extrêmement important et fort rare, la plus grande partie de l'édition des trois premiers volumes ayant été détruite pendant le tremblement de terre de 1755, qui anéantit la ville presque entièrement.

Les trois premiers volumes renferment les écrivains portugais cités par ordre alphabétique des noms de baptême. Le quatrième vol. contient un supplément pour les trois premiers et un index très-étendu.

111. BARCIA (D. Andres Gonzalez). Historiadores primitivos de las Indias Occidentales. *Madrid*, 1749, 3 vol. in-fol., vél.

Collection très-importante devenue fort rare. Elle renferme les pièces suivantes :

Vol. I. 1 fnc. LA HISTORIA de D. Christoval Colòn, que compuso en Castellano Don FERNANDO COLÒN, su hijo, y traduxo en Toscano ALFONSO DE ULLOA, vuelta à traducir en Castellano, por no parecer el original. 128 pp. — QUATRO cartas de HERNAN CORTÈS, dirigidas al emperador Carlos V. (pp. 1-156). — Dos relaciones hechas al mismo Cortès, por PEDRO DE ALVARADO (pp. 157-166). — OTRA relacion hecha al mismo Cortès, por DIEGO DE GODOY (pp. 166-173). — RELACION sumaria de la historia natural de las Indias.... por G. FERNANDEZ DE OVIEDO. 57 pp., indice 9 pnc. — EXAMEN apologetico de la historica narracion de los naufragios, peregrinaciones, y milagros de ALVAR NUÑEZ CABEZA DE BACA, contra la censura del padre HONORIO FILOPONO, por D. ANT. ARDOINO marquès de Lorito. *(Madrid, Juan de Zuñiga*, 1736). 50 pp. — RELACION de los naufragios del gobernador ALVAR NUÑEZ CABEZA DE BACA. 43 pp., 9 pnc. — COMMENTARIOS del mismo de lo sucedido durante su gobierno del Rio de la Plata. 70 pp., 2 pnc.

Vol. II. Historia general de las Indias por Fr. Lopez de Gomara. 226 pp., 30 fnc. — Chronica de la Nueva-España, ò Conquista de Mexico, por el mismo. 214 pp., 23 fnc.

Vol. III. Historia del descubrimiento, y conquista de la provincia del Peru…. por Agustin de Zarate, 4 fnc., 176 pp., 14 fnc. — Verdadera relacion de la conquista del Perù, y provincia del Cuzco, embiada al emperador Carlos V. por Francisco de Xerèz, (pp. 179-237, 7 pnc.) — Historia, y descubrimiento del Rio de la Plata, y Paraguay, por Huld. Schmidel, trad. del latin. 31 pp., 9 pnc. — Argentina y conquista del Rio de la Plata, con otros acaecimientos de los reynos del Perù, Tucùman, y Estado del Brasil, por el Arcediano Don Martin del Barco Centenera, poema compuesto de veinte y ocho cantos. 107 pp., 17 pnc. — Viage del mondo, de Simòn Perez de Torres, (pp. 1-45.) — Epitome de la relacion del viage de algunos mercaderes de San Malò à Moka, en Arabia, en el mar Bermejo, hecho por los años de 1708, 09, y 10., formado, y puesto en Castellano por D. Manuel de Grova, natural de la Gran Canaria, (pp. 45-48.)

Cette collection est rarement complète, les pièces publiées séparément ne furent réunies qu'après la mort de l'auteur. Plusieurs d'entre elles ayant été détruites, il ne doit exister, dit-on, qu'une centaine d'ex. complets, devenus excessivement rares.

112. BARCIA (D. A. Gonzalez). Ensayo chronologico, para la historia general de la Florida, contiene los descubrimientos, y principales sucessos, acaecidos en este gran Reino, à los españoles, franceses, suecos, dinamarqueses, ingleses y otras naciones, entre sî, y con los Indios. *Madrid, Oficina real,* 1723, in-fol., rel.

19 fnc., 366 pp., 28 fnc., 1 tableau généalogique des comtes de Canalejas, gouverneurs de la Floride. L'auteur s'est caché sous le nom de Gabriel de Cardenas. On ajoute cet ouvrage à l'édition de Garcilaso de la Vega (V. ce nom), donnée par le même Barcia.

113. BARLÆUS (Gasp.). Rervm per Octennivm in Brasilia et alibi nuper gestarum, sub præfectura comitis J. Mavritii, Nassoviæ, etc., comitis, nunc Vesaliæ gubernatoris et equitatus fœderatorum Belgii ordd. sub Avriaco ductoris, historia. *Amstelodami, Joannis Blaev,* 1647, in-fol., dem. mar.

3 fnc., 340 pp., 55 fig. (manque celle portant le n⁰ 35) et cartes, gravées à l'eau-forte par Th. Matham; front. gravé et portrait de Maurice. Les pp. 283-289 contiennent un vocabulaire de la langue du Chili.

114. —— Le même ouvrage. Editio secunda. Cui accesserunt Gul. Pisonis medici Amstel. Tractatvs I. De Aeribus, aquis et locis in

Brasilia. 2. De Arundine saccharifera. 3. De Melle silvestri. 4. De radice altili mandihoca. *Clivis, Tobiæ Silberling,* 1660, in-8, vél.

> 4 fnc., 664 pp., 11 fnc., 6 fig., 2 cartes, front. grav., portrait de Maurice et 1 f. pour ses armes. Le vocabulaire chilien et latin occupe les pp. 474-491. Non cité par Ternaux.

115. BARLÆUS (Gasp.). Descriptio totivs Brasiliæ, in qua agitur de natura et indole Regionis et incolarum, de regimine politico, regum successione, de rebus privatis, de arundine saccharifera, de melle silvestri, de aquis et locis, de moribus, legibus, et ritibus istarum gentium. *Clivis, Tobiæ Silberlingii,* 1698, in-8, vél.

> 4 fnc., 664 pp., 11 fnc., 6 fig. 2 cartes, front. gravé, portrait de Maurice et 1 f. pour ses armes.
>
> Cet ouvrage est le même livre (et la même édition) que le précédent, dont on a changé le titre. Non cité par Ternaux.

116. —— Brasilianische Geschichte, Bey Achtjähriger in selbigen Landen geführeter Regierung Seiner Fürstlichen Gnaden Herrn Johann Moritz, Fürstens zu Nassau, etc. Erstlich in Latein durch Casp. Barlæum beschrieben, Vnd jetzo in Teutsche Sprache vbergesetzt. *Cleve, Tobias Silberling,* 1659, in-12, rel.

> 10 fnc., 848 pp., 10 fnc., front. gravé, portrait de Maurice et 1 f. pour ses armes. 8 pl. et cartes.
>
> L'ouvrage de Barlæus forme la base de tout ce qui a été écrit plus tard sur cette période de l'histoire des guerres au Brésil de 1636 à 1644, et a d'autant plus d'importance que l'auteur l'a écrit d'après les informations fournies par Maurice lui-même. Selon Clément (*Bibl. Cur.*, ii, 430), la plupart des exemplaires de l'édition in-fol. (nº 113) auraient été détruits dans l'incendie de la maison du libraire Blaeu.

117. BARREDA (Br. D. Nicolas de la). Doctrina christiana en lengva Chinanteca, añadida la explicacion de los principales mysterios dë la fee. Modo de baptizar en caso de necessidad, y de ayudar á bien morir, y methodo de administracion de sacramentos. *Mexico: Por los herederos de la viuda de Franc. Rodriguez Lupercio,* 1730, in-4, vél

> 7 fnc., 95 pp. (chiff 85) à 2 colonnes.
>
> Cette doctrine chrétienne est sans nul doute le seul livre qui existe maintenant sur la langue chinanteca ou chinacantequa; puisque la grammaire de Fr. de Cepeda, impr. à Mexico en 1560, in-4º, n'existe dans aucune biblioth. connue (Cf. Ludewig, *Bibliotheca glottica*, p. 40). Cette langue est parlée par les Indiens de Oaxaca, Mexique, dans les districts de Quiechapa, Jalalog et Chuapan. Une note mss. collée sur la couverture indique que ce vol. a été donné à M. Melchior Verheyen, voyageur, par le curé de Jalapillio, M. Mendoza.

118. BARRENECHEA (D. Juan de). Nueva obseruacion astronomica

del periodo tragico de los temblores grandes de la Tierra. Exactamente arreglada à Europa, y Assia, y de la America, à los Reynos del Perù, Chile, y Guathemala. *Lima, J. Gonzales de Cossio,* 1734, in-4, rel.

14 fnc., 36 ff., 3 fnc., 1 tableau, 1 fig. Exemplaire dans une curieuse reliure péruvienne, ornée de dessins sur les plats. L'auteur était professeur de mathématiques à l'université de S. Marc de Lima.

119. BARRERE (Pierre). Nouvelle relation de la France Equinoxiale, contenant la description des côtes de la Guiane; de l'isle de Cayenne; le commerce de cette colonie; les divers changements arrivés dans ce pays; et les mœurs et coûtumes des différents peuples sauvages qui l'habitent. *Paris, Piget,* 1743, in-12, rel.

iv et 250 pp., 1 fnc., 16 fig., 3 cartes.

L'auteur, docteur en médecine, fut envoyé, en 1722, par ordre du roi, à la Guyane, où il séjourna pendant trois ans. A son retour il publia sa relation qui est très-recherchée pour son exactitude.

120. BARROS (P. André de, da companhia de Jesus). Vida do apostolico Padre Antonio Vieyra da Comp. de Jesus, chamado por antonomasia o grande: acclamado no Mundo por principe dos oradores evangelicos, prégador incomparavel dos reys de Portugal, Varaõ esclarecido em virtudes, e letras divinas, e humanas; restaurador das missões do Maranhaõ, e Pára. *Lisboa, na nova Officina Sylviana,* 1746, in-fol., rel.

12 fnc., 686 pp., portrait de P. Vieyra gravé à Rome en 1742.

Le P. ANDRÉ DE BARROS, né à Lisbonne en 1697, supérieur de la maison professe de cette ville, fut chargé par l'Académie royale de l'histoire du Portugal d'écrire les mémoires ecclésiastiques de l'évêché d'Algarve. Il mourut à Lisbonne en 1754.

121. BARTOLOZZI (Franc.). Ricerche istorico-critiche circa alle scoperte d'Amerigo Vespucci con l'aggiunta di una relazione del medesimo fin ora inedita. *Firenze, Gaëtano Cambiagi,* 1789, in-8, demi rel.

182 pp., 1 fnc. A la suite:

APOLOGIA delle ricerche istorico-critiche circa alle scoperte d'Amerigo Vespucci alle quali pùo servire d'aggiunta, scritta da FR. BARTOLOZZI in confutazione della lettera seconda allo stampatore data col nome del padre CANOVAI delle scuole pie. *Firenze, G. Cambiagi,* 1789, 40 pp.

122. BARTRAM (W.). Voyage dans les parties sud de l'Amérique

septentrionale, savoir : les Carolines, la Géorgie, les Florides; le pays
des Cherokées, le territoire des Muscogulges ou de la confédération
Creek, et le pays des Chactaws, etc., trad. de l'anglois par P. V. Be-
noist. *Paris, Maradan, an IX,* 2 vol. in-8, rel.

> Vol. I. 457 pp., carte, front. et 2 pl. — Vol. II. 436 pp., 1 pnc., 1 pl. « En visi-
tant les vastes contrées dont le titre de l'ouvrage fait l'énumération, Bartram
s'est singulièrement attaché à l'histoire naturelle et surtout à la botanique des
pays, objet principal de ses études. Il ne laisse presque rien à désirer aux natu-
ralistes sur cette dernière partie. » Bibl. des voyages.

> » A most interesting work to lovers of natural history, especially botany. »
Lowndes'.

123. BASIL-HALL. Voyage au Chili, au Pérou, et au Mexique, pendant les années 1820, 21 et 22, entrepris par ordre du gouvernement
anglais. *Paris, A Bertrand,* 1834, 2 vol. in-8, br.

> Vol. I. 359 pp., carte. — Vol. II. 382 pp. « An excellent little work, full of
interesting anecdotes, and lively descriptions of events which occured during his
professionnal visits to several places on the coast of the Pacific Ocean, from Chili
to the Northern part of Mexico » Lowndes'.

> La traduction française de cet ouvrage a été faite par M. Leroy.

124. (BAUDRY DE LOZIÈRES.) Voyage à la Louisiane et sur le continent de l'Amérique septentrionale, fait dans les années 1794 à 1798;
contenant un tableau historique de la Louisiane, des observations sur
son climat, ses riches productions, le caractère et les noms des sauvages, etc. *Paris, Dentu, an XI,* 1802, in-8, rel.

> viij et 382 pp., carte. Les pp. 348-362 contiennent un vocabulaire de langue
des Naoudoouesois (Dakkotah), et de celle des Chippeways.

125. —— Second voyage à la Louisiane de 1794 à 1798. *Paris, Charles, an XI* (1803), 2 tomes en 1 vol. in-8, demi mar.

> Vol. I. xvj et 414 pp., 1 fnc., 1 tableau. — Vol. II. 410 pp., 1 fnc. Les pp.
108-146 contiennent un vocabulaire Congo.

126. BAYARD (Ferd. M.). Voyage dans l'intérieur des Etats-Unis, à
Bath, Winchester, dans la vallée de Shenandoah, etc., pendant l'été de
1791, seconde édition augmentée de descriptions et d'anecdotes sur la
vie militaire et politique de Washington. *Paris, Batilliot, an VI,*
in-8, cart. xxiiij et 349 pp.

127. BEAUMONT (A. J.). De la constitution Américaine, et de quel-

ques calomnies dont elle a été l'objet de nos jours. *Paris*, 1831, in-8,
br. 60 pp.

128. BECKFORT (W.). Vues pittoresques de la Jamaïque, avec une
description détaillée de ses productions, surtout des cannes à sucre,
des travaux, du traitement et des mœurs des nègres, etc. Traduit de
l'anglois par J. S. P. *Paris, La Villette*, 1793, 2 tomes en 1 vol. in-12,
demi rel.

> Vol. I. 190 pp. — Vol. II. 224 pp. Cet ouvrage donne des renseignements pré-
> cieux sur les productions de la Colonie et les mœurs de ses habitants. L'édition,
> quoique portant un titre daté de Paris, a dû être imprimée à Lausanne

129. BELLE-FOREST (François de, comingeois). L'histoire vniverselle dv monde, contenant l'entiere description et situatiō des quatre
parties de la terre, la diuision et estendue d'vne chacune Region et
prouince d'icelles. Ensemble l'origine et particulieres mœurs, loix,
coustumes, relligion, et ceremonies de toutes les nations, et peuples
par qui elles sont habitées. *Paris, Geruais Mallot*, 1570, in-4, bas.

> 17 fnc., 317 ff., 13 fnc. — Les ff. 245-317 contiennent la description de la qua-
> trième partie du monde, c'est-à-dire l'Amérique. Compilation curieuse pour
> l'époque de sa publication. Le titre est doublé et les derniers ff. sont légèrement
> tachés par l'humidité.

130. BELLIN. Description géographique des isles Antilles possédées
par les Anglois. Sçavoir la Jamaïque, la Barbade, Antigue, Montserrat,
S. Christophle, Nieves, l'Anguille et les Vierges, Isles Lucayes et Bermudes. *Paris, Didot*, 1758, in-4, rel.

> xij et 171 pp., deux titres dont l'un gravé par CHOFFARD, 13 cartes, vignettes.

131. —— Le même ouvrage. *Paris, Didot*, 1758, in-4, demi rel. mar.

> xij et 171 pp., deux titres dont l'un gravé, 13 cartes, vignettes.
>
> Bel exemplaire auquel on a ajouté : DESCRIPTION géographique des débouque-
> mens qui sont au Nord de l'isle de Saint-Domingue, par BELLIN. *Paris, Didot*,
> 1768, 3 fnc., 152 pp., deux titres dont l'un gravé, 34 cartes, vignettes.

132. —— Remarques sur le détroit de Belle-Isle, et les côtes septentrionales de la Nouvelle France, depuis la rivière S. Jean, jusqu'au
cap Charles. *Paris, Didot*, 1758, in-4, demi mar. rouge.

> 16 pp. A la suite :
>
> REMARQUES sur la carte réduite de l'Océan septentrional, compris entre
> l'Asie et l'Amérique. *Paris, Didot*, 1766, 8 pp.

Observations sur la construction de la carte de l'Océan méridional dressée par ordre du comte de Maurepas. *Paris, Delatour,* 1739, 18 pp.
Observations sur la construction de la carte de l'Archipel. *Paris,* 1738, 8 pp.
Remarques sur la carte réduite des parties connues du globe terrestre. *Paris, Didot,* 1755, 16 pp.

133. BELLIN. Description géographique de la Guiane. *Paris, imp. de Didot,* 1763, in-4, rel.

Deux titres dont l'un gravé; xiv pp., 1 f. pour la table des cartes et pl.; 294 pp., 1 fnc., 20 cartes, 10 pl.

134. —— Le même ouvrage. *Paris, Didot,* 1763, in-4, demi rel. mar.

xiv pp., 1 fnc., 294 pp., 1 fnc., deux titres dont l'un gravé, 30 cartes et pl.

A la suite :

Observations sur la construction de la nouvelle carte de la Méditerrannée. *Paris,* 1737, 8 pp.
Remarques sur les isles de Jersey, Grenesey (*sic*) et Aurigny. *Paris, Didot,* 1756, 23 pp.
Remarques sur les cartes du Neptune françois. 1751, 15 pp.
Remarques sur la carte réduite des isles Açores. *Paris, Didot,* 1755, 10 pp.

J. Nic. Bellin, ingénieur hydrographe, né à Paris en 1703, mort en 1772, rédigea plusieurs ouvrages pour le service de la marine, qui tous sont très-exacts.

135. BELTRAMI (J. C.). La découverte des sources du Mississippi et de la Rivière Sanglante. Description du cours entier du Mississippi. Observations critico-philosophiques sur les mœurs, la religion, les superstitions, les costumes, le dénombrement, l'origine, etc., etc., de plusieurs nations indiennes. *Nouvelle-Orléans, Benj. Levy,* 1824, gr. in-8, demi rel. *non rogné.*

v pp.; 1 fnc., 328 pp. Relation curieuse et très-intéressante. On a ajouté à cet exempl. une lettre autographe de l'auteur.

136. BELTRAN DE SANTA ROSA MARIA (ex-custodio, hijo de esta Recoleccion franciscana de Merida). Arte de el idioma Maya reducido a succintas reglas, y semilexicon Yucateco. *Mexico, por la viuda de D. Joseph Bernardo de Hogal,* 1746, in-4, veau.

7 fnc., 188 pp. Entre les pp. 172-173 sont deux pl. gravées représentant la descendance des familles, servant d'exemple à l'article treizième sur la parenté.
Le P. Beltran de Santa Rosa composa sa grammaire étant professeur de langue Maya, dans le couvent de Saint-François de Mérida de Yucatan, en 1742.

137. BENEZET (Antoine). Observations sur l'origine, les principes, et l'établisement *(sic)* en Amérique, de la société connue sous la denomination de Quakers ou Trembleurs : Extrait de divers auteurs. Redigés *(sic)*, principalement en faveur des étrangers. *Philadelphie, Joseph Crukshank, rue du Marché,* 1780, in-8, br.

36 pp. EDITION ORIGINALE fort rare. Une réimpression a été faite à Londres en 1783, in-12.

BÉNEZET, né en 1713, mort en 1784, était issu d'une famille française de Saint-Quentin, chassée de France par la révocation de l'édit de Nantes. Il se fixa à Philadelphie, adopta la doctrine des Quakers et fut un des premiers défenseurs de la cause des noirs.

138. BENZONI (Girolamo). La historia del Mondo Nvovo. La qval tratta dell'isole, et mari nuouamente ritrouati, et delle nuoue città da lui proprio vedute, per acqua et per terra in quattordeci anni. (A la fin): *In Venetia, appresso Francesco Rampazetto,* 1565, in-8, demi rel.

3 fnc., 175 ff., portrait de l'auteur sur le titre, fig. sur bois dans le texte. EDITION ORIGINALE.

139.——Lo stesso libro....... Nuouamente ristampata, et illustrata con la giunta d'alcune cose notabile dell'Isole di Canaria. *In Venetia, ad instantia di Pietro, et Francesco Tini,* 1572, pet. in-8, non relié.

3 fnc., au verso du dernier le portrait de l'auteur, 179 ff., 1 fnc., fig. sur bois.

140. —— Le même ouvrage. *Venetia,* 1572, pet. in-8, mar. gris, d. s. tr.

Magnifique exemplaire de la seconde édition.

141. —— Histoire novvelle dv Novveav Monde, contenant en somme ce que les Hespagnols ont fait iusqu'à présent aux Indes Occidentales, et le rude traitement qu'ils font à ces poures peuples-là. Extraite de l'italien de M. HIEROSME BENZONI milanois, qui ha voyagé XIIII ans en ces pays-la; et enrichie de plusieurs discours et choses dignes de memoire. Par M. VRBAIN CHAVVETON. Ensemble vne petite histoire d'vn massacre commis par les Hespagnols sur quelques François en la Floride. Auec vn indice des choses les plus remarquables. (*A Genève), par Evstace Vignon,* 1579, in-8, rel.

3 fnc., 726 pp., 7 fnc. Plus 104 pp. avec le titre suivant :

BRIEF discovrs et histoire d'vn voyage de quelques François en la Floride: et du massacre autant iniustement que barbaremēt executé sur eux par les Hespagnols, l'an mil cinq cens soixante cinq..... M. D. LXXIX.

Il y a des exemplaires de cette traduction française sous la date de 1589. Le nôtre a le titre raccommodé et le dernier f. endommagé. — Charlevoix pense que la partie de ce livre ayant rapport à la Floride, est tirée de l'ouvrage de Le Challeux sur le même sujet imprimé en 1566.

142. BENZONI (Girolamo). Novæ novi orbis historiæ, id est, Rerum ab Hispanis in India Occidentali hactenus gestarum, et acerbo illorum in eas gentes dominatu libri tres, Vrbani Calvetonis opera industriáque ex Italicis Hieronymi Benzonis Mediolanésis... Commentariis descripti, Latini facti, ac perpetuis notis, argumentis et locupleti memorabilium rerum accessione illustrati. His ab eodem adiuncta est, de Gallorum in Floridam expeditione, et insigni Hispanorum in eos sæuitiæ exemplo, breuis Historia. (*Genevæ*) *Apud hæredes Eustathij Vignon, anno* 1600, in-8, vél.

15 fnc., 480 pp., 6 fnc. Troisième édition de cette traduction latine, plus complète que les deux autres. Elle n'est pas citée par Ternaux.

Jérome Benzoni, né à Milan vers 1519, abandonna sa patrie à l'âge de 22 ans pour chercher des aventures dans le Nouveau-Monde. Après quatorze ans de voyages, il revint en 1556, et publia son *Historia del Mondo Nuovo*, qui eut beaucoup de succès.

143. BERDUGO (D. Nicolas). Reducciones de plata, y oro, a las leyes de 11. Diner. y 22. Quilat. valores de una. Y otra especie por marcos, onzas, ochav. tomin. y gran. como S. Mag. lo manda en sus novissimas reales ordenanzas, expedidas en 1. de Agosto de 1750. ecc. *Mexico, Doña Maria de Rivera,* 1752, in-8, rel.

14 fnc., 324 pp.

144. BERETARIUS (Sebastianus). Josephi Anchietæ soc. Jesv sacerdotis in Brasilia defvncti Vita. Ex iis, qvæ de eo Petrvs Roterigivs soc. Jesv Præses Prouincialis in Brasilia quatuor libris Lusitanico idiomate collegit, aliísque monumentis fide dignis, à Sebastiano Beretario descripta. *Lvgdvni, Horatij Cardon,* 1617, in-8, vél.

3 fnc., 277 pp. Ternaux ne cite pas cette édition qui est la première de l'ouvrage, mais il en cite une autre sous la même date, imprimée à Cologne.

Une traduction française a été imprimée à Douai en 1619, in-12.

145. —— Vida del Padre Joseph de Ancheta (*sic*) de la Compañia de Jesvs, y provincial del Brasil. Tradvzida de latin en castellano por el P. Esteuan de Paternina de la misma Compañia, y natural de Logroño. *Salamança, Antonia Ramireᴢ,* 1618, in-8, vél.

7 fnc., 430 pp., 1 fnc., pour l'adresse de l'imprimeur.

Cette traduction de la vie du P. Anchieta, surnommé l'apôtre du Brésil, a été faite par un P. de la Cᵢᵉ de Jésus, qui abandonna son ordre après avoir enseigné la philosophie et la théologie à Salamanque et à Valladolid.

146. BERETTARI (Sebastiani). Vita del padre Gioseffo Anchieta della Compagnia di Giesv'. Scritta da vn Religioso della medesima Compagnia. *Bologna, per l'heredo del Benacci*, 1658, in-16, rel. d. s. t. Aux armes de la Compagnie de Jésus.

227 pp. Traduction italienne non citée dans la bibliothèque des PP. de BACKER (ils n'indiquent que celle de Turin 1621). Elle est dédiée à G. B. Gargiaria, président de la chambre ducale de Parme. L'épître dédicatoire est signée ALESSANDRO CALUI, qui doit en être le traducteur.

Le P. BERETTARI publia son ouvrage d'après le mss. du P. PIERRE DE RODRIGUES né à Evora en 1542, ce religieux entra dans la Compagnie à l'âge de quatorze ans et fut recteur des collèges de Madère et de Bragance, et depuis visiteur à Angola et au Brésil. Il mourut à Fernambouc en 1614 à l'âge de 72 ans. (Les PP. de BACKER fixent l'époque de sa mort en 1628, ce qui ne s'accorde pas avec la date de 1556 qu'ils donnent comme étant celle de son entrée dans la Compagnie.) Ce fut pendant son séjour au Brésil qu'il composa la vie du P. Joseph de Anchieta. Elle n'a jamais été imprimée; le manuscrit se conservait dans la bibliothèque du collège de Lisbonne. *Cf.* BARBOSA. *Bibl. Lusitana.*

147. BERGAÑO (fr. Diego). Arte de la lengva Pampanga. Nvevamente añadido, emmendado, y reducido à methodo mas claro, por el mismo autor. *Reimpresso, en el convento de Nra señora de Loreto de el Pueblo de Sampaloc*, 1736, in-4, vél.

15 fnc., 219 pp., 3 pnc. Imprimé sur papier de riz. La première édition de ce livre fort rare, a été faite dans le couvent de Bacolor, en 1729.

L'auteur, de l'ordre de S. Augustin, était prieur de ce couvent. Il fit imprimer à Manille, en 1732, un Dictionnaire Pampango Espagnol et Espagnol Pampango.

148. BERISTAIN DE SOUZA (D. Josef Mariano). Oracion panegirico-eucaristica, que en la solemne accion de gracias por la instalacion de la soberana junta de gobierno de España y de sus Indias, celebrada por los caballeros de la orden de Carlos III, residentes en Mexico, dixo en la iglesia metropolitana el dia 8 de diciembre de 1808. *Mexico, Doña Maria Fernandez Jauregui,* 1809, in-4, br.

47 pp. L'auteur de cet opuscule est principalement connu par son grand ouvrage publié à Mexico en 1816-19, 3 vol. in-fol., sous le titre de « *Biblioteca hispano-americana septentrional* » Cette importante publication, fut terminée par son neveu JOSÉ RAFAEL ENRIQUEZ BERISTAIN; l'auteur étant mort avant l'impression entière du vol. I.

149. —— Cantos de las musas mexicanas, con motivo de la colocacion

de la estatua equestre de bronce de Carlos IV. *Mexico, M. de Zuñiga y Ontiveros,* 1804, in-4, vél.

5 fnc., 138 pp. Recueil curieux et rare des pièces composées par divers auteurs sur la statue de Charles IV, érigée à Mexico le 9 décembre 1803. On avait d'abord élevé en 1796 une statue en bois doré, sculptée par don Manuel Tolsa, directeur de l'académie royale de San Carlos; la nouvelle statue en bronze ne fut prête qu'en 1803, les corsaires anglais ayant pris, en 1799, la frégate Asturiana, qui conduisait de Cadix 90 quintaux de calamine destinés à sa fonte.

JOSE BERISTAIN DE SOUZA, né à Puebla en 1759, fit son éducation en Espagne, et retourna au Mexique en 1790. Nommé doyen de la cathédrale de Mexico et recteur du collége de San Pedro, il fut l'un des défenseurs de la domination espagnole pendant la révolution de 1810. Il mourut en 1817 des suites d'une attaque d'apoplexie.

150. BERKEL (Adriaan van). Amerikaansche Voyagien, Behelzende een Reis na Rio de Berbice, Gelegen op het vaste Land van Guiana, aande Wilde-kust van America, Mitsgaders een andere na de Colonie van Suriname, Gelegen in het Noorder Deel van het gemelde Lands-chap Guiana. *Tot Amsterdam, By Johan ten Hoorn,* 1695, in-4, cart.

Front. gravé; 2 fnc., 139 pp., 4 pnc., 2 pl. Exemplaire taché.

151. BERMUDEZ (D. D. Joseph Manuel). Oracion funebre del excelent. señor Conde de La Union : que en las exequias celebradas por el ilustre Cabildo y regimiento de esta ciudad de los Reyes, dixo en la iglesia catedral el dia XXVII. de Noviembre de 1795. *Lima, Imprenta Real,* 1796, in-8, br.

4 fnc., 89 pp., 1 fnc. Le comte De La Union mourut le 20 novembre 1794, à l'âge de 42 ans et 3 mois, il en avait employé 29 au service du roi. Son nom était : Don Luis Fermin de Carbajal y Vargas, conde De La Union.

152. BERNHARD (Duke of Saxe-Weimar Eisenach). Travels through North America, during the years 1825 and 1826. *Philadelphia,* 1828, 2 to. en 1 vol. in-8, cart.

Vol. I. 212 pp. — Vol. II. 238 pp. Une édition allemande de ce voyage a été publiée à Weimar en 1828-30 par H. LUDEN, en 3 vol. in-8°.

153. BEROA (P. Jacobo de). Litteræ annuæ provinciæ Paraqvariæ soc. Jesu. (ab anno 1635, ad mensem Julium anni 1637) Ad admodùm R. P. Mvtivm Vitellescvm ejusdem soc. præpositum generalem. Ex hispanico autographo latinè redditæ à P. FRANCISCO DE HAMAL belgâ soc. ejusdem. *Insvlis, Tossani Le Clercq,* 1642, in-12, vél.

3 fnc., 347 pp. Ces lettres sont datées de *Cordubiæ Tucumaniæ* 13. *Augusti* 1637, et signées DIEGO DE BEROA.

Le P. DE BEROA, jésuite espagnol, né à Truxillo en 1585, mourut le 13 avril 1658, après avoir passé presque toute sa vie dans les missions du Paraguai. Son ouvrage n'est pas cité dans ANTONIO, et PINELO l'indique au nom de HAMAL, comme étant imprimé en français.

154. BERREDO (Bernardo Pereira de). Annaes historicos do estado do Maranhaõ, em que se dá noticia do seu descobrimento, e tudo o mais que nelle tem succedido desde o anno em que foy descuberto até o de 1718. *Lisboa, Francisco Luiz Ameno,* 1749, in-fol., rel.

> 12 fnc., 710 pp. Un des ouvrages les plus rares, et en même temps une des meilleures histoires particulières de l'Amérique.
>
> BERNARDO PEREIRA DE BERREDO, d'une famille illustre, suivit la carrière des armes, dans laquelle il se distingua. Le roi le nomma gouverneur du Maragnan et capitaine général de Mazagan dans le Maroc. Il mourut à Lisbonne le 13 mars 1748, avant l'impression de son ouvrage.

155. BERTONIO (P. Ludovico). Historia de los quatro Evangelios en lengua Aymara, con varias reflexiones para exortar è instruir à los Indios de esta Provincia de Chucuyto en los Misterios de nuestra Santa Fee Catholica. Sacada de un libro antiguo, que aora 160. aˢ. dio à luz el Pᵃ. LUDOVICO BERTONIO de la Compañia de Jesus; cuyo lenguase yà barbaro, inusitado, è ininteligible se renueva, pule, y perfecciona al natural, y mas eloquente modo de hablar de estos tiempos. Por el P. FRANCISCO MERCIER, y GVZMAN de la misma Compᵃ. *Año de* M. D. CC. LX, in-8, vél.

> Manuscrit d'une fort belle écriture sur papier, composé de 1 fnc., et 388 pp. chiff. (à partir de la p. 329, la pagination commence à 340; il en est de même après la p. 369, la pag. commence à 380). « *Apendice de algunos Evangelios q̃ faltan, para el mayor complemento de esta obra* »]pp. 389-398. « *Traduccion al Castellano de algunas palabras algo mas dificiles, que se hallan en este libro* » pp. 399-415.
>
> Cette copie, faite par le P. Fr. MERCIER, qui d'après son nom serait un missionnaire français, sur un imprimé ou manuscrit portant la date de 1600, est un des articles les plus précieux de cette collection; elle est d'autant plus importante pour l'étude des langues américaines, que l'original paraît être complètement perdu, et qu'elle est écrite dans une langue sur laquelle il existe très-peu de documents, pour la plupart introuvables.
>
> Le P. LOUIS BERTONIO entra dans la Compagnie en 1575. Il passa sa vie au Pérou à évangéliser les Indiens. Il mourut à Lima en 1628, à l'âge de 73 ans.
>
> On cite de lui : *Arte de la lengua Aymará,* imp. à Rome en 1603, in-8°; réimprimé dans la même ville en 1608 (LUDEWIG), et dans le collége des PP. Jésuites à *Juli,* ou *Juli Pueblo,* petite ville du Pérou, dans la province de Chucuito, en 1612. — *Libro de la vida y milagros de N. S. en dos lenguas Aymara y Romance. Juli,* 1612, in-4°. — *Confessionario muy copioso en dos lenguas Aymara y Española. Juli,* 1612, in-8° (1611, PP. DE BACKER). — *Vocabulario de la lengua Aymara. Juli,* 1612, in-4°. (Catalogue Chaumette des Fossés, nᵒˢ 66, 78 et 576).

Ces trois ouvrages rarissimes sont très-précieux pour l'histoire de la typographie au Pérou. FRANCISCO DEL CANTO, célèbre imprimeur de Lima, fut celui qui dirigea les presses du couvent de Juli. Le P. Bertonio a publié d'autres ouvrages de religion en langue Aymara, dont les titres ne sont pas parvenus jusqu'à nous.

156. BERTRAN (D. Felipe, obispo de Salamanca, inquisidor general). Carta instructiva a un predicador moderno, para formar con acierto un sermon; proponiendole por modelo el que en alabanza de S. Tomas de Aquino, predicó en Madrid año de 1770, el señor D. F. BERTRAN. *Mexico, Felipe de Zuñiga, y Ontiveros, 1779,* in-8, vél.

> 22 pp. « Sermon, que en alabanza de S. Tomas de Aquino predicó en el colegio de Rev. padres dominicos de Madrid, ecc. » *Reimpresso en México, por Fel. de Zuñiga y Ontiveros* (1779). 68 pp.

157. BETANCURT Y FIGUEROA (Dn. Lvis de). Derecho de las iglesias metropolitanas, i catedrales de las Indias, sobre qve svs prelacias sean proveidas en los capitulares dellas, i naturales de sus provincias. *Madrid, Francisco Martinez,* 1637, in-4, non rel.

> 3 fnc., 51 ff., 1 fnc. Non cité par ANTONIO. — TERNAUX indique une édition de Madrid 1635, et une autre de Mexico, 1637.

158. BETENDORF (P. João Filippe). Compendio da doutrina christãa na lingua portugueza, e Brasilica. Reimpresso de ordem de S. Alteza real, por FR. JOSÉ MARIANO DA CONCEIÇÃO VELLOZO. *Lisboa,* 1800, in-12, br. rogné.

> VIII et 131 pp. 2 pnc. Cette doctrine chrétienne qui selon la préface, aurait été composée en 1681, n'est pas mentionnée par ANTONIO et PINELO.
>
> BARBOSA MACHADO, cite un catéchisme en brésilien, composé par le P. ANTÓNIO DE ARAUJO, imprimé en 1618. Réimprimé avec des augmentations de F. Bartholameu de Leão, en 1686. Ne serait-ce pas le même que celui qui est annoncé dans la préface de notre volume ?

159. BEULLOCH. Le Mexique en 1823, ou Relation d'un voyage dans la Nouvelle-Espagne, contenant des notions exactes et peu connues sur la situation physique, morale et politique de ce pays. Ouvrage trad. de l'anglais par M***. Précédé d'une introduction, et enrichi de pièces justificatives et de notes ; par sir JOHN BYERLEY. *Paris, A. Eymery,* 1824, 2 vol. in-8, cart. et atlas in-4.

> Vol. I. lxxii et 364 pp. — Vol. II. 368 pp., 1 fnc. — ATLAS. Portrait de l'auteur, 11 pp., 20 pl. noires et col., répr. des vues, costumes et antiquités du Mexique.

160. BEVERLEY (R. B.). Histoire de la Virginie, traduite de l'anglois. *Orléans et se vend à Paris, chez Pierre Ribou,* 1707, in-12, rel.

3 fnc., 416 pp., 9 fnc., front. gravé, 14 pl., 1 tableau.

161. BEVERLEY (R. B.). Histoire de la Virginie. *Amsterdam, Thomas Lombrail,* 1707, in-12, rel.

2 fnc., 432 pp , 8 fnc., front. gravé, 14 fig., 1 tableau.

162. —— Le même ouvrage. *Amsterdam, Claude Jordan,* 1712, in-12, bas.

Cette édition est la même que la précédente, dont on a changé le titre. Les pl. de ce vol. sont gravées d'après celles du recueil des frères de Bry.

Ouvrage très-précieux pour les renseignements qu'il donne sur les indigènes de cette province.

163. BEYER (Moritz). Das Auswanderungsbuch oder Führer und Rathgeber bei der Auswanderung nach Nordamerika und Texas. *Leipzig,* 1846, in-12, cart.

xii et 236 pp.

164. BIANCHETTI (Giuseppe). Elogio a Cristoforo Colombo. Letta nell' Ateneo di Treviso. *Venezia, Franc. Andreola,* 1820, in-4, br. 27 pp.

165. BIET (Antoine). Voyage de la France Eqvinoxiale en l'isle de Cayenne, entrepris par les François en l'année M. D C. LII. Diuisé en trois livres. Le premier, contient l'établissement de la Colonie, son embarquement, et sa route iusques à son arriuée en l'isle de Cayenne. Le second, ce qui s'est passé pendant quinze mois que l'on a demeuré dans le païs. Le troisième, traitte du temperament du païs, de la fertilité de sa terre, et des mœurs et façons de faire des sauuages de cette contrée. Avec vn Dictionnaire de la langue du mesme païs. *Paris, François Clovʒier,* 1664, in-4, vél.

11 fnc., 432 pp. Le dictionnaire Galibi occupe les pp. 399-432.

« Aucune relation ne donne autant de lumières que celle de Biet sur les naturels de la Guyane ; il les a dépeints dans toute leur simplicité primitive. Le vocabulaire de leur langue est fait avec soin, et est précédé de remarques utiles sur la langue commune aux Galibis et à tous les habitans de la côte. » BIBL. DES VOYAGES.

ANTOINE BIET, l'auteur de cette relation estimée, non citée par TERNAUX, était curé de Sainte-Geneviève de Senlis ; il fut nommé supérieur des prêtres qui se rendirent en Guyane avec M. de Royville.

J. DE LAON, sieur Daigremont, capitaine, qui faisait partie de la même expédition, en a publié une relation en un vol. in-8°, en 1654, de 3 fnc., 200 pp. et 1 carte.

166. BIGELOW (Jacob). American medical botany, being a collection of the native medicinal plants of the U. S., Containing their botanical history and chemical analysis, and properties and uses in medicine, diet and the arts, with coloured engravings. *Boston, Cummings and Hilliard*, 1817-20, 3 vol. in-8, rel.

> Vol. I. 197 pp., pl. i-xx. — Vol. II. 199 pp., pl. xxi-xl. — Vol. III. 197 pp., pl. xli-lx. Ouvrage important. Les pl. sont coloriées avec soin.

167. BIGOT (Le P. Vincent, de la Cie de Jésus). Relation de ce qvi s'est passé de plvs remarqvable dans la mission des Abnaquis à l'Acadie, l'année 1701. *A Manate, de la presse Cramoisy de J. M. Shea*, 1858, in-8, cart.

> 34 pp. Tiré à 100 ex. et imprimé sur le manuscrit original conservé à la maison professe de Paris. Cette relation est datée « des Abnaquis à l'Lacadie, 30 septembre 1701. »

> Le P. Bigot, jésuite français, était missionnaire du Canada. Les PP. de Backer dans leur bibliothèque, cite un P. Jacques Bigot, qui, en octobre 1684 et 1685 envoya à son supérieur de Québec, deux lettres relatives à la mission Abnaqui de Sillery, et à la fondation de celle de St. François de Sales. Ce P. J. Bigot ne serait-il pas le même que le P. Vincent?

168. BILLINGS. Voyage fait par ordre de l'impératrice de Russie Catherine II, dans le nord de la Russie Asiatique, dans la mer Glaciale, dans la mer d'Anadyr, et sur les côtes de l'Amérique depuis 1785 jusqu'en 1794, par le commodore Billings ; rédigé par Sauer, traduit de l'anglois avec des notes, par J. Castéra. *Paris, F. Buisson, an X* (1802), 2 vol. in-8, demi rel. et atlas in-4, br.

> Vol. I. xxiv et 385 pp. — Vol. II. 418 pp. — Atlas. 1 fnc., 15 pl. et cartes.

> Les pp. 256-311 du vol. II, contiennent les vocabulaires suivants : Vocabulaire Youkagir (pp. 256-268). Vocabulaire Yakout (pp. 269-280). Vocabulaire Tongouth ou Lamut (pp. 281-288). Vocabulaire Kamtchadale (pp. 289-295). Vocabulaire Aléoute (pp. 296-303). Vocabulaire de la langue de Kadiak (pp. 304-311).

169. BIONDELLI (Bern.). Evangeliarium epistolarium et lectionarium Aztecum sive Mexicanum ex antiquo codice mexicano nuper reperto depromptum cum præfatione interpretatione adnotationibus Glossario ad. B. Biondelli. *Mediolani, J. Bernardoni*, 1858, gr. in-4, cart.

> xlix et 574 pp., 1 fnc., et fac-simile. Imp. à deux colonnes, mexicain et espagnol.

> Le manuscrit d'après lequel ce beau volume a été imprimé, a été rapporté du Mexique par Beltrami. Il est écrit dans le plus pur mexicain ou nahuatl par Bernardin de Sahagun, moine de l'ordre de Saint-François. Sahagun a été aidé dans cette traduction par deux descendants des fils du soleil, l'un fils de Moctezuma, l'autre fils de Tezcuco.

BERNARDIN DE SAHAGUN dont le nom n'est plus inconnu en France depuis les biographies publiées par M. Ferdinand Denis, vint en 1529 au Mexique où il passa
plus de soixante ans au monastère de Santiago de Tlatelolco, de Mexico, occupé
en grande partie de l'instruction des indigènes. Ce savant religieux, de même que
Andre de Olmos, Molina, Pierre de Gand, etc. , était fort instruit dans la langue
nahuatl.

L'éditeur de ce livre, fait avec le plus grand soin, a enrichi l'ouvrage d'un Vocabulaire mexicain latin extrait en grande partie de celui de MOLINA (V. ce nom).

170. BISSELIUS (Joan. e soc. Jesu.). Argonauticon Americanorum,
sive historiæ periculorum PETRI DE VICTORIA libri XV. *Gedani, apud
Ægidium Janssonii à Waesberge*, 1698, in-12, v. *Aux armes.*

15 fnc., 405 pp., 15 pnc., front. gravé, 1 carte. Traduction de l'ouvrage espagnol de
PEDRO GOVEO DE VICTORIA, qui se fit jésuite après avoir couru les plus grands dan-
gers. Son livre était intitulé : *Su Naufragio, y peregrinacion en la costa del
Piru*, 1610, in-8°.

« Hoc opusculum ipse in latinum vertit, sed non edidit, lucem propter elegan-
tiam videre dignum. » ANTONIO.

PINELO le cite comme étant imprimé.

171. BLANCHARD et A. DAUZATS. San Juan de Ulua ou relation
de l'expédition française au Mexique, sous les ordres du contre-amiral Baudin. Suivi de notes et documents, et d'un aperçu général sur
l'état actuel du Texas, par E. MAISSIN. *Paris*, 1839, gr. in-8, demi
mar.

x et 590 pp., 18 pl. sur chine.

172. BLANCO (P. Fr. Manuel). Flora de Filipinas, segun el sistema
sexual de Linneo. *Manila, Candido Lopez*, 1837, in-4, vél.

LXXVIII et 887 pp. Ouvrage classique et le plus complet sur la flore des Philippines.

173. BLOME (R.). The present State of his majesties Isles and Territories in America, viz. Jamaica, Barbadoes, S. Christophers, Nevis,
Antego, S. Vincent, Dominica, New-Jersey, Pensilvania, Monserat,
Anguilla, Bermudas, Carolina, Virginia, New-England , Tobago,
New-Foundland, Mary-land, New-York, with new maps of every
place, etc. *London, printed by H. Clark, for Dorman Newman*,
1687, in-8, rel.

3 fna, 262 pp. « Astronomical tables » 18 fnc., 1 pl., 6 cartes.

174. —— L'Amerique angloise, ou Description des isles et terres du Roi
d'Angleterre, dans l'Amerique. Avec de nouvelles cartes de chaque

isle et terres. Traduit de l'anglois. *Amsterdam, Abraham Wolfgang,* 1688, in-12, rel.

> 1 fnc., 331 pp., 1 pnc., 7 cartes. Ternaux n'annonce que 6 cartes.

175. BLONDO (Michaele Ang.). De Ventis et Navigatione, libellvs avttore M. A. Blondo, in qvo navigationis vtilissima continetvr doctrina cvm Pixide nouo, et diligenti examine uentorum, et tempestatum. Cvm accvratissima descriptione distantiæ locorum interni maris, et Oceani, a Gadibus ad nouum orbem, vtique valde necessaria, Nam Seruantes doctrinam hanc, cum citius tum securius vtrvnq̃ mare transfretabunt. (A la fin) : *Venetijs Apud Cominum de Tridino,* 1546, in-4, cart.

> 18 ff. imprimés en caract. cursifs, fig. dans le texte. Traité fort rare relatif à l'Amérique et dans lequel on trouve aussi un traité du compas.
>
> La date de 1544 donnée par M. Brunet est fautive, Il cite ce livre d'après le catalogue Libri : « *Annoncé comme un des livres les plus rares sur l'Amérique. 2 liv. 8 sh. Libri, en* 1859. » Le catal. de la vente de cet amateur porte bien, sous le n° 341, l'ouvrage de Biondo, mais sous la date de 1546, in-4°.
>
> Cependant Pinelo cite des éditions de 1544, 1546 et 1648 (1548?), mais il n'indique pas le format de la première.

176. BLUNT (Ed.) .The American Coast pilot, containing the courses and distances between the principal harbours, capes, and headlands, from Passamaquoddy, through the Gulf of Florida; with directions for sailing into the same. *New-York, Printed for E. Blunt,* 1817, in-8, rel.

> xvi, 328, 84, et 17 pp., 17 cartes. Ouvrage estimé.

177. —— Le.Pilote Américain, contenant la description des côtes orientales de l'Amérique du Nord, depuis le fleuve S. Laurent jusqu'au Mississipi, suivi d'une notice sur le Gulf-stream. Traduit de l'anglais par P. Magré. *Paris, Imprimerie Royale,* 1826, in-8, br., vij et 359 pp.

178. BOEMO (Giouanni). I costvmi, le leggi, et l'vsanze di tutte le Genti. Tradotti per Lucio Fauno in nostra lingua volgare. Aggiuntoui di nuouo il Quarto libro, nelquale si narra i costumi, et l'vsanze dell'Indie Occidentali, ouero Mondo Nouo, da Gieronimo Giglio. *Venetia, Giacomo Cornetti,* 1585, in-8, vél.

240 ff. Le quatrième livre, qui traite tout entier de l'Amérique, occupe les ff. 193-240.

179. BONILLA y SAN JUAN. Representacion que dirige a S. M. las cortes generales D. ALEXAND. BONILLA Y SAN JUAN; manifestando el acto tan tiránico como violento que ha experimentado, acompañada de todos los documentos necesarios, legalizados en toda forma, para acreditar la increible injusticia con que se le ha degradado por el general de este apostadero el excmo. señor D. Ign. Maria de Alava, y los individuos que componian el anterior consejo de regencia. *Habana, Arazoza y Soler,* 1812, in-4, br., 34 pp.

180. BONNET (J. E.). Etats-Unis de l'Amérique à la fin du XVIIIᵉ siècle. *Paris, Maradan, s. a.,* 2 vol. in-8, rel.

Vol. I. xij, 24, lxij et 312 pp., 1 fnc. — Vol. II. 469 pp., 1 fnc.

Dans l'avertissement, l'auteur annonce que ce livre fut imprimé hors de France sous un titre différent de celui qu'il porte aujourd'hui.

181. BORDONE. Libro di BENEDETTO BORDONE Nel qual si ragiona de tutte l'Isole del mondo con li lor nomi antichi et moderni, historie, fauole, et modi del loro uiuere, et in qual parte del mare stanno, et in qual parallelo et climagiacciono. M. D. XXVIII. (A la fin): *Impresse in Vinegia per Nicolo d'Aristotile, detto Zoppino,* M. D. XXXIIII, in-fol., non rel.

Titre imprimé rouge et noir, joliment ornementé; 3 fnc., et 6 fnc., contenant 3 mappemondes; « texte » LXXIIII pp., et nombreuses cartes gravées sur bois, impr. dans le texte, parmi lesquelles on remarque celles du Nouveau-Monde (le plan de « *Temistitan* » avant la prise de cette ville par Cortez; les îles de la Jamaïque, S. Domingue, Cuba, la Martinique et la Guadeloupe, etc.)

Le dernier f. et le verso de l'avant-dernier, sous ce titre :

« *Copia delle lettere del prefetto della india la noua Spagna detta, alla Cesarea Maesta rescritte. Alla Sereniss. et Catho. Maesta Cesarea* » renferment le document le plus ancien qui soit arrivé en Europe, de l'entrée de Francesco Pizarre dans le Pérou. Cette nouvelle serait arrivée le 15 mars 1533, un an avant l'impression de l'ouvrage de Bordone, édition de 1534. Cette particularité n'est pas indiquée dans la *Bibl. vetustissima* où cette même édition est citée sous le nº 187 avec une différence dans le titre. On trouve dans la même *Biblioteca,* sous le nº 193, une édition in-4º de cette lettre, dont il existe une trad. allemande (nº 195) et une trad. française (nº 196). On ne connaît pas l'édition espagnole.

182. —— Isolario di BENEDETTO BORDONE... Ricoreto, et di Nuouo ristampato. Con la gionta del Monte del Oro nouamente ritrouato

M. D. XLVII. (A la fin): *In Vinegia ad instantia, et spese del Nobile huomo M. Federico Toresano*, 1547, in-fol., vél.

> Titre rouge et noir ornementé, au verso le privilège, 3 fnc. pour le prologue, 6 f. contenant de grandes cartes ; les 2 derniers sont occupés par une mappemonde, où le *mōdo nouo* est indiqué ; LXXIIII ff., imp. en caract. ronds ornés de cartes gravées sur bois, imp. dans le texte. La lettre relative à la conquête du Pérou occupe le verso du f. LXXIII et le f. LXXIIII.

183. BORRERO (Eugenio). Informe del secretario de relaciones esteriores i mejoras internas al congreso constitucional de 1846. *Bogota, Jose A. Cualla* (1846), in-4, br.

> 15 pp., 17 tableaux.

184. BOSSI. Histoire de Christophe Colomb, suivie de sa correspondance, d'éclaircissemens et de pièces curieuses et inédites ; traduite de l'italien (par URANO). *Paris, Cornevilliers,* 1824, in-8, demi rel.

> xij et 371 pp. Portrait de Colomb, 4 cartes.
>
> Dans ce volume se trouvent réimprimées, avec le fac-simile des cartes dessinées par Colomb lui-même, la lettre latine de 1493 et la lettre italienne de 1503, l'une et l'autre accompagnées d'une traduction française.

185. BOSSU. Nouveaux voyages aux Indes Occidentales ; contenant une relation des différens peuples qui habitent les environs du grand fleuve Saint-Louis, appelé vulgairement le Mississipi, leur religion, leur gouvernement, leurs mœurs, leurs guerres et leur commerce. *Paris, Le Jay,* 1768, 2 part. en 1 vol. in-12, rel.

> Part. I. xx et 244 pp. — Part. II. 264 pp.

186. —— Le même ouvrage. *Amsterdam, J. Changuion,* 1769, 2 part. en 1 vol. in-12, demi rel.

> Part. I. xx et 187 pp., 2 fig. — Part. II. 193 pp., 2 fig., 3 pnc.

187. —— Nouveaux voyages dans l'Amérique septentrionale, contenant une collection de lettres écrites sur les lieux, par l'auteur à son ami, M. Douin. *Amsterdam, Changuion,* 1777, in-8, rel.

> xvj et 392 pp.; front. et 3 pl. de S. AUBIN.
>
> Ces nouveaux voyages, n'ayant pas été réimprimés comme les précédents, sont difficiles à rencontrer. Très-belle édition.

188. BOTERO (Giovanni). Relationi vniversali, nella quale si contiene

la descrittione di tutta la terra : i monti, laghi, fiumi, minere, et opre marauigliose in essa dalla natura prodotte : L'isole, et penisole de l'Oceano, et del Mediterraneo : Le prouincie, le città i costumi de' popoli, et le conditionï de' paesi. *Bergamo, Comin Ventura,* 1594-95, 2 part. en 1 vol. in-8, vél.

« Prima parte » 3 fnc., 408 pp. Les pp. 262-308, contiennent une description de l'Amérique, des Philippines, etc. « Seconda parte » 10 fnc., 214 pp.

Non cité par TERNAUX.

Deuxième édition de ces deux premières parties, non citée par HAYM. Cet ouvrage, qui a eu un grand succès, a été supprimé à cause d'un passage dans la 2ᵉ partie, au chapitre intitulé : « *Forʒe del regno di Francia* » pp. 16-23.

189. BOTERO (G.). Descripcion de todas las provincias, reynos, estados, y ciudades principales del mundo (trad.) por Fr. JAYME REBULLOSA de la orden de Predicadores. *Gerona, por Jayme Bró,* 1748, in-4, vél.

5 fnc., 456 pp. Imprimé sur mauvais papier. Très-bel ex. avec témoins. La description de l'Amérique occupe les pp. 276-340.

190. BOTURINI BENADUCI (Lorenzo). Idea de una nueva historia general de la America Septentrional. Fundada sobre material copioso de figuras, symbolos, caractères, y geroglificos, cantares, y manuscritos de Autores Indios, ultimamente descubiertos. *Madrid, Juan de Zuñiga,* 1746, in-4, bas.

19 fnc., front. et portrait de Boturini, gravés à Madrid par Mathias de Irala ; 167 pp. —CATALOGO DEL MUSEO HISTORICO INDIANO del cavallero L. B. Benaduci, señor de la Torre, y de Hono. 3 fnc., 96 pp.

Nous avons peu de documents aussi curieux et qui offre autant d'intérêt que le catalogue du musée de Boturini. Cette collection renfermait un certain nombre d'anciennes peintures mexicaines, un grand nombre de mss. très-importants sur l'histoire de ce pays, des dictionnaires, des grammaires et d'autres livres écrits dans les diverses langues de la Nouvelle Espagne. Une grande partie de ces documents n'existe plus. M. Aubin a eu le bonheur d'en retrouver plusieurs ; ils sont maintenant dans le riche cabinet de cet amateur.

191. BOUCHER. Histoire de la dernière guerre entre la Grande-Bretagne, et les Etats-Unis de l'Amérique, la France, l'Espagne et la Hollande depuis son commencement en 1775, jusqu'à sa fin en 1783. *Paris, Brocas,* 1787, in-4, rel.

xxxiv pp., 1 fnc., 357 pp., 3 pnc., 7 cartes, 2 tableaux, l'un donnant la liste des vaisseaux anglais, français, espagnols et hollandais, pris, brulés ou naufragés dans cette guerre pendant les années 1777-1783 ; l'autre une liste des officiers de la marine française, tués ou blessés pendant ladite guerre.

192. BOUQUET (Henri). Relation historique de l'expédition contre les Indiens de l'Ohio en 1764...... Avec un récit introductoire de la campagne précédente de l'an 1763, et de la bataille de Bushy-Run... Traduit de l'anglois, par C. F. DUMAS. *Amsterdam, Michel Rey*, 1769, in-8, br.

> xvi et 147 pp., 5 fnc., 6 pl. Cette traduction française renferme plusieurs pièces qui ne sont pas dans l'original anglais publié à Londres en 1766, in-4°.

193. —— Le même ouvrage. *Amsterdam, Michel Rey*, 1769, in-8, demi rel.

> A cet exemplaire on a ajouté les pièces suivantes :
>
> TURREAU (le général). Aperçu sur la situation politique des Etats-Unis. *Paris, Didot*, 1815, 154 pp. — ROUZEAU (A. du Loiret). De la république d'Haïti, île de Saint-Domingue. *Paris, Didot*, 1818, 44 pp. « Pièces officielles relatives aux négociations du gouvernement français avec le gouvernement haïtien. » 84 pp. — Colonie du Guazacoalco dans l'état de Vera-Cruz, au Mexique. Projet de société. (Prospectus fort rare, publié par LAISNÉ DE VILLEVÊQUE, GIORDAN et BARADÈRE). *Paris, Tastu* (1827). 16 pp., 1 carte. — MANSION (H.). Précis historique sur la colonie française au Goazacoalcos (Mexique) avec la réfutation des prospectus, suivi de plusieurs lettres, etc. *Londres, Davidson (Paris)*, 1831, viii et 260 pp.

194. (BOURGEOIS, secrétaire de la Chambre d'agriculture du Cap). Voyages intéressans dans différentes colonies françaises, espagnoles, anglaises; contenant des observations importantes relatives à ces contrées, et un mémoire sur les maladies de Saint-Domingue. Avec des anecdotes singulières; le tout rédigé et mis au jour par M. N... *Londres et Paris, Bastien*, 1788, in-8, rel. v.

> vij et 507 pp. L'éditeur de cet ouvrage annonce qu'il composa ce livre sur les nombreux mss. recueillis et rédigés par son oncle (BOURGEOIS), qui résida pendant trente ans en Amérique. Le mémoire sur les maladies de S. Domingue occupe les pp. 413-504, il est signé BOURGEOIS, sécr. de la chambre d'agriculture du Cap.
>
> « Ce qu'il y a de plus intéressant dans ces voyages, ce qui réellement peut leur faire donner ce titre, ce sont les notions que le voyageur nous y donne sur les îles de Porto-Rico, de Curaçao, de la Grenade, des Bermudes et sur le Nouveau Mexique : on en trouveroit difficilement ailleurs d'aussi détaillées et d'aussi intéressantes. » BIBL. DES VOYAGES.

195. BOVTON (le P. Jacqves). Relation de l'establissement des François depuis l'an 1635. En l'isle de la Martiniqve, l'vne des Antilles de l'Ameriqve. Des mœurs des Sauuages, de la situation, et des autres

singularitez de l'isle. *Paris, Sebastien Cramoisy,* 1640, pet. in-8, demi mar.

> 3 fnc., 141 pp. Cet ouvrage est la plus ancienne relation de la Martinique que l'on possède. Elle mérite d'être recherchée pour les renseignements qu'elle nous donne sur les mœurs et usages des Caraïbes, avant l'établissement des Français dans cette île. Très-bel exempl. provenant de la bibliothèque des Jésuites de Caen.
>
> Le P. JACQUES BOUTON, né à Nantes en 1592, entra dans la Compagnie de Jésus en 1610, à l'âge de 18 ans. Après avoir enseigné pendant plusieurs années la philosophie et la théologie, il passa dans les missions d'Amérique, mais sa santé le força de revenir en Europe; il mourut à La Flèche en 1658.

196. BOWEN (A.). The naval monument, containing official and other accounts of all the battles fought between the navies of the U. S. and Great Britain during the late war. To which is annexed a naval register of the U. S. *Boston, A. Bowen,* 1816, in-8, rel.

> XVI pp., 2 pnc., 316 pp., 1 fnc., front. gravé, 25 fig.

197. BOYER PEREYLEAU (E. E.). Les Antilles françaises, particulièrement la Guadeloupe, depuis leur découverte jusqu'au 1er janvier 1823. *Paris, Brissot Thivars,* 1823, 3 vol. in-8, cart.

> Vol. I. VIII et 420 pp., carte. — Vol. II. 466 pp., 14 tableaux. — Vol. III. 530 pp.

198. —— Le même ouvrage. Deuxième édition. *Paris, Ladvocat,* 1826, 3 vol. in-8, br.

> Vol. I. XVI et 420 pp., carte. — Vol. II. 466 pp. — Vol. III. 529 pp., 14 tabl.

199. BRACKENRIDGE (H. M.). Voyage to South America, performed by order of the american government in the years 1817 and 1818, in the frigate Congress. *Baltimore, J. D. Foy,* 1819, 2 vol. in-8, bas.

> Vol. I. XV et 351 pp., 1 fnc., carte col. sur chine. — Vol. II. 381 pp. Cette relation a été réimprimée à Londres en 1820, 2 vol. in-8º.

200. —— Histoire de la guerre entre les Etats-Unis d'Amérique et l'Angleterre pendant les années 1812, 13, 14 et 15; traduite par A. DE DALMAS. *Paris,* 1820, 2 vol. in-8, demi rel.

> Vol. I. 310 pp., carte. — Vol. II. 317 pp.

201. BRASSEUR DE BOURBOURG. Histoire du Canada, de son église et de ses missions, depuis la découverte de l'Amérique jusqu'à nos jours, écrite sur des documents inédits compulsés dans les archives de l'archevêché et de la ville de Québec. *Paris,* 1852, 2 vol. in-8, br.

> Vol. I. III et 328 pp. — Vol. II. 350 pp.

202. BRASSEUR DE BOURBOURG. S'il existe des sources de l'histoire primitive du Mexique dans les monuments Egyptiens et de l'histoire primitive de l'ancien monde dans les monuments Américains? *Paris, Maisonneuve et Cie*, 1864, in-8, br.

146 pp. Extrait de la *Relation du Yucatan* de DIEGO DE LANDA.

203. —— *Popol Vuh.* Le livre sacré et les mythes de l'antiquité américaine, avec les livres héroïques et historiques des Quichés. Ouvrage original des indigènes de Guatémala, texte Quiché et trad. française en regard, accompagnée de notes philologiques et d'un commentaire sur la mythologie et les migrations des peuples anciens de l'Amérique. *Paris, A. Bertrand*, 1861, gr. in-8, br.

CCLXXIX pp., pour la biographie du livre sacré et une savante dissertation sur les mythes de l'antiquité américaine ; texte Quiché et trad. française, 368 pp., 2 cartes, 1 fig.

204. ——*Gramatica de la lengua Quiche.* Grammaire de la langue Quichée espagnole-française, mise en parallèle avec ses deux dialectes, *Cakchiquel* et *Tzutuhil*, tirée des mss. des meilleurs auteurs guatémaliens. Ouvrage accompagné de notes philologiques avec un vocabulaire comprenant les sources principales du Quiché comparé aux langues germaniques et suivi d'un essai sur la poésie, la musique, la danse et l'art dramatique chez les Mexicains et les Guatémaltèques avant la conquête, servant d'introduction au RABINAL-ACHI, drame indigène avec sa musique originale, texte quiché et trad. française en regard. *Paris, Bertrand*, 1862, gr. in-8, br.

XVII pp., « Grammaire » pp. 1-165 ; « Vocabulaire Quiché, Cakchiquel et Tzutuhil » pp. 167-246. Le *Rabinal-Achi*, ou le drame ballet de Thun, forme 122 pp. de texte et 12 pp. de musique.

205. —— Relation des choses de Yucatan de DIEGO DE LANDA. Texte espagnol et traduction française en regard comprenant les signes du calendrier et de l'alphabet hiéroglyphique de la langue Maya, avec une grammaire et un vocabulaire abrégés français-maya. *Paris, A. Bertrand*, 1864, in-8, br.

CXII pp., d'introduction ; « Relation de Yucatan » pp. 1-429 ; « Ecrit de frère Romain Pane » pp. 431-458. (Cet opuscule fait partie de la vie de C. Colomb, écrite par son fils, et dont l'original espagnol est perdu. Il traite des Indiens trouvés par l'amiral à Haïti. « Esquisse d'une grammaire Maya et vocabulaire » pp. 459-516.

Ce vol. publié sur le manuscrit conservé aux archives de l'*Academia de la historia*, est une des plus importantes publications faites sur l'Amérique, en ce qu'il

renferme un calendrier et un alphabet maya en caract. hiéroglyphiqués. Ce précieux document facilitera la lecture et le déchiffrement des *katuns*, qui se voient
sur les anciens monuments américains. Son auteur, Diego de Landa, fut un des
premiers missionnaires qui vinrent au Yucatan; né en 1524, il prit l'habit de S.
François en 1541 et passa aux missions du Nouveau-Monde. Nommé second évêque
de Mérida, en 1573, il y mourut en 1579.

206. BRASSEUR DE BOURBOURG. Essai historique sur les sources
de la philologie mexicaine et sur l'ethnographie de l'Amérique centrale. (*Paris,* 1859), in-8, br.

> Deux articles extraits de la *Revue américaine et orientale.* Le second renferme
> une nótice bibliographique sur quelques ouvrages imp. à Mexico dans le XVIᵉ siècle,
> jusqu'alors tout-à-fait inconnus.

207. BREF de nostre S. P. le Pape Innocent X. Sur le differend d'entre
l'Euesque d'Angelopolis, ou colonie dite des Anges, en la Nouuelle
Espagne dans les Indes Occidentales, et les P. P. Jésuites. Contenant
la decision de plusieurs cas importans touchant la jurisdiction epis-
copale, et les priuileges des reguliers. *Sur l'imprimé à Rome, Ex Typographia Reuerendæ Cameræ apostolicæ.* 1648, 1659, in-4, cart.

> 16 pp. Imprimé à deux colonnes, latin et français.

> Cette pièce n'est pas citée dans Ternaux. C'est l'une des plus importantes qui
> existe pour l'éclaircissement du différend qui a existé entre Palafox et les PP. Jé-
> suites. Elle est en faveur du célèbre évêque.

208. BRÉSIL. Recueil de 8 pièces sur le Brésil et le Portugal, 1 vol. in-
8, demi vél.

> O Brasil visto por Cima. Carta a huma senhora sobre as questóes do
> tempo. *Rio de Janeiro, typographia do Diario,* 1822, 46 pp., 1 fnc. —
> Carta ao redactor da Malagueta. (*Rio de Janeiro*), *Imprensa Nacional,*
> (1822 ?), 24 pp. Ces deux pièces sont signées *Tresgeminos cosmopolitas.*
> — Couto (J. Vieira). Memoria sobre as salitreiras naturaes de Monte
> Rodrigo; escrita no anno de 1803. *Rio de Janeiro,* 1809, *Impr. Regia,*
> 61 pp. — Magalhaens (J. A. de). Breve exame do assento feito pelos
> denominados estados do Portugal. *Londres,* 1828. — A few words on
> the subject of the denominated act of Portugal. *London,* 1829, etc.

209. BRESSANI (P. Francesco Gios.). Breve relatione d'alcvne missioni de' PP. della Compagnia di Giesù nella Nuoua Francia. *In Ma-
cerata, per gli Heredi d'Agostino Grisei,* 1653, in-4, vél.

> 1 fnc., 127 pp.

> « Le P. Bressani (né en 1612, mort en 1672), romain de naissance, fut un des plus
> illustrés missionnaires du Canada, où il a souffert une rude captivité et des tour-

mens inouis. Il parle peu de lui dans son histoire, qui est bien écrite, mais qui ne traite guère que de la mission des Hurons, où il a travaillé avec beaucoup de zèle, tant qu'elle a subsisté, etc... » Le P. Charlevoix.

210. BRETON (Le P. Raymond). Dictionnaire françois Caraïbe. *Avxerre, Gilles Bovqvet,* 1666. — Dictionnaire Caraïbe françois meslé de quantité de Remarques historiques pour l'esclaircissement de la langue. *Avxerre, Gilles Bovqvet,* 1665. — Petit Catéchisme ov sommaire des trois premieres parties de la doctrine chrestienne. Traduit du françois en la langue des Caraïbes Insvlaires. *Avxerre, Gilles Bovqvet,* 1664, 1 vol. in-8, cuir de Russie, orn. à froid, d. s. tr.

> Collation : « *Dictionnaire françois caraïbe* » dédicace 3 fnc. ; Aux RR. PP. missionnaires 4 fnc., 415 pp. « *Dictionnaire caraïbe françois* « 480 pp. « *Catéchisme* » 70 pp. Très-bel exemplaire.

211. —— Le même ouvrage. *Avxerre, G. Bovqvet,* 1664-66, 3 ouv. en 1 vol. in-8, mar. rouge, d. s. tr.

> « Dédidace à C. A. Lecler » 2 fnc. « *Dictionnaire françois-caraïbe.* » Avx R. P. missionnaires, 2 fnc., 415 pp. « *Dictionnaire caraïbe-françois* » dédicace au même A. Lecler en caract. plus gros que la précédente 3 fnc. ; Avx R. P. missionnaires, 4 fnc., 480 pp., « *Catéchisme* » 70 pp.
>
> Cet exemplaire également très-beau à l'exception d'un petit trou dans la marge inférieure de plusieurs feuillets, contient une dédicace au dict. caraïbe-français, qui n'est pas dans le précédent exemplaire. Mais les pp. 169-176, sont manuscrites et refaites très-habilement.

212. —— Petit Catéchisme, traduit du françois en la langue des Caraïbes Insvlaires. *Avxerre, Gilles Bovqvet,* 1664, in-8, cart., 70 pp.

> Le P. Raymond Breton, religieux de l'ordre des Frères-Prêcheurs, est un des premiers missionnaires français qui vinrent aux îles Antilles. Ses ouvrages, devenus fort rares, sont d'autant plus précieux que la langue caraïbe est aujourd'hui presque perdue et que ce sont les seuls livres qui nous la conservent telle qu'elle était parlée avant l'arrivée des Européens.
>
> Le même père a publié à Auxerre, en 1668, une grammaire de la même langue.

213. BREVE Epitome de la restavracion de la isla de Santa Catalina, en las Indias Occidentales, executada por la buena disposicion del Maestro de Campo D. Juan Perez de Guzman, governador, y capitan general del reyno de Tierra - Firme, y presidente de Panamà : sacandola del poder de los Ingleses, que la tenian tiranizada a los Españoles. In-4, br.

> 4 fnc. Au bas du dernier f. on lit : *Impresso en Sevilla, por Juan Gomez de Blas, su Impressor mayor. Año* 1667. Pièce volante inconnue à Pinelo.
> Le sujet de l'ouvrage est la prise de l'île de la Providence, nommée Santa-Catalina par les Espagnols, sur les boucaniers anglais qui s'y étaient établis en 1629.

214. BREVE relazione della prodigiosa apparizione di Maria santissima detta di Guadalupe nel Messico. *Piacenʒa, G. Tedeschi*, 1802, in-18, br.

96 pp., 1 fig. L'épître dédicatoire est signée G. A. T.

215. BRISSOT WARVILLE (J. P.). Nouveau voyage dans les Etats-Unis de l'Amérique septentrionale. *Paris, Buisson*, 1791, 3 vol. in-8, rel.

Vol. I. lij et 395 pp. — Vol. II. 460 pp., 1 tabl. — Vol. III. 448 et xxiij pp.

« Dans cette relation, le voyageur a généralement embrassé tout ce qui étoit du ressort de la statistique, religion, mœurs, usages, économie, politique, etc. Il a même consacré un volume entier à tracer le tableau des relations commerciales qu'il seroit avantageux aux deux puissances des Etats-Unis et de la France d'établir entre elles. » BIBL. DES VOYAGES.

216. BRISTED (J.). Les Etats-Unis d'Amérique, ou Tableau de l'agriculture, du commerce, des manufactures, des finances, de la politique, de la littérature, des arts, et du caractère moral et religieux du peuple Anglo-Américain; traduit de l'anglais. *Paris, A. Eymery*, 1826, 2 vol. in-8, demi rel.

Vol. I. 380 pp. — Vol. II. 320 pp.

217. BRITO FREYRE (Francisco de). Nova Lusitania, historia da guerra Brasilica. Decada Primeira. *Lisboa, na officina de Joam Galram*, 1675, 2 part. en 1 vol. in-fol., demi rel. v.

7 fnc., 460 pp. « *Viage da Armada da Companhia do Commercio, e frotas do estado do Brasil. A cargo do general* FRANCISCO DE BRITO FREYRE. *Impressa por mandado de el rey nosso senhor. Anno* 1655 » 3 fnc., 64 pp., 20 fnc.

Il n'a été imprimé que la première décade de cet important ouvrage. La deuxième qui devait comprendre la restauration de Fernambouc, est restée inédite. Le voyage qui est à la suite de ce livre a été imprimé pour la première fois à Lisbonne en 1657, in-12. C'est par erreur que TERNAUX donne à l'édition citée sous le n° 745 de sa *Bibliothèque américaine* la date de 1655 ; il aura eu sous les yeux l'édition que nous annonçons ci-dessus, qui porte effectivement sur le titre la date de 1655, époque à laquelle le voyage fut commencé et continué jusqu'en 1656.

Pour des détails biographiques. Voy. la *Bibliotheca Lusitana*, vol. II, pp. 125-126.

« Ce volume très-rare et qu'Antonio n'avait jamais vu, car il dit en le citant « Olyssepone circiter annum 1667 prodiisse dicitur, » ne contient que la première décade; le premier livre rapporte très en abrégé l'histoire de la découverte du Brésil et des premiers établissemens qu'on y fonda; les neuf autres sont consacrés à l'histoire de la guerre contre les Hollandais de 1623 à 1638. BRITO joua lui-même un rôle distingué dans cette guerre, car il commanda la flotte en 1655 et 1656. » TERNAUX.

218. BROWN (Henry). The History of Illinois, from its first discovery and settlement to the present time. *New-York, J. Winchester,* 1844, in-8, cart.

> x et 492 pp., carte.

219. BROWNE (Patrick). The civil and natural History of Jamaïca; Illustrated with forty-nine copper plates; by George Dionysius Ehret. *London, White and son,* 1789, in-fol., cart. NON ROGNÉ.

> .viii pp., 1 fnc., 5o3 pp., 23 fnc., 1 carte, 49 pl.
> Cette seconde édition a été augmentée d'un *index linæanus* et d'une carte de la Jamaïque (datée de 1774). Il en existe des exemplaires coloriés. La première édition est de Londres, 1774.

220. BRUYAS (R. P. soc. Jesu). Radices verborum Iroquæorum. *Neo-Eboraci : Typis J. M. Shea,* 1863, gr. in-8, br.

> Deux titres dont l'un en anglais; 123 pp. Tiré à 100 exemplaires et imprimé soigneusement sur le manuscrit de l'auteur, composé de 146 pages, qui fut conservé très-longtemps dans la maison de la mission à Caughnawaga, ou Sault St. Louis, près Montréal.
> C'est la plus ancienne grammaire de la langue des Mohawks ou Iroquois. Quoique écrite en latin, tous les exemples sont trad. en français, et le vocabulaire n'est même accompagné que de la traduction française.
> L'auteur, le P. Jacques Bruyas, né à Lyon, vint au Canada en 1666, il fut supérieur des missions iroquoises pendant plusieurs années, et même de toutes les missions du Canada depuis 1693 jusqu'en 1700. On ignore l'époque de sa mort; cependant en 1701, il était à Onandaga. Il parlait l'iroquois aussi facilement que le français et on le regarde comme un maître en cette langue dans laquelle il composa divers ouvrages.

221. BRUZEN DE LA MARTINIÈRE. Introduction à l'histoire de l'Asie, de l'Afrique et de l'Amérique. Pour servir de suite à l'introduction à l'histoire du baron de Pufendorff. *Amsterdam, Z. Chatelain,* 1735, 2 vol. in-12, rel.

> Vol. I. xxii pp., 1 fnc., 5o4 pp., 2 cartes, front. gravé.—Vol. II. 1 fnc., 427 pp., catalogue pp. 428-568, 2 cartes, front. gravé.

222. —— Le même ouvrage. *Amsterdam, Z. Chatelain,* 1738, 2 vol. in-12, rel.

> Vol. I. xxii pp., 1 fnc., 504 pp., front. gravé, 1 carte. — Vol. II. 427 pp., 3 cartes. Cette édition est la même que la précédente.
> « Dans le second volume de cette continuation (pp. 99-427), l'auteur parle avec beaucoup de précision et d'exactitude des découvertes et des établissemens des François, Anglois, Hollandois, Suédois et Danois dans les isles et le continent de l'Amérique septentrionale. » Le P. Charlevoix.

223. BRY (De). COLLECTION DE VOYAGES AUX INDES ORIEN-
TALES ET OCCIDENTALES, CONNUE SOUS LE NOM DE
GRANDS ET PETITS VOYAGES, PUBLIÉE PAR THÉODORE
DE BRY, JEAN THÉODORE DE BRY, ET MATHIEU MÉ-
RIAN. 27 parties in-fol. non reliées. ÉDITION ALLEMANDE.

Exemplaire collationné avec soin, sur le Manuel du libraire de M. BRUNET, vol. I,
col. 1310-1363 et 1897-1902, d'une conservation parfaite; plusieurs parties sont
remplies de témoins. La XIV⁰ partie seule des grands voyages est mouillée et
piquée, et les cartes en sont aussi un peu fatiguées.

La treizième partie des petits voyages est incomplète des pp. 161-168. Ce sont
les seuls défauts graves que nous ayons à signaler. Il manque aussi 4 cartes.

L'édition allemande de la collection des frères de Bry, est bien plus rare que
l'édition latine. Le seul exemplaire connu à Paris appartient à la Bibliothèque
Impériale; encore est-il incomplet.

GRANDS VOYAGES.

Première partie. Troisième édition. *Gedruckt zu Oppenheim Bey Hieronymo Gallern, In Vorlegung Johann. Theodori de Bry*, M DC XX.
titre gravé, 31 pp., de texte; carte de la Virginie « *Warhafftige Contra-
facturen....* M DC XIX. » 1 f., « *Register* » 1 fnc.; 1 pl. représ. la chute
d'Adam et 22 pl. chiff. 23, la carte de la Virginie comptant pour le n⁰ 1 des
pl. « *Etliche....* » 1 p. et 5 pl. « *Register* » 2 fnc.

Deuxième partie. Seconde édition : *Francoforti ad Moenvm Typis
Joãnis Wecheli, Sumtibus vero Theodori de Brij. Anno M D XCI. Venales reperiutur in officina Sigismundi Feirabēdii.* titre gravé, 1 fnc.;
avertissement avec la figure de l'Arche, 1 fnc.; carte de la Floride; 42 pp.
(la 2⁰ non chiffrée) « *Warhafftige Abconterfaytung...* M. DCIII » 1 fnc.;
« *Register* » 1 fnc.; 42 pl.; « *Vnterhänige Supplication... an König Car-
len....* » 3 fnc.; « *Warhafftige...* » 9 pnc.; « *Neben-Bericht* » 10 pnc.;
« *Register* » 1 pnc.

Troisième partie. Seconde édition :.... *Durch Dieterich Bry von Lüt-
tich, jetzt Burger zu Franckfurt am Mayn,* 1593. *Venales reperiutur in
officina Theodori de Bry.* titre gravé, 3 fnc., au verso du dernier une
pl. gravée représentant les armes des sept électeurs; carte du Pérou avec
la date de 1624; 4 fnc., contenant la dédicace de Johann Staden; 92 pp.;
26 pl. impr. dans le texte; « *Schiffart in Brasilien.... Durch J. Lerium....
Getruckt zu Franckfört. Anno* 1593. » 1 fnc.; avis au lecteur et la dédicace 30 fnc.; au verso du dernier la pl. représentant la chute d'Adam,
qui ne se trouve pas ordinairement dans les ex. de la seconde édition; texte
pp. 93-285; 10 pl. impr. dans le texte.

Quatrième partie. Deuxième édition : Titre latin gravé avec la date de
CIƆ IƆXCIIII (1594) (titre de la première édition latine); la planche aux
sept écussons et le privilège au verso; carte de l'Amérique : « *Occiden-*

talis Americæ partis... M DX CIIII » ; préface 2 fnc., avec vignette gravée sur le premier ; « *An Dieterich von Bry* » 1 fnc., avec une vignette « *Americæ Retectio* » et les portraits de Colomb et d'Améric Vespuce; autre préface, 5 fnc.; texte 141 pp., au bas de la dernière on lit : *Getruckt ʒu Franckfurt am Mayn bey Matthias Beckers....* M. DC. XIII ; 24 pl.

Cinquième partie. Deuxième édition : Deux titres, l'un allemand sans date, collé sur le front. latin, l'autre latin avec la date de CIƆ IƆ XCV; préface avec le portrait de Colomb, pp. 3-6; texte, pp. 7-115; carte de la Nouvelle-Espagne datée de 1595; « *Folgen hernacher... Gedruckt ʒu Franckfurt am Mayn, durch Grasmum Kempffer.* M. DC. XIII » 1 fnc.; 22 pl.

Sixième partie. Deuxième édition : *Durch Dieterich von Bry, Kunststecher vnd Bürger ʒu Franckfurt....* M DC XIX. titre gravé; dédicace à Maurice, landgrave de Hesse, 1 f. avec son écusson; « *Vorrede* » 1 fnc.; carte de l'Amérique datée de 1596, avec les portraits de Colomb, A. Vespuce, Magellan, Fr. Pizarre; plan de Cuzco; texte 121 pp.; « *Sechster theil Americæ.... Oppenheim, in Vorlegung Johann Theodors de Bry...* M DC XVIII » 1 fnc.; 28 pl.

Septième partie. Troisième édition : *Oppenheim, Gedruckt bey Hieronymo Gallern,* M DC XVII. titre gravé; 51 pp., la première avec une gravure imp. dans le texte (les pp. 47-48 ne sont pas imprimées) ; « *Folgen nun die Figuren... Franckfurt. In Verlegung Joannis Theodori de Bry S. Erben.* M. DC. XXIV » 1 fnc.; 3 pl.

Huitième partie. Seconde édition : *Franckfurt. Bey Caspar Rödtel : In Verlegung Weiland Johannis Theodori de Bry Seeliger Erben.* M. DC. XXIV. 1 fnc.; préface de Raleigh seulement, 1 fnc.; carte de la Guiane; texte 130 pp. à 2 col. (les pp. 40 et 79 sont mal chiffrées); 20 fig. imp. dans le texte.

Neuvième partie. Première édition : *Gedruckt ʒu Franckfurt am Mayn, Bey Wolffgang Richter.* titre dans un front. gravé; 1 f. pour les armes de Louis, landgrave de Hesse; 2 fnc.; 327 pp., (la p. 72 avec figures dans la marge et la p. 189 chiff. 188).« *Historische Relation....Gedruckt ʒu Franckfurt am Mayn, Durch Matthæum Becker.* M. DCI. 1 fnc.; texte pp. 3-72; « *Warhafftige vnd eygentliche Abconterfeyung.... Getruckt ʒu Franckfurt am Mayn, bey Wolffgang Richtern.....* M. DCI. » 1 fnc.; 25 pl. « *Additamentvm....Gedruckt ʒu Franckfurt am Mayn, Durch Matthæum Becker.* M. DCII. 1 fnc.; carte du détroit de Magellan; texte pp. 3-103; « *Warhafftige.... Getruckt ʒu Franckfurt, durch Wolffgang Richtern, Im Jahr, 1602* » 1 fnc.; 14 pl.

Dixième partie : *Gedruckt ʒu Oppenheim bey Hieronymo Gallern, Anno* M DC XVIII. 1 fnc.| Avis au lecteur pp. 3-4; texte pp. 5-73 ; « *Folgen hernacher... M DC XVIII* » 1 fnc.; 12 pl.

Onzième partie : *Getruckt ʒu Franckfurt am Mayn, Durch Paull Jacobi : Im Jahr,* M. DC. XIX. 1 fnc.; (sur le titre les portraits de Thomas

Candisch, Drake, Olivier de Noort, G. Speilbergen, Schouten, Magellan),
« *Vorrede* » pp. 3-4; carte de la Nouvelle-Guinée et de la mer du Sud ;
texte pp. 5-35; « *Folgen hernacher....* M DC XIX » 1 fnc.; 9 pl. « *Appendix....* M DC XX. » titre, 1 fnc.; texte pp. 3-38; « *Folgen....* Anno
M DC XX. » 1 fnc.; 20 pl.

Douzième partie : *Gedruckt zu Franckfurt, in Verlegung Johann Dietherichs de Bry, Anno* 1623. titre gravé, 1 fnc.; 131 pp.; 1 carte ; plan de
Cusco; 14 pl.

Treizième partie : *Continvatio Americæ... Franckfurt : Gedruckt bey
Caspar Rötel, in Verlegung Matthei Merian,* M. DC. XXVII. titre gravé; 1 fnc.; 90 pp.; 8 fig. imp. dans le texte (et non 7. Celle de la p. 26
n'est pas indiquée dans le Manuel); carte de la Virginie et de la Guyane;
autre texte 38 pp. (La carte de S. Salvador indiquée par Weigel n'existe
pas dans cet ex.)

Quatorzième partie : *Gedruckt zu Hanaw bey David Aubrj, im Jahr*
MDCXXX. 1 f. Avertissement 1 fnc.; 72 pp.; 14 pl. imp. dans le texte ; 2
cartes : détroit de Magellan et la Virginie; 1 carte de la partie nord du
Brésil. (Il manque à cette partie, d'après Weigel, la carte « descripcion de
las Indias » et celle intitulée « America noviter delineata » 2 cartes qui se
trouvent, la première avec la XIIᵉ partie et la seconde avec la Xᵉ partie).
Entre les pp. 58-59, notre ex. contient une planche double représentant
la flotte espagnole dite d'argent, qui fut prise par le général Piet Heyn
dans le port de Matanzas. (Cette pl. contient un plan de l'île de Cuba, le
portrait du général Piet Heyn et de l'amiral Cornelisz Loncq). La vue
d'Olinda et de Fernambouc est entre les pp. 68-69.

PETITS VOYAGES.

Première partie. Deuxième édition : M. D. C. IX. titre gravé ; 3 fnc.; carte
d'Egypte 2 ff., carte du Congo; 1 f.; 74 pp.; 3 fnc. « *Erklärung etlicher Capitel...* M. D. C. IX. » 1 f.; 14 pl. « *Anhang der Beschreibung desz Königreichs Congo...* MDC. XXV. » titre gravé, 1 fnc.; 56 pp.; 11 pl. imp.
dans le texte.

Deuxième partie. Deuxième édition. M. DC. XIII. titre gravé ; 4 fnc.;
préface de Linschot avec son portrait gravé en tête, 1 fnc.; 134 pp.; 3 fnc.
« *Folgen hernacher...* M. DC. XIII. » 1 fnc.; 38 pl.

Troisième partie. Seconde édition. M DC XVI. titre gravé ; 1 fnc.; 219
pp.; 8 cartes y compris celles de Mozambique et de Goa, qui se trouvent quelquefois dans la 2ᵉ partie — La carte de la nouvelle Zemble est imprimée
au verso de la pl. LVIII. « *Warhafftige Eygentliche...* M D C XVI. »
1 fnc.; 58 pl. et 1 pl. de monnaies ; table des distances 1 fnc., (la page 215
est mal cotée).

Quatrième partie. Seconde édition. 1617. titre gravé ; 3 fnc.; 121 pp. (la
p. 62 mal chiffrée) ; « *Warhafftige...* MDCXVII. » 1 fnc.; 21 pl.

Cinquième partie. Seconde édition. M. DC. XXIII. titre gravé ; texte pp. III-58. « *Warhafftige*.... M. DC. XXIII. » 1 fnc.; 20 pl.

Sixième partie. Seconde édition. MDCXXX. vignette au titre ; texte pp. 3-114 ; 22 pl. impr. dans le texte.

Septième partie. 1605. titre gravé ; 1 fnc.; 52 pp.; 2 fnc.; 134 pp.; 1 fnc.; « *Warhafftige*... M. D. CV. » 1 fnc.; 22 pl.

Huitième partie. M. DCVI. titre gravé, 1 fnc.; 100 pp.; « *Folgen herna-cher*... M. DCVI. » 1 fnc.; 11 pl. « *Appendix*... M. DCVI. » 1 fnc.; texte pp. 3-26 ; « *Folgen*... » 1 fnc.; 7 pl.

Neuvième partie. 1612. titre gravé (double dans cet ex. dont l'un avec le mot « *Architectvra* ») ; 1 fnc.; 55 pp.; « *Folgen hernacher*... » 1 fnc. ; avis au lecteur 1 fnc.; 12 pl.; « *Continvatio*... M. DC. XIII. » 1 fnc.; texte pp. 3-35 ; « *Folgen*... M. DC. XIII » 1 fnc.; 5 pl.; cartes de l'île Sainte-Hélène et de Mozambique.

Dixième partie. 1613. titre gravé; texte pp. 3-37 (la p. 9 non chiffrée); 3 cartes; « *Folgen*... M. DC. XIII. » 1 fnc.; 3 pl. La carte annoncée par M. Brunet, et imprimée au verso du titre des pl. n'est pas dans cet ex.

Onzième partie. M DC XVIII. portrait d'Olivier de Noort au titre; Avis au lecteur, pp. 3-4; « *Hern Americi Vesputii dritte Schiffart* » pp. 5-8; « *Hern Americi Vesputii Vierdte Schiffahrt*... » pp. 1-2; « *An Leser* » p. 3; texte pp. 4-53; « *Folgen hernacher*... M DC XVIII. » 1 f. « Au lecteur » p. 3; 10 pl.

Douzième partie. 1628. titre gravé; 1 fnc.; 77 pp.; 4 pl. impr. dans le texte ; la carte de la Chine manque.

Treizième partie. M. DC. XXVIII. titre gravé ; 1 fnc.; 184 pp.; plan de Macao; 10 pl. impr. dans le texte. Manque les pp. 161-168 et la carte des Indes.

224. BRYAN-EDWARDS. Histoire de l'île de Saint-Domingue; contenant de nombreux détails sur ce qui s'est passé dans cette colonie pendant la révolution. Traduite de l'anglois par J. B. BRETON. *Paris, G. Dufour,* 1802, *an XI,* in-12, rel.

xij et 209 pp., carte. A la suite : CIVIQUE DE GASTINE. Histoire de la république d'Haïti ou Saint-Domingue, l'esclavage et les colons. *Paris,* 1819, VIII et 264 pp.

225. BUCHON (J. A.). Atlas géographique, statistique, historique et chronologique des deux Amériques et des îles adjacentes; traduit de l'atlas exécuté en Amérique d'après Lesage. *Paris,* 1825, in-fol., cart., *non rogné.*

2 fnc., et 63 cartes coloriées. Titre raccommodé.

226. BUENO (D. Cosme). El conocimiento de los tiempos..... Calculado por las tablas de Cassini y Halley, para el meridiano de esta muy noble, muy leal ciudad de Lima, in-12, br. 13 années; savoir :

1767. Lima. — Con una descripcion de las provincias del obispado de Hua-manga. 3o fnc.
1769. do — Con una descripcion de las provincias del Arzobispado de la Plata. 32 fnc.
1775. do — Con una descripcion de la provincia del Chaco. 27 fnc.
1777. do — Con una descripcion del obispado de Santiago. 34 fnc.
1779. do — Con una guia de forasteros para la ciudad de Lima. 23 fnc.
1780. do 25 fnc., 1781, 27 fnc., 1785, 27 fnc., 1787, 27 fnc., 1788, 27 fnc., 1791, 27 fnc., 1792, 27 fnc., 1796, 39 fnc.

227. BULLETIN des actes administratifs de la Martinique, 1re série, contenant les arrêtés et actes du gouvernement pendant les années 1828-31. *Saint-Pierre Martinique, J. A. Fleurot,* 1829-32, 4 vol. in-8, demi rel.

1828, xvj et 274 pp. — 1829, xvj et 944 pp. — 1830, xvj et 286 pp. — 1831, xix et 3o8 pp.

Ce bulletin est rare en France, n'ayant été imprimé qu'à 200 exempl.

228. —— officiel de la Guyane française, pour les années 1827-31. *A Cayenne, de l'imprimerie du gouvernement,* 1827-31, 5 vol.—TABLES DES ACTES législatifs publiés dans la Guyane française depuis l'année 1817 jusqu'en décembre 1827, recueillis par ordre de matières, par ordre chronologique et par ordre alphabétique. *Cayenne, imp. du gouvernement,* 1829, 1 vol. — Ensemble, 6 vol. in-8, demi rel.

1827, xj et 352 pp. — 1828, xij et 240 pp. — 1829, xjv, 325, 119 et 310 pp., table xxjv pp. — 1830, xxvij et 36o pp., table xviij pp. — 1831, xxiij et 322 pp., table xx pp. — Table des actes législatifs, 1829, 106 pp.

Cet ouvrage n'a été imprimé qu'à 150 exemplaires.

229. BURCK (William). Histoire des colonies européennes dans l'Amérique septentrionale, en six parties. Chaque partie contient une description de la colonie, de son étendue, de son climat, de ses productions, de son commerce, etc., traduite de l'anglois par M. E. (IDOUS). *Paris, Merlin,* 1767, 2 vol. in-12, rel.

Vol. I. xviij et 389 pp., carte. — Vol. II. x et 352 pp., carte. Ouvrage très-estimé.

23o. —— Le même ouvrage. *Paris, Merlin,* 1767, 2 vol. in-12, mar. rouge. *Rel. italienne.*

Exemplaire bien conditionné au chiffre du comte Antoine Facipecora Pavesi, sous-intendant général des eaux de la ville et du duché de Mantoue.

231. BURNEY (James). A Chronological History of the Discoveries in the South Sea or Pacific Ocean. Illustrated with charts. *London, Luke Hansard*, 1803-17, 5 vol. in-4, demi rel.

> Vol. I. xii pp., 4 fnc., 391 pp., 5 cartes.
>
> On remarque dans ce vol. les voyages de Magellan, de Hernando de Grijalva, de Marcos de Niza, de Francis Drake, plusieurs relations de la découverte de la Californie, etc.
>
> Vol. II. v pp., 5 fnc., 482 pp., 8 cartes, 6 pl.
>
> Ce volume contient les relations de Pedro Sarmiento, de Cavendish, de Juan de Fuca, de R. Hawkins, de Seb. Vizcaino, d'Olivier van Noort, de Fern. de Quiros, de J. Spilbergen, de Jacob Le Maire, de C. Schouten, etc. (Les pp. 440-446 de la relation de Schouten contiennent des vocabulaires de la langue des îles Salomon, de l'île des Cocos, de la Nouvelle Guinée, de l'île de Moïse, etc.)
>
> Vol. III. 4 fnc., 437 pp., 7 cartes, 12 pl.
>
> Ce vol. renferme les voyages à la Chine et au Japon.
>
> Vol. IV. xviii et 580 pp., 4 cartes.
>
> La première partie de ce vol. (pp. 1-326) renferme une histoire des Boucaniers.
>
> Vol. V. vii et 237 pp., 2 cartes, 1 pl.
>
> « A masterly digest of the voyages in the South Sea, displaying a rare union of nautical science and literary research. Drury, L. 6. 6 s. » LOWNDES'

232. BUSCHMANN (Joh. Carl Ed.). Die Völker und Sprachen Neu-Mexico's und der Westseite des Britischen Nordamerika's. *Berlin*, 1858, in-4, cart.

> 205 pp., chiff. 209-414. Extrait des mémoires de l'Académie de Berlin.

233. —— Der Athapaskische Sprachstamm. *Berlin*, 1856, in-4, cart.

> 170 pp., chiff. 149-319. Extrait des mémoires de l'Académie de Berlin.

234. —— Ueber die aztekischen Ortsnamen. *Berlin*, 1853, in-4, br.

> Erste Abtheilung : 205 pp. Extrait des mémoires de l'Académie de Berlin.

235. —— Grammatik der Sonorischen Sprachen : vorzüglich der Tarahumara, Tepeguana, Cora und Cahita; als IX^ter Abschnitt der Spuren der Aztekischen Sprache. *Berlin*, 1864, in-4, cart.

> 84 pp., chiff. 369-453. Erste Abtheilung : *das Lautsystem*. Extrait des mémoires de l'Académie de Berlin.

236. —— Die Verwandtschafts Verhältnisse der athapaskischen Sprachen. Zweite Abtheilung des Apache. *Berlin*, 1863, in-4, cart.

> 57 pp., chiff. 195-252. Extrait des mémoires de l'Académie de Berlin.

237. BUSCHMANN (Joh. Carl Ed.). Die sprachen Kizh und Netela von Neu-Californien. *Berlin,* 1856, in-4, br.

3o pp., chiff. 5o1-53r. Extrait des mémoires de l'Académie de Berlin.

238. BUSTAMANTE (Carlos Maria de). Tezcoco en los ultimos tiempos de sus antiguos reyes, ó sea relacion tomada de los manuscritos inéditos de BOTURINI; redactados por el lic. D. MARIANO VEYTIA. Publicalos con notas y adiciones para estudio de la juventud mexicana, C. M. de BUSTAMANTE. *Mexico, M. Galvan Rivera,* 1826, in-8, bas. fil.

3 fnc., 276 pp., 4 fnc.

239. —— Apuntes para la historia del gobierno del general D. Antonio Lopez de Santa-Anna, desde principios de octubre de 1841 hasta, 6 de diciembre de 1844, en que fue depuesto del mando por uniforme voluntad de la nacion. *Mexico, J. M. Lara,* 1845, in-8, demi rel.

III pp., 1 fnc., et 46o pp.

240. BUSTAMENTE (D. Calixto Carlos, Inca, alias Concolorcorvo, natural del Cuzco.). El Lazarillo de Ciegos caminantes desde Buenos-Ayres, hasta Lima con sus Itinerarios segun la mas puntual observacion, con algunas noticias utiles á los Nuevos Comerciantes que tratan en Mulas; y otras historicas. *En Gijon, en la Imprenta de la Rovada,* 1773, in-8, cuir de Russie.

246 fnc., un tableau contenant un état des habitants de Buenos-Ayres, en 1770.

Ce curieux volume, écrit par un Indien de la race des Incas, a probablement été imprimé à Lima, bien qu'il porte pour lieu d'impression le nom d'une petite ville d'Espagne, dans la Vieille Castille. L'auteur accompagna don Alonso Carriò de la Vendera dans le voyage qu'il fit, par ordre de la cour d'Espagne, pour le règlement du service des courriers, estaféttes et postes dans le royaume du Pérou.

241. (BUTEL-DUMONT). Histoire et commerce des colonies angloises dans l'Amérique septentrionale. Où l'on trouve l'état actuel de leur population, et des détails curieux sur la constitution de leur gouvernement, principalement sur celui de la Nouvelle Angleterre, de la Pensilvanie, de la Caroline, et de la Géorgie. *Londres, et se vend à Paris,* 1755, in-12, rel.

xxjv et 336 pp. Ouvrage estimé.

242. —— Le même ouvrage. *Paris,* 1755, in-12, rel.

On a joint à cet exempl. : « AMEILHON. Histoire du commerce et de la navigation des Egyptiens, sous le règne des Ptolemées. » *Paris,* 1766.

243. BUZETA (Fr. Manuel; comisario y procurador general de las misiones de Agustinos Calzados de Filipinas). Gramática de la lengua Tagala, dispuesta para la mas fàcil inteligencia de los religiosos principiantes, con un breve Confesonario y otras varias materias concernientes á la administracion de los santos sacramentos. *Madrid*, *D. José C. de la Peña*, 1850, gr. in-8, demi rel.

> 1 fnc., 171 pp., 2 fnc. Tous les exemplaires de cette grammaire ayant été envoyés aux Philippines pour l'usage des missionnaires, le livre est rare en Europe.

244. —— y BRAVO (Felipe). Diccionario geografico, estadistico, historico, de las Islas Filipinas. *Madrid, Imprenta de Jose de la Peña*, 1850-51, 2 vol. gr. in-8, bas., gauf. fil.

> Vol. I. 4 fnc., VII et 567 pp., 3 fnc., 7 tableaux, 2 portraits. — Vol. II. 476 pp., 1 fnc., 18 pp., 1 fnc., 14 tableaux. Ouvrage excellent, entièrement épuisé.

245. BYRON. Voyage autour du monde, fait en 1764 et 1765, sur le vaisseau de guerre anglois Le Dauphin, commandé par le chef d'escadre BYRON; dans lequel on trouve une description exacte du détroit de Magellan, et des géans appellés Patagons, ainsi que des sept isles nouvellement découvertes dans la mer du Sud. Traduit de l'anglois par M. R*** (SUARD). *Paris, Molini*, 1767, in-12, rel.

> lxviij et 335 pp., fig.

246. CABALLERO Y ONTIVEROS (D. Felix). Poema á la solemne y magnífica funcion que con motivo de la dignidad que S. M. confirió al serenisimo príncipe de la Paz de general almirante de España é Indias. (*Havana*), *D. Estevan Boloña*, 1807, in-4, br. 27 pp.

247. CABOT. A memoir of SEBASTIAN CABOT; with a review of the history of maritime discovery. Illustrated by documents from the rolls, now first published. *London*, 1831, in-8, cart.

> viii, v et 333 pp. « Cet ouvrage intéressant est de M. D. B. WARDEN. » BRUNET. Dans le catal. de la vente STEEVENS, faite à Londres en 1861, cet ouvrage est attribué à RICHARD BIDDLE, de Philadelphie.

248. CABRERA Y QUINTERO (D. Cayetano de). Escudo de armas de Mexico : Celestial proteccion de esta nobilissima ciudad, de la Nueva España, y de casi todo el Nuevo Mundo, Maria Santissima, en su portentosa imagen del Mexicano Guadalupe, y jurada su principal pa-

trona el año de 1737... En la Angustia que ocasiónò la pestilencia, que cebada con mayor rigor en los Indios, mitigò sus ardores el abrigo de tanta sombra, ecc., ecc. *Mexico, por la viuda de D. Joseph Bernardo de Hogal,* 1746, in-fol., vél.

16 fnc., 522 pp., 12 fnc., front. gravé par B. Troncoso à Mexico en 1743.

Cet ouvrage, composé d'après les ordres de Antonio de Vizarron y Eguiarreta, archevêque de Mexico, vice roi et capitaine général de la Nouvelle Espagne, a été imprimé aux frais de la ville de Mexico.

249. CALANCHA (fray Antonio de la). Coronica moralizada del orden de san Avgvstin en el Perv, con svcesos egemplares en esta monarqvia. *Barcelona, Pedro Lacavalleria,* 1638, in-fol., vél.

13 fnc., 922 pp., 14 fnc. Entre les pp. 782-783, se trouve une grande pl. représentant le martyr du frère Diego Ortiz à Vilcabanba. Cette pl. est gravée par Pierre de Jode.

Chronique très-importante pour l'histoire civile et ecclésiastique du Pérou, mais de laquelle nous ne possédons que la première partie. Le second volume a été imprimé à Lima en 1653. Le seul exempl. que nous ayons vu cité est celui qui fut vendu 11 L. sterl. à la vente Steevens, quoique incomplet.

Brunet, cite une traduction française, imprimée à *Toulouse,* en 1653, in-4°, et Antonio annonce que l'ouvrage de Brulius imprimé à *Anvers* en 1652 sous le titre de : *Historia Peruana Ordinis Eremit. S. Augustini...,* en est une traduction latine.

« Antonius de la Calancha, Augustinianus, sacræ theologiæ magister, in Peruano Indorum occidentalium regno ejusque urbe Argentina, quo et natales refert, professus hunc ordinem, et in Limensi schola doctor theologus. » Antonio.

250. CALENDARIO DE GUATEMALA, para el año de 1845. *(Guatemala, Imprenta de la Paz),* in-18, br. 19 fnc.

251. —— Lo mismo para el año de 1842. *Sucre, Castillo,* in-12, br. 24 pp.

252. —— y Guia de forasteros de la republica Boliviana para el año de 1834. *Paz de Ayacucho, Imprenta del colejio de Artes,* in-12, br. 195 pp., 3 pnc.

253. CALLE (Juan Diez de la, Oficial mayor de la Secretaria de la Nueua-España). Memorial, y resvmen breve de Noticias de las Indias Occidentales, la Nveva-España, y el Perv. Al excelentissimo señor Don Gaspar de Bracamonte y Gvzman, conde de Peñaranda... Presidente del Real y Svpremo (Consejo) de las Indias... Comprehende las Erecciones de

las Audiencias, y Chancillerias Reales, y de los Arçobispados, y Obis-
pados, con lo Eclesiastico, y Secular, que por la Camara, y Junta de
Guerra dellas seprouee, Presidios, gente, y costa, valor de las Encomiendas de Indios, armas de las Ciudades, y Iglesias; y otras cosas
necessarias, y dignas de saberse para la verdad, y autoridad de la historia. *En Madrid, Por Alonso Victor Pantoja, Año de* 1654, in-
fol., demi rel. veau.

Volume extrêmement rare et presque inconnu, ainsi que les quelques autres
ouvrages de cet auteur. Il se compose de deux titres, dont l'un entièrement gravé
ainsi conçu : « *Noticias, sacras, y reales de los dos Imperios de las Indias Occidentales de la Nveva España, y el Perv. Qve escrivia* IVAN DIEZ DE LA CALLE.
1654 » d'un f. de dédicace au comte de Peñaranda; de 4 fnc., pour la description
des districts, évêchés et archevêchés des Indes espagnoles; de 1 fnc., contenant le
décret royal accordant des armoiries à Haïti, d'un autre f. pour les armes de St.
Domingue, de 2 fnc., contenant le privilège accordé à Fernand Cortez conférant des
armoiries au conquérant du Mexique; enfin de 50 fnc., entièrement gravés sur
bois, représentant les armoiries et insignes particuliers relatifs aux principales
villes et églises du Nouveau-Monde. Chaque planche contient un texte explicatif
donnant des renseignements sur la fondation de ces édifices.

Le seul auteur qui parle de ce précieux volume, est BARCIA dans l'édition de
PINELO. D'après ce qu'il en dit, cet ouvrage devait être très-étendu, le manuscrit
original, sur lequel on avait commencé l'impression, est divisé en douze livres, et
forme deux volumes. Il ne dit pas cependant ce qui a empêché la suite de la publication de ce livre.

Le manuscrit et le fragment imprimé étaient dans la biblioth. de Barcia.

Notre exemplaire, qui est très-beau, est relié avec l'ouvrage suivant : « TEATRO
eclesiastico da la primitiva iglesia de las Indias occidentales..... por GIL GONZALEZ
DAVILA. *Madrid, Diaz de la Carrera,* 1649-55 » 2 parties in-fol.

Ce dernier ouvrage, rare et très-important (V. la notice au nom de son auteur)
a de nombreuses notes mss. de l'époque; le vol. I est d'une grandeur de marges
extraordinaire, le tome II est plus court. Tous deux ont eu le haut du titre coupé
(sans atteindre le texte) afin d'enlever le nom de son possesseur.

254. CALVO Y O FARRILL (D. Nic.). Memoria sobre los medios
que convendria adoptár para que tuviese la Havana los caminos necesarios. *Havana, Imprenta de la Capitania general,* 1795, in-fol.,
br.

1 fnc., 18 pp., 3 fnc.

255. CAMPANIUS (Thomas Holm.). Description of the province of
New-Sweden, now called, by the english, Pennsylvania in America.
Translated from the Swedish, for the historical society of Pennsyl-

vania, with notes. By. PETER S. DU PONCEAU. *Philadelphia,* M' *Carty et Davis,* 1834, in-8, cart.

166 pp., 5 cartes fac-simile. Le quatrième livre, pp. 145-156, contient « *A Vocabulary and phrases in the American language of New Sweden, otherwise called Pennsylvania* ». Les addenda, pp. 158-159, contiennent « *A Vocabulary of the Minque language.* »

L'édition originale de cet ouvrage, a été imprimée en Suédois, à Stockholm en 1702, in-4°. Elle est fort rare.

Cette trad. anglaise forme le tome III des Mémoires de la société historique de Philadelphie.

256. CAMPBELL (Ch.). Introduction to the history of the Colony and ancient dominion of Virginia. *Richmond, B. B. Minor,* 1847, gr. in-8, cart.

200 pp., 4 fnc.

257. CAMUS (A. G.). Mémoire sur la collection des grands et petits voyages et sur la collection des voyages de Thevenot. *Paris, Baudouin,* an XI (1802), in-4, demi rel.

• iıj et 401 pp., 2 pnc. Excellent mémoire, qu'on consulte encore avec fruit. C'est un très-bon guide de bibliographie analytique.

258. CANCELADA (D. Juan Lopez). Ruina de la Nueva España si se declara el comercio libre con los extrangeros. Exprésanse los motivos. Quaderno segundo, y primero en la materia. *Cadiz, D. Manuel Quintana,* 1811, in-4, br.

84 pp. L'auteur était rédacteur de la « *Gazeta de Mexico* ».

259. —— Conducta del excmo. señor D. Jose Iturrigaray durante su gobierno en Nueva-España. Se contesta a la vindicacion que ha publicó D. FACUNDO LIZARZA. Cuaderno segundo y tercero de la materia. *Cadix, Imprenta del estado-mayor general,* 1812, in-4, br.

135 pp. Entre les pp. 116-117 se trouve le portrait de D. José Iturrigaray, gravé à Mexico en 1807, par *Larrea.*

260. —— Vida de J. J. Dessalines, gefe de los negros de Santo Domingo ; con notas muy circunstanciadas sobre el origen, caracter y atrocidades de los principales gefes de aquellos rebeldes desde el principio de la insurreccion en 1791. Traducida del frances por D. M. G.

5

C. Año de 1805, reimprimese por J. L. Cancelada. *México, Mar. de Zuñiga y Ontiveros*, 1806, in-4, br.

1 fnc., 106 pp., 10 pl. (portraits de Biasou, Louverture, Christophe, Dessalines, etc.), gravées par Manuel Lopez, à Mexico.

Relation curieuse des événements de Saint-Domingue. Elle est très-peu connue. Les gravures dont elle est ornée, sont de très-intéressants spécimens artistiques du Mexique.

261. CANCELLIERI (Franc.). Dissertazioni epistolari bibliografiche sopra Cristoforo Colombo di Cvccaro nel Monferrato discopritore dell'America.... al cavaliere G. G. Napione. *Roma, Franc. Bovrlié*, 1809, in-8, br.

Deux titres dont l'un avec le portrait de Colomb; xi et 282 pp.

Dissertation savante et fort curieuse, suivie d'une notice historique sur G. Gerson, l'auteur de l'imitation de Jésus-Christ.

262. CANELAS (D. Ramon). Apelacion a S. A. la regencia del reyno; y quexas contra el excmo. señor D. Juan Ruiz de Apodaca, y otros individuos. In-4, br.

107 pp., 2 fnc. Au bas de la p. 107, on lit : « *Habana, Oficina de la Cena* 1813. »

263. CANOVAI (P. Stanislao). Elogio di Amerigo Vespucci che riporto il premio dalla accademia di Cortona nel di 15 ottobre 1788. Con una dissertazione giustificativa di questo celebre navigatore. *Firenze*, 1798, in-12, demi rel.

196 pp., portrait de Vespuce. Curieuse dissertation qui a été beaucoup attaquée et qui a donné lieu à bien des recherches sur les anciennes navigations des Espagnols aux Indes.

264. CANTO á Cortés en Ulúa. G..... de Aguilar. *Mexico, Imprenta de Arizpe*, 1808, in-4, br.

23 fnc. Poëme en octaves, en l'honneur de Fernand Cortez. L'éditeur de cette pièce (qui en est probablement l'auteur) annonce dans son avertissement qu'un de ses parents, habitant l'Andalousie, a trouvé ce poëme dans les archives de sa famille et qu'il le lui envoie pour qu'il le fasse imprimer à Mexico.

265. CARDENAS Y RODRIGUEZ (D. Jose M. de). Coleccion de artículos satiricos y de costumbres. *Habana, Imprenta del faro industrial*, 1847, gr. in-8, br.

x, 257 pp., 2 fnc.

266. CARLI (P. Dionigio, capuccino). Il moro trasportato nell' inclita città di Venetia, overo curioso racconto de costúmi, riti, e religione de popoli dell' Africa, America, Asia, et Europa. *Bassano, Ant. Remondinj,* 1687, in-4, cart.

6 fnc., 402 pp., 9 fnc., front. gravé. Les pp. 15-30, 90-106 ont rapport à l'Amérique et traitent particulièrement du Brésil et de Fernambouc. La seconde partie de ce livre est consacrée aux missions de l'Afrique et de l'Asie; à la page 69, il y a « *la salue Regina in lingua Maniconga.* »

Relation non citée par Ternaux.

267. CARO DE TORRES (Franc.). Relacion de los servicios qve hizo a Sv Magestad del Rey D. Felipe Segundo y Tercero, Don Alonso de Sotomayor del abito de Santiago.... en los Estados de Flandes, y en las Prouincias de Chile, y Tierrafirme, donde fue capitan general, ecc. *Madrid, por la viuda de Cosme Delgado,* 1620, in-4, bas.

9 fnc., et 88 ff. de texte.

Alonso de Sotomayor, né à Truxillo de Estramadure en 1546, mourut en 1610, quelques années après son retour en Espagne. Ce fut lui qui repoussa l'attaque de Drake, faite en 1595, contre Panama; on trouve dans ce vol. une relation de cette expédition, à la suite de laquelle Drake mourut de chagrin à Porto Bello.

268. CAROCHI (el Padre Horacio). Arte de la lengva Mexicana con la declaracion de los adverbios della. Al Illustriss°. y Reuerendiss°. Señor Don Juan de Mañozca Arçobispo de Mexico, del Consejo de su Magestad, ecc. Por el Padre Horacio Carochi Rector del Colegio de la Compañia de Jesvs de San Pedro, y San Pablo de Mexico. Año de 1645. *Impresso con licencia En Mexico: Por Juan Ruyz. Año de* 1645, in-4, rel.

3 fnc., pour les licences et la dédicace; 132 ff., texte encadré.

Première édition de la célèbre grammaire de Carochi, dont jusqu'à présent le titre n'a pas été donné exactement (Cf. Ternaux et Brunet). C'est un ouvrage excessivement rare et qui l'était il y a déjà 200 ans, ainsi que nous l'apprend le P. Ignacio de Paredes dans la préface de l'édition suivante. Le titre est doublé en partie, mais l'exemplaire est très-beau.

269. —— Compendio del arte de la lengua Mexicana del P. Horacio Carochi; dispuesto con brevedad, claridad, y propriedad, por el P. Ignacio de Paredes, morador del Colegio destinado solamente para Indios, de S. Gregorio de la Compañia de Jesvs de Mexico.

Mexico, Imprenta de la Bibliotheca Mexicana, 1759, in-4, demi rel., cuir de Russie.

> 11 fnc., 202 pp., front. gravé représentant le triomphe de S. Ignace de Loyola; cette pièce manque souvent.
>
> Ce volume, ainsi que l'indique son titre, est un abrégé de l'ouvrage du P. Carochi, noté ci-dessus, faite par le P. Ig. de Paredes, qui traduisit en mexicain le célèbre catéchisme du P. Ripalda (V. ce nom). Il publia aussi à Mexico en 1759, un *Promptuario manual mexicano,* ouvrage qui contient des exhortations chrétiennes pour les dimanches de l'année et des poésies religieuses en langue mexicaine. On cite une édition de *l'Arte* sous la date de 1749; c'est une erreur.
>
> Le P. Carochi, milanais, commença son noviciat à Rome en 1601, à 22 ans. Il s'embarqua pour les missions d'Amérique en 1605 et y resta pendant 30 ans. Il mourut dans la maison professe de Mexico, vers 1666.

270. CARRARA (Ubertino, soc. Jesu). Columbus carmen epicum. *Romæ, Rocchi Bernabò,* 1715, in-8, vél.

> 299 pp., 1 fnc. Poëme en 12 livres, dédié au prince Benedetto Pamphile.
>
> Le P. Carrara est un des auteurs qui cultiva avec le plus de succès la poésie latine en Italie, au commencement du xviiie siècle. Les PP. de Backer, auxquels nous devons ces renseignements, citent ce livre sous la date de 1725.

271. CARRASCO (D. Eduardo). Calendario y guia de forasteros de Lima para el año de 1826. *Lima, J. Gonzalez,* in-12, br.

> 135 pp.

272. —— Calendario y guia de forasteros de la Republica Peruana para el año de 1842. *Lima, Felix Moreno,* 1841, in-12, br.

> 252 pp.

273. CARTA que a los Sres. diputados de las Cortes dirige el intendente de exército (D. Rafael Gomez Roubaud), accompañado copia de las representaciones presentadas á S. M. con motivo de haber mandado suspender los efectos de la providencia acordada por S. A. el consejo de regencia, y publicada en la Gazeta de gobierno de 27 de Abril último, número 56. *Cadiz, Imprenta de la junta superior,* 1811, in-fol., br.

> 79 pp. D. Rafael Roubaud était employé à la manufacture des tabacs à la Havane; cette pièce traite longuement de cette marchandise.

274. CARTAS dos Padres da Companhia de Jesus, desde anno 1580 até o de 1588. In-fol., demi rel., cuir de Russie avec coins.

> Superbe manuscrit extrêmement important et que nous croyons inédit, provenant de la bibliothèque de Ternaux-Compans. Il a été exécuté au Japon, à la

fin du XVIᵉ siècle ou au commencement du XVIIᵉ, sur papier du pays, et écrit à l'encre de Chine. Il se compose de 335 ff. chiff., et contient de nombreux renseignements pour l'histoire ecclésiastique et profane de l'Europe, notamment sur la Pologne, la Russie, le Portugal, la France, l'Angleterre (sur ce dernier pays on y trouve beaucoup de pièces relatives au différent religieux qui eut lieu entre Elisabeth, Philippe II, la cour de Rome; une curieuse relation de la mort de MarieStuart et sur la célèbre *Armada*); de l'Afrique, des Indes orientales et de la Chine. Il y a aussi des détails assez étendus sur ces deux derniers pays. La partie consacrée à l'Amérique n'est pas la moins précieuse. Nous en donnons ci-dessous le détail.

Cap. 8 (ff. 28 verso-32). De huma Missam, que fizeram dous Padres (Gaspar Lourenço e Miguel do Rego), e hu Irmão (Franciscó Lopez) pelo sertam do Brazil dentro a buscar gentios para a conversam. Cap. 10 (ff. 35-37). Das minas de Perù da cidade chamada Potesi, e de outras couzas do Brazil. Cap. 11 (ff. 38-40). Da Rellaçam, e Viagem q̃ Antonio del Pexo, vezinho de Mexico fez com catorze soldados e hum frade de Sam Francisco dos do Valle de Sam Bertholameu, que he ofim da Nossa Biscaya, donde sahio para as provincias, eterras, que descubrio, caminhando direita m̃ para o Norte para hir emsoccorro dos frades da mesma ordem, que entraram na dita terra no anno de 81. ades de Janeiro athe que tornou, que foi no fim de Outubro do anno de 1583, a onde achou as provincias seguintez. Cap. 18 (ff. 66-70). De alguás couzas que a conteceram nas partes do Brazil (Relation d'une visite pastorale faite dans les missions de ce pays). Cap. 19 (ff. 71-72). De huns avizos, que se deram a el Rey Phellipe de dentro de Inglaterra da Cidade de Londres para q̃ avizasse a seus vassallos das Antilhas, Nova Hespanha, Malluco, e Philipinas no anno de 82, a 19 de Abril. Cap. 35 (ff. 151-155). Do que se passou acerca da Armada, que el rey Phelippe mandou ao estreito de Magalhᵉˢ. (Cette expédition envoyée contre celle du célèbre Drake, par ordre du roi d'Espagne, était commandée par Pedro Sarmiento de Gamboa, dont la relation a été imprimée à Madrid en 1768. V. ce nom).

CARTES MARINES ET ATLAS HYDROGRAPHIQUES :

275. —— Collection (A) of accurate hydrographic plans, on a large scale, of the principal ports, bays, roads, and harbours, in the West-Indies; namely, those of the spanish main and Florida, of the islands of Jamaica, Hayti, Cuba and Porto-Rico; etc. *London*, 1810, gr. in-fol., 21 cartes.

276. —— The English Pilot, describing the West-India navigation, from Hudson's Bay to the River Amazones; With a new description of Newfoundland, New England, New-York, Virginia, Maryland, Carolina, etc. *London, Mount and Davidson*, 1794, in fol., rel.

66 pp., 22 cartes doubles et nombreuses figures dans le texte.

CARTES MARINES ET HYDROGRAPHIQUES:

277. —— Norie's (J. W.). New South American Pilot, exhibiting the coast from the River Plate to Cape Horn, Valparaiso, Lima, Truxillo, and Panama. *London,* 1823, gr. in-fol.

vii grandes cartes (Publ. at L 2. 10 s.).

278. —— Spherical Chart comprehending the W. coast of America, from the 7º of South lat., to the 9º of North lat., Surveyed by order of the King of Spain, in 1791. *London,* 1805, in-fol., collée sur pap.

279. —— A Chart of the Mexican Sea, or Gulf of Mexico; constructed, by J. Purdy, from the latest surveys of the deposito hydrografico of Madrid, combined with those of british and american surveyors. *London,* 1823, in-fol., collée sur papier.

280. —— Chart of the River la Plata, from Cape St. Mary to Buenos-Ayres, surveyed by J. Warner; shewing the tracks of the Nereus in the years 1811-14. To which is now added the N. coast, from Point Espinilla to Colonia; surveyed by J. Cragg et H. Forster. *London,* 1819, 2 cartes in-fol.

281. —— A Chart of the River St. Lawrence, drawn from the latest surveys, for Wm. Heather. *London, W. Norie,* 1832-33, gr. in-fol; collée sur papier.

282. —— A New Chart of the North coast of Columbia, from Cumano to Porto Bello, including plans of the principal harbours; drawn chiefly from the late surveys of don Fidalgo, by J. W. Norie. *London,* 1822, gr. in-fol., collée sur papier.

283. —— Spherical Chart of part of the coast of Peru, from the parallel of 7º to 21º 45'. south latitude; surveyed and drawn by order of the King of Spain, in the year 1790, by officers of the R. Navy. *London,* 1805, in-fol., collée sur papier.

284. CARTILLA de doctrina cristiana para uso de los niños americanos de la Guyana inglesa. *Roma,* 1864, in-18, br.

35 pp.

285. CARVER (John). Travels through the interior parts of North-America, in the years 1766, 67, 68. *Dublin, S. Price, etc.*, 1779, in-8, rel.

> 9 fnc., 508 pp., carte, 2 pl. Le vocabulaire chippeway occupe les pp. 393-411. EDITION ORIGINALE.

286. CARVER (John). Reisen durch die innern Gegenden von Nord-Amerika in den Jahren 1766, 67 und 68, mit einer Landkarte. Aus dem Englischen. *Hamburg, C. E. Bohn*, 1780, in-8, demi rel.

> xxiv et 456 pp. Manque la carte. Les pp. 350-359 contiennent « *Eine Kurzes Verzeichniss von Wörtern aus der Tschipiwäischen Sprache.* »

287. —— Voyage dans les parties intérieures de l'Amérique septentrionale, pendant les années 1766, 67 et 68. Traduit sur la troisième édition angloise par M. de C.... avec des remarques et quelques additions du traducteur. *Paris, Pissot*, 1784, in-8, v.

> 24, xxviij et 451 pp., carte. Le chapitre xvii pp. 315-334, traite des langues des Indiens et des signes hiéroglyphiques qui leur tiennent lieu d'écriture, et un petit dictionnaire *françois-chippeway* et *françois-nadoessis.*

> « Dans cette relation, le voyageur a donné des détails fort curieux sur plusieurs nations américaines que les Européens ne connoissoient que de nom. » BIBL. DES VOYAGES.

> Le traducteur est nommé M. DE MONTUCLA, dans FARIBAULT, ainsi que dans BARBIER.

288. CASS (Le général). Examen de la question aujourd'hui pendante entre le gouvernement des Etats-Unis et celui de la Grande-Bretagne, concernant le droit de visite. *Paris, H. Fournier*, in-8, br.

> 82 pp.

289. CASSANI (P. Joseph). Historia de la provincia de la compañia de Jesus del Nuevo Reyno de Granada en la America, descripcion, y relacion exacta de sus gloriosas missiones en el reyno, llanos, meta, y Rio Orinoco, almas y terreno, que han conquistado sus missioneros para dios. *Madrid, Manuel Fernandez*, 1741, in-fol., cart.

> 14 fnc., 618 pp , carte. Le titre est doublé, et quelques pages dans les préliminaires ont de légers raccommodages.

> Chronique fort importante d'une partie de l'Amérique, sur laquelle il existe très-peu de documents. Ce volume joint à l'ouvrage de PIEDRAHITA (V. ce nom), formerait une histoire complète de la Nouvelle Grenade.

> Le P. JOSEPH CASSANI, écrivain distingué, né à Madrid en 1673, fut nommé professeur de mathématiques au collége impérial de Madrid. La date de sa mort est inconnue.

290. CASTAN (fr. Felipe, definidor de la provincia de Lima). Elogio funebre del Rmo. P. M. fr. Francisco Xavier Vazquez de Sandoval y Romero, dignisimo primer prior general español, y segundo vitalicio del orden de hermitaños de San Agustin. *Lima, imprenta Real de los Huerfanos,* 1786, in-4, vél.

> 14 fnc., 80 pp., « Epitaphium » 2 fnc. « RELACION *de las exequias que a la memoria del fr. Fr. Xavier Vazquez, celebró la provincia del Peru del orden de S. Agustin, en la iglesia de su convento grande de Nuestra Señora de Gracia de la ciudad de Lima. Escribela el R. P. fray* BERNARDO RUEDA, *de la misma provincia.* » XXXII pp.

> Fr. Xavier Vazquez de Sandoval et Romero, né à Caxamarca, le 3 décembre 1703, de parents pauvres, dut sa haute position à son savoir. Il mourut à Lima, en 1786, prieur général de l'ordre de S. Augustin, au Pérou.

291. CASTAÑEDA DE NAGERA (Pedro de). Relation du voyage de Cibola, entrepris en 1540. INÉDIT. *Paris, A. Bertrand,* 1838, in-8, br.

> XVI et 392 pp. Tome IX de la 1re série des voyages et relations publiés par TERNAUX-COMPANS.

292. CASTELNAU (Francis de). Vues et souvenirs de l'Amérique du Nord. *Paris, A. Bertrand,* 1842, in-4, demi rel.

> viij et 165 pp., 1 fnc., 35 pl.

293. CASTILLO Y NEGRETE (Don Manvel del). Remedio politico, y civil para corregir los defectos, de vna Republica, que insinuado por el Rei Nro. Señor en sv real orden de 18. de Noviembre de 1777. manifiesta, y promueve para la capital de las Islas Philipinas. *Impresso en el Pueblo de Sampaloc,* 1779, in-fol., demi rel. cuir de Russie, avec coins.

> 68 pp. « ORDENANZAS ó instrvcciones qve se proponen. Para el regimen y govierno del hospicio general para los pobres mendigos, mugeres de mala vida, niños expositos, y huerfanos que se intenta fundar en la ciudad de Manila. » 71 pp., 6 fnc. Très-bel exemplaire de deux pièces curieuses et très-importantes pour l'histoire de la municipalité de Manille. Elles sont imprimées sur papier de riz.

294. CASTILLO (P. Antonio). La vida del benerable y muy religioso. P. Fr. Ivan de Castro de la Orden de N. P. Sat Augtin. Arçobispo de Sta Fe en el nueuo Reyno de las Yndias. In-8, non relié.

> 45 ff. MANUSCRIT INÉDIT copié sur l'original du format in-8, conservé à la bibliothèque royale de Madrid. Cette copie est correcte et déjà ancienne.

> Le P. ANTONIO DEL CASTILLO fut le compagnon de Juan de Castro, évêque de Santa Fé. Ce dernier, né en 1547, mourut en 1611.

295. CASTRO (D. Ignacio de, cura de Checa en el obispado del Cuzco). Disertacion sobre la concepcion de Nra. Sra..... en Carta al D. Juan Domingo Unamunsaga cura de San Pedro de Carabaillo. *En Lima, con las licencias necesarias*, 1782. — Segunda disertacion... en repuesta a lo que contra la primera, que publicó sobre la concepcion de N. Señora, opone el P. Juan Prudencio de Osorio del ord. de Predicadores. *Lima*, 1784, 2 vol. in-8, vél.

« Disertacion.... » 27 fnc., 124 pp. « Segunda disertacion » 12 fnc., 303 pp. Deux ouvrages fort rares et très-peu connus sur la sainte Vierge.

296. CATALOGUE des livres et manuscrits de la bibliothèque de feu M. Rœtzel, dont la vente se fera le jeudi 3 novembre 1836 et les 25 jours suivants. *Paris*, 1836, in-8, br.

vii et 254 pp. Catalogue précieux, contenant un grand nombre d'ouvrages relatifs à l'Amérique (histoire, langues, voyages). Il contient aussi plus de 500 nos de poëtes et historiens espagnols. Cette bibliothèque était celle de M. Ternaux-Compans.

297. —— des livres et mss. composant la bibliothèque de feu A. Chaumette des Fossés; dont la vente aura lieu le jeudi 3 novembre 1842 et jours suivants. *Paris*, 1842, in-8, br.

viij et 190 pp. Cette bibliothèque n'était pas moins riche que la précédente en livres sur les langues et l'histoire de l'Amérique. On y trouve aussi une nombreuse série d'ouvrages sur l'histoire et la littérature des peuples Scandinaves.

298. —— raisonné de la galerie indienne de M. Catlin, renfermant des portraits, des paysages, des costumes, etc., et des scènes de mœurs et coutumes des Indiens de l'Amérique du Nord. Collection entièrement faite et peinte par M. Catlin pendant un séjour de 8 ans parmi 48 tribus sauvages. (*Paris*), 1845, in-8, br.

47 pp.

299. CATECHISMUS-MINGNEK D. M. Lutherim Aglega Innusuinnut Innungnullo Gum Okausianik illisimangangitout, suna operekullugo, Kannorlo innukullugit Tokorsub Kingornane Killangmut pekkullugit. *Kiöbenhavn...*, *G. Friderich Kisel*, 1756, in-8, cuir de Russie.

160 pp. Catéchisme de Luther traduit en groenlandais, par Paul Egede. (V. ce nom).

Exemplaire Rœtzel.

3oo. CATECISMO de la doctrina cristiana en idioma de Pangasinan, añadido al último con algunas oraciones para ayudar á bien morir; *Manila, Imprenta de S. Tomás*, 1857, in-32, br.

108 pp., 1 fnc., vignettes.

3o1. CAULIN (R. P. fr. Antonio, dos vezes Prov¹. de los observantes de Granada). Historia corographica, natural y evangelica de la Nueva Andalucia, provincias de Cumaná, Guayana y Vertientes del Rio Orinoco. (*Madrid*), 1779, in-fol., rel.

Titre gravé, 8 fnc., 482 pp., 7 fnc., carte, 3 pl. représentant le martyre du P. André Lopez, celui de Nicolas Gervaise de Labride, prêtre du diocèse de Lyon, nommé évêque par Benoît XIII. Il fut martyrisé par les Caraïbes avec son chapelain et quelques-uns de ses familiers.

Cet ouvrage est dédié à Carlos III; il a été imprimé par son ordre et à ses frais.

3o2. —— Le même ouvrage. *Madrid*, 1779, in-fol., mar. rouge, fil. d. s. t.

Très-bel ex. de dédicace, en grand papier et aux armes de Charles III.

3o3. CAVELIER. Relation du voyage entrepris par feu M. Robert Cavelier, sieur de la Salle, pour découvrir dans le golfe du Mexique l'embouchure du Fleuve de Missisipy. *A Manate: de la presse Cramoisy de J. M. Shea*, 1858, in-8, cart.

54 pp. L'auteur de cette relation était le frère de M. de la Salle, et l'un de ses compagnons de voyage. Ce volume complète les autres relations relatives à cette expédition (V. Tonti et Joutel).

Publié à 100 ex. seulement avec des caractères genre ancien, par les soins de J. Shea, sur le mss. original appartenant à M. François Parkman de Boston.

3o4. CAZAL (Padre Manoel Ayres de). Corografia Brazilica, ou Relação historico-geografica do Reino do Brazil. *Rio de Janeiro, na impressão Regia*, 1817, 2 vol. in-4, rel.

Vol. I. 5 fnc., 420 pp., 2 fnc. — Vol. II. 1 fnc., 379 pp., 2 fnc.

Important ouvrage dédié au Roi. Le tome premier contient l'histoire de la découverte de l'Amérique et du Brésil, suivie de la description des provinces de S. Pedro, do Paraña, do Uruguay, de S. Catharina, de S. Paulo, de Matogrosso, de Goyaz, de Minas Geraes. Le second volume renferme la description des autres provinces de l'empire Brésilien; savoir : Rio de Janeiro, do Espirito Santo, de Porto Seguro, da Bahia, de Sergipe d'El-Rei, de Pernambuco, de Parahiba, do Rio grande de Norte, do Ciará, de Piauhy, do Maranhão, do Pará, de Solimoës, de Guianna.

3o5. CE qvi s'est passé en la solennité de la Feste de la Canonisation de
Sainté Rose, dans les Eglises du grand convent (*sic*) des Jacobins, et
de ceux de la rüe S. Honoré. *Paris, du bureau d'adresse le 18 septembre 1671, in-4, cart.*

> 6 ff. chiffrés 881-892. En marge une note mss. indiquant les prélats qui ont
> officié dans cette circonstance, avec les noms des prédicateurs et des paroisses
> qui sont venues en procession assister à la cérémonie.

3o6. CESPEDES (Andres Garcia de, Cosmografo maior del Rey). Regimiento de navegacion q̃ mando hazer el Rei Nvestro Señor por orden
de sv conseio Real de las Indias. (*En Madrid, En casa de Juan de
la Cuesta,* 1606), in-fol., vél.

> Titre gravé, 4 fnc., 114 ff., fig. nomb. dans le texte, carte gravée « Segvndá
> Parte, en que se pone vna hydrografia..... *En Madrid, En casa de Juan de la
> Cuesta.* M.DCVI. » ff. 115-184 ; fig. dans le texte.
>
> Ouvrage savant et très-important pour l'histoire des sciences mathématiques et
> hydrographiques. La seconde partie, sous le titre de « *Hydrografia* » contient un
> très-bon guide pour naviguer d'Espagne aux Indes occidentales.
>
> ANDRES GARCIA DE CESPEDES, mathématicien royal et cosmographe des Indes,
> composa plusieurs ouvrages astronomiques, qui sont restés mss. et dont on trou-
> vera la liste dans la *Bibliotheca nova* de NIC. ANTONIO.

3o7. CHABERT (M. de). Voyage fait par ordre du Roi en 1750 et 1751,
dans l'Amérique septentrionale, pour rectifier les cartes des côtes de
l'Acadie, de l'isle Royale et de l'isle de Terre-Neuve ; et pour en fixer
les principaux points par des observations astronomiques. *Paris, Imprimerie Royale,* 1753, in-4, rel.

> viij et 288 pp., 5 fnc., 6 cartes, 1 pl., 1 tableau. Très-bel exempl. aux armes de
> France, avec deux L entrelacées sur le dos de la reliure.
>
> Ouvrage estimé sous le rapport des observations astronomiques qu'il renferme,
> et qui sont de la plus grande exactitude.

3o8. CHALMERS (George). An introduction to the history of the re-
volt of the American colonies ; being a comprehensive view of its origin, derived from the state papers contained in the public offices of
Great Britain. *Boston, J. Munroe,* 1845, 2 vol. in-8, cart.

> Vol. I. xxxiv et 414 pp. — Vol. II. xv et 376 pp.
> Publication importante faite sur des documents officiels originaux.

3o9. CHAMPIGNY (Le colonel de). Etat-présent de la Louisiane, avec
toutes les particularités de cette province d'Amérique, pour servir de
suite à l'histoire de Raynal. *Amsterdam, B. Vlam,* 1781, in-8, broché.

> 147 pp., 2 pnc. Il existe une première édition de La Haye, 1776.

310. CHAMPLAIN (Le sieur de). Voyages et descovvertvres faites en la Novvelle France, depuis l'année 1615. iusques à la fin de l'année 1618.... Où sont descrits les mœurs, coustumes, habits, façons de guerroyer, chasses, dances, festins, et enterrements de diuers peuplès Sauuages, et de plusieurs choses remarquables qui luy sont arriuées audit païs, auec vne description de la beauté, fertilité, et temperature d'iceluy. *Paris, Clavde Collet,* 1620, in-8, vél.

> 6 fnc., 158 ff., front. gravé daté de 1619 ; 5 fig. très-finement gravées.
> « Première édition de cette relation; elle est rare et fort recherchée. » Brunet.
> Notre exemplaire est très-beau.

311. CHANVALON (Thibault de). Voyage à la Martinique, contenant diverses observations sur la physique, l'histoire naturelle, l'agriculture, les mœurs et les usages de cette isle, faites en 1751 et dans les années suivantes. Lu à l'Académie royale des sciences de Paris en 1761. *Paris, Bauche,* 1763, in-4, br.

> 3 fnc., viii et 192 pp. (la p. 135 y est répétée 46 fois) «Observations météoro-logiques » 38 fnc., 2 fnc., carte. Relation très-estimée.

312. CHARENCEY (H. de). Affinité de quelques légendes américaines avec celles de l'ancien monde. *Paris, A. Parent,* 1866, in-8, br.

> 16 pp. Extrait de la *Revue indépendante,* 1er mai.

313. —— Notice sur un ancien manuscrit mexicain, dit Codex Telle-riano-Remensis. *Paris, Challamel,* 1859, in-8, br.

> 7 pp., 1 pl. col. Extrait de la *Revue orientale et américaine.*

314. —— (Le Cte). Le percement de l'isthme de Panama. *Mortagne, Loncin,* 1859, in-8, br.

> 11 pp.

315. CHARLEVOIX (le P.). Histoire et description générale de la Nouvelle France, avec le journal historique d'un voyage fait par ordre du Roi dans l'Amerique septentrionale. *Paris, Rolin fils,* 1744, 3 vol. in-4, rel.

> Vol. I. 2 fnc., xxvj et 664 pp., 10 cartes. — Vol. II. lxj pp., 3 pnc., xvi pp., 582 pp., 8 cartes. « *Description des plantes* » 56 pp., 22 planches. — Vol. III. « *Journal d'un voyage...* » xix, xiv et 543 pp., 10 cartes.

316. CHARLEVOIX (Le P.). Histoire de la Nouvelle France. *Paris, Didot,* 1744, 6 vol. in-12, rel.

> Vol. I. 2 fnc., viij et 454 pp., 5 cartes. — Vol. II. 5o1 pp., 5 cartes. — Vol. III. 465 pp., 2 cartes. — Vol. IV. 388 pp., 44 pl. et 6 cartes. — Vol. V. xxviij et 456 pp., 7 cartes. — Vol. VI. 434 pp., 2 fnc., 3 cartes.
>
> Cet ouvrage très-recherché est le plus important et le plus complet qui existe, sur l'histoire et la géographie de notre ancienne colonie.

317. —— Histoire du Paraguay. *Paris, Didot, etc.,* 1756, 3 vol. in-4, rel.

> Vol. I. 489 et xxxiij pp., 3 pnc., 2 cartes. — Vol. II. 356 et clviij pp., 1 fnc., 2 cartes. — Vol. III. 285 et cccxvi pp., 1 fnc., 3 cartes.

318. —— Le même ouvrage. *Paris, Didot, etc.,* 1757, 6 vol. in-12, rel.

> Vol. I. 39o pp., 1 fnc., 1 carte. — Vol. II. 476 pp., 1 carte. — Vol. III. 408 pp., 1 carte. — Vol. IV. 414 pp., 1 fnc., 1 carte. — Vol. V. 461 pp, 1 fnc. — Vol. VI. 46o pp., 3 cartes.
>
> Ouvrage le plus complet que l'on possède sur l'histoire du Paraguay.

319. —— Historia Paraguajensis, PETRI FR. XAV. DE CHARLEVOIX, ex gallico latina, cum animadversionibus et supplemento. *Venetiis, Fr. Sansoni,* 1779, in-fol., demi vél.

> 1 fnc., 608 pp. Cette traduction latine, anonyme, est du P. DOMINIQUE MURIEL, espagnol (né en 1718, mort en Italie en 1795). Elle est plus complète que l'édition française. Le P. MURIEL y a ajouté de nombreuses notes. Pour la description exacte de ce rare volume, V. la bibliothèque des PP. DE BACKER, vol. VII, pp. 191-192.

320 —— Histoire de l'isle espagnole ou de S. Domingue. Ecrite particulierement sur des memoires mss. du P. J. B. LE PERS, jésuite, missionnaire à S. Domingue, et sur les pièces originales qui se conservent au dépôt de la marine. *Paris, Pralard,* 1731, 2 vol. in-4, rel.

> Vol. I. xxviij et 482 pp., 3o fnc., 7 cartes. — Vol. II. xiv et 5o6 pp., 3o fnc., 11 cartes.

321. —— Le même ouvrage. *Amsterdam, F. L'honoré,* 1733, 4 t. en 2 vol. in-12 vél.

> Vol. I. xxiv et 292 pp., front. gravé, 4 cartes, 1 fig. — Vol. II. xiv et 39o pp., front. gravé, 2 cartes. — Vol. III. xii et 3o2 pp., front. gravé, 3 cartes, 1 fig. — Vol. IV. xii et 429 pp., front. gravé, 9 cartes.

322. —— La vie de la mere Marie de l'Incarnation, institutrice et premiere supérieure des Ursulines de la Nouvelle France. *Paris, P. G. Le Mercier,* 1735, in-8, br.

> xxxx et 412 pp., 2 fnc., portrait gravé par POILLY. EXEMPLAIRE NEUF, NON COUPÉ. La mère Marie de l'Incarnation mourut à Québec en odeur de sainteté. Elle vécut

32 ans au Canada. Etroitement liée par sa position aux affaires de la Colonie, la relation de sa vie devient par ce fait, un document historique très-important, pour l'histoire de ce pays.

Son fils, D. Claude Martin, fit imprimer sa vie à Paris, en 1677. Le P. Charlevoix publia la sienne en 1724, in-8. Une édition de format in-4º parut l'année suivante. L'édition portant la date de 1735 n'est pas citée. Ce doit être, certainement la même que celle de 1724, dont on aura changé le titre.

323. CHAS (J.) et LEBRUN. Histoire politique et philosophique de la révolution de l'Amérique septentrionale. *Paris, Favre, an* IX, in-8, rel.

2 fnc., viij et 458 pp.

324. CHASTELLUX (Le marquis de). Voyage de M. le chevalier de Chastellux en Amérique. *S. L.*, 1785, pet. in-8, demi rel.

228 pp. La première relation de Chastellux, fut imprimée en 1781, sous ce titre « *Voyage de Newport à Philadelphie, Albany, etc.* », in-4, de 188 pp. de texte et de laquelle on a imprimée que 24 exempl.

Le petit volume que nous annonçons est peut-être une réimpression de l'édition de 1781 ; quoiqu'il en soit, il doit être peu commun, car nous ne l'avons vu cité nulle part.

325. —— Voyages dans l'Amérique septentrionale dans les années 1780, 81 et 82. *Paris, Prault*, 1786, 2 vol. in-8, rel.

Vol. I. 8 et 390 pp. — Vol. II 362 pp., 1. fnc. Manque la carte et les planches.

326. —— Voyage en Amérique. *Paris et Bruxelles, B. Le Francq*, 1786, in-8, cart.

136 pp.

327. CHASTENET-PUYSÉGUR. Instructions nautiques sur les côtes et les débouquemens de Saint-Domingue, avec le détail de la position des principaux points qui ont servi de base à la construction des cartes publiées en 1787. Publié pour la première fois, par ordre du Roi, en 1787. *Paris, Imprimerie royale*, 1821, in-8, br.

259 pp.

328. CHAUMONOT (Le P. P. J. M.) Sa vie, écrite par lui-même, par ordre de son supérieur, l'an 1688. *Nouvelle York, Isle de Manate, à la presse Cramoisy de J. M. Shea*, 1858, in-8, cart.

108 pp. Tiré à 100 ex. imprimé avec des caractères genre ancien et publié d'après

le manuscrit original conservé précieusement à l'Hotel-Dieu de Québec. Les pp. 105-106 « Appendice » contiennent un « Vœu à la Sainte Vierge de la nation des Hurons, en langue huronne, envoyé au chapitre de Chartres en 1678. »

329. CHAUMONOT (Le P. P. J. M.). Suite de la vie du R. P. Pierre Joseph Marie Chaumonot, de la Compagnie de Jésus, par un Père de la même Compagnie avec la manière d'oraison du vénérable Père, écrite par lui-même. *Nouvelle York, Isle de Manate, à la presse Cramoisy de J. M. Shea,* 1858, in-8, cart.

> 66 pp. Tiré à 100 ex. et imprimé avec des caractères genre ancien.

> Cette suite de la vie du P. Chaumonot est attribuée par l'éditeur de cette pièce au P. Sébastien Rale. (V. ce nom.)

> Le P. Chaumonot, né à Châtillon-sur-Seine, en 1611, fut missionnaire au Canada, depuis le 1er Août 1639, jusqu'à sa mort arrivée à Québec, le 21 Février 1693. Il a été presque toujours missionnaire chez les Hurons et les Iroquois. Il a écrit une grammaire, un dictionnaire par racines et un catéchisme en langue huronne. Ces trois ouvrages sont restés manuscrits. Cependant le premier a été traduit en anglais par J. Wilkie et imprimé dans les Mémoires de la société littéraire et historique de Québec. Vol. II.

330. CHESTERTON (G. Laval). A Narrative of proceedings in Venezuela, in South America, in the years 1819 and 1820; with general observations on the country and people. *London, John and Arthur Arch,* 1820, in-8, cart.

> x et 257 pp.

331. CHIPPEWAY Vocabulary. In-4, cart.

> Manuscrit du siècle dernier, important et inédit. Il est composé de 75 pp. à 2 colonnes d'une très-belle écriture.

332. CHIRINO (P. Pedro). Relacion de las islas Filipinas i de lo qve en ellas an trabaiado los Padres de la Compañia de Jesvs. *Roma, Estevan Paulino,* 1604, in-4, vél.

> 1 fnc., 196 pp., 2 fnc. Le P. Chirino, né à Ossuna, mort à Manille en 1634, passa plus de vingt années dans les missions des îles Philippines. Il fut envoyé à Rome en qualité de procureur de sa province, et profita de cette occasion pour faire imprimer sa relation, qui contient des renseignements intéressants sur les mœurs des habitants. Les chapitres XV et XVII traitent de leur langue, le dernier chapitre surtout contient un alphabet imprimé en *lettres figuratives* avec transcription en lettres latines.

> Notre exempl. porte bien la date de 1604, ainsi que l'indique Antonio et Pinelo, (Cf. les PP. de Backer). L'ouvrage du P. Colin : *Labor evangelica* (V. ce nom) a été composé en partie sur des documents mss. du P. Chirino.

333. CHIRINO (P. Pedro). Relacion de las islas Filipinas. _Roma, Estevan Paulino,_ 1604, in-4, demi-rel.

> Exemplaire au chiffre de Ternaux-Compans, malheureusement incomplet du titre et du f. correspondant.

334. CHOQUEHUANCA (José Domingo). Ensayo de estadistica completa de los ramos economico politicos de la provincia de Azángaro en el departemento de Puno, de la Republica Peruana, del quinquenio contado desde 1825 hasta 1829 inclusive. _Lima, Manuel Corral,_ 1833, in-fol., br.

> 1 fnc., 72 pp.

335. CISNEROS (D. Joseph Luis·de). Descripcion exacta de la provincia de Benezuela. _Impresso en Valencia, año de_ 1764, in-4, demi rel.

> 3 fnc., 118 pp. Volume fort rare et presque inconnu, imprimé à Valencia, ville de la république de Venezuela, chef-lieu de la province de Carabobo. C'est à notre connaissance, la plus ancienne production des presses de la province de Venezuela.

336. CIVIL CODE of the state of Louisiana. By Authority. _New-Orleans, J. C. de St. Romes,_ 1825, gr. in-8, cart.

> xxxi et 1348 pp. Ce gros volume renferme le texte anglais des lois civiles de la Louisiane, avec la traduction française en regard.

337. CLADERA (D. Christobal). Investigaciones históricas sobre los principales descubrimientos de los Españoles en el mar Oceano en el siglo XV. y principios del XVI. En respuesta á la Memoria de Mr. Otto sobre el verdadero descubridor de América. _Madrid, Antonio Espinosa,_ 1794, in-4, rel.

> 6 fnc., xxxiv et 218 pp., 5 portraits. Le Mémoire de Otto, auquel l'ouvrage de CLADERA sert de réponse, est imprimé dans le tome II des _Transactions philosophiques_ de Philadelphie. Il est adressé sous forme de lettres au Dr Franklin.

338. CLAIN (P. Pablo, de la Cia de Jesus). Beneficios, y favores singulares hechos por el glorioso archangel San Rafael al santo patriarcha Tobias, y sv familia. Ang Manga daqvilang ava, at bucod na caloob nang camahal mahalang archang. San Rafael, ecc. _Impresso en Manila, en la Imprenta de la Compañia de Jesus,_ 1716, in-8, vél.

7 fnc., 108 ff. dont 92 seulement sont chiffrés. Le titre gravé sur cuivre représente l'ange Raphael. Impression sur papier de riz.

Le P. P. CLAIN ou plutôt KLEIN, né à Agra en Bohême, se fit religieux en 1669. Il s'embarqua pour les missions du Mexique en 1678, puis passa aux Philippines en 1682 où il fut successivement recteur de plusieurs collèges, provincial, professeur et missionnaire. Il mourut en 1717. Ce religieux possédait parfaitement la langue Tagale, dans laquelle il traduisit l'histoire de N. D. de Lorette (imp. en 1714, in-8º); des Pensées chrétiennes (imp. en 1714, in-32). Le vol. que nous annonçons; l'Imitation de J. C.; l'Histoire de la Passion du P. Palma; etc., etc. (Cf. la *Biblioth.* des PP. DE BACKER. Vol. IV. p. 137.)

339. CLAP (Thomas, President of the College). The annals or history of Yale-College, in New-Haven, in the Colony of Connecticut, from the first founding thereof, in the year 1700, to the year 1766. *New-Haven, J. Hotchkiss and B. Mecom*, 1766, in-8, bas.

1 fnc., 124 pp. Un des plus anciens livres imprimés à New-Haven.

340. CLAVDE D'ABBEVILLE. L'arrivee des Peres Capvcins en l'Inde Nouuelle, appellee Maraguon, Auec la reception que leur ont faict les Sauuages de ce pays, et la conuersion d'iceux à nostre Saincte Foy. Declaree par vne lettre que le R. P. CLAVDE D'ABBEVILLE predicateur capuçin, enuoyé à Frere Martial, pareillement capuçin, et à M. Foullon ses freres. *A Lyon, par Gvichard Pailly*, 1613, in-8, cart.

Cet opuscule de 16 pp., est resté inconnu à TERNAUX et à BRUNET. La lettre du P. CLAUDE D'ABBEVILLE occupe les 11 premières pages; elle est datée « *En haste, De Maraguon, au Bresil ce* 20. *iour d'Aoust* 1612. » Les pp. 12-15 contiennent une « Sommaire relation de quelques autres choses plus particulieres qui ont este dictes de bouche aux frères capucins par Monsieur de Manoir. » Les pp. 15-16 renferment des « Lettres qve les peres Capucins ont escrit à Monsieur Fermanet de Roüen. » Ces lettres sont signées « *Frere Claude d'Abbeville, Frere Arsene de Paris,* » et datées « *De l'isle de Maraguon ce* 20. *Aoust,* 1612.

Ces lettres se recommandent par leur naïveté. Elles ont précédé d'une année l'histoire de la mission des PP. Capucins (imprimée à Paris, 1614-15) et donnent les premières nouvelles que l'on ait eues sur cette mission, dont les PP. CLAUDE D'ABBEVILLE et IVE D'EVREUX furent les historiens.

341. CLAUSON (L. J.). Précis historique de la révolution de Saint-Domingue. Réfutation de certains ouvrages publiés sur les causes de cette révolution. De l'état actuel de cette colonie, et de la nécessité d'en recouvrer la possession. *Paris, Pillet*, 1819, in-8, cart.

xij et 155 pp.

342. CLAVIGERO (D. Francesco Saverio). Storia antica del Messico cavata da' migliori storici spagnuoli; e da' manoscritti; e dalle pitture

6

antiche degl' Indiani : divisa in dieci libri, e corredata di carte geografiche, e di varie figure : e dissertazioni sulla terra, sugli animali, e sugli abitatori del Messico. *Cesena, Gregorio Biasini,* 1780-81, 4 vol. in-4, cart., *non rogné.*

> Vol. I. vij et 306 pp., 1 tableau généal. « Genealogia dei Re Messicani » p. 302; carte du Mexique dressée en 1521, 2 pl. — Vol. II. 276 pp., 17 pl. — Vol. III. 260 pp., carte, portrait de Moctezuma. — Vol. IV. *Contenente le dissertazioni,* 331 pp.
>
> Outre une liste des écrivains du Mexique, cet ouvrage donne la description des mss. mexicains des collections de Mendoza, du Vatican, de Vienne et de Boturini. Ce livre est rempli de recherches et de documents précieux pour l'histoire ancienne du Mexique.

343. CLAVIGERO (D. Francesco Saverio). Storia della California. Opera postuma. *Venezia, Modesto Fenzo,* 1789, 2 vol. in-8, br.

> Vol. I. 276 pp., 1 fnc., 1 carte. — Vol. II. 212 pp., 1 fnc.
> Ouvrage peu commun. L'auteur s'est servi avantageusement des mss. de Michel del Barco, et de Luc Ventura, qui avaient passé plusieurs années en Californie. (Cf. De Backer, vol. IV. pp. 139-140.)
>
> Clavigero, né à la Vera-Cruz en 1731, membre de la Cie de Jésus, passa plus de trente ans de son existence à rechercher et compiler des documents pour son histoire du Mexique, qui de fait est un des meilleurs ouvrages de ce genre et dont il existe des traductions en anglais, en allemand et en espagnol. Après la suppression de l'ordre, il se réfugia en Italie, et mourut à Bologne en 1787.

344. CLAYTON (V. C. Johannes). Flora Virginica exhibens plantas quas J. Clayton observavit atque collegit. Easdem methodo sexuali disposuit, ad genera propria retulit, nominibus specificis insignivit, et minus cognitas descripsit Joh. F. Gronovius. *Lugd. Batavorum, Corn. Haak,* 1743, in-8, rel.

> Pars l. 2 fnc., 128 pp., 3 fnc. — Pars II. pp. 129-206, 2 fnc.

345. CLINTON (sir Henry). The Narrative of lieutenant-general H. Clinton, K. B. relative to his conduct during part of his command of the king's troops in North America; particularly to that which respects the unfortunate issue of the Campaign in 1781. *London, J. Debrett,* 1783, in-8, demi mar., *non rogné.*

> 112 pp. L'Appendix (pp. 49-112) contient des copies et extraits de la correspondance de H. Clinton avec lord Germain, le comte de Cornwallis et l'amiral Graves. A la suite :
>
> Cornwallis (Earl). An answer to that part of the Narrative of lieutenant-general sir H. Clinton, which relates to the conduct of lieutenant-

general Earl Cornwallis, during the Campaign in North America, in the year 1781. *London, J. Debrett,* 1783, 3 fnc., xvi et 260 pp., errata 8 lignes ; un tableau de l'état des troupes en face la p. 52.

CLINTON (H.). Observations on some parts of the answer of Earl Cornwallis. To which is added an Appendix ; containing extracts of letters and other papers, to which reference is necessary. *London, J. Debrett,* 1783, 35 pp.; Appendix 113 pp., plus un grand tableau donnant la force respective des armées anglaise, française et américaine pendant les années 1780-81.

346. CLUNY (Al.). Le Voyageur américain, ou Observations sur l'état actuel, la culture, le commerce des colonies britanniques en Amérique; les exportations et importations respectives entre elles et la Grande Bretagne, avec un état des revenus que cette dernière en retire, etc., adressées par un négociant expérimenté (AL. CLUNY) en forme de lettres au très-honorable comte de... (Chatham). Traduit de l'anglois, augmenté d'un précis sur l'Amérique septentrionale et la république des treize états-unis, par M. J. (OSEPH) M. (ANDRILLON). *Amsterdam, J. Schuring,* 1783, in-8, rel.

viij et 264 pp., carte, 2 tabl. Ouvrage très-estimé dont l'édition originale anglaise a paru à Londres, en 1769, in-4°.

« Ce fut pour répondre au vœu du fameux comte Chatham, qu'un négociant anglais, très-éclairé, publia ces observations, des exemplaires desquels la cour d'Angleterre, intéressée à tenir secrète une partie des opérations de la métropole avec ses colonies, empêcha autant qu'elle put la dissémination. » BIBL. DES VOYAGES.

347. COCHRANE (Capt. Ch. Stuart). Journal of a residence and travels in Colombia, during the years 1823 and 1824. *London, H. Colburn,* 1825, 2 vol. in-8, demi mar.

Vol. I. xv et 524 pp., carte, portrait de l'auteur colorié. — Vol. II. viii et 517 pp., vue des Andes, col.

348. CODIGO de comercio de México. *Mexico, Mariano Lara,* 1854, in-8, br.

282 pp., 2 fnc.

349. —— Santa-Cruz, de procedimientos judiciales del estado Nor-Peruano. Edicion oficial. *Lima, E. Aranda,* 1836, pet. in-4, br.

VIII et 166 pp. Edition officielle du code de Andres Santa-Cruz, imprimée à 3000 exemplaires.

350. COGOLLUDO (El P. fr. Diego Lopez). Historia de Yucatan.....

Sacala a lvz èl P. fr. Francisco de Ayeta. *Madrid, Ivan Garcia Infanzon,* 1688, in-fol., vél.

13 fnc., 760 pp., 16 fnc., front. gravé par Orozco. Le f. 133 contient une pl. en bois, représentant les armoiries du Cacique Mani.

Cet important ouvrage, publié plusieurs annéés après la mort de son auteur, ne va que jusqu'au milieu du xviiie siècle. On y trouve, dit M. Ternaux, des renseignements précieux sur des pays très-peu connus.

Le P. Diego Cogolludo, né à Alcala de Henares, prit l'habit des Franciscains réformés dans le couvent de S. Diego, le 31 mars 1629. L'époque de sa naissance et de sa mort est inconnue ; les biographies que nous avons consultées ne nous ont fourni aucun renseignement à ce sujet. Il passa sa vie au Yucatan, où il fut successivement lecteur de théologie, gardien et provincial. Il fit une étude particulière et approfondie des antiquités et de l'histoire politique et ecclésiastique du Yucatan, et composa son ouvrage d'après de nombreux documents mss. existants dans les bibliothèques des couvents de cette province.

351. COLDEN (Cadwallader). The history of the five Indians nations of Canada, which are dependent on the province of New-York in America, and are the barrier between the english and french in that part of the world; with particular accounts of their religion, manners, customs, laws, and forms of government, etc. *London, Lockyer Davis,* 1755, 2 vol. in-12, rel.

Vol. I. xii pp., 2 fnc., carte, 260 pp. — Vol. II. 1 fnc., 251 pp., catalogüe 9 pnc.

La meilleure édition de cet ouvrage estimé. Imprimé d'abord à New York en 1727; réimprimé à Londres en 1747.

352. COLECCION general de documentos, tocantes a la persecucion, que los regulares de la Cⁱᵃ suscitaran y siguieron tenázmente por medio de sus jueces, conservadores, y ganando algunos ministros seculares desde 1644 hasta 1660 contra D. Bernardino de Cardenas, obispo del Paraguay. *Madrid, Imprenta Real,* 1768-70, 3 vol. in-4, vél.

Collection extrêmement importànte pour l'histoire du Paraguay. Elle renferme les pièces suivantes :

Vol. I. 1 fnc., Prologo lviii pp. — Memorial y defensorio de D. fray Bernardino de Cardenas (pp. 1-245). — Memorial del P. Julian de Pedraza (pp. 246-283). — Advertencias acerca de la sentencia que han publicado, impresa en el Perú, y en España, los religiosos de la Cⁱᵃ, diciendo D. Andrés Garavito de Leon (pp. 283-321). — Villalón (Juan de S. Diego). Discurso de la vida, merito, y trabajos del obispo del Paraguay (pp. 322-387).

Vol. II. 6 fnc. — Informe hecho a Phelipe IV. Por el P. Andres de Rada, visitador de la Cⁱᵃ en el Paraguay (pp. 5-19). — Papel en verso sobre

el recibimiento del obispo B. de Cardenas, y persecuciones que le susci-
tarōn los regulares de la Cᵢᵃ. (pp. 20-31). — REQUERIMIENTO en que se hace
relacion de la traycion, y alzamiento executado en el Paraguay, contra la
iglesia, y el rey por las armas, consejos, ecc. de los religiosos de la Cᵢᵃ.
Presentóse al gobernador y al oydor (por fray GASPAR DE ARTEAGA) (pp.
32-49). — RESPUESTA, que dió Fr. GASPAR DE ARTEAGA, a unos cargos ma-
licios que los Padres de la Cᵢᵃ hicieron contra el dicho ante su provincial
(pp.50-59.) — PAPEL que trata de lo que lo consienten á un frayle de S. Francisco en su religion (pp. 60-67). — CONTINUACION de lo sucedido al obispo
del Paraguay, lo dexó Fr. JUAN DE VILLALON en su memorial (pp. 68-71).
APENDICE segundo de documentos (pp. 72-84). — DISCURSOS juridicos en defensa de la consegracion del obispo del Paraguay. Por D. ALONSO CAR-
RILLO (pp. 1-126). — CONSULTA que hizo frayJUAN DE SAN DIEGO Y VILLA-
LÓN sobre la consegracion de B. Cardenas (pp. 127-234). — NOTICIA de las
resoluciones de Alexandro VII, en los negocios de D. B. de Cardenas.
Escrito por D. ALONSO CARRILLO (pp. 235-283).

Vol. III. xiv pp. — MEMORIAL ajustado de D. JOSEPH DE ANTEQUERA (pp.
1-239).—CARTAS del señor D. JOSEPH DE ANTEQUERA Y CASTRO a D. fray Joseph de Palos obispo (pp. 1-374). — COPIA del informe que hizo el general
D. MATHIAS DE ANGLEO Y GORTARI, corregidor del Potosi, sobre los puntos, que han sido causa de las discordias sucedidas en la ciudad de la
Asuncion de la provincia del Paraguay, y motivaron la persecucion de D.
Josef de Antequera de parte de los regulares de la Cᵢᵃ (pp. 1-64 et 2 fnc).

Vol. IV. 6 fnc. — REYNO jesuitico del Paraguay, su autor D. BERNARDO
IBAÑEZ DE ECHAVARRI. 241 pp. (V. ce nom). — EFEMERIDES de la guerra de
los Guaranies desde el año de 1754, ó diario de la guerra del Paraguay.
Escrito por el padre TADÉO HENIS, 113 pp., à 2 col. latin et espagnol.

353. COLECCION Polidiómica Mexicana que contiene la Oracion
dominical vertida en cincuenta y dos idiomas índígenos de aquella
república. Dedicada á N. S. P. el señor Pio IX. Pont. Max. Por la
sociedad mexicana de geografia y estadistica. *Mexico, E. Maille-
fert y Cᵢᵃ*, 1860, in-4, br.

VII pp., 26 fnc. Les VII pp. de préliminaires contiennent une dissertation sur
la langue Otomi, et sur plusieurs traductions du Pater faites en cette langue à
différentes époques. Les 52 idiomes, dans lesquels l'Oraison dominicale est tra-
duite, sont les suivants : Californio, Chañabal, Chiapaneco, Chihuaheño, Chol,
Cuicateco (2 dialectes) Huaxteco (3 dialectes), Joba, Lipano, Matlatzinca, Maya,
Mayo, Mazahua, Mazateco (2 dialectes), Mexicano, Mixe, Mixteco (3 versions),
Opata, Otomi (6 dialectes), Pame (3 dialectes), Papagol, Pimo, Piros, Sendal,
Serrano, Tarasco, Taraumaro (4 dialectes), Tepehuano, Totonaco (2 dialectes).
Tubano, Tzapoteco, Yaqui (2 dialectes), Zoque, Zozil.

354. COLETI (G. della Cᵢᵃ di Gesù). Dizionario storico-geografico dell'

Americą Meridionale. *Veneƶia, Coleti,* 1771, 2 vol. in-4, en 1, cart., *non rogné.*

Vol. I. viii et 196 pp., 1 carte. — Vol. II. 192 pp.

« Ce dictionnaire rédigé d'après des documents neufs et authentiques était estimé; l'auteur songea à en donner une nouvelle édition corrigée. » *V. la biblioth. des écrivains de la Cie de Jésus,* qui nous apprend que le P. Coleti, né à Venise en 1727, fut destiné aux missions de la province de Quito, qu'après le bannissement des jésuites des possessions espagnoles, il revint en Italie et qu'il mourut à Venise en 1798.

355. COLIN (P. Francisco). Labor evangelica, ministerios apostolicos de los obreros de la Compañia de Jesvs, fvndacion, y progressos de sv provincia en las islas Filipinas. *Parte primera.* Sacada de los manvscriptos del P. Pedro Chirino. *Madrid, Fernandeƶ de Buendia,* 1663, in-fol., cart.

11 fnc., 820 pp., 12 fnc., carte gravée en 1659 par Marcos de Orozco. L'exempl. a le titre et les deux derniers ff. raccommodés dans la marge. Pour la seconde partie de cet ouvrage, V. l'art. Murillo Velarde et celui du P. Chirino (nᵒ 332.)

Le P. Colin entra dans la Cie en 1606. Il enseigna la rhétorique à Majorque, la théologie à Gerunda et la philosophie à Saragosse. En 1625, il s'embarqua pour les Philippines, y prêcha pendant quelque temps, et alla ensuite évangéliser l'île de Mindanao. Il mourut près de Manille le 6 mai 1660.

356. COLLECÇÃO dos breves pontificios, e leys regias, que foraõ expedidos, e publicadas desde o anno de 1741, sobre a liberdade das Pessoas, Bens, e Commercio dos Indios do Brasil; dos excessos que naquelle estado obraram os Regulares da Companhia denominada de Jesu; das Reprezentaçoens que Sua Magestade Fidelissima fez á santa Séde apostolica, sobre esta materia ate a expedição do Breve que ordenou a Reforma dos sobreditos regulares, ecc. *Impressa na secretaria de Estado, por especial órdem de Sua Magestade,* in-fol., rel.

Cette collection, imprimée à Lisbonne en 1759, renferme XXI documents ayant chacun une pagination séparée, dont la plus grande partie est relative à l'expulsion des Jésuites du Portugal et des possessions portugaises. Ce volume imprimé à petit nombre, mérite d'être recherché pour les pièces originales qu'il renferme, et que les PP. de Backer n'ont pu se procurer.

357. —— de Noticias para a Historia e Geografia das Nações Ultramarinas, que vivem nos dominios Portuguezes, ou lhes são visinhas : Publicada pela Academia real das sciencias. *Lisboa, Typografia da mesma Academia,* 1812-56, 7 vol. in-4, br.

Vol. I. 1812. Nᵒ 1. viii ff. — Breve relacão das escrituras dos gentios da India Oriental, e dos seus costumes (pp. 1-59). — Nº 2. Noticia summaria do gentilismo da Asia (pp. 61-126).— Nº 3. Jos. de Anchieta. Epistola quamplurimarum rervm naturalium, quæ S. Vincentii (nunc S. Pauli) provinciam incolunt, sistens descriptionem (pp. 127-178, 1 fnc.). — Nº 4. viii ff. — Memorias para a historia da capitania do Maranhão, 118 pp.

Vol. II. 1812-13. Nº 1. 1 fnc — Navegações de Luiz de Cadamosto: aque se ajuntou a viagem de Pedro de Cintra capitão Portuguez. Traduzidas do italiano (xvi et pp. 1-82). — Nº 2. Navegação de Lisboa á ilha de S. Thomé escrita por hum piloto portuguez (iv et pp. 83-106, 2 fnc.).—Nº 3. Navegação do Capitão Pedro Alvares Cabral, escrita por hum piloto portuguez (iv et pp. 107-139).— Nº 4. Cartas de AmericoVespucio a Pedro Soderini, sobre duas viagens feitas por ordem do Rei de Portugal. Traduzidas do italiano (vii et pp. 141-158). — Nº 5. Navegação ás Indias Orientaes escrita por Thomé Lopez (iv et pp. 159-218). — Nº 6. Viagem ás Indias Orientaes por João de Empoli (iv et pp. 219-230, 2 fnc.). — Nº 7. Livro de Duarte Barbosa (ix et pp. 231-394, 1 fnc.).

Vol. III. 1825-26. 1 fnc. Nº 1. Noticia do Brazil, descripção verdadeira da costa daquelle estado, que pertence á coroa de Portugal, sitio da Bahia de Todos os Santos (pp. 1-342). — Nº 2. Catalogo dos governadores do reino de Angola (pp. 343-436).

Vol. IV. 1826. 1 fnc. Nº 1. Navegação feita da cidade do Gram Pará até á Bocca do rio da Madeira. Escripta por Jose Gonsalves da Fonseca (1749) (pp. 1-143).—Nº 2. Roteiro da viagem de Fernam de Magalhães (pp. 144-176). — Nº 3. Carta de Pedro Vaas de Caminha a el rei D. Manoel, sobre o descobrimento da terra de Santa Cruz, vulgarmente chamada Brasil (pp. 177-180 s.). — Nº 4. Tratado do terra do Brazil, no qual se contém a informação das cousas que ha nestas partes; feito por Pero de Magaglhães (pp. 181-216).

Vol. V. 1836-39. 1 fnc. Nº 1. Fatalidade historica da ilha de Ceilão. Escrito pelo capitão João Ribeiro (x et pp. 1-274, 3 fnc.). — Nº 2. 1 fnc. Reflexões criticas sobre o escripto do seculo XIV Impresso com o titulo de Noticia do Brasil no tomo 3º da Collecão de Not. ultr. Acompanhadas de interessantes noticias bibliograficas por F. A. de Varnhagen. 120 pp.

Vol. VI. 1856. Nº 1. Roteiro da viagem da Cidade do Pará até ás ultimas colonias dos dominios portuguezes em os rios Amazonas e Negro (pp. 1-86). — Nº 2. Appendix ao diario da viagem, que em visita, e correição das povoações da capitania de S. José do rio Negro, fez o ouvidor, e intendente geral da mesma, Francisco Xavier Ribeiro de Sampaio no anno de 1774-75 (pp. 86-142; 6 tableaux). — Nº 3. Informação das cousas de Maluco.... Composto por Gabriel Rebello (pp. 143-312).

Vol. VII. 1841. Tratado sobre a demarcação dos limites na America meridional, entre os Ministros de SS. MM. fidelissima e catholica (33 pp., 1 fnc., et 553 pp).

Collection des plus importantes pour l'histoire des colonies portugaises. Il devient difficile, de rencontrer dans le commerce, des exempl. complets de ce livre ;
l'espace de temps que l'on a mis à publier les volumes, fait que les premiers
ne se trouvent plus.

358. COLLECTION (A) of Memorials concerning divers deceased
ministers and others of the people called Quakers, in Pennsylvania,
New-Jersey, and parts adjacent, from nearly the first settlement, to
the year, 1787. *York, Alexander and son*, 1824, in-8, cart.

351 pp. Cet ouvrage imprimé pour la première fois à Philadelphie en 1787,
contient de nombreuses pièces de plus de cent quarante ministres quakers, toutes
écrites en Pennsylvanie depuis 1682 jusqu'en 1787.

359. —— (A general) of Voyages and Discoveries, made by the Portu-
guese and the Spaniards, during the Fifteenth and Sixteenth Centu-
ries. *London, W. Richardson*, 1789, in-4, demi mar.

v, iv et 518 pp., 9 pl., cartes, portraits, vues (manque la carte des Indes occidentales, qui, doit se trouver entre les pp. 179-180). Cette collection peu connue
en France, est très-importante; elle renferme les relations de tous les grands navigateurs portugais et espagnols des xve et xvie siècles, parmi lesquels nous citerons
les noms de Cadamosto, Vasco de Gama, Ch. Colomb, Ojeda, Vespuce, Alvarez
Cabral, Albuquerque, Solis, Pinzon, Ponce, Grijalva, Cortez, Magellan, les voyages
faits à cette époque aux îles Canaries, etc., etc.

360. COLLECTIONS of the New-York Historical Society. *New-
York*, 1811-30, 5 vol. in-8; le vol. I, cart., *non rogné*, et les autres
en demi rel.

Première série COMPLÈTE de cette importante publication, renfermant des documents précieux pour l'histoire de New-York.

Collation : Vol. I. vii et 428 pp. cont. : Les réglements de la Société
et un discours prononcé par S. MILLER (pp. 1-44).— The relation of J. de
Verrazzano (pp. 45-60. Extr. from Hakluyt's vol. II). — The first (second
and third) voyage of H. HUDSON, with the extract of his Journal (pp. 61-
188). —Documents extracted from the II vol. of HAZARD's (pp. 189-304).
Laws established by James Duke of York, for the government of N. Y.,
in the year 1664 (pp. 305-428).

Vol. II. 1 fnc., 358 et 139 pp. cont. : trois discours prononcés par
MM. H. WILLIAMSON; DE WITT CLINTON; GOUV. MORRIS; S. MITCHILL
(pp. 1-215. Le dernier est fort curieux. Il traite de tous les ouvrages publiés depuis l'année 1526-1813 sur l'hist. de la botanique des deux Amériques) —An account of Mr. DE LA SALLE's last expedition and discoveries
in N. America, by Ch. TONTI (pp. 217-341. Réimpression de la trad. an-

glaise publiée à Londres en 1698). — An extract of a translation of the history of new Sweed Land, written by Th. Campanius holm. (pp. 343-358). Catalogue of the books, tracts, news papers, etc., in the library of the N. Y. H. S. titre et 139 pp. Rédigé par le Rev. Timothy Alden).

Vol. III. 404 pp., portrait de H. Williamson. Contient des discours lus par G. Verplanck, D. Hosack, H. Wheaton, etc. La pièce la plus importante est celle-ci : « A discourse on the religion of the Indian tribes of N. America delivered before the New-York Hist. Soc. by S. Farmar Jarvis (pp. 181-268, avec des vocabulaires comparés et des paradigmes des langues indigènes).

Vol. IV. xvi et 390 pp. — Vol. V. 2 fnc., 390 pp. Ces deux volumes contiennent l'ouvrage de Wm. Smith : The history of the late province of New-York, from its discovery, to the appointment of Governor Colden in 1762.

361. COLLECTIONS of the N. Y. Historica Society. *New-York,* 1814-21, vol. II et III, in-8, cart., *non rogné.*

Depuis les cinq volumes de ce recueil, il n'a été publié de la deuxième série que le vol. 1 et 2 et la première partie du tome 3 (1857).

362. COLLOT (Le général). Voyage dans l'Amérique septentrionale, ou description des pays arrosés par le Mississipi, l'Ohio, le Missouri et autres rivières affluentes; observations exactes sur le cours de ces rivières; sur les villes, villages de cette partie du Nouveau-Monde. *Paris, A. Bertrand,* 1826, 2 vol. in-8 et atlas in-4, br.

Vol. I. iv, viij et 416 pp. — Vol. II. 427 pp. — Atlas, 1 fnc., 36 pl. et cartes. Exempl. en *papier vélin.*

363. COLOMB (Ch.). Historie del signor D. Fernando Colombo nelle quali s'hà particolare, et vera relatione della vita, e de' fatti dell' Ammiraglió. D. Christoforo Colombo suo Padre. Nuouamente di lingua spagnuola tradotte nell' italiana dal sign. Alfonso Ulloa. *Venetia, G. Pietro Brigonci,* 1676, in-12, br., NON ROGNÉ.

22 fnc., 489 pp., 9 pnc. Exemplaire neuf. Sur le titre une petite vue de Venise. Les pp. 250-287 contiennent l'ouvrage du frère Romain Pane sur les Indiens d'Hispagnola, écrit par ordre de l'amiral. M. Brasseur de Bourbourg en a publié une traduction à la suite de la *Relation de Yucatan,* de Diego de Landa (V. n° 205).

364. —— Lo stesso libro. *Venetia, per il Prodocimo,* 1709, in-12, cart.

23 fnc., 494 pp., 6 fnc.

365. COLOMB. (Ch.). La historia de D. Fernando Colón en la qual se da particular, y verdadera relación de la vida, y hechos de el almirante D. Christoval Colón, su padre, y del descubrimiento de las Indias Occidentales, llamadas Nuevo Mundo, que pertenece al Serenisimo Rei de España, que tradujo de español en italiano Alonso de Ulloa; y aora, por no parecer el original español, sacada del traslado italiano. In-fol., cart., *non rogné.*

128 pp. Extrait du vol. I. de la Collection des histori ensdes Indes, publiée par Barcia (n° 111). Ce vol. tiré à un petit nombre d'exemplaires, est imprimé sur papier de qualité supérieure et orné d'un très-beau portrait du célèbre navigateur, gravé par Bart. Vazquez en 1791, d'après un portrait original conservé dans la famille.

366. —— Codice diplomatico Colombo-Americano, ossia Raccolta di documenti originali e inediti, spettanti a Cristoforo Colombo alla scoperta ed il governo dell' America. Publicato per ordine degl' ill^mi. Decurioni della città di Genova. *Genova, Ponthenier,* 1823, in-4, rel.

lxxx et 348 pp., 2 portr. de Colomb, ses armes et 2 fac-simile de son écriture.

Cet important ouvrage a été publié par Gio. Batista Spotorno, dont le nom se lit à la fin de l'introduction.

367. —— Patria e biografia di Cr. Colombo de' conti e signori di Cuccaró.... rischiarita e comprovata dai celebri scrittori G. F. Napione e Vincenzo de-Conti, coll' aggiunta di nuovi documenti e schiarimenti. *Roma, Tipografia forense,* 1853, in-8, mar. rou. dent. d. s. t.

x et 456 pp., portrait de Colomb, arbre généalogique de sa famille.

368. —— Lettre de Chr. Colomb sur la découverte du Nouveau-Monde, publié d'après la rarissime version latine conservée à la Bibl. Imp., traduite en français, commentée et enrichie de notes puisées aux sources originales par Lucien de Rosny. *Paris,* 1865, in-8, br., papier vergé.

44 pp. Tiré à 125 exempl. et imprimé sous les auspices du comité d'archéologie américaine. Les deux dernières pages contiennent une liste des principales éditions de cette célèbre lettre. La *Bibliotheca americana vetustissima* cite l'édition de C. Colomb, d'après laquelle cette réimpression a été faite sous le n° 5 des éditions de cette précieuse lettre.

369. COLONIES. 10 pièces sur les Colonies, en 1 vol. in-8, cart.

Carteau (J. F.), Examen politique des Colonies modernes. *Bordeaux,*

P. Beaume, an XIII-1805, 136 pp. — Arnoult (A. R.). Rapport fait au nom des comités féodal, des domaines d'agriculture et de commerce. *Paris, Impr. Nationale,* 1791, 39 pp. — Mahy de Corméré (G. F.). Observations importantes sur les Colonies françoises de l'Amérique. (*Paris*), *L. Potier,* 1791, 55 pp. — Colonies, commerce, agriculture. Aperçu sur les intérêts des Colonies françoises avec la République, autant que les circonstances actuelles permettent de les traiter. (*Paris, Baudoin,* n X), 31 pp. — Montlinot (Ch.). Essai sur la transportation comme récompense, et de la déportation comme peine. *Paris, an V,* 100 pp. — Deux Intendants du Canada sous Louis XIV (Jean et Antoine Raudot). Notice lue le 30 juin 1853, à la société des Sciences historiques et naturelles de l'Yonne. 44 pp. — Saint-Remy (Lepelletier de). De quelques essais de colonisation Européenne sous les tropiques. (Le Kourou, la Mana, le Guazacoalco, Santo Tomas de Guatemala). *Paris, P. Dupont,* 1849, 80 pp. — Mélvil (Ch.). L'Émigration, colonisation dans l'Amérique centrale. *Paris, Schiller,* 1852, 32 pp. — Prix d'histoire obtenu au concours général des lycées et collèges de Paris et de Versailles. (Développement et caractère du système colonial des peuples modernes. Du rôle et de l'importance des colonies dans les événements politiques et militaires des trois derniers siècles, par F. Poirré). *Paris, P. Dupont,* 1854, 27 pp. — Chonski (H. de). Indes Néerlandaises. Etudes politiques et administratives sur les colonies Hollandaises. *Paris,* 15 pp.

370. COLONIE DU COTENTIN, ou Nouvelle-Neustrie. Nouvelle ville de Neustria à fonder au milieu. N° 1. Programme. *Paris,* 1822, in-4, br.

8 pp.

371. COLTON (Rev. Walter). Three years in California. *New-York, Barnes et C°,* 1850, in-12, cart.

456 pp., 14 pl., portraits, scènes des mines et fac-simile. Ce volume contient des détails très-complets sur les mineurs. L'auteur était alcade de Monterey.

372. COMBES (P. Franc. de). Historia de las islas de Mindano, Jolo, y sus adyacentes. *Madrid, Ibarra,* 1667, in-fol., demi rel.

11 fnc., 569 pp. (chiff. 567), 3 fnc. Ouvrage rare et très-estimé. Exemplaire piqué et incomplet du titre.

Le P. Fr. Combes, religieux espagnol, né à Saragosse en 1620, entra dans la Compagnie de Jésus à l'âge de 13 ans. Il s'embarqua pour les îles Philippines et travailla dans les missions. Envoyé par sa province à Rome, en qualité de procureur, il tomba malade en route et mourut à Acapulco, en 1685, le 29 décembre.

Son ouvrage publié après sa mort et dont nous donnons le titre d'après Brunet, est annoncé de format in-4° par les PP. de Backer et à l'adresse suivante : *Madrid, por los herederos de Pedro de Val.*

373. COMERCIO libro vindicado de la nota del ruinoso a la España y á las Americas. *Cadiz, Imprenta del Estado mayor general,* 1811, in-4, br.

> 40 pp. Daté du 8 août 1811, et signé S. T. O. G. Une main contemporaine a écrit à l'encre le nom de l'auteur SATARIEGO-TERAN-OBREGON G.
> Réponse au mémoire de CANCELADA (V. nº 258).

374. COMOTO (Florencio Perey y). Beneficios que deben resultar á la monarquia española del exacto cumplimiento de su liberal y sabia constitucion. *Mexico, Jauregui,* 1813, in-4, br.

> 1 fnc., 76 pp. Cet ouvrage a été composé par les ordres de D. Francisco Xavier de Venegas.

375. COMPENDIO della storia geografica, naturale, e civile del regno del Chile. *Bologna, Stamperia di S. Tommaso d'Aquino,* 1776, in-8, rel.

> VII et 245 pp., 10 pl., 1 carte.

> Cet ouvrage que nous croyons être de l'abbé MOLINA; et que d'autres attribuent à l'abbé VIDAURRE, est orné des mêmes planches que le livre de OVALLE.

376. —— de la vida en Estampas de la bendita Santa Rosa de Lima, traducida por el P. J. B. FEUILLET del orden de Predicadores y missionario en las Antillas é Islas de la America. In-8, cart.

> 59 planches en bonnes épreuves, exécutées par PHILIPPE LE BAS, *graveur du Roi.* Cette précieuse suite parfaitement gravée est dédiée par l'auteur à l'archevêque de Lima, D. Diego Antonio Parada.

377. COMYN (Tomás de). Estado de las islas Filipinas en 1810. *Madrid, Repullès,* 1820, in-4, br.

> 2 fnc., 190 pp., 10 tableaux ou états; 11 pp.

378. CONCEICÃO (Fr. Apollinario da). Primazia Serafica na Regiam da America, Novo descobrimento de santos, e veneraveis religiosos da Ordem Serafica, que ennobrecem o Novo Mundo com suas virtudes, e acçoens. *Lisboa Occidental, Ant. de Sousa da Sylva,* 1733, in-4, vél.

> 17 fnc., 366 pp., 1 fnc. Chronique fort rare de l'ordre des Franciscains dans le Nouveau-Monde. L'auteur, APOLL. de CONCEIÇAM, naquit à Lisbonne en 1692. Il passa avec sa famille à Rio de Janeiro, et prit l'habit des franciscains dans le cou-

vent de la ville de S. Paul le 3 septembre 1711. La *Bibliotheca lusitana* donne la liste des ouvrages de cet auteur.

Pinelo donne à ce vol. la date de 1734, et le format in-fol.

379. CONCILIA provincialia Baltimori habita ab anno 1829, usque ad annum 1840. *Baltimori, J. Murphy*, 1842, in-8, cart.

221 pp.

380. CONCILIO PROVINCIAL DE MEXICO. † Estracto Compendioso de las Actas del Concilio IV. Provincial Mexicano hecho, y apuntado diariamente por uno de lo que assistieron a el. BORRADOR ORIGINAL. In-4, rel.

Ainsi que l'indique la note écrite sur le premier feuillet, et que nous rapportons ci-dessus, cet important document a dû être écrit par un des évêques assistants, et probablement pendant les séances, comme nous le font présumer les différences d'écritures, les corrections et le mot « Borrador original. »

Il est rédigé jour par jour et tous les faits, décisions, réformes, etc., adoptés par l'assemblée, y sont chronologiquement énoncés.

Il se compose de 647 pages, chiffrées 530 (la pagination étant très-irrégulière) d'une très-bonne écriture courante fort lisible.

A la suite se trouvent ajoutées les trois pièces suivantes :

1º 2 ff. imprimés, contenant une profession de foi destinée aux assistants de ce concile.

2º Une autre relation des actes, faits, décisions, réformes, etc., dudit concile, écrite également par un assistant (l'un des secrétaires de l'archevêché) ainsi que le constatent les premières lignes rédigées comme suit :

« *Diario de las operaciones del Concilio Provincial, por uno de los individuos, q̃ lo componen, y tiene voto en el; en que refiere varios passages, y la distribucion de las horas, q̃ le sobran despues de las Sessiones desde el dia sei de Enero de 1771.* »

Ce second document, également d'une belle et bonne écriture, commence au 6 janvier, époque à laquelle les évêques convoqués au concile arrivèrent à Mexico. Il se termine au dimanche 17 mars et comporte 42 fnc.

3º Une autre relation, composée de 17 fnc., d'une très-belle écriture, renfermant en abrégé ce qui s'est passé depuis le 7 avril jusqu'au 3 juin.

Ces deux pièces rendent notre mss. encore plus important, en ce sens qu'elles peuvent servir à contrôler les faits qu'il rapporte.

Le quatrième concile mexicain, convoqué par patentes royales du 21 août 1769, commença ses séances le 13 janvier 1771, avec une grande solemnité et sous la présidence du savant archevêque Fr. Antonio de Lorenzana, qui lui-même publia à Mexico les premier, second et troisième conciles. (V. ce nom). Il se termina le 26 octobre 1771 (notre mss. contient des pièces y relatives jusqu'à la date du 9 novembre de la même année).

Ce concile n'ayant jamais été approuvé par le conseil des Indes, ni par le Saint-Siège, toutes les dispositions qui y avaient été prises restèrent sans aucun effet.

381. CONCILIVM Limense. Celebratum anno 1583 sub Gregorio XIII. Sum. Pont. auctoritate Sixti Quinti Pont. Max. approbatum. Jussu Catholici Regis Hispaniarum, atq̃ ; Indiarum. Philippi Secundi, editum. *Madriti, Joannis Sanchez,* 1614, in-4, vél.

> 3 fnc., 92 ff., 4 fnc. (la fin manque, peut-être n'est-ce même qu'un seul feuillet). Exemplaire fatigué.
>
> Relation du troisième concile de Lima, rédigée par le P. Joseph de Acosta, imprimée pour la première fois en 1592 (Pinelo), (1591 selon Ternaux, qui ne cite pas la seconde édition de 1614).
>
> Ces deux éditions sont maintenant devenues très-rares, et les PP. de Backer, dans leur *Bibliothèque* en parlant de ce livre s'expriment ainsi (Vol. I, p. 2) :
>
> « 5. *Concilium Limense III digessit et latine conscripsit.*
> *Je ne sais si ces décrets ont été imprimés. Sotwell, Antonio, Luiscius, Moréri, Nicéron n'indiquent aucune édition.* »

382. —— Svmario del Concilio Provincial, qve se celebro en la civdad de los Reyes, el año de 1567. Fecho y sacado por orden y con auctoridad del vltimo Concilio Prouincial, que se celebrô en la dicha Ciudad, este año de 1583. *En Seuilla, por Matias Clauijo,* 1614, in-4, rel.

> 3 fnc., le dernier blanc; « Concilio segundo de Lima » (pp. 1-74) — « Concilio Tercero » (pp. 75-211) — « Instruccion de visitadores » (pp. 212-231). Une piqûre traverse le volume.
>
> Traduction espagnole du second et troisième concile de Lima. C'est un livre de toute rareté non cité par Pinelo. Ternaux (n° 360) le cite sous un titre différent du nôtre et l'indique comme étant imprimé à Madrid.
>
> D'après les licences qui sont en tête du volume, on voit que ce livre a été imprimé à la requête de l'évêque de Cuzco, pour être distribué à ses paroissiens. Il est à présumer que bien peu d'ex. sont restés en Europe.
>
> Du second concile de Lima, on ne connaît aucune édition imprimée. Notre livre devient encore plus précieux en raison de cette circonstance.

383. CONSTANCIO (Franc. Solano). Historia do Brasil, desde o seu descobrimento por Pedro Alvares Cabral até á abdicação do Imperador D. Pedro I. *Paris,* 1839, 2 vol. in-8, demi mar.

> Vol. I. ij et 506 pp. — Vol. II. 483 pp., carte. Ouvrage estimé.

384. CONSTITUCION del estado de Cartagena de Indias sancionada en 14. de Junio del año de 1812. segundo de su Independencia. *Cartagena de Indias D. Espinosa,* (1812), in-4, demi rel. v. coins.

> 128 pp., 3 fnc. Sur le titre, le sceau de l'Etat de Cartagène. Cette constitution a été donnée par Manuel Rodriguez Torices, président de la République.

385. CONSTITUCION Política de la Republica Boliviana sancionada por la asamblea general constituyente de 1831. Y reformada en
algunos de sus articulos, con arreglo à ella misma por el congreso
constitucional de 1834. *Paz de Ayacucho, Imprenta del colegio de
artes* (1834), in-4, br.

> 1 fnc., 35 pp. Daté du « *Palacio del gobierno Boliviano en Chuquisaca* á 20
> *de Octubre de* 1834 — 25º *de la Independencia*, et signé ANDRES DE SANTA CRUZ. »

386. CONTISTVCIONES (*sic*) y Ordenanças de la Vniversidad, y stvdio
general de la ciudad de los Reyes del Piru. *Impresso en la Civdad
de los Reyes con licencia del señor Visore y Don Luis de Velasco,
por Antonio Ricardo, natural de Turin,* 1602, in-fol., vél.

> 7 fnc. (le 1ᵉʳ et son correspondant sont doubles). « Siguense los qvatro sanctos
> evangelios, de Sant Joan. S. Lucas, S. Matheo, y S. Marcos » (Au-dessous une
> vignette sur bois de la grandeur de la page repr. les emblèmes de la Passion et
> les attributs des évangélistes) 2 fnc., 46 ff. « Repertorio » 18 fnc., au bas du der-
> nier la marque de Antonio Ricardo.

> Edition précieuse et ORIGINALE des Constitutions de la célèbre université de S.
> Marc de Lima. Elle est restée inconnue à PINELO et à TERNAUX. Exemplaire d'une
> très-belle conservation auquel on a ajouté l'ouvrage suivant, également non cité :

> CONSTITVCIONES añadidas por los virreyes, marques de Montesclaros, y principe
> de Esqvilache, a las qve hizo el virrey don Fr. de Toledo para la Real Vniversidad,
> y estvdio general de San Marcos de la ciudad de los reyes del Pirv. Confirmadas,
> y declaradas por don Felipe IV, en su Consejo Real de las Indias. *Madrid, Imprenta
> Real,* 1624, 1 fnc., 11 ff., 1 fnc.

387. —— y Ordenanzas antiguas, añadidas, y modernas de la real Vniversidad, y estudio general de San Marcos de la Ciudad de los Reyes
del Perù. Reimpressas, y recogidas de mandato del marquez de Cas-
telfverte..... por D. ALONSO EDUARDO de SALAZAR y ZEVALLOS, rector de
la dicha Universidad. *En la misma Ciudad de los Reyes, en la Imprenta Real, por Felix de Saldaña y Flores,* 1735, in-fol., vél.

> Cette nouvelle édition des constitutions de l'université de Lima a été augmentée
> des décrets royaux relatifs aux universités, des chapitres de visite, prérogatives, etc.,
> depuis sa fondation jusqu'en 1735.

> *Collation :* 33 fnc., pour les prélim., licences, décrets royaux, etc.; 83 ff. de
> texte; « Repertorio » 24 fnc.; « Fasti academici (1551-1736) » etc. 16 fnc.

388. CONSTITUTION of the U. S. of America : rules of the house of
representatives, joint rules of the senate, with JEFFERSON's manual.
Washington, Thomas Allen, 1837, in-8, mar. bleu, d. s. tr.

> 222 pp. Très-bel exempl. interfolié de papier blanc.

389. CONSTITUTIONS des treize états-unis de l'Amérique (traduites de l'anglois par le duc DE LA ROCHEFOUCAULT). *Paris,* 1783, in-8, rel.

> 1 fnc., 540 pp.

390. —— Le même ouvrage. *Paris,* 1792, 2 to. en 1 vol. in-8, rel.

> Vol. I. 1 fnc., 324 pp. — Vol. II. 317 pp. Cette édition est augmentée de la Constitution de 1787, et de la première session du congrès de 1789.

391. CONTESTACION al Impreso del Sr. Conde de Oreilly publicado en Enero último. (*Habana, P. Palmer,* 1812), in-4, br.

> 32 pp. Daté et signé à la p. 14 : « *Habana y febrero* 18 *de* 1812. EL CONDE DE CASA BARRETO Y DE STA. CRUX DE MOPOX.

392. COOPER (Thomas). Renseignemens sur l'Amérique. Traduits de l'anglois. *Paris, Maradan, an III-*1795, in-8, rel.

> xx et 292 pp. « Cet ouvrage, le fruit de dix-huit mois de séjour de l'auteur (en Amérique), est l'un des plus instructifs, et sur tout des moins partiaux, qui ait paru en Angleterre sur les Etats-Unis. » BIBLIOTH. DES VOYAGES.
>
> La carte annoncée sur le titre, manque.

393. COPPIER (Gvillavme, lyonnois). Histoire et voyage des Indes Occidentales, et de plusieurs autres regions maritimes, et esloignées, diuisé en deux liures. *Lyon, Jean Hvgvetan,* 1645, in-8, vél.

> 23 fnc., 182 pp., 9 fnc., front. gravé par CRISPIN DE PAS. Relation peu connue, dédiée à M. de Solleysel, conseiller du Roi, ex-consul de Lyon.
>
> Ce voyage, divisé en deux livres, traite principalement des îles Antilles et donne de curieux renseignements sur les Caraïbes. Il contient aussi une relation du Canada, de Terre-Neuve, de l'Irlande, de l'Angleterre, des côtes de Bretagne et de Normandie.

394. CORÉAL (François). Ses voyages aux Indes Occidentales, contenant ce qu'il y a vû de plus remarquable pendant son séjour depuis 1666. jusqu'en 1697. Traduits de l'espagnol, avec une relation de la Guiane de WALTER RALEIGH et le voyage de Narborough à la mer du Sud par le détroit de Magellan. Traduits de l'anglois. *Amsterdam, F. Bernard,* 1722, 3 vol. in-12, v. f.

> Vol. I. 332 pp., 2 fnc., 12 cartes et pl. — Vol. II. 302 pp., 1 fnc., 6 pl. et cartes. Ce volume contient les relations de la Guiane de RALEIGH et de KEYMIS; la découverte des îles de Palaos, ou Nouvelles Philippines. — Vol. III. 278 pp., 1 fnc., 2 cartes, contient : Voyage de Narborough ; la relation d'un voyage aux terres australes, extraite du journal du capitaine ABEL JANSEN TASMAN ; et une curieuse relation de la mission des Indiens Moxos. Cette édition a reparu à Amster-

dam chez F. Bernard, sous la date de 1738 et le titre : « *Recueil de voyages dans l'Amérique méridionale* » V. cet article.

395. CORÉAL (François). Ses Voyages aux Indes occidentales. *Paris, Pissot,* 1722, 2 vol. in-12, v. f. fil., *aux armes.*

> Vol. I. 438 pp.. 3 fnc., 12 cartes et pl. — Vol. II. 406 pp., 1 fnc., 3 cartes. Cette édition a de plus que la précédente : *Découverte des Indes Meridionales, faisant partie des terres australes (par le capitaine* Binot Paulmier *dit Gonneville).* — *Premier et second voyages d'Alvaro de Mendagna, rapporté par le d*^r Christoval de Figueroa *dans l'histoire du marquis de Canete, vice-roi du Pérou.* — *Découverte des terres australes par* Quiros *en* 1605.

396. CORNVTI (Jac.). Canadensivm plantarvm, aliarúmque nondum editarum historia. Cui adiectum est ad calcem enchiridion botanicvm parisiense, continens Indicem Plantarum, quæ in Pagis, Siluis, Pratis, et Montosis iuxta Parisios locis nascuntur. *Parisiis, apud Simonem Le Moyne,* 1635, in-4, cart.

> 7 fnc., 238 pp., 1 fnc., 68 pl. de la grandeur des pages, impr. avec le texte, et fort bien gravées.

> L'auteur de cet ouvrage estimé n'a jamais été en Amérique et n'avait observé qu'à Paris les plantes qu'il décrit.

397. CORRESPONDANCE du lord G. Germain, avec les généraux Clinton, Cornwallis, et les amiraux dans la station de l'Amérique, avec plusieurs lettres interceptées du général Washington, du marquis de la Fayette, et de M. de Barras, chef d'escadre. Traduit de l'anglois sur les originaux publiés par ordre de la chambre des Pairs. *Londres et Versailles,* 1784, in-8, rel.

> xvi et 304 pp., 2 tableaux. Une partie de la correspondance dont se compose ce vol. nous semble avoir été traduite d'après les ouvrages publiés en 1783 par S. H. Clinton et lord Cornwallis pour leurs justifications. V. le n° 345 de ce catalogue.

398. CORTES. Praeclara FERDINĀDI CORTESII de Noua maris Oceani Hyspania Narratio Sacratissimo. ac Inuictissimo Carolo Romanorú Imperatori semper Augusto, Hyspaniarú, et c Regi Anno Domini. M. D. XX. transmissa : In qua continentur Plurima scitu, et admiratione digna Circa egregias earú puintiarú Vrbes, Incolarú mores, puerorú Sacrificia, et Religiosas personas, Potissimúq de Celebri Ciuitate Temixtitan Variisq illi° mirabilib°, qué legété mirifice delectabút. p Doctoré Petrú saguorgnanú Foro Juliensé Reueñ. D. Joan. de Reüelles Episco. Viénésis Secretariú ex Hyspano Idiomate in

latinŭ versa Anno Dñi. M. D. XXIIII. Kl. Martii : Cum Gratia, et Priuilegio. in-fol. car. ronds, à longues lignes, lettres ornées.

COLLATION : (Seconde lettre) *Præclara*... (V. le titre ci-dessus), titre entouré d'une bordure sur bois, au verso les armes de Charles-Quint; dédicace du traducteur au pape Clément VII. 1 fnc.; « *Eivsdem auctoris ad lectorem carmen* » 2 fnc.; au verso du dernier, le portrait de Clément VII dans un médaillon occupant toute la page. « *De rebus, et Insulis nouiter Repertis...* » xii ff. « *Altissimo, Potentissimo...* » xlix ff.; au bas du dernier on lit :

« *Explicit secunda Ferdinandi Cortesii Narratio per Doctorem Petrum Sauorgnanum Foro Juliensem ex Hyspano Idiomate in latinum Conuersa. Impressa in Celebri Ciuitate Norimberga. Cŏuentui Imperiali prŏesidente Serenissimo Ferdinando Hyspaniarŭ Infăte, et Archiduce Austriœ Săc : Ro. Imp : Locŭt. Generali Anno. Dñi. M.D.XXIIII : Quar. No. Mar. per Fridericum Peypus. Arthimesius* ». Un errata occupe le verso du même feuillet, et 1 f. blanc.

A la suite :

TERTIA FERDINĀDI CORTESII Sac. Caesar. et Cath. Maiesta. in nova maris Oceani hyspania generalis præfecti p̄clara Narratio, In qua Celebris Ciuitatis Temixtitan expugnatio, aliarŭq̄ Prouintiarŭ, quŏ defecerant recuperatio continetur, Inquarŭ expugnatione, recuperationeq̄ Præfectus, una cum Hyspanis Victorias æterna memoria dignas consequutus est, preterea In ea Mare del Sur Cortesium detexisse recŏset, quod nos Australe Indicŭ Pelagus putam', et alias innumeras Prouintias Aurifodinis, Vnionibus, Variisq̄ Gemmarum generibus refertas, Et postremo illis innotuisse in eis quoq̄ Aromatac ontineri, Per doctorē Petrum Sauorgnanŭ Foroiuliensem Reueñ. in Christo patris dñi Jo. de Reuelles. Episcopi Viénensis Secretarium ex Hyspano ydiomate in Latinum Versa.

Titre entouré d'une bordure et contenant un portrait de Charles-Quint, au verso sont ses armes; dédicace à Clément VII, au lecteur et l'argument, 3 fnc.; « *Incipit Tertia Ferdinandi Cortesii Narratio* » li ff., au verso du dernier on voit que cette troisième relation est datée; « *Ex Cuyoacan, die Decimaquinta Mensis Maii, M. D. XXII.* » La suscription de l'imprimeur est ainsi conçue : « *Impressum In Imperiali Ciuitate Norimberga, Per Discretum, et prouidum Virum Fœdericŭ Arthemesium Ciuem ibidem, Anno Virginei partus Millesimoquingentesimo vigesimo quarto* » — « Erratvla in hoc volumine » 1 fnc. de 29 lignes.

Exemplaire magnifique. Ce précieux volume renferme la traduction latine de la seconde et de la troisième lettre de FERNAND CORTÈS faite par le Dr Pierre SAVORGNANUS.

C'est d'après cette traduction que N. Liburnio fit sa traduction italienne (V. ci-après) ; ainsi que la traduction allemande imprimée à Augsbourg en 1550, faite par S. Birck ou Betuleius et A. Diether. Le plan de Mexico, annoncé dans la *Bibl. vetustissima* et qui doit se trouver avec la seconde lettre, manque dans cet exemplaire.

399. CORTES. La preclara Narratione di Ferdinando Cortese della Nuoua Hispagna del Mare Oceano, al Sacratissimo et Inuictissimo

Carlo di Romani Imperatore sempre Augusto Re Dhispagna, et cio che siegue nelláno del Signore. M. D. XX. trasmessa : Nella quale si cótégono molte cose degne di scienza, et ammiratione, circa le cittadi egregie di quelle Prouincie costumi dhabitatori, sacrifici di Fanciulli, et Religiose persone, Et massimamente della Celebre citta Temixtitan, et varie cose marauigliose di quella.... Voi Candidissimi lettori leggerete con dilettatione et piacere grandissimo la prefata Narratione di Ferdinando Cortese dalla Facódia latina al splēdore della lingua volgare p̄ Messer Nɪᴄᴏʟᴏ Lɪʙᴜʀɴɪᴏ cō fidelta et diligēza tradotta al cōmodo, et sodisfattione de glhonesti et virtuosi ingegni. Cum gratia et Priuilegio (A la fin) : *Stampata in Venetia per Bernardino de Viano de Lexona Vercellese. Ad instantia de Baptista de Pederʒani Brixiani Anno domini.* M. D. XXIIII. *Adi.* XX. *Agosto,* in-4, vél.

Collation : Titre entouré d'une bordure gravée sur bois; au verso commence la dédicace· de Lɪʙᴜʀɴɪᴏ à Monseigneur Marino Grimano, qui occupe 3 pages. Suit la dédicace du docteur Pierre Sauorgnano à Clément VII, contenue dans les 3 autres pages. Les lettres de Cortez occupent 69 fnc., sign. A-R, plus 1 fnc., pour la marque de l'imprimeur.

Ce précieux volume, contient la traduction italienne de la seconde et de la troisième lettre de Cortez, faite par Nɪᴄ. Lɪʙᴜʀɴɪᴏ, sur la traduction latine de P. Sᴀᴠᴏʀɢɴᴀɴᴜs (V. n° 398) Elle est imprimée en lettres rondes.

Cet exemplaire très-bien conservé possède à la fin le plan de la ville de Mexico, gravé sur bois, qui doit se trouver aussi dans la traduction latine. Ce plan dans notre ex. est magnifique; c'est une pièce précieuse faite sur un dessin pris peu de temps après la conquête de Mexico, peut-être par Cortez lui-même. C'est aussi le plus ancien plan qui existe de cette ville.

400. CORTES (Hernan). Historia de Nueva-España, aumentada con otros documentos, y notas. Por D. Fʀᴀɴᴄ. Aɴᴛ. Lᴏʀᴇɴᴢᴀɴᴀ, Arzobispo de Mexico. *Mexico, Jo. Antonio de Hogal,* 1770, in-fol., rel.

Collation : Front. gravé par Nᴀᴠᴀʀʀᴏ ; 9 fnc. pour la préface, etc. « Viage de Hᴇʀɴᴀɴ Cᴏʀᴛᴇs desde la antigua Vera-Cruz á México, para la inteligencia de los pueblos, que expressa en sus cartas, y se ponen en el mapa » xvi pp.; carte de la Nouvelle-Espagne, dressée par J. Ant. de Alzate y Ramirez à Mexico en 1769; plan du grand temple de Mexico; et une pl. représentant l'ancien calendrier mexicain. « Texte » 400 pp., « indice » 9 fnc. La carte de la Californie se trouve entre les pp. 328 et 329. Cette carte a été faite à Mexico en 1541 par le pilote Dᴏᴍɪɴɢᴏ ᴅᴇʟ Cᴀsᴛɪʟʟᴏ.

Ouvrage extrêmement important, contenant de précieux documents sur l'histoire de la conquête du Mexique. Il suffira d'indiquer que les trois célèbres lettres de Fernand Cortez sont réimprimées dans ce vol. pour que l'on juge de son importance. Entre les pp. 176-177, sous le titre de « *Cordillera de los pueblos, que antes de la conquista pagaban tributo á el Emperador Mucteʒuma, y en que especie, y cantidad* » sont 31 pl. (num. 32) qui représentent le *fac-simile* d'un livre méxicain en CATACTÈRES HIÉROGLYPHIQUES, avec la transcription en lettres latines et la trad. espagnole,

Cet important document faisait partie de la célèbre collection de Boturini. Ainsi que nous l'apprend le titre, il renferme la liste des différentes villes qui, avant la conquête, payaient tribut à l'empereur Moctezuma.

401. CORTES (Fernand). Correspondance de FERNAND CORTÈS avec l'empereur Charles-Quint, sur la conquête du Mexique. Traduite par le vicomte DE FLAVIGNY. *En Suisse*, 1779, in-8, rel.

xvj et 471 pp.

402. COSMOGRAPHIÆ INTRODVCTIO, cvm qvibvsdam geometriæ ac astronomiæ principiis ad eam rem necessariis. Insuper quattuor AMERICI VESPUCIJ nauigationes. Vniuersalis Cosmographiæ descriptio tam in solido q̃ plano, eis etiam insertis quæ Ptholomeo ignota a nuperis reperta sunt. (A la fin): *Vrbs Deodate tuo clarescens nomine præsul Qua Vogesi montis sunt iuga pressit opus... Finitū. iiij. Kl. Septēbris Anno supra sesquimillesimū. vij.* (1507), in-4, non relié.

52 fnc., titre compris, fig. d'astronomie dans le texte ; une mappemonde qui, dans les signatures, compte pour deux feuillets.

Exemplaire un peu court de marge ; la mappemonde est très-bien conservée et intacte, ce qui ne se rencontre que très-rarement.

La cosmographie de MARTIN WALTZEEMUELLER, qui forme la première partie de cet ouvrage et à laquelle on a ajouté les quatre relations d'AMÉRIC VESPUCE, compte parmi les volumes les plus précieux publiés sur l'Amérique.

C'est le premier livre dans lequel on désigne le Nouveau-Monde sous le nom d'*Americi terra vel America.* C'est aussi la première production connue des presses de Saint-Dié.

La *Bibl. vetustissima* cite quatre éditions de ce volume, la première datée des calendes de mai 1507, dans laquelle la dédicace à l'empereur Maximilien est au nom de « Martinus Ilacomilus » ; dans la seconde édition sous la même date qui aurait été faite pendant l'absence de Waltzemüller, elle est au nom de « Gymnasivm Vosagense ». La troisième édition est une réimpression de la seconde avec quelques changements, et la date de septembre (c'est celle que nous possédons). La quatrième édition sous la même date serait composée de feuilles des trois éditions précédentes.

403. COUSIN D'AVAL. Histoire de Toussaint-Louverture, chef des noirs insurgés de Saint-Domingue, précédée d'un coup d'œil politique sur cette colonie. *Paris, Pillot, an X*-1802, in-12, bas.

211 pp., portrait.

404. COXE (W.). Nouvelles découvertes des Russes entre l'Asie et l'Amérique, avec l'histoire de la conquête de la Sibérie et du commerce des Russes et des Chinois. Ouvrage traduit de l'Anglois (par DEMEUNIER). *Neuchatel, soc. typographique,* 1781, in-8, br.

> xxiv et 320 pp.

> Cet ouvrage estimé fait suite à celui de MULLER (V. ce nom). L'auteur s'est servi des journaux des voyages qui ont suivi l'expédition de Behring et de Tschirikoff.

405. CRESPEL (R. P. Emmanuel). Ses Voiages dans le Canada, et son naufrage en revenant en France. Mis au jour par le Sr. LOUIS CRESPEL son frère. *Francfort sur le Meyn,* 1742, in-12, rel. d. s. tr.

> 5 fnc., 158 pp. Cet ouvrage écrit en forme de lettres est très-intéressant et véridique. L'éditeur dit dans sa préface avoir eu la plus grande peine d'obtenir le consentement de son frère, pour publier ces lettres qu'il lui avait envoyées de Paderborn. Il dit aussi qu'il aura soin de parapher tous les exemplaires conformes à l'original. Le nôtre a en effet le paraphe de l'éditeur.

406. (CREVECŒUR (Hector, St. John de)). Lettres d'un cultivateur américain, écrites à W. S. écuyer, depuis l'année 1770, jusqu'à 1781. Traduites de l'anglois par (leur auteur). (*Paris*), 1785, 2 vol. in-12, rel.

> Vol. I. xxiv et 422 pp., 1 fnc. — Vol. II. 1 fnc., 400 pp.

> Ouvrage très-intéressant et pour la description duquel nous renvoyons à la *Bibl. des voyages,* vol. VI, pp. 61-63. L'auteur de ces lettres était gentilhomme normand et avait passé 24 années de sa vie dans l'Amérique septentrionale. Il fut l'une des premières victimes de la guerre de l'indépendance.

407. —— Voyage dans la haute Pensylvanie et dans l'état de New-York, par un membre adoptif de la nation Onéida. Traduit et publié par l'auteur des lettres d'un cultivateur américain. *Paris, Maradan, an IX-*1801, 3 vol. in-8, br.

> Vol. I. xxxj et 427 pp., 4 fig., 1 carte. — Vol. II. xiij et 434 pp.; 2 fig., 2 cartes. — Vol. III. xij et 409 pp., 1 fig., 1 carte, 4 tableaux.

> Cet ouvrage renferme de curieux détails sur l'état des peuples indigènes de cette partie de l'Amérique septentrionale avant l'arrivée des Européens. Il n'est pas, comme l'annonce son titre, une simple traduction, mais bien l'ouvrage original de JOHN CREVECŒUR, et peut être regardé comme une suite aux lettres d'un cultivateur américain.

408. CRUZ (Soror Juana Ines de la). Poemas de la unica poetisa ame-

ricana, musa dezima. Que en varios metros, idiomas y estilos fertiliza·
varios assumptos. Con elegantes, sutiles, claros, ingeniosos, vtiles
versos. Sacolos a luz Don JUAN CAMACHO GAŸNA. *Valencia, Ant. Bor-
daȥar,* 1709. *Barcelona, Joseph Llopis,* 1693. *Madrid, A. Gonça-
leȥ de Reyes,* 1714, 3 vol. in-4, bas.

> Vol. I. 7 fnc., 351 pp., 9 pnc. — Vol. II. 3 fnc., 467 pp., 5 pnc. — Vol. III.
> 15 fnc., 318 pp., 1 fnc. Le tome III est intitulé : « Fama, y obras posthumas del
> feniz de Mexico, dezima musa, poetisa americana, sor JUANA INES DE LA CRUZ,
> religiosa professa en el convento de San Geronimo de la Imperial civdad de Mexico.
> Que saco a luz el doctor D. IVAN IGNACIO DE CASTORENA Y VRSUA. »

409. CRUZ (Soror Juana Ines de la). Poëmas... segunda edicion, corregida, y mejorada por su authora. *Madrid, Garcia Infançon,* 1690,
in-4, vél.

> 7 fnc., 338 pp., 3 fnc.

410. CVBERO (Dn. Pedro Sebastian). Breve relacion, de la peregrinacion qve ha hecho de la mayor parte del Mvndo Don PEDRO CVBERO
SEBASTIAN, predicador apostolico del Assia, natural del Reyno de
Aragon ; Con las cosas mas singulares que le han sucedido, y visto,
entre tan barbaras Naciones, su religion, ritos, ceremonias, y otras
cosas memorables, y curiosas que hà podido inquirir ; con el viage por
tierra, desde España hasta las Indias Orientales. *Madrid, Juan Garcia Infançon,* 1680, in-4, vél.

> 9 fnc., 360 pp. — PEDRO SEBASTIAN CUBERO, célèbre voyageur du xviiᵉ siècle, fut
> envoyé par la Propagande de la foi, de Rome, pour prêcher l'évangile en Asie.
> Dans son voyage qui dura près de sept ans, il traversa l'Allemagne, la Hongrie,
> la Translyvanie, la Pologne, la Russie, la Tartarie, la Perse, l'Inde. Il arriva à Goa
> où il s'embarqua pour la Chine. A son retour en Europe il visita les Philippines,
> et revint s'embarquer à la Vera-Cruz pour Cadix.

> Sa relation mérite d'être recherchée ; elle contient de curieux détails, principa-
> lement sur la Pologne, la Russie et la Chine. L'édition de 1680 est la première ;
> elle est dédiée à Carlos II.

411. —— Peregrinacion del Mvndo, dedicada a D. F. Joachin Faxardo,
virrey de Napoles. *En Napoles, Carlos Porsile,* 1682, in-4, demi rel.

> Portrait du vice-roi ; 5 fnc., portrait de l'auteur ; 451 pp., 2 fnc. Cette édition,
> la seconde de l'ouvrage, n'est pas citée par PINELO (il indique une édition de 1664,
> et un abrégé sous la date de 1700). — ANTONIO ne fait pas mention de l'auteur.

412. DABLON (Le P. Claude). Relation de ce qui s'est passé de plus
remarquable aux missions des Peres de la Compagnie de Jesus en la

Nouvelle France les années 1672 et 1673. *A la Nouvelle-York, de la presse Cramoisy de J. M. Shea,* 1861, gr. in-8, cart, non rogné.

v et 219 pp. Tiré à 100 ex. et imprimé avec soin.

413. DABLON (Le P. Claude). Relation de ce qui s'est passé..... les années 1673 à 1679. *A la Nouvelle-York, de la presse Cramoisy de J. M. Shea,* 1860, gr. in-8, cart. non rogné.

XIII et 290 pp. Carte des missions des PP. Jésuites sur le lac des Illinois.

Tiré à 100 ex. et imprimé avec soin, avec des caractères imités des anciennes relations.

Ces deux volumes ont été imprimés sur les manuscrits originaux conservés à Québec et à Montréal, dans les colléges des Pères de la Compagnie de Jésus. Ce sont les derniers documents qui existent et complètent la précieuse collection publiée par Séb. Cramoisy.

Le P. CLAUDE DABLON, missionnaire français, travailla pendant plus de 30 ans dans les missions ; il était recteur du collége de Québec, et supérieur des missions de la Compagnie, dans la Nouvelle-France.

414. DALMAS. Histoire de la révolution de Saint-Domingue, depuis le commencement des troubles, jusqu'à la prise de Jérémie et du Mole Saint-Nicolas par les Anglois. Suivie d'un mémoire sur le rétablissement de cette colonie. *Paris, Mame,* 1814, 2 vol. in-8, cart.

Vol. I. xvj et 352 pp. — Vol. II. 301 pp.

415. DAMPIER (Wm.). A new Voyage round the World, describing particularly, the Isthmus of America, several Coasts and Islands in the West-Indies, etc., etc. *London, James Knapton,* 1697, in-8, rel.

4 fnc., VI et 550 pp., 2 fnc., 5 cartes. — EDITION ORIGINALE.

« To this work, written in the style of a plain blunt sailor, and full of correct information, particularly relative to the numerous islands in the Pacific Ocean, Cook, Byron, and others have been greatly indebted » LOWNDES'.

416. —— Nouveau voyage autour du monde, où l'on décrit en particulier l'isthme de l'Amérique, plusieurs côtes et isles des Indes Occidentales, etc., etc. *Rouen, E. Herault,* 1715, 5 vol. in-12, rel.

Vol. I. 5 fnc., 408 pp., 12 fnc., front. gravé, 5 fig., 3 cartes. — Vol. II. 1 fnc., 272 pp., front. gravé, 3 fig., 2 cartes. « Traité des vents alizez ou reglez.. .» pp. 273-396, 5 fnc., 2 fig., 2 cartes. — Vol. III. 3 fnc., 226 pp., front. gravé, 2 fig., 1 carte. « Voyages à la baye de Campêche.., » pp. 227-393 , 5 fnc., 3 fig., 1 carte. —Vol. IV. Voyage aux terres australes, à la Nouvelle-Hollande, etc., 20 et 146 pp., 4 cartes, 9 fig. « Voyage de WAFER... » pp. 147-381, 7 fnc., 3 fig., 3 cartes.—Vol. V. Voyage aux terres australes. 1. Voyage de WOOD. 2. Journal de l'expédition de

Sharp. 3. Voyage du capitaine Cowley. 4. Voyage de Robert. 1 fnc., 363 pp., 12 fnc., 19 fig. et cartes. Belle édition de ce voyage estimé.

417. DAMPIER (Wm.). Voyage autour du monde. *Rouen, J. B. Machuel,* 1723, 5 vol. in-12, rel.

Cette édition est une réimpression page pour page de l'édition de 1715.

418. DANVILLE. Lettre au R. P. Castel, jésuite. Au sujet des pays de Kamtchatka et de Jeço. Et réponse du R. P. Castel. (*Paris*), 1737, in-12, rel.

46 pp., 1 fnc., carte.

419. DARBY (Wm.). The emigrant's guide to the Western and South-western states and territories : Comprising a geographical and statistical description of the states of Louisiana, Mississippi, Tennessee, Kentucky, Ohio, etc., etc. *New-York, Kirk et Mercein,* 1818, in-8, rel.

1 fnc., 311 et xiii pp., 3 cartes.

420. DASSIÉ (C. R.). Le routier des Indes Orientales et Occidentales : traitant des saisons propres à y faire Voyage : Une description des Anchrages, Profondeurs de plusieurs Havres et Ports de Mer. Avec vingt-six differentes navigations. *Paris, Jean de la Caille,* 1677, in-4, cart.

209 pp., 1 fnc. Très-bel exemplaire avec témoins. Ce volume n'est pas cité par Ternaux; ni par la Biblioth. des voyages, qui tous deux, indiquent une description générale des côtes de l'Amérique du même auteur, imprimée à Rouen en 1677, in-12.

421. DAVILA (Gil Gonzalez). Teatro eclesiastico de la primitiva Iglesia de las Indias Occidentales, vidas de svs Arzobispos, Obispos, y cosas memorables de svs Sedes. *Madrid, Diego Diaz de la Carrera,* 1649-55, 2 vol. in-fol., vél.

Vol. I. 6 fnc., 308 pp., 4 fnc. — Vol. II. 7 fnc., 119 pp. Ouvrage très-important, contenant des documents précieux et intéressants sur les premiers temps de la fondation des colonies espagnoles dans le Nouveau-Monde. Chaque volume renferme un grand nombre de blasons des villes, archevêques et évêques de l'Amérique.

Entr'autres documents curieux, nous citons les suivants pris dans le vol. I. à l'article du diocèse de Mexico. Davila nous apprend (p. 7) que le premier catéchisme imprimé en mexicain, est celui qu'écrivit F. Juan Ramirez, dominicain en 1537, depuis évêque de Guatemala. A la page 23 est un document précieux pour l'histoire de l'imprimerie en Amérique ; nous le rapportons exactement : *En el año de mil y quinientos y treinta y dos el Virrey Dō Antonio de Mendoça lleuó la Imprenta a Mexico. El primer Impressor fue Juan Pablos ; Y el primer libro que se imprimio en el Nuevo Mundo, fue, el que escriuio San Jvan Climaco, con titulo de Escala espiritval pera llegar al Cielo. Traducido de Latin en Castellano por el venerable Padre Fr. Jvan de la Madalena, Religioso Dominico.* (Jusqu'à présent on ne peut fixer avec certitude la date du premier livre imprimé en Amérique. Ce doit être cependant vers 1535.) Nous voyons aussi (p. 25) que le premier qui enseigna le latin aux enfants indiens, dans le collège de S. Cruz de Mexico, était un Français nommé F. Arnaldo Baso de l'ordre de S. Francisco, etc., etc. Pour les autres ouvrages de cet auteur, V. ANTONIO, *Bibl. nova,* vol. I, pp. 5-6.

422. DAVILA Y PADILLA (fray Agustin). Historia de la fundacion y discurso de la prouincia de Santiago de Mexico, por las vidas de sus varones insignes, y casos notables de Nueua España. (*Madrid,* 1596), in-fol., vél.

5 fnc., 815 pp., 12 fnc. EDITION ORIGINALE extrêmement rare, non citée par BRUNET. Exempl. bien conservé, mais incomplet du titre, provenant de la Bibliothèque Rœtzel.

« Ouvrage composé sur des documens originaux et qui offre plus d'intérêt que la plupart des écrits de ce genre. » TERNAUX.

ANTONIO, PINELO et EGUIARA, indiquent une édition de ce livre faite à Bruxelles en 1625, in-fol., et une autre imprimée à Valladolid en 1634, également in-fol., sous le titre de « *Varia historia de la Nueua España y Florida.* »

D. AUGUSTIN DAVILA Y PADILLA, descendant d'une famille des premiers conquérants et habitants de Mexico, naquit en cette ville, vers 1562. Il prit l'habit de Saint-Dominique, le 19 novembre 1579, et fut nommé Archevêque de Saint-Domingue en 1599; il mourut en 1604.

423. DAVIS (the Rd. Salomon). A Prayer Book, in the language of the six nations of Indians, containing the morning and evening service, the litany, catechism, some of the collects, and the prayers and thanksgivings upon several occasions, in the Book of Common Prayer. *New York, Swords Stanford et Cᵒ*, 1837, in-12, cart.

168 pp. — Sous le nom de *six nations indiennes,* on comprend toute la grande famille iroquoise se divisant en Senecas ; Mohawks ; Onondagos ; Oneidas ; Kayugas et Tuscaroras.

424. D'AVITY (Pierre). Description generale de l'Ameriqve troisiesme partie dv monde. Avec tovs ses empires, royavmes, estats, et repvbliqves. *Paris, Clavde Sonnivs,* 1637, in-fol., cart.

1 fnc., 189 pp., 6 pnc., carte. Extrait de l'ouvrage de P. D'AVITY publié sous ce titre « *Etats ou empire du Monde. Paris,* 1637, 5 vol. in-folio. »

425. DEBOUCHEL (Victor). Histoire de la Louisiane, depuis les pre-

mières découvertes jusqu'en 1840. *Nouvelle-Orléans*, 1841, in-12, cart. 197 pp. *Rare.*

426. DECERPTÆ ex philosophia et Mathesi theses quas ex temporali examine apud Cl. Limanam Academiam recitabunt, exponent, tuebuntur, Carolini convictori Alumni D. E. Chacon, E. Verano, E. Tafur, E. Texada, J. Leon, A. Amezaga, J. Hereza, T. Loza, P. Echegaray, J. Guillen, P. Telaya, J. Luque, E. Telleria, E. Molina, J. Pequeño, S. Luna. Præside D. RAYMUNDO FELIU. *Limæ, Typis domus regalis orphanorum*, 1806, in-fol., br.

> 1 fnc., sur lequel sont représentées les armes d'Espagne, 54 pp.

427. DEJEAN (Aug.). Anichinabek amisinahikaniwa, kicheanameatchik, catonik, Otawak wakanakessi. *Wyastenong , G. L. Whitney*, 1830, in-18, rel.

> 106 pp. Catéchisme en langue Ottawak, suivi d'un alphabet et de quelques phrases en français et en ottawak. (Langue parlée par les indiens Ottawas de la famille Algonquine, habitant le Michigan et l'Ohio). Publié par le missionnaire DEJEAN et imprimé à *Détroit*. Entre les pp. 10-11, se trouve un carton chiffré, 11, imprimé d'un seul côté. Sur le titre la signature de l'auteur.

428. (DE LA CROIX). Mémoires d'un Américain, avec une description de la Prusse et de l'isle de Saint-Domingue. Par l'auteur des lettres d'Affi à Zurac et de celles d'un philosophe sensible (DE LA CROIX). *Lausanne et Paris, veuve Regnard*, 1771, 2 part. en 1 vol. in-12, rel.

> Première partie, 240 pp. — Deuxième partie, 191 pp.

429. DE LA TORRE (D. Jose Maria). Compendio de geografia fisica, política, estadistica y comparada de la isla de Cuba. *Habana, M. Soler*, 1854, in-4, br.

> xi pp., 2 fnc., 128 pp. Exemplaire avec envoi autographe de l'auteur.

430. DENIS (Ferdinand). Buenos-Ayrès et le Paraguay; ou histoire, mœurs, usages et costumes des habitans de cette partie de l'Amérique. *Paris, Nepveu*, 1823, 2 vol. in-18, br.

> Vol. I. 211 pp., 9 fig. — Vol. II. 199 pp., 9 fig.

431. —— Brésil. Colombie et Guyane, par C. FAMIN. *Paris, Didot*, 1846, in-8, br.

> 384 et 32 pp., 100 pl. et 2 cartes. De la collection de « *l'Univers pittoresque »*

432. DENYS (Gouverneur de l'Acadie et propriétaire des terres et isles qui sont depuis le Cap de Campseaux, jusques au Cap des Roziers). Description géographique et historique des costes de l'Amériqve Septentrionale. Avec l'Histoire naturelle du Païs. *Paris, L. Billaine,* 1672, 2 vol. in-12, demi rel.

Vol. I. 15 fnc., 267 pp., 1 pl. — Vol. II. 486 pp. (chiff. 480), 3 fnc.

Il y a des exemplaires de ce livre, portant l'adresse de Claude Barbin. Non cité par TERNAUX.

« L'auteur de cet ouvrage étoit un homme de mérite, qui eût fait un très-bon établissement dans la Nouvelle-France, s'il n'eût point été traversé dans ses entreprises, et qui ne dit rien qu'il n'ait vû par lui-même ». Le P. CHARLEVOIX.

433. DEPONS (F.). Voyage à la partie Orientale de la terre ferme dans l'Amérique Méridionale, fait pendant les années 1801, 02, 03 et 04 : Contenant la description de la Capitainerie générale de Caracas, composée des provinces de Venezuela, Maracaïbo, Varinas, la Guiane Espagnole, Cumana et de l'île de la Marguerite, etc. *Paris,* 1806, 3 vol. in-8, cart.

Vol. I. 358 pp., carte. — Vol. II. 469 pp. — Vol. III. 362 pp., 3 pl.

Relation très-estimée.

434. —— Perspective des rapports politiques et commerciaux de la France dans les deux Indes, sous la dynastie régnante. *Paris, Hénée,* 1807, in-8, demi rel.

x et 292 pp., 1 fnc.

435. DE REGNO DANIÆ ET NORWEGIÆ, Insulisq ; adjacentibus : juxtà ac de Holsatia dvcatv Sleswicensi et finitimis provincijs, tractatus varij. *Lvgd. Batavorvm, ex off. Elzeviriana,* 1629, in-18, vél.

Titre gravé, 7 fnc., 510 pp., 1 fnc. De la collection des républiques des Elzeviers. Ce volume est divisé en huit traités ; le viiie contient l'ouvrage de JONAS (V. ce nom), intitulé :

ARNGRIMI JONÆ Islandi tractatvs, de Islandicæ gentis primordiis, et veteri Republica (pp. 356-510).

436. DERROTERO de las islas Antillas, de las costas de Tierra firme, y de las del seno Mexicano, formado en la direccion de trabajos hidrográficos para inteligencia y uso de las cartas que ha publicado. *Madrid, Imprenta Real,* 1810, in-4, br.

vIII et 455 pp. Art. I. Nociones preliminares sobre los vientos y corrientos que se experimentan en el globo..... (pp. 1-38).— Art. II. Descripcion de la Guyana (pp. 38-56). — Art. III. Descripcion del golfo de Paria, é isla de Trinidad (pp. 57-66). — Art. IV. Descripcion de las Antillas menores (pp. 67-100). — Art. V. Descripcion de las grandes Antillas(pp. 100-274). — Art. VI. Descripcion de la Costa firme desde la punta oriental de la costa de Paria hasta Cartagena (pp. 274-327). — Art. VII. Descripcion de la costa firme desde Cartagena a cabo Catoche (pp. 327-377). — Art. VIII. Descripcion del seno Mexicano desde cabo Catoche hasta la bahía de San Bernardo (pp. 377-425). — Art. IX. Descripcion de la costa septentrional y oriental del seno Mexicano desde la bahía de San Bernardo hasta las Tortugas (pp. 425-455).

Routier important pour la navigation aux Indes occidentales. Publié par des hommes compétents, il a le mérite d'être exact.

437. DERROTERO de las islas Antillas. *Madrid, Imprenta Nacional,* 1820, in-4, br.

vIII pp., 2 fnc., 591 pp. Seconde édition augmentée d'un appendix sur les courants de l'Océan atlantique.

438. —— Le même ouvrage. *Bogotá, año de* 1826, in-8, demi rel., veau fauve.

Réimpression faite sur la seconde édition de Madrid, d'après les ordres de Fr. de Paula Santander, vice-président de la république de Colombia.

439. DESCRIPCION de las misiones de Apolobámba, pertenecientes al obispado de La Paz. 2 fnc. — Descripcion de las provincias pertenecientes al obispado de Sta. Cruz de la Sierra. 21 fnc. (*Lima,* 1771?) pet. in-8, non relié.

Ce petit volume doit faire partie d'un almanach publié en 1771. Ces anciens almanachs contiennent à la fin des observations astronomiques, la description d'une province, ou d'une mission quelconque (V. n° 226).

440. DESMET (P. J. Soc. Jes. missionnaire). Copie d'une lettre adressée à Monsieur l'abbé Ch. Delacroix à Gand et datée : « Nation des Potawatamies aux Council Bluffs. Oct : 28, 1838. » In-4, cart.

Manuscrit probablement inédit de 15 fnc., relatif aux missions des PP. Jésuites chez les Indiens Potawatamies.

441. —— Seconde lettre datée « Nation des Potawatamies aux Council Bluffs. Oct : 29. 1839. » In-4. 11 ff.

Cette curieuse lettre fait suite à la précédente; elle contient aussi des documents curieux sur les mœurs des Indiens.

Ces deux copies ont été faites pour M. L. van Alstein de Gand, bien connu par son importante bibliothèque de linguistique.

442. DE VEAUX (S.). The traveller's own book, to Saratoga springs, Niagara falls and Canada, containing routes, distances, conveyances, expenses, use of mineral waters, etc. *Buffalo, Faxon,* 1845, in-18, br.

viii et 251 pp., carte et pl.

443. DEVOTI (D. Felix). Discurso sobre el cementerio general que se ha erigido extramuros de la ciudad de Lima. Lima, 1808. *Reimpreso en Habana, por Estevan Boloña,* 1809, 1 fnc., 19 pp. — DESCRIPCION del cementerio general mandado erigir en la ciudad de Lima. Lima, 1808. *Habana, reimpresa por E. Boloña,* 1809, 11 pp. — Ensemble 1 vol. in-4, br.

444. DIARIO mercantil de Vera-Cruz. In-4, br.

Nous ne possédons de ce journal que les nᵒˢ 124 à 153, du vol. I, chiffrés pp. 501-620. Le nᵒ 124, commence le 1ᵉʳ novembre 1807, et le nᵒ 153 finit au 30 novembre de la même année.

Ce journal est l'une des plus anciennes impressions faites à la Vera-Cruz.

445. DIAS (A. Gonçalves). Diccionario da lingua Tupy chamada lingua geral dos indigenas do Brazil. *Lipsia, Brockhaus,* 1858, in-12, cart.

VIII et 191 pp.

446. DIAZ DEL CASTILLO (el capitan Bernal). Historia verdadera de la conqvista de la Nueva-España. Sacada a lvz por el P. M. Fr. ALONSO REMON, predicador, y coronista general del orden de N. S. de la Merced. *En Madrid, en la Imprenta del Reyno,* 1632, in-fol., demi rel.

5 fnc., 254 ff., 6 fnc., pour la table. EDITION ORIGINALE de cette très-rare chronique écrite par un des *conquistadores.*

447. —— Le même ouvrage. *Madrid, Emprenta del Reyno* (1632), in-fol., vél.

10 fnc., 256 ff., titre gravé par DE COURBES. Deuxième édition sous cette date, publiée certainement la même année que la précédente. Elle a de plus un chapitre numéroté CCXXII au lieu de CCXII, en tête duquel on dit avoir oublié de l'imprimer dans l'édition notée ci-dessus.

Cette chronique de la Nouvelle-Espagne, éditée longtemps après la mort de son auteur, a été imprimée sur le mss. original appartenant à un certain don Lorenço

Ramirez de Prado, du conseil des Indes. Fr. Alonso Remon étant mort avant que l'impression ne fut commencée, ce fut D. Gabriel de Adarço i Santander, évêque d'Otrante, qui la publia.

Bernal Diaz del Castillo, un des compagnons de Fernand Cortez, ainsi que l'indique une note dans les ff. prélim., était gouverneur de Santiago de Guate-mala, lorsque il acheva sa chronique, le 26 février 1568, où il raconte dans un style rude, tel qu'on doit l'attendre d'un vieux soldat peu lettré, les conquêtes de la Nouvelle-Espagne, la prise de Mexico et de beaucoup d'autres villes. Il dit que l'ouvrage de Lopez de Gomara est rempli d'erreurs. Il affirme en outre que son histoire est très-véridique, parce qu'il a assisté à toutes les batailles et faits d'armes qu'il raconte, et que ce ne sont pas de vieux contes ni histoires du temps des Romains.

448. DICCIONARIO Portugez, e Brasiliano, obra necessaria aos ministros do altar, que emprehenderem a conversaõ de tantos milhares de almas que ainda se achaõ dispersas pelos vastos certões do Brasil, sem o lume da fé, e baptismo. Por ***. Primeira parte. *Lisboa, na officina patriarcal*, 1795, in-4, demi rel.

2 fnc., « Advertencia sobre a orthographia, e pronunciaçaõ desta obra » iv pp., « Diccionario » 79 pp. Dans le prologue, l'éditeur annonce que ce rare lexique a été imprimé sur un mss. composé par les missionnaires. Il annonce aussi à son lecteur la publication de la seconde partie, qui n'a jamais paru.

449. DICKENS (Ch.). American notes, for general circulation. *London*, 1842, 2 vol. in-12, v. f. d. s. tr.

Vol. I. viii et 308 pp. — Vol. II. vii et 306 pp.

450. DICTIONNAIRE (Petit) de la langue des sauvages Galibis, en la partie de l'Amerique Meridionale, appelée Cap de Nord, reduit en pratique. In-4, non rel.

Extrait de l'ouvrage de Biet, pp. 399-432, imprimé en 1664. Voyez le n° 165.

451. DIÉREVILLE. Relation du voyage du Port Royal de l'Acadie, ou de la Nouvelle-France, dans laquelle on voit un détail des divers mouvemens de la mer; la description du païs, les occupations des François qui y sont établis, les manières des différentes nations sauvages, leurs superstitions et leurs chasses, avec une dissertation exacte sur le Castor. Ensuite de la relation, on a ajouté le détail d'un combat donné entre les François et les Acadiens, contre les Anglois. *Rouen, J. B. Besongne*, 1708, in-12, rel.

4 fnc., 236 pp., 1 fnc., « Relation du combat » 7 pp.

« La forme de ce voyage est très-bizarre. C'est un mélange de prose et de vers, et ces vers sont de la prose rimée. On peut néanmoins y recueillir quelques notions assez curieuses sur les peuplades de l'Acadie. » BIBL. DES VOYAGES.

452. DIÉREVILLE. Relation du voyage du Port Royal de l'Acadie. *Amsterdam, P. Humbert,* 1710, in-12, rel.

8 fnc., 836 pp., front. gravé, « Relation d'un combat entre les François et les Acadiens, contre les Anglois » 8 pnc.

453. (DINOUART, chanoine de S. Benoît). Vie du vénérable Dom Jean de Palafox, evêque d'Angélopolis et ensuite évêque d'Osme. *Cologne et Paris, Nyon,* 1767, in-8, rel. v.

lvj et 576 pp., portrait de Palafox, gravé par LOUIS LE GRAND et 3 fig. de GRAVELOT. Bel exemplaire avec *un f. mss. autographe* de l'auteur, renfermant des additions à sa préface.

Cet ouvrage est publié en grande partie sur celui du P. CHAMPION jésuite, lequel avait commencé à faire imprimer une vie de Palafox, mais l'impression fut arrêtée à la 7e feuille, à cause de la franchise de l'auteur. L'abbé DINOUART dit, dans sa préface, qu'il fut assez heureux pour se procurer le mss. entier du P. CHAMPION indiqué au catalogue des mss. de la bibliothèque de la maison professe de Paris, n° 69, et qu'il s'en est servi pour composer la vie du célèbre évêque.

454. DISCUSSION sommaire sur les anciennes limites de l'Acadie, et sur les stipulations du traité d'Utrecht qui y sont relatives. *Basle, Samuel Thourneisan,* 1755, in-12, cart.

37 pp. Ce volume est un abrégé des Mémoires des commissaires du Roi de France et d'Angleterre, relatifs à la cession de l'Acadie à la Grande-Bretagne.

455. DISPOSITIONS concernant le voyage de la colonie suisse dès le port de Rio Janeiro jusqu'à la nouvelle Fribourg. *Rio de Janeiro, Impressao Regia,* 1819, in-4, br.

17 pp. Texte français et portugais. A la fin l'on a ajouté 1 f. mss. relatant les conditions auxquelles M. S. Gachet se chargeait de transporter les colons suisses.

456. DIUHSAWAHGWAH Gayádoshăh Gówahás. Goyádoh. Sgáóyadih dówănandenyo. *Neh Nadigé hjihshohoh dodisdoagoh; wasto'k tadinageh,* 1836, in-12, br., fig.

42 pp., et sur 1 f. séparé : *Crocker et Brewster.... Printers, 47, Washington street. Boston.*

Ce volume contient un alphabet, des histoires, un hymne et un dictionnaire en langue *Seneca,* parlée par une nation iroquoise qui habite près de Buffalo et Niagara. Il est annoncé dans LUDEWIG sous le titre de « *Reading lessons, by Rev.* A. WRIGHT, *missionary.* »

457. DIVERSI AVISI particolari dall' Indie di Portogallo riceuuti, dall' anno 1551. sino al 1558. dalli Reuerendi Padri della Compagnia di Giesv.... Tradotti nuouamente dalla lingua Spagnuola nella Italiana. *Venetia, Michele Tramezzino,* 1559, in-8, vél.

> 7 fnc., 286 ff. « NVOVI AVISI dell' Indie di Portogallo riceuuti dalli Reuerendi Padri della Compagnia di Giesv » (*Venetia, M. Tramezzino*) 1559. 3 fnc., 59 ff.
>
> Premier et second volume de la traduction italienne, des lettres des PP. de la Cie de Jésus. Parmi celles-ci nous donnons la liste des lettres qui sont relatives au Brésil. Les lettres du P. NOBREGA et d'autres Pères, déjà publiées dans le vol. *Avisi particolari* (no 93) — Copia di alcune lettere delli padri, et fratelli che stanno nel Brasil (ff. 137 verso-160); il y a des lettres des PP. NOBREGA; LEONARDO NUNNEZ; FR. PEREZ, V. RODRIGUEZ.—Copia d'vna lettera di PIETRO CORREA scritta del Brasil (ff. 239-242). — Copia d'vna lettera del capo S. Vincenzo ..... della felice morte di P. CORREA (ff. 242-245). — Cavato d'vna lettera del P. AMB. PEREZ della-baya del Saluator, nel Brasil (ff. 246-248). — Copia d'vna lettera del Brasile al P. Ignatio (ff. 248 verso-249).
>
> Les autres sont relatives au Japon, aux Indes orientales et à l'Éthiopie. Cf. aussi le no 274.

458. DIXON (G.). A voyage round the World; but more particularly to the Nort-West coast of America : performed in 1785-1788, in the King George and Queen Charlotte. *London, G. Goulding,* 1789, in-4, v. gr. fil.

> xix pp., 1 fnc., 360 pp. « Appendix no II » 47 pp., 22 cartes et pl.

459. —— Voyage autour du monde et principalement à la côte nord-ouest de l'Amérique, fait en 1785, 86, 87 et 88, à bord du King-George et de la Queen Charlotte, par les capitaines PORTLOCK and DIXON. Traduit de l'anglois, par M. LEBAS. *Paris; Maradan,* 1789, in-4, rel.

> 1 fnc., 499 pp. « Appendix no II » 46 pp., 1 fnc., 15 fig., 5 cartes. Les pp. 377-378, contiennent un vocabulaire abrégé de la langue des *Indiens Fowtows.*
>
> Le principal objet de ce voyage était de fonder des établissements de commerce sur la côte nord-ouest de l'Amérique, qui fournit des fourrures en grande quantité.

460. DOBRIZHOFFER (Martin). Geschichte der Abiponer, einer berittenen und Kriegerischen Nation in Paraguay. *Wien, J. von Kurzbek,* 1783-84, 3 vol. in-8, br.

> Vol. I. 12 fnc., 564 pp., 2 fnc., 1 fig. — Vol. II. 603 pp., 4 fnc., 2 pl., 1 carte. —Vol. III. 506 pp., 4 fnc., 1 tabl., 1 carte, 1 pl.

461. DOBRIZHOFFER (Martin). Historia de Abiponibus equestri, belli cosaque Paraquariæ natione locupletata copiosis barbararum gentium, urbium, fluminum, ferarum...... etc., observationibus. *Viennæ, J. de Kurʒbek*, 1784, 3 vol. in-8, br.

Vol. I. 9 fnc., 476 pp., 2 fnc., 4 fig., 1 carte. — Vol. II. 499 pp., 3 fnc., 2 fig. — Vol. III. 424 pp., 3 fnc., 1 carte, 1 tableau.

«Ouvrage contenant les détails les plus curieux et les plus extraordinaires que l'on ait sur la vie des sauvages du Paraguay, pays où l'auteur a séjourné pendant dix-huit ans, en qualité de missionnaire.» Brunet.

Dans le vol. II, chap. xvi et xvii, l'auteur traite de la langue des Abipones, et le chapitre xviii donne la traduction du symbole de la croix environ dans vingt dialectes américains.

462. DOCTRINA christiana (en Quichua y Aymara). *Impresso en la ciudad de los Reyes, por Antonio Ricardo, primero impressor en estos reynos del Piru. Año de* 1584, in-4, bas.

7 fnc., 84 ff. Manque le titre et le f. 81.

Volume de la plus grande rareté et la première production connue des presses péruviennes. Exemplaire très-fatigué provenant de la biblioth. de Chaumette-Desfossés, et dont M. Brunet a fait la description dans son Manuel (Voy. *Catal. Chaumette* et Brunet). Un abrégé de grammaire et un petit dictionnaire des langues Quichua et Aymara occupent les ff. 73-84. On a relié avec ce volume les deux ouvrages suivants, qui ont été imprimés pour faire suite l'un à l'autre :

Confessionario para los cvras de Indios. Con la instrvcion contra svs Ritos : y Exhortacion para ayudar a bien morir : y summa de sus Priuilegios : y forma de Impedimentos del Matrimonio. (?) Compvesto y tradvzido en las lenguas Quichua, y Aymara. Por autoridad del Concilio Prouincial de Lima, del año 1583. *Impresso.... en la ciudad de los Reyes, por Antonio Ricardo..... Año de* M. D. LXXXV. 3 fnc., «confessionario» 27 ff., «instrvcion» 16 ff., «exhortacion» 24 ff. Bel exemplaire.

Tercero Cathecismo y exposicion de la doctrina christiana, por sermonés. Para qve los cvras y otros ministros prediquen y enseñen a los Yndios y a las demas personas. Conforme a lo qve en el sancto Concilio prouincial de Lima se proueyo. *Impresso..... en la ciudad de los Reyes, por Antonio Ricardo......* M. D. LXXXV.

7 fnc., 215 ff. de texte. Exempl. bien conservé, mais incomplet des ff. 208, 210 à fin. Sur le titre on lit la signature de l'un des auteurs de ces trois ouvrages, le célèbre P. Joseph de Acosta.

Lima fut la deuxième ville du Nouveau-Monde qui eut l'avantage d'avoir une imprimerie. De même qu'à Mexico ce fut un italien, Antonio Ricciardi, natif de Turin, qui introduisit la typographie au Pérou. Il avait déjà exercé à Mexico.

463.—— Tercero Catecismo, y exposicion de la doctrina christiana por sermones. Paraque los curas, y otros ministros prediquen, y enseñen à los Indios, y à las demàs Personas : Conforme a lo que se proveyò en el santo Concilio Provincial de Lima el año passado de 1583. Mandado reimprimir por el Concilio provincial del año de 1773. (*Lima*) *En la oficina de la calle de San Jacinto* (1773), in-4, vél.

10 fnc., 515 pp. Réimpression de la troisième partie du précédent article, en Quichua et Espagnol seulement. — Une nouvelle édition (1866) vient d'être faite à Paris.

464. DOCUMENS sur le commerce extérieur. Etats-Unis. Législation commerciale, n° II. Douanes. Ports mexicains occupés par les Américains. — Régime des douanes. (*Paris, P. Dupont,* 1847), in-8, br.

56 pp.

465. —— Mexique. Législat. commerciale, n° 11. Douanes. (*Paris, P. Dupont,* 1847), in-8, br.

167 pp.

466. DOMENECH (L'abbé Em.). La vérité sur le livre des sauvages. *Paris, Dentu,* 1861, in-8, br.

54 pp., 10 pl.

467. DOMINGO DE LA ANUNCIACION. Doctrina Xp̃iana breue y cõpendio | sa por via de dialogo entre vn maestro y vn disci-| pulo, sacada en lẽgua castellana y mexicana y | cõpuesta por el muy reuerendo padre fray | domingo de la anunciacion, vicario q̃ | al presente es de cuyoacan, de | la orden del bien auen | turado padre sct'o | Domingo. | *En Mexico en casa de pedro ocharte.* 1565. in-4, vél. GOTHIQUE, rel. originale en vélin très-bien conservée, tr. rouges.

Collation : Titre avec une figure en bois représentant S. Dominique, au verso les armes de Alonso de Montufar, à qui le livre est dédié; suit la dédicace 2 pp. chiff. 2. imp. en lettres rondes. Le texte imp. en caractères gothiques et à deux colonnes est chiffré 3-83. Le verso du f. 83 est occupé par une pl. en bois représentant la Vierge et l'enfant Jésus, avec six personnages; au-dessous on lit la suscription suivante :

« *A gloria y alabâça de ñro redẽptor jesu xp̃o y de su ben-dita madre y p̃a vtilidad y prouecho de las aĩas, aq̃se aca | ba la declaracion breue y cõp̃ediosa de la doctrina xp̃iana | ẽ lẽngua españolay mexicana, sentẽcia por sentẽcia, Fue | ympressa en esta muy leal ciudad d mexico en casa d pedro | ocharte por mãdado dl yllustrissimo y reuerẽdissimo se | ñor dõ fray aloso d mõtufar, Arçobispo d la dicha ciudad | meritissimo acabose a 15. dias dl mes d março.* 1565 *años.* | »

Le f. 84 (non chiff.) contient les licences pour l'impression du volume, signées par cinq docteurs et datées de Mexico le 25 octobre 1564. Le verso de ce f. contient une gravure représentant les armes de Castille ; au bas desquelles on lit : « Philipus dei gra Hyspaniarum et in-diarum Rex. »

Ce précieux volume, d'une rareté excessive, peut-être même le seul connu, provient du collège St. Grégoire de Valladolid ; il est dans son ancienne reliure de vélin à recouvrements avec cordons.

Cet exemplaire, arrivé en Europe aussitôt son impression, a été soigneusement gardé, aussi est-il dans un état de conservation extraordinaire avec témoins. C'est peut-être le volume le mieux conservé qui existe de ces rarissimes productions typographiques du Nouveau-Monde.

En outre de son grand intérêt pour la langue nahuatl, ce livre est précieux à cause des quatre planches sur bois que nous avons indiquées. Elles sont très-remarquables comme exécution.

468. DOMINGO DE S. THOMAS. Grammatica, o Arte de la lengua general de los Indios de los Reynos del Peru. Nueuamente compuesta, por el Maestro fray DOMINGO DE S. THOMAS, De la orden de. S. Domingo, Morador en los dichos Reynos. *Impresso en Valladolid, por Francisco Fernandez de Cordoua, Impressor de la. M. R. Con privilegio.* (A la fin): *Imprimiase en la muy insigne villa de Valladolid (Pincia otro tiempo llamada.) En casa de Francisco Fernandez de Cordoua, Impressor de la. M. R. Acabose a diez dias del mes de henero, año de* 1560. — LEXICON, o VOCABULARIO de la lengua general del Perv, côpuesta por el Maestro F. DOMINGO DE S. THOMAS de la orden de S. Domingo. *Impresso en Valladolid, por Francisco Fernandez de Cordoua, Impressor de la M. R. Con privilegio.* (A la fin): *Imprimiase en la muy insigne villa de Valladolid (Pincia otro tiêpo llamada) en la officina de Frácisco Fernádez de Cordoua, Impressor de la Magestad Real. Acabose a diez dias del mes de henero, año de mil y quiniêtos y sesenta* (1560). Ensemble 1 vol. pet. in-8, vél.

COLLATION : *Arte.* « Prologo » 5 fnc., « In autoris » pièce de vers signée SEBASTIANUS SALINAS » 1 pnc., « Prologo del avtor » 3 pnc. Sur le titre les armes d'Espagne, au verso le privilège. *Caractères romains.* « Comiença el Arte » 86 ff., *gothique* « Platica para todos los Indios » ff., 86 (verso) 96. Ce sermon est très-important ; il contient le texte espagnol en regard du Quichua avec la traduction espagnole interlinéaire.

Vocabulario : Sur le titre une figure représentant S. Dominique ; au verso une pièce de vers. « Prologo del autor » 6 fnc., « Errores del vocabulario » 1 pnce « Confession general en lengua Indiana » 1 pnc., « Vocabulario » (Primera parte *Espagnol Quichua*) ff. 1-105, (Segunda parte *Quichua Espagnol*) ff. 106-179. Le tout imprimé en caractères *romains* et *gothiques.*

Ouvrage extrêmement rare, et l'un des plus précieux de cette collection. Il est de la plus haute importance pour l'étude des langues américaines. C'est la première

mière grammaire Quichua que l'on ait imprimée, ainsi que le premier vocabulaire de cette langue. Ludewig p. 160 dit que, l'*Arte y Vocabulario en la lengua general del Peru*, imp. par A. Ricardo, à Lima en 1586, pet. in-8°, est la réimpression de l'ouvrage de Domingo de S. Thomas. Superbe exemplaire, grand de marges et de la plus belle conservation.

469. DOMINGO DE S. THOMAS. Grammatica, o Arte de la lengua general de los Indios del Peru. *Valladolid, F. Fernande\ de Cordoua,* 1560, pet. in-8, non relié.

> 7 fnc., 96 ff. de texte. — Bel exemplaire.
>
> « Dominicvs de S. Thoma, ex S. Paulo Hispalensi, Collega S. Thomæ eiusdem Hispalis Vrbis S. Th. Magister apud Indos Occidentales edidit :
>
> *Grammatica de la lengua del Perù.*
>
> *Item Vocabulario de la misma lengua.*
>
> Primus hic Theologia docuit in Collegio Rosarij Ciuitatis Limensis. Præfuit Prouinciæ illi. Tandem Primus Archiepiscopus de los Charcas renunciatus est. Obijt anno 1571. » Altamura. *Bibl. Dominicana.* Romæ, 1677, in-fol. p. 348.

470. DORVO-SOULASTRE. Voyage par terre de Santo Domingo, capitale de la partie espagnole de Saint-Domingue, au Cap-François, entrepris et exécuté au mois de germinal an VI, par les ordres du général Hédouville. Suivi d'un rapport sur l'état actuel des mines de la Colonie espagnole; traduit de D. Juan Nieto. *Paris, Chaumerot,* 1809, in-8, br. 407 pp., 1 fig.

471. DOUTREMAN (Padre Phelipe Doutreman, de la Cⁱᵃ de Jesus). Ycadvha nga bahin sa Pedagogo Christiano Con sa Binisaya.... Vg gvinhovad vsab sa Binisaya nga polong sa P. Francisco Tejada, sa mao màn nga Compañia. *Impresso. Con las li\en. necess. de los Super. en Man. en la Impr. de la Comp. de Jesvs, por. D. Nicol. de la Cru\ Bagay. Año de* 1751, in-8, vél.

> 5 fnc., 493 ff. Imprimé sur papier de riz. — Traduction fort rare en langue Bisaya, par le P. Francisco Tejada de la Cⁱᵉ de Jésus, de l'ouvrage du P. Philippe d'Outreman, intitulé « Le Pédagogue chrétien ». Le vol. que nous annonçons, imprimé à Manille, n'est que la traduction du second volume de l'ouvrage ci-dessus. Dans l'approbation du P. Leon Finck, recteur du collège de Saint Ignace de Manille, on lit que la première partie du Pédagogue chrétien a été traduite en Bisaya, et imprimée à Manille bien avant la seconde partie, différentes circonstances ayant retardé la publication de cette dernière jusqu'en 1751. — Malgré nos recherches nous n'avons pu découvrir en quelle année le premier volume a paru, cette traduction étant restée inconnue jusqu'à présent. Les PP. de Backer, ne l'ont pas citée dans leur bibliothèque.

472. DRACK (Francis). Expeditio Francisci Draki eqvitis angli in

Indias Occidentales A. M. D. LXXXV. Quá vrbes, Fanum D. Jacobi, D. Dominici, D. Augustini et Carthagena, captæ fuêre. Additis passim regionum locorúmque omnium tabulis Geographicis quàm accuratissimis. *Leydæ, Apud Fr. Raphelengium,* 1588, in-4, vél.

> 21 pp. Les cartes (au nombre de 4) annoncées sur le titre manquent dans cet exemplaire. On ne cite que deux exempl. les ayant et qui ont été vendus en Angleterre, l'un *L. st.* 14. et l'autre *L. st.* 14. 14 s. (360 fr.)
>
> Cette pièce fort rare est la relation du second voyage du chevalier Drack. Notre exemplaire est très beau; sur le titre on y voit le timbre de la bibliothèque du cardinal Albani (Clément XI).

473. DROUIN-DE-BERCY. Histoire civile et commerciale de la Jamaïque; suivie du tableau général des possessions anglaises et françaises dans les deux mondes, et de réflexions commerciales et politiques relatives à la France et à l'Angleterre. *Paris, Rosa,* 1818, in-8, demi rel.

> 144 pp., 1 tableau. A la suite: CIVIQUE DE GASTINE. Histoire de la république d'Haïti ou Saint-Domingue, l'esclavage et les colons. *Paris, Plancher,* 1819, VIII et 264 pp.

474. (DU BUISSON). Abrégé de la révolution de l'Amérique angloise, depuis le commencement de l'année 1774, jusqu'au 1er janvier 1778. *Paris, Cellot et Jombert,* 1778, in-12, rel.

> 452 pp., 3 pnc.

475. DU CALVET (Pierre, ancien juge de paix à Montréal). Appel à la justice de l'état; ou recueil de lettres, au Roi, au prince de Galles, et aux ministres; avec une lettre à Mrs. les Canadiens, où sont fidèlement exposés les actes horribles de la violence arbitraire qui a régné dans la Colonie, durant les derniers troubles, et les vrais sentimens du Canada sur le bill de Quebec, etc. *Londres,* 1784, in-8, cart. *non rogné.*

> xiv, 320 et viii pp. — M. DU CALVET, protestant français, était resté en Canada après la cession de ce pays à la Grande Bretagne en 1783. Il était dans le commerce et avait été nommé magistrat pour la ville de Montréal, sous le gouvernement anglais. Après de nombreuses querelles avec ses collègues, il fut emprisonné pendant deux ans et huit mois. Après son élargissement il se rendit en Angleterre pour obtenir justice contre le gouverneur. Ce fut pendant son séjour à Londres qu'il publia le volume que nous annonçons.

476. DUCŒURJOLY (S. J.). Manuel des habitans de Saint-Domingue, contenant un précis de l'histoire de cette île, depuis sa découverte;

la description topographique et statistique des parties françoises et espagnoles; le tableau des productions naturelles et des cultures coloniales. Suivi du premier Vocabulaire françois-créole, et de conversations françoises-créoles. *Paris, Lenoir,* 1802-*an X,* 2 vol. in-8, cart.

Vol. I. ccviij et 216 pp., carte, 2 tabl. — Vol. II. 406 pp.

Ouvrage intéressant et qui mérite d'être recherché pour son vocabulaire et ses dialogues créoles qui sont assez étendus. Le vocabulaire occupe les pp. 283-355 du vol. II, et les dialogues les pp. 357-391 du même volume. Une chanson créole se trouve aussi aux pp. 392-393.

477. DUFEY (P. J. S.). Résumé de l'histoire des révolutions de l'Amérique septentrionale, depuis les premières découvertes jusqu'au voyage du général Lafayette en 1824 et 1825. *Paris, Jourdan,* 1826, 2 vol. in-18, br.

Vol. I. iv et 371 pp. — Vol. II. 452 pp.

478. —— Résumé de l'histoire des révolutions de l'Amérique méridionale, depuis les premières découvertes jusqu'à nos jours. *Paris, Jourdan,* 1826, 2 vol. in-18, br.

Vol. I. iv et 382 pp. — Vol. II. 375 pp.

479. DUFLOT DE MOFRAS. Exploration du territoire de l'Orégon, des Californies et de la mer Vermeille, exécutée pendant les années 1840-42. *Paris, A. Bertrand,* 1844, 2 vol. in-8, demi rel.

Vol. I. xii pp., 2 fnc., 524 pp., 4 fig. — Vol. II. 514 pp., 4 fig.

Aux pp. 390-400 du vol. II, se trouve l'*Oraison dominicale* en 24 dialectes de l'Amérique et de l'Océanie. Un tableau comparatif des noms de nombre en 21 dialectes, occupé la p. 401.

480. —— L'Orégon. *Paris, Plon,* 1846, in-8, cart.

44 pp. Extrait de la *Revue nouvelle.*

481. DUGRIVEL (A.). Des bords de la Saône à la baie de San Salvador, ou promenade sentimentale en France et au Brésil. *Paris, Ledoyen,* 1843, in-8, br.

394 pp.

482. DUMARTRAY et ROUHAUD. Coup d'œil sur la république de l'Amérique centrale, et particulièrement sur les états de Nicaragua et Costa-Rica. *Paris, J. Andriveau Goujon*, 1832, in-4, br.

12 pp. Manque la carte.

483. DUMONT. Mémoires historiques sur la Louisiane, contenant ce qui est arrivé de plus mémorable depuis l'année 1687 jusqu'à présent; avec l'établissement de la colonie françoise dans cette province de l'Amérique..... Composés sur les mémoires de M. DUMONT, par (l'abbé LE MASCRIER). *Paris, Bauche*, 1753, 2 vol. in-12, v.

Vol. I. x et 261 pp., 1 carte, 4 pl. — Vol. II. 324 pp., « catalogue » pp. 325-338 ; 5 pl.

Les mémoires de DUMONT qui demeura 22 ans à la Louisiane où il était officier, sont très-intéressants pour la partie historique de ce pays et les mœurs et usages de ses habitants.

484. DU PASQUIER (H.). Les Etats-Unis et le Mexique, l'intérêt européen dans l'Amérique du Nord. *Paris, Guillaumin*, 1852, in-4, cart.

88 pp., carte.

485. DU PONCEAU (P. Et.). Mémoire sur le système grammatical des langues et de quelques nations Indiennes de l'Amérique du Nord. *Paris, Pihan de la Forest*, 1838, in-8, br.

XVI et 464 pp. Cet excellent ouvrage publié par EYRIÈS a remporté le prix Volney.

486. DU PUIS (F. Mathias, religieux de l'ordre des FF. Prescheurs). Relation de l'establissement d'vne colonie françoise dans la Gardelovpe isle de l'Amériqve, et des mœvrs des Savvages. Dediée à la princesse Marie Leonor de Rohan, abbesse de l'abbaye Royale de Caen. *A Caen, chez Marin Yvon*, 1652, in-8, vél.

7 fnc., 248 pp. Volume fort rare. Dans l'épitre dédicatoire, l'auteur annonce être resté six à sept ans dans la colonie de la Guadeloupe. Son livre a été composé sur des documents communiqués par le P, Raimond Breton, et il ne raconte du reste que des faits qui se sont passés devant ses yeux. D'après TERNAUX, ce religieux, envoyé en Amérique en 1644, y resta jusqu'en 1660. Ceci ne s'accorde guère avec ce que nous avons marqué plus haut.

L'ex. est piqué dans la marge, sans atteindre le texte.

487. DVRAN (P. Nicolao). Litteræ annvæ provinciæ Paraqvariæ soc. Jesu. (Ann. 1626 et 1627). Ad admodùm R. P. Mvtivm Vitellescvm eiusdem soc. præpositum generalem. Eius nomine ac iussu scriptæ a P. Jacobo Rançonier belgá eiusdem soc. *Antverpiæ, Joannis Mevrsi,* 1636, in-8, vél.

168 pp. Cette ÉDITION ORIGINALE n'est pas citée par BRUNET qui indique la suivante; PINELO l'annonce en italien et trad. en latin par le P. Rançonier.

488. —— Relation des insignes progrez de la religion chrestienne, faits av Paraqvai, province de l'Amerique Meridionale, et dans les vastes Regions de Guair et d'Vruaig. Nouuellement découuertes par les Peres de la Compagnie de Jesvs, és années 1626. et 1627. Enuoyée au R. P. Mvtio Vitelesci par le P. NicolasDvran, prouincial en la prouince de Paraquai. *Paris, Sebastien Cramoisy,* 1638, in-8, vél.

9 fnc., 162 pp., «approbation» 1 pnc. — Relation intéressante trad. sur le n° précédent. Cette traduction française a été faite par le P. Jacqves de Machavd qui a signé l'épitre adressée à Mgr. Jaqves Camvs, evesque de Séez qui se trouve en tête de ce volume. Exemplaire très-grand de marges.

Le P. Mastrilli ou Duran, né à Nola, en 1570, admis dans la Compagnie à l'âge de 15 ans, s'embarqua pour les missions du Pérou, où il prit le nom de Duran et travailla avec ardeur à la conversion des infidèles. Il mourut à Lima, le 14 février 1653. De Backer, vol. V. p. 524.

489. DURÃO (fr. José de Santa Rita, da ordem dos Eremitas de Santo Agostinho, natural de Cata Preta nas Minas Geraes). Caramurú. Poema epico do descubrimento da Bahia. *Lisboa, na Regia officina typografica,* 1781, pet in-8, mar. rouge, orn. en or, d. s. tr. (*Reliure originale*).

3 fnc., 307 pp. ÉDITION ORIGINALE d'un poëme populaire au Brésil et souvent réimprimé.

Voici comment on raconte cette légende :

Un vaisseau portugais destiné aux Indes fit naufrage près du rio Vermelho dans la province de Bahia ; l'équipage fut massacré par les Indiens de la côte. Échappé seul à ce désastre, en se cachant dans les bois, Diogo Alvares Correa, de Viana, découvert à son tour, devint pour les Indiens un objet de respect et d'effroi, en faisant usage d'une arme à feu. Les Toupinambás émerveillés de cette puissance, le désignèrent sous le nom de *Caramuru*, (l'homme de feu). Ils le supplièrent d'employer son pouvoir contre les Pacês, qui venaient les attaquer ; une balle alla frapper le chef ennemi et l'ascendant de Diogo Alvares n'eut plus de bornes. Un jour un navire européen se trouvant en vue, un canot s'en détacha, Diogo Alvares en profita pour s'échapper ; la belle Paragaçú le vit, s'élança à la mer, et gagna en nageant le navire étranger qui faisait voile pour la France. Le couple fut présenté au roi Henri II, et Catherine de Médicis donna son nom, sur les fonts baptismaux, à la belle Indienne. Le couple aventureux revenu au Brésil, s'établit à Bahia, et bâtit sur l'emplacement de Villa-velha une église à N. D. de Grâce, dans laquelle une épitaphe atteste encore que Catherine Alvares, là inhumée, avait donné à la couronne de Portugal ce pays, dont elle était souveraine, et à l'ordre de St Benoît, cette église élevée par elle en 1582.

490. DV TERTRE (R. P. Jean Baptiste). Histoire generale des isles de S. Christophe, de la Gvadelovpe, de la Martiniqve et avtres dans l'Ameriqve. Où l'on verra l'establissement des colonies françoises, dans ces isles; leurs guerres ciuiles et estrangeres, et tout ce qui se passe dans les voyages et retours des Indes. *Paris, Jacqves et Emmanvel Langlois,* 1654, in-4, rel.

9 fnc., 481 pp., 7 pnc., 3 cartes. EDITION ORIGINALE de l'histoire des Antilles du P. DUTERTRE. Dans l'avis au lecteur, se trouvent l'oraison dominicale, la salutation angélique, le symbole des apôtres, les commandements de Dieu, en Caraïbe et en Français, extraits du P. BRETON. Les 7 pnc., qui sont à la fin du vol. contiennent la concession faite aux chevaliers de Malte, des îles de l'Amérique. Notre exemplaire renferme les 3 cartes qui manquent très souvent. Il y a deux sortes d'exempl. de cette édition, chacun avec une dédicace différente, toutes deux adressées au conseiller Achille du Harlay ; l'une commençant « A Monsieur Achilles de Harlay » l'autre « A Messire Achilles de Harlay. »

491. —— Histoire generale des Antilles habitées par les François. *Paris, Thomas Jolly,* 1667-71, 4 vol. in-4, rel.

Vol. I. 9 fnc., 593 pp., 3 pnc., front. gravé, 1 f. pour les armes de A. de Harlay, 3 cartes. — Vol. II. 7 fnc., 539 pp., front. gravé, 13 figures. — Vol. III. 4 fnc., 317 et 8 pnc., 1 f. pour les armes de Bignon, 2 cartes. — Vol. IV. 2 fnc., 362 pp., 7 fnc., 4 fig.

Cet ouvrage est très difficile à rencontrer complet. Le P. DUTERTRE dit dans sa préface qu'il avait fait imprimer son livre en 1654, parce qu'on lui avait dérobé sa copie. Pendant qu'il le faisait imprimer, le P. R. Breton fut prié, de la part de M. de Poincy, de donner son vocabulaire de la langue des sauvages, et quelques mémoires, à une personne inconnue, qui en réunissait pour faire une relation des Antilles. Il sut depuis que c'était le sieur ROCHEFORT, ministre de Rotterdam, qui, après avoir reçu le vocabulaire du P. Breton, et informé de l'impression de son ouvrage, fit paraître le sien en 1650, sous le titre de « Histoire naturelle des Antilles de l'Amérique. » (V. cet article.)

492. DV-VAL (P.). La Géographie vniverselle, contenant les descriptions, les cartes, et le blason des principaux païs du monde. (Reuûe, corrigée et augmentée sur les manuscrits de l'auteur, par le R. P. PLACIDE Augustin Deschaussé, géographe du Roy). *Paris, chez Melle Dv-Val,* 1688, 2 vol. in-12, rel.

Vol. I. Deux titres gravés, l'un double monté sur onglet, portant la date de

1682; 6 fnc., table des cartes 1 f. double; 312 pp., 51 cartes sur onglet; 11 blasons. Ce premier volume contient la géographie de l'Asie, de l'Afrique et de l'Amérique; cette dernière surtout y est longuement décrite, elle occupe les pages 15-91 et renferme 15 cartes parfaitement gravées, de même que toutes celles de l'ouvrage.

Vol. II. Titre gravé double sur onglet; pp. 313-612. Au bas de la dernière page on lit : « *De l'imprimerie de L. Rondet* » 32 cartes; 28 blasons numérotés 12-39.

493. (ECHAVARRY (Ibañez de)). Histoire du Paraguay sous les Jésuites et de la royauté qu'ils y ont exercée pendant un siècle et demi, etc. *Amsterdam et Leipzig, Arkstée et Merkus,* 1780, 3 vol. in-8, demi rel.

Vol. I. 3 fnc., 368 pp., 1 carte. — Vol. II. 2 fnc., 328 pp. — Vol. III. 1 fnc., 426 pp.

Ouvrage recherché et difficile à rencontrer avec la carte. C'est la traduction en français, du vol. IV de la *Colleccion de documentos* concernant les Jésuites et B. de Cardenas (n° 352). La p. 213 du vol. III, contient la déclaration suivante :

« Moi BERNARD IBAÑEZ DE ECHAVARRY, prêtre, natif de Victoria, j'ai écrit cet ouvrage dans les peuplades d'Indiens et dans les missions des Guaranis : Je l'ai achevé à Buenos-Ayres en 1761, et je l'ai copié à Madrid, pendant les mois de février et mars 1762, et pour que foi y soit ajoutée, je le signe aujourd'hui 15 mars 1762. B. IBAÑEZ DE ECHAVARRY. »

A partir de la p. 216 à fin du vol. III commence une *quatrième partie,* sous le titre de : EPHÉMÉRIDES, ou journal de la guerre jésuitique, rédigé par le général en chef (le P. THADÉE ENNIS) et trouvé parmi ses papiers, le ..... mai 1756, au poste de Saint-Laurent, après la journée de Taibaté, du 10 février 1756, traduit de l'original latin. Une note conçue en ces termes, est à la p. 426, du Vol. III. « La prise du poste de Saint-Laurent, où étoit le P. Ennis, empêcha la continuation de ce journal, qui fut saisi avec les autres papiers qui ont servi à la composition du présent ouvrage. »

494. ECHAVE Y ASSU (D. Francisco, corregidor de Lima). La Estrella de Lima convertida en Sol sobre svs tres coronas el B. Toribio Alfonso Magrobexo, sv segvndo arzobispo : Celebrado con epitalamios sacros, y solemnes cultos, por su esposa la iglesia metropolitana de Lima..... Descripcion sacro politica de las grandezas de la ciudad de Lima, y compendio historico eclesiastico de su iglesia. *Amberes, Juan B. Verdussen,* 1688, in-fol., vél.

9 fnc., 381 pp., 1 fnc. Le titre et le dernier f. raccommodés.

Ce rare volume, non cité par ANTONIO, contient, outre la vie de S. Torribio, diverses oraisons et sermons prononcés à l'occasion de la béatification du saint, par Pedro de Cardenas y Arbieto, obispo de Santa Cruz de la Sierra; le dr Juan de Morales Valverde, chantre de la cathédrale; Fr. Juan de Francia y Sanz, del ord. de predicadores; D. Diego Martinez de Andrade, curé de Chiquian; Joseph de Prado Aialo, relig. augustin; les PP. Pedro Lopez de Lara et Alonso Mesia, de la Cie de Jésus; etc., etc.

495. ECHENIQUE. El general Echenique, presidente despojado del Peru, en su vindicacion. *New-York,* 1855, in-8, br.

148 pp.

496. ECHEVERRIA (Juan Nepomuceno de). Cuaderno primero y segundo para comerciantes en oro y plata pasta, corregido y aumen- tado con mas de 1350 calculos. *Mexico, Imprenta a cargo de Tomas Uribe y Alcalde,* 1830, in-fol., demi mar.

20 et 14 pp.

497. EDER. Descriptio provinciæ Moxitarum in regno Peruano, Quam e scriptis posthumis FRANC. XAV. EDER e soc. Jes. anni XV. sacri apud eosdem Curionis digessit, expolivit, et adnotatiunculis illustravit abb. et consil. reg. MAKO. *Budæ, typis Universitatis,* 1791, in-8, br.

XVIII et 383 pp., carte, 7 pl. Le P. EDER, né le 19 novembre 1727, entra dans la Ci^a de Jésus à l'âge de seize ans. Six ans après il obtint les missions du Pérou, et passa quinze ans parmi les Indiens Moxos. Il revint en Hongrie en 1769, et mourut le 17 avril 1773. Personne mieux que lui ne pouvait donner des détails exacts sur ces peuples, aussi son livre doit-il être d'autant plus recherché qu'il est le seul qui soit entièrement consacré à cette nation indienne.

98. EDWARDS (Jonathan, pastor of a church in New-Haven). Obser- vations on the language of the Muhhekaneew Indians; in which the extent of that language in N. A. is shewn; its genius is grammati- cally traced; some of its peculiarities, and some instances of analogy between that and the hebrew are pointed out. Communicated to the Connecticut Society of arts and sciences. *New-Haven, Josiah Meiggs,* 1787; *London, reprinted by W. Justins,* 1788, in-8, cart., *non rogné.*

16 pp. Opuscule des plus intéressants sur la langue des Indiens Mohicans. A la suite : « A Sermon at the execution of Moses Paul, an Indian; who had been guiltry of murder, preached at New-Haven, by SAMSON OCCOM, a native indian, and missionary..... to which is added a short account of the late spread of the gospel, among the Indians. 24 pp. *New-Haven,* 1788. *London, reprinted,* 1788 »

Ce second opuscule est également fort curieux.

99. EGEDE (Jean). Description et histoire naturelle du Groenland. Traduite en françois par (DES ROCHES DE PARTHENAY). *Copenhague et Genève, les frères Philibert,* 1763, in-8, rel.

1 fnc., xxviii pp., 2 fnc., 171 pp., 11 cartes et pl. Les pp. 124-135 (chapitre xvi) traitent de la langue des Groenlandais; on y trouve une petite grammaire et la traduction de l'oraison dominicale en cette langue.—La relation d'EGEDE est l'une des meilleures que l'on ait sur le Groenland. « Ouvrage estimé » BRUNET.

500. EGEDE (Hans). A description of Greenland : showing the natural history, situation, boundaries, and face of the country; the nature of the soil; the rise and progress of the old norvegians colonies, etc. Translated from the Danish. (*London, Wood,* 1818), in-8, cuir de Russie.

cxviii et 225 pp., carte et fig. Exemplaire Langlès. Le chapitre xvi, pp. 165-178, donne une petite grammaire, un vocabulaire, le credo, le pater, en langue des Groenlandais. Les pp. 158-161 contiennent une chanson groenlandaise, avec trad. anglaise, composée par F. CHRISTIAN.

501. EGUIARA ET EGUREN (D. Joanne Josepho de). Bibliotheca Mexicana, sive eruditorum historia virorum, qui in America Boreali nati, vel alibi geniti, in ipsam domicilio aut studijs asciti, quavis linguâ scripto aliquid tradiderunt : Eorum præsertim qui pro fide catholicâ et pietate ampliandâ fovendâque, egregiê factis et quibusvis scriptis, floruere editis aut ineditis.... *Tomus primus* exhibens litteras ABC. *Mexici : Ex novâ Typographiâ in œdibus authoris editioni ejusdem bibliothecæ destinatâ,* 1755, in-fol., vél.

6 fnc., « De Bibliotheca J. Eguiara.... dialogus. Auth. P. VINCENTIO LOPEZ » 12 fnc., « Anteloquia... » 59 fnc., « Protestatio » 1 fnc., « Bibliotheca... » 543 pp.

Ouvrage très-important et d'une rareté excessive dont il n'a paru que le premier volume.

JUAN DE EGUIARA, Y EGUREN, né à Mexico, fit ses études dans l'université de cette ville et devint assesseur du saint office de l'Inquisition. Nommé évêque de Yucatán en 1751, il refusa pour se livrer à ses études littéraires, et mourut en 1763, avant l'impression entière de son ouvrage. Il y a quelques années on conservait dans la bibliothèque de la cathédrale de Mexico le manuscrit entier de son ouvrage.

502. ÉLÉMENTS de la grammaire Othomi, traduits de l'espagnol, accompagnés d'une notice d'ADELUNG sur cette langue traduite de l'allemand et suivis d'un Vocabulaire comparé othomi-chinois. *Paris,* *Maisonneuve et C*ie, 1863, in-8, br.

39 pp. Imprimé sur papier de Hollande et tiré à 50 exemplaires seulement. Extrait de la *Revue orientale et américaine.*

Ces éléments ont été traduits en partie de l'ouvrage de NEVE Y MOLINA (V. ce nom), par LÉON DE ROSNY.

503. ELLICOTT (And.). The Journal of ANDREW ELLICOTT, late com-missioner on behalf of the U. S. during part of the years 1796, 97, 98, 99, and part of the year 1800 : for determining the boundary between the U. S. and the possessions of his Catholic Majesty in America, containing occasional remarks on the situation, soil, rivers, natural productions, and diseases of the different countries on the Ohio, Mississippi, and Gulf of Mexico, etc. *Philadelphia , Budd et Bartram,* 1803; in-4, rel.

vii et 299 pp., 6 cartes. « Appendix » 151 pp., 1 fnc., 8 cartes. Exemplaire du comte J. de Menou.

504. ELLIS (H.). Voyage à la baye de Hudson, fait en 1746 et 1747, pour la découverte d'un passage au Nord-Ouest, avec une description exacte de la côte. Traduit de l'anglois (par SELLIUS). *Paris (Leyde), Desaint et Saillant,* 1750, in-8, rel.

xxviii et 413 pp., 3 fnc., 9 pl., 1 carte.

505. —— Le même ouvrage. *Paris, Ballard,* 1749, 2 vol. in-12, rel.

Vol. I. lvj et 182 pp., 2 fnc., 1 carte. — Vol. II. 319 pp., 7 pl.

Relation estimée. « A valuable performance, containing many curious and sen-sible observations » LOWNDES'.

506. ELOGIOS fúnebres del excmo. señor D. Luis de Las Casas y Ara-goni, teniente general de los R^{les} exércitos. Hechos y publicados por la Real sociedad económica de la Havana y por el tribunal del con-sulado de la misma ciudad. *Havana , Imprenta de la capitania general,* 1802, 10 fnc. A la suite : — ORACION fúnebre..... pronun-ciada en la iglesia del convento de San Agustin por el M. R. P. presentado fray JUAN GONZALEZ, del orden de predicadores. *Havana, Imprenta de la capitania general,* 23 pp. — ELOGIO de D. Luis de Las Casas..... leido por D. TOMAS ROMAY. *Havana, Imprenta de la capitania general,* 31 pp. 1 vol. in-fol., br.

En tête du premier opuscule, le portrait de D. Luis de las Casas, exécuté à la Havane.

507. EMORY (W. H.). Notes of a military reconnoissance from Fort Leavenworth, in Missouri, to San Diego, in California, including parts of the Arkansas, del Norte, and Gila rivers. *Washington,* 1848, in-8, cart.

416 pp., 43 pl., vues, antiquités, histoire naturelle, 1 carte très-détaillée de la marche suivie par l'expédition.

508. ENS (Gasp.). Indiæ Occidentalis historia : in qva prima regionum istarum detectio, situs, incolarum mores, aliaque eò pertinentia, breuiter explicantur. Ex variis avtoribvs collecta. *Coloniæ, Guil. Lutzenkirchen,* 1612, in-8, bas.

> 3 fnc., 377 pp. (chiff. 370), titre gravé. Compilation estimée extraite, en partie de la collection des frères DE BRY, à laquelle on peut ajouter ce volume.

509. ERAZU (Joseph, de Burunda). Elogio funebre del ilustrisimo señor doct. D. Gregorio Francisco de Campos, obispo de Nuestra Sra. de la Paz en el Perù. Pronunciado en las solemnes exequias que por su gratitud, y reconocimiento le hizo en su propia Iglesia, el dia, 13 de Enero de 1790. *Lima : Imprenta de los niños expositos,* 1792, in-4, mar. rou. d. s. tr.

> 38 fnc., 61 pp., 1 fnc. Pièce rare revêtue d'une jolie reliure péruvienne ancienne, en maroquin rouge, avec ornements en or sur les plats, et tranches ciselées. Au milieu des plats, se voit un médaillon avec ce mot : « *Perv* ». Curieux spécimen de *bibliopégie* péruvienne extrêmement rare.

510. ERCILLA. Primera y segvnda parte de la Aravcana, de don ALONSO DE ERCILLA Y ÇUÑIGA, cauallero de la orden de Santiago, Gentil hombre de la camara de la Magestad del Emperador. Dirigida ala del rey don Phelippe nuestro señor. *En Anvers, En casa de Pedro Bellero,* 1586, 2 part. en 1 vol. in-16, v. *Rel. originale*

> Parte I. 5 fnc., 334 pp., 4 fnc. — Parte II. 1 fnc., pp. 335-615, 2 fnc. Au verso de la dernière page on lit : « *Antverpiæ, excudebat Andreas Bax,* 1586 ». L'une des premières éditions de ce poëme. Bel exemplaire.

511. —— La Araucana. *Salamanca, Domingo de Portonarijs,* 1574, in-8, demi rel.

> 11 fnc. (au verso du dernier le portrait de l'auteur), 392 pp., 4 fnc.
>
> Edition fort rare. Les premiers et derniers ff. sont fatigués.

512. —— Primera, segvnda, y tercera partes de la Aravcana. *Anvers, Pedro Bellero,* 1597, pet. in-12, mar. vert dent. int. d. s. tr. *(Niedrée).*

> 11 fnc., « Primera parte » 146 ff., 8 pnc.; « Segvnda parte » titre, 1 fnc., texte ff. 149-273 ; « Tercera parte » titre, 1 fnc., texte ff. 275-327, 7 pnc. Au verso de la dernière on lit : *Antverpiæ, Typis Andrez Bacxii Typographi iurati.* 1597.
>
> Très-bel exemplaire d'une petite édition fort rare, imprimée en lettres rondes.

513. ESCALONA Y AGUERO (D. Gaspare de). Gazophilacium regium Perubicum. Opus sane pulcrum, a plerisque petitum, et ab omnibus, in universum, desideratum non sine magno labore, et experientia digestum, providèque, et accuratè illustratum. *Matriti, Blasii Roman,* 1775, in-fol., cuir de Russie.

5 fnc., 168 pp., « Gazofilacio. real de el reyno del Peru » 349 pp.

Très-bel exemplaire provenant de la bibliothèque de Rœtzel. Cet important ouvrage nous fait connaître exactement l'histoire de l'administration espagnole au Pérou. Une première édition de ce livre a été imprimée à Madrid en 1675, 2 vol. (V. Brunet. art. Aguerro, vol. I).

514. ESSAI HISTORIQUE sur la Colonie de Surinam, sa fondation, ses révolutions, ses progrès, depuis son origine jusqu'à nos jours, ainsi que les causes qui depuis quelques années ont arrêté le cours de sa prosperité; avec la description et l'état actuel de la Colonie et l'histoire de la nation juive portugaise et allemande y établie, leurs privilèges, immunités et franchises, etc. Le tout rédigé sur des pièces authentiques y jointes, et mis en ordre par les régens et représentans de ladite nation juive portugaise. *A Paramaribo,* 1788, 2 vol. in-8, rel.

Vol. I. xxxviii et 192 pp. — Vol. II. 197 pp. Cet ouvrage, écrit à la sollicitation de M. C. G. Dohm (conseiller, archiviste et secrétaire de S. M. le roi de Prusse, auteur d'un livre intitulé : « *Ueber die bürgerliche Verbesserung der Juden* » Berlin, 1781, trad. en français par Bernouilli et imprimé en 1782) a été rédigé par Mos. Pa. de Leon; Saml. H : de la Parra; Ishak de la Parra; David de Is. C. Nassy; David N : Monsanto; Samuel H : Brandon. Régens et représ. de la communion israélite portugaise de Surinam.

C'est un ouvrage fort intéressant pour l'histoire de cette colonie, et en même temps le plus ancien livre connu imprimé à Paramaribo.

515. ESTADO General de la provincia de San Nicolas de Tolentino, de PP. Agustinos Recoletos de Filipinas manifiesta su número de conventos, sus ministros, y religiosos, las provincias en que administran, las islas que ocupan la situacion geografica de estas, sus principales producciones, ecc., ecc. Dispuesto y publicado de orden del R. P. Provincial Fr. Blas de las Mercedes. *Reimpreso en la imprenta de D. Jose Maria Dayot (Manila),* 1838, in-4, br.

112 pp., 1 tabl.

516. ESTATVTOS Y CONSTITVCIONES hechas con comission particvlar de su Magestad, para ello : Por D. Jvan de Palafox, y Men-

doza. Intimadas en clavstro pleno, por el doctor D. Andres Sanchez de Ocampo, oydor de la Real audiencia de Mexico.... Siendo rector fray Marcelino de Solis, y Haro, del orden de San Agustin, prior que ha sido del convento de Mexico.... *En Mexico, Por la viuda de Bernardo Calderon*, 1668, in-fol., vél.

19 fnc., 84 ff., 11 fnc. Le faux titre, sur lequel sont les armes d'Espagne, est ainsi conçu : *Estatvtos, y Constitvciones reales de la Imperial, y Regia Vniversidad de Mexico.*

Ces Constitutions et statuts ont été édités par le frère MARCELINO DE SOLIS Y HARO, recteur de l'université et imprimés par ordre de D. Ant. Sebastian de Toledo, Molina, y Salazar, vice-roi de la Nouvelle-Espagne.

517. ESTRADA (D. Alvaro Florez). Exámen imparcial de las disensiones de la America con la España, de los medios de su reconciliacion, y de la prosperidad de todas las naciones. Segunda impresion corregida y aumentada. *Cadiz, D. M. Ximenez Carreño*, 1812, in-4, cart.

1 fnc., 283 pp., 1 fnc. La première édition de ce livre a été faite à Londres, et traduite immédiatement en anglais par W. BOURDON.

518. ETAT et Avenir du Canada en 1854, tel que retracé dans les dépêches du comte d'Elgin et Kincardine, gouv. gén. du Canada, au principal secrétaire d'état de S. M. pour les colonies. *Québec, Derbishire*, 1855, in-8, br.

86 pp., 2 tabl.

519. ETAT présent de la Pensilvanie, où l'on trouve le détail de ce qui s'y est passé depuis la défaite du général Braddock jusqu'à la prise d'Oswego. (*Paris*), 1756, in-12, cart.

128 pp. La carte annoncée sur le titre manque dans notre exemplaire.

520. ÉTUDES PHILOLOGIQUES sur quelques langues sauvages de l'Amérique, par N. O. ancien missionnaire. *Montréal, Dawson brothers*, 1866, in-8, br.

160 pp. L'auteur anonyme dit dans sa préface avoir passé vingt ans parmi les Indiens Iroquois et Algonquins. Sous le titre d'*Etudes philologiques*, on trouve dans son livre une grammaire assez étendue des deux dialectes Iroquois et Algonquins, et un examen critique de l'ouvrage de SCHOOLCRAFT sur le même sujet, ainsi que de celui de DUPONCEAU (n° 484).

521. EXEQUIAS de la serénisima señora D. Maria Antonia de Borbon, princesa de Asturias. *Lima, Imprenta de los huérfanos,* 1807, in-4, br.

14 fnc., xliii pp. Les 9 premiers ff., précédés du titre ci-dessus, renferment une « *Oda en la muerte de Maria Antonia de Borbon* » signée « J. J.Olmedo. » Les 43 pp. chiffrées contiennent une « *Oracion funebre de Maria de Borbon. Por el Dr. D. J. Joaquin de Larriva y Ruiz.*

522. EXPEDIENTE seguido en junta extraordinaria de tribunales, para facilitar arbitrios con que auxiliar á la real hacienda, en las urgentes necesidades del dia. *Lima, B. Bernardino Ruiz,* 1815, in-fol., br.

55 pp.

523. EXPOSICION que dirige al congreso de Venezuela en 1844 el Secretario de lo interior y justicia. *Caracas, Valentin Espinal,* 1844, in-4, cart.

2 fnc., 38 pp. A la suite les pièces suivantes :

Documentos de la memoria de lo interior. 1844. 75 pp. avec tableaux.

Exposicion que dirige al congreso de Venezuela en 1844 el Secretario de hacienda. *Caracas, Valentin Espinal,* 1844, 1 fnc., 53 pp., tableaux. Cuadros estadisticos del comercio exterior, 9 tableaux.

Memoria que presenta a la legislatura de 1844 el Ministro de relaciones exteriores del gobierno de Venezuela. *Caracas, J. Rivas,* 1844, 9 pp.

Exposicion que dirige al congreso de Venezuela en 1844 el Secretario de guerra y marina. *Caracas, Domingo Salazar,* 1844, 1 fnc., 55 pp.

Cette collection provient du cabinet de M. Berthelot, ainsi que l'indique une note mss. sur le faux titre de la première pièce.

524. EXPOSICION que dirige al congreso de Venezuela en 1841 el Secretario de guerra y marina (Franc. Hernaiz). *Caracas, Valentin Espinal,* 1841, gr. in-8, demi rel.

1 fnc., 20 pp., « Documentos » pp. 21-52.

525. —— Le même rapport, année 1840. *Caracas, G. Corser,* 1840, in-8, demi rel.

1 fnc., 20 pp. « Documentos » xlii pp.

526. EXQUEMELIN (A. O.). Histoire des aventuriers flibustiers qui se sont signalés dans les Indes. Nouv. éd. corrigée et augmentée de

9

l'histoire des pirates anglois (du cap. Johnson), depuis leur établissement dans l'isle de la Providence jusqu'à présent. *Lyon*, 1774, 4 vol.
in-12, rel. v.

> Vol. I. 5 fnc., 394 pp., 1 fnc. — Vol. II. *Trévoux*, 1775, 428 pp., 2 pl. — Vol. III.
> *Lyon*, 1774, 348 pp. (Ce vol. contient la relation de Raveneau de Lussan. V. ce
> nom.) — Vol. IV. lx et 356 pp., 1 fnc.

> Sur cette traduction, faite par M. de Fontignières, le nom de l'auteur est écrit
> Oexmelin.

527. EXQUEMELIN (A. O.) Piratas de la America; y luz à la defensa
de las costas de Indias Occidentales. Dedicado a D. Bernardino
Antonio de Pardiñas Villar de Francos; por el zelo y cuydado de
Don Antonio Freyre, natural de la ciudad de la Coruña. Traducido
de la lengua Flamenca en Española, por el D[or] Alonso de Buena-
Maison, medico practico en la ciudad de Amsterdam. *Colonia Agrip-
pina, Lorenzo Struickman*, 1681, in-4, vél.

> 18 fnc., contenant la dédicace qui renferme une histoire généalogique de la
> famille de Pardiñas Villar de Francos ; « Descripcion de las islas del mar Athlan-
> tico y de America. Por el capitan D. Miguel de Barrios » xvi et 328 pp., 2 fnc.
> Au verso du titre les armes de Villar de Francos ; 4 portraits, 4 pl. et 1 carte.

> Première édition de la traduction espagnole de l'histoire des boucaniers de
> Exquemelin, faite sur l'édition originale imprimée à Amsterdam en 1678. Antonio
> ne cite pas le nom du traducteur, et Pinelo le confond avec un religieux de l'ordre
> des Augustins, du même nom que celui qui dédia le livre à B. Antonio de Pardi-
> ñas ; Antonio Freire.

528. —— Piratas de la America..... Dala á luz esta tercera edicion. D.
M. G. R. *Madrid, Ramon Ruiz*, 1793, in-4, rel.

> xxiv et 228 pp., 2 fnc. Réimpression faite sur l'édition précédente.

529. —— The history of the Bucaniers of America. *London*, 1810,
in-18, cart., *non rogné*.

> xxiii et 660 pp.

530. EXTRACTO historial del expediente que pende en el consejo
real, y supremo de las Indias, a instancia de la ciudad de Manila, y
demàs de las islas Philipinas, sobre la forma en que se ha de hacer,
y continuar el comercio, y contratacion de los texidos de China en
Nueva-España, ecc. Formado, y ajustado de orden del Rey, y ac-
uerdo del mismo consejo, y a costa de su Magestad, por un Ministro
de la Tabla, sobre los Papeles, y Documentos entregados por la secre-

taria de Nueva-España, y otras memorias particulares, ecc. *Madrid, Juan de Ariztia,* 1736, in-fol., vél.

13.fnc., 324 ff. Cet important ouvrage, que nous croyons de don JOSEPH DE ABREU, l'un des jurisconsultes les plus distingués de l'Espagne, renferme de précieux documents pour l'histoire commerciale des colonies espagnoles au siècle dernier.

Composé, ainsi que l'indique le titre, par ordre du Roi et du Conseil des Indes, l'auteur a eu à sa disposition d'importantes pièces officielles, base sur laquelle repose son ouvrage. Imprimé aux frais de Sa Majesté, il n'a pas été livré au commerce.

531. EXTRAORDINAIRE du VI juillet 1634. Contenant : l'extrait de deux lettres missives : l'une touchant l'estat général des affaires du monde : l'autre *touchant les nouveaux progrez des Holandois dans le Bresil.*

4 pages chiff. 269-272.

532. —— Du 22 novembre 1634. Contenant : *La prise de la belle isle de Curacao aux Indes, par les Holandois sur les Espagnols,* etc.

4 pages chiff. 513-516.

533. —— Du 15 décembre 1634. Contenant ..... *Le rapport de l'estat des Indes Occidentales, fait par les directeurs Holandois, qui en sont naguères venus,* etc.

4 pages chiff. 561-564.

534. —— Du 20 décembre 1634. Contenant : la prise de Minden sur l'Empereur par les Suédois : et le *rabais des Castors, avec autres particularitez de la Nouvelle-France.*

4 pages chiff. 573-576.

535. —— Du 13 mars 1635. Contenant : *la prise de Philippia, dans Paraiba, sur les Espagnols par les Holandois,* etc.

4 pages chiff. 129-132.

536. —— Du 1er juin 1639. Contenant .... *la sortie de la flotte Françoise, pour Canada,* etc.

4 pages chiff. 285-288.

37. —— Du 4 novembre 1649. Contenant ..... *le martyre de trois Pères Jesuites au païs des Hurons dans le Canada,* etc.

12 pages chiff. 997-1008. Ces PP. Jésuites sont le P. A. Daniel, le célèbre P. Jean de Brébeuf et le P. Gabriel Lallemand, tous trois martyrisés par les Iroquois.

538. EXTRAORDINAIRE du 7 juin 1652. Contenant : *Journal de ce qvi s'est passé en la navigation de la flote du parlement d'Angleterre vers l'Isle des Barbadés, et en la réduction de ladite Isle*, etc.

12 pages chiff. 541-552.

539. —— Du 27 aoust 1655. Contenant *l'estat des devx flotes d'Angleterre, qui sont l'vne aux Indes Occidentales, et l'autre sur les costes d'Espagne.*

12 pages chiff. 937-948.

540. —— Du 2 juin 1656. Contenant *l'estat des Anglois dans l'isle de la Jamaïque, contenu en la lettre escrite par les gouverneurs de cette isle à My lord Protecteur.*

12 pages chiff. 541-552.

541. —— Du 9 octobre 1659. Contenant *l'incendie arrivé en la ville de Saint-Michel, dans l'Isle des Barbades, avec les particularitez d'une conjuration des Nègres contre les habitans de ce Païs-là.*

12 pages chiff. 979-990.

542. —— Dv 26 decembre 1664. Contenant *l'établissement d'vne Colonie Angloise dans la Jamaïque, avec la süite des autres affaires d'Angleterre, en vne Lettre venüe de Londres.*

6 ff. chiff. 1255-1266.

543. —— Du 18 may 1673. Contenant *la prise de l'isle de Tabago par les Anglois, sur les Hollandois,* etc.

12 pages chiff. 437-448.

Toutes ces pièces (nos 531-543) sont de format in-4° et non reliées; elles sont extraites des *Extraordinaires du Mercure,* et portent toutes au bas de la dernière page « *A Paris, au Bureau d'Adresse* ».

544. EZGVERRA (P. Domingo). Arte de la lengua Bisaya de la provincia de Leyte. Tiene en xeridas algvnas advertencias de la lengua de Zebù, y Bool : las de Zebù señaladas con la letra Z, y las de Bool con la letra B, y juntamente algunos adverbios con su vso para hablar con elegancia .*Reimpressa.... en Manila, por D. Nicolas de la Cru*

Bagay, 1747, in-4, mar. olive, fil. et ornem. en or sur les plats, d. s. tr.

4 fnc., 88 ff. Imprimé sur papier de riz. Très-bel exempl.

« Volume fort rare vendu 155 fr. en 1826. » BRUNET.

La première édition de cet ouvrage a du être imprimée en 1662, car c'est cette date que porte l'approbation du P. F. Combes. Toutes deux sont restées inconnues à ANTONIO, et PINELO ne fait pas mention de la première édition.

Le P. EZGUERRA, né à Manille, devint provincial des iles Philippines. Il mourut en 1670.

545. FABIAN Y FUERO (D. Francisco). Coleccion de providencias diocesanas dadas por D. FR. FABIAN Y FUERO, obispo que fue de la Puebla de los Angeles, y actual arzobispo de Valencia. *Valencia, Benito Monfort,* 1792-93, 2 vol. in-fol., bas.

Vol. I. 1 fnc., xx et 610 pp. — Vol. II. vi et 591 pp.

Cet ouvrage est important pour l'histoire ecclésiastique du diocèse de Puebla ; la plupart des pièces et mandemens dont se composent ces deux volumes, ayant été donnés pendant la durée de l'épiscopat de D. Fabian à la Puebla.

L'impression est une des belles productions de Monfort.

546. FABRI (Joannis lyncei). Animalia Mexicana Descriptionibus, scholijsq. exposita. Thesauri rerum medicarum Novæ Hispaniæ..... historiæ Fr. HERNANDI novi Orbis medici primarii, et NARDI ANTONII RECCHI..... à lynceis, notis, commentarijs, auctariis illustratæ, et editæ: scilicet primi Tomi pars. *Romæ, Apud Jacobum Mascardum,* 1628, in-fol., vél. doré à comp., d. s. tr., fig.

Ce volume extrait de l'ouvrage de HERNANDEZ (V. ce nom), en forme les pp. 460-840. Il est dédié au cardinal Franc. Barberini et ses armes sont gravées sur le titre.

Notre ex. pour lequel on a imprimé un titre exprès et 1 f. pour la permission, porte sur les plats de la reliure les armes du cardinal H. Colonna.

547. FABRICIUS (Otho). Den Grönlandske Ordbog, forbedret og foröget. *Kiöbenhavn, C. Frid. Schubart,* 1804, in-8, demi mar.

VIII pp. « Dictionnaire groenlandais danois » pp. 1-544 ; « Registre danois » pp. 545-795.

Le même OTHO FABRICIUS a publié une *Fauna Groenlandica* (Copenhague, 1780) et une *Grammaire groenlandaise* en danois (Copenhague, 1791, in-8°, 2° édit., 1801).

548. (FALKNER (Thomas)). Description des terres Magellaniques et

des pays adjacents. Traduit de l'anglois par M. B***. *Genève, F! Du-
fart*, 1787, in-18, demi rel.

> Partie I. 163 pp. — Partie II. 135 pp.

549. (FALKNER (Thomas)). Description des terres Magellaniques.
Lausanne, J. P. Heubach, 1787, in-18, cart., *non rogné.*

> Cette édition est la même que la précédente à l'exception du titre.

> Cette description embrasse principalement les pays et les peuplades qui se trou-
vent entre le Chili et le détroit de Magellan. Les pp. 116-135 contiennent une
petite grammaire, un abrégé de doctrine chrétienne et un petit vocabulaire dans
la langue des Indiens Araucans.

550. FARIBAULT (G. B. avocat). Catalogue d'ouvrages sur l'histoire
de l'Amérique, et en particulier sur celle du Canada, de la Louisiane,
de l'Acadie, et autres lieux, ci-devant connus sous le nom de Nouvelle-
France; avec des notes bibliographiques, critiques et littéraires. En
trois parties. *Québec, W. Cowan,* 1837, in-8, br.

> 1 fnc., 207 pp. Bibliographie curieuse, devenue rare même au Canada. Il serait
à désirer qu'on publiât une nouvelle édition de ce livre, avec les corrections et les
additions dont il aurait besoin.

551. FAUSTO DE CUEVAS (R. P. Fr. Jose Maria). Arte nvevo de
la lengua Ybanag, compuesto por el R. P. Fausto de Cuevas, vicario
del pueblo de S. Pablo apostol de Cabagan. *Impreso con las licencias
necesarias en la Imprenta de Sto. Thomas de Manila por Vidal
Clavdio,* 1826, in-8, non rel.

> 541 pp. (A partir de la page 400, la pagination saute à 411), 3 fnc. Gram-
maire du dialecte parlé dans la province de Cagayan.

552. FEBRES (P. Andres). Arte de la lengua general del reyno de
Chile, con un dialogo Chileno-Hispano muy curioso : a que se añade
la doctrina christiana, esto es, rezo, catecismo, coplas, confesionario,
y plàticas; lo mas en lengua Chilena y Castellana : y por fin un Vocabulario Hispano-Chileno, y un Calepino Chileno-Hispano mas copioso. *Lima, en la Calle de la Encarnacion,* 1765, pet. in-8, demi
mar.

> 14 fnc., « Arte » pp. 1-98. «Advertencia » p. 99. «Dialogo entre dos Caciques »
pp. 100-145. «Exemplo de un Coyaghtun (Razonamiento) » pp. 146-156. « Breve
diccionario de algunas palabras mas usuales » pp. 157-182. « Doctrina christiana»
pp. 183-294. « Vocabulario Hispano-Chileno » pp. 295-414. « Calepino Chileno-
Hispano » pp. 415-682.

EDITION ORIGINALE d'un ouvrage important pour l'étude de la langue des Indiens du Chili.

553. FEBRES (P. Andres). Gramatica de la lengua Chilena. Addicionada i correjida por el P. ANT. HERNANDEZ CALZADA de la orden de S. Francisco. *Santiago, Imprenta de los tribunales,* 1846, in-8, demi rel., cuir de Russie.

v et 225 pp. « Apendice (contiene los dialogos chileno-español) » pp. 227-292. « Breve diccionario » 29 pp. « Indice » ii pp.

554. —— Diccionario Hispano-Chileno y Chileno-Hispano; enriquecido de voces i mejorado por A. HERNANDEZ I CALZADA. *Santiago, Imp. del progreso,* 1846, 2 part. en 1 vol. pet. in-4, demi rel., cuir de Russie.

ii et 108 pp., iv et 87 pp.

Le P. ANDRÉ FEBRES, jésuite, né à Cologne, était missionnaire au Pérou à l'époque de la suppression de l'ordre.

555. FÉDIX. L'Orégon et les côtes de l'Océan pacifique du Nord, aperçu géographique, statistique et politique. *Paris, Amyot,* 1846, in-8, br.

258 pp., carte coloriée.

556. FELIU (Ramon Olaguer). El uso de la lengua vulgar en el estudio de las ciencias, para defenderse en la real Universidad de San Marcos, en acto que dedica a D. J. F. Abascal y Sousa, Virey del Perú, ecc. D. Manuel Saenz de Texada, á nombre del real convictorio de San Carlos. *Lima,* 1806, pet. in-8, demi rel.

7 fnc., 494 pp. Document intéressant pour l'histoire de l'Instruction publique au Pérou, dans lequel l'auteur demande l'introduction de la langue espagnole, pour l'étude des sciences, à l'Université de Saint-Marc de Lima.

557. FERMIN (Philippe). Histoire naturelle de la Hollande Equinoxiale, ou description des animaux, plantes, fruits, qui se trouvent dans la colonie de Surinam. *Amsterdam, Magerus,* 1765, in-8, BROCHÉ.

XII et 239 pp., 1 fnc., front. gravé.

558. —— Description générale, historique, géographique et physique de la colonie de Surinam. *Amsterdam, van Harrevelt,* 1769, 2 tom. en 1 vol. in-8, v.

Vol. I. xxiv et 252 pp., carte. — Vol. II. 352 pp., 3 pl. — Ouvrage exact et donnant des renseignements précieux sur le climat de la colonie néerlandaise.

559. FERMIN (Philippe). Tableau historique et politique de l'état ancien et actuel de la colonie de Surinam, et des causes de sa décadence. *Maestricht, J. E. Dufour,* 1778, in-8, demi rel.

> xxiv et 392 pp., 1 fnc.
>
> L'auteur de ces trois ouvrages estimés était docteur médecin, et avait vécu longtemps dans la Guyane hollandaise.

560. FERNANDEZ (P. F. Alonso, de la orden de Santo Domingo). Historia eclesiastica de nuestros tiempos, que es compendio de los excelentes frutos que en ellos el estado eclesiastico y sagradas religiones han hecho y hazen en la conuersion de idolatras y reducion de hereges. *Toledo, por la viuda de Pedro Rodriguez,* 1611, in-fol., vél.

> 3 fnc., 496 pp.
>
> « ALONSO FERNANDEZ, religieux dominicain, né à Placencia, devint général de son ordre et mourut dans le couvent de sa ville natale, en 1687.
>
> Près de la moitié de son ouvrage (pp. 1-190) contient l'histoire ecclésiastique des Indes occidentales. » TERNAUX.

561. FERNANDEZ (P. Juan Patricio). Relacion historial de las missiones de los Indios, que llaman Chiquitos que estàn à cargo de los Padres de la Compañia de Jesus de la provincia del Paraguay. Sacada a luz por el P. GERONIMO HERRAN, procurador general de la misma provincia. *Madrid, Manuel Fernandez,* 1726, in-4, bas.

> 9 fnc., 452 pp., 2 fnc. Cet ouvrage publié 54 ans après la mort de son auteur, renferme des détails infiniment précieux sur les Indiens Chiquitos et sur ceux de quelques nations voisines. Le P. FERNANDEZ vécut très-longtemps dans les missions du Paraguay. Il mourut en 1672 (le 4 août), au moment où il se disposait à aller fonder une mission dans le Chaco. L'ouvrage eut une telle vogue qu'on le traduisit en italien (imprimé à Rome en 1729); en allemand (Wien, 1729) et en latin (Vienne, 1733). V. la biblioth. des PP. DE BACKER et la bibliographie histor. de la Cie de Jésus du P. CARAYON.

562. —— Relazione istorica della Nuova Cristianità degl' Indiani detti Cichiti. Tradotta in italiano da GIO. BATT. MEMMI della Cia di Gesù. *Roma, Ant. de' Rossi,* 1729, in-4, vél.

> 5 fnc., 233 pp., 5 fnc.

563. —— Historica relatio de Apostolicis missionibus patrum soc. Jes. apud Chiquitos, Paraquaria populos..... hodie in linguam latinam

translata ab alio ejusdem soc. Jes. sacerdote. *Aug. Vindelicorum, M. Wolff,* 1733, in-4, cart., NON ROGNÉ.

19 fnc., 276 pp., 9 fnc.

564. FERNANDEZ DE CORDOVA (D. Felipe Colmenares). El dia deseado. Relacion de la solemnidad con que se estrenó la Iglesia del Santo Cristo de los Milagros, patron jurado por esta ciudad contra los temblores de que es amenazada, y titular del monasterio de Nazarenas Carmelitas Descalzas del señor San Joachin, ecc. *Lima, officina de la Calle de San Jacinto,* 1771, in-4, vél.

9 fnc., 58 pp., vue de l'intérieur de la nouvelle église, gravée par J. VAZQUEZ à Lima, en 1771. A la suite :

« ORACION panegirica, que en el dia deseado de la dedicacion y estreno del nuevo templo..... dixo el doctor D. PABLO DE LAURNAGA. *Lima, officina de la Calle de San Jacinto,* 1771. » LXXXVIII pp.

565. FERRAZ (Luiz Pedreira do Coutto). Relatorio a presentado á Assembléa Geral legislativa na quarta sessão da nona legislatura. *Rio de Janeiro, typografia nacional,* 1856, in-fol., demi mar.

98 et 52 pp., 11 et 2 tableaux. On a relié avec le même ouvrage, les opuscules suivants :

CANDIDO (Franc. de Paula). Relatorio ácerca da saude publica. *Rio de-Janeiro,* 1856, 85 pp., 1 fnc., 9 tableaux. — COSTA (Maria da) Relatorio sobre as medidas mais importantes a tomar-se, obras de maior urgencia, e trabalhos que forão executados pelo hospital maritimo de Santa Isabel no anno de 1855. 30 pp., 32 tableaux. — RELATORIO do estado da instrucção primaria e secundaria do municipio da corte durante o anno de 1855. 28, 7, 21, 8 et 16 pp., 4 tableaux. — FACULDADES de direito. 25 et 8 pp. — FACULDADES de medicina. 32, 5, 22 et 80 pp., 3 fnc.

566. FERREIRA E SOUZA (B. Avellino). Relação dos festejos, que á Felix acclamação do muito alto, muito poderoso, e fidelissimo senhor D. João VI. Na noite de Indelevel, e faustissimo dia 6 de Fevereiro, e nas duas subsequentes, com tanta cordialidade, como respeito votárão os habitantes de Rio de Janeiro; seguida das poesias dedicas ao mesmo venerando objecto, colligida por B. AVELLINO FERREIRA E SOUZA. *Rio de Janeiro, typographia real,* 1818, in-4, br.

52 pp., 1 fnc.

567. FERRUFINO (Juan Baptista, Procurador general de la Provincia del Paraguay). Relacion del martirio de los Padres Roque Gonçalez

de Santa Cruz, Alonso Rodriguez, Juan del Castillo, de la Compañia de Jesvs. Padecido En el Paraguay, a 16 de Noviembre de 1628. (*Madrid, Imprenta Real,* 1629 ?), in-4, non relié.

29 fnc., texte encadré.

Cette pièce fort rare n'est pas citée dans la bibliothèque des PP. de Backer et Pinelo ne l'indique que manuscrite, dans la bibliothèque du Roi.

568. FERRY (H.): Description de la Nouvelle Californie géographique, politique et morale, contenant l'historique de la découverte de cette contrée. *Paris, Maison,* 1850, in-12, br.

386 pp., 7 pl., 1 carte.

569. FEYJOO DE SOSA (el doctor D. Miguel). Relacion descriptiva de la ciudad, y provincia de Truxillo del Peru, con noticias exactas de su estado politico, segun el Real orden dirigido al Exc. señor Virrey conde de Super-Unda. *Madrid, Imprenta del Real, y supremo Consejo de las Indias,* 1763, in-fol., rel.

4 fnc., 164 pp., portrait de Charles III, à qui le livre est dédié; perspective du territoire de Truxillo, imprimée en bleu; carte topographique de la province de Truxillo, coloriée; plan de Truxillo; sur le titre les armes de la ville.

Cet ouvrage, ainsi que l'indique le titre, a été composé par ordre du vice-roi pour être présenté à S. M. Carlos III. Imprimé avec les presses du Conseil des Indes, il n'a dû être tiré qu'à un très-petit nombre d'exemplaires. On n'y trouve pas d'ailleurs les licences ordinaires, accordées pour l'impression des livres.

570. FIGUEIRA (P. Luiz). Arte da Grammatica da lingua do Brasil. Quarta impressaõ. *Lisboa, na Officina Patriarcal,* 1795, in-4, demi rel.

1 fnc., 103 pp. La première édition de cette grammaire est de 1681 (Ludewig); réimprimée en 1687, 1754 et 1795. L'édition originale est un livre précieux, non cité dans *Bibl. lusitana* de Barbosa Machado.

Louis Figueira, né à Almodovar en 1573, entra dans la Compagnie de Jésus en 1592. Il fut envoyé au Brésil et devint le compagnon du P. François Pinto qui, fut mis à mort par les Indiens. Le P. Figueira échappa à ce danger; il retourna en Portugal après plus de vingt ans passés dans les missions, pour obtenir de nouveaux missionnaires. A son retour il fit naufrage à l'embouchure des Amazones, et fut massacré avec treize de ses compagnons au mois de juillet 1643.

571. FIGUEROA (Fr. Francisco de). Tratado breve del dvlcissimo nombre de Maria, repartido en cincuenta discursos; compuesto por el P. F. F. de Figueroa, difinidor de la prouincia de San Juan Bau-

tista del Perù de la orden de Predicadores..... *Impresso en Lima, por Josef de Contreras,* 1642, in-4, rel.

> 7 fnc., 334 pp., 14 fnc. Au verso du titre une image de la Vierge, dans un ovale avec cette légende « *Assvmpta est. Maria in cœlum. Gavdenti. Angeli.* » Ce traité est certainement l'un des plus rares vol. de la *Bibliotheca Mariana.* Il n'est pas cité dans la bibliothèque de H. Marracci.

572. FILSON (John). Histoire de Kentucke, nouvelle colonie à l'ouest de la Virginie. Ouvrage pour servir de suite aux lettres d'un cultivateur américain. Traduit de l'anglois par Parraud. *Paris, Buisson,* 1785, in-8, rel.

> xvj et 234 pp., carte. Relation exacte et très-estimée.

> « On trouve dans la relation de Filson, un tableau fidèle de la colonie du Kentuky jusqu'au temps où l'auteur écrivoit. » Bibl. des voyages.

573. FLAMINIUS. Jo. Antonii Flaminii foro Corneliensis Epistola ad Paulum III. Pont. Max. initio Pontificatus. Eivsdem belli recentis Aphricani descriptio ad P. Antonium Puccium Sanctorum quatuor cardinalem. Eivsdem de qvibvsdam memorabilibus noui Orbis nuper ad nos transmissis ad eundem. Eivsdem conflictvs ille Pannonicus cum Turcis in quo Pannoniæ rex interijt. (A la fin) : *Bononiæ apud Vincentiũ Bonardum parmen. et Marcũ Antóniũ carpen. socios,* 1536, in-4, v. f.

> 19 fnc., caractères cursifs. Pièce fort rare non citée par Ternaux, contenant sous forme de lettre adressée au cardinal A. Puccio, et datée de 1535, une relation de la découverte de l'Amérique.

> La *Bibliotheca vetustissima* ne mentionne cette pièce que d'après Panzer.

574. FLEMING (Rev. John). A short sermon : also hymns, in the Muskokee or Creek language. *Boston, Crocker et Brewster,* 1835, in-12, cart.

> 35 pp. Le premier f. contient un alphabet creek, langue parlée par la nation la plus nombreuse de la confédération creek, dans les parties du nord de la Floride.

575. FLEMING (Mgr.). Stato della religione cattolica in Terra-Nuova ricavato da due lettere di Monsig. Fleming vicario di Terra-Nuova al P. Giovanni Spratt. *Roma,* 1836, in-4, br.

> 24 pp. Extrait des *Annales religieuses de Rome,* vol. II, fasc. V, mars et avril 1836.

576. FLORENCIO (P. Franc. de, de la Cⁱᵃ de Jesus). Zodiaco mariano, en que el sol de justicia christo con la salud en las alas visita cómo signos, y casas proprias para beneficio de los hombres los templos, y lugares dedicados à los cultos de su SS. madre, por medio de las mas celebres, y milagrosas imagenes de la misma señora, que se veneran en esta America Septentrional, y reynos de la Nueva España. *Mexico, Imprenta del colegio de San Ildefonso*, 1755, in-4, vél.

> 11 fnc., 328 pp. Cet ouvrage a été publié après la mort de son auteur par le P. JUAN ANTONIO DE OVIEDO ; il contient l'histoire de tous les endroits célèbres de l'Amérique renfermant des images miraculeuses de la Vierge.

> Le P. FR. FLORENCIO, né à la Floride, entra dans la Cⁱᵉ de Jésus en 1642, à l'âge de 23 ans. Après avoir été pendant plusieurs années procureur de la province du Mexique, à Séville, il retourna à Mexico, en 1695. Les PP. DE BACKER citent de lui 16 ouvrages imprimés et un mss. presque tous relatifs à la sainte Vierge.

577. FLORES (fray Luis). Memorial qve el Padre predicador fray LVIS FLORES, padre de la Provincia de Santiago, en los reynos de Castilla, comissario general, que fue de todas las Provincias de la Nueva España, del Xapó, y Custodias de la Florida, Tampico, Rio verde, y Nuevo Mexico..... Remite á su Magestad, dandole cuenta del estado que tiene la obra del desague de Gueguetoca. *(Mexico*, 1653 ?). In-fol., non rel.

> 27 ff. Daté de Gueguetoca, 1653, plus 1 fnc., intitulé : « Razon de la vltima medida, y estado en que oy està el desaguede la ciudad de Mexico » portant la date de *Mexico*, 14 *de Abril*, 1653.

> Cette pièce n'est pas indiquée dans PINELO. Nous trouvons dans son ouvrage qu'un P. Louis Flores, dominicain, fut martyrisé au Japon. Qu'il écrivit étant en prison, une relation des missions de ce pays jusqu'au 24 mai 1622. Le mss. original se conservait dans la bibliothèque de Lorenço Ramirez de Prado, du conseil des Indes. Orfanel le fit imprimer dans son histoire ecclésiastique du Japon (*Madrid*, 1633).

578. FLOREZ (Dr. Pedro Celestino). Guia de forasteros del departemento del Cuzco, in-12, br., 3 années.

> 1833. *Cuzco, Evaristo Gonzalez*, 122 pp.

> 1834. *Lima, Corral*, 99 pp.

> 1835. *Cuzco, J. Bautista de Sta. Cruz*, 89 pp.

579. FOOTE (W. H.). Sketches of North Carolina, historical and biographical, illustrative of the principles of a portion of her early settlers. *New-York, Robert Carter*, 1846, in-8, cart.

> xxxii, 33 et 557 pp.

580. FORONDA (D. Valentin de). Miscelánea ó Coleccion de varios discursos. *Madrid, Benito Cano,* 1787, in-12, bas.

Cet ouvrage se compose de sept discours variés, sur le commerce, les sciences et l'histoire. Le deuxième discours contient une dissertation de 34 pages, sur l'utilité de la Compagnie des Philippines.

581. FOURNEL (H.). Coup d'œil historique et statistique sur le Téxas. *Paris, Delloye,* 1841, in-8, br.

57 pp., carte col.

582. FOURQUET-D'HACHETTE. Constitution des Etats-Unis d'Amérique, par G. Washington; dédiée au général Lafayette. *Paris, Boulland,* 1830, in-8, br.

32 pp.

583. FRANÇA (E. Ferreira). Chrestomathia da lingua Brazilica. *Leipzig, Brockhaus,* 1859, in-12, br.

xviii et 230 pp.

584. FRANKLIN (Benjamin). Experiments and Observations on electricity, made at Philadelphia in America. To which are added, letters and papers on philosophical subjects. The whole corrected, methodized, improved, and now first collected into one volume. *London, D. Henry,* 1769, in-4, rel. en peau.

2 fnc., 496 pp., 8 fnc., 7 pl. Un avertissement de l'éditeur annonce ce volume comme une quatrième édition, dans laquelle on a réunie tous les pamphlets ou pièces relatifs à la découverte du célèbre Franklin imprimés dans divers recueils.

585. FRASSUS (D. Petrus). De regio Patronatu Indiarum. Quæstiones aliquæ desumptæ et disputatæ, in alia quinquaginta capita partitæ. *Matriti, Blasii Roman,* 1775, 2 vol. in-fol.; demi mar.

Vol. I. xc et 328 pp. — Vol. II. cxiv et 384 pp. Les dernières pages de ce volume sont tachées par l'humidité.

586. FREIHERRN von RICHTHOFEN (Karl Heinrich). Die Aeusseren und inneren politischen Zustände der Republik Mexico seit deren Unabhängigkeit bis auf die neueste Zeit. *Berlin,* 1854, in-8, br.

xii et 499 pp.

587. FREZIER. Relation du voyage de la mer du Sud aux côtes du

Chily et du Perou, fait pendant les années 1712, 13 et 1714. *Paris, Nyon,* 1716, in-4, rel.

> xiv et 298 pp., 1 fnc., 23 cartes, 14 pl.
>
> La description que FREZIER a faite du Chili est du plus haut intérêt.

588. FREZIER. Relation du voyage à la mer du Sud aux côtes du Chily et du Pérou. *Paris,* 1732, in-4, rel.

> Cette édition est la même que la précédente à laquelle on a changé le titre et ajouté la pièce suivante : RÉPONSE à la préface critique du livre intitulé : *Journal des observations physiques, mathématiques et botaniques* du R. P. FEUILLÉE, contre la relation du voyage de la mer du Sud de M. FREZIER; et une chronologie des vices-rois du Pérou. 63 pp.

589. —— Le même ouvrage. *Amsterdam, P. Humbert,* 1717, 2 vol. in-12, v.

> Vol. I. xx et 294 pp., front. gravé, 22 cartes et pl. — Vol. II. pp. 297-600, front. gravé, pl. et cartes num. XXIII à XXXVIII. On a ajouté à cette édition (pp. 577-600) le « *Mémoire touchant l'établissement des PP. Jésuites dans les Indes d'Espagne.* » Ce curieux mémoire relatif aux missions du Paraguay, ne serait-il pas de FRÉZIER, quoique une note au bas de la p. 577 annonce que ce n'est pas lui qui en est l'auteur? — Ce mémoire a paru en 1712 sans indication de lieu, mais imprimé à Amsterdam (V. cet article).
>
> La relation de FRÉZIER est d'une grande vérité ; et les nombreuses cartes qui l'ornent étant très-exactes, font rechercher ce livre.

590. FRICCIUS (Valent.). Indianischer Religionstandt der gantzen newen Welt, beider Indien gegen Auff vnd Nidergang der Sonnen. Schleinigister Form ausz gründtlichen Historien, Sonderbár desz Hochwirdigen Vatters FRANCISCI GONZAGEN Barfüsserisché Ordens croniken, vnd DIDACI VALLADES, geistlicher. Rhetoric zusammen gezogen, vnd auszm Latein in hochteutsch verwendet : Durch F. VALENTINUM FRICIUM, Barfüsser Ordens, F. D. Matthiassen Ertz Hertzogen in Oesterreich, etc..... *Getruckt zu Ingolstadt, durch Wolffgang Eder,* 1588, in-8, cart.

> 15 fnc., 200 pp. Cet ouvrage inconnu à TERNAUX et à BRUNET, est cité par PINELO, sous la date de 1688. C'est en partie une traduction de l'ouvrage de FRANC. GONZAGÆ, *de Origine Seraphicæ religionis Franciscanæ*..... Romæ, 1587, et de celui de VALADES, *Rhetorica christiana.* Perusiæ, 1579 (V. ce nom).

591. FROGER. Relation d'un voyage fait en 1695. 1696 et 1697. aux côtes d'Afrique, Détroit de Magellan, Brezil, Cayenne et Isles Antilles, par une escadre des vaisseaux du Roy, commandée par M. de

Gennes; Imprimée par les soins et aux frais de de Fer. *Paris, dans l'isle du Palais et Michel Brunet,* 1698, in-12, rel.

5 fnc., 219 pp., front. gravé à l'adresse de N. de Fer, 29 fig. et cartes. EDITION ORIGINALE.

592. FROGER. Relation d'un voyage aux côtes d'Afrique, Détroit de Magellan, Brezil, Cayenne et Isles Antilles. *Amsterdam, les héritiers d'Antoine Schelte,* 1699, in-12, rel.

5 fnc., 227 pp., 16 figures, 12 cartes, front. gravé.

593. —— Le même ouvrage. *Paris, N. le Gras,* 1700, in-12, rel.

5 fnc., 219 pp., 29 fig. et cartes.

594. —— Le même ouvrage. *Lyon, Jean Viret,* 1702, in-12, vél.

3 fnc., 152 pp., front. gravé à l'adresse d'Amsterdam, Antoine Schelte.

595. —— Le même ouvrage. *Amsterdam, Honoré et Chatelain,* 1715, in-12, rel.

3 fnc., 227 pp., 28 fig. et cartes.

« FROGER, que la lecture des voyages avait familiarisé avec l'histoire du monde, était parti à dix-neuf ans dans le dessein d'observer tout ce qui mérite l'attention du voyageur ; il s'appliqua surtout à faire des cartes particulières des ports et des rivières. On fait cas de ces descriptions et de ses plans, et sa relation est exacte. » BIOGR. UNIV.

596. FVENTE. De lo bveno lo mejor, govierno espiritval politico. Por el capitan FRANCISCO DE LA FVENTE, sindico apostolico general de las conuersiones de la serafica orden en este reyno del Perú, y natural de el. *Lima, Joseph de Contreras y Alvarado,* 1693, 2 vol. in-fol., vél.

Vol. I. 5 fnc., 693 pp., 19 fnc. — Vol. II. 4 fnc., 657 pp., 15 fnc.

Très-bel exemplaire d'un livre fort rare, non cité par ANTONIO, par BRUNET et SALVA.

597. FUÑES (el doctor D. Gregorio). Ensayo de la historia civil del Paraguay, Buenos-Ayres y Tucuman. *Buenos-Ayres, Gandarillas Benavente,* 1816-17, 3 vol. in-4, demi rel. NON ROGNÉ.

Vol. I. 1 fnc., xi et 368 pp., 7 fnc. — Vol. II. 409 pp., 7 fnc. — Vol. III. 532 pp., 6 fnc.

Ouvrage important et l'une des meilleures histoires de la république du Paraguay, composée sur des documents originaux. L'auteur a fait entrer dans son livre, l'histoire de la célèbre révolution du Pérou, à la tête de laquelle était un descendant des anciens Incas, JOSE GABRIEL TUPAC-AMARU, en 1780.

598. FUÑES (el doctor D. Gregorio). Ensayo de la historia civil del Paraguay, Buenos-Ayres y Tucuman. *Buenos-Ayres*, 1816-17, 3 tom. en 2 vol. in-4, cart.

A cet exemplaire, on a ajouté le portrait de l'auteur, très-bien gravé.

599. GABELENTZ (H. C. von der). Grammatik der Dakota-Sprache. *Leipʒig, Brockhaus*, 1852, in-8, br.

64 pp.

600. —— Grammatik der Kiriri-Sprache. Aus dem Portugiesischen des P. MAMIANI übersetzt. *Leipʒig, Brockhaus*, 1852, in-8, br.

62 pp. La grammaire du P. MAMIANI, a été imprimée à Lisbonne en 1699, in-18, de 124 pp. — La langue Kariri est parlée par deux tribus d'Indiens catholiques, dans la province de Bahia, près Cochoeira.

601. GAGE (Thomas). Nouvelle relation, contenant ses voyages dans la Nouvelle Espagne, ses diverses avantures; et son retour par la province de Nicaragua, jusques à la Havane. Avec la description de la ville de Mexique telle qu'elle estoit autrefois, et comme elle est à present. Le tout traduit de l'anglois par le sieur de BEAULIEU HUES O NEIL. *Paris, Gervais Clouʒier*, 1676, 4 tom. en 2 vol. pet. in-8, rel.

Vol. I. 12 fnc., 246 pp., 2 fnc. — Vol. II. 3 fnc., 240 pp. — Vol. III. 3 fnc., 297 pp., 5 pnc. — Vol. IV. 3 fnc., 153 pp., 5 pnc.

TRADUCTION ORIGINALE. Le vol. IV, pp. 125-153, renferme une « *Brieve instruction pour apprendre la langue Indienne qu'on appelle Poconchi ou Pocoman, dont l'on se sert aux environs de Guatimala, et en quelques endroits des Hondures.* »

602. —— Le même ouvrage. *Paris*, 1676, in-12, bas.

Vol. IV, contenant le TRAITÉ SUR LA LANGUE POCONCHI, qui a été retranché dans les autres éditions.

603. —— Le même ouvrage. *Amsterdam, P. Marret*, 1694-95, 2 vol. in-12, rel.

Vol. I. 10 fnc., 200 et 178 pp., — front. gravé, 9 cartes et pl. — Vol. II. 5 fnc., 318 pp., front. gravé, 7 fig. et cartes.

604. —— Le même ouvrage. *Amsterdam, Paul Marret*, 1699, 2 vol. in-12, bas.

Vol. I. 10 fnc., 200 et 176 pp., front. gravé, 9 cartes et pl. — Vol. II. 4 fnc., 316 pp., 2 fnc., front. gravé, 7 fig. et cartes.

605. GAGE (Thomas). Nouvelle relation, contenant ses voyages dans la Nouvelle Espagne, etc. *Amsterdam, Paul Marret,* 1721, 4 tom. en 2 vol. in-12, demi rel., *non rogné.*

> Vol. I. 200 pp., front. gravé, 5 fig., 2 cartes. — Vol. II. 178 pp., 1 fig., 1 carte. — Vol. III-IV. 306 pp., 3 fnc., front. gravé, 5 fig., 1 carte.

> La relation de GAGE renferme des renseignements instructifs sur le commerce et la richesse de la province de Zoques et de celle de Guatemala.

606. GALA (Ignacio). Memorias de la Colonia francesa de Santo Domingo, con algunas reflexiones relativas a la Isla de Cuba. *Madrid, H. Santos Alonso,* 1787, in-8, cart.

> 3 fnc., 180 pp.

607. (GALLARD DE TERRAUBE). Tableau de Cayenne ou de la Guiane française, contenant des renseignemens exacts sur son climat, ses productions, les naturels du pays, les différentes ressources que l'on y trouve, etc. *Paris, veuve Tilliard et fils, an VII,* in-8, demi rel.

> 230 pp. Cet ouvrage est écrit d'après les propres observations de l'auteur, qui voyagea pendant un an dans la Guyane, et y fit trois voyages dans le but de rectifier les cartes marines.

608. GALLATIN (Albert). A Synopsis of the Indians Tribes within the U. S. East of the Rocky Mountains, and in the British and Russian possessions in North America. *Cambridge (Mass.),* 1836, in-8, cart.

> xxx et 422 pp., carte des tribus indiennes dressée par l'auteur. Envoi autographe signé de M. Gallatin. Ce volume forme la partie la plus précieuse du tome II de l'*Archæologia Americana* (V. nº 70).

> Il est divisé en VI sections qui traitent de l'histoire et de la langue des Indiens habitant le Nord des Etats-Unis, de ceux des nations Algonquine et Iroquoise; des Indiens du Mississippi et ceux du côté ouest de l'Arkansas; des tribus situées entre le Mississippi et l'Océan Pacifique.

> Les pp. 209-422 sous le titre d'*Appendix,* contiennent des notices grammaticales; des spécimens de conjugaisons simples et transitives; un vocabulaire comparé de *cinquante-trois* nations indiennes, des sentences choisies, enfin l'oraison dominicale en quatre dialectes.

609. GALVAN RIVERA (Mariano). Calendario manual y Guia de forasteros de Mexico para el año de 1831. (*Mexico* 1830?), *Impresa en su casa á cargo de Mariano Arevalo, calle de Cadena núm.* 2. in-18, demi rel., mar. rouge.

> 277 pp., 8 pnc.

10

610. GAMBARA (Laurent. brixiani). De Navigatione Christophori Columbi, libri quattuor. Ad Ant. Perenottvm card. Granvellanvm. *Romæ, Typis Barth. Bonfadini, et Titi Diani,* 1583, in-4; vél.

> 2 fnc., (au verso du dernier une fig. de la Vierge, gravée sur cuivre; et qui se voit encore au verso du f. 63) « texte » ff. 4-64. Le verso du cinquième f. est occupé par une carte des découvertes de Ch. Colomb.

> Edition très-rare, non citée par TERNAUX ni BRUNET. Exempl. bien conservé auquel on a ajouté les deux pièces suivantes :

> L. GAMBARÆ brix. Epistolæ. Ad Gregorivm XIII. Ad Alex. Farnesium. Ad Fvlvium Vrsinum. *Neapoli, Apud Giosephum Cacchium,* 1573. 8 fnc., titre compris. Notes et corrections mss. de l'époque, peut-être de la main de l'auteur.

> IN mortem Hipp. Atestii card. sub persona Lycormæ. LAUR. GAMBARA Carmen. *Romæ, Apud J. de Angelis,* 1573. 2 fnc. — Ces deux pièces sont fort rares.

611. GARCIA DE LA CONCEPCION (fr. Joseph, de el orden de San Francisco). Historia Bethlehemitica. Vida exemplar y admirable del ven. siervo de Dios, y padre Pedro de S. Joseph Betancvr, fundador de el regular instituto de Bethlehen en las Indias Occidentales. *Sevilla, Juan de la Puerta,* 1723, in-fol., vél.

> 19 fnc., 216, 203, 173 et 39 pp., 15 fnc. Le P. JOSEPH BÉTHENCOURT, descendant du célèbre JEAN DE BÉTHENCOURT, le conquérant des Canaries, est né dans ces îles en 1626; il mourut à Guatemala en 1667, où il passa une partie de sa vie et fut canonisé après sa mort. Pour un autre ouvrage sur ce religieux. V. le n° 641.

612. GARCIA (Greg., de la orden de Predicadores). Origen de los Indios de el Nuevo Mundo, e Indias Occidentales. Segunda impresion, enmendada y añadida de algunas opiniones, ò cosas notables, en maior prueba de lo que contiene, ecc. *Madrid, Francisco Martinez Abad,* 1729, in-fol., vél.

> Portrait de S. Thomas, 15 fnc., 336 pp., 40 fnc. L'édition originale de cet ouvrage a été imprimée à Valence en 1607. La seconde, beaucoup plus complète est due aux soins du savant A. GONZ. BARCIA.

> G. GARCIA passa douze années dans les missions de l'Amérique; il s'appliqua à l'étude des antiquités de ce pays. Cet ouvrage imprimé après son retour en Espagne, est le fruit de ses recherches.

613. GARCILASO DE LA VEGA (el Ynca). Primera parte de los commentarios reales, qve tratan del origen de los Yncas, reyes qve fveron del Perv, de sv idolatria, leyes, y gouierno en paz y en guerra: de sus vidas y conquistas, y de todo lo que fue aquel imperio y su republica, antes que los Españoles passaron a el. *En Lisboa, en la officina de Pedro Crasbeeck,* 1609 (à la fin 1608), pet. in-fol. bas.

> 9 fnc., 1 f. pour les armes de l'auteur, 264 fl. à 2 colonnes. EDITION ORIGINALE.

614. GARCILASO DE LA VEGA (el Ynca). Historia general del Perv. Trata el descvbrimiento del; y como lo ganaron los Españoles. Las guerras ciuiles que huuo entre Piçarros, y Almagros, sobre la partija de la tierra. Castigo y leuantamiéto de tiranos : y otros sucessos particulares que en la Historia se contienen. *Cordoua, por la Viuda de Andres Barrera,* 1617, in-fol., rel.

7 fnc., 3oo ff. à 2 col. et 6 fnc., pour l'index.

ÉDITION ORIGINALE, que l'on ajoute au volume précédent et qui en forme même le second tome. Exemplaire très-grand de marges avec *témoins.*

Ges deux volumes, imprimés à huit ans d'intervalle l'un de l'autre, et dans deux villes différentes, ne se rencontrent que très-difficilement réunis et en bonne condition. Le second (*Historia del Peru*) est imprimé dans un format plus grand que le premier.

615. —— Primera parte de los Commentarios reales..... Segvnda impresion, enmendada; y añadida la vida de Inti Cusi Titu Jupanqui, penultimo Inca. *Madrid, Oficina real,* 1723, 15 fnc., 351 pp., 17 fnc. — HISTORIA general del Peru, trata el descubrimiento, de el, y como lo ganaron los españoles..... *Madrid, Oficina real,* 1722, 11 fnc., 5o5 pp., 31 fnc. — LA FLORIDA del Inca. Historia del Adelantado Hernando de Soto, governador, y capitan general del reino de la Florida. Y de otros heroicos caballeros, Españoles e Indios. *Madrid, Oficina real,* 1723, 15 fnc., 268 pp., 6 fnc. — CARDENAS (D. Gabriel, pseud. de ANT. GONZ. BARCIA). Ensayo chronologico para la historia general de la Florida. Contiene los descubrimientos, y principales sucesos, acaecidos en este Gran Reino, à los españoles, franceses, suecos, dinamarqueses, ingleses, y otras naciones entre si, y con los Indios.... Y los viages de algunos capitanes, y pilotos para el mar de el Norte, à buscar Paso à Oriente, ò vnion de aquella tierra, con Asia, Desde el año de 1512. que descubriò la Florida, Juan Ponce de Leon, hasta el de 1722. *Madrid,* 1723, 19 fnc., 366 pp., 28 fnc., 1 tableau généalogique des adelantados de la Floride. — Ensemble 4 vol. in-fol., vél.

Exemplaire complet de la meilleure édition de ce célèbre historien.

616. —— Historia general del Perú, ó comentarios reales de los Incas. *Madrid, Villalpando,* 1800-01, 13 vol. in-8, br.

Jolie édition devenue rare. Il manque à cet exemplaire le vol. I.

Vol. II. 373 pp. — Vol. III. 408 pp. — Vol. IV. 399 pp. — Vol. V. 416 pp. — Vol. VI. 384 pp. — Vol. VII. 380 pp. — Vol. VIII. 384 pp. — Vol. IX. 392 pp. — Vol. X. 376 pp. — Vol. XI. 375 pp. — Vol. XII. 376 pp. — Vol. XIII. 3o6 pp.

617. GARCILASO DE LA VEGA (el Ynca). Le Commentaire royal, ov l'histoire des Yncas, roys dv Perv, contenant leur origine, depuis le premier Ynca Manco Capac..... fidellement traduitte sur la version espagnolle, par J. Bavdoin. *Paris, Avgvstin Covrbé*, 1633, in-4, v.

22 fnc., 1319 pp., 17 fnc., titre gravé. Edition originale de la traduction française.

618. —— Le même ouvrage..... On a joint à cette édition l'histoire de la conquête de la Floride (trad. par P. Richelet). *Amsterdam, Fred. Bernard*, 1737 (le tome II daté par erreur 1727), 2 vol. in-4, rel.

Vol. I. 18 fnc., 540 pp., 8 fnc., front. gravé, 1 carte, 10 fig. — Vol. II. xxiii et 373 pp., 3 pnc., 2 cartes, 5 fig.

Très-belle édition, ornée de figures gravées par B. Picart. Le vol. II (pp. 223-373) contient la « *Nouvelle découverte d'un pays plus grand que l'Europe situé dans l'Amérique* (par le P. Hennepin) » (Voyez ce nom.)

619. —— Histoire des Incas, nouvellement traduite de l'espagnol (par Dalibard). *Paris, Prault*, 1744, 2 vol. in-12 rel.

Vol. I. xxiij et 373 pp., 1 fnc., 3 pl., 1 carte. — Vol. II. xij et 402 pp., 1 carte, 1 fig.

620. —— Histoire des guerres civiles des Espagnols dans les Indes; causées par les soûlevemens des Piçarres, et des Almagres.....mise en françois par J. Baudoin. *Paris, Jean de la Caille*, 1672, 14 fnc., 631 pp., 17 pnc., front. gravé. — Svitte des gverres civiles des Espagnols dans le Perv, jusques à la mort tragique du prince Tvpac Amarv, heritier de cet empire; et à l'exil funeste des Yncas les plus proches de la couronne. *Paris, Simeon Piget*, 1658, 555 pp., 20 pnc. — Ensemble 2 vol. in-4, rel.

Traduction originale.

621. —— Histoire des guerres civiles des Espagnols dans les Indes. *Paris, imprimé aux frais du gouvernement*, 1830, 4 vol. in-8, br.

Vol. I. 526 pp. — Vol. II. 471 pp. — Vol. III. 392 pp. — Vol. IV. 358 pp.

622. —— Histoire de la Floride..... traduite en françois par Richelet. *Paris, G. Clovzier*, 1670, 2 vol. in-12, demi mar. rouge.

Vol. I. 5 fnc., 452 pp. — Vol II. 5 fnc., 414 pp.

Edition originale de cette traduction.

Pour une traduction française d'une autre histoire de la conquête de la Floride, faite par Citri de la Guette, voyez l'article Histoire.

623. GARDINER (Captain). An Account of the expedition to the West Indies, against Martinico, with the reduction of Guadelupe, and other the Leeward islands, subject to the French king, .1759. *Birmingham, John Baskerville*, 1762, in-4, rel.

> 1 fnc., 91 pp., 4 pl. « RELATION de l'expédition aux Indes Occidentales, contre la Martinique, avec la reduction de la Guadelupe et autres isles sous vent. *Birmingham, J. Baskerville*, 1762. » 1 fnc., 91 pp. — On trouve très-difficilement le texte anglais et la traduction française réunis. Ce volume est une des belles productions typographiques du célèbre Baskerville, le Bodoni de l'Angleterre.

624. GARNEAU (F. X.). Histoire du Canada depuis sa découverte jusqu'à nos jours. *Québec, N. Aubin*, 1845-46, 2 vol. in-8, demi mar. du levant.

> Vol I. 558 pp. — Vol. II. 577 pp. Très-bel exemplaire avec envoi autographe de l'auteur. L'une des meilleures histoires du Canada. Elle forme 3 vol.

625. —— Le même ouvrage. *Québec, Aubin*, 1845, in-8, br.

> Vol. I seul. Envoi autogr. de l'auteur.

626. GARRAN (J. Ph.). Rapport sur les troubles de Saint-Domingue, fait au nom de la commission des colonies, des comités de salut public, de législation et de marine. *Paris, Imprimerie nationale, an V-VII*, 4 vol. in-8, rel.

> Vol. I. 374 pp., 1 fnc. — Vol. II. 625 pp., 1 fnc. — Vol. III. 498 pp., 1. fnc., Vol. IV. jv et 666 pp., 1 fnc.
>
> Recueil curieux et difficile à trouver complet.

627. GASS (Patrice). Voyage des capitaines Lewis et Clarke, depuis l'embouchure du Missouri, jusqu'à l'entrée de la Colombia dans l'Océan Pacifique; fait dans les années 1804, 05 et 1806, par ordre du gouvernement des Etats-Unis. Traduit de l'anglais par J. N. LALLEMANT. *Paris, Bertrand*, 1810, in-8, demi rel.

> xviij et 443 pp., carte.

628. GAY (Claudio). Historia fisica y politica de Chile, segun documentos adquiridos en esta republica durante doce años de residencia en ella. *Paris*, 1849. *Vol. V*, rel. en v. f. d. s. t.

> Cet ouvrage imprimé de 1844-54, forme 24 vol. in-8º et 2 vol. in-4, contenant 315 pl. col.

629. GAYARRÉ (Charles). Histoire de la Louisiane. *Nouvelle-Orléans, Magne et Weisse,* 1846-47, 2 tom. en 1 vol. in-8, demi rel.

> Vol. I. xi et 377 pp. — Vol. II. vii et 427 pp. Une des bonnes histoires de notre ancienne colonie, composée sur des documents extraits des cartons du ministère de la marine.

630. GAZZETTIERE (il) Americano contenente in distinto ragguaglio di tutte le parti del Nuovo Mondo, della loro situazione, clima, terreno, prodotti, stato antico e moderno..... Con una esatta descrizione delle città, piazze, porti, baje, fiumi..... Tradotto dall'inglese, e arrichito di aggiunte, note, carte, e rami. *Livorno, Marco Coltellini,* 1763, 3 vol. in-4, rel.

> Vol. I. xxiij et 216 pp., 1 fnc., front. gravé, 30 cartes et pl. — Vol. II. 256 pp., 1 fnc., 23 cartes et pl. — Vol. III. 253 pp., 1 fnc., 24 cartes et pl.
>
> Publication importante qui mérite d'être recherchée pour ses nombreuses cartes et estampes.

631. GENERAL Description (A) of Nova Scotia, illustrated by a new and correct map. *Halifax, Reprinted for and sold by Cl. H. Belcher,* 1825, in-8, cart.

> 200 pp., 1 carte.

632. GENTY (l'abbé). L'influence de la découverte de l'Amérique sur le bonheur du genre humain. *Orléans, Jacob,* 1789, 2 vol. in-12, rel.

> Vol. I. viij, xxxvj et 292 pp. — Vol. II. 296 pp.

633. GERALDINI (Alexandri). Itinerarivm ad Regiones svb æqvinoctiali plaga constitvtas. Opvs Antiquitates, Ritus, Mores et Religiones Populorū, Æthiopie, Africæ, Atlantici Oceani, Indicarumque Regionum complectens : Nunc primo edidit Onvphrivs Geráldinvs de Catenacciis J. V. D. auctoris abnepos. *Romæ, Typis Guil. Facciotti,* 1631, in-8, vél.

> 2 titres dont l'un gravé, 18 fnc., 284 pp., 18 fnc.
>
> Al. Geraldini, l'auteur de ce curieux ouvrage, était l'intime ami de Ch. Colomb. Il employa son crédit auprès du roi Ferdinand et de la reine Elisabeth, afin d'obtenir leur appui pour l'expédition projetée par le célèbre navigateur. Dans la vie intéressante de ce prélat, écrite par son neveu (pp. 229-238), nous apprenons aussi qu'il fut le seul qui protesta contre le renvoi de la proposition de Colomb. Il vint lui-même devant le Conseil, et prouva la possibilité de la découverte d'une nouvelle terre par des démonstrations mathématiques. Il mourut en 1525, premier évêque de Saint-Domingue, après avoir été précepteur de Catherine d'Aragon, femme du roi d'Angleterre Henri VIII.

634. GIBBS (George). Alphabetical Vocabulary of the Chinook language. *New York, Cramoisy press,* 1863, gr. in-8, br.

23 pp. Tiré à 100 ex. et imprimé avec le plus grand soin.

Le Chinook est parlé par les Indiens du même nom, habitant l'Orégon, sur la rive droite de la rivière Columbia.

635. —— A Dictionary of the Chinook Jargon, or, trade language of Oregon. *New York, Cramoisy press,* 1863, gr. in-8, br.

xiv et 44 pp. Tiré à 100 ex.

Le « Chinook Jargon » est la langue *franque* de l'Orégon formée par le mélange de divers dialectes de l'Amérique, avec l'anglais, le francais, etc.

636. —— Alphabetical Vocabulary of the Clallam and Lummi. *New York, Cramoisy press,* 1863, gr. in-8, br.

40 pp. Tiré à 100 exemplaires.

La tribu des Clallams, ainsi appelée par les habitants du territoire de Washington, habite la rive méridionale du détroit de feu, depuis la rivière Okeho à l'ouest jusqu'au port Townshend à l'est. Leur langue est la même, sauf de légères différences, que celle des Songhus et Sokes de l'île Vancouver. La tribu Lummi habite la partie basse d'une rivière qui se jette dans la cascade Range, nord-est du Mont-Baker.

637. GILLESPIE (Major Alexander). Gleanings and remarks : collected during many months of residence at Buenos Ayres, and within the Upper country; with a prefatory account of the expedition from England, until the surrender of the Colony of the Cape of Good Hope. *Leeds, Printed for the author,* 1818, in-8, cart.

ii et 342 pp., cartes de l'Amérique du Sud et de Rio de la Plata.

638. GIORDAN (F.). Description et colonisation de l'isthme de Tehuantepec, précédées d'une notice historique. *Paris,* 1838, in-8, br.

144 pp., 2 fnc., 1 tableau, 1 carte coloriée.

639. GIORGINI (Giovanni, da Jesi). Il Mondo Nvovo, all' Inuittissimo Principe di Spagna, e sue ser. sorelle. Con gli argomenti in ottava rima del sig. Gio. Pietro Colini, et in prosa del sig. Girolamo Ghisilieri. *In Jesi, Appresso Pietro Farri,* 1596, in-4, demi rel.

153 ff. « Discorso breve et generale sopra il Mondo Nuouo. Di M. Agostino Campano di Jesi » 5 fnc., y compris l'errata et le privilège de l'évêque de Jesi.

Poëme en *ottava rima* divisé en 24 chants. C'est un livre fort rare. Le titre, les grandes lettres et les arguments de chaque chant sont entourés d'une jolie bordure sur bois.

« This scarce historical italian poem is not noticed by Haym, nor apparently by any other Bibliographer » Rich.

Malgré cela, il en est fait mention dans la première édition de la *Biblioteca* de Antonio de Leon (Pinelo). p. 71.

640. GIRAVA (S. Hieronymo, tarragones). La Cosmographia, y geographia. En la qual se contiene la Descripcion de todo el mundo, y de sus partes, y particularmente de las yndias, y tierra nueua. Islas de España, y de las otras partes del mundo; con la nauegacion, longitud, latitud, grandeza, y circuito de todas ellas. *En Venetia, por Jordan Zileti, y su compañero,* 1570, in-4, rel.

3 fnc., 271 pp., 4 fnc., et 1 f. avec une vignette, fig. dans le texte, mappemonde pliée gravée sur bois avec cette légende « *Typo de la Carta cosmographica de Gaspar Volpello medebvrgense* ». Cette précieuse carte manque dans beaucoup d'exemplaires.

Ce volume imprimé en caractères cursifs, d'une forme singulière, est parmi les ouvrages du même genre imprimés au xvie siècle, celui qui contient le plus de détails sur l'Amérique.

D'après une note mss. écrite en anglais sur le f. de garde, cette édition serait la même que celle de Milan 1556, seulement le titre et les feuillets préliminaires auraient été réimprimés.

641. GIUSEPPE (Fr. della madre di Dio). Storia della vita, virtù, doni, e grazie del ven. servo di Dio P. F. Pietro di S. Giuseppe Betancur, fondatore dell' ordine Betlemitico nelle Indie Occidentali. Cavata da' processi ordinarj fatti per la sua beatificazione. *Roma, Ant. de' Rossi,* 1739, in-4, vél.

10 fnc., 332 pp., 18 fnc., portrait du B. Béthencourt et nombreuses vignettes. Pour un ouvrage relatif au même religieux voyez le n° 611.

642. GIUSTINIANI (Agostino). Castigatissimi Annali con la loro copiosa tavola della Eccelsa et illustrissima Republi. di Genoa. *Genoa,* 1537, *per Antonio Bellono Taurinése,* in-fol., rel.

13 fnc., et ccLxxxii ff. Ces annales de la république de Gênes, écrites par l'évêque Ag. Giustiniani, l'éditeur du *Psautier polyglotte* (Voy. Psalterium) sont rares. On y trouve au f. ccxlix une notice très-intéressante sur Ch. Colomb.

643. GOMARA (Fr. Lopez de). La historia general de las Indias, y todo lo acaescido en ellas dende que se ganaron hasta agora. *Anuers, Martin Nucio,* 1554, pet. in-8, cart.

300 ff.

644. GOMARA (Fr. Lopez de). El mismo libro..... Añadiose de nueuo la descripcion y traça de las Indias, con vna tabla alphabetica de las provincias, islas, puertos, ciudades, y nombres de conquistadores y varones principales que alla han passado. *Anvers, Juan Bellero*, 1554, pet. in-8, vél., d. s. tr.

15 fnc., 287 ff.

645. ——Historia de Mexico, con el descubrimiento de la nueua España. Añadiose de la nueuo (*sic*) descripcion y traça de todas las Indias. *Anvers, por Juan Bellero*, 1554, in-8, rel.

2 fnc., 349 ff., 23 pnc., pour l'index. Seconde partie de l'ouvrage de GOMARA. Des exempl. de cette édition de 1554 sont au nom de *Juan Steelsio*. L'imprimeur Juan Lacio, a mis son nom au bas de la dernière page de l'*Indice*.

Ces deux nᵒˢ réunis (646-647) forment un exemplaire complet de l'histoire des Indes de GOMARA.

646. —— La Historia general de las Indias y del nueuo Mundo, con mas la conquista del Peru. *Çaragoça en casa de Miguel de çapila. Año de* 1555, in-fol. GOTHIQUE, fig. sur bois dans le texte.

Collation : Titre rouge et noir occupé en grande partie par les armes d'Espagne gravées sur bois, cxxij ff. de texte à 2 colonnes. Exemplaire ayant un raccommodage au titre et aux 4 premiers ff. qui enlève du texte.

Cette édition de la première partie de l'histoire des Indes, écrite par LOPEZ DE GOMARA n'est pas citée.

A la suite :

CONQUISTA DE MEXICO. Segvnda parte de la Chronica general de las Indias, que trata de la conquista de Mexico. Nueuamente y cón licencia impressa. Año de .1553. (A la fin) : *Fue impressa la presente historia de Indias y conquista de Mexico en Medina del Campo, en casa de Guillermo de Millis.....Año de mil y quinientos y cinquenta y tres* (1553), cxxxix ff. GOTHIQUE, à 2 colonnes. — Une piqure dans les 30 premiers ff.

Cet exemplaire, comme on le voit par la suscription rapportée ci-dessus, est composé de deux éditions.

647. —— Histoire generalle des Indes Occidentales, et terres neuues, qui iusques à présent ont esté descouuertes, Augmentee en cette cinquiesme edition de la description de la nouuelle Espagne, et de la grande ville de Mexicque, autrement nommee, Tenuctilan. Traduite en françois par le S. DE GENILLÉ MART. FUMÉE. *Paris, M. Sonnius*, 1587, in-8, démi mar.

3 fnc., 485 ff., 19 fnc.

648. GOMARA (Fr. Lopez de). Histoire generalle des Indes-Occiden-
tales, et terres neuues, qui iusques à présent ont esté descouuertes,
etc. *Paris, Michel Sonnius,* 1578, in-8, demi rel.

5 fnc., 355 ff., 15 fnc. Sur le titre de cette édition le nom du traducteur est
indiqué ainsi : M. FUMÉE SIEUR DE MARLY LE CHASTEL. La première édition de
cette traduction française, est de 1569.

649. —— La Historia generale delle Indie Occidentali, con tutti li discoprimenti, et cose notabili, che in esse sonno successe, da che si
acquistorno fino ahora. Tradotta nel volgare italiano per AVGVSTINO
DE CRAVALIZ. *In Roma per Valerio, et Luigi Dorici, l'anno* 1556,
in-4, cart.

1 fnc., 211 ff., 1 fnc., pour la marque des imprimeurs, fig. sur bois impr. dans
le texte (la pagination commence au deuxième f. de la dédicace).
Cette traduction est dédiée à Cosmo de Medicis, prince de la république de
Florence; elle est imprimée en caractères cursifs.

650. —— Historia de las conquistas de Hernando Cortés, traducida al
mexicano y aprobada por verdadera por D. JUAN BAUTISTA DE SAN
ANTON MUÑON CHIMALPAIN QUAUHTLEHUANITZIN, Indio Mexicano. Publícala para instruccion de la juventud nacional con varias notas y
adiciones, CARLOS MARIA DE BUSTAMANTE. *México, Ontiveros,* 1826,
2 vol. in-4, v. v.

Vol. I. xiii et 315 pp. — Vol. II. 187 pp. « SUPLEMENTO a la historia escrita por
CHIMALPAIN, ó sea : Memoria sobre la guerra del Mixtón en el Estado de Xalisco,
cuya capital es Guadalaxara » 39 pp., 2 fnc.—Cette édition de la célèbre histoire de
GOMARA, se recommande par le nom de son éditeur. Elle est rare et très-recherchée. Très-bel exemplaire ayant sur les plats le chiffre de TERNAUX-COMPANS, auquel on a joint la pièce suivante : « HORRIBLES crueldades de los conquistadores
de México, y de los Indios que los auxiliaron para subyugarlo a la corona de Castilla. O sea memoria escrita por D. FERNANDO DE ALVA IXTLILXUCHITL. Publícala
por suplemento a la Historia del Padre Sahagun, CARLOS MARIA DE BUSTAMANTE.
Mexico, A. Valdès, 1829, xii et 118 pp. »

« Gomara 's historical merit is considerable. His mode of narration is clear, flo-
wing, always agréeable, and sometimes elegant » ROBERTSON.

651. GOMEZ (E. J.). Bosquejos de la vida, costumbres, caracter y apa-
rencia personal de Carlos S. Stratton el hombre en miniatura, conocido
por el nombre de el general Tom Thumb (Tomas Pulgar) de 16 años de
edad, 28 pulgadas de alto y quince libras de peso. Recopilado y traducido por E. J. GOMEZ. *Nueva-Orleans, Imprenta de la Patria,* 1848,
in-8, br.

16 pp. Très-curieux.

652. GONÇALEZ DE MENDOÇA (fr. Juan, de la orden de S. Agustin). Historia de las cosas mas notables, ritos y costvmbres del gran Reyno de la China, sabidas assi por los libros de los mesmos Chinos, como por relacion de Religiosos y otras personas que an estado en el dicho Reyno. Con vn Itinerario del nueuo Mundo. *En Roma, à costa de Bartholome Grassi,* 1585, pet. in-8, br., rogné.

> 14 fnc., 440 pp. EDITION ORIGINALE. Ce qui donne de l'intérêt à cet ouvrage c'est l'itinéraire du Nouveau Monde, qui occupe les pp. 341-440 et qui commence ainsi : « YTINERARIO del padre Cvstodio fray MARTIN IGNACIO, de la orden de sant Francisco, que paso a la China en compañia de otros religiosos de la misma orden, y de la provincia de S. Joseph, por orden del rey D. Philippe. »

653. —— Le même ouvrage. *Madrid, Pedro Madrigal,* 1586, in-8, vél.

> 11 fnc. « Primera parte » 116 ff. « Segvnda parte » titre et 88 ff. « Libro segvndo de la segvnda parte..... En qve se contiene el viage que hizieron a este gran Reyno el año de 1579, los padres fray PEDRO DE ALFARO, custodio en las islas Filipinas...». ff. 90-146. « Itinerario y epitome de todas las cosas notables que ay desde España, hasta el reyno de la China, y de la China a España, boluiendo por la India Oriental, despues de auer dado buelta a casi todo el mundo » ff. 147-244, 12 fnc., fig. sur bois imp. dans le texte.
>
> Seconde édition de cet ouvrage intéressant, surtout pour l'*Itinéraire du Nouveau Monde,* de fray MARTIN IGNACIO. Ce religieux envoyé en Chine, d'après l'ordre de Philippe II, s'embarqua à Cadix, fit route vers les Canaries et S. Domingue ; de là il passa à la Vera Cruz, traversa la partie du Mexique située entre Mexico et Acapulco, s'embarqua dans ce port pour les Philippines et de là passa à la Chine. Quoique bref, le récit du voyage de ce religieux ne manque pas d'intérêt, et mérite d'être mieux connu qu'il ne l'a été jusqu'à présent.
>
> Exemplaire ayant le titre doublé.

654. —— Le même ouvrage. *Anvers, Pedro Bellero,* 1596, in-8, vél.

> 11 fnc., 380 pp., 1 fnc. L'Itinéraire de fray MARTIN IGNACIO occupe dans cette édition les pp. 295-380.

655. —— Dell' historia della China, tradotta nell' italiana da FRANCESCO AUANZO, cittadino di Venetia. *In Venetia, Appresso Andrea Muschio,* 1586, in-8, demi rel.

> 14 fnc., 462 pp., 20 fnc. L'Itinéraire du P. MARTIN IGNACIO occupe les pp. 367-462.

656. —— Dell' historia della China tradotta nell' italiana, da FRANCESCO AUANZO cittadino di Venetia. *Roma, B. Grassi,* 1586, in-4, demi rel.

> 22 fnc., 379 pp. La relation du P. IGNACE MARTIN occupe les pp. 301-379.

657. —— Histoire dv grand royavme de la Chine, sitvé avx Indes orientales, diuisée en deux parties : Contenant en la premiere, la situa-

tion, antiquité, fertilité, religion, ceremonies, sacrifices; rois, magistrats, etc. : Et en la seconde, trois voyages faits vers iceluy en l'an 1577. 1579. et 1581. auec les singularitez plus remarquables y veuës et entendües : ensemble vn Itineraire du nouueau monde, et le découurement du nouueau Mexique en l'an 1583..... mise en françois par Lvc de la Porte, Parisien. *Paris, Jeremie Perier,* 1588, in-8, bas.

11 fnc., 323 ff., 25 fnc. Edition originale de cette traduction. L'Itinéraire du Nouveau Monde et le voyage du P. Martin Ignacio occupe les ff. 240 à fin.

Relativement à la découverte du Nouveau Mexique, par A. de Espejo. Voy. le n° 278.

658. GONÇALEZ DE MENDOÇA (fr. Juan, de la orden de S. Agustin). Le même ouvrage. *Paris, N. du Fossé,* 1589, in-8, vél.

10 fnc., 1 f. blanc, 419 pp., 48 pnc. « Description du grand royaume de Chine » 26 pp.

659.——Le même ouvrage. (*Genève*) *Povr Jean Arnavd,* 1606, in-8, vél.

11 fnc., le dernier blanc, 419 pp., 48 pnc., « description » 26 pp. L'Itinéraire du Nouveau Monde occupe les pp. 312-419.

Pour une traduction hollandaise de l'ouvrage de Gonzalez de Mendoça imprimée en 1595, voyez le n° 12 de ce catalogue.

660. GONZALEZ (D. Joseph). Navegacion especvlativa, y practica con la explicacion de algvnos instrvmentos, qve estan mas en vso en los Navegantes, con las Reglas necesarias para su verdadero vso; Tabla de las declinaciones del Sol, computadas al Meridiano de San Bernardino; el modo de navegar por la Geometria; por las Tablas de Rumbos; por la Arithmetica; por la Trigonometria; por el Quadrante de Reduccion; por los Senos Logarithmos; y Comunes; con las Estampas, y Figuras pertenecientes à lo dicho, y otros Tratados curiosos. Compvesta por el Almirante D. Joseph Gonzalez Cabrera Bueno, Piloto mayor de la Carrera de Philipinas, y Natural de la isla de Tenerife. *Impresa en Manila en el Convento de Nuestra señora de los Angeles de la orden de San Francisco,* 1734, in-fol., vél.

10 fnc., 392 pp., 2 fnc., 13 pl. et vign. gravées par Nicolas de la Cruz Bagay, indien tagale. — Imprimé sur papier de riz.

Superbe exemplaire de cet important ouvrage, dont il n'a paru encore aucun exempl. dans les ventes publiques de Paris. Sur le titre la signature du P. Murillo Velarde, auteur d'une histoire de la Cie de Jésus aux Philippines. (V. ce nom.)

« Ouvrage utile pour la connaissance des mers de Chine; il est d'ailleurs fort rare en France ». Brunet.

661. GOSPELS (the) according to St. Matthew, St. Mark, St. Luke, and St. John, translated into the language of the Esquimaux Indians, on the Coast of Labrador ; by the Missionaries of the Unitas fratrum, residing at Nain, Okkak, and Hopedale. *London, Mc Dowall,* 1813, in-12, rel.

> 416 pp. L'Evangile de St. Jean, annoncé sur le titre, manque dans notre exemplaire. Sur six exempl. de ce livre, vérifiés par nous, cet évangile manquait également. A-t-il été supprimé, ou n'a-t-il pas été imprimé ?

662. GOTTFRIEDT (Johann Ludwig). Newe Welt vnd Americanische Historien. Inhaltende Warhafftige vnd vollkommene Beschreibungen Aller West-Indianischen Landschafften, Insulen, Königreichen, vnd Provintzien..... *Franckfurt, Bey denen Merianischen Erben,* 1655, in-fol., cart.

> 2 fnc., 661 pp., 2 pnc., 7 cartes et plans (vues d'Olinda, de Pernambuco, de Gibraltar; cartes du détroit de Magellan, de la Virginie, de la partie nord du Brésil, de l'île de Cuba, America nouiter delineata), nomb. fig. dans le texte, 2 titres dont l'un gravé commençant : *Historia antipodum.* — Deuxième édition, non citée par Ternaux.

> L'auteur de cet ouvrage, imprimé à Francfort pour la première fois en 1631, est J. Philippe Abelin, éditeur de la douzième partie des Petits voyages.

> Ce livre publié par Mathieu Mérian s'ajoute à la collection des frères de Bry, dont il forme en quelque sorte un abrégé, et dont il reproduit en grande partie, les planches et cartes. L'ouvrage est divisé en trois parties : la première, servant d'introduction, contient une histoire du Nouveau Monde, d'après les ouvrages de Acosta, Oviedo, Pierre Martyr, Herrera, Laet, etc. La deuxième partie renferme trente-trois expéditions en Amérique, depuis Colomb jusqu'à G. de Spilberg et Schouten. La troisième et dernière partie contient la description des Indes Occidentales et de l'Amérique centrale, ainsi que quelques expéditions faites par les Hollandais, au Brésil et au Nord.

663. GOUX (Missionnaire apostolique à la Martinique). Catéchisme en langue Créole, précédé d'un essai de Grammaire sur l'idiome usité dans les colonies françaises. *Paris, Imp. de Vrayet de Surcy,* 1842, in-18, br., rogné.

> 72 pp. Le catéchisme est celui suivi par les missionnaires de la Congrégation du Saint-Esprit. Il est imprimé d'abord en français, ensuite en créole.

664. GRAHAM (Maria). Journal of a residence in Chile, during the year 1822 and a Voyage from Chile to Brazil in 1823. *London, Longmann,* 1824, in-4, demi mar. vert.

> v, 1 fnc., 512 pp., 14 pl.

665. GRAHAME (James). The history of the U. S. of N. America, from the plantation of the british colonies till their assumption of national independence. Second edition, enlarged and amended. *Philadelphia,* 1845, 4 vol. in-8, cart.

> Vol. I. . . . . Vol. II. ix et 457 pp. — Vol. III. viii et 446 pp. — Vol IV. vii et 510 pp.
>
> Ouvrage estimé. La première édition paru à Londres en 1827, 2 vol. in-8°, et en 1836, 4 vol. in-8°, ensuite en 2 vol. in-8°, Philadelphie 1848. — FARIBAULT cite une édition de New-York, 1830, 2 vol. in-8°.
>
> « With an apparent desire to be above prejudice with industry equal to a thorough investigation of facts, and with a spirit able to appreciate the value of his subject, M. Grahame has published what we conceive to the best book that has any where appeared upon the early history of the U. S. etc. »

666. GRANADOS Y GALVEZ (Predicador general de Jure). Tardes Americanas : gobierno gentil y catolico : breve y particular noticia de toda la historia Indiana : Sucesos, casos notables, y cosas ignoradas, desde la entrada de la Gran nacion Tulteca á esta tierra de Anahuac, hasta los presentes tiempos. Trabajadas por un Indio, y un Español. *Mexico, Zuñiga y Ontiveros,* 1778, in-4, vél.

> 35 fnc., 540 pp., 3 pl. dont l'une représente les descendances des Toltèques et des Chichimèques, et les autres le calendrier mexicain.
>
> Cette intéressante histoire du Mexique, composée en forme de dialogue, et divisée en dix-sept nuits, est fort peu connue en Europe. Au Mexique, même, c'est un livre fort rare. L'auteur était ex-définiteur de la province de Michoacan; gardien des couvents de Xiquilpan, Valladolid, Rioverde, et custode de toutes les missions mexicaines.
>
> Entr'autres sujets curieux dont il est parlé dans ce volume, nous citerons l'article relatif au Calendrier Mexicain, avec le nom des jours en mexicain et en espagnol; les noms en mexicain des rois de l'empire de Tetzcuco (pp. 141 et suiv.); aux pages 90-94, on trouve aussi un fragment en mexicain et en espagnol d'une pièce de vers composée par un poète nommé Notzahualcoyotl.

667. GRASSI (P. Giovanni, de la Cia di Gesù). Notizie varie sullo stato presente degli Stati Uniti, scritte al principio del 1818. *Roma, L. Perego Salvioni,* 1818, in-8, cart.

> VIII et 120 pp., 1 tabl. Cet écrivain n'est pas cité de la Bibliographie des PP. DE BACKER.

668. GROUVEL. Faits historiques sur Saint-Domingue, depuis 1786 jusqu'en 1805, et résultats des moyens employés par les Colons de la partie de l'Ouest pour s'opposer à l'entière dévastation de l'île, ainsi

que de ceux mis en usage par les Anglais, en 1796-98, pour la soumettre
à leur domination. *Paris, Delaunay*, 1814, in-8, br.

131 pp.

669. GUATEMALA por Fernando Septimo el dia 12 de Diciembre de
1808. (*Guatemala*, 1809), in-4, rel.

166 pp. « Oracion Eucaristica que pronunció el Dr. D. Sicilia y Montoya, el
martes 13 de Diciembre de 1808. En la solemne accion de gracias que celebró la
ciudad de Guatemala 'por la exaltacion del rey D. Fernando VII. al trono delas
Españas ». 19 pp., 3 pnc., titre gravé et 21 pl. (numérotées N. 17 — N. 37) exécutées à Guatemala par un bon artiste, nommé José Casildo.

Ce rare volume contient la relation des fêtes célébrées par la ville de Guatemala
pour l'avènement au trône de Ferdinand VII. Les gravures dont il est orné, sont
d'une exécution beaucoup plus parfaite que celles exécutées à la même époque en
Amérique et même en Espagne.

670. GÜEMES (D. Pedro Gonçalez de). Defensas de vn ministro afli-
gido, al rey nvestro señor. Por el doctor Don Pedro Gonçalez de
Guemes, Oydor del Nuevo Reyno de Granada. *Año de mil y seis-
cientos y cinquenta y tres* (1653), in-4, rel.

13 fnc., 214 ff. Cet ouvrage, ainsi que ceux qui étaient adressés au roi, sous
forme de mémoire, sont généralement dépourvus des privilèges et des licences
ordinaires en autorisant l'impression, attendu que, dirigés contre de puissants
personnages, ils étaient imprimés secrètement à très-peu d'exempl. et distribués
seulement aux membres du conseil des Indes.

Le volume en question doit être imprimé à Madrid ; Antonio ne fait pas mention de son auteur, qui était auditeur de Santa-Fé, et Ternaux l'a omis dans
sa *Biblioth. Américaine*.

L'exemplaire est piqué.

671. GUERREIRO (P. Bertholamev, da Companhia de Jesu). Gloriosa
Coroa d'esforçados religiosos da Companhia de Jesu. Mortos polla fe
Catholica nas Conquistas dos Reynos da Coroa de Portugal. *Em
Lisboa, por Antonio Alvarez*, 1642, in-fol., rel. neuve.

Titre et 1 f. gravé pour les armes de Portugal, par A. Suarez-Florian ; 6 fnc.,
736 pp., 1 f. pour la marque de l'imprimeur ; 6 fnc.

Ce Martyrologe est divisé en quatre parties ; celle qui nous intéresse particulièrement, est la troisième (pp. 301-387), dans laquelle l'auteur traite des Missions
du Brésil, et de l'histoire des religieux de la Compagnie morts dans cet empire.
La deuxième partie est relative aux Missions de l'Afrique et des Indes Orientales ; la quatrième est consacrée aux Missions du Japon.

Comme on le voit, cette chronique est un ouvrage infiniment précieux pour
l'histoire des PP. Jésuites.

Le P. Barth. Guerreiro, célèbre prédicateur portugais, naquit à Almodovar, en 1564 (selon Machado Barbosa, et 1560, d'après les PP. de Backer), entra dans la Compagnie de Jésus à l'âge de 18 ans et mourut à Lisbonne le 24 Avril 1642 à l'âge de 78 ans. Sa « *Coroa gloriosa* » a été imprimée peu de jours après sa mort; la licence du P. Provincial est datée du 20 Avril 1642.

672. GUIA de forasteros en las islas Filipinas. In-12, br., 3 années.

1844. *Manila, D. Miguel Sanchez*, 268 pp., 1 tabl.
1845. *Manila, D. Miguel Sanchez*, 271 pp., 1 tabl., 1 carte.
1847. *Manila, D. Manuel Rodriguez*, 361 pp., 1 tabl., 1 carte.

673. GUILLERMIN (Gilbert). Journal historique de la révolution de la partie de l'Est de Saint-Domingue, commencée le 10 Août 1808, avec des notes statistiques sur cette partie. *Philadelphie, Lafourcade,* 1810, in-8, br.

2 fnc., xii et 314 pp., 1 fnc., 1 tableau, portrait du Général Ferrand.
Cette édition est fort rare. L'auteur était chef d'escadron attaché à l'état-major de l'armée de Saint-Domingue.

674. —— Précis historique des derniers événemens de la partie de l'Est de Saint-Domingue, depuis le 10 Août 1808, jusqu'à la capitulation de Santo Domingo. *Paris, A. Bertrand,* 1811, in-8, rel. v.

494 pp. Portrait du général Ferrand, vue du palais de Chr. Colomb, 1 carte.

675. GUMILLA (P. Joseph). El Orinoco ilustrado, historia natural, civil, y geografica, de este Gran Rio. *Madrid, Manuel Fernandez,* 1741, in-4, demi rel.

19 fnc., 580 pp., 10 fnc., carte, 2 fig. Édition originale.
L'ouvrage du P. Gumilla est un des plus curieux et des plus intéressants, publiés sur l'Orénoque. Il se servit beaucoup des histoires mss. des PP. Mercado et Ribera.

676. —— El Orinoco ilustrado, y defendido, historia natural, civil, y geographica de este Gran Rio, y de sus caudalosas vertientes; govierno, usos, y costumbres de los Indios sus habitadores..... Segunda impresion, revista, y aumentada por su mismo autor. *Madrid, Manuel Fernandez,* 1745, 2 vol. in-4, rel.

Vol. I. 23 fnc., 403 pp., 2 fnc., 1 fig., 1 carte. — Vol. II. 3 fnc., 412 pp., 8 fnc., 1 1 fig.

677. —— Historia natural, civil y geografica de las naciones situadas en las riveras del Rio Orinoco. Nueva Impresion : mucho mas correcta que las anteriores... y corregida por el P. Ignacio Obregón, de los cle-

rigos menores. *Barcelona, Carlos Gibert y Tutó*, 1791, 2 vol. in-4, vél.

Vol. I. xvi et 360 pp., carte, portrait de l'auteur, 4 fig.—Vol. II. 1 fnc., 352 pp., 2 fig.

D'après l'avis qui se trouve en tête du tome II, ce vol. a été revu et corrigé sur l'édition de 1745, par le Dr A. D. Antonio Jugla y Font, par suite d'une indisposition du P. Ign. Obregon.

678. GUMILLA (P. Joseph). Histoire naturelle, civile et géographique de l'Orénoque, et des principales Rivières qui s'y jettent. Trad. de l'espagnol sur la seconde édition, par Einous. *Avignon et se vend à Paris, chez Dessaint et Saillant*, 1758, 3 vol. in-12, v. fauve.

Vol. I. xviij pp., 4 fnc., 388 pp., 2 fnc., carte, 1 pl. — Vol. II. 334 pp., 2 fnc., 1 pl. — Vol. III. 332 pp., 2 fnc. Très-bel ex. aux armes de George Gougenot de Croissy.

Cette traduction, quoique faite sur la seconde édition espagnole, est très-abrégée, et ne peut remplacer le texte original.

Le P. Gumilla, né vers 1690, fut destiné de bonne heure aux missions de l'Amérique. Nommé supérieur des missions de l'Orénoque, il remonta les bords de ce grand fleuve. En 1738, il était recteur du collège de Carthagène, et s'embarqua la même année pour repasser en Espagne. Ce fut à Madrid qu'il composa son ouvrage. En 1745 il était déjà retourné en Amérique. Les PP. de Backer n'indiquent pas l'époque de sa mort.

679. (GUTIERREZ (Eusebio)). Esposicion que presenta en Bolivia el ministro de estado, en el despacho del interior, à la convencion nacional. En 1843. *Imprenta de Beeche y C^{ia}*, in-4, br.

18 pp. Daté de *Sucre, á 24 de Abril* 1843.

680. GUZMAN (Antonio Leocadio). Ojeada al proyecto de constitucion que el libertador ha presentado a la republica Bolivar. *Caracas, Reimpresso por Devisme*, 1826-28, in-4, demi vél.

1 fnc., 64 et 108 pp. La deuxième partie se compose seulement des décrets et proclamations rendus par Bolivar pendant les années 1826-27.

681. HAKLVYT (Richard). The principal navigations, voiages, traffiqves and discoueries of the English Nation, made by Sea or ouerland, to the remote and farthest distant quarters of the Earth, at any time within the Compasse of these 1500. yeeres. *London, George Bishop*, 1598-1600, 3 vol. in-fol., gothique, rel.

Vol. I. 11 fnc., 606 pp., « Voyage to Cadiz » pp. 607-619 (copie mss. bien exécutée). — Vol. II. 7 fnc., 312 et 204 pp. — Vol. III. (manque le titre, remplacé par celui du 2e vol., et les 2 ff. de dédicace) 5 fnc., 868 pp.

Collection importante et fort rare. Le premier volume contient les voyages faits au Nord, à la Nouvelle-Zemble, en Russie, en Tartarie, etc. Le second comprend les voyages faits en Afrique, en Asie-Mineure, en Syrie, aux Indes-Orientales, au royaume de Siam et en Chine. Le troisième vol., le plus important de tous, renferme les voyages faits principalement en Amérique et autour du monde. Dans ce vol. bon nombre de relations sont en éditions originales et ont l'avantage d'être écrites dans leur propre langue. La relation de l'expédition de Cadiz, qui est manuscrite, a été supprimée avec soin par ordre de la reine Élisabeth, après la disgrâce du comte d'Essex. Dans la plus grande partie des ex. cette pièce se trouve remplacée par une réimpression facile à distinguer de l'originale.

682. HALES. Histoire des tremblemens de terre arrivés à Lima, capitale du Pérou, et autres lieux; avec la description du Pérou; traduite de l'anglois. *La Haye,* 1752, 2 part. en 1 vol. in-12, rel.

> Partie I. xvj et 221 pp., 3 cartes. — Partie II. 1 fnc., pp. 222-445, 3 pl. et une carte.

> Le traducteur a ajouté à l'ouvrage de HALES, une relation du tremblement de terre de Lima et de Callao, précédée d'une description de ces deux villes; traduite de l'espagnol sur l'original imprimé à Lima par ordre du vice-roi (V. le nº 757). A la fin de la deuxième partie, il y a la traduction de deux lettres écrites à bord du vaisseau *la Grenade*, relatives au tremblement de terre arrivé au Port-Royal et à la Jamaïque, en 1692.

683. HALIBURTON (Thomas C.). An historical and statistical account of Nova-Scotia, in two volumes. *Halifax, Joseph Howe,* 1829, 2 vol. in-8, v. fauve.

> Vol. I. viii pp., 2 fnc., 340 et viii pp., « Plan of Louisburg » p. 100, « Plan of the fortifications of Louisburg » p. 207. — Vol. II. 456 pp., 8 cartes et plans, 3 tableaux.

> « In 1835 this gentleman (TH. HALIBURTON) long a judje of Nova-Scotia, contributed a series of humourous letters to a local journal under the pseudonyme of SAMUEL SLICK, of Slickville, by which he has since been popularly known. These were afterwards pub. in vols. » LOWNDES'.

> Très-bel exemplaire aux armes du comte de Menou.

684. HAMILTON. Les hommes et les mœurs aux Etats-Unis d'Amérique. Traduit de l'anglais par le comte D. L. C. *Paris, Fournier,* 1834, 2 tom. en 1 vol. in-8, demi rel.

> Vol. I. xv et 311 pp., 1 pl. — Vol. II. 380 pp., 1 pl.

> On a relié à la suite : FOUCHER. Sur la réforme des prisons. *Rennes,* 1838. — RÉMOND. Nouveau modèle de fusil de guerre. *Paris,* 1842, pl. — Des Chemins de fer au point de vue de la défense du pays. *Paris,* 1845.

685. HARO (fr. Damian Lopez de). Constitvciones sinodales, hechas por el ill. y Reuer. señor Don fray DAMIAN LOPEZ DE HARO, Obispo de la ciudad de San Juã de Puerto-Rico, Islas de Barlouento, Prouincia

de Cumana, y demas anexas à ella. *Madrid, por Catalina de Barrio y Angulo,* 1647, in-fol., vél.

2 fnc., 128 ff. Au verso du dernier on lit la date de 1646.

Ces constitutions diocésaines, destinées à être distribuées dans le diocèse, sont par cette raison très-rares en Europe, aussi ni ANTONIO, ni TERNAUX n'en font mention.

DAMIAN LOPEZ DE HARO, de l'ordre de la Sainte-Trinité, fut évêque de Puerto-Rico, depuis le XIII Juillet 1643, jusqu'à la fin de 1649. — PINELO cite de lui : *Relation de son voyage à Puerto-Rico,* mss. écrit en 1644; les *Constitutions de Puerto-Rico,* et des *Sermons.*

686. HAROLDVS (Fr. Franciscvs). Lima Limata conciliis, constitvtionibvs synodalibvs, et aliis monvmentis. Qvibvs venerab. servvs dei Toribivs Alphonsvs Mogroveivs archiepisc. Limanvs prouinciam Limensem, seu Peruanum Imperium elimauit et ad normam SS. Canonum composuit. Omnia ferè ex hispanico sermone latina reddidit, apparatu historico, notis, scholiis, et indicibus illustravit FR. FR. HAROLDVS Hibernvs Limericensis ord. minor. *Romæ, Josephi Corvi,* 1673, in-fol. vél.

15 fnc., xxxiv pp., portrait de D. Torribio, gravé par GAUDET, 379 pp., 11 fnc.

Volume fort rare, traduit de l'espagnol en latin, par un moine Irlandais. Non cité par TERNAUX. — LOWNDES' dans son *Manuel bibliographique,* ne fait pas mention de cet ouvrage, quoique il indique une vie de S. Torribio de Lima par le même auteur, imprimée à Rome en 1680 (1684 PINELO, qui cite une autre édition des Constitutions synodales des conciles de Lima, sous la date de 1725).

Voy. ci-après, l'ouvrage de MONTALVO, publié à Rome en 1684, également sur les Conciles péruviens.

687. HARRISSE (H.). Bibliotheca Americana vetustissima. A Description of Works relating to America published between the years 1492 and 1551. *New York, G. P. Philes,* 1866, gr. in-8, br.

2 fnc., liv et 519 pp. Cette splendide publication, faite avec le plus grand soin, imprimée sur papier fort teinté, est, à notre avis, l'un des plus beaux livres de bibliographie et le plus précieux que l'on ait publié. Les titres sont reproduits avec exactitude et quelques-uns en fac-simile. Sa grande valeur consiste en ce qu'il est le premier livre de bibliographie américaine que l'on puisse consulter avec fruit, l'auteur l'a enrichi de notes nombreuses toutes authentiques, et la collation de chaque livre est rigoureusement indiquée.

Cette *bibliotheca* comprenant les ouvrages imprimés depuis l'époque de la découverte jusqu'en 1551, on peut se rendre compte des grandes difficultés que l'auteur a eu à surmonter pour arriver à son but. Aussi tous les amateurs et vrais bibliographes doivent-ils lui savoir gré de ses nombreuses et savantes recherches.

688. HAYTIAN Papers. A Collection of the very interesting procla-

mations, and other official documents; together with some account of
the rise, progress, and present state of the Kingdom of Hayti. With a
preface by Prince Sanders, Esq. agent for the haytian government.
London, W. Reed, 1816, in-8, cart.

xv et 228 pp.

689. HAYUS (Joan.). De rebvs Japonicis, Indicis, et Pervanis epistolæ
recentiores. A Joan. Hayo Dalgattiensi scoto soc. Jesv, in librum
vnum coaceruatæ. *Antverpiæ, Martini Nutij,* 1605, in-8, cart.

968 pp., 26 fnc. Ce volume renferme 40 mémoires des PP. Jésuites, sur leurs
missions dans les Indes, la Chine, le Japon, etc. La partie relative au Pérou occupe
les pp. 935-943 ; les ff. 944 à fin, renferment la relation du P. Mart. Perez sur
la mission de la province de Cinaloa et une relation des missions des Philippines.
Ternaux ne cite cet ouvrage que dans sa *Biblioth. Africaine.* Le P. Carayon,
dans sa *Bibliographie,* n° 760, décrit toutes les pièces contenues dans ce livre.

Le P. Haye (Jean), né à Dalgaty en Écosse, mourut à Pont-à-Mousson, en 1607.

690. HAZART (P. Cornelius, soc. Jes.). Kirchen-Geschichte, das ist :
Catholisches Christenthum durch die gantze Welt auszgebreitet, In-
sonderheit Bey nächst verflossenen, und anjetzo fliessenden Jahr-
hundert..... *Wienn, Durch Leopold Voigt,* 1678-1701, 3 vol. in-
fol., rel.

Vol. I (comprenant le Japon, la Chine, la Tartarie, l'empire Mongol, les Indes
Anglaises (Bisnagar). 1678, 4 fnc., portrait de Ferd. Bonaventure de Harrach,
à qui le livre est dédié, et celui de S. François Xavier ; 666 pp., 8 fnc., front.
grav. et nombr. fig. dans le texte. — Vol. II (publié par le P. M. Soutermans,
comprenant l'Abyssinie, la Guinée, Angola, le Congo, Monomotapa, Maroc et
Fez). 1684, front. gravé, 6 fnc., 234 pp. La partie la plus intéressante, pour notre
bibliotheca, dans l'ouvrage du P. Hazart, est celle comprise sous les pp. 235-606
(fin) suivies de 6 fnc., pour le Registre, et qui traite de l'Amérique. Elle est fort
curieuse et contient les pays suivants : *Pérou, Paraguay, Brésil, Floride, Canada,
Mexique et Maragnan ;* le tout orné de pl. fort bien gravées, représentant le martyr
de plusieurs PP. dans ces pays. — Vol. III (publié par le P. Dirrhaimer, comprenant l'Allemagne, la France, la Hollande et l'Angleterre). 1701. — Part. I.
portrait de l'Évêque d'Augsbourg, 6 fnc., 220 et 159 pp., 22 pnc. — Part. II. 5 fnc.
304 pp., 3 fnc., 284 pp., 12 fnc. Le tout orné de nombreuses pl. imprimées dans
le texte.

Pour être complet, l'ouvrage devrait avoir encore deux vol.

691. HEARNE (Samuel). Voyage du fort du Prince de Galles dans la
baie de Hudson, à l'Océan Nord, entrepris par ordre de la compagnie
de la baie de Hudson, dans les années 1769-72. Traduit de l'anglois

(par LALLEMENT). (*Paris*), *Imprimerie de Patris, an VII*, 2 vol. in-8, rel.

Vol. I. lviii et 373 pp., 4 cartes, 3 planches. — Vol. II. 332 et xxix pp., 1 fnc., 1 pl., 1 carte.

692. HECKEWELDER (John). A Narrative of the mission of the United brethren among the Delaware and Mohegan Indians, from its commencement, in the year 1740, to the close of the year 1808. Comprising all the remarkable incidents which took place at their missionary stations during that period. *Philadelphia, M' Carty et Davis*, 1820, in-8, cart., *non rogné*.

429 pp., 1 fnc., portrait de Zeisberger.

693. —— Histoire mœurs et coutumes des nations indiennes qui habitaient autrefois la Pennsylvanie et les états voisins. Traduit de l'anglais par DU PONCEAU. *Paris, L. de Bure*, 1822, in-8, br.

571 pp. « Personne ne pouvait mieux nous faire connaître ceux que nous appelons sauvages, qu'un respectable missionnaire, qui a passé près de quarante ans parmi eux et qui a fait sa principale étude de leurs différents idiomes ; aussi traite-t-il son sujet de manière à ne rien laisser à désirer... » PRÉFACE DU TRADUCTEUR FRANÇAIS.

694. HENDERSON (Alexander). A grammar of the Moskito language. *New-York, John Gray*, 1846, in-8, br.

47 pp. Cette grammaire est suivie de dialogues et d'extraits de la Bible.

Langue parlée par des Indiens de l'Amérique Centrale, dans le Guatemala. Ce peuple jadis nombreux et puissant ne compte plus que 1000 h. environ capables de porter les armes.

695. HENEY (H.). Commentaire ou observations sur l'acte de la 31e année du règne de George III, chap. 31, communément appelé acte constitutionel du haut et bas Canada. *Montréal, Leclere et Jones*, 1832, in-8, cart.

72 et 4 pp.

696. HENNEPIN (Le R. P. L.). Nouvelle decouverte d'un tres grand pays situé dans l'Amerique entre le Nouveau Mexique, et la mer glaciale. *Utrecht, Guillaume Broedelet*, 1697, in-12, cart.

34 fnc., 506 pp., front. gravé, (la p. 313 est répétée 11 fois, et forme un carton de 5 ff.) 2 fig., 2 cartes.

ÉDITION ORIGINALE, exemplaire NON ROGNÉ.

697. HENNEPIN (Le R. P. L.). Nouvelle decouverte d'un tres grand pays situé dans l'Amerique entre le Nouveau Mexique, et la mer glaciale. Avec un voyage qui contient une relation exacte de l'origine, mœurs, coûtumes, religion, guerre et voyages des Caraïbes. Ecrite par le sieur DE LA BORDE, tirée du cabinet de M. Blondel. *Amsterdam, Adriaan Braakman*, 1704, pet. in-8, rel.

> 16 fnc., 604 pp., 16 fnc., front. gravé avec ce titre : « *Nouveaux voyages du P. Hennepin et du sieur de la Borde* » 2 cartes, 6 pl.
>
> La relation du sieur DE LA BORDE qui avait déjà été imprimée dans le recueil de LIGON (voy. ce nom), occupe les pp. 517-604, avec un titre portant l'adresse de : « *Leide, Pierre Vander Aa*, 1704. » Sur cet exempl. le libraire Braakman a collé son adresse.

698. —— Relacion de un pais que nuevamente se ha descubierto en la America Septentrional de mas estendido que es la Europa. Y que saca à luz en castellano, don SEB. FERNANDEZ DE MEDRANO. *Brusselas, Lamberto Marchant*, 1699, in-12, rel.

> 3 fnc., 86 pp. Traduction abrégée de l'ouvrage ci-dessus.

699. —— Description de la Louisiane, nouvellement decouverte au Sud-Oüest de la Nouvelle France, par ordre du Roy. Avec la carte : les mœurs et la maniere de vivre des sauvages. *Paris, veuve Sébastien Huré*, 1683, in-12, bas.

> 5 fnc., 312 pp., « Mœurs des sauvages » 107 pp. La carte manque.
>
> ÉDITION ORIGINALE. Cette relation est la première que l'on ait eu sur la Louisiane.

700. —— Descrizione della Luigiana, paese nuouamente scoperto nell' America settentrionale. Tradotta dal francese (per CASIMIRO FRESCHOT). *Bologna, Giacomo Monti*, 1686, in-12, vél.

> 5 fnc., 396 pp. Exemplaire AVEC LA CARTE.

701. —— Lo stesso libro. *Bologna*, 1686, in-12, non rel.

> 5 fnc., 396 pp., sans la carte.

702. HERNANDEZ (Francisco). Nova plantarum, animalium et mineralium mexicanorum historia a FR. HERNANDEZ medico in Indiis præstantissimo primum compilata, dein a NARDO ANT. RECCHO in volumen digesta, a Jo. TERENTIO, Jo. FABRO, et FABIO COLVMNA lynceis notis, et additionibus longe doctissimis illustrata. Cui demum accessere aliquot ex principis FED. CÆSII frontispiciis theatri naturalis phytosophicæ tabulæ Vna cum quamplurimis Iconibus, ad octingen-

tas, quibus singula contemplanda graphice exhibentur. *Romæ, Blasii Deuersini et Zanobij Masotti*, 1651, in-fol., vél.

6 fnc., 950 pp., 10 fnc. « HISTORIÆ animalium et mineralium novæ Hispaniæ, liber Unicus » 90 pp., 3 fnc., nombreuses fig. dans le texte.

FR. HERNANDEZ, médecin et naturaliste distingué, fut envoyé par Philippe II dans la Nouvelle-Espagne pour y faire des observations et en décrire les productions. Il rédigea son travail en latin, mais sa mort prématurée l'empêcha de le publier. On donna son mss. à M. A. RECCHI, qui fit un extrait de ce qui lui parut utile pour la matière médicale. (Le mss. autographe de RECCHI figure dans le catalogue des livres de Libri vendus en 1859, n° 1229). Comme HERNANDEZ, il mourut avant de l'avoir publié. C'est sur cet abrégé que le Dominicain FR. XIMENEZ. publia son livre en espagnol et qu'il le fit imprimer à Mexico en 1615. Les papiers de HER-NANDEZ devinrent la propriété du Prince Frédéric Cési, qui fit préparer l'édition de Rome, que nous annonçons.

Notre ex. est très-bien conservé ; il y manque seulement le titre gravé. Nous avons vu annoncé dans un Catalogue une édition de l'ouvrage de HERNANDEZ, datée de 1628. Ce doit être la même édition que la nôtre à l'exception du titre.

703. HERNANDEZ (Francisco). Opera, cum edita, tum inedita, ad autographi fidem et integritatem expressa, Impensa et jussu regio. *Matriti, Ibarræ heredum*, 1790, 3 vol. in-4, rel.

Vol. I. xviii pp. 3 fnc., 452 pp., 1 fnc. — Vol. II. 562 pp., 1 fnc. — Vol. III. 571 pp.

« Belle édition, publiée par J. B. MUÑOZ CASIMIRE ORTEGA. Elle est augmentée de pièces jusqu'alors inédites et sauvées de l'incendie ». 40 à 50 fr. BRUNET.

704. HERNDON (Wm. Lewis). Exploration of the valley of the Amazon. *Washington, Taylor et Maury*, 1854, in-8, cart.

iv et 414 pp., carte, 16 figures.

705. HERRERA (Antonio de). Historia general de los hechos de los Castellanos en las islas i tierra-firme del Mar oceano. *En Madrid em-plenta* (sic) *real*, 1601-15, 4 vol. in-fol., vél.

Vol. I. « *Decada prima* » 3 fnc., 371 pp., 10 fnc., titre gravé. « *Decada segvnda* » 1 fnc., 368 pp., 8 fnc., titre gravé. — Vol. II. « *Decada terzera* » 1 fnc., 377 pp., 8 fnc., titre gravé. « *Decada qvarta* » 1 fnc., 293 pp., 7 fnc., titre gravé. A partir de la seconde décade, chacune d'elles porte à la fin l'adresse de : *Madrid, por Juan Flamenco*, 1601. — Vol. III. « *Decada quinta* » 3 fnc., 317 pp., 10 fnc, titre gravé. « *Decada sexta* » 1 fnc., 302 pp., 7 fnc., titre gravé, 2 fnc., avec le nom de l'imprimeur : *Juan de la Cuesta*, 1615. — Vol. IV. «*Decada setima*» 3 fnc., 315 pp., 9 fnc., titre gravé, 1 fnc., pour le nom de l'imprimeur. « *Decada octaua* » 3 fnc., 341 pp., 7 fnc., titre gravé, 1 fnc., pour le nom de l'imprimeur.

Après la quatrième décade, se trouve le traité suivant :

DESCRIPCION de las Indias occidentales. *En Mad : en la emplenta* (sic) *real*, 1601, 1 fnc., 96 pp., titre gravé, sur lequel se trouve le portrait de HERRERA, 14 cartes.

ÉDITION ORIGINALE de cette célèbre histoire ; elle est belle et fort rare.

« Parmi les historiens de l'Amérique, D. ANTONIO DE HERRERA tient incontestablement le premier rang. Il naquit en 1659 (1549) et fut quelque temps secrétaire
de Vespasien de Gonzague, vice-roi de Naples, et fut ensuite nommé par Philippe II, historiographe des Indes. Son ouvrage est ce que nous possédons de plus
complet sur l'époque qu'il embrasse. » TERNAUX.

706. HERRERA (Antonio de). Historia general de los hechos de los
Castellanos en las islas i tierra-firme del Mar oceano. *Madrid, Imprenta real de Nicolas Franco,* 1726-30, 4 vol. in-fol., rel.

> Decada primera, 1730, 16 fnc., 292 pp., titre gravé. Decada segunda, 1726, 2
> fnc., 288 pp., titre gravé. Decada terzera, 1726, 1 fnc., 296 pp., titre gravé.
> Decada quarta, 1730, 2 fnc., 232 pp., titre gravé. Decada quinta, *Franc. de Abad,*
> 1728, 3 fnc., 252 pp., titre gravé. Decada sexta, *Rodriguez Franco,* 1730, 2 fnc.,
> 236 pp., (au bas de la dernière on lit : *Imprenta de Francisco Martinez Abad,*
> 1727) titre gravé. Decada setima, 1730, 2 fnc., 245 pp., titre gravé. Decada octava,
> 1730, 2 fnc., 251 pp. — DESCRIPCION de las Indias Occidentales. *Madrid, Rodri-
> guez Franco,* 1730, 5 fnc., 78 pp., 14 cartes (dans plusieurs ex. cette description
> est en tête du vol. I.). « Tabla general » 225 fnc., au bas du dernier on lit :
> *Madrid, Franc. Martinez Abad,* 1728.

> Seconde édition très-recherchée, revue, augmentée et enrichie de notes par ANT.
> GONZALES BARCIA.

707. —— Le même ouvrage. *Amberes, J. B. Verdussen,* 1728, 4 vol.
in-fol., rel.

> Vol. I. 1 fnc., 496 pp., 12 fnc., titre gravé, 29 pl., portraits des conquista-
> dores, cartes. — Vol. II. 446 pp., 9 fnc., titre gravé, 15 fig. et portraits. —Vol. III.
> 1 fnc., 412 pp., 10 fnc., titre gravé, 12 fig. et portraits. — Vol. IV. 1 fnc., 422
> pp., 11 fnc., titre gravé, 12 fig. et portrait, 1 carte. — « DESCRIPCION de las islas, y
> tierra firme de las Indias occidentales » titre gravé, 68 pp., 2 cartes avec expl. en
> français.

> Exemplaire précieux, à cause des nombreuses planches qui l'ornent et qui sont
> gravées par BOUTTATS. Elles sont de la grandeur des pages et en très-belles
> épreuves. Un certain nombre de ces pl. n'appartiennent pas à l'ouvrage.

708. —— Description des Indes Occidentales, qu'on appelle aujourdhuy
le Novveav Monde. Translatee d'espagnol en françois. A la quelle
sont adjoustees quelques autres description des mesmes pays, avec la
navigation du vaillant capitaine de mer JAQUES LE MAIRE, et de plusieurs autres. *Amsterdam, Michel Colin,* 1622, in-fol., vél.

> Cet ouvrage connu sous le nom de « *Collection de Michel Colin* » est divisé
> comme suit :

> DESCRIPTIO Indiæ Occidentalis, per ANT. DE HERRERA, 2 fnc., (pp. 1-103) titre
> gravé, 14 cartes. — JOVRNAL, et miroir de la navigation australe de JAQVES LE
> MAIRE, chef et conducteur de deux navires « *Concorde et Horne.* » (pp. 104-174)
> 5 fig., 3 cartes. — RELATION des deux Caravelles que le roy d'Espagne envoya de
> Lisbonne l'an 1618 au mois d'octobre, soubs la conduite du capitaine DON JEAN

DE MORE pour visiter et descouvrir le passage de Le Maire devers le Sud..... (pp. 175-178). — RECUEIL et abbregé de tous les voyages, qui ont esté faicts dans le destroit de Magallanes (pp. 179-195. *Ce recueil contient les relations des voyageurs suivants :* MAGELLAN, GUTIERRES CARVAJAL, FRERE GARCIA DE LOAYSA, FRANÇOIS DRAQVE, PEDRO SARMIENTO, THOMAS CANDISS, JAQVES MAHV, SIMON DE CORDES, OLIVIER DV NORT). — DICTIONNÀIRE des isles de Salomon (pp. 196-200, isle Salomon, des cocos, de la Nouvelle-Guinée, de l'île de Moyse, de Moa). — PARTICV-LIERE description de l'Inde Occidentale, touchant la situation de ses terres et provinces.... par PEDRO ORDONNEZ DE CEVALLOS (pp. 201-228). — DESCRIPTION d'Ameriqve, qui est le Novveav Monde, tierce des tableaux geographiques de PE-TRVS BERTIVS (pp. 229-254).

709. HERRERA (Antonio de). Histoire generale des voyages et conqvestes des Castillans dans les Isles et Terre ferme des Indes Occidentales, traduite de l'espagnol par N. DE LA COSTE. *Paris, veuve N. de la Coste,* 1671, in-4, rel.

8 fnc., 790 pp., 6 fnc.

Traduction de la troisième décade, de l'important ouvrage de HERRERA (an. 1521-26). Le Manuel de M. BRUNET et TERNAUX; citent cette traduction en 3 vol.; le nôtre serait seulement le 3ᵉ vol. de l'ouvrage. Le *Manuel* dit que la première et deuxième décades seulement ont été traduites.

710. HERRERA (fray Pedro de). Ang pagcadapat y biguin si Jesus nang manga calelovang tinobós niyá. Ang may catha nitó ang Padre Letor Fray PEDRO DE HERRERA Padre sa S. Agustin at Prior sa Tanbobong. *Impresso cõ licencia en Manila en el Colegio de S. Thomas por Luis Beltran Año de* 1639, in-18, vél.

Titre, sur lequel on voit la même marque de l'imprimeur qui est sur le Vocabulaire du P. MENTRIDA (V. ce nom); 9 fnc., pour les approbations, licences, etc.; « Poesia del avtor en metro Tagalo » 9 pnc., texte 217 ff., Decimas del autor 1 fnc.

Traité de l'Amour de Dieu, en langue Tagale, par le P. PEDRO DE HERRERA, religieux de S. Augustin, qui fit imprimer aussi en 1636, un Confessionnaire dans la même langue. La date de son traité de l'Amour de Dieu n'est indiquée ni dans PINELO, ni dans ANTONIO ; celui-ci nomme son auteur *« vir de ordine hoc amplissimo optime meriti... »*

Ce petit volume précieux, imprimé sur papier de riz, est d'une conservation extraordinaire, sans aucune tache ni piqûres. C'est peut-être le seul vol. de cette date, imprimé aux Philippines, qui se soit aussi bien conservé.

711. HERRERO (P. F. Andres, misionero apostolico). Doctrina y Oraciones cristianas en lengua Mosetena, traducidas en espanol palabra por palabra. *Roma, Imprenta de Propaganda,* 1834, in-12, br.

20 pp. La langue Mosetena est parlée dans le Pérou.

712. HET BRITANNISCHE Ryk in Amerika, zynde eene beschry-

ving van de Ontdekking, Bevolking, Innwooders, het Klimaat, den
Koophandel, en tegenwoordigen Staat van alle de Britannische Colo-
niën in dat gedeelte der Wereldt. *Te Amsterdam, H. Bosch,* 1727,
2 tom. en 1 vol. in-4, vél.

Vol. I. 12 fnc., 300 pp., front. gravé, 5 cartes. — Vol. II. 327 pp., 7 fnc.,
front. gravé, 3 cartes, 3 pl.

Cet ouvrage est une traduction, par R. G. WETSTEIN, de celui de JOHN OLDMI-
XON, publié à Londres en 1708 et 1721, en 2 vol. in-8°. Cette traduction hollandaise est augmentée de plusieurs planches et cartes. La première partie contient
l'histoire de Terre-Neuve, Nouvelle-Écosse, Nouvelle-Angleterre, New-York,
New-Jersey, Pennsylvanie, Mariland, Virginie, Caroline et la baie de Hudson. La
seconde partie traite des îles Antilles : Les Barbades, Sainte-Lucie, Saint-Vincent,
Nevis, Saint-Christophe, la Jamaïque, les îles de Bahama et les Bermudes.

713. (HEWITT (Alexander)). An historical account of the rise and
progress of the colonies of south Carolina and Georgia. *London, Do-
naldson,* 1779, 2 vol. in-8, cart., *non rogné.*

Vol. I. xiv et 347 pp. — Vol. II. ix et 309 pp. — L'auteur résida plusieurs années
à Charlestown, et publia son ouvrage sur des papiers et manuscrits originaux
qu'il avait recueillis lors de sa résidence dans ce pays.

714. HILL (H. A.). Ne tsinihhoweyea-nenda-onh orighwa do geaty,
roghyadon royadado geaghty, Saint Luke. *New-York, A. Hoyt,* 1827,
in-12, rel.

« The Gospel according to Saint Luke, translated into the Mohawk tongue, By
H. A. HILL. » 314 pp., en anglais et en Mohawk.

715. (HILLIARD D'AUBERTEUIL). Considérations sur l'état présent de la colonie françoise de Saint-Domingue, ouvrage politique et
législatif. *Paris, Grangé,* 1776-77, 2 vol. in-8, rel.

Vol. I. xvj et 327 pp., 1 tabl. — Vol. II. iv et 368 pp.

A la fin du second vol. l'éditeur annonce la publication d'un troisième volume
qui aurait contenu le projet d'un corps entier de loix pour la colonie de Saint-
Domingue, applicable dans toute l'Amérique française. Ce volume n'a jamais été
publié.

716. HINTON (John Howard). The History and Topography of the
United States; illustrated with a series of views, drawn on the spot,
and engraved on steel, expressly for this work. *London,* 1830-32,
2 vol. in-4, demi-rel., *non rogné.*

Vol. I. xvi pp., 1 fnc., 476 pp., portrait de Washington. — Vol. II. viii pp., 1
fnc., 580 pp. Les 97 magnifiques fig. et cartes qui décorent cet ouvrage sont reliées en 1 vol. in-4.

Très-beau livre publié à L. 6. 6 s.

717. HISTOIRE de ce qvi s'est passé av royavme dv Japon, es annees 1625. 1626. et 1627. Tiré des lettres adressées au R. Pere Mvtio Viteleschi, general de la Compagnie de Jesvs. Traduite d'italien en françois par vn Pere de la mesme Compagnie (le P. JEAN VIREAU). *Paris, Seb. Cramoisy*, 1633, in-8, demi rel.

3 fnc., 485 pp. Traduction des lettres du Japon, pour les années 1625, 1626, 1627, desquelles l'édition originale a été imprimée à Rome en 1632, réimprimées à Milan sous la même date. Une traduction en flamand a paru à Anvers également sous la même date.

Les pages 474-485 (chiff. 465), contiennent la « *Relation de la glorieuse mort des PP. Roch Gonzales, Alphonse Rodriguez, et Jean de Castillio, de la Compagnie de Jesvs, occis pour la saincte foy par les Indiens de la prouince d'Vrnay, appartenant au Paraguay, en l'année 1628.* »

Cette relation est extraite d'une lettre du P. Truxillo Vasquez, provincial de la Cie au Paraguay, envoyée au P. Procureur des Indes, à Madrid, et transmise au P. Jean Foissey recteur de Bourges, par le P. Jean de la Chaussée, l'an 1630, le 29 Novembre. (Pour un texte espagnol de cette relation. V. le n° 567).

718. HISTOIRE de la Conqueste de la Floride, par les Espagnols, sous Ferdinand de Soto. Ecrite en portugais par un Gentil-homme de la ville d'Elvas. Par M. D. C. (CITRI DE LA GUETTE). *Paris, Denys Thierry*, 1685, in-12, rel.

11 fnc., 300 pp. Traduction faite par CITRI DE LA GUETTE, sur l'original portugais, de la relation de la Conquête de la Floride, imp. à Evora en 1556. V. BRUNET, article RELAÇAÖ.

L'édition originale est excessivement rare, la traduction française, peu commune, devient de ce fait assez précieuse.

719. —— Le même ouvrage. *Paris, Edme Couterot*, 1699, in-12, bas.

11 fnc., 300 pp. Cette édition est la même que la précédente à l'exception du titre.

720. HISTOIRE de la fondation des Colonies des anciennes républiques, adaptée à la dispute présente de la Grande-Bretagne avec ses colonies Américaines. Traduite de l'anglois (par CERISIER). A laquelle on a ajouté trois lettres intéressantes sur la même dispute et les articles de l'union d'Utrecht comparés aux articles de l'union des colonies de l'Amerique septentrionale. *Utrecht, J. van Schoonhoven*, 1778, in-8, cart.

2 fnc., 247 pp.

721. HISTOIRE de la Jamaïque, traduite de l'anglois, par M*** (RAU-

LIN), ancien officier. *Londres, Nourse,* 1751, 2 part. en 1 vol. in-12, rel.

> Première partie : 1 fnc., 285 pp. — Seconde partie : 248 pp., 6 figures. Cette relation est le fruit d'un séjour assez long de l'auteur à la Jamaïque.

722. HISTOIRE de la Navigation, son commencement, son progrès et ses découvertes jusqu'à présent. Traduit de l'anglois. Le commerce des Indes Occidentales. Avec un catalogue des meilleures cartes géographiques et des meilleurs livres de voyages, et le caractere de leurs auteurs. *Paris, E. Ganeau,* 1722, 2 vol. in-12, rel.

> Vol. I. 3 fnc., 378 pp., 3 fnc. — Vol. II. 3 fnc., 316 pp.

723. HISTOIRE de la persecution de deux saints evêques par les Jesuites : l'un Dom Bernardin de Cardenas, evêque du Paraguay dans l'Amerique Meridionale ; l'autre Dom Philippe Pardo, archevêque de l'eglise de Manile Metropolitaine des isles Philippines. *S. L. (Hollande),* 1691, in-12, br., *non rogné.*

> 503 pp., 1 fnc. Ce petit volume, très-difficile à rencontrer dans cet état, a été publié d'après les pièces originales, conservées à Madrid, et qu'on a imprimées dans cette ville en 1768-70, sous le titre de *Coleccion general de documentos.* V. le n° 352.

724. HISTOIRE de l'expédition de trois vaisseaux, envoyés par la Compagnie des Indes Occidentales des Provinces-Unies, aux Terres australes en 1721. par M. de B***. *La Haye,* 1739, 2 tom. en 1 vol. in-12, rel.

> Vol. I. 4 fnc., 224 pp. — Vol. II. 254 pp. Cette expédition entreprise d'après les instances de Roggewein, conseiller de la cour de Justice dans les Indes Orientales, partit d'Amsterdam le 16 Juillet 1721 et ne fut de retour au Texel que le 11 Juillet 1723. La première partie de ce voyage est consacrée aux côtes d'Amérique (Brésil, Chili, détroit de Magellan, etc.).

725. HISTOIRE de l'île de Saint Domingue, depuis l'époque de sa découverte par Chr. Colomb jusqu'à l'année 1818. Publiée sur des documents authentiques, et suivie de pièces justificatives, telle que la correspondance de Toussaint-Louverture, avec Buonaparte, etc. *Paris, Delaunay,* 1819, in-8, rel.

> ij et 390 pp.

726. HISTOIRE et Commerce des Antilles angloises, où l'on trouve l'état actuel de leur population et quelques détails sur le commerce de contrebande des Anglois avec les Espagnols dans le Nouveau-

Monde. On y a joint l'histoire des loix principales qui concernent les Colonies angloises établies tant dans les isles, que sur le continent de l'Amérique. *(Paris)*, 1758, in-12, rel.

x et 6 pp., 2 fnc., 284 pp., 1 carte.

Cet ouvrage doit être de Butel-Dumont, auteur d'un ouvrage du même genre sur les Colonies anglaises. (V. ce nom n° 241). La *Bibl. des voyages* cite une traduction allemande de ce livre, faite à Leipzig en 1786.

727. HISTOIRE philosophique et politique des isles françoises dans les Indes Occidentales. *Lausanne, P. Heubach,* 1784, in-8, br.

xv et 355 pp., 1 tableau. Cet ouvrage est un extrait du livre de Raynal, en ce qui concerne nos Colonies.

728. HISTORIA D. N. J. C. in linguâ Pacasâ, diocesis urbis de La Paz in America Meridionali, Peru. Descripsit D. B. de Mérian. In-fol., cart.

Manuscrit autographe de Mérian, inédit et très-précieux; composé de 66 pp., in-fol. Le Pacasa (dialecte de la langue Aymara), est accompagné d'une traduction latine, cette dernière écrite en rouge.—Le titre rapporté ci-dessus est de la main de M. Marcel.

729. HISTORIA de la isla de Santo Domingo, continuada hasta los ultimos acontecimientos durante la insurreccion de los xefes negros, especialmente en el año 1800 (VIII de la republica francesa) y siguientes hasta el presente de 1806. Por D. V. A. E. P. *Madrid,* 1806, in-12, br.

270 pp.

730. HISTORY (The) of the British dominions in North America : from the first discovery of that vast continent by Seb. Cabot in 1497, to its present glorious establishement as confirmed by the late treaty of peace in 1763. In fourteen books. *London, Strahan and Becket,* 1773, in-4, bas.

6 fnc., 297 et 275 pp., carte. Cet ouvrage, dont nous n'avons pu découvrir le nom de l'auteur, est divisé en deux parties et en XIV livres, savoir : Livre I (pp. 1-50), contenant l'histoire des Colonies européennes dans l'Amérique du Nord. — Livre II (pp. 51-297). Histoire générale de la Nouvelle-Angleterre. — Livre III (pp. 1-84). Histoire de la province de New-York. — Livre IV (pp. 85-100). Histoire de la Nouvelle-Cesarée ou Nouvelle-Jersey. — Livre V (pp. 101-115). Description de la province de Pennsylvanie. — Livre VI (pp. 117-125). Province de Maryland. — Livre VII (pp. 127-136). Histoire de la Virginie. — Livre VIII (pp. 137-152). Histoire de la Caroline. — Livre IX (pp. 153-168). Description de la Colonie de la Géorgie. — Livre X (pp. 169-171). Histoire de la Floride. — Livre XI (pp. 173-

193). Histoire de la Louisiane. — Livre XII (pp. 195-219). Histoire du Canada. — Livre XIII (pp. 221-243). Description de la Nouvelle-Bretagne, la terre de Labrador et la baie de Hudson. — Livre XIV (pp. 245-275). Histoire de la Nouvelle-Ecosse.

731. HOGAN (J. Sheridan). Le Canada. Essai auquel le premier prix a été adjugé par le comité Canadien de l'exposition de Paris. *Montréal, John Lovell*, 1855, in-8, cart.

106 pp., 2 cartes.

732. HOLGUIN (P. Diego Gonzales). Gramática y arte nueva de la lengua general de todo el Perú llamada lengua Qquichua o lengua del Inca. *(Genova, Pagano)*, 1842, in-8, br.

320 pp. Cette nouvelle édition, revue et corrigée est devenue rare, les exemplaires ayant été envoyés en Amérique. L'édition originale de cet important ouvrage a été imprimée à Lima en 1607. C'est un livre rarissime et d'un prix très-élevé.

733. HONTERVS (Joan.). Rvdimentorvm Cosmographicorvm Joan. Honteri Coronensis libri. III. cvm tabellis Geographicis elegantissimis. *Tigvri, apvd Froschouerum*, 1549, in-8, vél.

29 fnc., en vers. Ce volume renferme une relation abrégée des navigations des Espagnols et des Portugais dans les deux Indes, sous ce titre : De Nvper svb Castiliæ ac Portvgaliæ Regibus Serenissimis repertis Insulis ac Regionibus, Joannis Schöner Charolipolitani epistola et Globus Geographicus, seriem nauigationum annotantibus. Clarissimo atq ; disertissimo uiro Dño Reymero de Streytpergk, ecclesiæ Babenbergensis Canonico dicatæ » 4 et 14 fnc., occupés par des cartes, gravées sur bois, dont l'une porte la date de 1546 et sur laquelle le mot *America* est imprimé.

Cette édition de 1549 n'est pas citée dans la *Bibliotheca Vetustissima*, qui indique sous le n° 271, d'après le Catalogue de Walckenaer, une édition de 1546, et une autre de 1548.

734. HORTO (Garcia ab). Aromatvm, et simplicivm aliqvot medicamentorvm apvd Indos nascentivm historia.... deinde latino sermone in epitomen contracta à Carolo Clvsio. *Antverpiæ, Christ. Plantini*, 1579, 217 pp., 6 pnc. — C. CLVSII, aliqvot notæ in Garciæ. Aromatum historiam. Eivsdem descriptiones nonnullarum stirpium, et aliarum exoticarum rerum quæ Francisco Drake, et his obseruatæ sunt, qui eum in longa illa Nauigatione, qua proximis annis vniuersum orbem circumiuit, comitati sunt. *Antverpiæ, Ch. Plantini*, 1582, 43 pp., fig. — CHRISTOPHORI ACOSTA Aromatum et medicamentorum in Orientali India nascentium liber. Caroli Clvsii opera ex hispanico sermone latinus factus, in epitomen contractus, et

quibusdam notis illustratus. *Antverpiæ, Ch. Plantini,* 1582, 88 pp.,
fig. — SIMPLICIVM medicamentorvm ex Novo orbe delatorvm, qvorvm
in medicina vsvs est, historia, Hispanico sermone descripta a D. NI-
COLAO MONARDIS ; latio deinde donata à CAROLO CLVSIO. *Antverpiæ,
Ch. Plantini,* 1579, 84 pp., 2 fnc., fig. — SIMPLICIVM medicamentorum
historia.... Liber tertivs, à D. N. MONARDIS. *Antverpiæ, Ch. Plantini,*
1582, 47 pp. — Ensemble 5 ouvrages en 1 vol. in-8, rel.

735. HORTO (Garçia ab). Aromatvm, et simplicivm aliqvot medicamentorvm apvd Indos nascentivm historia.... deinde latino sermone
in epitomen contracta à CAROLO CLVSIO. *Antverpiæ, Ex officina
Plantiniana,* 1593, in-8, fig., demi rel. cuir de Russie.

Très-bel exempl. Cette édition contient : GARCIA AB HORTO (pp. 1-217, 6 pnc.).
CHRISTOPHORI ACOSTA (pp. 225-312).—N. MONARDES (pp. 313-456, 2 fnc.), plus 1 f.
pour la marque de Plantin.

736. —— Dve libri dell' historia de i semplici, aromati, et altre cose ;
che vengono portate dall' Indie Orientali pertinenti all' vso della medicina di Don GARZIA DALL' HORTO ; con alcune breui annotationi di
CARLO CLVSIO. Et dve altri libri parimente di quelle che si portano
dall' Indie Occidentali, di NICOLO MONARDES. Hora tutti tradotti dalle
loro lingue nella nostra italiana da M. ANNIBALE BRIGANTI. *Venetia,
Francesco Ziletti,* 1582, in-8, vél., fig.

12 fnc., au recto du 6e f. le portrait de MONARDES ; 347 pp., 6 fnc., 249 pp., 13
pnc.

737. —— Lo stesso libro. *Venetia, appresso gli heredi di Francesco
Ziletti,* 1589, in-8, demi rel., fig.

13 fnc., 347 pp., 5 pnc. « MONARDES. Delle Cose..... » 131 pp., 13 pnc., fig. sur
bois dans le texte.

738. —— Lo stesso libro. *Venetia (Giouanni Salis),* 1616, in-8, vél., fig.

15 fnc., 525 pp. Au verso de la dernière on lit : *Stampato in Venetia nella Stamperia di Giouanni Salis.* M.DC.XVI.

739. —— Histoire des drogues espiceries, et de certains medicamens
simples, qui naissent ès Indes et en Amérique. Ceste matière comprise
en six livres : dont il y en a cinq tirés du latin de CHARLES DE L'ES-
CLUSE : et l'histoire du baulme adioustee de nouueau.... Le tout fidellement translaté en françois par ANTOINE COLIN maistre apoticaire.
Lyon, aux despens de Jean Pillehotte, 1619, in-8, rel.

7 fnc., 369 pp., 15 pnc., fig. sur bois. Cet ouvrage est la traduction française

de celui de GARCIA AB ORTA, nommé par le traducteur GARCIE DU JARDIN. On y a joint, ainsi qu'à la traduction latine, les ouvrages suivants :

TRAICTÉ de CHRIST. DE LA COSTE. Des drogues et medicamens qui naissent aux Indes..... Abregé de CHARLES DE L'ÉCLUSE d'Arras et de nouueau mis en françois par A. COLIN. *Lyon, Jean Pillehotte,* 1619, 176 pp., 3 fnc., fig. sur bois.

HISTOIRE du bavlme. Ov il est provvé qve novs avons vraye cognoissance de la plante qui produit le baulme..... Version françoise tirée de PROSPER ALPIN ; par A. COLIN. *Lyon, Jean Pillehotte,* 1619, 102 pp., 4 fnc., fig. sur bois.

HISTOIRE des simples medicamens apportés de l'Ameriqve, desqvels on se sert en la medecine. Escrite premierement en Espagnol, par NICOLAS MONARD. Du depuis mise en latin par CHARLES DE l'ÉCLUSE. Et nouuellement traduicte en françois par A. COLIN. *Lyon, Jean Pillehotte,* 1619, 262 pp., 3 fnc., fig. sur bois.

L'ouvrage de GARCIA D'ORTA, dont nous possédons la traduction abrégée en latin de CH. DE l'ÉCLUSE (imp. à Anvers en 1567, 1574, 1579 et 1593, par le célèbre Plantin), la traduction italienne de ANNIBALE BRIGANTI (imp. en 1576 Haym, 1582, 1584 Haym, 1589, 1605, 1616), et enfin la traduction française publiée par A. COLIN, en 1619 ; a paru pour la première fois en portugais en 1563, à Goa. Les éditions de la trad. latine de 1567 et 1574 ne contiennent pas les ouvrages de CH. D'ACOSTA et de NIC. MONARDES sur le même sujet (Voy. ces deux noms.)

740. HOWE (Henry). Historical Collections of Ohio; containing a collection of the most interesting facts, traditions, biographical sketches, anecdotes etc. Relating to its general and local history : with descriptions of its counties, principal towns and villages. *Cincinnati, Bradley et Anthony,* 1849, in-8, cart.

599 pp., carte, fig. col. et nombreuses vignettes dans le texte, représentant les villes les plus importantes de l'Ohio et les monuments de cette province.

741. HUBBARD (Rev. Wm.). A General history of New-England, from the discovery to 1680. Published by the Massachussetts historical Society. *Cambridge, Hilliard et Metcalf,* 1815, in-8, rel.

vi et 676 pp. PREMIÈRE ÉDITION, publiée d'après une copie mss. prise sur l'original, qui avait appartenu au Dr John Eliot, auteur d'un dictionnaire biographique des premiers habitants de la Nouvelle-Angleterre. Ce manuscrit, le seul qui existe, se conserve dans la bibliothèque de la Société historique de Massachussetts. Il y manque les trois premières pages et environ les quatre dernières.

Le Rév. WM. HUBBARD, auteur de plusieurs ouvrages sur la Nouvelle-Angleterre, naquit en 1621 et mourut en 1704.

742. HUDSON (Henr.). Descriptio ac delineatio Geographica detectionis Freti, sive Transitus ad Occasum, suprà terras Americanas, in

Chinam atq̃; Japonem ducturi, Recens investigati ab M. Henrico Hudsono Anglo. Item, Narratio Ser^mo Regi Hispaniæ facta, super tractu, in quinta Orbis terrarum parte, cui Avstrialiæ Incognitæ nomen est, recens detecto, Per Capitaneum Petrum Ferdinández de Quir. Vnà cum descriptione Terræ Samoiedarvm et Tingoesiorvm, in Tartaria ad Ortum Freti Waygats sitæ, nuperq̃; Imperio Moscovitarum subactæ. *Amsterodami, Ex officina Hesselij Gerardi. Anno* 1612, in-4, vél.

22 fnc., sign. A.-F., 3 cartes. Au verso du titre, une fig. représentant un vaisseau, au-dessous une pièce de vers de 8 lignes. Le verso du f. C. 2, contient une autre fig. représentant un Samoyède dans un traîneau tiré par trois rennes.

Bel exempl. de l'édition originale de cette relation curieuse et rare. Il en a été fait, chez le même imprimeur, une nouvelle édition, en 1613.

Le Mémoire de Quiros, qui se trouve joint à la relation de Hudson, a été imprimé originairement en espagnol, sans lieu ni date. (Pinelo lui donne la date de 1610). C'est un opuscule fort rare, qui a été supprimé par ordre de Philippe III. Le seul ex. cité est celui qui se trouvait dans la *Bibl. Grenvilliana.* — Lowndes' cite deux traductions anglaises de ce précieux morceau (*London*, 1617, in-4º; réimprimé in-8º, sans date). Une traduction française a été imprimée à Paris, en 1617, pet. in-8º.

743. HUGHES (Griffith). The natural history of Barbados, in ten books. *London, printed for the author*, 1750, in-fol., cart., *non rogné.*

vii pp., 6 fnc., 314 pp., 10 fnc., 29 pl. La pl. 10 est numérotée 2 fois et la pl. 22 est double.

Chaque planche contient le blason gravé de la famille à laquelle elle est dédiée.

« We are indebted to Hughes for some good observations on the natural history of Barbadoes, accompanied with faithful and spirited representations of the different objects described. » Lowndes'.

744. HUMBOLDT (Alex. de). Essai politique sur le royaume de la Nouvelle Espagne ; avec un atlas physique et géographique, fondé sur des observations astronomiques, des mesures trigonométriques et des nivellemens barométriques. *Paris, F. Schoell*, 1811, 2 vol. in-4 et atlas in-fol., demi rel., *non rogné.*

Vol. I. xcii, iv et 350 pp., 3 fnc. — Vol. II. pp. 351-904, 1 fnc. — Atlas. 20 cartes. Troisième partie du voyage de Humboldt et Bonpland, publiée à 200 fr.

745. —— Le même ouvrage. *Paris, F. Schoell*, 1811, 5 vol. in-8, br.

Vol. I. iij et 456 pp., carte. — Vol. II. 522 pp., carte. — Vol. III. 419 pp. — Vol. IV. 564 pp., 2 fnc. — Vol. V. 350 pp., 1 fnc.

746. HUMBOLDT (Alex. de). Essai politique sur le royaume de la Nouvelle Espagne. Deuxième édition. *Paris, Renouard*, 1825-27, 4 vol. in-8, br.

> Vol. I. xviij et 471 pp. — Vol. II. 500 pp. — Vol. III. 479 pp. — Vol. IV. 380 pp., carte et plan.

747. —— Minerva. Ensayo politico sobre el reyno de Nueva - España, sacado por D. (PEDRO MARIA DE OLIVE). *Madrid, Nuñez y Ibarra*, 1818, 2 vol. in-8, bas.

> Vol. I. 448 pp. — Vol. II. 462 pp., 1 fnc.
> La première traduction que l'on ait imprimée de ce savant ouvrage.

748. —— Recueil d'observations astronomiques, d'opérations trigono-métriques et de mesures barométriques, faites pendant le voyage aux régions équinoxiales du Nouveau - Continent, depuis 1799 jusqu'en 1803. *Paris, F. Schoell*, 1810, 2 vol. in-4, br.

> Vol. I. lxxvj et 382 pp., 1 fnc., 1 pl. — Vol. II. 629 pp., 1 pl.
> Ces deux volumes forment la quatrième partie « Astronomie » de la grande édition du voyage de HUMBOLDT et BONPLAND. Ils ont été publiés à 192 fr.

749. —— Voyage aux régions équinoxiales du Nouveau Continent, fait en 1789-1804, par A. DE HUMBOLDT et D. BONPLAND. Rédigé par A. DE HUMBOLDT. *Paris*, 1816-22, vol. I-VIII, in-8, rel.

> Cette édition, qui est entièrement épuisée, se compose de XIII volumes.
> Vol. I. 1 fnc., 439 pp. — Vol. II. 381 pp., 1 pl. — Vol. III. 381 pp., 1 fnc. (La Note A du livre III contient une notice des grammaires des langues américaines, que HUMBOLDT avait rapportées en Europe. La Note B donne un aperçu de quelques mots en langue des *Chaymas* dans les missions de Caripe-Venezuela). — Vol. IV. 331 pp., 2 fnc. « Sur les matériaux qui ont servi pour la construction de l'atlas, etc. » 69 pp. — Vol. V. 318 pp. — Vol. VI. 396 pp. — Vol. VII. 455 pp. — Vol. VIII. 526 pp., 1 fnc.

750. —— Tableaux de la nature, ou observations sur les déserts, sur la physionomie des végétaux, et sur les cataractes de l'Orénoque. Tra-duits de l'allemand par J. B. EYRIÈS. *Paris, F. Schoell*, 1808, 2 vol. in-12, br.

> Vol. I. x et 240 pp. — Vol. II. 240 pp.
> ÉDITION ORIGINALE de cette traduction.

751. —— Essai politique sur l'île de Cuba ; avec un supplément qui ren-ferme des considérations sur la population, la richesse territoriale et

le commerce de l'archipel des Antilles et de Colombia. *Paris, Gidè fils,* 1826, 2 vol. in-8, demi rel.

Vol. I. xlvi et 364 pp., carte. — Vol. II. 408 pp.

752. HUMBOLDT (Alex. de). Vues des Cordillères, et monumens des peuples indigènes de l'Amérique. *Paris, Maʒe,* 1816, 2 vol. in-8, demi rel.

Vol. I. 392 pp., 8 pl. — Vol. II. 411 pp., 1 fnc., 11 pl., dont plusieurs coloriées. Ouvrage des plus savants pour l'histoire ancienne du Mexique, orné de fig. col. représentant d'anciennes peintures mexicaines.

753. HUSTON (J.). Le répertoire national ou recueil de littérature canadienne. *Montréal, Lowell et Gibson,* 1848, 2 vol. in-8, rel.

Vol. I. viii et 368 pp., 4 fnc. — Vol. II. 376 pp., 4 fnc. Compilation intéressante pour l'histoire littéraire de notre ancienne colonie.

754. HUTCHINSON (Governor Thomas). The History of the colony of Massachusets-Bay, from the first settlement thereof in 1628, until its incorporation with the colony of Plimouth, province of Main, etc., by the charter of King William and Queen Mary, in 1691. *London, J. Smith,* 1760-68, 2 vol. in-8, demi rel.

Vol. I. 2 fnc., iv et 566 pp. — Vol. II. 1 fnc., iv et 539 pp.

755. —— The same book. *London, Richardson,* 1760, in-8, demi rel., v.

Ce volume, qui forme le premier de cette histoire, existe aussi avec un titre réimprimé en 1765, époque à laquelle fut publié le second volume. Un troisième volume, comprenant l'histoire des années 1749-74, a été publié par le petit fils de l'auteur à Londres, en 1828.

756. IMLAY (Gilbert). A Topographical description of the western territory of North America. Third edition. *London, J. Debrett,* 1797, in-8, demi mar. NON ROGNÉ.

xii et 598 pp., 15 fnc., 4 cartes. Troisième édition augmentée d'un ouvrage intéressant. L'auteur était capitaine de l'armée anglaise pendant la guerre de l'indépendance. La première édition de son livre parut à Londres, en 1792 ; la seconde en 1793. — FARIBAULT cite une édition de New-York, 1793, 2 vol. in-12.

757. INDIVIDUAL Y VERDADERA relacion de la extrema ruyna que padeció la Ciudad de los Reyes Lima, Capital del Reyno del Perù, con el horrible Temblòr de tierra acaecido en ella la noche del dia 28. de Octubre de 1746. y de la total asolacion del presidio y puerto del Callao, por la violenta irrupcion del Mar, que ocasionò en aquella

Bahia. *Lima, en la Imprenta que estaba en la Calle de los Mercado-res,* 1746, in-4, br.

13 fnc. R<small>ELATION</small> <small>ORIGINALE</small> du tremblement de 1746, qui détruisit presque toute la ville de Lima. Une traduction française a été ajoutée à l'ouvrage de H<small>ALES</small> sur le même sujet (V. n° 682).

758. INFORME sobre el estado de las islas Filipinas en 1842. Escrito por el autor del sistema musical de la lengua Castellana. *Madrid,* 1843, 2 vol. in-8, br.

Vol. I. 1 fnc. « Origen de los habitantes y estados de los filipinos a la llegada de los españoles » 201 pp., 1 alphabet des anciennes langues des Philippines. « Historia de la dominacion española en las islas filipinas » 93 pp., avec un tableau chronologique des gouverneurs « Poblacion » 138 pp. « Animales » 9 pp. « Clima » 5 pp. « Minerales » 15 pp. « Topografia » 22 pp., 1 fnc.

Vol. II. « Lenguas » 21 pp. Cet intéressant chapitre contient un Vocabulaire comparé espagnol, iloco, tagale, bisaya, cagayan, malai de Singapor, chinois (Fokien). « Vegetales » 92 pp. « Agricultura » 47 pp. « Comercio » 14 et 37 pp. « Industria » 15 pp. « Division territorial » 31 pp., 1 carte « Administracion de gobierno » 6 pp. « Instruccion publica » 13 pp. « Estado eclesiastico » 40 pp. « Justicia » 32 pp. « Ejército » 11 pp. « Marina » 3 pp. « Contribuciones » 31 pp. « Politica » 24 pp., 2 fnc.

Comme on le voit par le détail ci-dessus, cet ouvrage est un des plus utiles pour l'histoire et l'ethnographie des Philippines. Exempl. avec beaucoup de notes mss. de M. M<small>ALLAT</small>, auteur d'une histoire du même pays.

759. INSAURRALDE (P. Joseph). Ara poru aguíyey haba : conico, quatia poromboe ha marângâtu. *Tabuçu Madrid è hape Joachin Ibarra,* 1759-60, 2 vol. pet. in-8, vél.

Vol. I. 11 fnc., 464 pp. — Vol. II. 6 fnc., 368 pp. La traduction abrégée du titre est indiquée ainsi dans les licences : « *Buen uso del tiempo.* »

Ouvrage fort rare et important pour la littérature G<small>UARANI</small>; c'est le livre le plus volumineux que l'on ait imprimé entièrement en cette langue. Il a été publié sur le mss. de l'auteur, par le P. L<small>UIS</small> <small>DE</small> L<small>UQUE</small>, de la Cie de Jésus. De plus, il paraît être resté inconnu aux bibliógraphes. Cependant A<small>DELUNG</small> en parle dans le vol. III, 2, p. 432, de son *Mithridates,* où il est indiqué sous la date de 1759; peut-être A<small>DE-LUNG</small> n'a pas eu connaissance du tome II. Le P. I<small>NSAURRALDE</small> était supérieur des missions du Parana et de l'Uruguay.

Les PP. <small>DE</small> B<small>ACKER</small>, vol. VI, p. 228, n'indiquent que le second volume.

760. INSTRUCCION reglamentaria aprobada por S. M., para el ser-vicio de las aduanas en los puertos habilitados de la isla de Puerto-Rico. Mandada observar por real órden de 5 de Octubre de 1857. *Puerto-Rico, Imprenta de Acosta,* 1857, in-fol., br.

2 fnc., 51 pp. A la suite :

ARANCELES generales para el cobro de derechos de importacion y exportacion en todas las aduanas de los puertos habilitados de la isla de Puerto-Rico, aprobados por S. M. en 2 de Agosto de 1849. *Puerto-Rico, Acosta*, 1857, 45 fnc.

761. INSTRUCCIONES para la constitucion fundamental de la monarquia española, y su gobierno, de que se ha de tratarse en las próxîmas cortes generales de la nacion. Dadas por el M. I. Ayuntamiento de la M. N. Y. L. ciudad de Guatemala, á su diputado el Sr. D. Antonio de Larrazabal canónigo de esta iglesia metropolitana. Formadas por el Sr. D. José Maria Peinado, regidor perpetuo. *Cadiz, Imprenta de la junta superior*, 1811, in-fol., br.

65 pp.

762. ISABELLE (Arsène). Voyage à Buenos-Ayres et à Porto-Alègre, par la Banda-Oriental, les missions d'Uruguay et la province de Rio-Grande-do-sul (de 1830 à 1834). *Havre, J. Morlent*, 1835, in-8, br.

618 pp., 2 fnc., carte, fig.

763. ISERT (P. Erdman). Voyages en Guinée et dans les îles Caraïbes en Amérique, tirés de sa correspondance avec ses amis. Traduits de l'Allemand. *Paris, Maradan*, 1793, in-8, rel.

viij et 343 pp., « observ. météorologiques » 48 pp., 2 fig. Les pp. 181-182 contiennent un aperçu de la langue parlée à la Guinée et un petit vocabulaire *français, akréen, assiantheen, krepeen.*

764. ISTORIA della vita del venerabile Monsignore Don Giovanni di Palafox e Mendoxa vescovo d'Angelopoli e poi d'Osma. *Firenze*, 1773, 2 vol. in-4, vél.

Vol. I. xxv et 390 pp., 1 fnc. — Vol. II. x et 244 pp. Cette histoire, divisée en quatre parties, est dédiée au cardinal Mario Marefoschi. L'auteur ne s'est pas nommé; mais la dédicace est signée, en son nom, par Valerio Pucci Sisti.

765. ITABAYANA (Visconde de). Exposição fiel sobre a negociação do emprestimo que o imperio do Brasil ha contrahido em Londres, e sobre as vantagens delle resultantes. *Londres, J. Barnard*, 1827, in-8, br.

90 pp.

766. IVNGERUTIT Tuksiutidlo, kaladlinnut opertunnut attuægeksæt. *Kiöbenhavnime, C. F. Skubartimit*, 1801, in-12, rel.

528 pp. Psaumes et cantiques en Groenlandais; traduits par Otto Fabricius. Pour un dictionnaire groenlandais du même auteur, V. le n° 547.

767. (JACQUEMARD). Réflexions d'un cultivateur américain, sur le projet d'abolir l'esclavage et la traite des nègres. *Londres et Paris, Lagrange,* 1783, in-12, cart.

> 1 fnc., 99 pp. A la suite :
> CONSTITUTION intérieure des colonies, subordonnée à leurs rapports commerciaux avec la métropole. *(Paris,* 1791), *Imprimerie de Quillau,* 70 pp.

768. JACQUET (E.). Considérations sur les alphabets des Philippines. *Paris, Imp. Royale,* 1831, in-8, br.

> 30 pp. 1 planche d'écriture de la langue Ylocana. Extrait du *Journal Asiatique.*

769. JACQUIN (N. Jos.). Selectarum stirpium Americanarum historia, in qua ad Linnæanum systema determinatæ descriptæque sistuntur plantæ illæ, quas in insulis Martinica, Jamaica, Domingo, aliisque et in vicinæ continentis parte, observavit rariores ; adjectis iconibus in solo natali delineatis. *Vindobonæ, Krausiana,* 1763, 2 vol. in-fol., cart. *Non rogné.*

> Vol. I. 3 fnc., VII pp., 2 fnc., 284 pp., 7 fnc.—Vol. II. Titre gravé, CLXXXIII pl.
> Ouvrage très-estimé, et dont une édition, imprimée à Vienne vers 1780, grand in-fol., de 137 pp. de texte, et de 264 fig. peintes et non gravées, s'est vendue successivement « 420 fr., 480 fr., L. 31. 10 sh. » BRUNET.

770. JAUREGUI (Don Juan Tomas de). Memoria sobre proporcionar arbitrios para la construccion de Caminos, en esta jurisdiccion. *Havana, Estevan Boloña,* 1795, in-4, br.

> 1 fnc., 12 pp. Imprimé par ordre de la Junte gouvernementale. L'auteur était premier commissaire du tribunal royal de la Havane.

771. JEFFERSON (Thomas). Notes on the state of Virginia. *Philadelphia, Prichard and Hall,* 1788, in-8, rel.

> 1 fnc., 244 pp., 2 fnc., 1 tableau entre les pp. 100 et 101.
> « The following notes were written in Virginia in the year 1781, and somewhat corrected and enlarged in the winter of 1782..... He had a few copies printed, which he gave among his friends : and a translation of them has been lately published in France, but with such alterations as the laws of the press in that country rendered necessary. They are now offered to the public in their original form and language... » *feb.* 27, 1787. PRÉFACE.

772. —— The same work. *Philadelphia, R. T. Rawle,* 1801, in-8, rel.

> 1 fnc., 436 et 56 pp., portrait de l'auteur gravé par Harrison ; carte de l'État de Virginie, 2 pl. et tabl.

773. JEFFERSON (Thomas). Observations sur la Virginie, par M. J. (EFFERSON); traduites de l'anglois (par M. MORELLET). *Paris, Barois,* 1786, in-8, bas.

> VIII et 390 pp., 1 fnc., 1 tabl., 1 carte.
>
> « Sous le titre de notes ou d'observations cet ouvrage, de l'un des personnages les plus recommandables des États-Unis, est un excellent tableau de la constitution actuelle de la Virginie, de sa législation, de son commerce, de ses manufactures, de sa navigation et de sa milice » BIBL. DES VOYAGES.

774. JEFFERYS (Thomas). The West-India Atlas : or, a compendious description of the West-Indies. Together with an historical account of the several countries and islands which compose that part of the world. *London, Robert Sayer,* 1775, gr. in-fol., rel.

> 27 pp. de texte et 40 cartes coloriées et montées sur onglet, plus une table des cartes en français, mss.

775. JOGUES (R. P. Isaac, de la Cie de Jésus). Novum Belgium, description de Nieuw Netherland et notice sur René Goupil. *A New-York, dans l'ancien New Netherland, presse Cramoisy de J. M. Shea,* 1862, in-8, cart.

> 44 pp. Tiré à 100 exemplaires et imprimé avec des caractères genre ancien.
>
> Le P. Is. JOGUES, né à Orléans le 10 janvier 1607, vint au Canada en 1636, travailla avec zèle et fut mis à mort par les Agniers ou Mohawks, le 18 octobre 1646. Sa relation de la « *Nouvelle Belgique* » est datée des 3 rivières, le 3 août 1646.
>
> RÉNÉ GOUPIL, qui l'accompagna dans une mission chez les Hurons, en 1642, était Angevin ; il fut tué par les indiens Agniers en 1646.

776. JOHNSON (Capitaine Charles). Histoire des pirates anglois, depuis leur établissement dans l'isle de la Providence, jusqu'à present. Avec la vie et les avantures de deux femmes pirates, Marie Read et Anne Bonny. Traduite de l'anglois (par M. DE FONTIGNIÈRES ?). *Londres, J. Walter (Paris, Ganeau?),* 1726, in-12, rel.

> lvj et 382 pp., 1 fnc.
>
> Cet ouvrage curieux fait suite à l'histoire des boucaniers d'EXQUEMELIN. (V. le nº 526 et suiv.). Il est réimprimé dans les éditions de cet ouvrage : *Trévoux,* 1744 et 1775, 4 vol.

777. JOMARD. Note sur les Botecudos, accompagnée d'un vocabulaire de leur langue et de quelques remarques. *Paris,* 1846, in-8, br,

> 13 pp. Extrait du *Bulletin de la Société de Géographie.* Novembre et décembre 1846.

778. JONAS (Runolphus). Recentissima antiqvissimæ linguæ Septentrionalis incunabula id est GrammaticæIslandicæ rudimenta. *Hafniæ,*
Typis expressit Petrus Hakius, 1651, in-4, v. gr. fil.

> 7 fnc., 168 pp. Très-bel exempl. provenant de la collection Heber. EDITION
> ORIGINALE fort rare.
>
> Le feuillet blanc qui se trouve avant le titre porte le cachet de la « *Bibliotheca*
> *heberiana* » et un envoi autographe de l'auteur conçu ainsi :
>
> « *Viro Clarissimo, Excellentissimo Dn. M. Petro Spormand Geographiæ et*
> *historiarum in R. Academia Hafniensi P. P. Domino, fautori et promotori suo*
> *venerando.*
>
> *Felix Novi anni auspicium devotissimè vovet Autor.* 11 *Kalend. Jan.* M IɔcLɪɪ. »

779. JONAS (Arngrimvs). Crymogæa sive rerum islandicarvm libri III.
Hamburgi, Henr. Carstens, 1610, in-4, demi rel.

> 3 fnc., 172 pp. Exemplaire ayant sur le titre la signature d'*Anquetil Duperron.*
> PREMIÈRE ÉDITION de cette histoire, l'une des plus anciennes que l'on ait im-
> primées sur ce pays. Pour l'édition donnée par les Elzeviers dans leurs *Répu-*
> *bliques,* V. le n° 435.

780. JOTTRAND. La nouvelle constitution de New-York pour 1847,
avec un commentaire. *Bruxelles,* 1847, in-12, br.

> 35 pp.

781. JOURNAL DEPUIS MON DÉPART DE FRANCE 26. MARS 1781 JUSQU'AU
18 NOVEMBRE DE LA MÊME ANNÉE QUE L'ARMÉE AUX ORDRES DE M. LE Cᵗᵉ
DE ROCHAMBEAU EST ENTRÉE DANS SES QUARTIERS D'HIVER. — COPIE de la
Capitulation d'York et de Glocester. — COPIE de la lettre du Gᵃˡ
Washington. — JOURNAL du siège d'York en Virginie. — JOURNAL du
siège d'York par M. DE MÉNONVILLE, Aide major-général. — PRÉCIS de
la Campagne de l'Armée Navale aux ordres du Cᵗᵉ. de Grasse, imprimé
par ses ordres à bord de la ville de Paris. — CONSISTANCE de l'armée
américaine. — NOTES sur la Constitution des treize Etats-Unis et le
Congrès de l'Amérique. In-fol., mar. rouge, fil., d. s. t.

> MANUSCRIT ORIGINAL et INÉDIT, composé de 65 ff., d'une écriture belle
> et très-régulière.
>
> Ce volume est extrêmement important pour l'histoire de la campagne de 1781,
> qui força l'Angleterre à reconnaître l'indépendance des États-Unis et à accepter
> la paix, qui fut signée à Paris en 1783. Écrit jour par jour par un aide-de-camp
> du Comte de Rochambeau, ce journal, où les faits sont rapportés très-exactement,
> est donc un document précieux. Il est en outre orné de *onze magnifiques plans*
> *sur papier jaune, d'une exécution des plus soignées;* savoir : I. Plan de New-Port
> (1ᵐ 10ᶜ sur 51ᶜ) avec ces fortifications (très-belle pièce). — II-III-IV. 3 plans levés
> pendant le campement de l'armée. — V. Plan des positions occupées par l'armée

française et américaine à Philipsbourg; ce plan est accompagné d'un tableau des lignes américaines.— VI. Plan de la partie nord de l'île de New-York, avec les indications des ces défenses. — VII. Plan de Morisania et d'une partie de l'île de New-York, de Long Island, de Montrésor et de Buchanan — VIII. Plan de Frogs'Point et d'une partie de Long Island.—IX. Plan de West-Point, levé à vue d'œil.—X. Plan de la bataille de Trenton, donnée le 24 décembre 1776, entre les Américains et les Anglais. — XI. Plan du siège d'York, en 1781, avec les points des attaques et les campements des armées francaise et américaine (très-belle pièce).

Ces plans, nous le répétons, soigneusement exécutés, sont inédits ainsi que le texte, et ajoutent une grande valeur à notre manuscrit. La place de ce beau volume, parfaitement conditionné, serait dans une Bibliothèque publique des États-Unis.

782. JOURNAL historique de l'établissement des français à la Louisiane. *Nouvelle-Orléans et Paris*, 1831, in-8, bas.

412 pp. Tous les exemplaires de cet ouvrage ont été envoyés à la Nouvelle-Orléans.

783. JOUTEL. Journal historique du dernier voyage que feu M. de la Sale fit dans le ·Golfe de Mexique, pour trouver l'embouchure, et le cours de la riviere de Missicipi, nommée à présent la Riviere de Saint-Loüis, qui traverse la Louisiane. Où l'on voit l'histoire tragique de sa mort, et plusieurs choses curieuses du nouveau monde ; rédigé et mis en ordre par M. DE MICHEL. *Paris, Et. Robinot*, 1713, in-12, rel.

xxxiv et 386 pp., carte.

Cette curieuse relation, la dernière de cette malheureuse expédition, a été écrite par un des compagnons du célèbre voyageur, et le seul sur lequel M. de La Salle pût compter; JOUTEL lui a rendu d'importants services.

Une traduction anglaise de ce journal a été imprimée à Londres, en 1714, in-8°. Cf. CHARLEVOIX et la BIBL. DES VOYAGES.

784. JU OTOSHKI-KIKINDIUIN au Tebeniminvng gaie bemajün vng Jesus Christ : ima Ojibue Inueuining güzhitong. The new Testament.... translated into the language of the Ojibwa Indians. *New-York, American bible Society*, 1856, in-12, rel.

iv et 717 pp.

785. JUARROS (Br. D. Domingo). Compendio de la historia de la ciudad de Guatemala. *Guatemala, por D. Ignacio Beteta*, 1808-18, 2 vol. in-4, demi rel., v. v.

Vol. I. 2 fnc., 385 pp. — Vol. II. xv et 361 pp.

Cette histoire, composée d'après des documents imprimés et d'anciens mss., est

fort rare et très-recherchée au Guatemala. **Notre ex.** est beau et bien conservé.—
Une réimpression de ce livre, moins estimée que l'ancienne, a été faite en 1857.
Traduite en anglais par Baily et imprimée à Londres en 1823, in-8.

786. JULIAN (D. Antonio). La perla de la America, provincia de Santa
Marta, reconocida, observada, y expuesta en discursos historicos.
Madrid, D. Antonio de Sancha, 1787, in-4, vél.

xxx et 280 pp., plan de Santa Marta. Cet ouvrage est divisé en trois parties.
La première traite de la richesse et du commerce de la province de Santa Marta;
la seconde, des nations indiennes (Indios Tayronas, Arnacos, Tupes, Chimilas,
Motilones, Guagiros) de ladite province; la troisième, des ports et des rivières.

Le *discurso XIV* de la seconde partie, est relatif à la langue *Guagira*. L'auteur
dit, en parlant de cette langue, qu'elle est sonore, claire, brève, et qu'elle lui paraît
la meilleure qui se parle en Amérique. Il dit aussi posséder un dictionnaire de ce
dialecte, qui lui a été donné par un ecclésiastique, frère du cacique Don Cecilio.

La province de Santa Marta est située dans la Nouvelle Grenade, c'est l'une des
4 prov. formées primitivement du département colombien de Magdalena.

787. JUNTA general de accionistas de la compañia de Filipinas, celebrada en 16 de diciembre de 1820. *Madrid, D. M. Repullès,* 1821,
in-4, demi rel.

4 fnc., 77 pp. Cette pièce est signée : José de Imaz, J. Antonio de Lairumbrlde,
Franc. Mayo, Cesareo Maria Saenz.

788. JUSTIFICATION de la résistance des Colonies américaines aux
oppressions du Gouvernement britannique, dans une lettre écrite de
la Hollande à M*** à Londres. *Leide, Haak et Comp.,* 1776, in-8,
rel.

30 pp.

789. KACHIQUEL. Recueil de pièces manuscrites en langue kachiquel
(Pièces religieuses, prières, sermons, trad. de la bible, etc.)

31 ff. sur papier. Manuscrit du siècle dernier.

La langue *kachiquel* est parlée par les Indiens de la province de Solola au
Guatemala. Elle est de la même famille que le *quiché* et le *poconchi.*

790. KALADLIT okalluktualliait. Kalâdlisut kablunâtudlo. *Noungme,*
1859-61, 2 vol. in-8, br.

Vol. 1. 3 fnc., y compris un titre danois, 136 pp., 1 fnc., 8 pp. de musique, 12 fig.
— Vol. III. 2 fnc., 136 pp., 1 fnc., 12 fig.

Collection de chants populaires et légendes des Groenlandais; texte original
avec une traduction danoise en regard. Recueil précieux, orné de curieuses fig.,
gravées par des naturels et imprimé au Groenland. Il nous manque le tome second.

791. KALM (Peter). Travels into North America; containing its natural history, and a circumstantial account of its plantations and agriculture in general, with the civil, ecclesiastical and commercial state of the country, etc.; translated into english by J. REINHOLLD FORSTER. *London, T. Lowndes,* 1772, 2 vol. in-8.

Voyage estimé sous le rapport de l'histoire naturelle. Il a été imprimé d'abord en suédois (*Stockholm,* 1753-61, 3 vol.); ensuite traduit en allemand par PH. MURRAY. *Göttingue,* 1753-64, 3 vol. gr. in-8°; en hollandais, *Utrecht,* 1772, 2 vol. in-4°, en anglais, *Londres,* 1771, 3 vol. et 1772, 2 vol. et une partie en français. V. ci-dessous.

792. —— Histoire naturelle et politique de la Pensylvanie, et de l'établissement des Quakers dans cette contrée. Traduite de l'allemand par M. D (E). S (URGY). *Paris, Ganeau,* 1768, in-12, rel.

xx et 372 pp., 2 fnc., 1 carte. — Ce volume est une traduction de la relation de KALM pour la partie de l'histoire naturelle, et du voyage de G. MITTEBERGER, publié à *Stuttgart* en 1756, in-8°.

793. KANE (Paul). Wanderings of an artist among the Indians of N. America, from Canada to Vancouver's island and Oregon, through the Hudson's bay company's territory and back again. *London,* 1859, in-8, cart.

xvii et 455 pp., « Appendix » 4 fnc., (Contenant un recensement des tribus indiennes habitant la côte Nord-Ouest d'Amérique), carte, illustrations dans le texte et 8 gravures en couleurs, exécutées d'après les dessins originaux de l'auteur.

794. KEATING (Wm. H.). Narrative of an Expedition to the source of St. Peter's river, lake Winnepeek, lake of the Woods, etc. performed in the year 1823. *Philadelphia, Carey et Lea,* 1824, 2 vol. in-8, demi mar. du levant, *non rogné.*

Très-bel exemplaire.

Vol. I. xii pp., 1 fnc., pp. 9-439, carte. — Vol. II. vi et 459 pp., 13 pl. sur 15. La IVᵉ partie de l'appendice renferme un vocabulaire comparé des langues *Sakewi or Sauk, Dacota, Chippeway, Cree.*

Cette relation·a été composée sur les notes de MM. LONG, SAY, KEATING et CALHOUN.

795. KERGUELEN TRÉMAREC. Relation d'un voyage dans la mer du Nord, aux côtes d'Islande, du Groenland, de Ferro, de Schettland, des Orcades et de Norwège. *Amsterdam et Leipzig, Arkstée et Merkus,* 1772, in-4, rel.

vii et 220 pp., 14 cartes et vues, 4 fig. Les cartes qui ornent ce livre ont été exécutées par BELLIN, et les gravures sont d'EISEN. Relation estimée.

796. KLAPROTH (J.). Recherches sur le pays de Fou Sang mentionné dans les livres chinois et pris mal à propos pour une partie de l'Amérique. *Paris,* in-8, br.

> 16 pp., 1 carte. — Le Fou Sang d'après KLAPROTH serait le Japon.

797. KLEINSCHMIDT (S.). Grammatik der Grönländischen Sprache mit theilweisem Einschluss des Labradordialects. *Berlin, Reimer,* 1851, in-8, br.

> x et 182 pp.

798. KOSTER (Henri). Voyages dans la partie septentrionale du Brésil, depuis 1809 jusqu'en 1815, comprenant les provinces de Pernambuco, Seara, Paraïba, Maragnan, etc. Traduits de l'anglais par M. A. JAY. *Paris, Delaunay,* 1818, 2 vol. in-8, br.

> Vol. I. xlix pp., 1 fnc., 376 pp., 6 fig. col., 2 cartes. — Vol. II. 512 pp., 2 fig. col.

799. —— Le même ouvrage. *Paris, Delaunay,* 1818, 2 vol. in-8, cart. *non rogné.*

> Exemplaire en PAPIER VÉLIN, avec trois états des planches: noires, coloriées et teintées.

800. LA BARRE (Le Febvre de). Description de la France Eqvinoctiale, cy-devant appelee Gvyanne, et par les Espagnols, El Dorado. Nouuellement remise sous l'obeïssance du Roy, par le Sieur LE FEBVRE DE LA BARRE, son Lieutenant General dans ce Païs. *Paris, Jean Ribov,* 1666, in-4, vél.

> 52 pp., carte dressée sur les Mémoires de LA BARRE et gravée par MEL. — Cette carte, fort bien conservée, est extrêmement rare; les exempl. de ce livre en sont généralement dépourvus.
>
> Le sieur LEFEBVRE DE LA BARRE, maître des requêtes et intendant du Bourbonnais, forma en 1663, une nouvelle compagnie pour la colonisation de la Guyane. Ce projet soutenu par Colbert, reçut promptement son exécution ; en 1664 deux vaisseaux débarquèrent à Cayenne un premier détachement de colons. Revenu momentanément en France en 1665, M. DE LA BARRE écrivit, pour la mettre sous les yeux du Roi, la *Description de la France Equinoxiale;* dans laquelle il rend compte des résultats qu'il avait obtenus et y exposait ses espérances pour l'avenir de la colonie. La guerre ayant éclaté entre la France et l'Angleterre, Cayenne fut attaquée et prise, et la plupart de ses nouveaux habitants emmenés prisonniers.

801. LABARTHE (Ch. de). Les sacrifices sanglants au Mexique. *Paris,* 1862, in-8, br.

> Extrait de la *Revue Orientale et Américaine,* IV° année, n° 44. La planche annoncée manque.

802. LABAT (R. P.). Nouveau voyage aux isles de l'Amerique. Contenant l'histoire naturelle de ces pays, l'origine, les mœurs, la religion
et le gouvernement des habitans anciens et modernes; les guerres et
les evenemens singuliers qui y sont arrivez pendant le long séjour que
l'auteur y a fait: le commerce et les manufactures qui y sont établies,
et les moyens de les augmenter. *La Haye, P. Husson, E. Johnson, etc.*
1724, 2 vol. in-4, rel.

> Vol. I. 2 fnc., viij pp., 168 et 360 pp., table de la première partie 7 pp., chiff.
> 169-175, 47 pl. et cartes. — Vol. II. 2 fnc., 520 pp., table des matières, 10 fnc.,
> 19 pl. et cartes.
>
> ÉDITION ORIGINALE.

803. —— Le même ouvrage. *Paris, J. de Nully*, 1742, 8 vol. in-12, bas.

> Vol. I. xxxvj pp., 7 fnc., 472 pp., portrait de l'auteur, 12 fig., 8 cartes et plans.
> — Vol. II. 2 fnc., 444 pp., 15 fig., 3 cartes et plans. — Vol. III. 2 fnc., 475 pp.,
> 31 fig. — Vol. IV. 1 fnc., 533 pp., 12 fig. — Vol. V. 2 fnc., 418 pp. — Vol. VI.
> 1 fnc., 502 pp., 9 fig., 5 cartes et plans. — Vol. VII. 2 fnc., 516 pp., 3 fig., 1 carte.
> — Vol. VIII. 2 fnc., 437 pp., 7 pnc., 4 fig.
>
> Cette édition est beaucoup plus complète que les deux autres. Il y a des exem-
> plaires avec l'adresse de Guillaume Cavelier.
>
> De toutes les relations du P. LABAT, celle-ci est la plus estimée. Dans ses notices
> sur les manufactures, dans ses descriptions des animaux et des plantes, il a montré
> un talent qu'on n'aurait pas cru pouvoir rencontrer dans un religieux, étranger par
> son état et ses occupations principales aux arts mécaniques et à l'histoire naturelle.
>
> On trouve aussi dans son ouvrage des renseignements très-curieux et piquants
> sur plusieurs familles du pays.

04. —— Nieuwe Reizen naar de Franse Eilanden van America. En
in't Nederduitsch in't ligt gebragt door W. C. DYKS. *Amsterdam, B.
Lakeman,* 1725, 2 tom. en 1 vol. in-4, rel.

> Vol. I. 18 et 350 pp., front. gravé, 30 pl. et cartes. — Vol. II. 404 pp., 36 pl.
> Traduction hollandaise du voyage du P. LABAT, aux îles d'Amérique.

05. —— Voyage du Chevalier des Marchais en Guinée, isles voisines,
et à Cayenne, fait en 1725-26 et 27. *Paris, Prault,* 1730, 4 vol. in-12,
rel.

> Vol. I. xxiv pp.; 1 fnc., 381 pp., front. gravé, 16 pl. et cartes. — Vol. II. 1 fnc.,
> 364 pp., 12 pl. et cartes. — Vol. III. 1 fnc., 350 pp., 2 pl. — Vol. IV. 1 fnc., 681 pp.,
> 18 fnc., 1 carte.
>
> « C'est sur les Mémoires même du Chev. DES MARCHAIS, capitaine d'un vaisseau
> de la Cⁱᵉ d'Afrique, habile marin, bon observateur et dessinateur exact, que le
> P. LABAT a rédigé cette relation. » BIBL. DES VOYAGES.
>
> Le Vol. IV, pp. 670-681, sous le titre de *Grammaire abregée,* contient un petit

vocabulaire, en forme de dialogues, en français et en langue des Nègres de Juda. (Cf. *Sir G. Grey's Catalogue* p. 232 n° 566.)

806. LABOULAYE (Ed.). De la Constitution Américaine et de l'utilité de son étude, discours prononcé le 4 décembre 1849 à l'ouverture du cours de législation comparée. *Paris, Hennuyer et Cie*, 1850, in-8, br.

27 pp. Extrait de la *Revue de législation et de jurisprudence*, n° de Décembre 1849.

807. LA CONDAMINE (M. de). Relation abrégée d'un voyage fait dans l'intérieur de l'Amérique méridionale. Depuis la côte de la mer du Sud, jusqu'aux côtes du Brésil et de la Guiane, en descendant la rivière des Amazones ; lûe à l'assemblée publique de l'Académie des sciences, le 28 avril 1745. *Paris, veuve Pissot*, 1745, in-8, rel.

1 fnc., xvj et 216 pp., 2 fnc., carte du Maragnon. Relation très-estimée.

808. —— Le même ouvrage, *Paris, veuve Pissot*, 1745, in-8, rel.

Exemplaire en PAPIER FORT auquel se trouve joint l'opuscule suivant, qui complète l'ouvrage :

LETTRE à Mme *** sur l'émeute populaire excitée en la ville de Cuença au Pérou, le 29. d'août 1739. contre les académiciens des sciences. 1746. 108 pp., 2 fnc., 1 fig.

On trouve dans cette relation des renseignements précieux sur plusieurs parties d'une contrée immense qui ne nous était connue que par les écrits des missionnaires. A ces renseignements, LA CONDAMINE a ajouté des observations très-judicieuses sur les indigènes.

809. —— Le même ouvrage. Nouvelle édition augmentée de la Relation de l'émeute populaire de Cuença, et d'une lettre de M. Godin des Odonais, contenant la Relation du voyage de Mme Godin, son epouse. *Maestricht, J. E. Dufour*, 1778, in-8, demi mar.

xvj et 211 pp., « Lettre sur l'émeute populaire » pp. 213-318 ; « Lettre de M. Godin etc. » pp. 319-379 », 1 carte et 1 planche.

Cette édition est plus rare que celle de Paris.

810. LAET (Joan. de). Novvs orbis seu descriptio Indiæ Occidentalis libri XVIII. Novis tabulis geographicis et variis animantium, plantarum fructuumque iconibus illustrati. *Lvgd. Batav. apud Elzevrios*, 1633, in-fol., vél.

14 fnc., 690 pp., 9 fnc., titre gravé, 14 cartes, fig.

811. —— L'histoire dv Nouveau Monde ou description des Indes Occi-

dentales, contenant dix-huict liures. *A Leyde, chez Bonaventure et Abraham Elseuiers*, 1640, in-fol., demi rel.

13 fnc., 632 pp., 6 fnc., fig. dans le texte, 14 cartes.

« Cet ouvrage est rempli d'excellentes recherches, tant par rapport aux établissemens des Européens dans l'Amérique, que pour l'histoire naturelle, le caractère et les mœurs dès Américains. » CHARLEVOIX.

Ce livre renferme plusieurs documents pour la philologie américaine, tirés en grande partie de la collection de RAMUSIO pour les langues de la Nouvelle-France et de la relation de LERY pour la partie du Brésil.

812. LAET (Joan. de). Notæ ad dissertationem HUGONIS GROTII de Origine Gentium Americanarum : et Observationes aliquot ad meliorem indaginem difficillimæ illius Quæstionis. *Amstelodami, Lud. Elzevirium*, 1643, in-8, vél.

223 pp. Cette premièré réfutation des opinions émises par GROTIUS, sur les origines des Américains, est très-intéressante pour la philologie américaine. On y trouve pp. 139-151, des vocabulaires comparés des langues irlandaise, galloise, islandaise, huronne, souriquoise, mexicaine, etc.

813. —— Responsio ad dissertationem secundam Hvgonis Grotii, de Origine Gentium Americanarum. *Amstelrodami, Lud. Elzevirium*, 1644, in-8, cart.

1 fnc., 116 pp. Incomplet d'une grande partie de l'Index.

814. LAFITAU (le P., de la Cᵉ de Jésus). Mœurs des sauvages Ameriquains, comparées aux mœurs des premiers temps. *Paris, Saugrain*, 1724, 4 vol. in-12, rel.

Vol. I, 11 fnc., 256 pp., front. gravé, 13 pl. et 1 carte. — Vol. II. 3 fnc., 296 pp., pl. 14-19. — Vol. III. 5 fnc., 248 pp., 13 pl. — Vol. IV. 3 fnc., 196 pp., 33 fnc., pl. 14-22.

815. —— Le même ouvrage. *Paris, Saugrain*, 1724, 2 vol. in-4, rel.

Vol. I. 10 fnc., 610 pp., 1 fnc., front. gravé, carte et 19 pl. — Vol. II. 5 fnc., 490 pp., 20 fnc., 22 pl.

« L'auteur donne des détails très-étendus et très-exacts sur les coutumes, les mœurs, la religion des sauvages de l'Amérique, et notamment de ceux du Canada. Il avait été à même de bien connaître ces peuples, ayant longtemps vécu chez les Iroquois ». BIOG. UNIVERS.

« On y trouve un grand détail de mœurs..... Aussi n'avions nous rien de si exact sur ce sujet. Le parallèle des anciens peuples avec les Amériquains a paru fort ingénieux, et suppose une grande connoissance de l'antiquité ». CHARLEVOIX.

816. LAFITAU (le P., de la Cie de Jésus). Histoire des decouvertes et conquestes des Portugais dans le Nouveau-Monde. *Paris, Saugrain,* 1733, 2 vol. in-4, rel.

> Vol. I. 2 fnc., xxiv et 616 pp., 24 fnc., front. gravé, carte, 7 pl. — Vol. II. 692 pp., 89 pnc., 7 pl.

817. —— Le même ouvrage. *Paris, Saugrain,* 1734, 4 vol. in-12, v. f.

> Vol. I. 2 fnc., xI et 432 pp., front. gravé, 5 fig. et carte. — Vol. II. 381 pp., 79 pnc., 3 pl. — Vol. III. 512 pp., 2 pl. — Vol. IV. 388 pp., 74 fnc., 5 pl.

818. LA FONTAINE. Les Bambous. Fables de LAFONTAINE, travesties en patois créole, par un vieux Commandeur (BOURDILLON). *Fort-Royal-Martinique. E. Ruelle et Ch. Arnaud,* 1846, in-8, cart.

> II et 140 pp.
>
> Traduction curieuse et presqu'inconnue en France. Cet ex. a appartenu au fils du traducteur, ainsi que l'indique la note suivante inscrite au bas du titre. (*Pour Mr : J : Bourdillon de la Part de son affectionné père. St Pierre* 15 *Décembre* 1846).

819. LA FUENTE (A. G. de). Manifiesto que di en Trujillo en 1824 sobre los motivos que me obligaron á deponer a D. Jose de la Riva-Aguero, y conducta que observé en ese acontecimiento. *Lima, Jose Masias,* 1829, in-fol., br.

> 29 et xxviii pp., 1 fnc.

820. LAHONTAN. Nouveaux voyages dans l'Amérique septentrionale. *La Haye, les frères L'Honoré,* 1703, 2 to. en 1 vol. in-12, v.

> Vol. I. 11 fnc., 279 pp., 13 pl. et cartes, front. gravé. — Vol. II. « Mémoires de l'Amérique septentrionale » 220 pp., 9 fnc., 12 pl. et cartes. Le *Dictionnaire Huron* occupe les pp. 165-220.
>
> ÉDITION ORIGINALE belle et peu commune. Elle se distingue de la suivante par une sphère qui est sur le titre, et l'impression est en caractères plus petits.

821. —— Le même ouvrage. *La Haye, L'Honoré,* 1703-04, 3 to. en 2 vol. in-12, rel.

> Vol. I. 10 fnc., 279 pp., 13 pl. — Vol. II. 220 pp., 8 fnc., 12 pl. On a ajouté à cet exemplaire : SUITE DU VOYAGE ou Dialogues de Lahontan et d'un sauvage (par GUEUDEVILLE). *Amsterdam,* 1704, 7 fnc., 103 pp., 1 fig. (EDIT. ORIG. de CETTE PIÈCE). « VOYAGES en Portugal et en Danemarc » pp. 105-222, 5 fig. et cartes.
>
> Cette édition avec les *Dialogues* et le *Voyage en Portugal* est la première complète.

822. —— Le même ouvrage. *La Haye, L'Honoré,* 1704, 2 vol. in-12, rel.

> Vol. I. 8 fnc., 280 pp., front. gravé, 13 pl. — Vol. II. 222 pp., 9 fnc., 12 pl.

823. LAHONTAN, Nouveaux voyages dans l'Amérique septentrionale. *La Haye*, 1706, 2 vol. in-12, v. f.

> Vol. I. 8 fnc., 376 pp., 14 pl., front. gravé.—Vol. II. 336 pp., 1 fnc., 13 pl.
> Jolie édition à laquelle le voyage au Danemark n'est pas joint.

824. —— Le même ouvrage. *Amsterdam, L'Honoré,* 1728, 3 vol. in-12,
rel.

> Vol. I. 8 fnc., 408 pp., 14 pl. — Vol. II. 238 pp., 10 pl. — Vol. III. 6 fnc., 257 pp.,
> 7 pl.

825. —— Le même ouvrage. *Amsterdam, Fr. L'Honoré,* 1731, 2 vol.
in-12, mar. chocolat, d. s. t.

> Vol. I. 4 fnc., 188 pp., 2 fnc., front. gravé, 8 pl. et cartes. — Vol. II. 2 fnc.,
> 220 pp., 6 pl. et cartes.

826. LALLEMENT. Histoire de la Colombie. *Paris, A. Eymery,* 1826,
in-8, rel.

> VIII et 320 pp., carte sur laquelle se trouve le portrait de Bolivar et 6 types dif-
> férents des habitants de la Colombie.

827. —— Le même ouvrage. *Paris, A. Eymery,* 1826, in-8, cart.

> Exemplaire ayant sur le titre les timbres des bibliothèques du Château-d'Eau
> et de Neuilly, et sur les plats les armes de la famille d'Orléans.

828. LAMBRECHTSEN (N. C.). Korte Beschrijving van de ontdekking en der verdere lotgevallen van Nieuw-Nederland. *Middelburg,
S. van Benthem,* 1818, in-8, br.

> 1 fnc., 102 pp., carte du Nieuw-Nederland (Province de New-York). Rare.

829. LANDIVAR (Raphaele). Rusticatio Mexicana, seu rariora quæ-
dam ex agris mexicanis decerpta atque in libros decem distributa a
R. Landivar. *Mutinæ, apud soc. Typographicam,* 1781, in-8, br.

> 133 pp., 1 fnc.

830. —— Rusticatio Mexicana. Editio altera auctior et emendatior. *Bononiæ, ex typographia S. Thomæ Aquinatis,* 1782, in-8, cart.

> xxviii et 209 pp., 2 fig.
>
> Cette édition contient 5 livres de plus que la précédente.

831. (LA PEYRÈRE (Is. de)). Relation du Groenland. *Paris, A.
Courbé,* 1647, in-8, vél.

> 7 fnc., carte du Groenland; 278 pp., 2 fnc., 1 pl. EDITION ORIGINALE.

13

Cette curieuse relation datée de La Haye 1646 et adressée à de la Mothe le Vayer, est rare. Elle a été réimprimée dans le *Recueil de Voyages au Nord* (V. cet article) et il en a été fait une traduction allemande, en 1674. V. SIVERS.

832. (LA PEYRÈRE (Is. de)). Relation du Groenland. *Paris, A. Courbé*, 1647, in-8, rel.

Exemplaire *aux armes* suivi de la *Relation de l'Islande* du même auteur.

833. —— Relation de l'Islande. *Paris, Thomas Jolly*, 1663, in-8, vél.

19 fnc., 108 pp., 1 fnc., carte de l'Islande. — EDITION ORIGINALE.

De même que la relation du Groenland, celle de l'Islande a été envoyée à M. de la Mothe le Vayer; elle est datée de Copenhague, 18 Décembre 1644. Elle a été réimprimée aussi dans le *Recueil de Voyages au Nord*.

834. —— Relation de l'Islande. *Amsterdam, Fr. Bernard*, 1715, in-8, v. fauve fil., d. s. t. (*Koehler*).

72 pp., carte. « QUELQUES Memoires pour ceux qui vont à la pêche de la baleine » pp. 73-84. « RELATION du Groenland. *Amsterdam, Fr. Bernard*, 1715 » pp. 87-187.

Extraits du Vol. I du *Recueil de Voyages au Nord* avec des titres particuliers.

835. LAPI (Michel Angelo). Vita del servo di Dio D. Torivio Alfonso Mogrovejo. *Roma, Nicolangelo Tinassi*, 1656, in-4, vél.

3 fnc., 315 pp., 5 fnc., titre gravé, un très-beau portrait de D. Torribio, gravé par VALET. Non cité par PINELO.

836. LAPIE (le Chevalier). Mémoire sur les voyages exécutés dans l'Océan glacial Arctique, au Nord de l'Amérique Septentrionale. (*Paris*), 1821, in-8, br.

52 pp., carte. Extrait des *Nouvelles Annales des Voyages*, Vol. XI.

837. LA POPELLINIERE (Seignevr de). Les trois mondes. *A Paris, A l'Oliuier de Pierre l'Huillier, ruë S. Jaques*, 1582, in-8, cart.

27 fnc. « Premier livre » 55 ff. « Second livre » 56 ff. « Troisiesme livre » 59 ff., 1 fnc.

« Ce qui donne aujourd'hui du prix à cet ouvrage c'est que l'histoire et la description de l'Amérique en occupent la plus grande partie. » BRUNET.

Le *Manuel* annonce une carte qui ne se trouve pas dans notre exemplaire.

L'extrait du privilège donné le 6 avril 1582, porte : « *Acheué d'imprimer pour la seconde édition en Septembre* 1582. »

838. LAS CASAS. Obras. *Seuilla,* 1552-53, in-4, gothique, rél. en bois.

Collection originale précieuse et complète des traités et relations du saint évêque, divisée comme suit :

I. Tratado coprobatorio del Imperio soberano y principado vniuersal que los Reyes de Castilla y Leon tienen sobre las Indias. 1552. (A la fin) : *Fue impressa..... en Seuilla en casa d Sebastiã Trugillo....* 1553, 80 fnc., titre compris.

II. Principia queda ex quibus procedendum est in disputatione ad manifestandam et defendendam iusticiam Yndorum. — per B. a Casaus... collecta. — 10 fnc., à 2 col. Au bas du dernier on lit : *Impressum Hispali in edib Sebastiani Trugilli.*

III. Breuissima relacion de la destruycion de las Indias... 1552. (A la fin)... *Seuilla Sebastian Trugillo...* M.D.Lij — 50 fnc., titre compris. — Lo que se sigue es un pedaço de vna carta y relacion que escriuio cierto hombre... 4 fnc.

IV. A qui se contiene vna disputa o controuersia : entre el obispo B. de las Casas... y el doctor Gines de Sepulueda... sobre q el doctor contendia : q las conquistas de las Indias contra los Indios eran licitas : y el obispo por el cõtrario dfendio y affirmo auer sido y ser ipossible no serlo : tiranicas, injustas et iniquas. 1552. (A la fin) : ... *Seuilla... Sebastian Trugillo... Año de mil & quinientos & cincuenta y dos.* — 62 fnc., titre compris, le dernier blanc.

V. A qui se cõtiene treynta proposiciones muy juridicas : en las quales sumaria y succintamente se tocã muchas cosas perteneciẽtes al derecho q la Yglesia y los principes christianos tienen o puedẽ tener sobre los infieles de qualquier especie que sean... 1552. — 10 fnc., titre compris, au bas du dernier on lit : *Seuilla Sebastiã trugillo.*

VI. Este es vn tratado... sobre la materia de los yndios que se han hecho en ellas esclauos. 1552. (A la fin) : *Seuilla... Sebastian Trugillo.* 1552. — 36 fnc., titre compris.

VII. Los remedios... para reformaciõ de las Indias. (A la fin) : *Seuilla... Jacome Cröberger...* 1552. — 54 fnc., titre compris, dont le dernier blanc.

VIII. A qui se cõtiene vnos auisos y reglas para los confessores.... 16 fnc., titre compris. (A la fin) : *Seuilla. Sebastian Trugillo.* 1552.

Très-bel exemplaire dans sa reliure originale un peu fatiguée. Les pièces sont placées dans un autre ordre que celui indiqué par Brunet.

839. —— Narratio regionvm Indicarvm per Hispanos qvosdam deuastatarum verissima : priùs quidem per Episc. Barth. Casaum, natione hispanum hispanicè conscripta, et anno 1551. Hispali, hispanicè. Anno

verò hoc 1598: Latinè excusa. *Francofvrti, sumptibus Theodori de Bry, et Joannis Saurii typis*, 1598, in-4, demi rel.

3 fnc., 141 pp., titre gravé, fig. sur cuivre dans le texte, gravées par DE BRY et JODE a WIGNE.

EDITION ORIGINALE de la traduction latine des traités III et VII de LAS CASAS; elle est rare et très-recherchée, parce qu'elle renferme les premières épreuves des planches.

840. LAS CASAS. Narratio regionvm Indicarvm per Hispanos qvosdam deuastatarum verissima : priùs quidem per Episc. BARTH. CASAUM, natione hispanum hispanicè conscripta, et anno 1551. Hispali, hispanicè. Anno verò hoc 1598. Latinè excusa. *Oppenheimii, Sumtibus Johan. Theod. de Bry, Typis Hieronymi Galleri*, 1614, in-4, demi rel.

138 pp., titre gravé, 17 fig. Exempl. fatigué.

841. —— Idem opus. *Heidelbergæ, Gvilielmi Walteri*, 1664, in-4, rel.

1 fnc., 112 pp., deux titres dont l'un gravé et 17 fig. de THÉODORE DE BRY. Troisième édition de cette traduction latine. Exempl. avec témoins.

842. —— Le Miroir de la Tyrannie Espagnole; Perpetree aux Indes Occidentales. On verra icy la cruaute plus que inhumaine, commise par les Espagnols, aussi la description de ces terres, peuples, et leur nature. Mise en lumiere par un Evesque BARTHOLOME DE LAS CASAS..... Nouvellement refaicte, avec les figurs en cuyvre. *Amsterdam, Ghedruckt by Jan Evertsz*, 1620, in-4, rel.

68 pp., titre gravé et fig. impr. dans le texte avec une légende au bas de chacune. Cette traduction est restée inconnue à TERNAUX. Exempl. très-fatigué.

843. —— Tyrannies et crvavtez des Espagnols, commises es Indes Occidentales, qv'on dit le Nouueau Monde. Briefvement descrite en Espagnol... Traduitte fidellement en françois par JACQUES DE MIGGRODE. *A Roven, Jacqves Cailloüé*, 1630, *Jouxte la Coppie Imprimée à Paris, par Guillaume Julien*, in-4, vél.

10 fnc., 214 pp., titre impr. en rouge et noir. Edition très-rare. Exemplaire avec de nombreux témoins.

844. —— Histoire des Indes Occidentales, ov l'on reconnoit là bonté de ces païs, et de leurs peuples; et les cruautez tyranniques des Espagnols. Traduitte fidellement en françois. *Lyon, Jean Caffin & F. Plaignard*, 1642, pet. in-8, demi rel.

3 fnc., 299 pp.

845. LAS CASAS. La découverte des Indes Occidentales par les Espagnols. *Paris, André Pralard,* 1697, in-12, bas.

> 4 fnc., 382 pp., 1 fnc., front. gravé.
> Cette traduction a été faite par l'abbé DE BELLEGARDE.

846. —— Relation des voyages et des découvertes que les Espagnols ont faits dans les Indes Occidentales. Avec la relation curieuse des voyages du sieur de MONTAUBAN, capitaine des flibustiers en Guinée l'an 1695. *Amsterdam, Louis de Lorme,* 1698, pet. in-8, bas.

> 4 fnc., 354 pp., 2 fnc. « Relation de MONTAUBAN » chiff. pp. 364-402, 1 fnc.
> Cette édition de LAS CASAS, avec la relation de MONTAUBAN, a été imprimée trois fois à Amsterdam, en 1692, 1698 et 1708.

847. —— Breve relacion de la destruccion de las Indias Occidentales, presentada a Felipe II. *Londres, Schulze y Dean,* 1812, in-12, br.

> 140 pp. Cette réimpression (n° III des Œuvres de LAS CASAS), dûe aux soins du D^r DE MIER, a été également reproduite à Philadelphie en 1821.
> L'une et l'autre de ces réimpressions faites à petit nombre est peu commune.

848. —— Istoria ò breuissima relatione della distrvttione dell' Indie Occidentali. Conforme al svo vero originale spagnuolo, già stampato in Seuiglia. Con la traduttione in Italiano di FRANCESCO BERSABITA. *Venetia, Marco Ginammi,* 1626, in-4, vél.

> 7 fnc., 154 pp., 1 fnc. Imprimé à deux colonnes espagnol et italien.
> EDITION ORIGINALE de cette traduction.

849. —— Lo stesso libro. *Venetia, Marco Ginammi,* 1630, in-4, vél.

> 7 fnc., 150 pp., 1 fnc.
> Le titre de cette édition porte : Tradotta in italiano dall' Excell. sig. GIACOMO CASTELLANI già sotto nome di FRANCESCO BERSABITA.

850. —— La liberta pretesa dal supplice schiauo Indiano. Conforme al suo vero originale spagnuolo già stampato in Siuiglia. Tradotto in italiano per opera di MARCO GINAMMI. *Venetia, Marco Ginammi,* 1640, in-4, cart., *non rogné.*

> 156 pp., 1 fnc. Imprimé à deux colonnes ital. et espagnol. Non cité par TERNAUX.
> ÉDITION ORIGINALE de la traduction du n° VII des Œuvres de LAS CASAS.

851. —— Il svpplice Schiauo Indiano. Tradotto in Italiano per opera

di Marco Ginammi. *Venetia*, M. *Ginammi*, 1636, in-4, vél.

118 pp., 1 fnc. Impr. à deux col. italien et espagnol. A la suite : Relatione della distrvttione dell' Indie Occidentali. *Venetia*, 1643.

Edition originale de cette traduction du n° VI des Œuvres de Las Casas.

852. LAS CASAS. Istoria ò Breuissima relatione della distrvttione dell' Indie Occidentali. *Venetia, Marco Ginammi*, 1643, 3 fnc., 150 pp., 1 fnc. — Conqvista dell' Indie Occidentali. *Venetia, Marco Ginammi*, 1645, 184 pp. — Il Svpplice Schiavo Indiano. *Venetia, per li Ginammi*, 1657, 96 pp. — Les 3 ouvrages en 1 vol. in-4, vél.

Ces éditions ne sont pas citées dans Ternaux (N°s III, IV, VI des Œuvres de Las Casas).

853. LATTRE (Ch. Albert). Campagne des Français à St-Domingue, et réfutation des reproches faits au capitaine-général Rochambeau. *Paris, Locard, A. Bertrand, an XIII-1805*, in-8, demi rel.

iij, iv et 285 pp., 1 tabl.

854. — Le même ouvrage. *Paris, an XIII-1805*, in-8, demi rel.

Exempl. auquel on a ajouté l'ouvrage suivant :

Beauvoisins (J. E.). Notice sur la cour du Grand-Seigneur, son sérail, son harem, la famille du sang impérial, sa maison militaire et ses ministres. *Paris, Warée*, 1807, in-8, 110 pp. *Rare.*

855. LAUJON (P. M., anc. conseiller à St. Domingue). Précis historique de la dernière expédition de S. Domingue, depuis le départ de l'armée des côtes de France, jusqu'à l'évacuation de la Colonie; suivi des moyens de rétablissement de cette Colonie. *Paris, Delafolie*, (1807 ?), in-8, demi rel.

iv et 257 pp. A la suite :

« Réclamations de M. B. Fédon contre un ouvrage intitulé : Campagnes des Français à S. Domingue, et réfutation des reproches faits au cap. g^al Rochambeau (par Lattre. V. ci-dessus). *Paris, Brasseur*, 1805, 32 pp.

Dans cette brochure, M. Fédon accuse le général Rochambeau d'avoir, sans motifs ni jugement, fait fusiller son frère âgé de 29 ans.

856. LAURA. Parte Tercera de las revoluciones periódicas de la Havana. Escribíala Miseno de Laura, con licencia de la verdad, de la

razon, y de la justicia. En la Havana á 4 de Diciembre del año de 1795. *Havana, Imprenta de la Capitanía general*, 1796, in-4, br.

.2 fnc., 31 pp., 4 fnc. Les licences indiquent el lic^do. D. PABLO ESTEVEZ, comme étant l'auteur de cet opuscule qui est écrit en forme de dialogues. Nous ignorons si la première et la seconde partie ont été imprimées.

857. LAVAL (Le P.). Voyage de la Louisiane, fait par ordre du Roy en l'année 1720 : dans lequel sont traitées diverses matières de physique, astronomie, géographie et marine. L'on y a joint les observations sur la refraction, faites à Marseille, avec des reflexions sur ces observations; divers voyages faits pour la correction de la carte de la côte de Provence; et des réflexions sur quelques points du sisteme de M. Newton. *Paris, Jean Mariette*, 1728, in-4, rel.

xxiv et 304 pp., 15 cartes, 3 pl., 2 tabl. « Observations » 96 pp., 9 tabl. « Recueil de divers voyages... 1727 » 191 pp., 1 carte, 1 pl., 4 fnc.

Le P. A. DE LAVAL était professeur royal de mathématiques et maître d'hydrographie des officiers et gardes de la marine du port de Toulon. La liste de ces publications donnée par les PP. DE BACKER s'élève à 49 ouvrages sur les sciences mathématiques et astronomiques.

858. LAWS of VIRGINIA (The revised Code of the) : being a Collection of all such acts of the general assembly, of a public and permanent nature, as are now in force; with a general index to which are prefixed the Constitution of the U. S.; the declaration of rights; and the Constitution of Virginia. *Richmond, Thomas Ritchie*, 1819, 2 vol. in-8, v.

Vol. I. xiii pp., 1 fnc., 634 pp. — Vol. II. 1 fnc., 771 pp.

Ouvrage important réimprimé par ordre d'un acte de l'assemblée générale de la Virginie en date du 12 mars 1819, par B. W. LEIGH avec le concours de Mrs. HENING et MUNFORD.

859. LEALTAL Peruana, ó Coleccion de papeles publicados en aquel reyno, con motivo de las circunstancias del dia. *Mexico, en la oficina de Arizpe*, 1809, in-4, br.

40 pp. Cette plaquette contient les pièces suivantes :

PROCLAMA dirigida por el excmo. Cabildo de Buenos-Ayres al vecindario y habitantes de esta ciudad, con motivo de la proclamacion del Sr. D. Fernando VII. Rey de España y de las Indias. — OFICIO de excmo. Cabildo de Lima al excmo. señor Virey.—CONTESTACION del excmo. señor Virey al excmo. Cabildo. — EXPRESION leal y afectuosa del ayuntamiento de Lima, con motivo de la solemne proclamacion de nuestro Catòlico

Monarca el señor D. Fernando VII. — Proclama a todos los habitantes de la America Meridional, ecc. ecc.

860. LE BEAU. Ses avantures, ou voyage curieux et nouveau, parmi les sauvages de l'Amérique Septentrionale. *Amsterdam, H. Uytwerf*, 1738, 2 vol. in-12, v.

> Vol. I. 6 fnc., 370 pp., 3 fnc., 3 pl., 1 carte. — Vol. II. 430 pp., 3 fnc., 3 pl.

> Cet ouvrage écrit dans un style romanesque renferme des détails curieux et précis sur les mœurs et usages des Iroquois, des Hurons et des Algonquins.

861. LE BLANC. Les Voyages famevx dv Sievr Vincent le Blanc Marseillois, qu'il a faits depuis l'aage de douze ans iusques à soixante, aux quatre parties du Monde; a sçavoir aux Indes Orientales et Occidentales, en Perse et Pegu. Aux royaumes de Fez, de Maroc, et de Guinée, et dans toute l'Afrique interieure, depuis le Cap de bonne Esperance iusques en Alexandrie, par les terres de Monomotapa, du Preste Jean et de l'Egypte..., etc. Redigez fidellement sur ses mémoires, par Pierre Bergeron, et nouuellement reueu corrigé et augmenté par le Sr. Covlon. *A Troyes, par Nicolas Oudot, et se vendent a Paris, chez Gervais Clovsier*, 1658, in-4, vél.

> 202 pp., 3 fnc., 147 pp., 2 fnc., 109 pp., 1 fnc.

862. —— Le même ouvrage. *Paris, G. Clovsier*, 1649, in-4, rel.

> Edition originale de ces curieux voyages. Exemplaire fatigué et incomplet des deux derniers ff. de la table de la troisième partie. — Collation d'un ex. complet; « Dédicace à Eustache Picot, signée L. Covlon et avis au lecteur » 3 fnc., 276 pp., 2 fnc., 179 pp., 2 fnc., 150 pp. (chiff. 136), 3 fnc.

> Une traduction anglaise a été imprimée à Londres en 1660.

863. LEBLOND (Jean Baptiste). Mémoire sur la culture du Cotonnier dans les terres basses, dites palétuviers, à la Guiane française. Imprimé par ordre du Cᵉⁿ Victor Hugues. *Cayenne, Imp. de la république, an* 10ᵉ, in-4, non rel.

> 3 fnc., 21 pp. Pièce fort rare avec envoi autographe à la Société libre d'agriculture de la Seine, et signé par l'auteur avec la date de *Cayenne le* 28 *vendemiaire an* 10ᵉ *de la Republique française.*

> Parmi les ouvrages imprimés et mss. de cet auteur, indiqués dans le Catalogue de Nouvion (V. ce nom) cet opuscule n'est pas cité.

864. LE BRASSEUR (Intendant Gᵃˡ. de la Marine). De l'état actuel de

la marine et des colonies. *Paris, Couret,* 1792, in-8, mar. rouge, fil., d. s. t. *(Rel. ancienne).*

48 pp. Cet ouvrage devait présenter la situation actuelle de toutes les Colonies, mais l'auteur ne possédant que des matériaux incomplets a été forcé, à l'époque, de ne publier que ces 48 pp., qui son entièrement consacrées à la situation de S. Domingue. A la suite :

DE L'INDE ou réflexions sur les moyens que doit employer la France relativement à ses possessions en Asie. Par le citoyen LEBRASSEUR. *Paris, Didot l'aîné,* 1793, iv et 140 pp., carte. Exempl. en PAPIER VÉLIN.

865. LEBRUN (Isid.). Tableau statistique et politique des deux Canadas. *Paris, Treuttel et Wurtz,* 1833, in-8, br.

538 pp., 2 pnc.

« Le tableau politique et statistique des deux Canadas par M. LE BRUN de Paris, nous paraît un résumé excellent dans son ensemble et dans la manière dont il envisage la position politique du pays. Il est précieux pour les Canadiens tant parceque c'est la première fois que les littérateurs européens s'occupent de nos provinces oubliées des uns et méprisées des autres, que parce qu'on y rencontre un très-grand nombre de renseignements et de détails importants, non seulement sur le Canada, mais sur toute l'Amérique Septentrionale anglaise : il est peu de personnes, même parmi les plus instruites d'entre nous, qui n'y trouvent beaucoup à apprendre, etc. etc. » *Gazette française du Bas Canada.* Juin 1834.

866. LECLERC (Fréd.). Le Texas et sa révolution. *Paris, H. Fournier et C*ie*,* 1840, in-8, cart.

104 pp.. 1 carte.

867. LE CLERC (le P. Chrestien, récollet). Premier etablissement de la foy dans la Nouvelle France, contenant la publication de l'évangile, l'histoire des Colonies françoises, et les fameuses découvertes depuis le fleuve de Saint Laurent, la Loüisiane et le fleuve Colbert jusqu'au golphe Mexique, achevées sous la conduite de feu M. DE LA SALLE par ordre du Roy. Avec les victoires remportées en Canada par les armes de Sa Majesté sur les Anglois et les Iroquois en 1690. *Paris, Amable Auroy,* 1691, 2 vol. petit in-8, rel.

Vol. I. 9 fnc., 559 pp. — Vol. II. 454 pp. (chiff. 458), 4 fnc. « Catalogue » 10 fnc.

« Cet ouvrage, que celui de CHARLEVOIX sur le même sujet avait fait oublier, est exact et assez bien écrit. On le recherche beaucoup au Canada, et, comme il est peu commun, il s'est vendu jusqu'à 75 fr. Erdeven, en 1858. » BRUNET.

D'après CHARLEVOIX, le Comte de Frontenac aurait mis la main à ce livre.

868. —— Nouvelle relation de la Gaspesie, qui contient les mœurs et la religion des sauvages Gaspesiens Porte-Croix, adorateurs du Soleil,

et d'autres peuples de l'Amerique Septentrionale, dite le Canada. *Paris, Amable Auroy*, 1691, pet. in-8, rel.

13 fnc., 572 pp. Au bas de la dernière on lit : « *de l'imprimerie de Laurent Rondet* ». Ouvrage très-curieux, et non moins rare que le précédent.

869. LEJARZA (Juan José Martinez de). Análisis estadístico de la provincia de Michuacan, en 1822. *Mexico, Imprenta Nacional*, 1824, gr. in-8, cart.

1 fnc., ix et 281 pp., 9 tableaux.

870. LE LONG (John). Révélations à la France. Les Négociations au Rio-de-la-Plata. *Paris, Mᵐᵉ De Lacombe*, 1851, in-8, cart.

107 pp.

871. LEON (Antonio de). Epitome de la Biblioteca Oriental i Occidental, Nautica i Geografica. *Madrid, Juan González*, 1629, in-4, vél.

43 fnc. » *Biblioteca Oriental* » pp. 1-60. « *Bibl. Occidental* » pp. 61-136. « *Bibl. Navtica i geografica* » pp. 137-186. « *Apendice* » xij pp., 1 fnc. ; titre gravé par J. DE COURBES.

Cet ouvrage est la première « *Bibliographie américaine* » qui ait été imprimée. Très-bel exempl. de l'ÉDITION ORIGINALE, qui est devenue très-rare. Sur le f. de garde se trouve la signature du célèbre orientaliste LANGLÈS, avec la date du 1ᵉʳ Oct. 1793.

872. —— Epitome de la Bibliotheca Oriental, y Occidental, Nautica, y Geografica, añadido, y enmendado nuevamente, en que se contienen los escritores de las Indias Orientales, y Occidentales, y reinos convecinos China, Tartaria, Japon, Persia, Armenia, Etiopia, y otras partes. *Madrid, Francisco Martinez Abad*, 1737-38, 3 vol. in-fol., vél.

Vol. I. 20 fnc., 536 pp. « Appendice » pp. 537-561, 2 fnc. « Catalogo de los autores » 47 fnc. « Autores omitidos » 4 fnc. — Vol. II. 1 fnc., pp. 561-1191 « Appendice » ff., 1192-Mccxxxviii. — Vol. III. 1 fnc., pp. 1200-1729. « Catalogo de los autores » 133 pp. Le tout fort mal paginé.

Ouvrage extrêmement important pour la bibliographie américaine. Cette nouvelle édition a été publiée par l'infatigable D. GONZALES DE BARCIA et elle est généralement connue sous le nom de PINELO (c'est ainsi que nous l'indiquons), qui était un surnom adopté par ANTONIO DE LEON.

873. —— Tratado de Confirmaciones Reales de Encomiendas, oficios i casos, en que se requieren para las Indias Occidentales. *Madrid, Juan González*, 1630, in-4, rel.

15 fnc., 173 ff., 17 fnc., titre gravé par J. DE COURBES. Ouvrage très-important composé sur des documents originaux.

Antonio de Leon, né au Pérou, fit ses études à Lima et fut nommé Chroniqueur des Indes. Il composa des ouvrages très-importants, qui pour la plupart n'existent que ms. Entr'autres nous citerons une bibliographie américaine, aujourd'hui per-due, d'après laquelle il fit imprimer son *Epitome.* Il mourut vers 1633.

874. LEON PINELO (Didacus de). Hypomnema apologeticvm pro re-gali Academia Limensi in Lipsianam periodvm. Accedvnt dissertati-vncvlæ gymnasticæ palæstricæ, canonico-legales, aut promiscuæ : partim ex temporaneæ, expolitæ, et vtiles; ceu res ipsa ostendet. *Limæ, Jvliani de los Santos & Saldaña,* 1648, in-4, bas.

14 fnc., 155 ff., 19 fnc., front. gravé, sur lequel se trouve la signature de Fr. Gaspar Flores de la Oliva. Le titre est imprimé en rouge et noir. Entre les ff. 22-23, se trouvent 16 ff., paginés A-Q.

Cet ouvrage composé par le frère du précédent n'est pas cité dans Ternaux.

875. LEON y GAMA (Antonio de). Descripcion histórica y cronológica de las dos piedras, que con ocasion del nuevo empedrado que se está formando en la plaza principal de México, se hallaron en ella el año de 1790. Explícase el sistema de los Calendarios de los Indios, el mé-todo que tenian de dividir el tiempo, y la correccion que hacian de él para igualar el año civil, de que usaban, con el año solar trópico. No-ticia muy necesaria para la perfecta inteligencia de la segunda piedra : á que se añaden otras curiosas é instructivas sobre la Mitología de los Mexicanos, sobre su Astronomía, y sobre los ritos y ceremonias que acostumbraban en tiempo de su gentilidad. *México, F. de Zuñiga y Ontiveros,* 1792, in-4, bas.

2 fnc., 116 pp., 1 fnc., 3 pl.

Edition originale d'un ouvrage fort curieux pour l'archéologie mexicaine.

876. —— El mismo libro. Dala a luz con notas, biografia de su autor y aumentada con la segunda parte que estaba inédita, y bajo la protec-cion del gobierno general de la Union : Carlos Maria de Bustamente. *México, Al. Valdès,* 1832, in-4, rel., bas., fil.

viii, 114 et 148 pp., 5 pl.

Les notes qui accompagnent cette édition la rendent préférable à la précédente. Vendu 42 f. Quatremère.

877. LE PAGE DU PRATZ. Histoire de la Louisiane, contenant la découverte de ce vaste pays; sa description géographique; un Voyage dans les terres; l'histoire naturelle, les mœurs, coutumes et religion des naturels, avec leurs origines; deux voyages dans le Nord du Nou-

veau Mexique, dont un jusqu'à la mer du Sud. *Paris, De Bure, Lambert, etc.,* 1758, 3 vol. in-12, v.

Vol. I. xvj et 358 pp., 1 fnc., 2 fig., 2 cartes. — Vol. II. 441 pp., 34 fig.—Vol. III. 451 pp., 3 pnc., 4 pl.

« C'est dans cette relation, l'ouvrage d'un homme qui avoit résidé quinze ans dans la Louisiane, qu'on peut se procurer les notions les plus détaillées et les plus complètes sur cette interessante contrée. » Bibl. des Voyages.

Il est assez difficile aujourd'hui de se procurer des exemplaires parfaitement complets quand aux planches, qui sont au nombre de 42, y compris 2 cartes.

878. LERDO DE TEJADA (Miguel M.). Apuntes historicos de la heróica ciudad de Vera-Cruz, precedidos de una noticia de los descubrimientos hechos en las islas y en el continente americano, y de las providencias dictadas por los reyes de España para el gobierno de sus nuevas posesiones, desde el primer viage de Don Cristobal Colon, hasta que se emprendió la conquista de Mexico. *Mexico, Ign. Cumplido,* 1850-55, vol. I en 5 livraisons, in-8, br.

iv pp., 1 fnc.; 424 pp., 1 fnc., portraits de Colomb et de Cortez, 1 tableau, 3 cartes, 1 pl. des différents signaux en usage à la Vera Cruz.

879.—— Le même ouvrage. *Mexico,* 1850-51, livraisons 2, 3, 4, in-8, br.

880. LERY (Jean de, natif de la Margelle, terre de Sainct Sene au Duché de Bourgongne). Historia navigationis in Brasiliam, qvæ et America dicitvr. Qva describitvr avtoris nauigatio, quæqúe in mari vidit memoriæ prodenda : Villagagnonis in America gesta : Brasiliensium victus et mores, à nostris admodum alieni, cum eorum linguæ dialogo : animalia etiam, arbores, atque herbæ, reliquáque singularia et nobis penitùs incognita. A Joanne Lerio Bvrgvndo Gallicè scripta. Nunc verò primum latinitate donata, et variis figuris illustrata. *(Genevæ) Excvdebat Evstathivs Vignon, Anno* 1586, petit in-8, vél.

3o fnc., 1 f. blanc, 341 pp., 8 fnc , fig. aux pp. 90, 186, 193, 207, 218, 252, 266.

Entre les pp. 178-179, se trouve une grande pl. pliée représentant le combat des *Tououpinambaoult* et des *Margaias,* qui manque dans presque tous les exemplaires.

A partir de la p. 224, la pagination est marquée 206 à 341. Cette traduction latine, dit M. Brunet, est plus rare que l'original français. Sous le titre de « *Colloquium* » pp. 271-297, commence une série de phrases en brésilien et en latin.

881. —— Histoire d'vn voyage faict en la terre dv Bresil, avtrement

dite Amerique..... reveve, corrigee, et bien augmentee en ceste seconde Edition. *Geneve, Antoine Chuppin,* 158o, in-8, rel.

21 fnc., 382 pp., 7 fnc. (manque les 4 derniers), 8 fig. dans le texte y compris
une pl. pliée, qui est fatiguée.

882. LERY (Jean de, natif de la Margelle, terre de Sainct Sene au Duché de Bourgongne). Histoire d'vn voyage fait en la terre dv Bresil,
dite Amerique.... Cinqvieme edition, dediee à la princesse d'Orange.
Geneve, povr Jean Vignon, 1611, in-8, rel.

39 fnc., 489 pp., 15 pnc., fig. La grande pl. pliée est dans notre exempl. entre
les pages 240-241; les dialogues occupent les pages 410-433.

883. LESAGE. Les avantures de M. Robert Chevalier, dit de Beau-
chêne, capitaine de flibustiers dans la Nouvelle-France. *Amsterdam,
aux depens de la Compagnie,* 1733, 2 to. en 1 vol. in-12, rel.

Vol. I. 3 fnc., 199 pp., 3 fig. — Vol. II. 2 fnc., 187 pp., 3 fig.

Ces aventures écrites par le célèbre auteur de Gil Blas et du Diable boîteux,
doivent figurer dans toute collection américaine quoique par leur rédaction nous
les croyons imaginaires. Dans l'avertissement, l'éditeur annonce que le Chevalier DE BEAUCHÈNE, après avoir passé près de cinquante ans au service du Roi,
mourut à Tours en 1731, et que ces aventures ont été écrites par lui-même, et
imprimées d'après le mss. qui est entre les mains de sa veuve.

Une traduction anglaise a été faite à Londres en 1745, 2 vol. in-12.

884. LESCALLIER (Daniel). Exposé des moyens de mettre en valeur
et d'administrer la Guiane. *Paris, du Pont, an VI,* in-8, cart.

xxiv et 237 pp., carte.

« Parmi tous les hommes qui ont pris part à l'administration de la Guyane,
LESCALLIER doit être incontestablement compté au nombre des plus capables, des
plus dévoués et des plus laborieux ». DE NOUVION.

885. —— Le même ouvrage. *Paris, Buisson,* 1791, in-8, br.

xxiv et 216 pp., 2 cartes.

886. LESCARBOT (Marc). Histoire de la Novvelle France. Contenant les navigations, découvertes, et habitations faites par les François és Indes Occidentales et Nouvelle-France, par commission de noz
Roys Tres-Chrétiens, et les diverses fortunes d'iceux en l'execution
de ces choses, depuis cent ans jusques à hui. *Paris, Adrian Perier,*
1618. — Les Mvses de la Novvelle France. A Monseignevr le Chan-

cellier. *Paris, Adrian Perier*, 1618. — Ens. 2 vol. in-8, v. bleu, comp. en or, d. s. t.

> Collation : « Hist. de la Novvelle France » 970 pp., 1 fnc., pour l'Errata; « Les Mvses de la Novvelle France » 76 pp.
>
> Très-bel ex. mais incomplet des cartes. Cette édition de 1618, qui est la troisième de ce rare ouvrage, est la plus complète. — La première édition parut à Paris chez Milot en 1609, réimprimé chez le même en 1611. La troisième édition est de 1617, on croit cependant que sauf le titre, la nôtre est la même. Traduit en anglais par P. ERONDELLE et impr. à Londres en 1619. Il en existe aussi une traduction allemande (*Augsburg*, 1613). Enfin une réimpression en 3 vol, vient de paraître chez E. Tross. — Le *Manuel* indique du même LESCARBOT une autre pièce relative au Canada : *La Conversion des Sauvages qui ont ésté baptizés en la Nouvelle-France, cette année* 1610, *avec un récit du voyage du sieur de Poutrincourt.* Paris, J. Milot, sans date, pet. in-8. — Cette pièce est plus rare que l'*Histoire de la Nouvelle-France.*
>
> « Cet auteur a ramassé avec beaucoup de soin tout ce qui avoit été écrit avant lui touchant les premieres découvertes des François dans l'Amérique : tout ce qui s'est passé dans la Floride Françoise, l'expédition du Chevalier de Villegagnon au Bresil, et le premier établissement de l'Acadie par M. de Monts. Il paroît sincere, bien instruit, censé et impartial. » CHARLEVOIX.

887. LES FORÊTS intérieures du Canada, lettres écrites par la femme d'un officier émigrant, sur la vie domestique des colons américains. *Paris, L. Curmer*, 1843, gr. In-8, br.

> 140 pp.

888. LETERA de la nobil cipta : nouamente ritrouata alle Indie con li costumi et modi del suo Re et soi populi : Li modi del suo adorare con la bella vsanza de le donne loro : et de le dua persone ermafrodite donate da quel Re al Capitano de larmata. *Data in Peru adi.* xxv. *de Nouembre. Del.* MDXXXIIII. In-4, br.

> 4 fnc. Relation remarquable d'une ville que l'auteur nomme Zhaual. Réimpression moderne faite en Italie (Milan, 1830?), à 25 ex. seulement. (On ne connaît pas d'exemplaire de l'édition originale.)
>
> Dans la *Bibl. vetustissima*, on trouve citées deux éditions de cette pièce. Une de 1535, 4°. Le seul ex. connu est au British Museum ; l'autre est datée du xxx septembre 1539.
>
> M. HARRISSE pense que *Zhaval*, d'où cette lettre est datée, est *Zavalita*, ville de la province de Antioquia, dans la Nouvelle-Grenade.

889. LETTRE Pastorale de l'Eveque de Londres aux fideles de son diocese ; à l'occasion de quelques ouvrages qui ont paru depuis peu en faveur de l'incrédulité. On y a joint deux lettres du même prélat, dont la première est adressée aux chefs de famille dans les Colonies

Angloises de l'Amerique; et la seconde aux missionnaires qui sont
dans ces Colonies. Ces deux dernieres lettres sont précédées d'une
Exhortation adressée à tous les Chrétiens de ce royaume d'assister la
société évangélique à travailler à l'instruction des nègres qui sont dans
les plantations angloises. Traduit de l'anglois. *Londres, Coderc,* 1.729,
in-8, rel.

115 pp.

890. LEWIS (M. Greg.). Journal of a West India proprietor, Kept during a residence in the island of Jamaïca. *London, J. Murray,* 1834,
in-8, cart.

1 fnc., 408 pp.— «The following journal of two residences in Jamaica, in 1815-16,
and in 1817, are now printed from the ms. of Mr. Lewis; who died at sea, on
the voyage homewards from the West-Indies, in the year 1818 ». *Advertisement.*

M. Greg. Lewis est l'auteur du roman célèbre : « *The Monk.* »

891. LEY reglamentaria de la administracion de justicia del estado de
Nicaragua decretada por el poder legislativo y sancionada por el eje-
cutivo en 15 de Junio de 1841. *Impresa en Leon en la Imprenta del
Gobierno, año* 1841, in-4, br.

15 fnc. Daté de *Leon Junio 26 de* 1841.

892. LEZAY-MARNEZIA (Cl. Fr. Ad. Citoyen de Pensylvanie). Lettres écrites des rives de l'Ohio. *Au Fort-Pitt, Et se trouvent à Paris,
chez Prault, an IX,* in-8, demi rel. veau rose, *non rogné.*

viij et 144 pp. Cet ouvrage est très-peu connu. Le marquis de Marnézia mourut
à Besançon à l'âge de 66 ans, vers 1800.

893. LIBRO PRIMO della Historia de l'Indie Occidentali. — Libro
secondo delle Indie Occidentali. MDXXXIIII : Con gratia et priuilegio. — Libro vltimo del Svmmario delle Indie Occidentali.
MDXXXIIII. In-4, cart.

Collection précieuse. Le premier livre, composé de 79 ff., est un extrait de
Pierre Martyr d'Anghiera (V. nos 55-57). Au verso du titre, on lit : « *Svmmario de
la generale historia de l'Indie Occidentali cavato da libri scritti dal Signor don
Pietro Martyre del consiglio delle Indie della Maesta de l'Imperadore, et da molte
altre particvlari relationi.* » — Le livre second, composé de 64 ff. et 2 fnc., avec
fig. aux ff. 21, 48, 49, 52, est une traduction de l'ouvrage de Oviedo (V. ce nom);
ainsi que l'indique la note suivante imprimée au verso du titre : «*Svmmario de la
natvrale et general historia de l'Indie occidentali, composta da Gonzalo Ferdinando del Ouiedo altrimenti di valde, natio de la terra di Madril : habitatore et
rettore de la citta di Santa Maria antica del Darien, in terra ferma de l'in-*

die... ecc. » — Le dernier f. contient une souscription commençant ainsi : *Stampato in Vinegia, nel mese di Decembre Del.* 1534. *Con gratia della Illustrissima Signoria....* Une carte de l'ile Haïti « *Isola Spagnvola* » se trouve à la fin de ce deuxième livre. Le dernier livre de cette collection est composé de 14 fnc.. Ternaux et Harrisse pensent que c'est la traduction d'un ouvrage espagnol, imprimé à Séville en 1534.

La *Bibliotheca Americana Vetustissima*, annonce une grande carte qui doit se trouver à la fin de l'ouvrage et qui manque à notre exemplaire.

894. LIBRO VLTIMO del Svmmario delle Indie Occidentali, MDXXXIIII, in-4, non rel.

> 14 fnc., sign. A-Dii. Ce précieux opuscule est le troisième et dernier ouvrage de la collection précédente, il est fort rare et manque généralement aux exemplaires. Il contient la relation de la conquête du Pérou par un gentilhomme espagnol, compagnon de Pizarre.

895. LINDLEY (Thomas). Voyage au Brésil; où l'on trouve la description du pays, de ses productions, de ses habitans, et de la ville et des provinces de San Salvadore et Porto-Seguro; traduit de l'anglais par François Soulès. *Paris, Léopold-Collin,* 1806, in-8, cart.

> xiv et 215 pp. Contient beaucoup d'informations concernant la police, le commerce, l'état domestique des Brésiliens, et quelques notices sur l'histoire naturelle de cette contrée. L'édition originale a été imprimée à Londres en 1805, in-8°.

896. LINSCHOTEN (Hvgonis). Navigatio ac itinerarivm Johannis Hvgonis Linscotani in Orientalem sive Lvsitanorvm Indiam. Descriptiones eivsdem terræ ac tractvvm littoralium. Præcipuorum, portuum, fluminum, capitum, locorumque, Lusitanorum hactenus navigationibus detectorum, signa et notæ... Collecta omnia ac descripta per eundem Belgicè; nunc vero Latinè reddita, in vsum commodum ac voluptatem, studiosi lectoris novarum memoriáque dignarum rerum, diligenti studio ac operâ. *Hagæ-Comitis. Ex officinâ Alberti Henrici. Impensis authoris et Cornelii Nicolai, anno* 1599, in-fol., mar. rou., dent. *Rel. ancienne.*

> « Préface au lecteur » 1 pp. (Au verso le portrait de Linschot avec cette légende *Sovfrir povr parvenir*). « Dédicace à Maurice de Lantgrave » 2 pp., plus 1 f. avec ses armes. « Texte » 124 pp., 9 grandes cartes et 30 fig. de la grandeur des pages. — « Descriptio totivs Gvineæ tractvs, Congi, Angolæ et Monomotapæ, eorvmqve locorvm, quæ e regione C. S. Avgvstini in Brasilia jacent. Proprietates Oceani ; Insularumque ejusdem, S. Thomæ, S. Helenæ, Ascensionis etc. Portuum, Altitudinis, Syrtium, Vadorum, ac fundi. Miræ narrationes Navigationum Batavorum, cum interioris terræ descriptione. Accedit noviter historia Navigationvm Batavorvm in Septentrionales oras, Poliqke Arctici tractus, cum Freti Vaygats

detectione summâ fide relata. *Hagœ Comitis, Ex officinâ Alberti Henrici, anno* 1599, 45 pp., Index 3 pnc., 3 cartes.

Première édition latine très-rare et recherchée. On la réunit à la collection des frères DE BRY, attendu que leurs héritiers en ont fait faire une traduction moins exacte, qu'ils ont insérée dans la 2ᵉ partie des Petits Voyages. *Voy.* CAMUS. *Mémoire*..... pp. 189 et suiv., BRUNET et TRÖMEL.

897. LINSCHOTEN (HVGONIS). Itinerario, Voyage ofte Schipvaert, van Jan Huygen van Linschoten naer Oost ofte Portugaels Indien.... *t'Amstelredam, Cornelis Claesz,* s. a. 3 fnc., le dernier avec le portrait de Linschot; 160 pp., à 2 col. GOTHIQUE. — REYS-GHESCHRIFT Vän de Navigatien der Portugaloysers in Orienten..... *t'Amstelredam, Cornelis Claesz,* 1604, 147 pp., à 2 col. GOTHIQUE. — BESCHRIJVINGHE van de gantsche Custe van Guinea, Manicongo, Angola, Monomotapa, ende teghen over de Cabo de S. Augustijn in Brasilien..... *'tAmstelredam, Cornelis Claesz,* 1605 *(Anno xvj ᶜ v).* 45 fnc., à 2 col. GOTHIQUE. In-fol., rel.

Seconde édition du texte hollandais de la relation de LINSCHOT, mais la première où se trouvent les trois parties réunies.

Les planches et les cartes manquent à notre exemplaire.

Pour la collation et les titres exacts, V. la *Bibliothèque Américaine* de TRÖMEL, nᵒ 58.

898. —— Histoire de la Navigation de HVGVES DE LINSCHOT hollandois. Aux Indes Orientales: Contenant diverses Descriptions des lieux iusques à present descouverts par les Portugais : Observations des Coustumes et singularitez de là, et autres declarations. Avec annotations de B. PALUDANUS, Docteur en Medecine sur la matière des Plantes et Espiceries : Item quelques cartes geographiques, et autres figures. Troixiesme edition augmentée. *Amsterdam, Evert Cloppenburgh,* 1638, in-fol., rel.

3 fnc., sur le verso du dernier le portrait de Linschot; 206 pp., 12 cartes, 30 pl., titre gravé. A la suite :

LE GRAND routier de mer de JEAN HVGVES DE LINSCHOT hollandois. Contenant une instruction des routes et cours qu'il convient tenir en la navigation des Indes Orientales, et au voyage de la coste du Bresil, des Antilles, et du Cap de Lopo Gonsalves. Avec description des costes, havres, isles, vents, et courants d'eaux, et autres particularitez d'icelle Navigation. Le tout fidelement recueilli des memoires et observations des pilotes Espagnols et Portugais. Et nouvellement traduit de Flameng en François. *Amsterdam, Evert Cloppenburg,* 1638, 181 pp.; carte de l'Amérique, titre gravé.

14

DESCRIPTION DE L'AMERIQUE et des parties d'icelle, comme de la Nouvelle France, Floride, des Antilles, Jucaya, Cuba, Jamaica, etc. Item de
l'estendue et distance des lieux, de la fertilité et abondance du pays, religion et coustumes des habitans, et autres particularitez. Avec une carte
geographique de l'Amerique Australe, qui doit estre inseree en la page
suivante. *Amsterdam, Evert Cloppenburch,* 1638, 86 pp., gravure sur le
titre.

La première édition de cette traduction (1610) ne contient pas les trois parties.
La seconde, imprimée en 1619, est complète.

899. LISBOA (Balthazar da Silva). Annaes do Rio do Janeiro, contendo
a descoberta e conquista deste paiz, a fundação da cidade com a historia civil e ecclesiastica, até a chegada d'el Rei dom João VI ; alèm de
noticias topographicas, zoologicas, e botanicas. *Rio de Janeiro, Sei-
gnot-Plancher et C*ie, 1834, in-8, rel.

Vol. I. seulement xxvj pp., 2 tabl., 406 pp., 1 fnc., 12 pl. — Cet ouvrage imprimé de 1834-1835 se compose de 8 vol. in-8.

900. LIVINGSTON (Ed.). Systeme de loi Pénale pour L'Etat de la
Louisiane, comprenant les Codes, 1. Des Délits et des Peines, 2. De
Procédure, 3. De Discipline des Prisons, 4. Des Preuves : Ce dernier
applicable au Civil comme au Criminel : et un livre contenant Les
Définitions de tous les mots techniques dont il est fait usage dans ce
système. *Nouvelle-Orléans, B. Lévy,* 1825, in-4, cart.

157, 242 et 25 pp. Ce code publié en vertu d'une loi de l'état, a été imprimé
d'abord en anglais en 1823 et 1824 et réimprimé à Philadelphie en 1833.

901. LIVRE de lecture, en dialecte créole-anglais. In-18, br.

13 et 8 pp. Sans titre. Ce petit volume doit être imprimé à Amsterdam, vers
1843. Pour un autre livre du même genre. *V. art.* PIKIN A. B. C.

902. LIZARZABURU (J. A.). Observaciones meteorologicas corres-
pondientes al año de 1862, hechas en el observatorio del seminario
de Guatemala (Articulo publicado en la Gaceta núm. 72). *Guatemala,*
1862, in-12, br.

17 pp., 2 tabl. dont un très-grand.

903. (LOISEL (Francisco)). Demostracion de gozo que a obsequio del
señor D. Carlos Clemente de Borbon, principe sucesor de España.
Havana, en la Imprenta destinada para el computo ecclesiastico,
1772, in-4, br.

52 pp. Une partie de ce volume est en vers.

904. LONG (J.). Voyages and Travels of an Indian Interpreter and Trader, describing The Manners and Customs of the North American Indians; with an account of the posts situated on the River Saint-Laurence, Lake Ontario, etc. To which is added, a Vocabulary of the Chippeway language. Names of Furs and Skins in English and French. A list of words in the Iroquois, Mohegan, Shawanee, and Esquimeaux tongues, and a table, shewing the analogy between the Algonkin and Chippeway Languages. *London, Printed for the Author,* 1791, in-4, cart., *non rogné.*

> x pp., 1 fnc., 295 pp., 1 carte. Ouvrage très-important au point de vue philologique. La partie linguistique occupe les pp. 183-295. Le traducteur français a omis la partie la plus curieuse; tous les vocabulaires.

905. —— Voyages chez différentes nations sauvages de l'Amérique septentrionale,... avec un état exact des postes situés sur le fleuve S. Laurent, le Lac Ontario, etc. Traduits de l'anglois par J. BILLECOCQ. *Paris, Prault, an II,* in-8, rel.

> xxxvj et 320 pp., carte. La traduction française de cet intéressant voyage ne contient pas les vocabulaires, ce qui est regrettable, dit VOLNEY.

906. —— Le même ouvrage. *Paris, Lebel,* 1810, in-8, cart., *carte.*

> Cette édition est la même que la précédente à l'exception du titre.

907. LONGPÉRIER (Adrien de). Notice des monuments exposés dans la salle des antiquités américaines (Mexique et Pérou), au Musée du Louvre. *Paris, Vinchon,* 1850, in-8, br., *papier vélin.*

> 130 pp.

908. LOPEZ (fray Francisco). Compendio, y methodo de la svma de las reglas del Arte del ydioma Ylocano, que à los principios del siglo passado, compuso el M. R. P. fray FRANCISCO LOPEZ, del orden de S. Augustin. Y à los ultimos de este siglo apunto otro religioso de la misma orden : el M. R. P. Predicador fray FERNANDO REY, Examinador synodal de este obispado..., y menos embarazo de los religiosos, que empiezan à aprehender el Idioma para ser Ministros. (Au verso du titre): *Con las licencias necesarias en la Imprenta de N. S. de Loreto del Pueblo de Sampaloc. Por el hermano Balthasar Mariano. Año de* 1792, in-8, vél.

> «Compendio...» 238 pp., 4 pnc., « CONFESSONARIOS y platicas del Manual Toledano, para antes, y despues de todos los santos sacramentos en lengua Castellana, è Ylo-

ca. Compvestos por Fernando Rey» 494 pp. —Imprimé sur papier de riz. L'exemplaire a quelques piqures.

La première édition de cette grammaire est de Manille, 1617. Citée par Brunet, d'après Ebert, qui n'en donne pas le titre correctement; il dit *itoça* pour *yloca*.

909. LOREA (Antonio de, de la orden de Predicadores). Santa Rosa, religiosa de la tercera orden de S. Domingo, patrona vniversal del Nvevo Mvndo, milagro de la natvraleza y portentoso efecto de la gracia. Historia de sv admirable vida, y virtvdes, que empieza, desde la fvndacion de Lima, hasta sv canonizacion, ecc. *Madrid, Franc. Nieto,* 1671, in-4, vél.

15 fnc., 224 ff., 4 fnc. Cette vie de Sainte Rose de Lima, a été traduite sur l'original latin du P. L. Hansen, imprimé à Rome et 1664, réimprimé en 1668 et 1680. Pinelo, qui indique ces trois éditions donne la date de 1676 à la traduction du P. Lorea. Elle n'est pas citée dans Ternaux. Dédiée à D. Joseph Avellaneda Sandoval y Roja, elle contient dans la dédicace, de nombreux renseignements généalogiques sur cette famille.

910. LORENZANA (F. Antonio). Concilios Provinciales Primero, y Segundo, celebrados en la muy noble, y muy leal Ciudad de México, presidiendo el illmo. Señor Fr. Alonzo de Montúfar, en los años de 1555, y 1565. *México, Joseph Antonio de Hogal,* 1769-70, 3 vol. in-fol.

4 fnc., 396 pp., 6 fnc.

(2). Concilium Mexicanum provinciale III. Celebratum Mexici Anno 1585. Præside D. D. Petro Moya, et Contreras arch. ejusd. urbis. *Mexici, J. Antonij de Hogal,* 1770.

5 fnc., 328 pp., 2 fnc. « Statuta ordinata a sancto Concilio provinciali Mexicano III. Anno 1585..... » 141 pp., 2 fnc.

(3). Cartas Pastorales, y edictos D. Franc. Ant. Lorenzana, y Buitron, arzobispo de Mexico. *Mexico,* 1770, in-fol.

Collection précieuse et très-importante des Conciles provinciaux Mexicains publiés ici en entier pour la première fois, sur les documents originaux, par le savant archevêque de Mexico, qui lui-même présida le quatrième Concile tenu à Mexico, en 1771, mais qui n'a jamais été imprimé. (Une copie ancienne faite par un des assistants est cataloguée sous le n° 380.)

Le premier Concile mexicain a été tenu en 1555 sous la présidence de l'Archevêque Alonzo de Montufar; il a été imprimé à Mexico en 1556 par Juan Pablo « el primer Impresor de esta Ciudad (de Mexico) ». Le second tenu en 1565 n'a pas été imprimé à cette époque, le mss. original se conservait dans les archives Métropolitaines.

Le troisième tenu en 1585, présidé par l'Archev. Pedro Moya y Contreras n'a été imprimé qu'en 1622, a cause des lenteurs mises par le Conseil des Indes à le reconnaître et à le traduire de l'espagnol en latin, et aussi parce que la Cour de Rome attendit jusqu'à cette époque pour le confirmer.

· Outre les Conciles provinciaux du Mexique, Lorenzana a ajouté à cet ouvrage un catalogue des Archevêques de Mexico, des Evêques de Puebla (précédé des bulles relatives à l'érection de l'église de cette ville), de Guatemala, Antequera, Michoacan, Guadalaxara, Yucatan et Durango.

911. LOSKIEL (G. Heinrich). Geschichte der Mission der evangelischen Brüder unter den Indianern in Nordamerika. *Barby, zu finden in den Brüdergemeinen,* 1789, in-8, rel.

7 fnc., 783 pp. Cet ouvrage curieux contient aux pp. 24-30, un Vocabulaire *allemand-delaware* et *iroquois.* Ces pages traitent également de la langue de ces Indiens.

912. LOSSA (Franc., Cura que fue de la iglesia de Mexico). Vida qve el siervo de Dios Gregorio Lopez hizo en algvnos lvgares de la Nueva España. Principalmente en el Pueblo de Santa Fè. *Madrid, Imprenta Real,* 1642, in-4, br.

9 fnc., 118 ff., 2 fnc. Cette édition augmentée est dédiée au célèbre Palafox. Une note mss. sur le f. de garde, dit que GREGORIO LOPEZ était un batard du roi Don Phelipe II, ainsi que l'indiquent plusieurs passages dans le volume et d'après la tradition commune.

L'ouvrage a paru d'abord à Mexico en 1613 (ANTONIO, qui qualifie ce petit ouvrage d'*aureus libellus*), réimprimé à Séville en 1618 (BRUNET) et 1648 (PINELO).

L'édition de 1642 que nous annonçons a été revue et augmentée par LUIS MUÑOS. Il en existe une traduction française faite par un P. Jésuite qui a gardé l'anonyme, publiée à Paris en 1643.

913. —— La Vie dv bienhevrevx Grégoire Lopez, écrite par FRANÇOIS LOSA Curé de l'Eglise cathedrale de la ville de Mexico dans la nouvelle Espagne. De la traduction de Mr. ARNAVLD D'ANDILLY. Sur l'exemplaire imprimé à Madrid en 1658. *Paris, Pierre le Petit,* 1674, in-12, cart., d. s. t.

9 fnc., 420 pp. Exemplaire réglé.

Pour la vie et les écrits de GREG. LOPEZ. V. l'art. ARGAIZ (nº 78).

914. LOSSADA (P. Fr. Domingo, de la Regular observancia de N. P. S. Francisco, Comissario general de Indias). Compendio Chronologico de los privilegios regulares de Indias, desde nuestro Sant. Padre Leon X., creado el año 1513. hasta Clemente XII creado el año de 1730. *Madrid, Imprenta de la casa de la V. Madre de Agreda,* 1737, in-4, bas.

22 fnc., 467 pp., 16 pnc.

915. LOTTER (Matthew Albert). A plan of the city and environs of

Philadelphia, engraved and published by M. ALB. LOTTER. (*Philadelphia*), 1777, in-fol.

> Très-joli plan, impr. en coul., mesurant 58 c. et demi, sur 70 c., au bas duquel on a gravé l'édifice de la maison d'état.

916. LOZANO (P. Pedro). Carta del P. Lozano, de la Compañia de Jesus, de la Provincia del Paraguay, escrita al P. Bruno Morales, de la misma Compañia, existente en esta Corte de Madrid. (*Madrid,* 1747), in-4, non rel.

> Cette curieuse lettre, inconnue aux PP. DE BACKER, est datée de *Cordova de Thucuman,* 1er *mars* 1747; elle contient une relation assez étendue du tremblement de terre de Lima qui eut lieu en 1746. (V. nos 682 et 757). — Une traduction française a paru dans le *Recueil des lettres édifiantes et curieuses* (1843. tome II).

917. —— Descripcion chorographica del terreno, rios, arboles, y animales de las dilatadissimas Provincias del Gran Chaco, Gualamba. Y de los innumerables Naciones barbaras, è infieles, que le habitan. *Cordoba, en el Colegio de la Assumpcion, por Joseph Santos Balbas,* 1733, in-4, rel.

> 9 fnc., 485 pp., 5 pnc., 1 CARTE. Bel exemplaire d'un ouvrage très-rare, surtout avec la carte, qui manque presque toujours.
>
> Le P. PEDRO LOZANO, jésuite espagnol, chroniqueur de la province de Tucuman, fournit au P. CHARLEVOIX, beaucoup de documents pour la composition de son histoire du Paraguay. Il fit paraître à Madrid, en 1754-55, une excellente histoire de la Compagnie de Jésus dans cette province qui ne va que jusqu'à l'année 1614, 2 vol. in-fol. Son ouvrage sur le Chaco Gualamba, est d'autant plus important que c'est le seul ouvrage publié sur cette contrée peu connue, dans lequel on peut trouver des renseignements exacts. Il a été imprimé par les soins du P. ANT. MARCHONI, recteur du collège de Tucuman, et procureur général à Rome, pour la provincedu Paraguay.

918. LUTHERI Catechismus, Öfwersatt på American-Virginiske Språket. *Stockholm, Tryckt vthithet af Kongl. May*tt. *privileg. Burchardi Tryckeri, af J. J. Genath, f. Anno* 1696, in-8, rel. v.

> 7 fnc., 132 pp. « *Vocabularium Barbaro-Virgineorum. Additis passim locutionibus et observationibus historicis brevioribus ad linguæ pleniorem notitiam. Anno* MDCXCVI » pp. 133-160 ; front. gravé.
>
> EXEMPLAIRE AU CHIFFRE ET AUX ARMES DE CHARLES XI, Roi de Suède.
>
> Traduction du Catéchisme de LUTHER, en langue des indiens de la Virginie, (Mohicans) faite par TH. CAMPANIUS, l'historien de la Nouvelle Suède (V. n° 255), où il exerça pendant longtemps les fonctions de pasteur. Ce livre imprimé pour être distribué parmi les Indiens est devenu fort rare. Exemplaire très-beau.

919. MABLY (abbé de). Observations sur le gouvernement et les loix

des Etats-Unis d'Amérique. *Amsterdam, J. F. Rosart,* 1784, in-12, rel.

213 pp.

920. MACKENZIE (Alex.). Tableau historique et politique du commerce des pelleteries dans le Canada depuis 1608 jusqu'à nos jours. Contenant beaucoup de détails sur les nations sauvages qui l'habitent, et sur les vastes contrées qui y sont contiguës; avec un Vocabulaire de la langue de plusieurs peuples de ces vastes contrées. Traduit de l'anglais par J. Castéra. *Paris, Dentu,* 1807, in-8, demi rel.

> 310 pp., 1 fnc., portrait de l'auteur. Les pp. 261-274, contiennent un Vocabulaire de la langue Algonquine et de celle des Knisteneaux, indiens de la même famille. Un Vocabulaire Chipeway occupe les pp. 304-310.

> Cet ouvrage est un extrait de la traduction du Vol. I, pp. 1-310, du voyage du même auteur, publiée à Paris, en 1802, 3 vol. in-8.

> Mackenzie est le second voyageur qui ait fait la découverte d'un passage par terre pour aller à la mer polaire.

921. MADIOU (Thomas). Histoire d'Haïti. *Port-au-Prince, J. Courtois,* 1847, gr. in-8, br.

> Tome premier seulement.

> viii et 370 pp. Cette histoire devait former deux volumes, nous ignorons si le deuxième a été publié. L'auteur ancien professeur d'histoire, était directeur au lycée national de Port-au-Prince.

922. MADONNA di GUADALUPE (Recueil de pièces sur la). In-8, cart.

> Fontani (A. D.). Guadalupana B. M. V. Imago, quæ Mexici colitur, carmine descripta. *Faventiæ,* 1773, *ex typographia Episcopali,* 51 pp., 1 fig.

> Madregon (J. Adr.). De Imagine Guadalupensi Mexicana jambici Archilochii dimetri acatalectici. *Faventiæ, Archii,* 1774, viii pp.

> Sanctiss. in Christo Patris, et D. N. D. Benedicti divina providentia Papæ XIV. Apostolicæ literæ in forma brevis in quibus officium, et missa propria B. V. Mariæ, sub titulo de Guadalupe, die XII. Decembris sub ritu duplici primæ classis cum octava, recitandum et celebranda conceduntur... *Romæ et Ferrariæ, B. Pomatelli,* 1781, xxxi pp.

> Breve Ragguaglio della prodigiosa e rinomata immagine della donna di Guadalupe del Messico. *Cesena, G. Biasini,* 1782, xxxix pp.

> Maraviglia Americana osia complesso di rare maraviglie osservate colla direzione delle regole dell' arte della Pittura nella prodigiosa imagine della Madonna di Guadalupe del Signor Michele de Cabrera.. ..

tradotta dello spagnuolo..... dall' abate D. G. M. DE GONDRA. *Ferrara, stamperia Rinaldiana*, 1783, XLVIII pp.

(V. le nº 248 pour l'ouvrage de CABRERA l'historien de N. D. de la Guadeloupe).

ORAZIONE PANEGIRICA per la solennitá di S. Maria di Guadalupe recitata nella chiesa di S. Vito del abate PAOLO LUIGI MANTOVANI. *Ferrara, per gli Eredi Arnaldi* (1784), XXX pp.

IMMACULATÆ Virginis deiparæ S. Mariæ de Guadalupe Mexicanæ Patronæ principalis. Pro festo celebrando die propria 12 decembris etiam Romæ apud salesianas sanctimoniales... hymnus. *Faventiæ, A. Archii,* 1773, 1 f.

923. MAFFEI (J. P.). Historiarum Indicarum libri XVI : selectarum item ex India epistolarum lib. IV, eodem interprete. *Florentiæ, Ph. Juncta*, 1588, in-fol., vél.

1 fnc., 570 pp., 14 fnc. ÉDITION ORIGINALE.
Le titre de notre exempl. est mss.

924. —— Idem opus. Accessit Ignatii Loiolæ vita postremo recognita, et in opera singula copiosus Index. *Venetiis, D. Zenarium*, 1589, in-4, vél.

27 fnc., 283 ff.

925. —— Idem opus. *Coloniæ Agrippinæ in officina Birckmannica, sumptibus Arnoldi Mylij*, 1590, in-8, peau de truie.

43 fnc., 763 pp.

926. —— L'histoire des Indes Orientales et Occidentales, traduite du latin en françois par M. (ICHEL) D. (E) P. (URE). Avec deux tables, l'vne des chapitres, et l'autre des matières, tant geographiques qu'historiques. *Paris, Robert de Ninville*, 1665, 2 to. en 1 vol., in-4, rel.

Vol. I. 15 fnc., 353 pp. — Vol. II. 292 pp., 13 fnc.

Le P. MAFFÉI, né à Bergame en 1535, mort à Tivoli en 1603, est un des meilleurs écrivains de la Cⁱᵉ de Jésus.

927. (MAGALLANES). Refutacion al papel titulado Bosquejo de la marcha de la Republica y de la influencia militar en sus destinos. *Santiago de Chile, abril* 17 *de* 1841, in-4, br.

11 et 9 pp. Sur la dernière, on lit : *Imprenta liberal, calle de los teatinos, frenté del Pilon de Concha.* Le nom de l'auteur de cet opuscule est écrit à la main.

928. MAILLARD (l'abbé). Grammaire de la langue Mikmaque, redigée

et mise en ordre par J. M. Bᴇʟʟᴇɴɢᴇʀ. *Nouvelle-York, presse Cra-moisy*, 1864, gr. in-8, br.

Deux titres dont l'un en anglais, 101 pp. Imprimé à *cent exemplaires*, mainte-nant entièrement épuisés.

Cette langue est parlée par les Indiens Mikmaques, nom français des indigènes de l'Acadie, de la Nouvelle Écosse, du Nouveau Brunswick, et du Maine.

929. MALDONADO DE PUGA (F. Ivan Manuel, maestro de noui-cios). Religiosa hospitalidad por los hijos del piadoso coripheo Pa-triarcha, y padre de pobres S. Jvan de Dios. En sv provincia de S. Raphael de las islas Philipinas. Compendio svbstancial de su funda-cion, progressos, y estado presente, que en sucinto informatibo estilo. ... *Año de* 1742, in-4, vél.

Titre gravé, 20 fnc., 261 pp., 1 fnc. Au verso du dernier on lit : *Impresso en Granada, por Joseph de la Puerta*, 1742 ; portrait de S. Raphael et deux vues de l'église de Manille.

930. MALLAT (J.). Les îles Philippines considérées au point de vue de l'hydrographie et de la linguistique. Suivi d'un coup d'œil sur les idiomes de ces iles, d'un recueil de phrases, de dialogues et d'un Vo-cabulaire Français, Tagalog et Bisaya. *Paris, Pollet et Cie*, 1843, in-8, br.

xɪɪ et 168 pp., plus, la partie linguistique qui est assez importante, occupe 60 pp., accompagné d'un tableau des anciens caractères de la langue Tagale.

931. MALLET (A. Manesson). Description de l'Univers, contenant les différents systèmes du monde, les cartes générales et particulieres de la geographie ancienne et moderne... *Paris, Denys Thierry*, 1683, 5 vol. in-4, rel. fat.

Vol. I. 8 fnc., 302 pp., 5 fnc., front. gravé, portr. de Louis XIV et de l'auteur, cxɪɪ pl.—Vol. II. 2 fnc., 299 pp., 10 fnc., front. gravé, cxxxɪɪ pl. —Vol. III. 2 fnc., 256 pp., 8 fnc., front. gravé, cɪ pl. —Vol. IV. 3 fnc., 328 pp., 22 fnc., cxʟvɪɪ pl. — Vol. V. 4 fnc., 400 pp., 22 fnc., cʟxx pl.

Les pp. 243-263, du vol. V, contiennent la description des Terres Australes et 9 pl. numérotées cvɪɪ-cxv. Les pp. 265-400, du même vol. contiennent la des-cription de l'Amérique avec 54 pl. et cartes numérotées cxvɪ-cʟxx, parmi lesquelles on remarque les cartes du Canada, de la Virginie, de la Floride, du Mexique, de Cuba, de la Jamaïque, de Puerto Rico, du Nouveau Mexique, de la Californie, de la Guiane, du Brésil, du Chili, du détroit de Magellan, du Pérou, des Amazones, etc., etc. Parmi les vues, nous citerons celles de Québec, de S. Augustin de Floride, de S. Salvador, de Mexico, de Havana, de Carthagène, etc., etc.

Toutes les pl. qui ornent cet ouvrage, sont pour la plupart, assez bien exécu-tées.

932. MALOUET (V. P.). Collection de·mémoires et correspondances officielles sur l'administration des Colonies, et notamment sur la Guiane française et hollandaise. *Paris, Baudoin, an X,* 5 vol. in-8, demi rel.

> Vol. I. 484 pp., carte. — Vol. II. 379 pp., 2 pl. — Vol. III. 388 pp., carte. — Vol..IV. 378 pp. — Vol. V. 353 pp.
>
> Ouvrage estimé le meilleur que nous ayons sur la Guiane, et rènfermant des notions exactes particulièrement sur les Indiens Galibis.
>
> L'auteur était ancien administrateur des Colonies et de la Marine.

933. (MANDRILLON (J.)). Le Spectateur Américain, ou remarques générales sur l'Amérique septentrionale et sur la République des treize états-unis. Suivi de recherches philosophiques sur la découverte du Nouveau-Monde. *Amsterdam, chez les héritiers Evan Harrevelt,* 1784, in-8, br.

> xvi, 128, 307 et 91 pp., 2 fnc., carte et tableau.

934. —— Le même ouvrage. Seconde édition revue, corrigée et augmentée de plusieurs articles et d'une table alphabétique des matières. *Amsterdam et Bruxelles, E. Flon,* 1785, in-8, rel.

> xx et 519 pp., 1 tabl., 1 carte.
>
> Ouvrage recherhcé, que l'on a souvent confondu avec celui de AL. CLUNY, traduit par MANDRILLON, sous ce titre : *Le Voyageur Américain* et publié à *Amsterdam,* en 1783. V. nº 346 de ce Catalogue.

935. MANIFESTACION histórica y politica de la revolucion de la América y mas especialmente de la parte que corresponde al Perú, y Rio de la Plata. Obra escrita en Lima, centro de la opresion y del despótismo, en el año de 1816. *Impresa en Buenos-Ayres : Imprenta de los expositos,* 1818, in-12, br.

> 3 fnc., 184 pp.

936. MANOEL DA COSTA (Claudio). Villa Rica, poema. *Ouro-Preto, Typ. do Universal,* 1839 (à la fin 1841), pet. in-4, br.

> 2 fnc., xix et 80 pp. Ce poëme, composé en 1773, a pour sujet l'histoire de Villa Rica, maintenant Ouro Preto, chef-lieu de la province de Minas-Geraes.

937. MANSION (Hypp.). Précis historique sur la colonie française au Goazacoalco (Mexique); avec la réfutation des prospectus publiés par MM. Laisné de Villevêque, Giordan et Baradère. *Londres (Paris), Davidson et fils,* 1831, in-8, br.

> viii et 260 pp. A la suite :

COLONIE du Goazacoalco (Prospectus), 16 pp., carte. — RÉPONSE de
M. BARRADÈRE, 16 pp., notes 8 pp.

938. MARBAN (el P. Pedro). Arte de la lengua Moxa, con su Vocabulario, y Catechismo. (*Lima, Joseph de Contreras*, 1701), in-8, vél.

7 fnc., « Arte » pp. 1-117; « Vocabulario Español-Moxa » pp. 118-361 ; « Vocabulario Moxa-Español » pp. 362-664; « Cathecismo » pp. 1-108; « Confessionario » pp. 109-142, 1 fnc., « Cartilla y doctrina christiana » pp. 143-202 ;
« Indice » 1 fnc.

Tout ce que nous savons sur l'auteur de ce précieux et très-important ouvrage,
se borne à bien peu de chose. Sur le titre de son livre il annonce avoir été supérieur
des missions des indiens Moxos et Chiquitos, dans la province du Pérou.

Son *Arte* est le seul ouvrage publié sur la langue des Indiens de ces régions,
appelés « *Los Moxos* » aujourd'hui en Bolivie (Amérique du Sud).

La langue Moxa a plusieurs dialectes dont voici les noms : *Baure, Tikomori,
Chuchu, Kupeno, Mosotie* et *Mochono* ou *Muchojéone*, tous parlés dans la mission
de S. Xavier.

LUDEWIG cite un *Arte de la lengua Baure, escrito por el P*. ANTONIO MEGIO, *de
la Compañia de Jesus*..... 1749, in-fol. — Ce manuscrit se trouvait dans la collection d'Alcide D'Orbigny, et doit être maintenant à la Bibliothèque Impériale.

939. MARCHESE (Dom. Maria, dell' ordine di San Domenico). Vita
della beata Rosa di Santa Maria Peruana. *Napoli, ristampata appresso G. Fasulo*, 1668, in-4, cart.

5 fnc., 328 pp., 2 fnc., frontispice gravé. Il existe de ce livre une édition de
1665, imprimée à Naples, chez le même Fasulo. Ni l'une ni l'autre de ces deux
éditions n'est citée dans TERNAUX. — PINELO les mentionne comme étant imprimées en latin.

940. MARIA DE ALCALA (D. Josef). Sermon que en la solemne
funcion celebrada en la santa iglesia Metropolitana de Mexico en honra
y veneracion de la divina providencia, predicó el dia 29 de Julio de
1810. *Mexico, D. Mariano de Zuñiga y Ontiveros* (1810), in-4, br.
24 pp.

941. MARIA DE HERAS (D. Bartolomé). Discurso que dirige á su
grey D. BART. MARIA DE HERAS, arzobispo de esta metrópoli, con motivo de la abertura y bendicion solemne del cementerio general erigido
en esta capital. *Impresso en la casa Real de Niños expósitos (Lima).
Y por su original en la Habana en la Imprenta de D. Estevan J.
Boloña*, 1808, in-4, br.

1 fnc., 16 pp. A la suite :

Reglamento provisional acordado por D. José Fern. de Abascal y Sousa, virey y capitan general del Perú, con D. B. Maria de las Heras, para la abertura del cementerio gral. de esta ciudad, conforme á lo ordenado por S. M. en reales cédulas de 9 de diciembre de 1786, y 3 de abril de 1787. *Lima, Impreso en la casa de niños expositos,* 1808. *Habana, reimpreso por D. Estevan José Boloña,* 1808, 20 pp.

942. MARIA.JESUS.JOSEPH. Ronohel vtzil atobal, xehul hut xeuachin naipe rumal cahaual eca voo vtzil xenima hulu chirih acàvae quibi : loconic, ca melali, cuibali, mebail, penitencia..... Toutes les vertus ont brillé avec éclat par notre Seigneur; mais les cinq vertus qui ont brillé avec le plus d'éclat au dessus des ténèbres sont celles qu'on nomme la charité, l'humilité, la patience, la pauvreté, la pénitence, etc., in-8, vél.

MANUSCRIT EXTRÊMEMENT PRÉCIEUX et IMPORTANT, écrit sur PARCHEMIN TRÈS-FORT. Il se compose maintenant de 103 ff. à longues lignes, écrits en caractères demi gothiques Il y manque les ff. 2-8, 25-28, 56-59, et les ff. 104 à fin.

Ce mss. est un de ces précieux travaux entrepris par les missionnaires pour la conversion des Indiens. Nous devons à l'obligeance de Monsieur Brasseur de Bourbourg la traduction des quelques mots que nous donnons sous forme de titre, et les indications suivantes :

«Le volume annoncé ci-dessus est un recueil de prières et de méditations, écrit peu d'années après la conquête de Guatémala, dans un *dialecte élégant,* qui tient à la fois du *Quiché* et du *Kakchiquel,* analogue à celui qui est parlé encore aujourd'hui par les indigènes de Zipacapa, département de Huehuetenango ; il ne serait même pas étonnant qu'il fut l'œuvre du P. Domingo de Vico, dominicain, le plus savant de cette époque entre les compagnons de Las Casas et qui fut tué par les Lacandons en 1555.»

Le P. Domingo de Vico, prieur des couvents de Guatemala, Chiapa et Coban, fonda la ville de San Andres; il fut nommé évêque de Vera-Paz. Dans la monographie des auteurs qui ont écrits sur les langues de l'Amérique Centrale, publiée par M. Squier, on trouve, page 49, une liste des ouvrages du savant missionnaire, tous écrits en langues indiennes, et qui n'existent que manuscrits.

Quoiqu'incomplet, notre manuscrit mérite d'être conservé très-précieusement (*c'est pour la curiosité et la rareté le plus bel article de notre collection*), nonseulement comme document historique, mais comme spécimen de la langue parlée par les indigènes à l'époque de la conquête. Il est d'autant plus important que nous le croyons unique pour ce qui est de l'exécution ; il est écrit sur parchemin, et généralement, les premiers travaux écrits par les missionnaires le furent sur papier de maguey.

943. MARINEI (Lucii) Sicvli regii historiographi opus de rebus Hispaniæ Memorabilibus modo castigatum atq; Cæsareæ maiestatis

iussu-in lucem æditum. (A la fin) : *Impressum Compluti per Michae-
lem de Eguia,* 1533, in-fol., vél.

Titre dans un très-beau cadre gravé sur bois, cxxviij ff., caract. ronds.

Lucius ou Lucas Marineo, le sicilien, né vers 1460, vint en Espagne, et occupa
pendant douze ans la chaire de littérature latine à l'Université de Salamanque. Il
fut nommé chapelain royal et historiographe du royaume, et mourut peu de temps
après en 1533.

Son ouvrage, qui a été imprimé assez souvent, est très-important pour l'histoire
de l'Espagne, il renferme au verso du f. cvi une notice sur la découverte de l'A-
mérique ; l'Amiral y est nommé Petrus Colonus.

C'est aussi dans cet ouvrage qu'on trouve le plus ancien vocabulaire basque
qui existe, f. xxi « *de vetervm hispanorvm lingva* ».

944. MARKHAM (Clements R.). Contributions towards a Grammar
and Dictionary of Quichua, the language of the Yncas of Peru.
London, Trübner, 1864, gr. in-12, cart.

223 pp. «Grammaire quichua» pp. 1-61 ; «Dictionnaire quichua, anglais et espagnol » pp. 63-195 ; «Dictionnaire anglais quichua » pp. 196-223. L'auteur de
cette grammaire, secrétaire de la société royale de géographie, composa son livre
pendant un long séjour qu'il fit au Pérou.

945. MARTINEZ de ZUÑIGA (fr. Joaquin). Historia de las islas
Philipinas. *Sampaloc, Fr. Pedro Argüelles de la Concepcion religioso francisco,* 1803, in-4, vél.

iv ff., 687 pp. A partir de la p. 471, la pagination saute à 512.

Imprimé sur papier de riz. Un exemplaire de ce rare volume a été vendu 62 fr.
en 1836. Brunet.

946. MASON (Rev. W.). A Collection of Psalms and Hymns. Translated into the language of the York Indians of the diocese of Rupert's
land, North-West America. *London, Society for promoting christian Knowledge,* 1860, in-18, rel.

163 pp. Ce volume est imprimé en caractères ayant beaucoup de ressemblance
avec ceux employés pour la sténographie.

947. MASSE (E. M.). L'isle de Cuba et la Havane, ou histoire, topo-
graphie, statistique, mœurs, usages, commerce et situation politique
de cette Colonie. *Paris, Lebègue,* 1825, in-8, cart.

1 fnc., 410 pp.

948. MATHERUS (Crescentius). De Successu evangelii apud Indos
Occidentales, In Novâ-Angliâ; Epistola. Ad Cl. Virum D. Joh. Leu-

sdenum, Scripta a Crescentio Mathero. Londini, Typis J. G. 1688.
Ultrajecti, apud Wilhelmum Broedeleth, 1697, in-8, vél.

8 pp. — « De successu evangelii apud Indos Orientales, epistolæ aliæ conscriptæ tum â D. Hermanno Specht, in urbe Columbo; tum etiam, à D. Adriano de Mey, in Jaffanapatnam; et à D. Fr. Valentino, in Amboina, ad euudem (*sic*) Joh. Leusden. » pp. 9-16.!

Réimpression fort rare, d'une curieuse pièce, imprimée d'abord à Londres en 1688. La réimpression de 1697, n'est citée dans aucun des catalogues que nous avons sous les yeux. Elle est certainement plus rare que l'originale.

949. MATHERUS (Crescentius). De Successu evangelii apud Indos Occidentales, In Novâ-Angliâ; Epistola. Ad Cl. Virum D. Joh. Leusdenum, Scripta a Crescentio Mathero. *Ultrajecti, apud Wilhelmum Broedeleth,* 1699, in-8, broché.

16 pp. Seconde édition de la réimpression. Exemplaire broché neuf, très-rare dans cet état.

950. MATHISON (G. Farquhar). Narrative of a visit to Brazil, Chile, Peru, and the Sandwich Islands, during the years 1821 and 1822. With miscellaneous remarks on the past and present state and political prospects of those countries. *London, Printed for Charles Knight,* 1825, in-8, cart.

xii et 478 pp., 1 carte, 4 fig. col.

951. MAVRILE DE S. MICHEL. Voyage des isles Camercanes, en l'Ameriqve. Qvi font partie des Indes Occidentales. Et vne relation diversifiee de plusieurs Pensées pieuses, et d'agreables Remarques tant de toute l'Amerique que des autres Païs. Avec l'établissement des RR. PP. Carmes Reformez de la Province de Touraine es dites Isles : Et un discours de leur Ordre. Composé par F. Mavrile de S. Michel Religieux Carme de la mesme Prouince : Partie pendant son voyage : Partie depuis son retour. *Av Mans, chez Hierôme Olivier, Imprimeur et libraire demeurant près l'Eglise S. Jvlian,* 1652, in-8, non rel.

« Epistre » 3 fnc. « Contenv des chapitres » 2 fnc. « Preface » 21 fnc. « Errata » 1 fnc. « Texte » 378 pp. « Table geographiqve » pp. 379-434. — Ouvrage fort rare et très-peu connu.

Brunet indique une édition de 1653, imprimée à Paris, petit in-4° : La « Biblioth. des Voyages » en annonce une de Paris, 1654, in-8°, sous un titre défectueux; ainsi qu'une traduction anglaise imprimée à Londres, en 1740.

Relation historique de l'établissement des religieux Carmes, dans les îles Antilles. Très-bel exemplaire.

952. MAWE (John). Travels into the interior of Brazil particularly in the gold and diamond districts of that country, by authority of the Prince regent of Portugal; including a Voyage to the Rio de la Plata, and an historical sketch of the revolution of Buenos Ayres. *London, Longman,* 1812, in-4, rel.

vii et 366 pp., 1 fnc., 8 fig., dont 1 coloriée, 1 carte.

953. —— Voyage dans l'intérieur du Brésil, particulièrement dans les districts de l'or et du diamant, etc. Traduits de l'anglais par J. B. Eyriès. *Paris, Gide fils,* 1816, 2 vol. in-8, br.

Vol. I. xlii pp., 2 pnc., 358 pp., 2 pl. — Vol. II. 381 pp., 1 fnc., 2 pl., 1 carte.

954. —— Viaggio nell' interno del Brasile e particolarmente nei distretti dell' oro e dei diamanti ecc. Tradotto dall' inglese dall' ab. Lorenzo Nesi. *Milano, Sonzogno e Comp.,* 1817, 2 to. en 1 vol. in-12, cart. *non rogné.*

Vol. I. xxi et 334 pp., 1 fnc., 6 fig. noires et col. — Vol. II. 291 pp., 4 fig. noires et col.

Cette traduction italienne forme les vol. xxxix et xl d'une collection de voyages.

955. MAY (Louis du). Le prudent voyageur, contenant la description politique de tous les etats du Monde, de l'Asie, de l'Afrique, et de l'Amérique, et particulièrement de l'Europe, où sont methodique-ment, et exactement dépeintes toutes les maisons royales, et autres familles illustres de France, d'Allemagne, d'Espagne, d'Italie, etc. *Geneve, H. Widerhold,* 1681, 2 vol. in-12, rel.

Vol. I. 22 fnc., 830 pp. — Vol. II. 4 fnc., 758 pp.

Les pp. 2-16 du premier volume traitent de l'Amérique. Cet ouvrage est intéres-sant, surtout pour une collection de livres nobiliaires.

956. MAXIMILIANI Transyluani Cæsaris a secretis Epistola, de ad-mirabili et nouissima Hispanorũ in Orientem nauigatione, qua uariæ, et nulli prius accessæ Regiones inuétæ sunt, cum ipsis etiã Moluccis insulis beatissimis, optimo Aromatũ genere refertis. etc. (A la fin) : *Romæ in ædibvs F. Minitii Calvi Anno M.DXXIIII. mense feb.* in-4, vél.

17 fnc., caract. ronds. Le titre est entouré d'une magnifique bordure gravée sur bois.

Relation de l'expédition de Magellan ; la première édition est de Cologne

1523, Janvier. Réimprimé à Rome au mois de Novembre de la même année. C'est une pièce précieuse et fort rare.

Très-bel exemplaire.

957. (MAZZÉI). Recherches historiques et politiques sur les Etats-Unis de l'Amérique Septentrionale, où l'on traite des établissemens des treize colonies, de leurs rapports et de leurs dissentions avec la Grande-Bretagne, de leurs gouvernemens avant et après la révolution. Avec quatre lettres d'un bourgeois de New-Heaven sur l'unité de la législation (par CONDORCET). *Colle et Paris, Froullé,* 1788, 4 vol. in-8, rel.

Vol. I. xvj et 383 pp. — Vol. II. 259 pp. — Vol. III. 292 pp. — Vol. IV. 366 pp.

Recueil curieux pour l'histoire des États-Unis, principalement en ce qui regarde l'histoire de l'indépendance et le gouvernement de ce pays.

958. MEARES (J.). Voyages de la Chine à la côte du Nord-Ouest d'Amérique faits dans les années 1788 et 1789; précédés de la relation d'un autre voyage exécuté en 1786 sur le vaisseau le Nootka, parti du Bengale; d'un recueil d'observations sur la probabilité d'un passage Nord-Ouest; et d'un traité abrégé de commerce entre la côte Nord-Ouest et la Chine, etc. Traduits de l'anglois par J. BILLECOQ. *Paris, Buisson, an 3 de la République,* 3 vol. in-8, br.

Vol. I. xxiv et 391 pp., portrait. — Vol. II. 386 pp. — Vol. III. 371 pp.

959. MELLINI (Domenico). Descrizione dell' entrata della Sereniss. Reina Giouanna d'Austria Et dell' Apparato, fatto in Firenze nella venuta et per le felicissime nozze di S. Altezza Et dell' Illustr. et Eccellent. S. Don Francesco de Medici. *Fiorenza, appresso i Giunti,* 1566, in-8, v. fauve, à comp., fil., d. s. t.

7 fnc., 128 pp. (la signature K n'est pas chiffrée), 5 fnc., 1 f. pour la marque des Giunti, 2 fnc.

Cet ouvrage que nous mettons dans notre collection américaine, d'après la *Bibl. Vetustissima,* p. 66 (note), fait mention des voyages de Vespuce. On voit, p. 13, que dans les décorations faites à la porte de Prato, et parmi les portraits des grands hommes, figure celui d'Améric Vespuce, suivi de cette note :

« Amerigo Vespucci, peritissimo della nauigatione, et uno de' ritrouatori di nuoui Paesi, et di quelli, de' quali il mondo tutto ammirandogli, celebrandogli, et hauendogli in somma riuerenza, di loro si stupisce et quello dal cui nome la quarta parte della terra habitata, Ameriga si chiama. »

Très-bel ex. d'un petit volume fort rare, dont il a été fait trois éditions la même année. La première est in-4°; la seconde in-8° *Ristampata et riveduta;* la troisième *Riveduta corretta et stampata la terza volta.* C'est celle que nous possédons.

À la suite :

LE DIECI mascherate delle byfole Mandate in Firenze il giorno di Carnouale l'anno 1568. *Fiorenza, Giunti,* 1566, 56 pp.

DESCRIZIONE dell' apparato della Comedia, et intermedii d'essa, Recitata in Firenze il giorno di S. Stefano l'anno 1565. nella gran Sala del palazzo di sua Eccel. Illust. nelle reali nozze di D. Franc. Medici principe et della regina Giouanna d'Austria. *Fiorenza, Giunti,* 1566, 19 pp.

RACCOLTO delle feste fatte in Fiorenza nella venuta del Arciduca Carlo d'Avstria per honorarne la presenza di sua Altezza. *Fiorenza, Giunti,* 1569, 80 pp.

Ces petites pièces sont fort rares.

960. MÉMOIRE historique sur la négociation de la France et de l'Angleterre, depuis le 26 mars 1761 jusqu'au 20 septembre de la même année, avec les pièces justificatives. *Paris, Imprimerie Royale,* 1761, in-8, bas.

iv et 196 pp. Pièce rare, relative aux limites de l'Acadie et du Canada, publiée par ordre du roi.

961. MÉMOIRE justificatif de JOSEPH-PAUL-AUGUSTIN CAMBEFORT, colonel du régiment du Cap; commun à ANNE LOUIS TOUSART, lieutenant-colonel; à tous les officiers, sous officiers et soldats du même régiment, déportés de Saint-Domingue, par ordre des Commissaires civils, délégués par le pouvoir éxécutif aux isles françoises de l'Amérique-sous-le-Vent. *Paris,* 1793, in-8, rel.

58 et 120 pp. A la fin « *Des imprimeries des frères Chaignieau* ». — PRÉCIS de la justification de Joseph Paul Aug. Cambefort.... 31 pp. *De l'imprimerie de N. H. Nyon,* 1793.

962. MÉMOIRE pour le Chef de brigade MAGLOIRE PÉLAGE, et pour les habitans de la Guadeloupe, chargés, par cette colonie, de l'administration provisoire, après le départ du capitaine Général Lacrosse, dans le mois de brumaire an 10. *Paris, Desenne, an X*-1803, 2 vol. in-8, rel.

Vol. I. 326 pp., « Notes » xxxix pp. — Vol. II. « Contenant les pièces justificatives » viij et 358 pp., 1 fnc.

963. MÉMOIRE touchant l'établissement des Peres Jésuites dans les Indes d'Espagne. (*S. L.*) 1712, in-12, cart.

47 pp. Pièce fort rare et non rognée, relative aux missions du Paraguay, écrite contre les PP. Jésuites. Réimprimée à la suite du voyage de FRÉZIER (n° 589).

15

964. MÉMOIRES de la Societé royale des Antiquaires du Nord. 1840-43. *Copenhague, Berling,* 1843, in-8, br.

> 176 pp., 4 fnc., 10 pl. Parmi les pièces qui composent ce volume nous indiquons celles ayant rapport à l'Amérique :

> Histoire antécolombienne de l'Amérique. Monuments historiques du Groenland. Anciennes relations des Scandinaves avec l'Asie. — Accounts of a discovery of antiquities made at fall river, Massachusets, communicated by Thomas H. Webb, in letters to Ch. Rafn, with remarks by the latter. — Brief notices of a runic inscription found in North-America, communicated by Henry Schoolcraft in letters to Ch. Rafn, with remarks annexed by the latter. — Astronomical evidence for the site of the chief settlement of the ancient Scandinavians in America. By C. Rafn. — Vases antiques du Pérou, par Falbe.

965. MEMOIRES des Commissaires du Roi et de ceux de Sa Majesté Britannique, sur les possessions et les droits respectifs des deux couronnes en Amérique; avec les actes publics et pièces justificatives. *Paris, Imprimerie Royale,* 1755-57, 4 vol. in-4, v. marbré, filets.

> Vol. I. « Mémoires sur l'Acadie et sur l'isle de Sainte-Lucie » 1755, viij et lxxv pp., 2 cartes, 181, 61, cvij et 120 pp. — Vol. II. « Contenant les traités et actes publics concernant l'Amérique en général, et les pièces justificatives des Mémoires sur les limites de l'Acadie » 1755, xiij et 646 pp. — Vol. III. « Contenant les pièces justificatives concernant la propriété de l'isle de Sainte-Lucie » 1755, xvj et 319 pp. — Vol. IV. « Contenant les derniers mémoires sur l'Acadie, et un mémoire des Commissaires du Roi, sur l'isle de Tabago « 1757, 2 fnc., xxv et 654 pp.

> Collection importante et très-précieuse par les nombreux documents et papiers officiels qu'elle renferme et qui sont relatifs à nos possessions américaines.

> Les négociateurs étaient pour la France : MM. De Silhouette et de la Glissonnière ; et pour l'Angleterre Mssrs. W. Shirley et Wm. Mildmay.

966. —— Le même ouvrage. *Amsterdam, J. Schreuder,* 1755, 2 to. en 3 vol. in-12, rel.

> Vol. I. xii et 502 pp., carte. — Vol. II. xv, 154 et 400 pp. — Vol. III. xvi et 568 pp.

967. MÉMOIRES sur le Canada, depuis 1749 jusqu'à 1760. En trois parties; avec cartes et plans lithographiés. Publiés sous la direction de la Société littéraire et historique de Québec. *Québec, Imprimerie de T. Cary et Cie,* 1838, vii et 207 pp., 2 fnc., 13 pl. — Collection de mémoires et de relations sur l'histoire ancienne du Canada d'après des mss. récemment obtenus des archives et bureaux publics en France. Publiée sous la direction de la Société littéraire et historique

de Québec. *Québec, Imprimerie de William Cowan et fils,* 1840, 2 part. en 1 vol. in-8, demi rel.

Ces deux volumes, sont les deux premiers des « *Mémoires de la Société littéraire et historique de Québec* ».

Le premier volume, renferme la publication d'un ouvrage inédit ayant pour titre :

« MÉMOIRES du S— de C— contenant l'histoire du Canada durant la guerre, et sous le gouvernement anglois ».

Le second volume renferme les pièces suivantes :

« Introduction » ii pp. — MÉMOIRE sur l'état présent du Canada ; d'après un mss. aux archives du bureau de la Marine à Paris, 7 pp. (Ce Mémoire est supposé avoir été rédigé par M. TALON, en 1667, intendant de justice au Canada, qui l'aurait adressé à Colbert). — MÉMOIRE sur le Canada, d'après un mss. aux archives du bureau de la Marine à Paris. 14 pp. (Supposé avoir été rédigé, en 1736, par le Mⁱˢ DE BEAUHARNOIS, alors gouverneur général de la Colonie). — CONSIDÉRATIONS sur l'état présent du Canada, d'après un mss. aux archives du bureau de la Marine. 29 pp., 1 fnc. (Par QUERDISIEN TROMAIS, en 1758, commissaire pour les finances au Canada). — HISTOIRE du Canada, par l'abbé BELMONT ; d'après un mss. à la bibl. royale de Paris. 36 pp. (L'abbé de BELMONT était supérieur du séminaire de Montréal, pendant les années 1713 et 1724). — RELATION du siège de Québec en 1759, d'après un mss. récemment obtenu de France. 24 pp. (Le mss. orig. d'après lequel cette relation a été imprimée appartient maintenant au séminaire de Québec. Il a du être écrit en 1765). — JUGEMENT impartial sur les opérations militaires de la campagne en Canada, en 1759, d'après un mss. récemment obtenu de France. 8 pp. (Ce document appartient au séminaire de Québec). — RÉFLECTIONS sommaires sur le commerce qui s'est fait en Canada ; d'après un mss. de la bibl. royale de Paris. 8 pp. — HISTOIRE de l'eau-de-vie en Canada, d'après un mss. récemment obtenu de France. 29 pp. (Le mss. appartient au séminaire de Québec. Il a été écrit vers l'année 1705 par un missionnaire qui a vécu assez longtemps parmi les sauvages du Canada.

968. MÉMOIRES sur le Canada, depuis 1749 jusqu'à 1760. En trois parties ; avec cartes et plans lithographiés. Publiés sous la direction de la Société littéraire et historique de Québec. *Québec, Cary et Cⁱᵉ,* 1838, in-8, br.

Vol. I. seulement, vii et 207 pp., 2 fnc., 13 pl.

969. MÉMOIRES, vie et aventures de Tsonnonthouan, Roi d'une nation Indienne appellée les têtes Rondes : et traduits librement de

l'anglois. (*Neuchatel ?*) *Imprimerie de Jérémie Witel, aux Verrieres-Suisses,* 1787, 2 part. en 1 vol. in-8, br., *non rogné.*

Première Partie : xiv et 108 pp., 2 fnc.— Deuxième partie : 136 pp., 4 fnc.

Le titre de cet ouvrage le place parmi les livres sur l'Amérique. Ce n'est cependant 'un roman, dont l'original anglais a paru en 1763.

970. MEMOIRS of the Historical Society of Pennsylvania. *Philadelphia,* 1826, 27, 30, 34, 4 vol. in-8, cart., *non rogné.*

Vol. I. Partie II. — (pp. 231-258). PAPERS relative to the valedictory address of President Washington. — (pp. 258-275). RAWLE (Wm.). A Vindication of Mr. Heckewelder's history of the Indians nations. — (pp. 277-311). WATSON (Dr. John). An account of the first settlement of the townships of Buckingham and Solebury, Penn. — Ce curieux mémoire a été rédigé en 1804. — (pp. 313-320). JAMES (Thomas C.). A brief account of the discovery of Anthracite coal on the Lehigh. — (pp. 321-333). CONYNGHAM (Red.). Some extracts from papers in the office of the secretary of the commonwealth, at Harrisburg.—(pp. 335-350). MORIS (Caspar). Contributions to the medical history of Pennsylvania.—(pp. 351-388). BETTLE (Edw.). Notices of Negro slavery, as connected with Pennsylvania. — (pp. 389-408). THOMSON (C. W.). Notices of the life and character of Rob. Proud. — (pp. 409-422). ORIGINAL letters of Wm. Penn. — (pp. 423-432). BIOGRAPHICAL sketch of Wm. Keith, one of the former governors of Pennsylvania. 1 fnc. — *Vol. II.* — (pp. 7-55). VAUX (Rob.). Anniversary discourse delivered before the historical society. — (pp. 57-60). COMMUNICATION from R. Vaux, on the subject of two medals struck in Philad. in 1757.—(pp. 61-131). — APAUMUT (H.). A narrative of an embassy to the Western Indians. Cette précieuse narration a été publiée par H. COATES d'après le mss. original de l'auteur qui était dans la possession de M. Isaac Lane.— (pp. 133-153). CONNYNGHAM (R.). An account of the settlement of the Dunkers at Ephrata to which is added a short history of that religious society. By CHR. ENDRESS. — (pp. 155-164). HAZARD (E.). History of the introduction of Anthracite coal into Philadelphia. — (pp. 165-203). COMLY (Is.). Sketches of the history of Byberry; with biographical notices of some of the first settlers. — (pp. 205-212). BRECK (S.). An historical anecdote of John Harris, who was the first european that settled on the spot where now stands the town of Harrisburg. — (pp. 213-221). FISHER (F.). Instructions given by Wm. Penn, in the year 1681. — (pp. 223-238). FISHER (F.). A list of the instructions, letters, etc. from Thomas and Rich. Penn, to J. Hamilton. — (pp. 239-247). COATES (J. R.). Letters of Wm. Penn to king Charles II and to the Earl of Sunderland. — *Vol. II. Part II.* — (pp. 5-22). COATES. Notice of the life of Sam. Powel Griffitts. — (pp. 23-41). FISHER (F.) Narrative of Wm. Keith's coming to the government of Pensylv., with his conduct init. (Written in 1726). — (pp. 43-51). RERORT of the committee appointed to examine the minute book of the society for political inquiries. — (pp. 53-103). FISHER. Some account of the early poets and poetry of Pennsylvania. — (pp. 105-126). RAWLE (Wm.). Sketch of the life of Thomas Mifflin. — (pp. 127-157). TYSON (J. R.). An examination of the various charges brought by historians against Wm. Penn. — (pp. 159-184). WATSON (J. F.). Memorials of country towns and places in Pennsylvania. — (pp. 185-190). FISHER. Speech of Wm. Penn, addressed to the provincial council of Pennsylv. — (pp. 191-206). D. LOGAN. Information against the government of Pennsylv. in two memorials presented to the lords commissioners, with Wm. Penn's answer thereto. — (pp. 207-213). Minutes of a conference held by Wm. Markham, with several Delaware and Susquehanna Indians. — *Vol. III.* Description of the New Sweden, now called Pennsylvania, by TH. CAMPANIUS; transl. by P. DU PONÇEAU. (pp. 1-166; 5 pl.). — The History of the University of Pennsylvania, from its origin to the year 1827, by G. B. WOOD. (pp. 169-280.) → Inedited Letters of W. Penn. (pp. 281-292.)

971. MEMORIA del ministro de estado en el despacho de la guerra a la convencion nacional en 1843. Republica Boliviana. *Sucre, Beeche y Compañia,* in-4, br.

8 pp. Daté de : *Sucre* à 23 *de Abril de* 1843. Signé : MANUEL SAGARNAGA.
Ce curieux document est imprimé sur papier à lettre au chiffre de Bath.

972. —— Que presenta el ministro de relaciones esteriores de la Republica de Bolivia à la convencion nacional reunida en Abril de 1843. *Imprenta de Beeche y C*ia, in-4, br.

9 pp. Daté de : *Sucre* à 23 *de Abril de* 1843. Signé : M. DE LA CRUZ MENDEZ. Imprimé sur du papier à la marque de Bath.

973. —— que presenta el ministro de la guerra a las camaras lejislativas en el año de 1810. *Imprenta de la libertad,* in-fol., br.

8 pp., 1 fnc. Daté de la : *Ciudad Sucre,* à 5 *de Agosto de* 1840. Signé : MANUEL DORADO.

974. —— Del ministerio de relaciones exteriores del gobierno de Venezuela à la legislatura de 1840. *Caracas, Valentin Espinal,* 1840, in-8, cart.

18 pp.

975. —— Que el ministro de estado en el departamento de hacienda presenta al congreso nacional, año de 1836. *Santiago de Chile, Imprenta Araucana,* in-fol., br.

14 pp., 3 tableaux. Daté de : *Santiago Agosto* 1º *de* 1836. Signé : JOAQUIN TOCORNAL.

976. —— Presentada al congreso nacional en 1841, por el ministro de estado en el departamento de hacienda. *Santiago, Imprenta y litografía del estado,* 1841, in-4, br.

16 pp. Daté de : *Santiago* 16 *de Julio de* 1841. Signé : RAFAEL CORREA DE SAA.

977. —— Que presentó al congreso federal de Centro-America el secretario de estado y del despacho de hacienda del supremo gobierno de la República el 26. de marzo de 1831. en la legislatura ordinaria del mismo año. *Guatemala, Imprenta Nueva,* 1831, in-fol., br.

28 pp., 12 tableaux. Signé : P. JOSÉ VALENZUELA.

978. MEMORIAL ajustado de los diversos espedientes seguidos sobre la provision de obispos en esta iglesia de Buenos Aires, hecha por el solo sumo pontifice sin presentacion del gobierno, y sobre un breve presentado en materia de jurisdiccion, y reservas retenido, y suplicado. ecc. ecc. Dispuesto por el fiscal general del estado (PEDRO JOSE AGRELO). *Buenos-Aires, Imprenta Argentina,* 1834, in-8, demi rel. 246 pp.

979. —— de lo sucedido en la ciudad de Mexico, desde el dia primero de Nouiembre de 1623 hasta quinze de Enero de 1624. In-fol., br.

Pièce importante composée de 25 ff. et imprimée surement à Mexico, en 1624.

D. Diego Carillo de Mendoza y Pimentel, vingt-quatrième vice-roi du Pérou, prit possession de son titre au mois de Septembre 1621. Il était dur et emporté. Dès le commencement de son gouvernement il se proposa de débarasser les chemins des bandits qui les infestaient. Tenant pour ridicule tout ce qui se disait au sujet des inondations auxquelles Mexico était sujet et pour montrer que la hauteur des lagunes pouvait les empêcher d'avoir lieu, il fit rompre les digues du rio de Cuautitlan qui immédiatement couvrit les lagunes et fut cause qu'en Décembre 1623 au moment des pluies la ville fut inondée. Les démêlés qu'il eut avec l'archevêque Juan Perez de la Serna, d'un caractère non moins violent que celui du vice-roi, firent éclater une révolte au mois de Janvier 1624, qui obligea le vice-roi de se retirer dans le couvent de S. Francisco, d'où il s'embarqua pour l'Espagne à la fin de 1624. L'archevêque fut rappelé et nommé à l'évêché de Zamora.

980. —— del pleyto entre D. Francisco Pizarro de la ciudad de Truxillo, de la vna parte, y del Fiscal de la otra. In-fol., demi rel.

12 ff. Le premier a une déchirure qui emporte du texte.

Mémorial fort curieux imprimé probablement à Lima en 1621.

Le Francisco Pizarro dont il est question est le fils de Hernando Pizarro, frère de Franc. Pizarro le conquérant du Pérou.

981. MENGARINI (P. Gregorio, Soc. Jesu). Grammatica linguæ Selicæ. *Neo-Eboraci : Cramoisy Press,* 1861, gr. in-8, br.

Deux titres dont l'un en anglais; viij et 122 pp.

Grammaire de la langue des Indiens têtes plates (*Selish or flat-head*) avec l'explication en français de nombreux exemples. Ces peuples habitent les Montagnes Rocheuses et l'Orégon; ils sont divisés en plusieurs tribus, parmi lesquelles on distingue celles des Pends d'Oreilles du lac inférieur (*Calispelm*), Pends d'Oreilles du lac supérieur (*Slkatkomlchi*), Spokans (*Sngomènei*), Cœurs d'Alène (*S. Chiχni*), Chaudières (*Sgoièlpi*), Okanagan (*Okinakein*).

Imprimé à 100 exemplaires seulement, qui sont épuisés.

982. MENSAJE del presidente provisorio de la Republica Peruana al congreso. *Lima, Jose Masias,* 1839, in-4, br.

19 pp. Daté de : *Huancayo Agosto* 1839. Signé : AGUSTIN GAMARRA.

983. MENTRIDA (fr. Alonso de, de la orden de S. Augustin). Bocabvlario de lengva Bisaia Hiligvoyna, y Haraia de la Isla de Panai y Sugbu,
y para las de mas Islas. Por Nvestro M. R. P. fr. ALONSO DE MENTRIDA
Religiosso de la orden de S. Augustin N. P. Añadido E impresso, por
Fr. MARTIN CLAUER Religiosso de la misma orden, y prior del Conuento, de nuestra Madre Santa Monica de Panay. A la Serenissima
Reina de los angeles, Maria Señora nuestra emperatriz del Cielo. (La
marque de l'imprimeur : un cœur percé de deux flèches surmonté d'un
chapeau de Cardinal), sur le còté : *Año* 1637. (Au dessous) : *Con licencia. Manila en el Colegio de S. Thomás de Aquino por Luis Beltran, y Andres de Belen impressores de Libros,* in-4, mar. corinthe,
d. s. t.

   Collation : « Titre, approbations, licences, etc. » 4 fnc., « Dédicace à la reine des
anges » 1 fnc., « Errata » 1 fnc., « Prologo » 6 fnc., « Bocabvlario. Primera parte »
1 fnc., 175 pp., « Segvnda parte » 2 fnc., 754 pp. — Impression sur papier de riz.

   Ce précieux volume d'une extrême rareté provient des bibliothèques de Al. Dalrymple ; R. Heber et Marcel.

   Voici la note qui se lit dans la *Bibl. Heberiana,* part VI, n° 1341.

   « ..... I never saw another Copy of this rare volume, which was brought
by Mr. Dalrymple himself from the Philippine Islands in a very peris-
hable state, much damaged by insects. I have since succeeded in arresting
its further destruction by C. Lewis's assistance, whose workman has
shown much skill and dexterity in sizing, patching and binding it, etc. »

   Ce volume a été très-soigneusement arrangé et il n'y manque rien si ce n'est
que cinq ou six lettres au titre et dans les ff. de préliminaires. Il est grand de
marges et peut être considéré comme très-beau.

   Le titre ci-dessus indique que l'édition annoncée sous la date de 1698 dans le *Manuel,* d'après la *Biblioth. Marsdeniana,* n'existe pas. Dans la licence donnée par le
Provincial de l'ordre de S. Augustin, il est dit que le P. de Mentrida avait commencé l'impression de cet ouvrage. Doit-on conclure de là que l'auteur mourut avant
d'avoir achevé son travail et qu'il fut continué par le P. Martin Clauer ? C'est ce
que nous ne pouvons pas affirmer n'ayant trouvé aucune notice sur l'auteur dans la
Chronique de l'ordre de S. Augustin du P. ANDRÉ de S. NICOLAS, ni dans PINELO, ni
dans ANTONIO. Ce dernier dit le livre imprimé à Madrid. Cette inexactitude nous fait
supposer qu'il n'a pas vu l'ouvrage et qu'il ne le cite que d'après d'autres écrivains.

   Pour une autre impression faite dans le Collège de S. Thomas de Manille (peut-
être la première, Voy. le n° 710.

984. —— Arte de la lengua Bisaya. Hiliguayna de la isla de Panay.
*Manila, Imprenta de D. Manuel Memije, por D. Anastacio Gon-
zaga,* 1818, in-4, vél.

   1 fnc., 247 pp. Imprimé sur papier de riz. Cette curieuse grammaire n'est pas
citée par VATER. Il doit en exister une édition faite à la même époque que le
Vocabulaire noté ci-dessus.

985. MERCURIO PERUANO de historia, literatura, y noticias pú-
blicas que da á luz la Sociedad Academica de Amantes de Lima, y en
su nombre D. JACINTO CALERO Y MOREIRA. *Lima, Imprenta de los
Niños Huerfanos,* 1791-95, 12 vol. in-4, br., rogné.

Publication importante et de la plus grande rareté, rédigée principalement par
le P. CISNEROS. Le but de cette feuille était principalement la réorganisation du Pérou, pays sur lequel elle donne de nombreux et précieux renseignements. Elle est
divisée ainsi :

Vol. I. *Janvier-Avril.* « Prospecto. 1790 » 4 fnc., 316 pp., 34 nᵒˢ, 3 fnc., pour
la liste des souscripteurs; 10 tableaux. — Vol. II. *Mai-Août*; nᵒˢ 35-68 ; 317 pp.,
5 fnc., manquent le titre et l'Index. — Vol. III. *Septembre-Décembre*; 6 fnc., nᵒ 69
pp. 318-325 ; nᵒˢ 70-103; pp. 9-311; « Index » 2 fnc., 1 tableau après le nᵒ 73. —
Vol. IV. *Janvier-Avril*; nᵒˢ 104-138; 298 pp., 2 tableaux.(Manquent le nᵒ 110; les
pp. 62-65; 94-97; 102-105; le nᵒ 118; les pp. 179-182; 191-192 et l'Index). —
Vol. V. *Mai-Août*; nᵒˢ 139-173; 285 pp , « Index » 2 fnc., 3 fnc. (Manque le titre).
—Vol. VI. *Septembre-Décembre*; nᵒˢ 174-208 ; 296 pp., 4 tableaux. (Manquent les
pp. 215-218; 237-238 et l'Index). — Vol. VII. *Janvier-Avril*; 8 fnc., y compris
l'Index; nᵒˢ 209-242; 307 pp., 1 tableau. — Vol. VIII. *Mai-Août*; 4 fnc., nᵒˢ 243-
278; 297 pp. — Vol. IX. *Septembre-Décembre*; nᵒˢ 279-312; 283 pp? 1 tableau.
(Manquent le titre, les nᵒˢ 303-304; la page 283 et l'Index. Les nᵒˢ 279-288 sont
doubles. — Vol. X. *Janvier-Avril*; nᵒˢ 313-346 ; 279 pp? (Manquent le titre, les
pp. 27-30; 92-93; 279 et l'Index).—Vol. XI. *Mai-Août*; 3 fnc., nᵒˢ 347-382; 292 pp.
—Vol. XII. 2 fnc., nᵒˢ 383-411 (marqués 583-611), 247 pp.. D'après l'Index, il man-
querait à ce volume les pp. 248 à la fin contenues probablement dans un numéro.
Dans ce vol. les numéros ne sont pas datés.

Ce journal n'a du paraître qu'après de nombreuses difficultés, le gouvernement espagnol l'ayant supprimé rigoureusement afin que les opinions révolu-
tionnaires, qui alors passionnaient la France, restassent inconnues à la jeunesse
péruvienne. — *Catalogue* QUARITCH (18 L. sterl.).

986. MESANGE (Pierre de). La vie, les avantures, et le voyage de
Groenland du Rév. P. Cordelier PIERRE DE MESANGE. Avec une relation bien circonstanciée de l'origine, de l'histoire, des mœurs et du
paradis des habitans du Pôle Arctique. *Amsterdam, aux depens
d'Etienne Roger,* 1720, 2 vol. in-12, rel.

Vol. I. 6 fnc., 269 pp., front. gravé. — Vol. II. 283 pp., front. gravé.

Le titre seul de cet ouvrage nous a fait placer ce livre dans notre Collection, attendu qu'il n'est qu'un voyage imaginaire, et que plusieurs bibliographes l'ont
annoncé comme un livre sur l'Amérique. Le nom de l'auteur doit être supposé et
l'épitre dédicatoire est signée TYSSOT DE PATOT.

987. —— Le même ouvrage. *Amsterdam, E. Roger,* 1720, 2 to. en
1 vol. in-12, v. fauve, fil.

Très-bel exemplaire *aux armes.*

988. MESSAGE from the President of the United States to the two

houses of congress at the commencement of the third session of the thirty-fourth congress. *Washington, A. O. Nicholson*, 1856, 2 vol. in-8, cart.

> Vol. I. 895 pp. — Vol. II. 894 pp. — Documents officiels et importants.

989. MÉTRAL (Antoine). Histoire de l'insurrection des esclaves dans le Nord de Saint Domingue. *Paris, Scherff*, 1818, in-8, cart., *non rogné*.

> A la suite on trouve les pièces suivantes :
>
> RÉGIS (D. Aug.). Mémoire historique sur Toussaint Louverture, ci-devant général en chef de l'armée de Saint Domingue, justifié par ses actions, des accusations dirigées contre lui ; suivi d'une notice historique sur Alex. Pétion. *Paris, Scherff*, 1818, 60 pp.
>
> RONZEAU (A.). De la république d'Haïti, ile de Saint Domingue, considérée sous ses différens rapports; observations faites sur les lieux par R. RONZEAU dans son voyage de 1817 à 1818. *Paris, F. Didot*, 1818, 44 pp.
>
> RELATION d'un voyage fait récemment dans les provinces de La Plata, par L. C., ex-agent supérieur du service des hôpitaux militaires des armées françaises ; et description de Buenos-Ayres, de son gouvernement, de son indépendance, etc. *Paris, Delaunay*, 1818, 63 pp.

990. —— Histoire de l'expédition des Français, à Saint Domingue ; suivie des mémoires et notes d'ISAAC LOUVERTURE, sur la même expédition, et sur la vie de son père. *Paris, Fanjat*, 1825, in-8, cart.

> xij et 348 pp., carte, portrait de Toussaint.

991. MICHAUX (F. A.). Voyage à l'ouest des monts Alléghanys, dans les Etats de l'Ohio, du Kentucky et du Tennessée, et retour à Charleston par les hautes Carolines; contenant des détails sur l'état actuel de l'agriculture et les productions naturelles de ces contrées.....; entrepris pendant l'an X-1802, sous les auspices de M. Chaptal. *Paris, Dentu*, 1808, in-8, br.

> vj et 312 pp., carte.
>
> F. A. MICHAUX, voyageur et botaniste, est principalement connu par son histoire des arbres forestiers de l'Amérique (*Paris*, 1810-13, 3 vol. in-8°, avec pl. col.), dont il existe deux traductions anglaises. Son frère ANDRÉ MICHAUX, voyagea aussi dans ce pays et a publié une flore Américaine (*Paris*, 1803, 2 vol. in-8°) et une histoire des chênes de l'Amérique (*Paris*, 1801, in-fol.).

992. MILBERT (J.). Itinéraire pittoresque du fleuve Hudson et des parties latérales de l'Amérique du Nord, d'après les dessins originaux pris sur les lieux et lithographiés par Adam, Richebois, Deroy, Du-

pressoir, Jacottet, Joly, Sabatier, Tirpenne et Villeneuve. *Paris, Gau-gain et Cie*, 1828-29, 2 to. en 1 vol. in-4, et atlas in-fol., demi mar. vert.

« Texte ». Vol. I. xxxvi et 246 pp., 1 fnc. — Vol. II. 257 pp., 1 fnc. — « Atlas », Titre lithog., carte coloriée et 54 pl.

Ce bel ouvrage a été publié en 13 livraisons, au prix de 15 fr. chacune.

993. MILFORT. Mémoire ou Coup-d'œil rapide sur mes différens voyages et mon séjour dans la nation Crëck. Par le G^al. Milfort, Tastanégy ou grand chef de guerre de la nation Crëck. *Paris, Giguet et Michaud, an XI* (1802), in-8, rel.

331 pp. « Aucune relation n'a donné des renseignemens aussi instructifs que le sont ces mémoires sur la nation Crek, l'une des peuplades les plus considérables de la Louisiane.... » Bibl. des Voyages.

994. MILIUS (Abrah.). De origine animalium, et migratione populorum, scriptum Abrahami Milii. Ubi inquiritur, quomodo quaque via Homines cæteraque Animalia Terrestria provenerint; et post Deluvium in omnes Orbis terrarum partes et regiones : Asiam, Europam, Africam, utramque Americam, et Terram Australem, sive Magellanicam, pervenerint. *Genevæ, apud Petrum Columesium,* 1667, in-12, non relié.

68 pp. Une sphère sur le titre. Pièce curieuse et peu commune, inconnue à Ternaux.

995. MILLET (le P. Pierre, de la Cie de Jésus). Relation de sa captivité parmi les Onneiouts en 1690-1. *Nouvelle York, presse Cramoisy de J. M. Shea,* 1864, in-8, cart.

56 pp. Tiré à 100 ex. et publié par les soins de M. J. M. Shea.

Cette lettre, en forme de relation, a été trouvée par M. H. C. Murphy, alors ministre des Etats-Unis à La Haye. Elle est datée de « *Onneiout au mois de juillet* 1691. »

996. MINERVA BRASILIENSE. Bibliotheca Brasilica, ou Colleçao de obras originaes, ou traduzidas de autores celebres. *Rio de Janeiro, Typographia Austral,* 1844, in-8, br.

« Tomo 1º » — Uruguay, poema de José Basilio da Gama, na arcadia de Roma, termindo sipiho. — Do estado conjugal, discurso politico e moral de Fel. Joaq. de Sousa Nunes, natural do Rio de Janeiro. — O Morgado conto phantastico de E. Th. G. Hoffmann. *Rio de Janeiro,* 1845, 45 et 56 pp. — Cartas Chilenas, *Rio de Janeiro,* 1845, 88 p.

997. MINERVA BRASILIENSE. Jornal de sciencias, lettras e artes, publicado por huma associação de litteratos. *Rio de Janeiro, E. S. Cabral*, 1843-44, in-4, demi rel.

Vol. I et II — N⁰ˢ 1-24 (du 1ᵉʳ Novembre 1843, au 15 Octobre 1844) : vi et 761 pp., 2 fig., pl. de musique.

998. MINOT (G. Richards). The History of the Insurrections, in Massachusetts, in the year 1786, and the Rebellion consequent thereon. *Worcestèr, Mass. Isaiah Thomas*, 1788, in-8, BROCHÉ.

192 pp.

Cette insurrection est connue généralement sous le nom de *Shay's Rebellion.*

Exemplaire BROCHÉ, NON DÉCOUPÉ, très-rare dans cet état.

Isaiah Thomas fut le premier imprimeur de Worcester. Son fils est l'auteur de l'histoire de l'imprimerie en Amérique. (V. THOMAS).

999. MIRÆVS (Avbertvs). De statv religionis christianæ, per Evropam, Asiam, Africam, et Orbem nouum. *Coloniæ Agrippinæ, Bern. Gualtheri*, 1619, in-8, demi rel.

7 fnc., 222 pp., 3 fnc. Le livre IV, pp. 200-222, est consacré à l'Amérique. Non cité par TERNAUX.

1000. —— Idem opus. *Lugduni, Ant. Pillehotte*, 1620, in-12, vél.

13 fnc., 348 pp., 22 fnc.

La partie relative à l'Amérique, occupe dans cette édition les pp. 313-348.

Exempl. provenant de la biblioth. du Cᵃˡ Albani (pape sous le nom de Clément XI). Non cité par TERNAUX.

1001. MISSA GOTHICA seü Mozarabica, et officium itidèm Gothicum diligentèr ac dilucidè explanata ad usum per celebris Mozárabum sacelli Toleti á munificentissimo Cardinali Ximenio erecti; et in obsequium illᵐⁱ perindè ac venerab. D. Decani et Capituli sanctæ ecclesiæ Toletanæ, hispaniarum et indiarum primátis. *Angelopoli: Typis Seminarii Palafoxiani*, 1770, in-fol., rel.

2 fnc., 137 pp. « Horæ minores diurnæ breviarii Mozárabici » 198 pp. Musique notée, impression rouge et noire.

Liturgie Mozarabe excessivement rare, imprimée à La Puebla de los Angeles par ordre de FR. ANT. LORENZANA. Il manque à cet ex. les pp. 49-52 et 137, qui contenaient 3 planches gravées par NAVA.

1002. MITCHILL (Dʳ S.). The Picture of New-York; or the traveller's guide, through the commercial metropolis of the U. S. *New-York, Rilley and Co.,* 1807, in-12, rel.

viii et 223 pp.

1003. MITRE (Bartolomè, président de la république Argentine). Historia de Belgrano. *Buenos Aires,* 1859, 2 vol. in-8, br.

Vol. I. 644 pp., 1 fnc. — Vol. II. 553 pp.

« Esté libro es no solamenté la vida de un hombre sino la história de toda una época, incluyendo la del régimen colonial, la de las invasiones inglesas, los sucesos que precedieron à la revolucion y la prepararon, y las guerras de la Independencia, y demas acontecimientos notables desde 1810 hasta 1820. Es lo mas completo, exacto y lo mas original que hasta el presente se ha escrito sobre la história revolucionaria. » PRÉFACE.

1004. MOCQVET (Jean). Voyages en Afriqve, Asie, Indes Orientales et Occidentales. *Roven, Antoine Ferrand,* 1665, in-8, vél.

3 fnc., 442 pp., 6 fnc., 9 fig. dont 3 grandes pliées.

Le livre II pp. 69-154, contient le voyage que fit l'auteur dans la Guyane et dans la province de Cumana. — Il y a des ex. de ces Voyages avec un titre à l'adresse de *Rouen, Jacques Besogne,* 1665.

La première édition du livre de MOCQUET, un de nos anciens voyageurs, est de Paris, 1616. Le *Manuel* cite une édition de 1617 (la même que la précédente) et une autre de Rouen, 1645.

1005. —— Voyages en Afrique, Asie, Indes Orientales et Occidentales. *Paris, Imprimé aux frais du gouvernement,* 1830, in-8, demi rel.

2 fnc., et 381 pp.

1006. MOLINA. VOCABVLARIO EN LENGVA CASTELLANA Y MEXICANA, compuesto por el muy Reuerendo Padre Fray ALONSO DE MOLINA de la Orden del bienauenturado nuestro Padre sant Francisco. Dirigido al mvy excelente Señor Don Martin Enriquez, Visorrey de esta nueua España. *En Mexico, En Casa de Antonio de Spinosa,* 1571, in-fol., vél.

« Titre, Epistola, prologo, avisos » 3 fnc., 121 ff. à 2 col. et 1 fnc., avec une pl. en bois représentant un homme en prières ; au verso la marque de l'imprimeur.— « *Vocabvlario en lengva Mexicana y Castellana.....* 1571 ». Sur le titre le portrait de St. François ; 1 fnc., 162 ff. à 2 col., au bas du dernier la marque de Ant. de Spinosa et une souscription en Mexicain ; au verso une fig. en bois.

Ouvrage précieux et excessivement rare. Exemplaire COMPLET, ayant le premier titre, les ff. 11-14 ; 33-48 ; ainsi que les derniers ff. de la seconde partie raccommodés. Un peu de texte ayant été enlevé dans ces derniers, il a été remplacé à la main. Le texte des autres ff. n'est pas atteint.

C'est encore de nos jours le seul livre avec lequel on puisse étudier avec fruit la langue Nahuatl ou Mexicaine. Aussi est-il de la plus grande importance pour les études de philologie américaine.

1007. MOLINA. Arte de la lengva Mexicana y Castellana, compuesta por el muy R. P. Fray ALONSO DE MOLINA, de la orden de Señor sant Francisco, de nueuo en esta segunda impression corregida, emendada y añadida, mas copiosa y clara que la primera. Dirigida al muy Excelente Señor Visorrey, ecc. *Mexico, en casa de Pedro Balli*, 1576, in-8, vél.

« Licencias » 3 fnc. « Epistola nuncupatoria » 4 fnc. « Arte. Primera parte » 78 ff. « Segvnda parte » ff. 79-112. — Sur le titre le portrait de S. Dominique.

SECONDE ÉDITION de cette précieuse grammaire, elle est restée inconnue à ANTONIO, à PINELO et à LUDEWIG. L'exemplaire est malheureusement piqué dans les marges, mais sans atteindre le texte.

Le P. ALONSO DE MOLINA, alias Escàlona, religieux franciscain, né en 1496 (d'après ANTONIO), fut un des plus savants missionnaires du Mexique. Il fut aussi l'un des plus instruits dans la langue mexicaine, dans laquelle il composa des Vocabulaires, une grammaire, un catéchisme, des sermons, un confessionnaire, etc. Son principal ouvrage est son Vocabulaire Espagnol Mexicain et Mexicain Espagnol, livre d'autant plus précieux qu'il n'a pas été encore remplacé. C'est aussi la seule autorité citée par les philologues américains. Ce religieux, à qui nous sommes redevables de ce monument de la langue nahuatl, mourut dans le couvent de l'ordre à Mexico, en 1584, à l'âge de 88 ans (V. ANTONIO). — WADDING fixe l'époque de sa mort en 1580.

On cite de lui :

Vocabulario mexicano. Mexico, J. Pablos, 1555, in-4º. Réimprimé et complété en 1571. (nº 1006. — *Confessonario mayor mexicano y castellano*. Mexico, A. de Espinosa, 1565, in-4º. Réimprimé en 1578, Pedro Balli, in-4º. — *Arte de la lengua mexicana*. Mexico, P. Ocharte, 1571, in-12. Réimprimé en 1576, in-8º (nº 1007). (PINELO cite une édition de 1578, in-8º). — *Doctrina en lengua mexicana*. Mexico, 1578, in-4º. Réimprimé à Séville en 1584. (EGUIARA). — *Confessonario breve mexicano y castellano*. Mexico, A. de Espinosa, 1565, in-4º.

ANTONIO cite du même religieux un Catéchisme et une Doctrine Chrétienne imprimés à Mexico en 1546. Ils ont confondu avec le livre imprimé sous cette date (1546) par ordre de l'archevêque Zumarraga. (Réimprimés en 1606, in-4.) Cités aussi par PINELO). Le même bibliographe cite des Sermons; une vie de St. François; des Oraisons pour les Indiens; un Traité des Sacrements et une Préparation à la Communion, le tout en mexicain. — PINELO cite une traduction des Évangiles pour toute l'année et un Office de la Vierge. Si quelques-uns de ces ouvrages ont été imprimés, il n'en reste plus trace maintenant.

1008. —— (G. Ignazio). Saggio sulla storia naturale del Chili. *Bologna, stamperia di S. Tommaso d'Aquino*, 1782, in-8, demi rel., v.

367 pp., 1 carte.

Edition originale de l'ouvrage de l'abbé Molina. Le *Compendio* publié à Bologne en 1776, est, croyons-nous, de cet auteur. (V. le n° 375).

1009. MOLINA (Gio. Ignazio). Saggio sulla storia naturale del Chili, *Bologna, nella stamperia di S. Tommaso d'Aquino*, 1787, in-8, demi rel.

334 pp., 1 carte. Les pp. 284-308, contiennent un Aperçu de la langue Chilienne et les pp. 309-323, un Index de quelques verbes chiliens.

Un Catalogue des écrivains sur le Chili se trouve aux pp. 324-328.

1010. —— Lo stesso libro. *Bologna, fratelli Masi e Comp.*, 1810, in-4, demi rel.

2 fnc., v et 306 pp., 1 fnc., portrait de l'auteur, 1 carte. — Edition la plus complète.

Un Vocabulaire Chilien de noms appartenant à l'histoire naturelle occupe les pp. 302-306. -

1011. —— Compendio de la historia geografica, natural y civil del reyno de Chile escrito en italiano; *Primera parte* traducida en español por D. J. de Arquellada Mendoza. *Parte segunda*, traducida al español y aumentada con varias notas por D. Nicolas de la Cruz y Bahamonde. *Madrid, Antonio Sancha*, 1788-95, 2 vol. in-4, rel.

Vol. I. xx et 418 pp., 1 carte. — Vol. II. xvi et 382 pp., 1 fnc., 3 cartes, 3 tabl. Les pp. 332-376 du vol. II, sous ce titre « *Idea de la lengua Chilena* » contiennent un abrégé grammatical et un petit dictionnaire Chilien. Le Catalogue des écrivains du Chili, occupe les pp. 377-382, du même volume.

Cette traduction espagnole est beaucoup plus complète que l'original italien.

1012. —— Essai sur l'histoire naturelle du Chili; traduit de l'italien et enrichi de notes par Gruvel. *Paris, Née de la Rochelle*, 1789, in-8, br.

xvj et 351 pp. Le Vocabulaire se trouve aux pp. 340-351.

1013. (MOLINA (F. Ministre plénipotentiaire)). Coup d'œil rapide sur la république de Costa-Rica. *Paris, D. Dupré*, 1849, in-8, cart.

32 pp., 1 carte.

1014. —— Le même ouvrage. *Paris, Aubusson*, 1850, in-8, br.

32 pp., 1 carte. Le nom de l'auteur est sur le titre de cette nouvelle édition.

1015. MOLLIEN (G.). Voyage dans la république de Colombia, en 1823. *Paris, A. Bertrand*, 1824, 2 vol. in-8, cart.

Vol. I. iv et 307 pp., 1 fnc., 4 fig. col. — Vol. II. 316 pp., 1 fnc., 4 fig. col., carte.

1016. MONARDES (Nicolàs). Primera y segvnda y tercera partes de la historia medicinal de las cosas que se traen de nuestras Indias Occidentales que siruen en Medicina. Tratado de la piedra Bezaar, y de la yerua Escuerconera. Dialogo de las grandezas del Hierro, y de sus virtudes Medicinales. Tratado de la Nieve y del beuer frio. *Sevilla, Alonso Escriuano,* 1574, in-4, vél.

> 5 fnc., 206 ff., 1 fnc., fig. sur bois impr. dans le texte.
>
> Première édition espagnole dans laquelle tous les traités de Monardes sont réunis. Elle est belle et est restée inconnue à N. Antonio.

1017. —— Le même ouvrage. *Sevilla, Alonso Escriuano,* 1574, in-4, mar. rou., d. s. t.

> Exemplaire de dédicace AUX ARMES DE GRÉGOIRE XIII, ayant sur le titre et le dernier f., le timbre de la célèbre bibliothèque Colonna.
>
> Le dos de la reliure aurait besoin d'être réparé et le papier est taché On pourrait cependant faire de cet exemplaire un très-beau livre, les plats de la reliure étant bien conservés.

1018. —— Le même ouvrage. *Seuilla, Fernando Diaz,* 1580, in-4, v.

> 6 fnc., portrait de Monardes sur le second; 162 ff., fig. dans le texte. Sur le dernier f. la marque de l'Imprimeur.

1019. —— De simplicibvs medicamentis ex Occidentali India delatis, qvorvm in medicina vsvs est. Interprete Carlo Clvsio atrebate. *Antverpiæ, Chr. Plantini,* 1574, in-8, cart.

> 88 pp., 4 fnc., fig. sur bois.
>
> Traduction latine des deux premiers livres de N. Monardes par Ch. de l'Écluse. Non citée par Ternaux.

1020. —— Delle cose che vengono portate dall' Indie Occidentali pertinenti all' vso della medicina. Nouamente recata della spagnola nella nostra lingua Italiana. Doue ancho si tratta de' veneni, et della lor cura. *Venetia, Giordano Ziletti,* 1575, 2 part. en 1 vol. in-8, vél.

> « Parte Prima » 7 fnc., 159 pp., 8 fnc. — « Parte Seconda ..... *Con vn libro appresso dell' istesso auttore, che tratta della Neve, et del beuer fresco con lei.* » 3 fnc., 140 pp., fig. sur bois.
>
> Traduction originale italienne fort rare, faite par Annibale Briganti. Non citée par Ternaux, ni par Haym.

1021. —— Le même ouvrage. *Venetia, Giordan Ziletti,* 1582, in-8, v. f.

> 6 fnc., 249 pp., 13 pnc., fig. sur bois. La seconde partie a un titre spécial.

Cette édition de Monardes se trouve généralement placée à la suite de la traduction italienne de Garcia ab Horto, publiée sous la même date. (V. n° 736).

Pour les autres traductions latines, italiennes et françaises des traités de Monardes sur l'histoire des plantes médicinales des Indes, Voy. l'article Horto (Garcia ab), n°ˢ 734–739.

Il existe une traduction anglaise par J. Frampton, imprimée à Londres en 1577, in-4°; réimprimée en 1580 in-4° et 1596 in-4°.

1022. MONIZ BARRETTO (Francisco, natural de Bahia). Classicos e Romanticos. Exercicios Poeticos. *Bahia, C. de Lellis Masson et C.*, 1855, 2 vol. in-8, br.

> Vol. I. xviii et 297 pp. — Vol. II. 281 pp. — Exemplaire de dédicace à Gaetano Lopes de Moura, littérateur né à Bahia, accompagné d'une lettre autographe de l'auteur.

1023. MONTALVO (D. Fr. Antonio de). El sol del Nvevo Mvndo ideado y compvesto en las esclarecidas operaciones del bienaventvrado Toribio Arçobispo de Lima. Ofrecido a D. Melchor de Navarra y Rocafvll, por el doctor D. Jvan Francisco de Valladolid. *En Roma, En la Imprenta de Angel Bernavò*, 1683, in-fol., vél.

> 7 fnc., 540 pp., 14 fnc., front. gravé par Thiboust, au bas duquel est une vue de Lima; portrait de D. Torribio gravé par le même.
>
> Volume fort rare, non cité par Ternaux, ni par Brunet.

1024. —— Concilia Limana, Constitvtiones synodales, et alia vtilia monumenta : qvibvs Beatvs Toribivs archiepisc. Limanvs ecclesias Peruani imperij mirificè illustrauit. *Romæ, Ex Typographia Josephi Vannaccij*, 1684, in-fol., vél.

> 16 fnc., 355 pp., 2 portraits. 1°. Celui de Montalvo à l'âge de 36 ans, gravé par Thiboust. 2°. Celui de D. Torribio, gravé par le même.
>
> Ce volume n'est pas moins rare que le précédent. Pinelo et Ternaux n'en font pas mention et Antonio ne cite même pas le nom de l'auteur.
>
> Pour une autre version latine du même Concile, V. Haroldus, n°. 686.

1025: —— Breve teatro de las acciones mas notables de la vida del bienaventvrado Toribio Arçobispo de Lima. *Roma, por el Tinasi Ympr. Cam.*, 1683, in-4, vél.

> 224 pp.; dédicace à la Reine d'Espagne, 2 f. gravés dont l'un pour ses armes; deux titres dont l'un gravé et 40 pl. gravées à Rome par Thiboust.
>
> Pinelo cite de cet auteur une vie du B. Joseph de Béthencourt, imprimé en 1684.

1026. MONTANUS (Arnoldus). Die Nieuwe en Onbekende Weereld :

of Beschryving van America en't Zuid-land, Vervaetende d'Oorsprong der Americaenen en Zuid-landers..... *t'Amsterdam, By Jacob Meurs,* 1671, in-fol., v.

2 fnc., 585 pp., 27 pnc., front. gravé, 47 grandes pl., 7 portraits parmi lesquels on remarque ceux de Ch. Colomb, Améric Vespuce, Magellan, Maurice de Nassau, etc.; outre ces planches, il y a encore un grand nombre de figures imprimées dans le texte.

Pour d'autres détails, consultez la *Bibliothèque américaine* de TRÖMEL, n° 348.

1027. MONTEMAIOR DE CUENCA. Discvrso Politico : Historico Juridico Del derecho, y Repartimiento de presas, y despojos apprehendidos en Justa guerra. Premios, y castigos de los soldados. Lo dedica, y offrece a la Grandeza, y proteccion del Exmo. S^or. D. Fran^co. Fernandez de la Cueva.... D. JUAN FRAN^co. DE MONTEMAIOR DE CUENCA, Oydor mas antiguo, q̃ fue de la Real Audiencia de Santo Domingo y como tal, presidente della, Gouernador, y Capitan general de la Isla Española, y de la Tortuga, y oi, Oydor de la Real Chancilleria de Mexico. *Con Licencia, En Mexico : Por Jvan Rrviȝ, Impressor. Año de* 1658, in-4, vél.

26 fnc., 192 ff., 20 fnc., titre gravé, carte.

Volume fort rare et précieux. Les quarante premiers ff. contiennent la relation de l'expulsion des boucaniers de l'île de la Tortue, sous ce titre :

« SOBRE el despojo qve se gano al enemigo Frances en la expvgnacion de la Isla de la Tortvga; y la presa de vno de los baxeles de sv conserva qve se le cogiò qvando bolviò contra la capitvlado à invadirla. »

La carte qui se trouve avant le 1er f. représente l'attaque de l'île de la Tortue, le plan des îles de St. Domingue, de Cuba et de la Jamaïque.

PINELO dans sa *Bibliotheca* ne donne pas le titre de cet ouvrage ; il indique de cet auteur (Vol. 2, p. 586), une relation de l'île de la Tortue, imprimée en 1654, in-fol.; et réimprimée dans son *Tratado de las presas maritimas,* 1658, in-4°. Ce dernier doit être le même livre que le nôtre.

BRUNET cite ce livre d'après SALVA et ANTONIO. Ce dernier en rapporte le titre comme suit :

« Investigacion del origen, y privilegios de los ricos hombres, o nobles Cavalleros Infanzones, o hijosdalgo y señores de vasallos de Aragon, y del absoluto poder que en ellos tienen. Parte primera, Discurso politico..... ecc. Mexici 1658. 4. typis Joannis Ruiz. »

Dans le Catalogue SALVA, le titre est rapporté comme dans ANTONIO, mais sous la date de Mexico 1664, où il est annoncé *Extremely rare* à 6 L. ster. Pour l'importance et la rareté de cet ouvrage, le même Catalogue renvoie au travail de MAYANS, *Memorial sobre la nobleȝa de D. Antonio Pasqual, caballero de Oliva,* p. 11.

16

1028. MONTEMAIOR DE CUENCA. Pastor Bonus : Dominus Jesvs : sacerdos in æternvm, christus, secundum ordinem Melchisedech;
exemplum dedit crucem suam baiulantibus, illius vestigia sequentibus.
Præsvli sanctissimo divo Nicolao, Myræ archiepiscopo ipsi ex corde
addictvs servvs D. D. JOANNES FRANCISCUS A MONTEMAIOR, etc... *Mexici
ex typographia Francisci Rodriguez Lupercio,* 1676, pet. in-8, rel.

> Ce volume plus rare encore que le précédent, a échappé aux recherches d'AN-
> TONIO et de BRUNET. *Collation* : « Figure gravée représentant le Christ portant
> un agneau, avec cette légende : « *Ego svm pastor Bonvs* » faux titre, Titre, au
> verso duquel commence l'avis au lecteur; suivent 15 fnc., « Pars prima » 67 ff.,
> « Pars secunda » 81 ff., « Pars tertia » 75 ff. Au verso du dernier se lit la suscrip-
> tion suivante : « *Cedant hæc, ad laudem, gloriam q̃ omnipotentis Dei, Patris, et
> Filij, et Spiritus Santi* (sic), *Beatissimæ que Virginis Dei genitricis Mariæ, ab-
> sque labe conceptæ : me, omnia que præfata, sanctæ matris ecclesiæ censuræ, cor-
> rectioni, iudicio, libenter, humiliter que submitto. Actum est, Mexicana in civitate
> Imperiali, nobilissima Indiarum Occidentalium metropoli, vndecimo kalendas De-
> cembris, Anni* 1675 » « Repertorium » 10 fnc.

1029. MONTIGNY (de). ST. COSME (de). et THAUMUR DE LA
SOURCE. Relation de la mission du Missisipi du seminaire de Québec, en 1700. *Nouvelle York, a la presse Cramoisy de J. M. Shea,*
1861, in-8, cart.

> 66 pp. Tiré à 100 exemplaires et impr. avec des caractères elzéviriens.

> Cette relation en forme de lettres, d'après lesquelles ce volume a été imprimé,
> ont été communiquées par M. Fr. Parkman de Boston.

1030. MONTOYA (J. Gonzalez). Examen y arreglo de la factoria de
Tabacos (sin estanco) en la Isla de Cuba. *Habana, D. E. J. Boloña,*
1814, in-fol., br.

> 51 pp.

1031. —— D. Jose Gonzalez de Torres de Navarra y Montoya, Caballero
de la orden de Santiago, intendente de exército y superintendente director general de la renta de Tabacos, en la isla de Cuba. (*Habana,*
1813), in-fol., br.

> 8 pp. A la fin « *Dado en la Real factoría de tabacos en la Habana á* 31 *de Mayo
> de* 1813. » Signé : D. JPH. GONZALES et contresigné RAFAEL GRANADOS.

> Cette pièce est relative au commerce des tabacs et a pour but de régulariser
> quelques droits.

1032. —— Rasgos sueltos para la constitucion de America. *Cadiz, Imprenta de la Junta,* 1811, in-4, br.

> 16 pp.

1033. MONTRAVEL (L. Tardy de). La Plata au point de vue des intérêts commerciaux de la France. *Paris, Schiller*, 1851, in-8.

60 pp. On a ajouté à cet opuscule les pièces suivantes :

RAPPORT de M. DROUYN DE LHUYS et opinions du contre-amiral RO-MAIN-DESFOSSÉS, et du lieutenant colonel du génie COFFINIÈRES sur la question de la Plata. *Paris, E. Duverger*, 1851, 87 pp. — BEAUMONT (B^{on} de). Résumé et solution de la question mexicaine, pour servir à la discussion sur les crédits supplémentaires. *Paris, Bohaire*, 1839, 40 pp. — CORRES-PONDANCE entre la légation extraordinaire du Mexique, à Washington, et le ministère des affaires étrangères des Etats-Unis, sur le passage de la Sabine par les troupes commandées par le Gal Gaines ; traduite de l'espagnol et publiée par J. C. C. *Paris, Truchy*, 1837, XXXI et 91 pp., carte. — COUP D'ŒIL sur le voyage de M. PARCHAPPE dans la république Argentine, lu dans la séance mensuelle du comité central de la Société du Bulletin universel tenue le 25 février 1831. *Paris, F. Didot*, (1831), 32 pp. — PRADT (de). Congrès du Panama. *Paris, Béchet*, 1825, viij et 95 pp. — LARENAUDIÈRE. Notice sur le royaume de Mexico, d'après les derniers ouvrages publiés ; suivie d'un coup d'œil historique sur les événemens qui s'y sont succédés depuis 1810. *Paris, J. Smith*, 1824, 64 pp. — RÉ-PONSE au journal le *Pays* sur son article du 27 mai 1851 intitulé le traité de Prédour, faite par le *Constitutionel* du 27 février 1851. *Paris, Bénard et Cie*, 8 pp. — GASCOGNE (P.). Pétition aux membres de l'Assemblée nationale, sur les actes de spoliation et de persécution exécutés contre lui par le gouvernement argentin, présidé par le Gal Rosas, et sur la violation, à son égard, par ce même gouvernement, du traité du 29 octobre 1840. *Paris, Lacombe*, 1851.

1034. MONTULÉ (Ed. de). Voyage en Amérique, en Italie, en Sicile et en Egypte, pendant les années 1816, 1817, 1818 et 1819. *Paris, Delaunay et Bélon*, 1821, 2 vol. in-8 et atlas in-4, br.

Vol. I. 466 pp. — Vol. II. viij et 448 pp. — Atlas 59 pl.

La partie de l'Amérique dont il est parlé dans cet ouvrage ne comprend que les Etats-Unis. Elle occupe les pp. 11-310 du vol. I.

1035. MOORSOM (Wm.). Letters from Nova Scotia ; comprising Sketches of a young country. *London, Colburn and Bentley*, 1830, in-12, demi v.

viii et 371 pp., 3 fig., carte.

1036. MORA (J. M. Luis). Mejico y sus revoluciones. *Paris, Rosa*, 1836, 2 vol. in-8, br.

Vol. I. xvj et 538 pp. — Vol. III. xiv pp., 1 fnc., 448 pp.

Nous n'avons que ces deux volumes de l'ouvrage, qui est complètement épuisé.

1037. MOREAU DE SAINT MÉRY (L. E.). Description topographique et politique de la partie Espagnole de l'isle Saint-Domingue; Avec des Observations générales sur le Climat, la Population, les Productions, le Caractère et les Mœurs des habitans de cette Colonie, et un Tableau raisonné des différentes parties de son administration. *Philadelphie, Imprimé et se trouve chez l'auteur, Imprimeur libraire,* 1796, 2 vol. in-8, BROCHÉ.

> Vol. I. « Liste des souscripteurs » 8 pp. « Avertissement » 8 pp. « Abrégé historique » xlix pp., 3 pnc. « Texte » 307 pp. Carte dessinée par Sonis en 1796, et gravée par Vallance. — Vol. II. 311 pp. — Ouvrage très-estimé et fort rare.

1038. —— Description topographique, physique, civile, politique et historique de la partie française de Saint-Domingue. Avec des Observations générales sur sa population, sur le caractère et les mœurs de ses divers habitans; sur son climat, sa culture, ses productions, son administration, etc., etc. *A Philadelphie et s'y trouve chez l'auteur,* 1797-98, 2 vol. in-4, BROCHÉ.

> *Tome premier :* « Comprenant, outre les objets généraux, la description des 21 paroisses de la Partie du Nord et de l'Isle de la Tortue. » xix et 788 pp., carte. — *Tome second :* « Comprenant la description des 17 paroisses de la Partie de l'Ouest et de l'Isle la Gonave et des 14 paroisses de la Partie du Sud et de l'Isle à Vache. » viij et 856 pp. Un itinéraire où sont marquées les distances qui séparent les cinquante-deux paroisses les unes des autres se trouve avant le titre et forme un grand tableau plié. — Extrêmement rare.
>
> « C'est dans cette relation surtout qu'on peut recueillir des notions certaines sur le dernier état de la Colonie de Saint-Domingue avant l'insurrection.... » BIBL. DES VOYAGES.

1039. MOREAU DE DAMMARTIN. Explication de la pierre de Taunston. *Paris,* in-8, br.

> 28 pp., 2 pl. Le texte est autographié.

1040. MORENO (Juan Joseph, rector del colegio de San Nicolàs). Fragmentos de la Vida, y virtudes del V. Illmo. y Rmo. Sr. Dr. D. Vasco de Quiroga primer obispo de la Santa Iglesia de Michoacan; Con notas criticas, en que se aclaran muchos puntos historicos, y antiguedades Americanas especialmente Michoacanenses. *Mexico, Imprenta del Real Colegio de S. Ildefonso,* 1766, in-4, bas. rouge, fil.

> 12 fnc., 202 pp. « REGLAS y Ordenanzas para el gobierno de los hospitales de Santa Fe de Mexico, y Michoacan..... » 1 fnc., 29 pp., portrait de D. Quiroga, gravé à Mexico par J. MORALES.
>
> Ouvrage curieux et très-important pour l'histoire du Mexique à l'époque de la découverte, mais principalement pour la province de Michoacan.

D. Vasco de Quiroga, le premier évêque de cette province, né à Madrigal en 1470, mourut à Uruapan en 1565, en faisant la visite pastorale de son diocèse.

1041. MORENO (el Doct. D. Gabriel). Almanaque Peruano y Guia de forasteros. In-12, br.

> Années : 1799. (*Lima*), *Imprenta Real*, 40 fnc. — 1800, 58 fnc., 1 tabl. — 1801, 33 fnc. — 1802, 36 fnc. — 1804, 57 fnc. — 1806, 47 fnc. — 1808, 47 fnc.

1042. MORSE (Iedidiah). The American Geography ; or, a view of the present situation of the U. S. of America : containing astronomical geography. Geographical definitions, discovery, and general description of America and the U. S..... With a particuliar description of Kentucky, the Western territory and Vermont. *London, John Stockdale,* 1792, in-8, rel.

> xvi et 536 pp., 1 tableau, 2 cartes.

1043. —— The American gazetteer, exhibiting a full account of the civil divisions, rivers, harbours, Indian tribes, etc., of the American continent : also of the West-India and other appendant islands : with a particular description of Louisiana. *Boston, Thomas et Andrews,* 1810, in-8, rel.

> 319 fnc., 2 cartes.

1044. —— A Report to the secretary of war of the U. S., on Indian affairs, comprising a narrative of a tour performed in the summer of 1820, under commission from the president of the U. S. for the purpose of as-certaining for the use of the government the actual state of the Indian Tribes in our country. *New-Haven, Davis et Force,* 1822, in-8, cart.

> 400 pp., portrait d'un Indien, carte coloriée.
>
> Document très-curieux et difficile à rencontrer. « A translation of the 19 th. psalm into the *Muh-he-con-nuk* language, done at the Cornwal school, under the superintendance of Rev. John Sergeant, missionary » se trouve aux pp. 359-360.

1045. MORTON (Nathaniel). New England's memorial. Fifth edition. Containing besides the original work, and the supplement annexed to the second edition, large additions in marginal notes, and an appendix; with a lithographic copy of an ancient map. By JOHN DAVIS. *Boston, Crocker and Brewster,* 1826, in-8, demi mar., avec coins, doré en tête, *non rogné.*

> 482 pp. La p. vii donne la copie du titre de la première édition, imprimée à

Cambridge (New England), en 1669 ; à la suite, le *fac-simile* d'une carte de la Nouvelle Angleterre faite en 1677.

LOWNDES' dans son *Manual,* indique la première édition comme étant imprimée à Londres ; il doit y avoir certainement erreur, car elle a bien été exécutée à Cambridge dans la Nouvelle Angleterre (Cf. TERNAUX). Maintenant il y aurait-il eu deux éditions différentes sous la même date ? ou bien aurait-on fait un titre pour des ex. envoyés à Londres ?

La seconde édition à été imprimée à *Boston,* en 1721, in-12, avec un supplément par JOSIAH COTTON. En 1722, une troisième édition copiée sur la seconde fut imprimée à *Newport;* enfin une quatrième édition parut à *Plymouth Mass.* en 1826. La cinquième édition, celle que nous annonçons, devenue très-rare, mérite d'être recherchée, car elle renferme un certain nombre de documents originaux qui n'existent pas dans les précédentes. La carte *fac-simile* qui s'y trouve jointe appartient à l'ouvrage de HUBBARD (Wm.), qui a paru à Boston en 1677, in-4, sous le titre de « A NARRATIVE of the troubles with the Indians in New-England... » cette carte est la première qui ait été exécutée dans la Nouvelle Angleterre. Une sixième édition a paru à *Boston* en 1855.

1046. MORTON (Samuel George). Some observations on the Ethnography and Archæology of the American aborigines. *New-Haven,* 1846, in-8, br., fig.

19 pp. Extracted from the *American journal of Science,* vol. II, second series.

1047. MOZO (R. P. fray Antonio). Noticia historico natural de los glorioso triumphos y felices adelantamientos conseguidos en el presente siglo por los religiosos del orden de N. P. S. Agustin en las missiones que tienen à su cargo en las islas Philipinas, y en el grande Imperio de la China. *Madrid, Andrès Ortega,* 1763, in-4, vél.

6 fnc., 247 pp. Bel exemplaire d'un ouvrage curieux et rare, rempli d'informations intéressantes sur les mœurs et usages des habitants des Philippines.

1048. MULLER (G. G.). Voyages et Découvertes faites par les Russes le long des côtes de la mer Glaciale et sur l'Océan Oriental, tant vers le Japon que vers l'Amérique. On y a joint l'histoire du fleuve Amur. Ouvrages traduits de l'allemand par C. G. F. DUMAS. *Amsterdam, Marc-Michel Rey,* 1766, 2 vol. in-12, rel.

Vol. I. x pp., 1 fnc., 388 pp. — Vol. II. IV et 207 pp., 25 pnc., carte. — Pour la suite de cet ouvrage, V. l'art. de COXE, n° 404.

1049. MUÑEZ Y VELA. ANALES DE LA VILLA YNPERI. DE POTOSI, pr. Dn. BARTme. MÑEZ Y VELA NATURl. DE DHA. VILLA. AÑO DE 1771. In-4, demi rel.

MANUSCRIT AUTOGRAPHE ET INÉDIT, provenant du cabinet de H. Ternaux-Compans. Il a du faire partie de la précieuse collection Muñoz, achetée par M. Ternaux.

Il se compose de 239 feuillets d'une fort belle écriture, précédés d'un faux titre : « Sucesos Acaecidos en la Villa Ymperial de Potosi. »

Ces Annales très-importantes pour l'histoire de Potosi (Pérou), célèbre par ses mines d'argent, commencent en 1456, et se terminent à l'année 1702. Dans les derniers ff. l'auteur B. Muñez y Vela, nous apprend qu'elles ont été composées sur des documents et travaux mss. ou imprimés, principalement des premiers écrivains sur le Pérou, tel que Garcilaso de la Vega, le P. de la Calancha, le P. J. Melendez, Acosta, Herrera, etc., etc.

1050. MUÑOZ (Juan Baut.). Historia del Nuevo-Mundo. *Madrid, viuda de Ibarra,* 1793, in-4, bas.

2 fnc., xxx pp., portrait de C. Colomb, en belle épreuve, 364 pp., carte. Tome I, seul publié. Dans cet ex. le titre, la dédicace au roi et le prologue, sont en double.

Il est très-regrettable que cet ouvrage n'ait pas été continué. Composé sur des documents originaux et inconnus jusqu'alors, rassemblés par Muños après cinq années de recherches pénibles dans les dépôts de Séville, Simancas, Lisbonne, cette histoire du Nouveau Monde, eut été la plus complète et d'une grande autorité.

Le manuscrit du 2ᵉ volume existe dans une bibliothèque particulière à New-York.

La Bibliothèque de J. B. Muñoz, composée principalement de nombreux manuscrits, a été acquise par Ternaux-Compans. Cette collection fut une mine inépuisable pour cet écrivain, qui y trouva presque toutes les pièces dont sont composés ses 20 vol. in-8º publiés de 1837-41.

1051. MUNSTER (Sebastian). Cosmographia Vniversale, Nella quale secondo che n'hanno parlato i piu veraci Scrittori son designati i siti di tutti gli paësi. *Colonia, Appresso gli heredi d'Arnoldo Byrckmanno,* 1575, in-fol., vél., fig. sur bois.

11 fnc., 1237 pp., 14 cartes doubles (la première est une mappemonde sur laquelle figure *la Floride, Cuba, Hispagnola, détroit de Magellan,* et où on lit «*America vel silii ins.* »). La dernière est la carte du *Mondo Nvovo* intitulée *Tauola dell' isole nuoue, le quali son nominate occidentali, et indiane per diuersi rispetti.* Sur cette carte on voit le Brésil, le détroit de Magellan, le Yucatan, Cuba, la Floride, la Nouvelle France? (*Francisca*), le Cap Breton.

Les pp. 1178-1192, contiennent sous ce titre « *Delle Nvove Isole in qual modo et quando furono trouate* » une description de l'Amérique ornée d'une petite carte et de 14 petites figures sur bois.

1052. MURATORI (Lod. Antonio). Il Cristianesimo felice nelle missioni de' Padri della Compagnia di Giesù nel Paraguai. *Venezia, G. Pasquali,* 1743, in-4, vél.

3 fnc., 196 pp. « Seconda parte, 1749 » xii et 180 pp., 1 carte.

Ouvrage très-estimé, rédigé en grande partie sur des documents dus à divers jésuites et envoyés par le P. Cattani à Muratori.

1053. MURATORI (Lod. Antonio). Relation des Missions du Paraguai, traduite de l'italien (par le P. DE LOURMEL). *Paris, Bordelet,* 1754, in-12, rel.

xxiv et 282 pp. « Lettres du P. GAETAN CATTANEO, missionnaire de la Cie de Jésus. A M. Joseph Cattaneo, son frère » pp. 283-389; table, pp. 390-402; 2 fnc., carte du Paraguay par d'Anville.

Traduction de l'ouvrage précédent. Le P. CATTANI dont trois lettres sont publiées dans cet ouvrage, naquit à Modène en 1696 et mourut au Paraguay en 1733, dans la réduction de Sainte Rose. Ses lettres sont relatives aux missions de ce pays.

1054. —— Le même ouvrage. *Paris, veuve Bordelet,* 1757, in-12, rel.

Réimpression page pour page de l'édition de 1754, faite à Senlis, dans l'imprimerie de N. des Rocques. La carte n'existe pas dans cette édition.

1055. MVRILLO VELARDE (P. Pedro). Historia de la provincia de Philipinas de la Compañia de Jesvs. *Segvnda Parte,* qve comprehende los progresos de esta provincia desde el año de 1616. hasta el de 1716. *Manila, en la Imprenta de la Compañia de Jesus, por D. Nicolas de la Cruz Bagay,* 1749, in-fol., vél.

11 fnc., 419 ff., 6 fnc., CARTE, titre historié; une gravure représentant la *Virgen de la Rosa, y N^a. S^a. de la Paz y Bven viage.* Lau.—Atlas. sculp. a^o 1749 Manilæ.

Cet ouvrage imprimé sur papier de riz, fait suite à celui du P. COLIN, publié à Madrid en 1663 (Voyez ce nom, n° 355). Il est divisé en quatre livres, le premier traite de l'histoire des Philipines depuis l'année 1616 ; le second, des missions et de la conquête de Mindanao ; le troisième, de l'histoire des Philipines depuis 1653 ; le quatrième, de la conquête des iles de los Ladrones et de la découverte de los Palaos.

Notre exemplaire qui provient de la riche « *Bibliotheca Heberiana* » est d'une conservation magnifique ; de plus, il contient la CARTE INTACTE gravée par N. DE LA CRUZ BAGAY, Indien Tagale, qui manque dans la plupart des exemplaires, ou qui est plus ou moins fatiguée.

Le P. MURILLO VELARDE, né le 6 août 1696, mourut le 30 novembre 1753, après avoir été successivement professeur de théologie et de droit canon à l'Université de Manille, recteur d'Antipolo, visiteur des missions de Mindanao, et procureur à Rome et à Madrid.

1056. MURRAY (Rev. James). An impartial history of the present war in America ; containing an account of its rise and progress the political springs thereof, with its various successes and disappointments, on both sides. *Newcastle-upon Tyne, Robson, Balwin, S. A.,* 2 vol. in-8, rel. v.

Vol. I. 573 pp., 11 portraits et 1 plan de Boston. — Vol. II. 576 pp., 13 portraits.

.... Trop sententieux parfois, ami de la vérité ; il est dommage qu'il n'ait pas continué son ouvrage jusqu'à la paix. C'est sur cet ouvrage qu'a été copié tout ce qui a été écrit depuis sur la guerre d'Amérique. *Note mss.*

L'épitre dédicatoire au Roi, est datée de Newcastle upon Tyne, Oct. 20, 1779. Les portraits sont ceux des officiers généraux de la guerre de l'indépendance américaine.

1057. MURRAY (Hugh). An historical and descriptive account of British America...... with illustrations of the natural history, By J. WILSON, R. GREVILLE, and professor TRAILL. *Edinburgh, Oliver et Boyd,* 1839, 3 vol. in-12, cart.

Vol. I. 352 pp., pl. et cartes. — Vol. II. 356 pp. — Vol. III. 388 pp., carte.

1058. —— The United States of America; their history from the earliest period...... with illustrations of the natural history, by JAMES NICOL. *Edinburgh, Oliver et Boyd,* 1844, 3 vol. in-12, cart.

Vol. I. 400 pp., fig. — Vol. II. 380 pp. — Vol. III. 379 pp.

1059. NAAUKEURIGE Versameling der Gedenk-waardigste Reysen Naar Oost en West-Indiën, Mitsgaders andere Gewesten gedaan ; Sedert De Jaaren 1246 tot op desen tijd (1696). *Te Leyden, Door Pieter Vander Aa,* 1707, 28 to. en 29 vol. in-8, rel.

Collection du libraire VANDER AA, qui l'a publiée sous le nom de GOTTFRIED. C'est la traduction hollandaise des Recueils des frères DE BRY, HAKLUYT, HULSIUS, THÉVENOT, à laquelle on a ajouté la traduction des différentes relations imprimées séparément.

Elle est ornée de plus de 300 pl. et cartes, très-bien gravées. Les exemplaires complets ne sont pas communs. Le tome XIII qui forme deux volumes manque souvent. Il en existe aussi une édition en 8 vol. in-folio.

1060. NAPIONE (G. Galeani). Esame critico del primo viaggio di Amerigo Vespucci al nuovo Mondo. Letto nell' Academia Imperiale delle Scienze, Letteratura, e Belle Arti di Torino, li 6 dicembre 1810. (*Torino,* 1811?), in-4, demi rel. mar.

106 pp. Cet extrait n'est pas cité par BRUNET dans la nomenclature des ouvrages de cet historien.

Très-bel exemplaire, *non rogné.*

Pour une critique de ce livre, Voyez l'article *Osservazioni.*

1061. NAPIONE (G. Galeani). Della patria di Cristoforo Colombo dissertazione publicata nelle memorie dell' Academia imperiale delle Scienze di Torino ristampata con giunte, documenti, lettere diverse ed una dissertazione epistolare intorno all' autore del libro de imitatione Christi. *Firenze, Molini*, 1808, in-8, demi rel.

xxi et 400 pp., 2 fnc., portrait de Colomb; entre les pp. 240-241, l'arbre généalogique de la famille de l'Amiral. Dissertation estimée.

1062. NAVARRETE (D. Martin Fernandez de). Coleccion de los viages y descubrimientos, que hicieron por mar los españoles, desde fines del siglo XV. Con varios documentos ineditos concernientes á la Historia de la marina Castellana y de los establecimientos españoles en Indias. *Madrid, Imprenta real*, 1825-37, 5 vol. in-4, br.

Collection extrêmement importante et devenue difficile à trouver. Elle renferme les pièces suivantes :

Vol. I. 1 fnc., cli pp. — RELACIONES, cartas y otros documentos, concernientes a los cuatros viages que hizo el almirante D. CRISTOBAL COLON para el descubrimiento de las Indias Occidentales, pp. 1-352, carte.— APPENDICE de documentos relativos a la dignidad del almirantazgo mayor de Castilla, sus prerogativas y jurisdiccion, pp. 353-429; Indice, pp. 430-455, carte.

Vol. II. DOCUMENTOS diplomaticos, pp. 1-372; — APPENDICE, pp. 373-438; Indice, pp. 439-455.

Vol. III. xv pp. — *Seccion primera*. Viages menores, pp. 1-74; Appendice, pp. 75-180, carte. — *Seccion segunda*. Viages de AMÉRICO VESPUCIO, pp. 181-290; Apéndice, pp. 291-314; Noticias exactas de Americo Vespucio, pp. 315-334. — *Seccion Tercera*. Establecimientos de los españoles en el Darien, pp. 335-456. — NOTICIA biografica del adelantado Pascual de Andagoya, pp. 457-590.— OBSERVACIONES sobre las anteriores probanzas, pp. 591-615. — SUMARIO é indice, pp. 617-632. — Indice, pp. 633-642.

Vol. IV. xxiii pp. — NOTICIA biográfica de FERNANDO DE MAGALLANES, pp. xxv-xc, portrait de Magellan.—VIAGE al Maluco. Primero el de HERNANDO DE MAGALLANES y JUAN SEB. DE ELCANO, pp. 1-406, portrait de Elcano. — Sumario é Indice, pp. 407-416.

Vol. V. — Viages de LOAISA y ALVARO DE SAAVEDRA, pp. 1-190. — APENDICE de documentos, pp. 191-486.— Sumario é indice, pp. 487-498. — Indice cronológico, pp. 499-501.

1063. —— Disertacion sobre la historia de la Nautica, y de las ciencias matemáticas que han contribuido á sus progresos entre los Españoles. *Madrid, viuda de Calero,* 1846, in-4, br.

421 pp. Publication très-importante pour l'histoire des navigations espagnoles, faite après la mort de son savant auteur, par l'Académie Royale de l'histoire.

1064. NAXERA (Emm., mexicano). De lingua Othomitorum Dissertatio. *Philadelphiæ, James Kay,* 1835, in-4, demi rel.

48 pp. Extract of the *Translations of American Philosophical Society.*

1065. NEHIRO-IRINIUI aiamihe Massinahigan, Shatshegutsh, Mitinekapitsh, Iskuamiskutsh, Netshekatsh, Misht, Assinitsh, Shekutimitsh, Ekuanatsh, Ashuabmushuanitsh, Piakuagamitsh, Gaie missi missi nehiro-iriniui Astshitsh ka tatjits, ka kueiasku aiamihatjits ka utshi. *Uabistiguiatsh. Massinahitsetuau, Broun gaie Girmor,* 1767, in-8, rel.

96 pp. Abrégé de la Doctrine chrétienne, en langue des indiens Montagnais, nation de chasseurs qui vit entre la baie de Hudson, le Saint-Maurice Supérieur, les côtes du bas Saint-Laurent Nord et du golfe du même nom.

Cet ouvrage imprimé à *Québec* par Brown et Gilmore, les premiers imprimeurs de cette ville et du Canada, est une de leurs premières productions typographiques. C'est un livre de la plus grande rareté et tout à fait inconnu.

C'est aussi le seul spécimen qui existe, à notre connaissance, de la langue des Indiens Montagnais.

1066. NE KAGHYADONGHSERA ne Royadadokenghdy ne Isaiah. *New-York, American Bible Society,* 1839, in-12, cart.

243 pp. Les prophéties d'Isaïe, traduites en Mohawk.

1067. NETSCHER (M.). Les Hollandais au Brésil, notice historique sur les Pays-Bas et le Brésil au XVIIe siècle. *La Haye, Belinfante,* 1853, gr. in-8, br.

xxxii et 209 pp., portrait de Maurice de Nassau, fac-simile de signatures des principaux personnages qui à cette époque jouèrent un grand rôle dans l'Amérique; carte du Brésil hollandais.

Excellent ouvrage que l'on consulte avec fruit pour l'histoire de la domination hollandaise au Brésil.

1068. NEVE Y MOLINA (D. Luis de). Reglas de orthographia, Diccionario, y Arte del idioma Othomi, breve instruccion para los principiantes. *Impressas en Mexico, en el Imprenta de la Bibliotheca Mexicana,* 1767, in-8 demi mar.

Front, gravé, représentant S. Joseph et l'enfant Jésus, à qui le livre est dédié,

11 fnc., « Reglas de Orthographia » pp. 1-12. « Diccionario (Español-Othomi) » pp. 13-96 précédées d'un f. gravé contenant l'errata. « Arte del idioma othomi » pp. 97-160.

La langue Othomi, parlée par les Indiens Mexicains du Nord-Ouest de la vallée de l'Anahuac et d'une partie des provinces de Michoacan, est l'une des langues les plus intéressantes du Mexique. Quelques philologues et ethnographes pensent que son étude peut conduire aux découvertes les plus intéressantes et les plus imprévues sur l'origine de la population du Nouveau-Monde.

Le comte V. Piccolomini (V. ce nom) publia à Rome, en 1841, une traduction italienne abrégée de l'ouvrage de Neve y Molina.

1069. (NICOLSON (le P., Dominicain)). Essai sur l'histoire naturelle de Saint Domingue. *Paris, Gobreau,* 1776, in-8, rel.

xxxj et 374 pp., 1 fnc., 10 pl., deux titres dont l'un gravé.

« C'est un supplément très-utile à ce que l'histoire de Saint-Domingue, par Charlevoix laissoit à désirer sur l'histoire naturelle de cette île. » Bibl. des Voyages.

1070. NICOSELLI (Anastasio). Vita di S. Toribio Alfonso Mogrovesio Arcivescovo di Lima, Capitale del Perù, Raccolta di An. Nicoselli, e di nuovo data alla luce da Monsignore P. Gregorio de Molleda, Vescovo di Isauria. *Roma, Antonio de' Rossi,* 1726, in-4, rel.

9 fnc., 332 pp., deux titres, dont l'un gravé; portrait de Benoît XIII à qui le livre est dédié et de S. Toribio, gravés par Massi. Belles épreuves.

Cet ouvrage d'après Pinelo, serait une compilation extraite d'une vie de S. Toribio, composée par fr. Cipriano Herrera de l'ordre de S. Augustin, natif de Lima, et imprimée en 1670 et 1674.

Antonio citant l'édition de 1670, la dit imprimée à Rome en latin, du format in-4, tandis que d'après Pinelo, cette édition serait in-fol., et en espagnol.

1071. NIEUHOFS (Johan). Gedenkweerdige Brasiliaense Zee-en Lant-Reize. Behelzende Al het geen op dezelve is voorgevallen. *t'Amsterdam, Jacob van Meurs,* 1682, gr. in-fol., v. fil.

3 fnc., 240 pp., 3 fnc., 308 pp., 2 fnc., frontispice gravé, portrait et armes de l'auteur, 2 ff.; 49 grandes pl., et un grand nombre d'autres dans le texte. Très-belles épreuves.

1072. NIHIMA Ayamie-Mazinahigan. Kanachchatageng. *Montréal, imprimé par Duvernay,* 1830, in-18, cart.

100 pp. Instruction religieuse, catéchisme, prières, cantiques et exercices de lecture en langue des indiens du Canada, peut-être bien en Mohican.

1073. NOCEDA (el P. Juan de) y SAN LUCAR (el P. Pedro). Vocabulario de la lengua Tagala, trabajado por varios sugetos doctos y graves, y últimamente añadido. *Reimpreso, con licencia en Valladolid, imprenta de Higinio Roldan,* 1832, in-fol., vél.

9 fnc., 609 pp. à deux colonnes. La première édition de ce dictionnaire a été imprimée à Manille en 1754, in-fol. C'est un volume fort rare qui s'est vendu jusqu'à 200 fr.

Cette réimpression a été faite pour être distribuée aux Philippines. Mais une grande partie des exempl. a été perdue dans le voyage, de sorte qu'aujourd'hui elle est aussi rare que l'ancienne.

« Livre de la plus grande rareté, ayant été détruit dans un naufrage. » *Catal. de la Bibl. Gonçalès Mendoça,* n° 220, dont la vente a été faite en 1843, par M. Techener.

1074. NORTON (Capt. John). Nene Karighyoston tsinihorighhoten ne Saint John. The Gospel according to Saint John (in the Mohawk language). *New-York, D. Fanshaw,* 1818, in-12, rel.

En mohawk et en anglais, 232 pp.

1075. —— The same book. *London, Phillips et Fardon, S. A.,* in-12, v. f. fil.

En mohawk et en anglais, 250 pp., 1 fnc. Exemplaire en PAPIER FORT.

1076. NOTICE statistique sur la Guyane française. Extrait des notices statistiques sur les Colonies françaises, imprimées en 1838. *Paris, Didot,* 1843, in-8, br.

2 fnc., 176 pp., carte col. « Publications de la Société d'Études pour la colonisation de la Guyane. N° 2. »

Cette nouvelle édition des notices sur la Guyane a été faite par MM. TERNAUX-COMPANS, J. LECHEVALIER, JOLY DE LOTBINIÈRE.

1077. —— sur Alpina. Terres situées dans les comtés de Jefferson et de Lewis, état de New-York. *Neuchatel, H. Wolfrath,* 1847, in-8, cart.

64 pp.

1078. —— sur le Chili, par un voyageur français. *Paris, A. François,* 1844, in-8, br., *papier vélin.*

43 pp. Extrait du Journal *la Presse,* du 9 sept. 1844.

1079. NOTICES statistiques sur les Colonies françaises, imprimées par ordre du vice-amiral de Rosamel. *Paris,* 1837, in-8, cart.

PREMIÈRE PARTIE. Notice préliminaire, Martinique, Guadeloupe et dépendances, iii et 248 pp.

1080. NOTICIAS de la provincia de Californias en tres cartas de un sacerdote religioso hijo del real convento de predicadores de Valencia a un amigo suyo. *Valencia, los hermanos de Orga*, 1794, in-8, vél.

> CARTA I. Breve descripcion de aquellos terrenos, con una cabal noticia de los Indios, sus costumbres, inclinaciones é idiomas; de los animales, peces, plantas, yerbas y demas. 104 pp.
>
> CARTA II. En la que se trata de su conquista espiritual y temporal. 96 pp.
>
> CARTA III. En la que se trata de los adelantamientos que han hecho los religiosos dominicos en la provincia de Californias, ecc. 104 pp., 2 tabl.
>
> Ces notices, dit l'avis au lecteur, sont très-estimables sous le rapport de l'exactitude et de la fidélité; l'auteur avait voyagé pendant plusieurs années dans ces régions, en qualité de missionnaire. Elles sont signées F. L. S.

1081. NOUVION (Victor de). Extraits des auteurs et voyageurs qui ont écrit sur la Guyane, suivis du catalogue bibliographique de la Guyane. *Paris, Béthune et Plon*, 1844, in-8, demi rel.

> xcii et 616 pp. Le catalogue occupe les pp. 579-616. « Publications de la Société d'Etudes pour la colonisation de la Guyane française. N° 4. »
>
> Nous avons eu occasion dans le courant de ce catalogue de citer plusieurs fois l'auteur et l'ouvrage.

1082. NOVVS ORBIS regionvm ac insvlarvm veteribvs incognitarvm, unà cvm tabula cosmographica, et aliquot alijs con similis argumentis libellis, quorum omnium catalogus sequenti patebit pagina. His accessit copiosus rerum memorabilium index. *Basileœ, apvd Jo. Hervagivm*, 1532, in-fol., non rel.

> 23 fnc., grande carte intitulée « *Typvs Cosmographicvs vniversalis* »; 584 pp., 1 fnc. pour le registre et la marque de l'imprimeur.
>
> EDITION ORIGINALE de la collection de voyages, connue généralement sous le nom de GRYNÆUS, qui en fut le collecteur et en a écrit la préface.
>
> Elle contient les relations suivantes :
>
> 1° Voyage d'ALOYSIO CADAMOSTO ; 2° Les trois premières expéditions de COLOMB ; 3° Voyage d'ALONZO NIÑO ; 4° Voyage de VINCENT PINZON; 5° Le troisième voyage d'AMÉRIC VESPUCE ; 6° Le voyage de PEDRO ALVAREZ CABRAL ; 7° Relations de l'Indien JOSEPH ; 8° Les quatre relations d'AMÉRIC VESPUCE ; 9° Lettre du roi Emmanuel au pape Léon X sur la conquête des Indes ; 10° Relations de LODOVICO VARTHEMA ; 11° Description de la Terre-Sainte au 13e siècle, par le moine BROCARD ; 12° Les trois livres de MARCO POLO sur les régions orientales ; 13° HAYTHON, arménien de l'ordre des Prémontrés, Traité des Tartares ; 14° Deux livres sur la Sarmatie asiatique et européenne, par MATHIEU MIECHOW ; 15° Relation de l'ambassade de PAOLO GIOVIO, en Moscovie ; 16° PIERRE MARTYR, sur

les îles nouvellement découvertes ; 17° Deux livres des antiquités prussiennes, par ERASME STELLA.

1083. NOVVS ORBIS regionvm ac insvlarvm veteribus incognitarvm, unà cvm tabula cosmographica, et aliquot alijs con similis argumentis libellis, quorum omniuni catalogus sequenti patebit pagina. His accessit copiosus rerum memorabilium index. *Parisiis, apvd Galeotvm à Prato* (A la fin) : *Impressum Parisiis apud Antonium Augerellum....*, 1532, in-fol., demi rel.

> 25 fnc., càrte, 507 pp. (pour 514). Cette édition est une réimpression de celle de Bâle, décrite ci-dessus. L'exempl. est fatigué de reliure mais il est rempli de *témoins.*

1084. —— Le même ouvrage. *Basileœ, Jo. Hervagivm,* 1537 (à la fin 1536), in-fol., rel.

> 23 fnc., 600 pp., carte, 1 fnc. pour la marque de l'imprimeur. Cette édition contient de plus que la précédente (pp. 585-600).

> La Lettre de MAXIMILIAN TRANSYLVANUS, secrétaire de Charles V., au cardinal de Saltzbourg, datée de Vallisoleti, 24 octobre 1522, contenant la première relation du voyage de Magellan. (V. n° 956).

1085. NOVUS ORBIS. id est, Navigationes prima in Americam : quibus adjunximus, GASPARIS VARRERII discvrsvm super Ophyra regione. Cum præfatione BALTHASARIS LYDII. *Roterodami, Joh. Leonardi Berewout,* 1616, in-8, vél.

> 7 fnc., 570 pp., 1 f. blanc. « CASPARI VARRERII (GASPAR BARREIROS). Commentarius de Ophyra regione. *Roterodami,* 1616. » 41 fnc.

> Ce recueil est un extrait de la collection de GRYNÆUS (édition de 1555) des pièces relatives à l'Amérique. Il contient :

> Navigatio CHR. COLVMBI (pp. 1-63) ; Navigatio V. PINZONI (pp. 64-70) ; Navigationes quatuor AMERICI VESPUTII (pp. 71-132) ; PETRUS MARTYR de Insvlis nuper repertis (pp. 133-174) ; FERD. CORTESII narrationes (pp. 175-535) ; NICOLAI HERBORM (ord. minorum) de Indis convertendis (pp. 536-570). Le traité qui suit intitulé « *de Ophyra Regione* » est du neveu du célèbre historien Barros. C'est un opuscule intéressant et célèbre qui a été souvent réimprimé dans le xvi et xviie siècles. V. la *Bibl. Luʒitana* de BARBOSA.

1086. NUEVO viajero universal en América, ó sea historia de viajes á los antiguos paises de Tierra firme y Bogotá, despues Nuevo Reino de Granada. Por M. y E. *Barcelona,* 1833, in-8, br.

> 148 pp., 1 pl. col.

1087. NUIX (D. Juan). Reflexiones imparciales sobre la humanidad de los Españoles en las Indias, contra los pretendidos filósofos y politicos. Para ilustrar las historias de MM. Raynal y Robertson ; traducidas con algunas notas por D. Pedro Varela y Ulloa. *Madrid, J. Ibarra,* 1782, in-4, rel.

lij et 315 pp. Ouvrage estimé. L'original italien a paru à Venise, en 1780.

1088. —— El mismo libro. *Madrid, Ibarra,* 1782, in-4.

Exemplaire en grand papier, relié en maroquin rouge, doublé de soie; aux armes de Charles III.

1089. NUÑEZ (Alvar). Comentarios de Alvar Nuñez Cabeza de Vaca, adelantado, y governador del Rio de la Plata. (*Madrid,* 1749), in-fol., cart.

70 pp., 1 fnc. Extrait de la précieuse collection des historiens des Indes, publiée par Barcia (V. ce nom n° 111).

La première édition de ce livre est imprimée à Valladolid en 1555. Elle est divisée en deux parties. La première, attribuée à Nuñez lui-même, est intitulée: *Naufragios de Alvar Nuñez Cabeza de Vaca* (également dans la collection de Barcia) ; la seconde est celle que nous annonçons. Elle fut écrite par son secrétaire Pierre Fernandez, pendant que Nuñez était en prison.

Ces deux ouvrages, dit M. Ternaux, composés pour la justification de A. N. Cabeça de Vaca, ne l'empêchèrent point d'être condamné à la déportation en Afrique pour les cruautés qu'il avait commises dans les Indes.

1090. —— (Ign.). Esquisses historiques, politiques et statistiques de Buenos-Ayres, des autres provinces unies du Rio de la Plata, et de la république de Bolivar avec un appendice sur l'usurpation de Montévidéo par les gouvernements portugais et brésiliens. Traduit de l'espagnol avec des notes et des additions par Varaigne. *Paris, Ponthieu,* 1826, in-8, cart.

viii et 556 pp., carte.

1091. NUTTAL (Thomas). A Journal of travels into the Arkansa Territory, during the year 1819. With occasional observations on the manners of the Aborigines. *Philadelphia, H. Palmer,* 1821, in-8, cart.

xii pp. « texte » pp. 9-296 ; carte et 5 pl.

1092. (OBERT). Mémoire contenant un aperçu statistique de l'état de Guatemala, ainsi que des renseignements précis sur son commerce, son industrie, etc., etc. *Bruxelles, Lesigne et C*ie, 1840, in-8, br.

vii, viii et 158 pp. « Charte de concession du territoire de Vera Paz » 34 pp. — « Charte autorisant la banque de Guatemala » xi pp., 3 cartes.

1093. O'CALLAGHAN (E. B.). The documentary History of the state of New-York; arranged under direction of the hon. CHRIST. MORGAN. *Albany; Weed, Parsons et C°*, 1849-51, 4 vol. in-8, cart.

Vol. I. 3 fnc., 786 pp., 1 fnc., 12 cartes, 2 pl. — Vol. II. 3 fnc., 1211 pp., 1 fnc., 16 cartes et pl. — Vol. III. 3 fnc., 1215 pp., 24 cartes (parmi lesquelles on remarque un fac-simile de celle de Champlain) et pl. — Vol. IV. xxii pp., 2 fnc., 5 et 1144 pp., 5 cartes, 23 pl. et fig.

Collection très-précieuse, remplie de documents de la plus haute importance pour l'histoire de l'état de New-York, des Indiens, de la Colonisation, de la guerre des Français des Anglais et des Indiens, etc. Parmi les documents, on remarque plusieurs opuscules rarissimes qui sont réimprimés ou traduits ; le tout orné de reproductions d'anciennes cartes ou vues, de monnaies, de portraits, d'une série de sceaux, etc., etc.

1094. OFFICIAL papers printed for the common council, of the city of Boston, comprising the Constitution of the U. S., and the Constitution of Massachusetts, with the amendments. City and police acts ; acts relating to the board of health, overseers of the poor, and firewards. Together with an act providing for the assessment of taxes. *Boston, Russell and Gardner*, 1822, in-8, rel.

138 pp., 1 fnc.

1095. OKIKINOADI-MEZINAIGAN, i. e. Spelling and Reading book in the Chippeway language; containing Scripture histories of the Old and New Testament with an addition of a few hymns. *Detroit, Daily tribune book and Job Print.*, 1852, in-12, rel. en peau, fil.

144 pp. Non cité par LUDEWIG.

1096. OLDENDORPS (C. G. A.). Geschichte der Mission der evangelischen Brüder auf den caraibischen Inseln S. Thomas, S. Croix und S. Jan. Herausgegeben durch JOHANN J. BOSSART. *Barby, C. Friedrich Laux*, 1777, 2 to. en 1 vol. in-8, demi rel.

Vol. I. 7 fnc., 444 pp., 2 fnc., 3 cartes. — Vol. II. pp. 445-1068, Register 23 fnc., 4 fig.

Les pp. 344-346, traitent de la langue des Nègres, et entre les pp. 346-347, se trouve un tableau de numération en 23 dialectes africains. Les pp. 424-434 sont consacrées à la langue Créole-hollandaise. Cet ouvrage peu commun est fort curieux.

1097. OLMOS (fray Andres de). COMIENÇA EL ARTE DE LA LENGUA MEXICANA | COMPUESTA POR EL PADRE FRAY ANDRES DE OL- | MOS DELA ORDEN DELOS FRAYLES MENORES DI- | RIGIDA AL MUY REUERÊDO PADRE FRAY MARTIN DE- | HOJAÇASTRO COMISSARIO GENERAL DELA DICHA ORDÊ | ENTODAS LAS INDIAS. Y AL PSE. OBPO. DE TAXCALA. In-4, vél. .

TRÈS-BEAU MANUSCRIT exécuté au Mexique dans le milieu du xvi⁰ siècle, en caractères gothiques. Il se compose de cxlvi ff. sur papier.

Cette grammaire se divise en trois parties, savoir : La première (ff. v-xxjx) comprend les premiers éléments, les déclinaisons et jusqu'aux pronoms. La deuxième (ff. xxx-lxxjx) traite des verbes, de leur formation et conjugaisons. La troisième (ff. lxxx-cx) contient les différentes parties du discours, les règles de l'orthographe, des dialogues espagnols et mexicains, etc. Le reste du volume (ff. cxj-cxlv) forme un appendice à cette dernière partie et ne renferme que des entretiens (*platicas*) écrits entièrement en mexicain.

Ce manuscrit que nous pouvons assurer être INÉDIT, quoique plusieurs bibliographes aient annoncés cet ouvrage comme imprimé à Mexico en 1555 (Cf. EGUIARA, LUDEWIG), est un des plus précieux volumes de notre *Bibliotheca Americana.*

Le P. ANDRES DE OLMOS, un des plus savants et zélés missionnaires de la Nouvelle Espagne, naquit (en 1508) près de Oña, ville située dans la terre de Burgos, vint à Olmos près de Valladolid, où il fit ses études; de là son surnom « DE OLMOS ». Poussé vers la religion, il prit l'habit de S. François dans le couvent de Valladolid, à l'âge de 20 ans. En 1528 il arriva au Mexique avec l'évêque Zumarraga et passa 43 ans de sa vie au milieu des Indiens. Il mourut vénéré et respecté en 1571 le 8 octobre.

Sa grammaire, que TORQUEMADA cite comme un livre de grande érudition et dont il se servit pour apprendre le mexicain, est d'une grande importance pour les études mexicaines. La Commission scientifique du Mexique, présidée par Son Exc. M. le Ministre de l'Instruction Publique, en a jugé ce livre ainsi puisqu'elle en a décidé l'impression.

Nous apprenons que ce travail, pour lequel notre manuscrit a servi, est achevé et ne tardera pas à être livré aux presses de l'Imprimerie Impériale.

Pour les autres ouvrages du P. A. DE OLMOS, nous renvoyons aux autorités suivantes : TORQUEMADA, WADING, ANTONIO, PINELO et EGUIARA qui en donnent la liste. Mais ils n'ont certainement pas été imprimés; au moins ces bibliographes n'en font pas mention.

Deux ff. d'une écriture du temps qui se trouvent en tête de notre vol. nous confirme dans cette opinion.

1098. ONIS (D. Luis de). Memoria sobre las negociaciones entre España y los Estados-Unidos de América, que dieron motivo al tratado de 1819. Con una noticia sobre la estadistica de aquel pais. Acompaña un Apéndice, que contiéne documentos importantes para mayor ilustracion del asunto. *Madrid, D. M. de Burgos,* 1820, in-4, br.

vi, 168 et 70 pp., 1 fnc.

1099. O PATRIOTA, Jornal litterario, político, mercantile, do Rio de Janeiro. *Rio de Janeiro, Impressaõ regia,* 1813-14, 2 vol. in-8, br.

Nº 3. Setembre, 84 pp., renferme les principales pièces suivantes :

BREVE descripçaõ topografica e statistica da Capitania do Espirito Santo. Por FR. MANOEL DA CUNHA. 11 pp. — NOTICIA dos novas povoaçems de S. Pedro de Alcantara, e S. Fernando, civilisaçaõ da naçaõ Macameeran ; estrada para o Peru. 7 pp.

Nº 4. Julho e Agosto, 119 pp. :

HISTÓRIA dos Indios cavalleiros, da nacão Guaycurú, escrita no real prezidio de Coimbra no anno de 1795, por FR. ALVES DO PRADO. pp. 14-32. — MEMORIA sobre o descobrimento, governo, população, e cousas mais notaveis da capitania de Goyaz. pp. 33-73.

1100. ORDENANZA Real para el establecimiento é instruccion de Intendentes de exército y provincia en el virreinato de Buenos-Aires. Año de 1782. De orden de S. M. *Madrid, Imprenta Real* (1782), in-fol., cart.

1 f., représentant les armes d'Espagne, 29 fnc., 326 pp. — LEYES de la recopilacion de Indias, cédulas reales, ordenanzas y otras soberanas declaraciones, que deben gobernar para el cumplimento de lo que se dispone en los articulos de la Instruccion, que irán citados. 68 fnc., 24 pp. Ces deux documents sont signés *Josef de Gálvez* » et paraphés.

1101. ORDENANZAS del Consejo Real de las Indias. Nvevamente recopiladas, y por el Rey Felipe quarto, para su govierno, establecidas Año de 1636. *Madrid, Julian de Paredes,* 1681, in-fol., vél.

206 pp., 7 fnc. Texte encadré. •

Volume important pour l'histoire administrative du Conseil des Indes.

1102. —— para el gobierno del hospicio de pobres de la ciudad de México en sus quatro departamentos. *México, D. Mariano de Zuñiga y Ontiveros,* 1806, in-fol., br.

52 pp. « Daté de México 11 de Diciembre de 1805 » et signé « Lic. JUAN FRANC. DE AZCARATE. »

1103. ORDOÑEZ DE CEUALLOS (Pedro). Viage del Mvndo, con-

tiene tres libros. *En Madrid, por Luis Sanchez,* 1614, in-4, demi
rel., v.

> 9 fnc., au verso du dernier le portrait de l'auteur grossièrement gravé, 290 ff.,
> 8 pnc. Très-bel exemplaire.

> ÉDITION ORIGINALE d'un ouvrage très-estimé sous le rapport de l'exactitude.
> L'auteur homme de mérite voyagea pendant trente-neuf ans; dans cet espace de
> temps il visita les cinq parties du monde. La narration la plus importante de son
> livre est celle qui renferme les voyages qu'il fit dans l'Amérique, il en parcourut
> toutes les provinces et visita les principales villes de l'Amérique Espagnole.

> ANTONIO n'a jamais pu se procurer un ex. de ce livre. PINELO cite une édition de
> 1616, ce qui doit être une erreur.

> Voici au sujet de la grande rareté de notre volume ce que dit BOUCHER DE LA
> RICHARDERIE (*Bibl. des Voyages*, Vol. I, p. 116) : — « D'après le silence que gar-
> dent sur ce voyage, le président de Brosses, et d'autres écrivains, il est fort douteux
> que ce voyageur eût réellement fait un voyage autour du globe. Ce titre est peut-
> être une exagération espagnole. Pour résoudre ce problème, il faudroit pouvoir se
> procurer ce voyage dont je ne connais que le titre. Une pareille incertitude ne me
> permet pas de ranger d'une manière absolue ORDOÑAS DE CAVALLOS parmi les na-
> vigateurs qui ont fait le tour du monde ; je ne l'indique donc qu'hypothétique-
> ment comme le sixième des navigateurs autour du globe. »

1104. ORDOÑEZ DE CEUALLOS (Pedro). Viage del Mvndo, contiene tres libros. *Madrid, por Jvan Garcia Infanzon,* 1691, in-4,
demi rel. v., coins.

> 5 fnc., 432 pp., 4 fnc. Cette édition, devenue peu commune, est estimée à L.
> sterl. 4. 4 *s.* dans un catalogue de Quaritch, 1863.

1105. ORE (P. F. Lvdovicvs Hieronymvs, ord. minorum). Ritvale,
sev Manvale Pervanvm, et forma brevis administrandi apud Indos
sacrosancta Baptismi, Pœnitentiæ, Eucharistiæ, Matrimonij, et Ex-
tremæ vnctionis Sacramenta. Juxta ordinem Sanctæ Romanæ Ecclesiæ. Et qvæ indigent versione, vvlgaribus Idiomatibus Indicis, secundum diuersos situs omnium Prouinciarum noui orbis Perù, aut per
ipsum translata, aut eius industria elaborata. *Neapoli, apud Jo. Jacobum Carlinum, et Constantinum Vitalem,* 1607, in-4, vél.

> 418 pp., « Index » 1 fnc. Bel exemplaire, *avec témoins,* ayant sur le titre le timbre
> de la bibliothèque du Cardinal Albani (depuis Clément XI).

> Ce rituel, principalement destiné aux missionnaires et au clergé du Pérou, con-
> tient toutes les prières et formules du rit romain, en latin et en espagnol, avec la
> traduction en QUICHUA et en AYMARA.

> Il contient la célèbre bulle d'Alexandre VI, datée de Rome 1493, fixant les limites
> des possessions des Espagnols et des Portugais dans les contrées découvertes et à
> découvrir du Nouveau Monde. Les pp. 385-418, contiennent un abrégé de la
> doctrine chrétienne en espagnol, avec les traductions suivantes : en QUICHUA et
> en AYMARA, par des religieux de différents ordres : en PUQUINA faite en grande

partie par le P. Alonzo de Barzana de la Cie de Jésus, surnommé l'Apôtre du Pérou, né à Cordoue en 1528, mort à Cuzco en 1598, après avoir passé 29 ans dans les missions du Tucuman et du Paraguay. C'est peut-être le seul ouvrage connu de cet auteur, les autres n'étant cités que d'après les choniqueurs de la Cie de Jésus ou des historiens, il est probable qu'ils sont malheureusement perdus. C'est aussi le plus ancien document qui nous reste sur la langue Puquina, dialecte qui n'a aucune affinité avec les autres langues américaines : en langue Mochica, trad. par les séculiers et réguliers, d'après les ordres de l'archevêque de Lima. On ne cite de ce dialecte, appelé aussi Yunga, qu'une grammaire du curé Fernando de la Carrera, imprimée à Lima en 1644 : en Guarani par le P. Luys de Bolaños de l'ordre des religieux franciscains : enfin en Brésilien par les religieux de Saint Benoît, les Franciscains et les PP. Jésuites.

Les renseignements que nous fournit Wading, sur l'auteur de ce livre, sont peu étendus ; il nous apprend seulement qu'il naquit dans la ville de Guamanga (ou Huamanga, aujourd'hui chef-lieu du dép^t. d'Ayacucho), dans le Pérou. Antonio dit qu'il mourut en 1628. Ces deux écrivains donnent la liste des ouvrages de ce religieux.

Sa traduction du Rituel romain est, comme on peut le voir, non seulement un ouvrage fort rare ; mais un des plus précieux documents qui existent pour l'étude langues de l'Amérique Méridionale.

1106. ORTIA (R. P. fr. Tomas, de la orden de S. Agustin). Viacrucis ó ang daang linacaran nang ating panginoong Jesu Cristong nag pasan nang cruz. *Madrid*, 1830, in-12, br.

90 pp. Traduction en langue tagale, du *Chemin de la Croix*, faite par le R. P. Ortia.

Ce volume, orné de vignettes, est imprimé à Paris, chez Claye, dont l'adresse se lit au bas de la dernière page.

1107. OSORIO (Hieronymo). De rebvs, Emmanvelis regis Lvsitaniæ invictissimi virtvte et avspicio gestis libri duodecim. *Olysippone, Apud Antonium Gondisaluū*, 1571, in-fol., v. f.

480 pp., 1 fnc. Édition originale d'un ouvrage écrit avec élégance. Les contemporains de ce savant historien l'ont surnommé le Cicéron portugais. (Cf. la *Bibl. Lusitana*).

Cette histoire du roi Emmanuel traite de la découverte du Brésil ; on y trouve un certain nombre de narrations de célèbres navigateurs, tels que Cabral, Gaspar de Lemos et Magellan.

1108. —— Idem opus. Quibus ; potissimùm ea, quæ in Africa et India bellaconfecit, explicantur. *Coloniæ Agrippinæ, Apud hæredes Arnoldi Birckmanni*, 1574, in-8, vél.

15 fnc., 412 ff., 16 fnc.

1109. —— Idem opus. Adcessit hvic postremæ editioni ; Jo. Metelli sequani J. C. Epistola, ad Ant. Avgvstinvm, Episcopum Ilerdensem :

qua repertam ab hispanis et lusitanis nauigationem, in Orientis et Occidentis Indiam, et populorum eius mores, ad ritus; paucis comprehendit. *Coloniæ Agrippinæ, Arn. Birckmanni,* 1576, in-8, rel.

43 fnc., 374 pp., 24 fnc. Osorio, historien célèbre, traite dans son ouvrage de l'histoire du Brésil, des expéditions de Cabral, de Gaspar de Lemos, de Magellan, etc.

1110. OSSERVAZIONI sull' esame critico del primo viaggio d'Amerigo Vespucci al Nuovo Mondo (*Firenze,* 1811), in-8, br.

33 pp. (V. le n° 1060).

1111. OTCHIPWE Anamie-Masinaigan, gwaiakossing anamiewin ejitwadjig, mi sa catholique-enamiadjig gewabandangig. *Paris (France, Europe), E. J. Bailly,* 1837, in-18, cart.

2 fnc., contenant l'approbation de Frédéric Résé, évêque de Détroit, Michigan, 300 pp. de texte, front. gravé représ. l'Annonciation.

Livre de prières et de cantiques, suivi d'un Catéchisme, traduit en langue Chippeway, probablement par FRÉDÉRIC RÉSÉ, évêque de Détroit.

1112. OVALLE (Alonso de, de la Compañia de Jesvs). Historica relacion del Reyno de Chile, y de las missiones, y ministerios que exercita en el la Compañia de Jesvs. *Roma, Francisco Cavallo,* 1646, in-fol., demi rel.

3 fnc., 455 pp., 1 pnc., 14 fig., 1 carte.«*Tabula geographica regni Chile*», 12 pl. sur bois en 6 ff. représentant les plans des collèges de la Compagnie de Jésus au Chili; plus 6 autres pl. en 3 ff. représentant les principaux ports de ce pays. Entre les pp. 322-323 se trouvent 9 pl. gravées sur acier, précédées d'un titre avec le monogramme *A T in. f.* qui est celui d'ANT. TEMPESTA, représentant les Gouverneurs du Chili; suivent 12 autres pl. précédées aussi d'un titre imprimé représentant les portraits en buste des « *dvces* » du même royaume. Ces 21 planches ne sont pas reproduites dans l'édition italienne.

L'édition espagnole de l'ouvrage du P. OVALLE est excessivement rare. C'est aussi la meilleure chronique qui existe sur le Chili. L'ex. a le titre raccommodé. Une version italienne a été publiée la même année par l'auteur lui-même.

1113. —— Historica relatione del regno di Cile, e delle missioni, e ministerii che esercita in quelle la Comp. di Giesv. *Roma, Francesco Caualli,* 1646, petit in-fol., cart., NON ROGNÉ.

EXEMPLAIRE NEUF.—*Collation:* 3 fnc., 1 carte. «*Tabula geographica regni Chile*», 378 pp. à 2 col.; protesta dell' autore 1 pnc.; 12 pl. sur 6 ff. représentant les différents édifices de la Cie dans la province du Chili; suivent 6 pl. en 3 ff. représ. les Ports de Valparaiso, de Coquinbo, de Quintero, della Concettione, l'île de Ste Marie et l'île de Mocha. En outre il y a 14 fig. de la grandeur des pages, dans l'intérieur du volume.

Relatión très-rare et recherchée; la plus grande partie des exempl. de cette traduction sont plus ou moins incomplets de planches. La collation de l'exempl. donnée ci-dessus est exacte.

Le P. Ovalle, né à Santiago del Chile, en 1601, composa cet ouvrage pendant qu'il remplissait à Rome les fonctions de procureur de sa province. Il mourut à Lima en 1651.

1114. OUIEDO y VALDES (Gonçalo Hernandez de). La historia general de las Indias. Con priuilegio imperial. (Au verso du f. cxcj, on lit) : *Fin de la primera parte dela general y natural historia delas indias y slas y tierra firme del mar oceano..... La qual se acabo et imprimio enla muy noble y muy leal cibdad de Seuilla, enla empr̄eta de Juan Cromberger, el postrero dia del mes de Setiembre. Año de mil y quinientos y treynta y cinco* (1535), in-fol., GOTHIQUE, rel. en v., fig. sur bois. — LIBRO XX. De la segunda parte de la general historia de las Indias. Escripta por el Capitan GONÇALO FERNANDEZ DE OUIEDO, Y VALDES. Alcayde dela fortaleza y puerto de Sācto Domingo, dla isla Española. Cronista dsu Magestad. Que trata del estrecho de Magallans. *En Valladolid. Por Francisco Fernandez de Cordoua Impressor de su Magestad. Año de.* M.D.L.vij., in-fol., GOTHIQUE, non relié.

Collation du premier ouvrage : Titre imprimé en rouge (2 lignes), richement ornementé ; au verso 11 lignes, donnant le titre complet du livre ; « Libro primero » 3 fnc. « Libro segundo.....» CLXij ff. « *Libro vltimo de los infortunios y naufragios de casos acaecidos en las mares de las indias... y tabla...* » ff. clxiij-cxcij, au verso les armes de Oviedo; les deux derniers ff. contiennent une lettre adressée au Cardinal Garcia Jofre de Loaysa, et signée par l'auteur « R^{mo} et ILL^{mo} SEN^{or}... G^o. FERNANDEZ (*Signature autographe*) ». — *Collation du second ouvrage :* lxiiij ff. à 2 colonnes.

Ces deux volumes forment l'EDITION ORIGINALE de l'ouvrage de OVIEDO. C'est un livre précieux en ce que l'auteur a séjourné plus de 20 ans en Amérique, et qu'il donne des détails très-exacts et curieux sur le Nouveau Monde. C'est une source où ont puisé beaucoup d'écrivains.

Le second volume ne contient que le vingtième livre, c'est le seul publié de cette partie. L'impression a été discontinuée à la mort de l'auteur, ainsi qu'on le lit au bas du f. lxiiij « *No se imprimio mas desta obra, por que murio el autor.* »

1115. —— El mismo libro. Publícala la Real Academia de la historia, cotejada con el códice original, enriquecida con las enmiendas y adiciones del autor, é ilustrada con la vida y el juicio de las obras del mismo. Por D. JOSÉ AMADÒR DE LOS RIOS. *Madrid, Imprenta de la real Academia de la Historia,* 1851-55, 3 part. en 4 vol. in-4; br.

PRIMERA PARTE : faux titre représentant les armes d'Espagne, cxii et 632 pp., 5 pl., 1 fnc. — SEGUNDA PARTE, tomo 1º : faux titre représ. les armes d'Espagne;

vii et 511 pp., 1 pl., 2 cartes, 1 fnc. — Tomo 2º : faux titre représ. les armes d'Espagne; viii et 651 pp., 1 fnc, 1 carte, 1 pl.—Tercera parte : faux titre représ. les armes d'Espagne ; viii et 619 pp., 1 fnc., 4 pl., 1 carte.

Publication importante et soignée. Gonzalo Fernandez de Oviedo y Valdes, né à Madrid, vers 1478, d'une famille noble, servit en qualité de page; il vint avec la cour à Grenade, pour la réception de Colomb au retour de son voyage (1493). Il avait pris part à la campagne d'Italie, et se maria en 1502. Nommé en 1512 se-crétaire de Gonsalve de Cordoue, il se détermina peu de temps après à passer aux Indes, et se joignit à l'expédition de Pedrarias d'Avila. Il occupa en Amérique plu-sieurs postes importans, et fut successivement gouverneur de la province de Car-tagène et de Darien, inspecteur des mines d'or. Enfin nommé Chroniqueur géné-ral des Indes en 1532, il abandonna ses autres emplois. Oviedo résida en Amérique pendant près de 34 ans et traversa plus de douze fois l'Atlantique pour remplir diverses missions. Il revint en Espagne pour la dernière fois en 1556 et mourut à Valladolid en 1557.

L'ouvrage qu'il publia à Tolède, en 1526, est tout à fait différent de celui que nous annonçons.

1116. PAGAN (le Cᵗᵉ Blaise François de). Relation historiqve et geo-graphiqve de la grande Riviere des Amazones dans l'Ameriqve. Ex-traicte de diuers autheurs, et reduitte en meilleure forme. Auec la carte de la mesme Riuiere, et de ses prouinces. *Paris, Cardin Bes-songne,* 1656, in-8, rel.

4 fnc., 190 pp., carte. « *Magni Amaʒoni flvvii in America Meridionali, noua delineatio.* 1655. *N. Bes. delin. Mattheus fc.* »

Cette relation, composée en grande partie d'après l'ouvrage d'Acuña (V. ce nom), est dédiée au Cᵃˡ. Mazarin. Notre exemplaire contient la carte qui manque très-souvent. Non cité par Ternaux; il y a des exemplaires avec la date de 1655. Une traduction anglaise a été imprimée à Londres, en 1661, in-8.

Le Comte François de Pagan, ingénieur et astronome, né en 1604 près d'Avi-gnon, mort en 1665, se distingua dans les guerres d'Italie et de Flandre. On a de lui un traité des fortifications, des théorèmes géométriques, une theorie des pla-nètes, etc.

1117. PAGE (Th.). Le Paraguay et les républiques de la Plata. *Paris, Revue des deux mondes,* 1851, in-8, cart.

48 pp. Extrait du numéro du 1ᵉʳ Avril 1851, de la *Revue.*

1118. PALAFOX y MENDOZA (El obispo de la Puebla de los Ange-les). Virtudes del Indio. In-4, vél.

Ce livre, sous forme de *Memorial* présenté au Roi d'Espagne, est un des plus précieux de notre collection. Il se compose de 93 pp. divisées en 21 chapitres. Le Catalogue de la vente des livres de Steevens faite à Londres en 1866, donne la date de 1634 à ce volume et le croit imprimé à Puebla.

Voici maintenant la note que Salva fit pour un exemplaire annoncé sous le nº 3653 de son Catalogue :

« PALAFOX fut un second LAS CASAS en exposant au gouvernement espagnol la malheureuse condition des Américains, et en demandant
l'amélioration. Son zèle et son humanité se montrèrent surtout dans ce
exposé adressé au Roi, où il a fait ressortir avec beaucoup d'habileté le
bon naturel des natifs. Voilà pourquoi l'ouvrage a reçu le titre de *Virtudes del Jndio;* mais comme de tout temps *veritas odium parit,* il a été
nécessaire de le faire imprimer secrètement (vers 1650), sans aucun titre,
et sans indication de lieu ni de date. N'ayant point été réimprimé depuis
lors, ce livre est devenu un des plus rares de ceux qui ont rapport à l'A-
mérique. »

Cf. aussi BRUNET. Vol. IV, col. 313.

Magnifique exemplaire.

1119. PALAFOX y MENDOZA. Al Rey Nvestro Señor. Satisfacion al
Memorial de los religiosos de la Cⁱᵃ del nombre de Jesvs de la Nveva-
España. Por la dignidad episcopal de la Puebla de los Angeles. Sobre
la execvción, y obediencia del breue apostolico de Innocencio X. expedido en sv favor a XIIII. de Mayo de 1648, y passado repetidamente, y
mandado executar por el supremo consejo de las Indias. En el qual de-
terminó su santidad veinte y seis decretos sacramentales, y jurisdiccio-
nales, importantes al bien de las almas. (*Madrid?*) *Año de* 1652, in-
fol., cart.

157 ff. Mémorial fort rare, présenté au Roi par le célèbre évêque de la Puebla
de los Angeles.

1120. —— Vida interior del excel. Señor D. JUAN DE PALAFOX Y MEN-
DOZA, Obispo antes de la Puebla de los Angeles, Virrey, y Capitan General de la Nueva España..... La qual vida el mismo señor Obispo
dexô escrita. *Brusselas, Franc. Foppens,* 1682, in-4, vél.

7 fnc., 404 pp. Cette vie du célèbre prélat est restée inconnue aux bibliographes.

L'abbé DINOUART a publié en français une vie de PALAFOX, imp. à Paris en 1767,
in-8°. (V. n° 453).

1121. PALOU (R. P. Fr. Francisco, Guardian actual del colegio Apostólico de S. Fernando de Mexico). Relacion historica de la vida y apos-
tolicas tareas del V. Padre fray Junipero Serra, y de las Misiones que
fundó en la California Septentrional, y nuevos establecimientos de
Monterey. *México, Imprenta de D. Felipe de Zuñiga y Ontiveros,*
1787, in-4, vél.

13 fnc., 344 pp.; carte de la Californie ancienne et moderne, gravée par *Diego*

Froncoso, à Mexico, en 1787; portrait du P. Junipero Serra, qui naquit le 24 Nov. 1713 dans l'ile de Majorque, passa 36 ans dans les missions de la Californie et mourut en odeur de sainteté le 28 Août 1784, à l'âge de 70 ans 9 mois 4 jours.

* Bel exemplaire d'un ouvrage très-curieux, contenant des renseignements importants sur la Californie.

« Relation intéressante. Les exemplaires en sont peu répandus dans nos contrées. » Brunet.

1122. PANDOSY (le R. M. Charles, oblat de l'Immaculée). Grammar and Dictionary of the Yakama language; translated by G. Gibbs and J. G. Shea. *New-York, Cramoisy Press*, 1862, gr. in-8, br.

59 pp. Tiré à cent exemplaires.

Grammaire du dialecte parlé par les *Nez percés*. Cette langue se divise en deux branches : le *Sahaptin* parlé par les *Pshwanwappan*, appelés aussi *Yakamas* ou *Nez percés ;* et le *Walla-Walla* parlé par les Indiens du même nom, qui habitent la partie Sud de la Colombie et les environs de la rivière Colombia. Il y a aussi les Tairtla, Roil-Roil-Pam et Palus, tribus de la même famille.

Le P. Marie Charles Pandosy, auteur de cette grammaire, résida pendant plusieurs années parmi les indiens Yakamas et acquit une parfaite connaissance de leur langue ; la mission ayant été détruite par le feu pendant la guerre entre l'Orégon et le territoire de Washington, l'original fut perdu. La traduction, publiée aujourd'hui par MM. Gibbs et Shea, faite quelque temps avant cette perte, est tout ce qui reste de cette langue.

1123. PARAVEY (Chev. de). Documens hiéroglyphiques emportés d'Assyrie, et conservés en Chine et en Amérique, sur le déluge de Noé, les dix générations avant le déluge, l'existence d'un premier homme, et celle du péché originel. *Paris, Treuttel et Wurtz*, 1838, gr. in-8, br.

56 pp., 1 fnc., 1 tableau, 2 pl.

Cette curieuse brochure est extraite des *Annales de Philosophie chrétienne*. Le tirage à part a été fait à un très-petit nombre d'exemplaires. La grande pl. pliée qui se trouve à la fin représente une « Copie d'une ancienne peinture mexicaine concernant le souvenir du déluge et quelques autres faits bibliques, et indiquant la route tenue par les Aztèques pour venir s'établir à Mexico ». Ce curieux dessin hiéroglyphique a paru pour la première fois dans l'ouvrage de Careri. *Giro del Mondo*.

1124. —— L'Amérique sous le nom de pays de Fou-Sang est-elle citée, dès le 5e siècle de notre ère, dans les grandes annales de la Chine, et dès lors, les Samanéens y ont-ils porté le bouddhisme, ce qu'a cru voir le célèbre M. de Guignes, et ce qu'ont nié Gaubil, Klaproth et de Humboldt ? Discussion ou dissertation abrégée, où l'affirmative est prouvée. *Paris, Treuttel et Wurtz*, 1844, in-8, br.

27 pages.

Cette question avait déjà été discutée par Klaproth qui, en 1831, publia ses observations dans les *Nouvelles Annales des Voyages.* (V. le n° 796 de ce Catalogue.)

1125. PARAVEY (Chev. de). Mémoire sur l'origine japonaise, arabe et basque de la civilisation des peuples du plateau de Bogota, d'après les travaux récens de Humboldt et Siebold. *Paris, Dondey Dupré,* 1835 in-8, br.

32 pp., 1 fig.

1126. PAREDES (P. Ignacio de, de la Compañia de Jesus). Promptuario Manual Mexicano. Que à la verdad podrá ser utilissimo à los Parrochos para la enseñanza; à los necessitados Indios para su instruccion; y à los que aprenden la lengua para la expedicion. *Mexico, Imprenta de la Bibliotheca Mexicana,* 1759, in-4, rel.

22 fnc., 380 et xc pp.

Cet ouvrage écrit entièrement en Mexicain, se compose de quarante-six entretiens religieux avec des exemples et exhortations morales, et de six sermons pour les dimanches du Carême, le tout servant d'instruction religieuse pour les cinquante-deux dimanches de l'année. Les pp. lxxiii à fin, contiennent un sermon sur N. Dame de la Guadalupe avec un abrégé de l'histoire de son apparition.

Le P. Ignacio Paredes de la Cⁱᵉ de Jesus, était fort instruit dans la langue Nahuatl. Il a publié à Mexico, en 1759, un abrégé de la très-rare grammaire du P. Carochi (n° 269) et une traduction du Catéchisme du P. Ripalda. (V. ce nom).

1127. PAREDES (D. Jose Greg.). Calendario y Guia de forasteros de Lima. In-12, br.

Années : 1822. (Lima), *Imprenta del estado,* 51 fnc. — 1829. *Lima, Impr. Pedro Casal,* 109 pp. — 1830. (Lima), *Impr. de Masias,* 102 pp. — 1831. (Lima), *Impr. de Gonzales,* 118 pp. —1832. *Lima, Impr. de Masias,* 118 et vi pp. —1836. *Lima, Impr. de Masias,* 18 et xxvi pp. — 1837. *Lima, Masias,* 130 pp. — 1838. *Lima, Masias,* 126 et v pp.

1128. —— Guia de forasteros de Lima, correjida para el año de 1822. *Lima, Imprenta del estado,* (1821?), in-12, br.

95 pp.

1129. —— Almanaque Peruano y Guia de forasteros. In-12, br.

Années : 1810. (Lima), *real casa de niños expositos,* 45 fnc.—1811. *Lima, Impr. del Colegio de San Fernando,* 42 fnc. — 1814. *Lima, Impr. de niños expositos,* 43 fnc. — 1816. *Lima, B. Ruiz,* 45 fnc. — 1817. *Lima, B. Ruiz,* 56 fnc. — 1819. *Lima, B. Ruiz,* 48 fnc. — 1820. *Lima, Impr. de niños expositos,* 48 fnc. —1821. *Lima, Impr. de niños expositos,* 47 fnc.

1130. PARRA (Dn. Antonio). Descripcion de diferentes piezas de historia natural, las mas del ramo maritimo, representadas en setenta y cinco laminas. *En la Havana, Imprenta de la Capitania General,* 1787, in-4, vél.

4 et 195 pp., 3 fnc., 75 pl. coloriées (manque la pl. 70).

Ouvrage très-peu connu en Europe, et fort important pour l'histoire des productions maritimes des côtes de la Havane. C'est aussi le plus ancien livre connu imprimé dans l'ile de Cuba.

L'imprimerie a cependant dû fonctionner avant cette époque, mais n'a sans doute produit que des feuilles volantes ou des ordres des gouverneurs.

1131. PARRAS (Fr. Pedro Joseph). Gobierno de los regulares de la America, ajustado religiosamente á la voluntad del rey. *Madrid, J. Ibarra,* 1783, 2 vol. in-4, demi rel., NON ROGNÉ.

Vol. I. XLIV et 217 pp. — Vol. II. XXXVI et 493 pp.

L'auteur de cet ouvrage, missionnaire dans le Paraguay, recteur et chancelier de l'Université de Tucuman, avait déjà résidé pendant près de 20 ans dans les Indes lorsqu'il commença ce livre. Envoyé par sa province pour assister au Chapitre général de l'ordre tenu à Valence en 1768, il se retira à Madrid où il composa son ouvrage, qui est très-important pour l'histoire du droit ecclésiastique en Amérique.

1132. PARTIDOS del norte y sur de Ylocos en la ysla de Luzon. In-4.

Pièce de 59 pp., imprimée sur papier de riz. Elle est datée de *Manilla,* 19 Nov. 1821, et signée ILDEF. DE ARAGON.

Elle fait partie d'une collection de documents publiés à Manille sur l'histoire des Philippines, et en forme le n° 6.

1133. PATERSON (Wm.). Central America. From a mss. in the British Museum 1701. with a map edited by S. BANNISTER. *London,* 1857, in-8, br.

62 et 6 pp., carte.

Le mss. sous le titre de « Darien » est au British Museum. PATERSON a été le fondateur de la banque d'Angleterre. Il naquit à Lochmaben, en Dumfriesshire, en 1660 et resta quelques années en Amérique. A son retour en Europe, il forma le projet d'établir une Colonie indépendante nommée *Caledonia,* pour commercer avec l'Amérique du Sud. Il choisit pour cela un port dans l'isthme Darien, appelé maintenant Port Ecosse; mais son projet ne réussit pas. TERNAUX dans sa « bibliothèque » donne la liste de plusieurs ouvrages relatifs à cette Colonie. (Nos 1133-1138).

1134. PAULLI (Simone). Orbis terraqueus in tabulis geographicis et hydrographicis descriptus, à SIMONE PAULLI Bibliopola Argentinensi. *Argentorati, in officina Libraria Editoris,* 1670, in-4, demi vél.

3 fnc., 12, 16, 132 et 40 pp. Les cartes relatives à l'Amérique sont indiquées aux pp. 113-118.

1135. (PAULMYER). Memoires tovchant l'etablissement d'vne mission chrestienne dans le troisieme monde, Autrement appellé la Terre Australe, Meridionale, Antartique, et Inconnuë. Par vn ecclesiastique originaire de cette mesme terre. *A Paris, chez Clavde Cramoisy*, 1663, in-8, bas., d. s. t.

« Epistre » 10 fnc. « Table des chapitres » 1 fnc. « Advertissement » 5 fnc. « Errata » 1 fnc. « Texte » 215 pp., au verso de la dernière le privilège du Roy. — 1 carte gravée par DE FER.

« Ce curieux mémoire est de J. P. PAULMYER chanoine de la cathédrale de Lisieux. Il contient une courte relation du voyage du capitaine Binot Paulmyer de Gonneville, qui partit du port d'Honfleur en Juin 1503, et amena en France le fils d'un roi d'une terre qu'il nomma Australe, qu'il avait découverte ; et ce jeune homme nommé Essomeric fut adopté par son patron dont il prit le nom. L'auteur du mémoire ci-dessus était son arrière petit-fils. » BRUNET.

Très-bel exemplaire dans sa reliure originale.

1136. —— Le même ouvrage. *A Paris, chez Clavde Cramoisy*, 1663, in-8, mar. rouge, fil., d. s. t.

Charmant exemplaire relié par *Niédrée.*

Ces mémoires, non destinés à l'impression, furent adressés d'abord au sieur Piques, curé de S. Josse à Paris, qui les communiqua à plusieurs personnes, notamment à St. Vincent de Paul et en dernier lieu à Mr. Féret, curé de S. Nicolas du Chardonneret. Celui-ci après les avoir examinés les renvoya à l'auteur par l'entremise d'une autre personne, qui en prit copie et les donna à imprimer à Gabriel Cramoisy, à l'insu de Paulmyer, qui n'en eut connaissance que six semaines après leur publication.

Ce dernier ne pouvant obtenir la saisie des exempl. à cause du privilège et que Gabriel Cramoisy était mort, consentit à les laisser circuler, après qu'on eut ajouté aux exempl. restant en magasin un avertissement et un errata, où sont exposés ces griefs.

Les premiers exempl. vendus sont par conséquent dépourvus des 6 ff. contenant ces deux pièces.

Il y a aussi des exemplaires où l'épitre dédicatoire à Alexandre VII est signée « Paulmier prestre ind. et chanoine de l'église cathédrale de Lisieux. » Ce sont probablement les premiers.

1137. PAVIE (Th.). Souvenirs atlantiques. Voyage aux Etats-Unis et au Canada. *Paris, Roret*, 1833, 2 vol. in-8, demi rel.

Vol. I. VIII et 350 pp., 1 fnc. — Vol. II. 354 pp., 1 fnc.

1138. PAVON (M. F.). Informe sobre los diferentes ramos de la administracion publica presentado al exmo. señor Presidente. *Guatemala, Imprenta de la Paz*, 1844, in-fol., br.

11 pp. Daté de : *Guatemala, Diciembre* 3 *de* 1844.

1139. PAYNE (Thomas). Lettre adressée à l'abbé Raynal, sur les affaires de l'Amérique Septentrionale, où l'on relève les erreurs dans lesquelles cet auteur est tombé, en rendant compte de la révolution d'Amérique. Traduite de l'anglois. *S. L.* 1783, in-8, br.

xij et 124 pp. — Cette lettre, sans doute imprimée à Paris ou à Genève, a eu beaucoup de succès.

L'édition anglaise a paru pour la première fois à Philadelphie en 1782, ensuite à Londres la même année, puis encore en 1783, 91, 92 et 95.

La traduction française est peu commune.

1140. PEALE (Rembrandt). An historical disquisition on the Mammoth, or, great American Incognitum, an extinct, immense, carnivorous animal, whose fossil remains have been found in North America. *London, E. Lawrence,* 1803, in-8, br.

v pp., 1 fnc., 91 pp., fig.

1141. PELLEPRAT (le P. Pierre). Relation des missions des PP. de la Compagnie de Jesvs Dans les Isles, et dans la terre ferme de l'Ameriqué Meridionale. Divisée en devx parties : Avec vne introdvction à la langue des Galibis Saüuages de la terre ferme de l'Amerique. *Paris, Sébastien et Gabriel Cramoisy,* 1655, petit in-8, vél.

7 fnc., 93 et 121 pp. « Extrajt d'vne lettre de Sainct Christophle, du 14 Juin 1655. » 4 pnc. « Introdvction à la langve des Galibis » Titre, 30 pp., « privilège » 1 fnc.

Le P. Pierre Pelleprat, né en 1606 à Bordeaux, entra dans la Compagnie de Jésus à l'âge de dix-sept ans. En 1639, il s'embarqua pour les missions, visita les différentes maisons que les jésuites possédaient dans les îles françaises, et passa ensuite dans le Mexique, où il demeura onze ans. Il mourut à Puebla de los Angeles, le 21 avril 1667. On a de lui un recueil des discours qu'il avait prononcés dans diverses circonstances, imprimé à Paris en 1644.

1142. PEÑALVER (D. Nicolas) y el conde de STA. MARIA DE LORETO. Carta en contestacíon a las diversas declamaciones que ha publicado el presbítero doctor D. Manuel de Echeverria, como albacea fiduciario del Ilmo. Sr. Dr. Don Luis de Peñalver. *Habana, Arazoza y Soler,* 1812, in-4, br.

23 pp.

1143. PEÑA MONTENEGRO (D. Alonso de la, obispo de S. Francisco del Quito). Itinerario para parochos de Indios, en que se tratan las materias mas particulares, tocantes a ellos, para su buena administracion. Nueva edicion purgada de muchos yerros. *Leon de Francia, Joan. Ant. Huguetan,* 1678, in-4, bas.

31 fnc., 848 pp., 56 fnc.

La première édition de ce livre intéressant a paru à Madrid, en 1668, in-fol.(V. Antonio et Pinelo).

L'édition que nous annonçons, restée d'ailleurs inconnue aux bibliographes, doit être la seconde; du moins nous n'avons pas trouvé d'édition citée après celle de Madrid, si ce n'est une imprimée en 1698 à Anvers (vendue L. 1. 11*s*. à la vente Steevens).

L'exemplaire a des piqures dans la marge du fond des derniers ff. de l'Index.

1144. PEÑA MONTENEGRO (D. Alonso). Itinerario para parochos de Indios. *Amberes, Hermanos de Tournes,* 1754, in-4, BROCHÉ.

27 fnc., 701 pp., 43 fnc.

Exemplaire neuf, non coupé.

1145. —— Le même ouvrage. *Madrid, Pedro Marin,* 1771, in-fol., vél.

15 fnc., 612 pp.

1146. PENICAUD (le Sieur, rochelois). Relation concernant les Etablissemens des Français à la Louisiane et sur les bords du Mississipi au milieu des Nations sauvages appelées les Chactas, les Natchez, les Nassitochèz etc..... et autres. De 1698 à 1721. In-4, cart.

MANUSCRIT INÉDIT de 452 pages sur papier d'une bonne écriture, divisé en 23 chapitres. Le P. Charlevoix s'est servi de cette histoire pour sa relation de la Nouvelle France. Voici ce qu'il dit de notre auteur :

« C'étoit un homme de bons sens, qui s'étoit acquis un grand crédit sur la plûpart des Sauvages de ce Continent, et qui a rendu de bons services à la Colonie. » Vol. VI, p. 421.

En tête du volume se trouvent 4 pages contenant le titre que nous rapportons ci-dessus, et une notice sur l'auteur de laquelle nous extrayons les passages suivants :

« L'auteur de cette relation s'appelait Pénicaud, était né à la Rochelle et charpentier de son métier. Il s'embarqua en 1698 pour la Louisiane où il est resté vingt-deux ans; il en avait dix-huit lors de son départ.

« Ayant perdu la vue, il revint en France en 1721, à l'âge d'environ 40 ans, pour chercher des moyens de guérison : il ne paraît pas qu'il en ait trouvé; il y sollicita aussi du gouvernement une pension en considération de son infirmité et de ses longs services ; il ne nous apprend pas s'il en a rien obtenu. Il se proposait de retourner en Amérique où il avait laissé sa femme et un établissement qu'il avait formé. Mais la relation se terminant en 1721, au temps où l'auteur était en France, on ne sait s'il a exécuté son projet de retour à la Louisiane ni ce qu'il a fait depuis cette époque.

« La relation est écrite en assez mauvais français ; l'auteur n'avait pas eu, comme on peut en juger par ses idées et par son style, une éducation soignée ; mais il avait du sens et de la droiture ; il a même trouvé, et sûrement sans le chercher, le moyen de répandre quelque intérêt dans son récit ; il écrit avec naturel et avec franchise. Il paraît qu'il s'était donné quelques connaissances au-dessus de son état de charpentier ; il parle, dans sa relation, d'une carte de la Louisiane qu'il avait dressée lui-même, etc. »

Nous croyons suffisamment avoir fait connaître l'auteur de notre volume, qui est une copie faite anciennement ; c'est peut-être l'original mis au net par un copiste, d'après les dictées de l'auteur. C'est peut-être aussi le même qui a servi au P. CHARLEVOIX.

Sur une autre copie du même ouvrage, le titre porte que cette relation a été mise au jour par un nommé FRANÇOIS BOUET.

1147. PERALTA (Pedro de, Barnueuo Rocha y Benavides). Lima Fundada. O conquista del Peru. Poema heroico en que se decanta toda la historia del descubrimiento, y sugecion de sus provincias por DON FRANCISCO PIZARRO, marqves de los Atabillos, inclyto y primer governador de este vasto Imperio. Y se Contine (*sic*) la serie de los reyes, la historia de los virreyes y arzobispos, que ha tenido; y la memoria de los santos, y varones ilustres, que la ciudad y reyno han producido. *En Lima : En la Imprenta de Francisco Sobrino,* 1732, 2 vol. in-4, vél.

Parte Primera : 82 fnc., 213 pp., mal chiffrées. — Parte segunda : 1 fnc., 413 pp., mal chiffrées.

Cet ouvrage, comme l'indique le titre, est une histoire du Pérou, sous la forme d'un poeme en dix chants. Il est très-difficile à trouver en Europe où il est peu connu.

« This book, having been printed in South America, has escaped the notice of Bayer in his edition of Nic. Antonio. Pinelo speaks of another work of the author, but does not seem to know this work, of which, perhaps, not many copies have reached Europe. » BIBL. GRENVILLIANA.

1148. —— Passion y triumpho de Christo, dividida en diez oraciones. *Lima, Imprenta extra muros de Santa Cathalina,* 1738, in-4, v. gr. tr. rouges.

53 fnc., 326 pp.

Bel exemplaire avec *témoins* d'un volume très-rare.

1149. PERALTA CALDERON (D. Mathias de, primicerio de la Congregacion de S. Franc. Xavier). El Apostol de las Indias, y nvevas gentes San Francisco Xavier de la Compañia de Jesvs. Epitome de svs apostolicos hechos, virtudes, enseñança, y prodigios antiguos, y nuevos. *Mexico, Imprenta de A. de Santistevan y Franc. Lupercio,* 1661, in-4, demi rel., mar. du levant.

> 9 fnc., 101, 112, 100 et 96 pp., 7 fnc., pour l'Index.
>
> Bel exemplaire d'un ouvrage de toute rareté Son auteur n'est pas nommé par Antonio ni par Pinelo.
>
> Ce livre est divisé en 5 parties; la cinquième renferme les instructions et les lettres de S. François Xavier. Dans la troisième, on trouve les miracles opérés dans le Nouveau Monde par l'intercession du Saint et l'histoire de la Congrégation de S. François Xavier de Mexico, etc.

1150. PEREIRA (Nuno Marquez). Compendio narrativo do Peregrino da América, em que se tratam varios discursos espirituaes, e moraes, com muitas advertencias, e documentos contra os abusos, que se achaõ introduzidos pela malicia diabolica no Estado do Brasil. *Lisboa, A. Vicente da Silva,* 1760, in-4, bas.

> 14 fnc., 475 pp.
>
> Cette relation curieuse d'un voyage dans les provinces du Brésil a été imprimée pour la première fois à Lisbonne en 1728 (1731 selon Pinelo). L'auteur, Nuno Marquez Pereira, né à Cairu, ville distante de 14 lieues de Bahia capitale de l'Amérique Portugaise à cette époque, était très-instruit dans l'histoire sacrée et profane.

1151. PEREZ (Jose). Note sur un ancien manuscrit Américain. *Paris,* 1858, in-8, br., pl.

> Extrait de la *Revue Américaine et Orientale,* n° 1, Octobre 1858. Très-rare.

1152. PEREZ (D. Francisco). Catecismo de la doctrina cristiana en lengua Otomi, traducida literalmente al castellano. *México, Imprenta de Valdés,* 1834, in-4, demi mar., avec coins.

> 4 fnc., 17 pp.
>
> « Manualito otomitico para los principiantes » 43 pp., 1 fnc.

1153. PEREZ DE OLIVA (D. Manuel). Exhortacion pronunciada en la iglesia parroquial de Guadalupe el dia 25 de Julio de 1812. *Habana, Arazoza y Soler* (1812), in-4, br.

> 4 pp. Cette exhortation a été prononcée à l'occasion du serment à prêter à la nouvelle constitution espagnole.

1154. PERNETY (Dom). Journal historique d'un voyage fait aux iles

18

Malouïnes en 1763 et 1764, pour les reconnoître, et y former un établissement; et de deux voyages au détroit de Magellan, avec une relation sur les Patagons. *Berlin, Et. de Bourdeaux*, 1769, 2 vol. in-8,
demi rel., *non rogné.*

Vol. I. xvi et 403 pp. — Vol. II. pp. 404-704, 24 fnc., 18 pl. et cartes. Relation
estimée.

Edition originale.

1155. PERNETY (Dom). Journal historique d'un voyage fait aux îles
Malouïnes, en 1763 et 1764, pour les reconnoître, et y former un établissement; et de deux voyages au détroit de Magellan, avec une relation sur les Patagons. Nouvelle Edition. Refondue et augmentée
d'un discours préliminaire, de remarques sur l'histoire naturelle. *Paris, Saillant*, 1770, 2 vol. in-8, rel.

Vol. I. iv et 385 pp. — Vol. II. 334 pp., 1 fnc., 18 pl. et cartes.

1156. —— Dissertation sur l'Amérique et les Américains, contre les recherches philosophiques de Mr. de P (auw). *Berlin, Samuel Pitra*,
(1770), in-12, bas.

3 fnc., 239 pp.

Dans cette dissertation, l'auteur propose de prouver, contre le sentiment de
Pauw, que l'Amérique n'a pas été plus disgraciée de la nature que les autres parties du monde.

1157. PERRIN DU LAC. Voyage dans les deux Louisianes, et chez
les nations sauvages du Missouri, par les Etats-Unis, l'Ohio et les
provinces qui le bordent, en 1801, 1802, 1803; avec un aperçu des
mœurs, des usages, du caractère et des coutumes religieuses et civiles
des peuples de ces diverses contrées. *Paris, Capelle et Renaud*, 1805,
in-8, cart.

x et 479 pp., carte, fig.

1158. —— Le même ouvrage. *Lyon, Bruyset, an XIII*-1805, in-8,
rel.

1 fnc., x et 479 pp., carte, fig.

Cette édition est la même que la précédente; le titre seul a été changé.

Ce voyage, qui renferme des documents curieux sur la Louisiane, mérite d'être
recherché pour son exactitude.

1159. PERU libre. El excmo. Sr. Don Jose de San Martin, vencedor en S. Lorenzo, Chacabuco, y Maypu, fundador de la libertad del Peru. In-12, br.

Extrait d'un Calendrier de *Lima* pour l'année 1823. Ce fragment chiffré pp. 31-74, donne l'indication de l'état politique de la République.

1160. —— Le même ouvrage. In-12, br.

Extrait d'un Calendrier de 1824, et chiffré pp. 33-96.

1161. PHILOPONUS (Dn. Hon., ord. S. Benedicti). Nova Typis transacta navigatio. Novi Orbis Indiæ Occidentalis admodvm rev. PP. ac F. F. rever. ac illustr. Dn Bvelli cataloni abbatis montis Serrati, et in vniversam Americam, sive Novum Orbem sacræ sedis Apostolicæ romanæ â latere legati, vicarij, ac patriarchæ : Sociorumq̃; monachorum ex ordine S. P. N. Benedicti ad supra dicti Novi Mundi barbares gentes Christi S. Evangelium predicandi gratia delegatorum Sacerdotum dimissi per Papam Alexandrum VI. Anno Christi. 1492. Nvnc primvm e varijs scriptoribus in vnum Collecta, et figuris ornata. (*Monachii?*) 1621, in-fol., cart.

2 fnc., 101 pp., titre gravé avec les portraits de S. Brandan et du P. Buil ou Bueil, et 18 pl. numérotées de la grandeur des pages, parfaitement gravées par WOLF. KILIAN.

Cette curieuse chronique de l'histoire de la découverte du Nouveau-Monde et des missions des religieux de l'ordre de S. Benoît en Amérique, a été écrite par un moine du couvent de Seittenstoet en basse Autriche, qui s'est caché sous le nom grécisé de PHILOPONUS; plusieurs pensent que l'auteur véritable est le P. abbé de ce couvent, à qui le livre est dédié et dont le nom est CASPAR PLANTUS.

Le P. BUIL ou BUEIL, religieux benédictin catalan, moine de l'abbaye du Mont-Serrat, homme de piété et de savoir, fut choisi par les rois catholiques pour aller prêcher la foi dans le Nouveau-Monde. Le pape Alexandre VI le décora du pallium et le nomma son vicaire-général dans les Indes Occidentales, dont il est regardé comme le premier patriarche. Il fut suivi de douze religieux de son ordre et s'embarqua avec Christ. Colomb en 1493 lorsque celui-ci partit pour son second voyage. Arrivé en Amérique, il eut souvent des démêlés avec Colomb, et fut un de ceux qui parlèrent contre lui avec le plus de véhémence. Buil retourna en Espagne avant l'Amiral afin de justifier sa conduite et n'épargna aucun moyen pour lui nuire. Il ne paraît pas qu'il soit retourné aux Indes.

1162. PICCOLOMINI (Conte E. S. Vincenzo). Grammatica della lingua Otomi esposta in italiano. *Roma, propaganda fide,* 1841, in-8, br.

82 pp., 1 fnc. Cette grammaire est une traduction abrégée de l'ouvrage de NEVE y MOLINA. (V. ce nom n° 1068.)

1163. (PICHON (Thomas)). Lettres et mémoires pour servir à l'histoire naturelle, civile et politique du Cap Breton, depuis son établissement jusqu'à la reprise de cette isle par les Anglois en 1758. *La Haye, P. Gosse, et se trouve à Londres chez J. Nourse,* 1760, in-12, bas.

xvi et 327 pp.

1164. —— Le même ouvrage. *La Haye et Londres,* 1760, in-12, rel.

On a relié avec cet exempl. l'ouvrage suivant :

ETAT présent de la Pensilvanie, où l'on trouve le détail de ce qui s'y est passé depuis la défaite du général Braddock jusqu'à la prise d'Oswego. (*Paris*), 1756, 128 pp., 1 carte.

L'exemplaire de ce livre que nous avons annoncé sous le n° 519, est incomplet de la carte, laquelle du reste paraît manquer très-souvent.

« Quelques injustices que PICHON éprouva, et que son caractère soupçonneux exagéra probablement, le déterminèrent à quitter la France. Il partit pour le Canada vers 1750, en qualité de Secrétaire du comte de Raymond, gouverneur du Cap-Breton, avec lequel il resta peu de temps..... Il mourut en Angleterre en 1781. » BIOG. UNIV.

Cet ouvrage est écrit avec impartialité; il est instructif et amusant.

1165. PICKERING (John). An Essay on a uniform orthography for the Indian languages of North America. *Cambridge. U. S. Hilliard and Metcalf,* 1820, in-4, br.

42 pp. Extrait des mémoires de l'*Académie Américaine des arts et des sciences.*

1166. —— Ueber die indianischen Sprachen Amerikas. Aus dem Englischen übersetzt und mit Anmerkungen begleitet von TALVJ. *Leipzig, W. Vogel,* 1834, in-8, br.

VIII et 80 pp.

1167. PIÈCES officielles relatives aux négociations du gouvernement français avec le gouvernement haïtien, pour traiter de la formalité de la reconnaissance de l'Indépendance d'Haïti. *Port-au-Prince, Imprimerie du gouvernement, Octobre* 1824, *an 21 de l'Indépendance d'Haïti,* in-4, demi rel., cuir de Russie.

84 pp.

1168. PIEDRAHITA (D. Lvcas Fernandez). Historia general de las conqvistas del Nvevo reyno de Granada. A la S. C. R. M. de D. Carlos segvndo, por el doctor D. LVCAS FERNANDEZ PIEDRAHITA, chantre de la iglesia metropolitana de Santa Fè de Bogota, ecc. *Amberes, Juan Baptista Verdussen* (1688?), in-fol., vél.

> Titre gravé par *J. Mulder;* 8 fnc., 599 pp. et 7 pnc. Les livres premier et troisième ont également un titre gravé par le même *Mulder*, avec les portraits en médaillon des conquistadores et des principaux caciques.
>
> Le faux titre de cet ouvrage porte pour lieu d'impression : « *Amberes, por Juan Baptista Verdussen* » mais toutes les licences étant datées de *Madrid*, feraient supposer que ce livre a été imprimé dans cette ville en 1688.
>
> Il a été composé pendant le séjour de l'auteur à Madrid d'après les manuscrits de Gonzalo Ximenez de Quesada le conquérant de cette contrée et le premier européen qui pénétra dans les montagnes du Cundinamarca.
>
> « Le premier volume de cet ouvrage important est le seul qui ait paru et il ne va que jusqu'en 1563. Cette perte est d'autant plus regrettable que la Nouvelle Grenade est une des parties de l'Amérique sur laquelle nous possédons le moins de documents. » Ternaux.
>
> On peut joindre à l'ouvrage de Piedrahita, celui du P. Cassani (n° 289), on aurait ainsi une histoire à peu près complète de la Nouvelle-Grenade.

1169. PIEROLA (D. Nicolas Fern. de). Calendario y guia de forasteros de Lima. In-12, br.

> Années : 1827. *Lima, Impr. de Santa Rosa*, 170 pp. — 1828. *Lima, Impr. de la instruccion primaria, por Juan Ross*, 118 et ii pp.

1170. PIGAFETTA. Primo viaggio intorno al globo terracqueo ossia ragguaglio della navigazione alle Indie Orientale per la via d'Occidente fatta dal cavaliere Antonio Pigafetta, patrizio vicentino, sulla squadra del capit. Magaglianes negli anni 1519-22. Ora publicato per la prima volta, tratto da un codice ms. della biblioteca Ambrosiana di Milano e corredato di note da Carlo Amoretti dottore del collegio Ambrosiano. Con un transunto del trattato di navigazione dello stesso autore. *Milano, G. Galleazzi*, 1800, in-4, br.

> LII et 237 pp., 16 pl. et cartes. Publication importante traduite en français sous le titre suivant :

1171. —— Premier voyage autour du monde par le Ch\ᵉʳ· Pigafetta, sur l'escadre de Magellan, pendant les années 1519-22; suivi de l'extrait du traité de navigation du même auteur (Ch. Amoretti). Et d'une notice sur Martin de Behaim, avec la description de son globe terrestre (trad. de l'allemand de De Murr, par J. Jansen). *Paris, J. Jansen, an IX*, in-8, rel.

> lxiv et 415 pp., 9 pl. et cartes dont 4 coloriées et exécutées d'après le mss. Les pp. 233-253 contiennent les Vocabulaires de la langue des peuples chez lesquels Pigafetta a fait quelque séjour. Son voyage est le premier passage exécuté avec succès de l'Océan Atlantique dans la Mer du Sud.

1172. PIKE (Z. M.). Voyage au Nouveau-Mexique, à la suite d'une expédition ordonnée par le gouvernement des Etats-Unis, pour reconnaître les sources des rivières Arkansas, Kansès, La Plate et Pierre-Jaune, dans l'intérieur de la Louisiane Occidentale. Précédé d'une excursion aux sources du Mississippi, pendant les années 1805-07. Traduit de l'anglais par M. BRETON. *Paris, d'Hautel,* 1812, 2 vol. in-8, demi rel.

Vol. I. xiv pp., 1 fnc., 368 pp. — Vol. II. 373 pp., 3 cartes. Ouvrage intéressant qui a été jugé favorablement par M. de Humboldt. Il a d'abord paru à Philadelphie en 1810, et a été réimprimé à Londres en 1811.

1173. PIKIN A. B. C. boekoe, nanga Wan pihin Leri-Boekoe. *Amsterdam, J. Termeulen,* 1843, in-12, br.

44 pp. Livre de lecture en dialecte créole-anglais. V. aussi le n° 901.

1174. PIMENTEL (Manoel, Cosmografo Mór do Reino). Arte de Navegar. . . . . e Roteiro das viagens, e costas maritimas de Guiné, Angola, Brazil, Indias, e Ilhas Occidentaes, e Orientaes, Novamente emendado, e accrescentadas muitas derrotas. *Lisboa, Miguel Manescal da Costa,* 1762, in-fol., rel.

5 fnc., 603 pp., fig. dans le texte et 21 grandes cartes.

Excellent ouvrage dont la première édition est de Lisbonne, 1699. Le *Routier* occupe les pp. 219-591.

1175. PIMENTEL (Don Francisco). Memoria sobre las causas que han originado la situacion actual de la raza indígena de México y medios de remediarla. *México, Andrade y Escalante,* 1864, in-8, br.

241 pp., 2 fnc. Important mémoire divisé en quatre parties.

La première contient l'histoire de la race américaine avant la découverte; la seconde depuis la conquête; la troisième est relative aux lois indiennes et la quatrième donne la situation actuelle des indiens.

1176. —— La economia politica aplicada a la propriedad territorial en Mexico. *Mexico, Ignacio Cumplido,* 1866, in-8, br.

265 pp., 1 fnc.

1177. PINTO y QUESADA (D. D. Alphonso). Relacion de las exequias del Illmo. Sor. D. D. Diego Antonio de Parada, Arzobispo de Lima. Impresa con la Oracion funebre a expensas de los Dr. D. Joseph de

Herrera, y D. Antonio Cubero Diaz, curas rectores de la iglesia cathe-
dral. *(Lima) Ano, de* 1781. *En los Niños Húerfanos,* in-4, vél.

> 31 fnc., 74 pp., 6 fnc., contenant des épigrammes et sonnets ; portrait de A. de
> Parada gravé à Lima par J. Vazquez ; un tableau de recensement des habitants
> de l'évêché de Santa Cruz, fait pendant la visite pastorale de D. Gonzalez de la
> Reguera, évêque de ce diocèse, en novembre 1776 ; plus le plan du catafalque
> érigé dans l'église métropolitaine de Lima. A la suite :
>
> Oracion ufnebre *(sic)* de D. Diego Antonio de Parada..... predicada
> en sus exequias en esta santa Cathedral de los Reyes, el dia 11 de Mayo
> del año de 1779. Por el doct. D. Joseph Antonio de Leon, vicario de
> Santiago de Arahuai. *Lima, Imprenta de los Niños Huerfanos,* 1781, 7
> fnc., 87 pp.

1178. (PINTO). Lettre de Mr. *** à Mr. S. B (aretto) docteur en médecine à Kingston, dans la Jamaïque, au sujet des troubles qui agitent
actuellement toute l'Amérique Septentrionale. *La Haye, P. Gosse,*
1776, in-8, demi rel., *non rogné.*

> 29 pp. A la suite se trouve les deux pièces suivantes, qui complètent la lettre
> précédente :
>
> Seconde lettre de M. de Pinto, à l'occasion des troubles des colonies,
> contenant des réflexions politiques sur les suites de ces troubles, et sur
> l'état actuel de l'Angleterre. *La Haye, P. Gosse,* 1776, 90 pp., 1 fnc.
>
> Réponse de Mr. J. de Pinto, aux observations d'un homme impartial,
> sur sa lettre à M. S. B (aretto) au sujet des troubles qui agitent actuel-
> lement toute l'Amérique Septentrionale. *La Haye, P. Gosse,* 1776, 60 pp.

1179. PISON (Guil.) et MARCGRAV DE LIEBSTADT (Georg.). Historia natvralis Brasiliæ, auspicio et beneficio Ill. J. Mavritii Com.
Nassav. illivs provinciæ et maris svmmi præfecti adornata. In qua non
tantum plantæ et animalia, sed et indigenarum morbi, ingenia et mores describuntur et iconibus supra quingentas illustrantur. *Lvgdvn.
Batavorum Fr. Hackium, et Amstelodami, Lud. Elʒevirium,* 1648,
in-fol., vél.

> 5 fnc., 122 pp., 1 fnc., 4 fnc., 293 pp., 7 pnc., figures dans le texte, titre gravé.
>
> Recueil estimé, publié par Jean de Laet ; il comprend les deux traités suivants :
>
> 1º Pisonis (Guil.). De medicina Brasiliensi libri qvatvor.
>
> 2º Marcgravi de Liebstad (Georg.). Historiæ rervm natvralivm Bra-
> siliæ, libri octo.
>
> Dans ce dernier traité, les chapitres viii et ix du huitième livre, pp. 274-277,
> donnent un extrait de la grammaire Brésilienne du P. Joseph de Anchieta, et un
> vocabulaire Brésilien latin, par Em. de Moraes.

1180. PISON (Guill.). De Indiæ utriusque re naturali et medica, libri quatuordecim. *Amstelædami, Lud. et Dan. Elzevirios,* 1658, in-fol., demi rel. cuir de Russie, coins.

> Seconde édition de l'ouvrage de Piso, disposé comme suit :
>
> Titre gravé ; 11 fnc. « G. Pisonis historiæ Naturalis et Medicæ Indiæ Occidentalis, libri V. » pp. 1-327 ; 5 pnc., fig. — « G. Marcgravii Tractatus topographicus et meteorologicus Brasiliæ, cum Eclipsi Solari ; etc. » 39 pp., fig. — « J. Bontii Historiæ naturalis et medicæ Indiæ Orientalis, libri VI. » 160 pp., fig.—« G. Pisonis Mantissa Aromatica, etc. » pp. 161-226, 1 fnc., fig.

1181. PITKIN (Timothy). A statistical view of the commerce of the U. S. of America : including also an account of banks, manufactures and internal trade and improvements, and expenditures of the general government : accompanied with numerous tables. *New-Haven, Durrie et Peck,* 1835, in-8, cart.

> xv et 600 pp. Ouvrage officiel et très-exact.

1182. PITOU (Louis-Ange). Voyage à Cayenne, dans les deux Amériques et chez les antropophages. Ouvrage contenant le tableau général des déportés, la vie et les causes de l'exil de l'auteur ; des notions particulières sur Collot et Billaud, sur les îles Sechelles et les déportés de nivose, sur la religion, le commerce et les mœurs des sauvages, des noirs, des créoles et des quakers. *Paris, l'auteur, an XIII*-1805, 2 vol. in-8, rel.

> Vol. I. 60 et 312 pp., 1 fig. — Vol. II. 404 pp., 1 fig. Ce voyage renferme des anecdotes très-curieuses sur les déportés.

1183. PIZARRO y ORELLANA (Fernando, de la orden de Calatrava). Varones ilvstres del Nvevo-Mvndo. Descvbridores, Conqvistadores, y Pacificadores del opvlento, dilatado, y poderoso Imperio de las Indias Occidentales : svs Vidas, Virtvd, Valor, Hazañas, y Claros Blasones. *Madrid, Diego Diaz de la Carrera,* 1639, in-fol., vél.

> 16 fnc., 427 pp., « Discvrso legal y politico » 72 pp.; « indice » 16 fnc.
>
> Cet ouvrage, écrit par un des descendants des Pizarres, n'a pas été terminé ; l'auteur avait écrit d'autres biographies qui sont restées en manuscrites.
>
> Il renferme la vie de Christophe Colomb, de Alonso de Ojeda, Fernand Cortez, Franc. Pizarro, Juan Pizarro, Diego de Almagro, Hern. Pizarro, Gonzalo Pizarro et Diego Garcia de Paredes. Sous le titre de *Discvrso legal y politico,* F. Pizarro y Orellana, demande à Don Felipe IV, de tenir envers lui la promesse faite par Charles Quint à Don Francisco Pizarro, de le nommer marquis et de lui donner vingt mille vassaux, à titre de récompense héréditaire et comme conquérant du Pérou.

1184. PLUMIER (le R. P.). Description des plantes de l'Amérique, avec leurs figures. *A Paris, de l'Imprimerie Royale,* 1693, in-fol., rel. v. fil.

> 2 fnc., 94 pp., 4 fnc., plus 1 f. avec cette souscription : *A Paris, de l'Imprimerie Royale. Par les soins de Jean Anisson, directeur de la dite imprimerie,* 1693. » CVIII planches.
>
> Exemplaire de la bibliothèque de Bose, vendu 39 fr. à sa vente, ayant les NOMS SPÉCIFIQUES DE LINNÉE AJOUTÉS EN MSS.
>
> Il existe des ex. de cette édition avec un titre daté de 1713.

1185. ——. Nova plantarum Americanarum genera. *Parisiis, apud Joannem Boudot,* 1703, in-4, broché.

> 3 fnc., 52 pp., 2 fnc. « Catalogus Plantarum » 22 pp., 40 pl. Exemplaire neuf.
>
> Le P. CH. PLUMIER de l'ordre des Minimes, botaniste né à Marseille en 1646, mort en 1706, fut trois fois chargé par Louis XIV de faire des voyages scientifiques en Amérique. Il explora surtout les Antilles et le Mexique et mourut à Port-Sainte-Marie, près de Cadix, au moment de partir pour la 4e fois.
>
> Outre les deux ouvrages que nous possédons, le même savant publia, en latin, à *Paris,* en 1703, un traité des fougères de l'Amérique, ouvrage rare dont une trad. française fut imprimée à *Paris* en 1705. — L'art de tourner... *Lyon,* 1703, in-fol. et *Paris,* 1749. Le savant BURMANN donna à Amsterdam en 1755-60, une édition latine in-fol. des plantes de l'Amérique.

1186. POEME de six religievses Ursulines qui sont passées à la Martinique pour l'établissement d'un monastere de leur ordre. Dédié à Mademoiselle de Nantes, Par les Vrsulines du grand Convent (*sic*) de Paris. *A Paris,* 1682, in-4, non relié.

> 34 pp. Pièce fort rare non citée par TERNAUX. Magnifique exemplaire réglé, à toutes marges. Au bas de la dernière page, on lit :
>
> « A Paris, En la boutique de George Josse, ruë S. Jacques à la Couronne d'Espines. 1682. »

1187. (POINTIS). Relation de l'expédition de Carthagene, faite par les François en 1697. *A Amsterdam, chez les héritiers d'Antoine Schelte,* 1698, in-12, v.

> 3 fnc., 143 pp., 2 pl. ÉDITION ORIGINALE de cette curieuse relation, écrite par J. BERN. DES-JEANS, sieur DE POINTIS. Dans l'avertissement du libraire, celui-ci dit en parlant de cette relation :
>
> « Je l'ai reçuë de bonne main, et aiant été composée par Mr. de Pointis, commandant de l'escadre, on ne peut pas douter qu'elle ne soit aussi exacte qu'on l'auroit pû souhaiter.... »
>
> Les exemplaires de cette première édition sont devenus très-difficiles à trouver; surtout avec les 2 grandes planches gravées par le célèbre LEPAUTRE, qui représentent, la première « *La rencontre de l'escadre et de l'armée angloise* », et la

seconde « *le plan de Cartagène* ». Sur le titre de cette édition, on voit le fleuron connu sous le nom du « *Qværendo* ».

1188. (POINTIS). Relation de ce qui s'est fait à la prise de Cartagene située aux Indes Espagnoles, par l'escadre commandée par Mr. DE POINTIS. *Bruxelles, Jean Fricx,* 1698, in-12, v. granit, fil.

141 pp. Très-bel exemplaire.

1189. —— Relation fidele de l'expédition de Cartagene. M.DC.XCIX, in-12, rel.

89 pp. Cette édition que nous croyons imprimée à Paris, n'a d'autre titre que celui que nous donnons ci-dessus, au verso duquel on lit :

« Avis. Cette relation n'avoit point été faite pour être mise au jour. Mais ceux qui l'ont rendue publique, en ont tellement défiguré le stile et les pensées, que l'on s'est crû obligé de la faire imprimer de nouveau ».

La relation de M. DE POINTIS, dont nous annonçons les trois éditions françaises, a été traduite en anglais, en 1698 et 1699. (TERNAUX.)

LOWNDES' cite la traduction de 1699, du format in-4°, avec un plan ; réimprimée en 1740, 8°.

1190. PONCE. Recueil de vues des lieux principaux de la colonie françoise de Saint Domingue, gravées par les soins de M. PONCE, président du Musée de Paris, etc. ; accompagnées de cartes et plans de la même colonie gravés par les soins de M. PHELIPEAU, ingénieur-géographe; Le tout principalement destiné à l'ouvrage intitulé : *Loix et constitutions des colonies françoises de l'Amérique sous le vent.....* par M. MOREAU DE SAINT-MÉRY..... *A Paris, chez Moreau de Saint-Méry, Ponce, Phelipeau,* 1791, in-fol., rel.

31 pl. Il manque dans cet exemplaire la pl. 17.

Ce recueil parfaitement exécuté, était destiné à faire suite aux Loix et constitutions des colonies françoises de l'Amérique sous le vent, par MOREAU DE SAINT-MÉRY, *Paris,* 1784, 6 vol. in-4°; mais il paraît convenir plus particulièrement à l'ouvrage du même auteur intitulé : *Description de la partie françoise de Saint-Domingue.* (V. le n° 1038.)

1191. PORCACCHI (Thomaso). L'isole piv famose del mondo descritte da THOMASO PORCACCHI da Castiglione e intagliate da GIROLAMO PORRO Padovano, con l'aggiunta di molte isole. *Venetia, Simon Galignani et Girolamo Porro,* 1576, in-fol., vél.

13 fnc., 201 pp., au verso de la dernière, la marque de l'imprimeur avec la date de 1575 (M.D.LXXV). Cartes sur cuivre.

1192. PORCACCHI (Thomaso). L'isole piv famose del mondo·descritte da Thomaso Porcacchi da Castiglione e intagliate da Girolamo Porro Padovano, con l'aggiunta di molte isole. *Venetia, appresso gli heredi di Simon Galignani,* 1590, in-fol., demi vél.

> 11 fnc., 201 pp., titre gravé, cartes sur cuivre. Au verso du dernier f. la marque de l'imprimeur.

1193. —— Lo stesso libro. *Padova, appresso Paolo et Francisco Galignani,* 1620, in-fol., cart.

> 11 fnc., 211 pp., titre gravé, cartes sur cuivre.

> Parmi les cartes relatives à l'Amérique, qui ornent ce livre, on remarque le plan de l'île de Temistitan (Mexico), la carte générale de l'Amérique, de Saint-Domingue, de Cuba, de la Jamaïque, etc. Elles sont imprimées dans le texte.

> L'édition de 1620 contient de plus que les précédentes une description de l'Istrie (avec une carte) ; de l'île d'Œland et d'un rocher près d'Edimbourg, appelé *Bas.*

1194. PORTILLA (Anselmo de la). Mejico en 1856 y 1857. Gobierno del general Comonfort. *Nueva-York, S. Hallet,* 1858, in-8, cart.

> viii et 396 pp., 1 fnc.

1195. (POULLIN DE LUMINA). Histoire de la guerre contre les Anglois. *A Genève,* 1759-60, 2 vol. in-8, rel. v.

> Vol. I. 10 fnc., 244 pp. — Vol. II. 12 fnc., 211 pp. Très-bel exemplaire. La plus grande partie de cet ouvrage, est consacrée à l'histoire de la guerre d'Amérique.

1196. POUSSIN (G. F.). Question de l'Orégon. *Paris, W. Coquebert,* 1846, in-8, cart.

> 100 pp.

1197. POYET (Le Dr.). Notices géographiques, ethnographiques, statistiques, climatologiques et économiques des différentes localités du Mexique. *Paris, A. Bertrand,* 1863, 2 br. in-8.

> Première monographie : *Jalapa,* 40 pp. — Deuxième monographie : *Orizaba,* 35 pp. La première est extraite des *Nouvelles Annales des Voyages.*

1198. PRADT. Congresso de Panama ; traducido al castellano por J. C. Pagès. *Paris,* 1825, in-12, br.

> xij et 199 pp.

1199. PRÉFONTAINE (M. de, ancien habitant, chevalier de l'Ordre de Saint-Louis, commandant de la partie du Nord de la Guyane).

Maison rustique, à l'usage des habitans de la partie de la France équi-
noxiale, connue sous le nom de Cayenne. *Paris, J. B. Bauche*, 1763,
in-8, rel.

> 1 fnc., 211 pp., 4 pnc., 7 pl. — A la suite :
>
> DICTIONNAIRE GALIBI, présenté sous deux formes ; 1º commençant par
> le mot françois ; 2º par le mot galibi. Précédé d'un essai de grammaire.
> par M. D. L. S. (DE LA SAUVAGE). *Paris, Bauche*, 1763.
>
> xvj pp. « Grammaire » 24 pp. « Dictionnaire » 126 pp., 1 fnc.
>
> La maison rustique de Cayenne est un manuel d'agriculture pratique, par
> conséquent un excellent guide pour les colons. Le dictionnaire et la grammaire
> galibi, qui se trouvent joints à ce volume et qui le complètent, sont une bonne
> compilation extraite de différents ouvrages publiés sur la Guyane, principalement
> ceux de BIET, PELLEPRAT, BARRÈRE, etc.
>
> M. DE PRÉFONTAINE, lieutenant réformé des troupes de marine, fut nommé com-
> mandant de la partie Nord de la Guyane concédée à la famille de Choiseul, pour
> l'établissement de la colonie du Kourou, de malheureuse mémoire.

1200. PRESCOTT (Wm. H.). History of the conquest of Peru, with
a preliminary view of the civilization of the Incas. *New-York, Harper*, 1847, 2 vol. gr. in-8, cart.

> Vol. I. xl et 527 pp., carte et portrait de Pizarre. — Vol. II. xix et 547 pp.,
> portrait de Pedro de la Gasca, fac-simile de la signature de Pizarre.
>
> Très-belle édition de cet ouvrage estimé.

1201. PRESUPUESTO jeneral de los gastos de la República Boliviana, decretado por el congreso constitucional para el año de 1841. *Imprenta de la libertad*, in-4, br.

> 26 pp. Daté de : *Sucre à 11 de Noviembre de 1840.*

1202. PIRMA *(sic)* PARS descriptionis itineris navalis in Indiam O-
rientalem, earvmqve rervm qvæ navibvs battavis occvrrervnt : vna
cvm particvlari enarratione conditionum, morum, œconomiæ populorum, quos ad navigarunt. Præterea de numismatis, aromatibus,
speciebus et mercibus ibidem Venalibus, eorumque pretio. Insuper de
Insularum apparentijs, tractibus, Orisque regionum maritimis, Vna
cum incolarum ad vivum delineatione; Cuncta diversis tabulis illustrata : omnibus mare navigantibus et rerum exterarum studiosis, lectu
periucunda. Authore G. M. A. W. L. *Amstelrodami, Joh. Wals-
chaert*, 1614, in-fol., vél.

> 51 ff., titre compris, 1 pl. de monnaies, avec figures et cartes en taille douce
> imprimées dans le texte, et des vues de côtes gravées sur bois. Très-bel exempl.

avec témoins, à la suite duquel on a relié la RELATION DE GERARD DE VER, EN LA-
TIN, imprimée à *Amsterdam, chez Cornelij Nicolaij,* en 1598. (V. ce nom).

Cette relation a d'abord été imprimée en 1598, puis traduite en français et en
hollandais. On ignore quel en est l'auteur ; tout ce que l'on sait, c'est qu'il était
commissaire sur la flotte pour les chefs de la compagnie hollandaise qui faisaient
l'expédition. Les frères DE BRY l'ont insérée dans la troisième partie de leurs
Petits Voyages, mais en faisant faire un nouveau texte latin, qui est moins recherché que l'édition originale. Ce voyage contient des détails importants sur la partie
des Indes Orientales que les Hollandais ont parcourue. (V. le mémoire de CAMUS,
pp. 200-205.)

1203. PRIMER (A) for the use of the Mohawk children, to acquire
the spelling and reading of their own, as well as to get acquainted
with the english tongue ; Which for that purpose is put on the opo-
site page. Waerighwaghsawe iksaongoenwa tsiwaondad-derighhonny
kaghyadoghsera ; nayondeweyestaghk ayeweanaghnòdon ayeghyàdow
kaniyenkehàga kaweanondaghkouh ; dyorheaf-hàga oni tsiniha diw-
eanotea. *London, printed by C. Buckton, great poultney-street,*
1786, pet. in-8, rel.

98 pp., frontisp. gravé par JAMES PEACHEY, représentant une école indienne. A
la page 19 on voit un ange tenant une bible. Une édition de ce livre avait déjà
paru à *Montréal,* en 1781, in-12. Un exemplaire de l'édition de *Londres* fut vendu
à la vente *Steevens,* en 1861, pour L. sterl. 3. 13. *s.* 6. *d.* et l'on pensait que l'exempl.
annoncé était unique.

1204. PRIMICIAS de la cultura de Quito. De hoy Jueves 5 de Enero
de 1792. Literarura. *Ætatis cuiusque notandi sunt tibi mores | Mo-
bilibusque decor naturis dâdus, et annis.* Horat. de art. poet. V. 56.
(*Quito,* 1792), in-4, br.

Collation : « Instruccion previa (*sic*) sobre el papel periodico, intitulado *Primicias de la Cultura de Quito* » 3 fnc., au bas du dernier la date de 1791.
« Nᵒˢ 1-7 » (du 5 Janvier 1792, au 29 Mars de la même année. Tout ce qui
a paru). Le nᵒ 1 se compose de 5 fnc , le supplément de ce nᵒ jusqu'au nᵒ 7 sont
chiffrés 1-56. Le dernier nᵒ annonce que la publication de ce journal sera continuée. Au bas de chaque nᵒ, on lit : « *Con licencia del superior gobierno : por Raymundo de Salazar.* »

Nous donnons sur cette curieuse pnblication, qui est la première de ce genre
faite à Quito, quelques renseignements d'après l'ouvrage de J. SKINNER « The
present state of Peru. »

Quito était au XVIIᵉ siècle l'une des villes les plus opulentes de l'Amérique du
Sud. Au commencement du XVIIIᵉ siècle, elle perdit beaucoup de son importance, ses plantations, ses manufactures, furent réduites d'un cinquième et ne
représentèrent plus rien de son ancienne splendeur. Pour donner une nouvelle
vigueur à cette province, le Comte de Casa-Gijon, homme d'un grand carac-
ractère et de nobles idées, et dont le nom occupe une place distinguée dans l'his-

toire littéraire de l'Amérique, fit venir à ses frais et après de grandes dépenses plusieurs artistes d'Europe afin de rétablir les manufactures, perfectionner les arts, en un mot rendre à Quito l'importance qu'elle avait perdue. Il établit et forma une société patriotique, en 1789, de laquelle il se déclara président. Cette société établie sous le nom de l'école de la Concorde, se composa de vingt-six membres et de vingt-deux correspondants. Elle fit peu de chose jusqu'à l'année 1791, époque à laquelle le gouverneur de la province s'en déclara le protecteur et en confia la direction à l'évêque de Quito, prélat très-distingué par ses talents et son amour du bien public. Cette nouvelle société fut composée de vingt-quatre personnes les plus distinguées par leur patriotisme et par une connaissance approfondie du commerce et de l'agriculture, par conséquent capables de conduire à bonne fin une telle entreprise. Peu de temps après D. F. Xavier Eugenio de Santa Cruz annonça à la société l'intention de publier un ouvrage périodique sous le titre de « *las primicias de la Cultura de Quito* » Le premier nº de cette publication parut au commencement de 1792, et se continua jusqu'au nº 7 seulement.

1205. PROCÈS-VERBAUX des séances de la Commission de Colonisation de la Guyane. *Paris, Imprimerie Royale*, 1842, in-4.

> xliv et 236 pp. Exemplaire de dédicace, relié en maroquin rouge, doublé de tabis, d. s. t., riches comp., en or, au chiffre du Duc d'Orléans. (Reliure très-fraiche.)

1206. PROCLAMA del Arzobispo virey de Nueva España a los fieles vasallos de Fernando VII: (*Mexico*, 1810), in-4, br.

> 16 pp. Daté du : « *Palacio Real de Mexico, á 23 de Enero de* 1810. »

1207. PRODUCTION historique des faits qui se sont passés dans la partie de l'Ouest, depuis le commencement de la révolution de Saint Domingue jusqu'au premier février 1792, présentée par les gardes nationales du Port-au-Prince, à Messieurs les commissaires civils. *Au Port-au-Prince, de l'Imprimerie nationale, chez F. Chaidron & Compagnie*, 1792, in-4, demi rel. *Non rogné.*

> 126 pp. Précieux document. Notre exemplaire est couvert de notes mss. relatives à l'histoire de la révolution de cette île, ce qui le rend encore plus important.
>
> Ces notes ont été écrites vers 1820 par un ancien colon, qui habitait Saint-Domingue à l'époque de la révolution, et peu ami de Louis XVIII. Leur auteur dit avoir composé une histoire de Saint-Domingue, depuis l'arrivée de Barbé Marbois dans cette ile, en 1786, jusqu'en 1812, date de l'indépendance de la colonie. Il ajoute que cette histoire écrite dans le sens de l'ancien régime, qui ne convient plus au moment où il parle, pourrait exciter les cris et empêcher qu'elle ne fut accueillie, aussi préfère-t-il garder le silence et ensevelir cette histoire dans l'oubli plutôt que de s'exposer à exciter des murmures.

1208 PROVINCIA de Pangasinan. In-4.

> Description de la province de Pangasinan, pièce de 25 pp., et une carte, datée de

Manille, 18 décembre 1819 et signée ILDEFONSO DE ARAGON. Cette pièce forme le n° 5, d'une Collection de documents originaux sur l'histoire des Philippines.
Pour le n° 6, de la même collection. Voy. le n° 1132.

1209. PROYECTO de constitucion del estado de Guatemala, uno de los de Centro-America, presentado a la Asamblea constituyente, reunida en virtud del decreto de convocatoria expedido en 25 de Julio de 1838. *Imprenta de la Paz,* 1842, in-fol., br.

> 1 fnc., 18 pp. Daté de : *Guatemala, Enero 22 de 1842.*

1210. (PRUDHOMME (L.)). Voyage à la Guiane et à Cayenne, fait en 1789 et années suivantes ; contenant une description géographique de ces contrées, l'histoire de leur découverte, etc. Suivi d'un Vocabulaire français et Galibi des noms, verbes et adjectifs les plus usités dans notre langue, comparée à celle des Indiens de la Guiane. Par L. M. B. armateur. *Paris, chez l'éditeur, an VI,* (1797), in-8, cart., *non rogné.*

> ix et 400 pp., 3 pl., carte col. Le vocabulaire français et galibi, occupe les pp. 371-400. Ce voyage est supposé. C'est une compilation faite par LOUIS PRUDHOMME.
>
> L'auteur du *Tableau de Cayenne,* GALARD DE TERRAUBE (N° 607), donne dans son livre, une critique sévère de cette compilation.

1211. PSALM-BOEK voor die tot die evangelische Broeer-kerk behoorende Neger-gemeenten na S. Croix, S. Thomas en S. Jan. *Barby, Gedrukt im Jahr,* 1784, in-8, rel.

> 322 pp., (la dernière chiffrée 284) « Register » 23 fnc. Psautier en créole hollandais.
>
> Sous le n° 1277 du catalogue de Rœtzel, ce livre est annoncé sous la date de 1774. C'est sans doute la même édition, mais dont la date aura été mal indiquée.

1212. PSALTERIUM, Hebreum, Grecũ, Arabicũ, et Chaldeũ, Cũ tribus latinis ĩterp̃tatõibus et glossis.(A la fin): *Impressit miro ingenio, Petrus Paulus Porrus, genuæ in œdibus Nicolai Justiniani Pauli, præsidente reipub. genueñsi pro Serenissimo Francor Rege, prestanti viro Octauiano Fulgoso, anno Christiane Salutis, millesimo quingentesimo sextodecimo mense. VIIII bri* (1516), in-fol., v. antique, à comp. en or et à froid, d. s. t.

> *Collation :* Titre imp. rouge et noir (latin, hébreu, grec, arabe), orné d'une magnifique bordure gravée sur bois; au verso un avis de Giustiniani (Aug. de l'ordre des prédicateurs), daté de Milan, VIII avril 1506. — Préface adressée au

Pape Léon X, en latin, grec, hébreu, arabe, 3 fnc. — Au verso du dernier commence le psautier, composé de 196 fnc., y compris un f. pour l'errata, et un autre pour le registre et la marque de l'imprimeur.

Magnifique exemplaire, avec *témoins*, d'un précieux volume, le *premier livre polyglotte* qui ait été imprimé avec les caractères propres à chaque langue. — L'éditeur de ce beau volume, Aug. Giustiniani, a trouvé moyen de faire entrer une vie assez étendue de Ch. Colomb dans une note du psaume XVIII *Cæli enarrant.* Cette particularité fait de ce livre un objet de grande curiosité pour les collectionneurs américains. C'est aussi, croyons-nous, la plus ancienne biographie imprimée du célèbre navigateur. Pour plus de détails Cf. la *Bibliotheca Vetustissima* de Harrisse, n⁰ 88.

Pour les *Annales de la ville de Génes*, écrite par le même Giustiniani. V. le n⁰ 642.

1213. PSALTERIUM. Jvngerutit Tuksiutidlo, Kaladlinnut Opertunnut. Attuægeksæt. *Kiöbenhavnime, C. F. Skubartimit*, 1801, in-12, rel.

528 pp. Les psaumes traduits en groenlandais par Otto Fabricius, avec des cantiques et des prières dans la même langue. (Vendu 26 fr. Rœtzel).

1214. PTOLEMŒI Clavdii Alexandrini Mathematicor principis. opus Geographie nouiter castigatū et emaculatū additiōibus. raris et inuisis. necnon cū tabularum in dorso iucunda explanatione. Registro quoq̄ totius operis. tam Geographico. q̄ etiā historiali. facilimū introitū prebēti...... Hec bona mente Laurētius Phrisius artis Appollinee doctor et mathematicar artium dientulus. in lucem iussit prodire. (A la fin): *Joannes Grieninger ciuis Argentorateñ opera et expensis proprijs id opus insigne, ereis notulis excepit, Laudabili q̄ fine perfecit xii. die Marcij Anno M. D. XXII* (1522), in-fol., rel. en bois, fermoirs.

Collation : titre rouge et noir. La dernière ligne a été coupée et remplacée par du papier blanc. « Préface de Thomas Aucuparius » 1 fnc. « Registrvm » 22 ff. (les ff. 5, 6, 20, 21 ne sont pas chiffrés). « Clavdii Ptholomei..... geographiæ liber primvs incipit. » ff. 37-100 (la pagination est fautive, au lieu de 37 il faut lire 23), 2 fnc. Le verso du f. 99 contient une sphère *in plano.* Suit une mappemonde « *Generale Ptho.* » et 48 cartes doubles avec une description aux revers. « Introdvctorivm » 8 fnc.

Ce qui donne de l'importance à cette belle édition de Ptolémée, ce sont les éloges que Thomas Aucuparius donne dans sa préface à Améric Vespuce et surtout les deux cartes suivantes intitulées :

1⁰ *E. Tabvla Terre Nova. F. D. W.* Cette carte renferme seulement la partie est de la côte du Nouveau-Monde, avec le mot *Parias.* Sous la ligne equinoxiale, on lit cette inscription : Hec terra ann. *adiacentib insulis inuent*ā est p̄ *Cristoferum Columbum ianuensem ex mandato Regis Castelle,* au-dessous est une vignette représentant des sauvages mangeant de la chair humaine ; à côté on lit « *Terra* *nova* ». Au-dessus l'île « *Spagnoha* » avec une légende. Le Brésil est aussi indiqué sous ce nom « *Papagalli terra* ». Sur les deux revers de cette carte, on y trouve imp. en *gothique*, la RELATION DU PREMIER VOYAGE DE C. COLOMB.

. 2º *Orbis. Typvs.Vniversalis. ivxta. hydrographorvm. traditionem. exactissime. depicta.* 1522. *L. F.* — Sur cette carte dessinée par LAURENT FRISIUS, l'*America* y est indiquée ainsi que les îles *Ysabella. Spagnola.* On y voit aussi figurer le *Caput Ste. Crú, Cambales, Batoia.*

Pour plus de détails consultez la *Bibl. Americana vetustissima*, nº 117, où l'on donne à tort 85 fnc., à ce volume. Cette belle édition de la géographie de Ptolemée est ornée de nombreuses fig. sur bois d'une très-belle exécution. Les cartes sont ornementées et font bien gravées. Bel ex. provenant de la Bibliothèque du Dr G. Kloss.

Dans cette édition figure pour la première fois le passage concernant la Palestine, qu'on a depuis reproché au malheureux Michel Servet.

1215. PURSH (Fred.). Flora Americæ Septentrionalis; or, a systematic arrangement and description of the plants of North America. Containing, besides what have been described by preceding authors, many new and rare species, collected during twelve years travels and residence in that country. *London, White, Cochrane, and Cº*, 1814, 2 vol. in-8, cart., *non rogné.*

Vol. I. xxxvi et 358 pp., pl. 1-16. — Vol. II. pp. 359-751, pl. 17-24.

Très-bel exempl. avec FIGURES COLORIÉES. Publié à L. 2. 12 *s.* 6 *d.*

1216. PUTMAN (J. J.). Gemeenzame Zamensprache, behoorende by de : Proeve eener hollandsche Spraakkunst, ten Gebruike der Algemeene Armenschool, in de Gemeente van de H. ROSA, op Curaçao. *Santarosa*, 1853, in-12, br.

28 fnc. Dialogues en hollandais et en créole de Curaçao.

1217. PYRARD (François, de Laval). Discovrs dv voyage des françois avx Indes Orientales, ensemble des divers accidens, aduentures et dangers de l'Auteur en plusieurs Royavmes des Indes, et du seiovr qu'il y a fait par dix ans, depuis l'an 1601. iusques en ceste année 1611, etc. *Paris, David Le Clerc*, 1611, in-8, demi rel.

4 fnc., 372 pp. ÉDITION ORIGINALE de la curieuse Relation des voyages de PIRARD. D'après une note rapportée dans le Manuel de M. BRUNET, on attribue ce volume à P. BERGERON, qui l'aurait écrit d'après les récits de PIRARD ; ainsi qu'à JÉRÔME BIGNON.

Le chapitre XII est le seul qui soit relatif à l'Amérique ; l'auteur y fait la *description de Brésil, et les façons de viure de ces habitants.*

Cette édition, de même que les suivantes, contient le *Traité et description des animaux, arbres et fruits des Indes Orientales ;* on y trouve aussi l'*Avis pour ceux qui entreprennent le voyage des Indes Orientales.*

1218. (QUEIPO (D. Manuel Abad).). Carta pastoral del ilustrisimo señor Obispo electo y gobernador del obispado de Michoacan. *México, Ontiveros,* 1813, in-4, br.

118 pp.

1219. QUELQUES eclaircissemens sur les troubles survenus dans le département du Sud de Saint Domingue, en Fructidor an 4ᵉᵐᵉ (Août 1796, vieux style). *Hambourg, P. F. Fauche,* 1797, in-8, rel.

95 pp., « Pièces » 80 pp., 1 fnc. L'avertissement est signé de l'anagramme MANDAR-ARGEAUT. (Armand-Argeaut?)

1220. —— réflexions en réponse à la brochure publiée à Montevideo par Florencio Varela, sous le titre — Développement et dénouement de la question française dans le Rio de la Plata. *Buenos-Aires, imp. de l'Etat,* 1841, in-8, cart.

104 pp. Pièce rare écrite par un français.

1221. QUICHÉ. Fragments de pièces religieuses, en langue Quiché. In-4.

Mss. sur papier du siècle dernier, composé de 34 ff.

1222. QUIROGA (Don Gerónimo de). Compendio historico de los mas principales sucesos de la conquista y guerras del reyno de Chile hasta el año de 1656. *Madrid,* in-4, br.

Extrait de la collection des *Documents inédits* de NAVARRETE et SALVA. pp. 163-248?

Cette relation du Chili, publiée sur le mss. de D. G. DE QUIROGA, devait avoir deux parties. Elle renferme une liste des gouverneurs du Chili.

1223. RAFN (C. C.). Antiquitates Americanæ, sive scriptores septentrionales rerum Ante-Columbianarum in America. Edidit soc. Regia antiqvariorum septentr. *Hafniæ, Officinæ Schultzianæ,* 1837, in-4, br.

XLIV et 479 pp., 3 fnc., contenant la généalogie des anciens rois Scandinaves, viii ff. ; *fac-simile* d'anciens mss., 6 pl. d'antiquités et 4 anciennes cartes.

Ouvrage de la plus grande importance pour l'histoire de l'Amérique du Nord, dans lequel l'auteur prouve, et cela par des documents authentiques, que les anciens scaldes avaient connaissance de cette partie du Nouveau Monde.

Le savant éditeur n'a pas consulté et compulsé moins de 18 mss. islandais.

1224. —— Aperçu de l'ancienne géographie des régions arctiques de l'Amérique, selon les rapports contenus dans les sagas du Nord. *Copenhague*, 1845, in-8, br.

Forme les pages 126-132 des *Mémoires de la Société des Antiquaires du Nord*, 1845-49, avec une carte de l'ancien Groenland, d'après les anciens mss. islandais.

Outre cet article sur l'Amérique, contenu dans ce volume, nous citons encore :

NOTICE sur des ossements humains fossiles, trouvés dans une caverne du Brésil. Extrait d'une lettre de P. LUND à M. Rafn. (pp. 49-77).

1225. RAFN (C. C.). Mémoire sur la découverte de l'Amérique au dixième siècle par RAFN. Publié par la Société royale des antiquaires du Nord. Second tirage. *Copenhague, imprimerie de J. D. Qvist*, 1843, in-8, br.

52 pp., 9 pl. Document extrêmement intéressant, extrait des *Mémoires de la Société des Antiquaires du Nord*.

1226. RAGUENEAU (le P. Paul). La vie de la mere Catherine de Saint Avgvstin, religievse hospitaliere de la misericorde de Quebec en la Nouvelle-France. *Paris, Florentin Lambert*, 1671, in-8, rel.

6 fnc., 384 pp., 1 fnc. Une traduction italienne de ce livre, faite par le P. BENIGNO POZZI, a été imprimée à Naples, en 1752, in-8°.

Le P. PAUL RAGUENEAU, né à Paris en 1608, reçu dans la Compagnie de Jésus en 1626, s'embarqua pour l'Amérique en 1644 et travailla pendant vingt-cinq ans dans les missions du Canada, dont il fut nommé supérieur.

Ce religieux écrivit plusieurs lettres sur ces missions, qui furent imprimées dans la précieuse collection des relations des PP. Jésuites. V. l'art. RELATION.

1227. RAMSAY (David. Member of the American congress). The history of the revolution of South-Carolina, from a british province to an independant state. *Trenton, Isaac Collins*, 1785, 2 vol. in-8, rel.

Vol. I. xx et 453 pp., 1 carte. — Vol. II. xx et 574 pp., 4 cartes.

Cet ouvrage, composé sur des documents originaux que l'auteur recueillit pendant son ministère, est précieux pour l'histoire de la Caroline du Sud, province sur laquelle on trouve peu d'ouvrages imprimés, contemporains de la révolution américaine.

ISAAC COLLINS est le premier imprimeur de Trenton.

1228. —— Le même ouvrage. *Trenton, I. Collins*, 1785, 2 vol. in-8, cart., NON ROGNÉ.

Très-rare dans cet état.

1229. —— Histoire de la révolution d'Amérique, par rapport à la Caro-

line Méridionale, traduíte de l'anglois (par Lefort). *Paris, Froullé,*
1787, 2 vol. in-8, rel. v.

> Vol. I. xxxvj et 520 pp., 1 fnc., 1 carte. — Vol. II. 673 pp., 1 fnc., 4 cartes.

1230. RAMSAY (David. Member of the American congress). The history of the American Revolution. *Philadelphia, Aitken et son,* 1789,
2 vol. in-8, demi rel.

> Vol. I. vi et 359 pp. — Vol. II. vi et 360 pp.

> Edition originale, non citée par Lowndes'. Deux éditions de ce livre ont été
publiées à *Londres* en 1791 et en 1793, également en 2 vol. in-8°. Réimprimé
aussi à *Trenton* en 1811.

1231. —— Vie de G. Washington, premier président des Etats-Unis.
Traduit de l'anglais. *Paris, Galignani,* 1809, in-8, demi rel.

> xxiv et 472 pp. Portrait de Washington.

1232. RAMUSIO (Giov. Batt.). Primo (secondo et terzo) volume delle
Navigationi et Viaggi. *Venetia, Giunti,* 1554-59-65, 3 vol. in-fol., vél.

> Vol. I. 3 fnc., 34 et 436 ff., fig. sur bois, 3 càrtes, mappemonde. — Vol. II. 2
fnc., 28 et 155 ff., 1 fnc., pour la marque de *Giunti,* avec la date de 1558. —
Vol. III. 5 fnc., 34 et 453 ff., 7 cartes, imp. hors le texte.

> Cette précieuse collection, qui mérite d'être très-recherchée par les collection-
neurs de voyages, est trop détaillée dans le mémoire de Camus, pour que nous
ayons besoin d'en indiquer le contenu ; mais nous donnons ci-dessous la liste des
pièces composant le vol. III, et qui sont relatives à l'Amérique.

> Sommario dell' historia dell' Indie Occidentali, di Pietro Martire
(ff. 1-43). — 2 cartes « *Afrique et Amérique* » gravées par Porro, ajoutées. — Sommario della natvrale et generale historia dell' Indie Occidentali, composta da G. Ferd. d'Ouiedo (ff. 44-224; fig., 2 cartes de S.
Domingue au f. 44 et entre les ff. 76-77; carte de Cuba, entre les ff. 178-
179). Ces deux cartes gravées à Venise, en 1564, par Paulo Forlano,
sont ajoutées. — Di Fernando Cortese La seconda (terza e qvarta) relatione della Nvoua Spagna (ff. 225-296). — Di Pietro d'Alvarado a
Fernando Cortese (ff. 296 verso-300).— Relatione fatta per Diego Godoy a
Fernando Cortese (ff. 300 verso-304). — Relatione d'alcvne cose della
Nuoua Spagna, et della gran città di Temistitan Messicò; fatta per vn
gentil' huomo del signor Fernando Cortese (ff. 304 verso-310, 2 fig. représentant le grand temple et une vue de Mexico). — Relatione che fece
Alvaro Nvnez detto Capo di vacca (ff. 310-330). — Relatione di Nvnno
di Gvsman, scritta in Omitlan prouincia di Mechuacan della maggior
Spagna nel MDXXX alli otto di Luglio (ff. 331-339). — Relatione dello
scoprimento che nel nome di Dio va à far l'armata di Fernando Cortese....
di Francesco di Vlloa (ff. 339-354, fig.). — Svmario di lettere del capitano
Francesco Vazquez di Coronado, date a Culnacan MDXXXIX, a gli

otto di marzo (ff. 354-355). — Lettere scritte dal signor don Antonio di Mendozza, vice Re della nuoua Spagna, alla maestà dell' Imperadore (f. 355). — Relatione del Reverendo fra Marco da Nizza (ff. 356-359). — Relatione che mando Francesco Vazquez di Coronado....... (ff. 359 verso-363). — Relatione della navigatione et scoperta che fece il capitano Fernando Alarchone (ff. 363-370). — Discorso sopra il descoprimento et conqvista del Perv (ff. 370 verso-371). — Relatione d'vn capitano spagnvolo della conqvista del Perv (ff. 371 verso-414, plan de Cuzco entre les ff. 412-413. On trouve dans le milieu de cette relation (ff. 392-414) celle du voyage que fit François Pizarre, par ordre du gouverneur, son frère, depuis son départ de Caxamalca, pour aller à Xauxa, jusqu'à son retour). — La navigatione del grandissimo fiume Maragnon, scritta per Consaluo Fernando d'Ouiedo (ff. 415-416). — Discorso sopra la terra ferma dell' Indie Occidentali dette del Lauorador, de los Bacchalaos, et della nuoua Francia (ff. 417-419, fig.). — Relatione di Giouanni da Verrazzano fiorentino della terra per lui scoperta in nome di sua Maestà (François I), scritta in Dieppa adi 8. Luglio M.D.XXIIII (ff. 420-422). — Discorso d'vn gran capitano di mare Francese del luoco di Dieppa sopra le nauigationi fatte alla terra nuoua dell' Indie Occidentali, chiamata la nuoua Francia da gradi 40 fino a gradi 47 sotto il polo artico, et sopra la terra del Brasil, Guinea, Isola di san Lorenzo, et quella di Summatra (ff. 423-432, 4 cartes: La Nouvelle France, Brésil, Afrique, Sumatra. Cette dernière est paginée 433-434). — Prima (e seconda) relatione di Jacques Carthier della terra nvoua detta la nuoua Francia, trouata nell' anno M.D.XXXIIII. (ff. 435-453, plan de Montréal chiffré 446-447; carte générale de l'Amérique, chiffrée 455-456.) Au verso du f. 440 se trouve un Vocabulaire composé de 59 mots en Canadien et en Italien. La seconde relation contient également un Vocabulaire Canadien et Italien, mais plus étendu.

1233. RAMUSIO (Giov. Batt.). Primo (secondo et terzo) volume delle Navigationi et Viaggi. *Venetia, Givnti,* 1554-59-56, 3 vol. in-fol. rel. en 2, d. s. tr.

La pagination du vol. III, de cette édition ainsi que le contenu sont absolument les mêmes que dans l'édition de 1565.

Exemplaire dans sa reliure originale, ayant appartenu au célèbre cosmographe André Thevet avec sa signature sur le titre de chaque volume. On lit dans un médaillon sur les plats de la reliure « *Andre Thevet. Angovmoisin* ». Le vol. II est entièrement gâté, mais les deux autres sont d'une conservation parfaite.

1234. —— Le même ouvrage. *Venetia, Givnti,* 1563-83-65, 3 vol. in-fol., vél.

Vol. I. 3 cartes, 3 fnc., 34 et 394 ff. fig. — Vol. II. 18 ff., 10 fnc., 256 et 90 ff. — Vol. III. 5 fnc., 34 et 453 ff., 7 cartes.

Le vol. I, de cette édition (1563), n'est qu'une réimpression. — Le vol. II, sous la date de 1583, contient de plus que l'édition de 1559, les pièces suivantes : Commentario della Moscovia et della Rvssia per SIGISMONDO LIBERO BARONE IN HERBERSTAIN. — Navigatione di SEBASTIANO CABOTA. — Dei commentarii del viaggio in Persia, di CATERINO ZENO. — Dello scoprimento dell' isola Frislanda, Eslanda, en Grovelanda, Estotilanda, et Icaria. Fatto per due fatelli ZENI. M. NICOLÒ il caualiere, et M. ANTONIO. — Viaggio del beato frate ODERICO. — La descrittione della Sarmatia Evrópea, di GVAGNINO. — MICHEOVO. Delle due Sarmatie.

1235. RAMUSIO (Giov. Batt.). Primo (secondo et terzo) volume delle Navigationi et Viaggi. *Venetia, Givnti,* 1554-59-1606, 3 vol. in-fol., vél.

Le vol. III, édition de 1606, se compose de 5 fnc., 36 et 430 ff., 7 cartes. Il renferme les deux pièces suivantes, qui ne sont pas dans les autres éditions :

Viaggio de M. CESARE DE' FEDRICI, nell' India Orientale, et oltra l'India per via di Soria (ff. 386-398). — Tre Navigationi fatte da gli Olandesi (GERARDO DE VERA) (ff. 398 verso-430).

Le vol. II, édition de 1559, se compose de 2 fnc., 28 et 155 ff., plus 1 fnc. pour le registre et la marque de *Giunti,* avec la date de 1558.

1236. RAPHAEL DE JESVS (R. P. Prégador Géral Fr.). Castrioto Lvsitano parte I. entrepresa, e restavracaõ de Pernambuco; et das Capitanias Confinantes. Varios e bellicos svcçessos entre Portúguezes, e Belgas. Acontecidos pello discurso de vinte e qúatro annos, e tirados de noticias, relacoés, et memorias certas. *Lisboa, Antonio Craesbeeck de Mello,* 1679, in-fol., rel.

8 fnc., 701 pp., 47 pnc., front. gravé avec le portrait de JOAÕ FERNANDES VIEIRA, surnommé le « CASTRIOTO LUSITANO ».

Cet ouvrage précieux, inconnu à TERNAUX, est de la plus grande importance pour le Brésil. Il renferme une histoire complète de ce pays, pendant l'époque de la guerre qui eut lieu de l'année 1624-1654, entre les Portugais et les Hollandais. Il contient aussi une histoire complète de FERNANDEZ VIEIRA, le *Restaurateur* de Pernambuco et des autres villes du Brésil, qui se trouvaient entre les mains des derniers. La première partie de ce livre a seule paru.

Le P. RAPHAEL DE JÉSUS, de l'Ordre de S. Benoît, naquit à Guimaraens en 1614. Il entra, à l'âge de 15 ans, dans le couvent de la Victoire, à Porto, où il fit ses études. Il s'appliqua principalement à l'exercice de la prédication et pendant vingt ans il prêcha successivement à la cour de Lisbonne et dans un certain nombre de villes, en Espagne. Après ce temps il fut nommé prédicateur général de l'Ordre. Ses capacités et ses talents le firent remarquer et nommer, en 1665, recteur du collège da Estrella ; en 1668, procureur général dans la ville de Porto ; en 1673, abbé du couvent de S. André de Rendufe ; en 1676, procureur général dans la ville de Braga ; enfin abbé du couvent de Lisbonne, en 1679. Le roi le nomma, le 11 novembre 1681, historien général du royaume.

Le P. RAPHAEL, mourut le 23 décembre 1693. La « *Bibliotheca Lusitana* » de laquelle nous extrayons cette notice, cite de cet auteur plusieurs autres ouvrages imprimés ou mss.

1237. RAPPORT du comité choisi sur le gouvernement civil du Canada. *Quebec, Neilson et Cowan,* 1829, in-8, demi mar.

1 fnc., 388 pp.

1238. RASLES (Sebastien). A Dictionary of the Abnaki language, in North America. With an introductory Memoir and notes, By JOHN PICKERING. (*Cambridge, Mass., Folsom*), 1833, in-4, demi rel.

Dictionnaire Abnaqui français, extrait du premier volume de la nouvelle série des *Mémoires de l'Académie Américaine des arts et des sciences du Massachusetts,* dont il forme les pp. 370-574.

Le P. SÉB. RASLES, né en Franche-Comté, en 1658, partit pour les missions du Canada en 1689 ; il vécut fort longtemps parmi les Illinois et les Abnakis et fut tué par les Anglais, en 1724. Son dictionnaire, publié par les soins de M. PICKERING, est regardé comme un des plus précieux documents des premiers travaux philologiques sur les langues indiennes de l'Amérique du Nord. Le mss. original, du format in-4° de 220 pp., se conserve dans la bibliothèque du Harvard College. On lit sur le premier f. : « 1691. Il y a un an que je suis parmi les sauvages, je commence à mettre en ordre en forme de dictionnaire les mots que j'apprens. »

1239. RAVENEAU DE LUSSAN. Journal du voyage fait a la mer de Sud, avec les flibustiers de l'Amerique. En 1684. et années suivantes. *Paris, J. Bapt. Coignard,* 1690, pet. in-12, cart.

7 fnc., 272 pp. Seconde édition, non citée par TERNAUX. La première est de 1689.

1240. —— Le même ouvrage. Seconde edition. *Paris, J. Bapt. Coignard,* 1693, in-8, rel.

7 fnc., 448 pp., 1 fnc., pour le privilège ; et 1 fnc., pour le Colophon. Cette édition n'est que la troisième ; TERNAUX ne la cite pas.

1241. —— Le même ouvrage. *Paris, J. Le Febvre,* 1704, in-12, BROCHÉ.

5 fnc., 443 pp. Exemplaire neuf.

Cette relation qui est insérée toute entière dans le troisième vol. de l'histoire des flibustiers, est la meilleure relation de toutes celles qui sont entrées dans cet ouvrage.

« Bien que diffus et embrouillé, cet ouvrage contient des détails curieux sur les pays dont il est question, sur leurs productions et sur les mœurs des habitants indigènes. » BIOGR. UNIVERSELLE.

1242. REALES Aranzeles de los ministros de la real avdiencia, sala del crimen, oficios de govierno, juzgado de bienes de difuntos, tribunal de quentas, real caxa, escrivano de ella.... formados dichos Aranzeles por.... D. MIGUEL CALDERON DE LA VARCA, y D. BALTHAZAR DE TOVAR, el año de 1699. Y aprobados por su Magestad el año de 1701. impressos de orden verbal del señor Marqués de Casa-Fuerte, virrey, año de 1727. *Mexico : Imprenta real. Reimpressos segunda vez : Por los herederos de la viuda de Miguel de Rivera,* 1727, in-fol., demi cuir de Russie.

> 1 fnc., 112 pp. Exemplaire Rœtzel.

1243. RÉCIT des événemens qui ont eu lieu sur le territoire des Sauvages, dans l'Amérique Septentrionale, depuis les liaisons du très hon. Comte de Selkirk avec la Compagnie de la baie d'Hudson, et la tentative faite par ce Comte de fonder une colonie sur la Riviere Rouge; avec des détails circonstanciés de l'expédition militaire de sa seigneurie contre le fort William, dans le Haut-Canada, et de la conduite qu'elle y a tenue depuis. Traduit de l'original anglois imprimé à Londres, en 1817. Seconde édition revisée. *Imprimé à Montréal par James Brown,* 1818, in-8, *broché.*

> xi et 128 pp., 2 fnc. « Appendice » 80 pp.
>
> Edition fort rare d'un ouvrage intéressant.

1244. RECLAMACION y protesta del supremo gobierno del estado de Guatemala, sobre la ocupacion de Soconusco, por las tropas de la Republica Mexicana, con los documentos en que se fundan. *Guatemala, imprenta de la Paz,* 1843, in-fol., br.

> 18 pp. Signé à la p. 6 : J. J. DE AYCINENA.

1245. RECOPILACION de leyes de los reynos de las Indias, mandadas imprimir y publicar por la magestad católica del Rey Don Carlos II. Quarta impresion. *Madrid, por la viuda de D. Joaquin Ibarra,* 1791, 3 vol. in-fol., rel.

> Vol. I. 5 fnc., 660 pp. — Vol. II. 2 fnc., 613 pp. — Vol. III. 1 fnc., 562 pp., « Indice general » 262 pp.
>
> Recueil extrêmement important et très - recherché. SALVA : *Madrid,* 1756, 4 vol., rel. en maroq. L. sterl. 12. — Madrid, 1774, 4 vol., rel. vélin. L. 10. 10 s.

1246. RECUEIL d'arrests et autres pieces pour l'établissement de la Compagnie d'Occident. *Amsterdam, F. Bernard,* 1720, in-12, rel.

> Ce volume renferme les pièces suivantes :

Les lettres patentes du roi relatives à la concession de la Louisiane faite pour dix ans à Crozat; suivies des arrêts (253 pp.) — Jérémie. Relation de la baie de Hudson. 1720 (pp. 1-39, 3 fig.) — Les trois navigations de Martin Frobisher (pp. 40-100). Ces deux dernières pièces sont extraites du tome V du *Recueil des Voyages au Nord.* (V. cet article.)

1247. RECUEIL de différentes pieces pour et contre l'admission des étrangers dans les isles françaises de l'Amérique. 1785, in-8, demi rel., *non rogné,*

c et 492 pp., 1 fnc., 2 tableaux.

Ce volume qui est très-peu connu doit avoir été imprimé en Hollande; il contient 19 pièces qui ne sont pas sans intérêt pour l'histoire du commerce de Nantes, la Rochelle, Bordeaux, le Havre, Orléans avec Saint-Domingue et nos autres possessions dans l'Amérique.

1248. —— de divers voyages faits en Afrique et en l'Amerique, qui n'ont point esté encore publiez. Contenant l'origine, les mœurs, les coûtumes et le commerce des habitans de ces deux parties du Monde. Avec des traitez curieux touchant la Haute Ethyopie, le débordement du Nil, la Mer Rouge, et le Prete-Jean. *Paris, Louïs Billaine,* 1674, in-4, rel.

Collection de BILLAINE; elle contient les pièces suivantes :

Préface, 3 fnc. — Ligon (Richard). Histoire de l'isle des Barbades; traduit de l'anglois (4 fnc., 204 pp., 1 carte, 9 pl.). — Relation de la riviere du Nil, de sa source et de son cours. Traduit de l'anglois par Pierre Wische (pp. 205-252, carte). — Extrait de l'histoire d'Ethiopie, ecrite en portvgais par le P. Baltazar Telles (pp. 253-262, carte au verso du titre). — Relation du voyage fait sur les costes d'Afrique aux mois de novembre et decembre de l'année 1670. janvier et fevrier 1671. Commençant au Cap Verd (23 pp.). — Relation de l'origine, mœurs, coustumes, religion, guerres et voyages des Caraïbes, sauvages des isles Antilles de l'Amerique faite par le sieur de la Borde, employé à la conversion des Caraïbes, estant avec le R. P. Simon jesuite; et tirée du cabinet de M. Blondel (40 pp., 3 fig.). — Relation de la Guiane, et de ce qu'on y peut faire (pp. 41-49). — Description de l'isle de la Jamaïque et de toutes celles que possedent les anglois dans l'Amerique. Avec des observations faites par le sieur Thomas gouverneur de la Jamaïque, et autres personnes du païs (81 pp., 2 cartes). — Description de l'empire du Prete-Jean (35 pp.).

L'ordre des pièces, des pl. et cartes, indiqué ci-dessus, diffère dans presque tous les ex. La description que nous avons faite sur 5 ex. nous a permis de la donner très exactement. La carte des Barbades et celle qui se trouve annoncée après la Relation du Nil manquent généralement. Cette dernière levée d'après les relations des PP. Jésuites, est quelquefois divisée en 4 feuilles.

Cette même collection existe sous la date de 1684, et sous le nom de Justel.

1249. RECUEIL de diverses pièces, concernant la Pensylvanie. *A la Haye, chez Abraham Troyel*, 1684, pet. in-12, non rel.

118 pp. Ce petit volume est une traduction des ouvrages publiés par le célèbre Penn, le fondateur de la Pensylvanie. Il est à peine connu, et Ternaux ne l'a pas cité.

Collation : Brief recit de la province de Pensylvanie, nouvellement accordé par le Roy, sous le grand seau d'Angleterre au sieur Guillaume Penn, auquel il a cedé son droit (pp. 3-14). — Déclaration du Roy à ceux qui veulent aller habiter et s'establir dans la province de Pennsylvanie (pp. 15-34). — Eclaircissemens de Mr. Furly, sur plusieurs articles, touchant l'etablissement de la Pensylvanie (pp. 35-49). — Lettre de M. Penn, proprietaire et gouverneur de la Pensylvanie. Contenant une description generale de la dite province (pp. 50-102). — Extrait d'une lettre escrite de Pensylvanie par Thomas Paskel a J. J. Chippenham en Angleterre en datte du 10. Feurier 1683 nouveau style (pp. 102-118).

1250. —— de 7 pièces, en 1 vol. gr. in-8, demi rel.

Tyson (Job). Discourse delivered before the historical Society of Pennsylvania, on the Colonial History of the Eastern and some of the Southern states. *Philadelphia*, 1842, 64 pp. - Poinsett (Joel). Discourse on the objects and importance of the national institution for the promotion of science *Washington*, 1841, 52 pp. — Correspondance entre la légation du Mexique, à Washington, et le Ministère des affaires étrangères des Etats-Unis, sur le passage de la Sabine par les troupes commandées par le Gal Gaines. Traduite de l'espagnol par C. C. *Paris*, 1837, 91 pp., 1 carte. — Cheetham (James). Nine letters on the subject of Aaron Burr's political defection, with an Appendix. *New-York, Denniston*, 1803, 139 pp. — Sheerman (John H.). A general account of Miranda's expedition including the trial and execution of ten of his officers. *New-York*, 1808, 120 pp. — Précis historique sur la révolution des provinces unies de l'Amérique du Sud, par A. F***. *Paris*, 1819, 166 pp. — Table of the post officers in the U. S. *Washington*, 1842, 240 pp.

1251. —— de 8 pièces, dont 4 sont relatives au Canada, en 1 vol. in-8, demi rel.

A Review of the government and grievances of the province of Quebec, since the conquest of it by the british arms To which is added, an Appendix containing extracts from authentic papers. *London, Logographic press*, 1788, 111 pp. — An address to the parliament and people of Great Britain, on the past and present state of affairs between Spain and G. B., respecting their American possessions. *London, J. Debrett*, 1790, 49 pp Signé « *Zetes* ». — AN AUTHENTIC statement of all the facts relative to Nootka sound; its discovery, history, settlement, trade, and the probable advantages to be derived from it; in an address to the King. *London, Debrett*, 1790, 26 pp. Signé « *Argonaut* ». — THOUGHTS on the Canada bill, now depending in parliament. *London, Debrett*, 1791, 50 pp.—SHEFFIELD (J. Lord). Observations on the Corn bill, now depending in parliament.. *London, Debrett*, 1791, 83 pp. — THOUGHTS on equal representation. *London*, 1783. — OBSERVATIONS on the treaty of commerce between G. B. and France. *London*, 1787. — LETTERS to the H. earl of Chatham, with an appeal to the people of G. B. *London*, 1790.

1252. RECUEIL de 7 pièces sur l'esclavage en 1 vol. in-8, demi rel.

(HOLLAND. Edwin C.). A refutation of the calumnies circulated against the Southern et Western states respecting the institution and existence of Slavery among them. By a South-Carolinian. *Charleston*, 1822, 86 pp., 1 fnc. — GARRISON (Lloyd). Thoughts on african colonization; or an impartial exhibition of the doctrines, principles and purposes of the Amer. colonization Society. *Boston*, 1832, 160 et 76 pp. — TWO LETTERS on Slavery, by an eminent Jurist. *Philadelphia*, 1841, 8 pp. — PROCEE-DINGS of the citizens of the borough of Norfolk, on the Boston outrage, in the case of the runaway slave G. Latimer. *Norfolk*, 1843, 20 pp. — THE 7 TH. annual report of the Am. Soc. for colonizing the free people of colour of the U. S. *Washington*, 1824, 173 pp., 1 fnc. — THE 17 TH. annual report of the same Society. *Washington*, 1834, xxxii et 46 pp., 1 fnc. — THE 18 TH. report of the same. *Washington*, 1835, 32 et xx pp

1253. —— de 6 pièces sur l'émigration en 1 vol. in-8, cart.

MORHARD. Travail, liberté, propriété pour tous. Appel d'un américain aux riches et aux prolétaires de l'Europe. (*Genève*), *chez les principaux libraires*, 1846, 35 pp. — POUCEL (B.). Des émigrations européennes dans l'Amérique du Sud. Mémoire lu à la société d'Ethnologie le 22 Février 1850. *Paris, A. Bertrand*, 1850, 44 pp. — (MORHARD). Plan d'une agence, pour la réception, la direction et le placement des prolétaires européens dans l'Amérique du Nord. *Genève, J. Fick*, 1846, 16 pp. — LE-LIÈVRE (F.). De l'émigration en Amérique, depuis 1815 jusqu'en 1843. *Nantes, Hérault*, 1843, 37 pp., 1 fnc. — MARCUS (Rev. Moses). Address to the members of the « United church of England and Ireland » and of the protestant episcopal church in the U. S. of America; on the subject of emigration. *New-York, Crowell et Cº*, 1846, 40 pp. — EMIGRATIONS SUISSES. Enquête auprès de MM. les Consuls de la confédération en Europe, dans le Nord de l'Afrique, l'Amérique du Nord, l'Amérique Centrale et du Sud, suivie des observations de la commission des émigrations, nommée par la société d'utilité publique fédérale, dans sa réunion à Zurich, le 18 Sept. 1844. *Lausanne, Al. Michod*, 1845, 152 pp., 1 fnc,

1254. RECUEIL de 16 pièces (pamphlets) en 1 vol. gr. in-8, demi rel.

FENNO (John). Plan for establishing a general marine society throughout the U. S. and systems of regulations therein ; written at sea, in the year 1794 : now printed by the author. *Philadelphia, John Fenno,* 1798, 32 pp. — DUANE (Wm. John). The law of nations investigated in a popular manner addressed to the farmers of the U. S. *Philadelphia, W. Duane,* 1809, 103 pp., 3 fnc. — Ross (John, the principal chief of the Cherokee nation). Letter to a gentleman of Philadelphia. *Philadelphia,* 1837, 40 pp. — LEE (John). A letter to the President of the U. S. ; proposing a method whereby the merits of the conflicting claims of the U. S. and G. B. on the disputed frontier. *Cambridge,* 1839, 22 pp., 1 pl. — COMMUNICATION from his honor the Mayor in relation to the precautionary measures adopted by him to secure the public peace at the recent election. *New-York,* 1839, pp. 125-186. — STATUTES relating the elections. *New-York,* 1839, 80 pp. — AN ACT to reduce the expense of fore closing Mortgages, in the court of chancery. *New-York,* 1840, 12 pp. — AN ACT to prevent illegal voting in New-York. *New-York,* 1840, 16 pp. — FACTS for the laboring man : by a laboring man. *Newport,* 1840, 102 pp. — THE BANKRUPT law of the U. S. *New-York,* 1841, 12 pp. — BRUCHSTUECKE aus dem Leben und den Staatsmarimen JOHN TYLER's jetzigen Präsidenten der Vereinigten Staaten von America. *Philadelphia,* 1841, 32 pp. — CASE and opinion of P. DUPONCEAU et A. DAVEZAC, counsellors on the contested seat of D. Levy, delegate from the territory of Florida to the congress of the U. S. *Alexandria,* 1842, 46 pp. — MEMORIAL to the 27 congress, from inhabitants of Northampton, Mass. 1842, 23 pp. — WAYLAND (Francis). The affairs of Rhode-island. A discourse delivered in the meeting-house of the first baptist church, Providence, may 22, 1842. *Providence,* 1842, 32 pp. — A REVIEW of the address of general J. Tallmadge before the Amer. institute, oct. 26, 1841. *Buffalo,* 1842, 24 pp. — SANTANGELO (Orazio de). Protest against the convention of April 11, 1839, between the U. S. and the republic of Mexico. *Washington,* 1842, 65 pp.

1255. —— de QUINZE PIÈCES et ARRÊTS, concernant le commerce des Colonies, 1753-89, in-4, non rel.

RÈGLEMENT pour la police et discipline des Navires expédiés pour les Colonies de l'Amérique. Du 22 Juin 1753. *Paris, Imprimerie Royale,* 11 pp. — DÉCLARATION du Roi, qui permet l'entrée et l'entrepôt dans les différens ports du royaume, des taffias venant des colonies françoises de l'Amérique. Donnée à Versailles, le 6 mars 1777. *Paris, P. Simon,* 4 pp. — DÉCLARATION du Roi, pour la police des Noirs. Donnée à Versailles le 9 août 1777. *Paris, Impr. Royale,* 6 pp. — ARRÊT du conseil d'état du Roi, concernant le retour des noirs, mulâtres ou autres gens de couleurs aux Colonies. Du 7 septembrre 1777. *Paris, Impr. Royale,* 2 pp. — OR-

DONNANCE du Roi, portant défenses aux capitaines de navires de laisser débarquer aucun noir, mulâtre ou autres gens de couleur, avant d'avoir fait leur rapport à l'Amirauté. Du 23 février 1778. *Paris, Impr. Royale,* 3 pp. — ARRÊT du conseil d'état du Roi, pour le renouvellement des cartouches des noirs et autres gens de couleur qui sont à Paris. Du 23 mars 1783. *Paris, Impr. Royale,* 4 pp. — ARRÊT du conseil d'état, qui prolonge jusqu'au 1er juillet 1792, l'effet des lettres patentes du 1er mai 1768, qui accordoient à l'isle de Cayenne et à la Guyane françoise, la liberté de commerce avec toutes les nations. Du 15 mai 1784. *Paris, Impr. Royale,* 2 pp. — ARRÊT du conseil d'état, concernant le commerce étranger dans les isles françoises de l'Amérique. Du 30 août 1784. *Paris, Impr. Royale,* 10 pp. — ARRÊT du conseil d'état, qui, à compter du 10 novembre prochain, convertit en gratifications et primes l'exemption du demi-droit accordée aux denrées coloniales provenant de la traite des noirs. Du 26 octobre 1784. *Paris, Impr. Royale,* 8 pp. — ARRÊT du conseil d'état, concernant les armemens de commerce pour les isles et colonies françoises. Du 31 octobre 1784. *Paris, Impr. Royale,* 3 pp. — ORDONNANCE du Roi, concernant les procureurs et économes-gérans des habitations situées aux isles sous le vent. Du 3 décembre 1784. *Paris, Impr. Royale,* 20 pp. — ARRÊT du conseil d'état, qui ordonne que la gratification accordée au commerce, pour la traite des nègres, sera restituée à l'adjudicataire des fermes, avec moitié en sus, par les armateurs qui l'auront reçue, et qui n'auront pas importé des noirs aux Colonies. Du 5 juin 1785. *Paris, Impr. Royale,* 3 pp. — ARRÊT du conseil d'état concernant le commerce interlope des Colonies. Du 23 septembre 1785. *Paris, Impr. Royale,* 1786, 8 pp. — RÉGLEMENT pour les paquebots établis par arrêt du conseil du 14 décembre 1786, pour communiquer avec les colonies françoises, aux isles du Vent et sous le Vent, les isles de France et de Bourbon, et les Etats-Unis de l'Amérique. Du 14 décembre 1786. *Paris, Impr. Royale,* 1787, 8 pp. — ARRÊT du conseil d'état, qui proroge jusqu'au 1er août 1790, les dispositions de celui du 10 septembre 1786, concernant les primes accordées à l'introduction des noirs de traite françoise aux isles du Vent, à Cayenne et aux Cayes, dans la partie du Sud de Saint-Domingue, ainsi que la liberté provisoire de l'exportation à l'étranger des sucres bruts de l'île de Sainte-Lucie. Du 27 juillet 1789. *Versailles, Impr. Royale,* 3 pp.

1256. RECUEIL de 14 pièces sur la Caroline du Sud en 1 vol in-8, demi rel.

THE CONSTITUTION of the state of South-Carolina. *Charleston, printed for A. Timothy,* 1790, 12 pp., sign. *Charles Pinckney,* president. (L'imprimeur de ce précieux document était la veuve de Pierre Timothée; son beau-père était Louis Timothée, protestant français, qui se réfugia en Hollande après la révocation de l'édit de Nantes. Il mourut en décembre 1738.) — MOULTRIE (Alex.). An appeal to the people, on the conduct of a certain public body in South-Carolina, respecting col. Drayton and col. Moultrie. *Charleston, printed by Markland, M' Iver et C°*, 1794, 28 pp. Envoi autographe de l'auteur au Général Sumpter. — CORRESPON-DANCE de la France avec les Etats-Unis. Extraits de cette correspondance adressés au Sénat, et une copie des actes de la législature de la Caroline du Sud. *Philadelphia*, 1794, 26 ff. — AN ADDRESS to the people of South-Carolina, by the general Committee of the representative reform asso-ciation ; at Columbia. *Charleston, Young*, 1794, vi et 42 pp. Les pièces sont signées « *Appius* ». — PINCKNEY (Charles). Three letters written, and originally published, under the signature of a South-Carolina plan-ter.The first, on the case of Jonathan Robbins ; the second, on the recent captures of american vessels by british cruisers ; the third on the right of expatriation. *Philadelphia, Aurora office*, 1799, 65 pp. — SPEECH OF JOSEPH ALSTON, in the house of representatives of South-Carolina ; on a motion to amend the constitution of the U. S. *Charleston, Peter Fre-neau*, 1804, 30 pp. — A LETTER, addressed to his excellency Ch. Pinck-ney, by DANIEL D'OYLEY. *Charleston*, 1807, 31 pp. — MACLEOD (Al.). Narration delivered at Georgetown on the 4 th. day of july, 1816. *Geor-getown, E. Waterman*, 1816, 17 pp. — PAPERS PUBLISHED by order of the agricultural society of South-Carolina. *Columbia, Telescope press*, 1818, 24 pp. — MILLS (Robert). Plan for a great Canal between Charles-ton and Columbia. *Columbia*, 1821, 93 pp. Envoi aut. de l'auteur au gé-néral Sumpter. — To the citizens (An adress upon a presidential election) of South-Carolina. (*Charleston*), 34 pp., sign. « A federal republican » — CAROLINIENSIS. *Charleston, Miller*, (1824 ?), 80 pp. (Articles publiés dans le « *Charleston Mercury* » sur l'esclavage.) — THE BATTLE of the Eutaw springs. 52 pp. (Drame en 5 actes imprimé à Charleston à la fin du siècle dernier). — LEGISLATORS of South-Carolina. (Extrait d'un ou-vrage intitulé : « Preliminary essay upon slavery ».)

Il serait presque impossible aujourd'hui de rencontrer une autre collection de pièces sur l'Amérique du Nord, imprimées lors de la formation du gouvernement des Etats-Unis. Quelques-unes sont fatiguées et d'autres tachées.

1257. RECUEIL de 20 pièces, sur la Caroline du Sud, en 1 vol. in-8, demi rel.

AN ACCOUNT of the late Intended Insurrection among a portion of the blacks of this city. *Charleston, Miller*, 1822, 48 pp.— REPORT on a Code of the statute and Common law of S. C. *Columbia, Faust*, 1827, 26 pp. — REPORT of a special committee of the Senate of S. C. on the resolu-tions submitted by Mr. Ramsay, on the subject of state rights. *Columbia*, 1827, 24 pp. — DEFENCE OF THE SOUTH !! General Hayne, in reply to Mr. Webster. *Charleston, Miller*, 1830, 20 pp. — THE AMERICAN system ex-emplified by a reference to the duties on some of the most necessary and substantial articles of life. By a citizen of Sumter district. *Sumterville, J.*

S. *Bowen*, 1830, 11 pp. — HERMANN. A continuation of this letters, as published in the Banner of the Constitution. (*Philadelphia*, 1832),33 pp. — NATIONAL and state rights, considered by the hon. G. M' Duffie, under the signature of one of the people in reply to the trio. *Columbia*, 1831, 40 pp. — COOPER (Thomas). Address to the graduates of the S. C. college, at the public commencement, 1830. *Columbia*, 1831, 12 pp. — AN IMAGINARY conversation, between President Jackson and the chost of Jefferson. *Columbia*, 1831, 22 pp. — TREE TRADE and the American system; a dialogue between a merchant and a planter. *Columbia*, 1832, 12 pp. — THE LAST day's debate on the tariff, in the senate of the U. S. Address to the people of S. C. *Charleston*, 1832, 24 pp. — GRIMKÉ (Thomas). A letter to the people of S. C. *Charleston*, 1832, 16 pp. — THE LAST will and testament of Wm. Turpin, formerly of Charleston, late of New-York, *New-York*, 1835, 31 pp. — AN ACT to prevent the citizens of N. Y. from carrying slaves, or persons held to service... 4 pp. Signé: *Columbia,* 20 *Dec.* 1841. *A true copy of the original act deposited in this office compared and certified by Wm. Arthur.* On a ajouté à cette pièce le titre original qui nomme Wm. Arthur député, avec le sceau de l'état de la Caroline et la signature du Président. — REPORTS du comité de justice, d'agriculture, du président de la banque, quelques nos du journal de législature de la Caroline du Sud. 1841-42. — LUNATIC asylum of S. C. *Columbia*, 1842, 42 pp. — BACHMAN (John). An enquiry into the nature and benefits of an agricultural survey of the state of S. C. *Charleston*, 1843, 42 pp. — PROCEEDINGS of the democratic state convention, composed of delegates from the several districts of the state of S. C. *Columbia*, 1843, 21 pp. — EMANCIPATION. By a South-Carolinian. *New - York*, 1843, 20 pp. — Life of John C. Calhoun, presenting a condensed history of political events from 1811, to 1843. *New-York*, 1843, 76 pp.

1258. RECUEIL de 6 pièces (démonstrations patriotiques faites à Boston) en 1 vol. in-4, rel. Imprimées à *Boston* de 1777-1786.

HICHBORN (Benj.). An Oration, delivered March 5 th. 1777, at the request of the inhabitants of the town of Boston, to commemorative the bloody tragedy of the 5 th. of March, 1770. *Boston, Edes and Gill,* 1777, 18 pp. (Envoi aut. de l'auteur au Duc de la Rochefoucauld.) — MINOT (G. Richard). An Oration delivered March 5 th. 1782, at the request of the inhabitants of the town of Boston. *Boston, B. Edes and sons,* 1782, pp. 1-8. (Incomplet de la fin.) — FRISBIE (Levi). An Oration delivered at Ipswich, at the request of a number of the inhabitants, on the 29 th. of April, 1783; on account of the happy restoration of peace, between Great-Britain and the U. S. of America. *Boston, E. Russell,* 1783, 24 pp.—WARREN (John). An Oration delivered July 4 th, 1783 at the request of the inhabitants of the town of Boston, in celebration of the anniversary of American Independence. *Boston, John Gill,* 1783, 32 pp. (Envoi aut. de l'auteur, et notes mss. sur les marges.) — GARDINER (John). An

Oration delivered July 4, 1785, in celebration of the anniversary of American independence. *Boston, P. Edes,* 1785, 37 pp., *Appendix,* xxii pp (Envoi aut. de l'auteur, et corrections mss.). — Austin (Jonathan L.). An Oration delivered July 4, 1786, in celebration of the anniversary of American Independence. *Boston, Peter Edes,* 1786, 19 pp.

1259. RECUEIL de 7 pièces en 1 vol. in-8, demi rel.

Jahnsenykes (Rev. Will.). Memoir of the northern kingdom, written, A. D. 1872 (*sic*), in six letters to his son. *Quebeck, now first published,* 1901 (*sic*), 48 pp. — Washington (Georges). The president's address to the people of the U. S. September 17, 1796, intimating his resolution of retiring from public service, when the present term of presidency expires. *Philadelphia, Young, Mills et son,* 1796, 28 pp. — Derby (John Barton). Political reminiscences including a sketch of the origin and history of the statesman party of Boston. *Boston,* 1835, 172 pp. — Notions on religion and politics, by the puritan club. *Boston,* 1826, 69 pp. — Inaugural address of Albert Gallatin on taking the chair as President of the New-York historical society. *New-York,* 1843, 21 pp., 1 fnc. — A Short account of Algiers, containing a description of the climate of that country, of the manners and customs of the inhabitants. *Philadelphia,* 1794, 30 pp. (le f. 27 est déchiré par la moitié). — Adams (John Quincy). Oration on the life and character of Gilbert Motier de Lafayette. *Washington,* 1835, 94 pp.

1260. —— de 6 pièces en 1 vol. in-8, rel.

Letters from the Secretary of state to Mr. Monroe, on the subject of the attack on the Chesapeake; the correspondence of Mr. Monroe with the British government; and also, Mr. Madison's correspondence with Mr. Rose, on the same subject. *Washington, Way,* 1808, 4 parties de 88, 137, 226 et 47 pp.—Letter from Mr. Erskine, the British minister to the Secretary of state, on the subject of the British orders in council of the 11th. of November 1807. *Washington,* 1808. — Papers relative to French affairs, communicated by G[al] Armstrong to Mr. Monroe. *Washington,* 1808, 21 pp. — Letter from M. Champagny to G[al] Armstrong. *Washington,* 1808, 4 pp. — Documents accompanying the Message of the President of the U. S. to the two houses of congress. *Washington,* 1808, 107 pp. — Message from the President of the U. S., transmitting copies of all orders and decrees of the belligerent powers of Europe, affecting the commercial rights of the U. S., passed since 1791. *Washington,* 1808, 123 pp.

1261. —— de 12 pièces en 1 vol. in-12, demi rel.

Remarks on the Report of the Secretary of the treasury to the house of representatives of the U. S. By a friend to the public. *Printed, May, A. D.* 1790, 31 pp. Extrêmement rare et dédié à Washington. — Barnes

(Joseph). Treatise on the justice, policy, and utility of establishing an effectual system for promoting the progress of useful arts, by assuring property in the products of genius. *Philadelphia, Francis Bailey*, 1702, 34 pp. — Collection of sundry publications, and other documents, in relation to the attack made during the late war upon the private armed brig General Armstrong, commanded by S. C. Reid. *New-York*, 1833, 46 pp. — Whitehook. Remarks upon usury and its effects. *New-York*, 1841, 69 pp. — Constitution of the General grand chapter, of royal arch masons, for the U. S. *New-York*, 1829, 18 pp. — Laws of Harvard University. *Cambridge*, 1841, 40 pp. — Orders and regulations of the faculty of Harvard University. *Cambridge*, 1841, 13 pp. — Catalogue of the officers and students of Harvard University for 1841-43. *Cambridge*, 1841-42; 40 et 40 pp. — The American lycæum in Paris. *Paris*, 22 pp. — Geneva college, course of study. *Geneva*, 1837, 16 pp. — Constitution et Nebengesetze des Deutschen Lese-Vereins zur Beförderung der deutschen Sprache und gemeinnütziger Kenntnisse. *Philadelphia*, 1842, 15 pp. — Die Tarif-Bill. Passirt am 22 August 1842 in beiden Hæusern des Congresses der Vereinigten staaten. *Philadelphia*, 52 pp.

1262. RECUEIL de 4 pièces, en 1 vol. in-4, cart.

Estado actual de la isla de Cuba, y medios que deben adoptarse para fomentar su prosperidad. *Madrid*, 1838, 131 pp. — Marrero (Abraham). Causa célebre del hospital militar de S. Ambrosio de la ciudad de la Habana. (*Madrid*), 37 pp. — Representacion dirigida al rey de España, por un español que acaba de regresar de Mejico, sobre el reconocimiento de la independencia de América. *Burdeos*, 1829, 32 pp. — Trucchi (Franc.) Dei primi scopritori del nuovo continente americano. *Firenze*, 1842, in-8, 80 pp. Les 5 dernières contiennent la correspondance du célèbre Toscanelli et de Ch. Colomb.

1263. —— de 10 pièces, in-8 et in-12, demi rel.

The Constitution of the United States of America; as proposed by the convention, held at Philadelphia, sept. 17, 1787. *Philadelphia, John Oswald*, 1799, in-12, 27 pp. Très-rare. L'une des premières éditions de la Constitution américaine. — The same work. *Washington*, 1839, 78 pp. — Congressional directory of the first and second sessions of the 26 th. and 27 th. congress. *Washington*, 1840-41, 71 et 64 pp., 1 fac., 1 pl.— Official army register, for 1843. *Washington*, 1843, 52 pp. — Register of the commissioned and warrant officers of the navy of the U. S. *Washington*, 1842, 64 pp. — The constitution and laws of the Cherokee nation: passed at Tah-le-Quah Cherokee nation. *Washington*, 1840, 36 pp. — Letters of Decius (or few observations on the politic of the present times). 1790 ? Fort rare, mais incomplet, il y manque le titre et la p. 131 à fin. — An address to emigrants to Texas. *Boston*. 8 pp. — Channing. A letter to Henry Clay, on the annexation of Texas to the U. S.

Boston, 1 837, 72 pp. — Brief remarks on Dr. Channing letter. By a Texian. *Boston,* 1837, 2 1 pp.

1264. RECUEIL de Voiages au Nord, contenant divers memoires tres utiles au commerce et à la navigation. *Amsterdam, J. F. Bernard,* 1715-18, 4 to. en 3 vol. in-12, rel. v.

Collection très-estimée publiée par le libraire J. Fred. Bernard.

Première édition complète en 4 volumes, renfermant les pièces suivantes :

Vol. I. 3 fnc., « Discours » xliv pp., 2 fnc., titre gravé. — Relation de l'Islande (par La Peyrère, V. n° 833). pp. 1–72, 3 cartes. — Quelques memoires pour ceux qui vont à la pêche de la baleine. pp. 73-84. — Relation du Groenland (par La Peyrère). pp. 85-188, 1 carte, 1 pl. (V. n° 831) — Addition aux mémoires pour ceux qui vont à la pêche de la baleine. pp. 189-200, carte. — Essai d'instructions pour voyager utilement. pp. 1-116, 1 pl.

Vol. II. 2 fnc. — Journal d'un voyage au Spitzbergen et au Groenlandt. Contenant une relation exacte de tout ce qu'on a remarqué dans ce voyage depuis le 15. Avril jusqu'au 21. Août 1671. (Traduit sur l'original allemand de Fred. Martens). pp. 1-205, 14 pl. — Journal du capitaine Jean Wood, allant à la découverte d'un passage pour les Indes Orientales par le Nord-Est, en tenant route vers la Nouvelle Zemble et la Tartarie. En l'année 1676. pp. 206-237. — Journal à bord du Prospere, commandé par le cap. Guill. Flawes, depuis la Nouvelle Zemble jusqu'en Angleterre. pp. 238-266. — Supplément aux voyages du capitaine Wood et de Fr. Martens vers le Nord-Est. Contenant des observations, touchant le Nord-Oüest de Groenland, etc. Traduit de l'anglois. pp. 267-298.

Vol. III. 1 fnc. — Relation de Terre-Neuve, par White, qui y a été en 1700, trad. de l'original anglois. pp. 1-31, carte. — Lettre de Mr. de Liste sur la question, si le Japon est une ile. pp. 32-43. — Relation de la découverte de la terre de Jesso, ou d'Eso, au nord du Japon, par le vaisseau Castricom en 1643. pp. 44-56, carte. — Relation concernant l'empire et le gouvernement du Japon. Par Fr. Caron. pp. 57-141. — Relation de la Tartarie Orientale par le P. Martini. pp. 142-185, carte. — Memoire pour l'établissement du commerce au Japon, dressé suivant l'ordre de Colbert par Caron. pp. 186-256. — Lettre de M. Delisle à M. Cassini, sur l'embouchure de la rivière de Mississipi. pp. 257-267. — Lettre de Delisle touchant la Californie. pp. 268-277. — Mémoire touchant la Californie. Extrait de la relation des missions établies par les RR. PP. Jésuites et présenté au conseil roial de Mexique, traduit sur l'original espagnol. pp. 278-287. (Ce mémoire est signé F. M. Picolo, et daté de *Guadalaxara,* le 10 février 1703). — Relation d'une descente des Espagnols dans la Californie en 1683. Traduite du castillan. pp. 288-300. — Voyage de l'Empereur de la Chine dans la Tartarie. Ecrit par le P. VERBIEST en l'année 1682 et 1683. pp. 3o1-336. — ADDITION qui appartient au voyage précédent. pp. 337-340. (L'éditeur de la relation du P. VERBIEST, dit l'avoir fait réimprimée, car elle ne se trouvait plus qu'avec peine. Pour l'original, V. ce nom).

Vol. IV. « *Première partie.* » LXII pp., front. gravé. — RELATION du naufrage d'un vaisseau hollandois, sur la côte de l'isle de Quelpaerts : avec la description du royaume de Corée. pp. 1-82, 1 pl., 1 carte. — LET-TRE du P. JARTOUX Jésuite, au procureur général des missions ; touchant la plante de Ginseng. pp. 83-96. — AVIS sur la navigation d'ANT. JENKIN-SON en la mer Caspienne. pp. 97-102.—VOIAGE d'ANT. JENKINSON, pour dé-couvrir le chemin du Cathay par la Tartarie écrit par lui-même aux mar-chands anglois de Moscow. pp. 1o3-138. — RELATION du sieur FERRAND, medecin du Kan des Tartares, touchant la Krimée, et ce qui se passe au serrail dudit Kan. pp. 139-153. — VOYAGE d'un ambassadeur que le czar de Moscovie envoya par terre à la Chine l'année 1653. pp. 154-168 (chiff. 150-164), 2 pl. — « *Deuxième partie* » 7 fnc. — VOYAGE de JEAN HUY-GHEN DE LINSCHOTEN, au nord par le détroit de Nassauw et iusqu'à l'em-bouchure du fleuve Oby, en 1594. pp. 15-148. — SECOND voiage de LINS-CHOTEN au detroit de Nassau, ou passage de Waigatz. pp. 149-245, 3 pl. — Catalogue pp. 246-248.

1265. RECUEIL de Voiages au Nord, contenant divers memoires tres utiles au commerce et à la navigation. *Amsterdam, F. Bernard*, 1715-25, 7 vol. in-12, v. f. fil.

Magnifique exemplaire dans sa reliure originale parfaitement conservée, AUX ARMES DE LA COMTESSE DE VERRUE.

Les 4 premiers volumes sont les mêmes pour le contenu et la description, que la 1re édition décrite ci-dessus. Les autres volumes renferment les relations sui-vantes :

Vol. V. 1 fnc. — RELATION de la Louisiane ou Mississipi, écrite à une dame par un officier de marine. pp. 1-34, carte. (L'auteur de cette rela-tion dit le P. CHARLEVOIX, est un fort honnête homme, et qui ne dit guère que ce qu'il a vû ou appris sur les lieux ; mais il n'a pas eu le temps de s'instruire beaucoup de la nature du Pays ; encore moins de l'histoire de la Colonie). — RELATION de la Louisiane, et du Mississipi. Par le CHEV. DE TONTI, Gouverneur du fort Saint Louis, aux Islinois. pp. 35-195. — VOYAGE en un pays plus grand que l'Europe, entre la mer gla-ciale et le Nouveau Mexique par le P. HENNEPIN. pp. 197-370. — RE-LATION des voyages de GOSNOL, PRINGE et GILBERT, à la Virginie en 1602 et 1603. Traduite de l'anglois. pp. 371-395. (Cette relation n'est qu'un journal de marine, mais qui peut servir utilement aux pilotes). — RELA-TION du détroit et de la baie de Hudson, à M***. Par M. JEREMIE. pp. 396-432. (J'ai connu l'auteur qui étoit un fort honnête homme, et un ha-bile voyageur. Sa relation est fort instructive, et judicieusement écrite. CHARLEVOIX).—Les trois navigations de MARTIN FROBISHER, pour chercher un passage à la Chine et au Japon par la mer Glaciale, en 1576-78. Ecrites à bord du vaisseau de Frosbisher. Traduites de l'anglois. pp. 433-494.

Vol. VI. 5 fnc. — LA conqueste de l'empire de la Chine par les Tartares. 477 pp. (C'est la relation de PALAFOX, dont une traduction a été faite par JOUVE D'EMBRUN).

Vol. VII. 1 fnc. — HISTOIRE des deux conquérans Tartares qui ont subjugué la Chine (par le P. D'ORLÉANS). pp. 1-88. — RELATION des Tartares, procopites et nogaies, des Circassiens, Mingreliens, et Georgiens. Par JEAN DE LUCA, de l'Ordre de Saint-Dominique. pp. 89-135. — RELATION de la Colchide, ou Mingrellie. Par le P. ARCH. LAMBERTI. pp. 136-302, carte. — EXTRAIT concernant la mer Caspienne et les pays voisins de cette mer, tiré des écrits du sieur PERRY, pour l'intelligence de la carte de la mer Caspienne levée suivant les ordres de S. M. Cz. en 1719-21. et pour l'éclaircissement de quelques relations qui concernent la Tartarie. pp. 303-330, carte. — RELATION du voyage de JEAN DU PLAN CARPIN, Cordelier, qui fut envoyé en Tartarie par le Pape Innocent IV. l'an 1626. pp. 330-424.— Catalogue 2 fnc.

1266. RECUEIL de voyages dans l'Amérique Méridionale, contenant diverses observations remarquables touchant le Pérou, la Guiane, le Brésil, etc. Traduits de l'espagnol et de l'anglois. *Amsterdam, Fréd. Bernard*, 1738, 3 vol in-12, rel.

Autre collection de FRÉD. BERNARD. Voy. aussi CORÉAL, n° 394, c'est le même livre.

Vol. I. RELATION des voyages de FRANÇOIS CORÉAL aux Indes Occidentales, contenant une description exacte de ce qu'il y a vû de plus remarquable pendant son séjour, depuis 1666. jusques en 1697. 332 pp., 2 fnc., 12 cartes et fig.

Vol. II. Voyages de CORÉAL. Troisieme partie. pp. 1-150. — RELATION de la Guiane, du lac de Parimé, et des provinces d'Emeria, d'Arromaia et d'Amapaia découvertes par le CHEV. WALTER RALEIGH. Traduites de l'original anglois. pp. 153-260. — RELATION de la Guiane, traduite de l'anglois du Capitaine KEYMIS. pp. 261-288. — RELATION en forme de journal, de la découverte des iles de Palaos, ou Nouvelles Philippines. pp. 291-302, 1 fnc., 5 fig. et cartes.

Vol. III. JOURNAL du voyage du capitaine NARBROUGH, à la mer du Sud, par ordre de Charles II. pp. 1-200. — RELATION d'un voyage aux Terres Australes inconnues, tirée du journal du capitaine ABEL JANSEN TASMAN. pp. 203-223. — Lettre du P. NYEL sur la mission des Moxes, peuples de l'Amérique Méridionale. pp. 224-235. — RELATION espagnole, de la mission des Moxes dans le Pérou. Imprimée à Lima, par ordre de Mgr. Urbain de Matha, évêque de la ville de la Paix. (Par le P. NYEL). pp. 236-278, 1 fnc., 1 carte.

1267. RECUEIL des loix constitutives des Colonies angloises, confédérées sous la dénomination d'Etats-Unis de l'Amérique Septentrionale. Auquel on a joint les actes d'indépendance, de confédération et autres actes du congrès général, traduit de l'anglois (par Régnier). *Philadelphie et Paris, Cellot et Jombert*, 1778, in-12, bas.

5 fnc., 370 pp. Dédié à Franklin.

1268. REED (Joseph). Life and Correspondence of Joseph Reed, military secretary of Washington, at Cambridge, adjutant general of the Continental army; member of the congress of the U. S.; and president of the executive council of the state of Pennsylvania. By his grandson William Reed. *Philadelphia, Lindsay and Blakiston,* 1847, 2 vol. in-8, cart.

Vol. I. xxiii et 437 pp., portrait. — Vol. II. xv et 507 pp.

Publication intéressante pour l'histoire de l'indépendance américaine et remplie de documents originaux et importants.

1269. REGIL (Pedro Manuel). Memoria instructiva sobre el comercio general de la provincia de Yucatan, y particular del puerto de Campeche. La publica Don Angel Alonso y Pantiga. *Madrid, Vega y Comp.*, 1814, in-4, br.

56 pp., 3 tableaux.

1270. REGLAMENTO para la propagacion y estabilidad de la Vacuna en el reyno de Guatemala dispuesto, de orden de S. M, por el superior gobierno del mismo reyno. *Nueva Guatemala, D. Ignacio Beteta,* 1805, in-fol., br.

2 fnc., 29 pp., 1 fnc. — Adiciones ál reglamento aprovado por S. M..... 2 fnc. Daté : *del Real palacio de la Nueva Guatemala à 25 de Enero de 1805 y 10 de Abril* 1806, signé et paraphé : Ant. Gonzalez Saravia et Alexandro Ramirez.

1271. (REID). Bibliotheca Americana; or, a chronological Catalogue of the most curious and interesting books, pamphlets, state Papers, etc. Upon the subject of North and South America, from the earliest period to the present; in print and manuscript. etc. *London, J. Debrett,* 1789, in-4, rel.

1 fnc., 271 pp. Cette compilation, faite d'après le Catal. du *British Museum, The Monthly Review, etc.* a été attribuée à J. Debrett puis à un Rev. Homer, qui n'en fut que l'éditeur. Les titres sont abrégés et mal transcrits.

1272. RELACION del estado en que el marques de Gelves hallo los

Reynos de la Nueua España, de lo sucedido en el tiempo que la gouer-
no, y del tumulto y lo demas, hasta que boluio a España. In-fol. br.

32 ff. Pièce justifiant la conduite du marquis de Gelves, pendant sa vice-royau-
té. Ecrite probablement par lui et imprimée à Madrid, vers la fin de 1624 ou
1625.

A la suite :

RELACION Svmaria y puntual del tumulto y sedicion que huuo en Mexico a los 15 de Enero de 624 y de las cosas mas notables que le precedieron, y despues se han seguido, hasta los 6 de Março del dicho año.
In fol. br.

18 ff. Pièce en faveur du vice-roi, peut-être bien imprimée à Mexico.

Pour une autre pièce relative au même sujet. Voy. le n° 979

1273. RELACION del último viage al estrecho de Magallanes de la fre-
gata de S. M. Santa Maria de la Cabeza, en los años de 1785 y 1786.
Extracto de todos los anteriores desde su descubrimiento impressos y
mss. y noticia de los habitantes, suelo, clima y producciones del estrecho. *Madrid, viuda de Ibarra,* 1788.—APÉNDICE, que contiene el viage
de los paquebotes Santa Casilda y Santa Eulalia para completar el reconocimiento del estrecho en los años de 1788 y 1789. *Madrid,
Ibarra,* 1793, ens. 2 vol. in-4, rel.

Vol. I. 2 fnc., xvj et 359 pp., portrait de Magellan, 4 cartes. — Vol. II. Appendice
1 fnc., 128 pp., 1 tableau, 1 carte.

Cet ouvrage a été publié par ordre du Roi.

1274. —— del viage hecho por las goletas Sutil y Mexicana en el año de
1792 para reconocer el estrecho de Fuca. Con una introduccion (por
D. DIONISIO GALIANO y D. CAYETANO VALDÈS) en que se da noticia de
las expediciones executadas anteriormente por los españoles en busca
del paso del Noroeste de la América. *Madrid, Imprenta Real,* 1802,
in-4, et atlas in-fol., br.

7 fnc., « Introduccion » CLXVIII pp., « texte » 185 pp., 1 tableau statistique des missions de la nouvelle Californie de 1785 à 1791. « Apendice : Memoria sobre las
observaciones astronómicas, que han servido de fundamento á las cartas de la
costa N. O de América, por JOSEF DE ESPINOSA. » 20 pp. — « Atlas » 9 cartes et 8
pl.

Ce journal intéressant, publié par ordre du Roi, est difficile à trouver ainsi
complet, l'appendix ou l'atlas manquant assez souvent. Les pp. 178-184 contiennent un : VOCABULARIO *del idioma de los habitantes de Nutka.*

L'exemplaire de Fleurieu a été vendu 42 fr. et Salva a coté un exemplaire jusqu'à L. 4. 4 s.

1275. RELACION Historica y Geografica del nuevo Partido de Caupolican y Misiones de Apolobamba. 1809, in fol., non rel.

Manuscrit INÉDIT? d'une belle écriture, composé de 42 pp., et d'un tableau. Cet intéressant document a été écrit en 1809 dans la ville de la Paz.

1276. —— verdadera de las pazes qve capitvlo con el Aravcano rebelado, el marques de Baides, conde de Pedroso, gouernador del Chile. Sacada de sus informes, y cartas, y de los Padres de la Compañia de Jesus, que acopañaron el Real exercito en la jornada que hizo para este efeto el año passado de 1641. *Madrid, Francisco Maroto*, 1642, in-fol.

Pièce de 4 fnc. à toutes marges. — PINELO, col. 655.

1277. RELANDI (Hadriani). Dissertationum Miscellanearum. Editio secunda. *Trajecti ad Rhenum*, 1713, 3 vol. in-12, demi rel.

Vol. I. 3 fnc., 232 pp., 12 fnc. — Vol. II. 1707. 3 fnc., 324 pp., 23 fnc. — Vol. III. 1708. 3 fnc., 250 pp., 15 fnc., 5 pl. et 1 carte de Ceylan.

Cet ouvrage a été publié en 1706-08; les exemplaires avec la date de 1713 n'ont que le titre de changé. Il se compose de 13 dissertations intéressantes pour l'histoire et la philologie de l'Orient et de l'Inde. La deuxième dissertation (vol. III, p. 141-229) « *de linguis Americanis* » contient un vocabulaire Brésilien, d'après celui qui se trouve dans l'histoire naturelle du Brésil par Piso. (V. n° 1179); des dialogues et des éléments de grammaire brésilienne extraits de LÉRY et du P. ANCHIETA. Un vocabulaire de la langue du Chili et de la langue Péruvienne, tiré de l'ouvrage de BARLÆUS et de GARCILASO DE LA VEGA (V. ces noms). Un extrait de Th. GAGE sur la langue Poconchi. Un vocabulaire Caraïbe extrait de ROCHEFORT; un aperçu sur la langue mexicaine; un extrait de la grammaire d'ELIOT de la langue des indiens de la Virginie et un passage de la Bible du même auteur; enfin un extrait des dialogues de LAHONTAN (huron et algonquin) et un vocabulaire islandais extrait du dictionnaire de JUVENE islando.

1278. RELATIO triplex de rebvs Indicis : I R. P. Cornelij Beudinij, dicti Godinez, martyrium. II. Caaiguarum gentis mores, cœpta conuersio. III. R. P. Adriani Knudde, dicti Crespi, Elogium. *Antverpiæ, Apud Jacobvm Mevrsivm*, an. 1654, in-12, rel.

70 pp. Ce recueil, non cité par TERNAUX, est divisé en trois parties. La première (pp. 7-31) contient l'éloge du R. P. CORNEILLE BEUDIN appelé par les Espagnols et les Indiens GODINEZ, né à Gravelines en 1615, martyrisé par les Indiens Tarahumares, de la Nouvelle Biscaye, le 4 Juin 1650. (Le portrait du P. Beudin gravé par *Lommelin* est au verso de la page 5.). La deuxième (pp. 32-47), est la relation de la conversion à la foi des Indiens Caaiguais, extraite d'une lettre écrite par le P. NICOLAS DU TOICT (DEL TECHO), né à Lille en 1611 mort vers 1680, et datée de la Résidence de Sainte-Marie Majeure, province du Paraguai, sur le fleuve Uruguay, en 1651. La troisième (pp. 48-70) est un abrégé de la vie du R. P. ADRIEN KNUDDE né à Bruges, mort dans les missions du Paraguay, le 25 février

1651, extrait de la relation du P. N. DU TOICT, écrite en espagnol et traduite en latin (V. ce nom TECHO).

1279. RELATION de ce qvi s'est passé en la Novvelle France en l'année 1638. Enuoyee au R. Pere Provincial de la Compagnie de Jesvs en la Prouince de France. Par le P. PAVLE LE JEVNE de la mesme Compagnie, superieur de la Residence de Kébec. *Paris, Seb. Cramoisy*, 1638, in-8, vél.

Table 1 fnc., « Relation... » 78 pp. datée « *Aux trois Riuieres en la Residence de la Conception, ce* 25. *d'Aoust* 1638.» — Relation de ce qvi s'est passé dans le pays des Hvrons ès années 1637. et 1638. 67 pp., au verso le privilège du Roi. Cette dernière relation signée FRANC. JOSEPH LE MERCIER est datée de la Residence de la Conception... *Au bourg d'Ossosane ce* 9. *Juin* 1638.

1280. —— de l'année 1639. *Paris, Seb. Cramoisy*, 1640, in-8, vél.

Privilège, Extrait des chapitres, 3 fnc., « Relation... ». 166 pp. datée de « *Sillery, autrement en la Residence de sainct Joseph, en la Nouuelle France, ce* 4. *Septembre,* 1639. » — Relation des Hvrons (1638-1639) 174 pp. Signée HIEROSME LALEMANT et datée du *Bourg d'Ososané aux Hurons, ce* 7... *de Juin* 1639.

1281. —— en l'année 1642. Enuoyée au R. P. Jean Filleav... Par le R. P. BARTHELEMY VIMONT de la mesme Compagnie, Superieur de la Residence de Kebec. *Paris, Seb. Cramoisy*, 1643, 2 vol. in-8, cart.

Table et privilège 2 fnc., 191 pp., datée « *A Kebec, ce* 4. *d'Octobre* 1642.»—Relation des Hurons 1641-1642. M.DC.XLIII. table 1 fnc., 170 pp. Signée : HIER. LALLEMANT; datée « *de Saincte Marie aux Hurons ce* 10. *de Juin* 1642. »

1282. —— en l'année 1642 et 1643. *Paris, Seb. Cramoisy et Gabriel Cramoisy*, 1644, in-8, vél.

3 fnc., pour la table et le privilège ; « Relation.... » 309 pp. « Declaration de Messieurs les Directeurs, et Associez en la Compagnie de la Nouuelle France » 3 pnc. Cette relation renferme aux pp. 56-58, une lettre d'un néophyte de Sillery, écrite en langue Algonquine, avec une traduction française. On y trouve aussi la relation de la captivité du P. Isaac Jogues.

1283. —— ès années 1655. et 1656. Enuoyée au R. P. Lovys Cellot. *Paris, Seb. Cramoisy et Gabriel Cramoisy*, 1657, in-8, vél.

Table et privilège 2 fnc., 168 pp. L'Epitre dédicatoire est signée JEAN DE QVENS et datée de « *Kebec ce* 7 *Septembre* 1656. » Les PP. DE BACKER annoncent que ce vol. contient deux lettres, sig. du P. LE MERCIER, formant 28 pp. Elles ne sont pas dans notre exemplaire qui, du reste, est piqué dans les marges.

1284. —— ès années mil six cens cinquante six et mil six cens cinquante sept. *Paris, Seb. Cramoisy et Gabriel Cramoisy*, 1658, in-8, cart.

5 fnc., pour la table, le privilège et la dédicace. Celle-ci est datée de *Clermont*

ce 1. *Décembre* 1657 et signée Pavl le Jevne. « texte » 211 pp. Les pp. 189-200
contiennent une lettre du P. le Mercier datée de *Montreal, ce* 6. *Juin* 1656, et
les pp. 202-208 une autre lettre du P. Paul Ragueneau datée « *du chemin de Kebec à Onontaghé ce* 9. *d'Aoust* 1657. »
Dans notre exempl. les pp. 21-32 sont manuscrites.

1285. RELATION de ce qvi s'est passé en la Novvelle France dans les
années 1670. et 1671. Envoyée au R. P. Jean Pinette. *Paris, Sebastien Marbre-Cramoisy*, 1672, in-8, vél. doré.

7 fnc., pour la table et la dédicace signée du P. Claude d'Ablon. « texte » 189
pp., au verso de la dernière le privilège du Roi. Entre les pp. 86-87 une carte
très-bien conservée intitulée : Lac Svperievr et avtres lievx ov sont les Missions
des Peres de la Compagnie de Jesvs comprises sovs le nom d'Ovtaovacs. — 1 fig.
au verso de la p. 154.

1286. —— de ce qui s'est passé en Canada, à la descente des Anglois à
Quebec au mois d'Octobre 1690. faite par un officier qui s'est trouvé
dans l'occasion, et passé de Quebec à Port-Louïs, où a descendu Mr.
de Vilbon Capitaine chargé des paquets du Roy, et depuis arrivé à
la Rochelle le 21. Janvier 1691. dans le vaisseau la Fleur de May commandé par lé (*sic*) capitaine Javelau de la Tremblade. In-4, br.

Plaquette de 4 ff. sans date ni lieu d'impression. Peut-être a-t-elle été imprimée à la Rochelle.

1287. —— de la levée dv siège de Qvebec, capitale de la Nouvelle
France. In-4, cart.

Pièce de 6 ff., chiffrée 61-72, extraite des *Extraordinaires* du *Mercure de
France*, et fort bien conservée.
Au bas du f. 72 on lit : *A Paris, du Bureau d'Adresse, aux Galleries du
Louvre, devant la rûe S. Thomas, le* 7 *Février* 1691.
Pour d'autres pièces tirées aussi du *Mercure* V. les n°s 531-543.

1288. —— de ce qui s'est passé au fort S. Pierre, isle de la Martinique,
au sujet des ordres donnés par le général anglois aux Missionnaires,
de laisser leurs eglises libres à certaines heures les jours de dimanche,
pour que ses troupes pussent y faire les exercices de leur Culte. (*Paris*, 1763 ?), in-12, rel.

xiv et 162 pp. « Lettre d'un Dominicain de la Martinique à un de ses supé-
rieurs en France; contenant le récit de la persécution que le P. de Lavalette jésuite, a suscitée aux Missionnaires de cet ordre. » viij et 32 pp.

1289. —— du voyage de S. A. R. le prince de Galles en Amerique, reproduite du « Journal de l'instruction publique du Bas-Canada » avec

un appendice contenant diverses adresses. etc. *Montréal, E. Senécal,* 1860, in-8, br.

148 et xxvii pp., 1 fnc., portrait et 16 pl., vignettes dans le texte.

1290. RELATION des affaires du Canada, En 1696. Avec des Lettres des Pères de la Compagnie de Jésus depuis 1696 jusqu'en 1702. *Nouvelle York : De la presse Cramoisy de J. M. Shea,* 1865, in-8, cart. *non rogné.*

73 pp. Tiré à cent exemplaires.—Collection imprimée sur des copies faites d'après les mss. originaux par M. Henry C. Murphy. Contient : Les affaires du Canada, en 1696. — De la mission iroquoise du Sault St. François Xavier, en 1696 ; des lettres des PP. Gravier, G. Marest, J. Binneteau, J. Bigot, L. Chaigneau et M. de Montigni. A la suite :

Relation de la mission Abnaquise de S^t. François de Sales l'année 1702. Par le P. Jacques Bigot. *Nouvelle-York,* 1865, 26 pp. — Lettre du P. Jacques Gravier, de la Compagnie de Jésus, le 23 février 1708, sur les affaires de la Louisiane. *Nouvelle-York,* 1865, 18 pp.

1291. RELATIONS veritables et cvrievses de l'isle de Madagascar, et dv Bresil. Auec l'histoire de la derniere guerre faite au Bresil, entre les Portugais et les Hollandois. Trois Relations d'Egypte, et vne du Royaume de Perse. *A Paris, Avgvstin Covrbé,* 1651, in-4, rel.

Cette collection dûe au libraire A. Courbé a été jusqu'à présent peu connue et décrite imparfaitement. Elle est rédigée en partie par Morisot, de Dijon, d'après des matériaux qu'il avait reçus des frères Dupuy, auxquels l'ouvrage est dédié. Elle contient les pièces suivantes :

Dédicace ; avis au lecteur ; table des relations, 6 fnc. — Relation dv voyage qve François Cavche de Roven a fait à Madagascar, Isles adjacentes, et coste d'Afrique. Recueilly par le sieur Morisot, Auec des notes en marges. (pp. 1-194, carte). Les pp. 175-194, sont occupées par des dialogues et un vocabulaire Malgache-français. — Relation dv voyage de Rovlox Baro, interprete et ambassadeur ordinaire de la Compagnie des Indes d'Occident, de la part des illustrissimes seigneurs des Prouinces-Vnies au pays des Tapuies dans la terre ferme du Brasil. Commencé le 3 avril 1647 et finy le 14 juillet de la mesme année. Traduict d'hollandois en françois par Pierre Moreav de Paray en Charolois. (pp. 195-307). — Histoire des derniers trovbles dv Bresil. Entre les Hollandois et les Portvgais. Par P. Moreav. *Paris, Avgvstin Covrbé,* 1651, 9 fnc. (y compris la description de Récif, partie de la ville de Pernambouc), 212 pp., plan de Récif. — Relation dv sievr Cæsar Lambert de Marseille, de ce qv'il a vev de plvs remarquable au Caire, Alexandric et autres villes d'Ægypte és années 1627-28-29 et 32. (pp. 1-51). — Estat de l'Ægypte, et des gouuernemens qui en dependent, descrit par le sieur Jacques Albert 1634 (pp. 52-82). — Estat des revenvs d'Ægypte, par le sieur Santo Seguezzi 1635. (pp. 83-100). — Relation d'vn voyage de Perse faict es annees 1598. et 1599. Par vn gentilhomme de la suitte du seigneur Scierley ambassadeur du Roy d'Angleterre. (pp. 101-158.)

1292. REMESAL (Antonio de, de la orden de Predicadores). Historia general de las Indias Occidentales, y particular de la gouernacion de Chiapa y Guatemala. *Madrid, Francisco de Abarca y Angulo,* 1620 (à la fin 1619), in-fol., vél.

> 5 fnc., 784 pp. Très-bel exemplaire.

> Ouvrage écrit avec exactitude et composé sur des documents originaux tirés des archives des maisons de l'ordre et de celles des villes de la province de Guatemala.

> Ant. de Remesal, ainsi que nous l'apprennent Quétif et Echard (*Scriptores ord. Prædicatorum,* vol. II, pag. 412), était un homme laborieux, très-habile et très-capable d'écrire l'histoire des missions de l'ordre au Nouveau-Monde.

> Des exemplaires de cet important ouvrage, ont le titre ainsi conçu : *Historia de la Prouincia de S. Vincente de Chyapa y Guatemala de la Orden de S. Domingo.......* Madrid, por Francisco de Angulo, 1619, avec un titre gravé par Diego de Astor.

1293. REMIREZ (D. Francisco). Analisis de las aguas de la fuente de Madruga llamada vulgarmente la Payla. *Havana, D. Estevan Joseph Boloña,* 1802, in-fol., br.

> 1 fnc., 20 pp. — A la suite :

> Ximenez (D. Miguel Maria). Observaciones a cerca de la virtud de las aguas de Madruga. *Havana, D. E. J. Boloña,* 1802, 17 pp.

1294. RENGGER et LONGCHAMPS. Essai historique sur la révolution du Paraguay, et le gouvernement dictatorial du docteur Francia. *Paris, H. Bossange,* 1827, in-8, demi rel.

> xxxv et 300 pp., fac-simile.

1295. RENOUARD (Félix). Statistique de la Martinique, ornée d'une carte de cette île, avec les documens authentiques de sa population, de son commerce, de sa consommation annuelle et de ses revenus, etc. *Paris, Chaumerot,* 1822, 2 vol. in-8, br.

> Vol. I. x et 366 pp., carte et tabl. — Vol. II. 340 pp., tableaux.

1296. REPORT of the Superintendent of the Coast-Survey, showing the progress of the survey during the year 1855. *Washington,* 1856, in-4, cart.

xx et 420 pp., 60 cartes et plans.

Ce bel ouvrage a été publié à 60 fr. environ.

1297. REPORTS of the Secretary of War, with reconnaissances of routes from San Antonio to el Paso by J. E. Johnston, W. F. Smith, F. F. Bryan, N. H. Michler, and S. G. French. Also, the report of Capt. Marcy's route from fort Smith to Santa Fe; and the report of Lieut. J. Simpson of an expedition into the Navajo country; and the report of Lieut. H. C. Whiting's reconnaissances of the Western frontier of Texas. *Washington, Union office,* 1850, in-8, cart.

250 pp., 2 cartes et 68 pl. noires et coloriées (numérotées 75) de vues, de costumes, d'antiquités et d'inscriptions.

1298. REPRESENTACION del M. N. Y. L. Ayuntamiento de Guatemala al exmo. señor D. José de Bustamente, teniente géneral de la real armada, presidente, gobernador, y capitan general de este reyno, ecc., en contestacion á su oficio circular de XXIV. de Marzo, y á su sabio manifiesto de XIII. de Abril de 1811. *Guatemala, en casa de Beteta,* in-4, br.

36 pp. Daté de: *Guatemala, Junio 7. de* 1811. Cette adresse est signée par 15 membres.

1299. REPRODUCCION a la contestacion, que en 9 de Febrero dio el ministro jeneral del supremo gobierno de Costarrica señor doctor José Maria Castro, a la protesta que en 30 de enero ultimo le hizo el comisionado del supremo director de Nicaragua, a virtud de la ilegalidad con que el primero retiene al segundo los pueblos del partido de Nicoya. *Imprenta de la fraternidad,* in-4, br.

14 fnc. A la fin on lit: « *Es conforme* — Secretaria jeneral del supremo gob⁰. del estado de Nicaragua. *Leon Mayo 4 de* 1843. Tijerino. »

1300. RESULTS of Meteorological observations made at the magnetical observatory, Toronto. Canada West, during the years 1860, 1861, et 1862. *Toronto, W. C. Chewett et Co.,* 1864, in-4, demi rel.

xxiv et 84 pp.

1301. REVISTA trimensal de historia e geographia ou Jornal do instituto, historico geographico Brasileiro. Fundado no Rio de Janeiro sob os auspicios da sociedade auxiliador da industria nacional. *Rio de Janeiro, Rocha Cabral,* 1839-45, 6 to. en 3 vol. in-8, cart.

Vol. I. 1839. Estatutos do instituto historico e geographico Brasileiro. 1839. 13 pp., « Revista » 376 pp., 1 fnc., 2 pl. — Vol. II. 1840. 552 pp., « Supplemento 1841. » 72 et iv pp., 1 fnc. — Vol. III. 1841. 466 pp., « Supplemento 1842. » 50 pp., 1 fnc., portrait et tabl. — Vol. IV. 1842. 534 pp., « Supplemento et Indice » 39 pp., 1 fig. — Vol. V. 1843. 508 pp., « Supplemento et Indice » 35 pp. — Vol. VI. 1844. 508 pp., « Supplemento et Indice 1845. » 52 pp.

Importante publication, renfermant un grand nombre de DOCUMENTS PRÉCIEUX relatifs à l'histoire, à la littérature, aux antiquités du Brésil et dont la plus grande partie est imprimée ici, pour la première fois.

Cette collection continue à paraître.

1302. RÉVOLUTIONS de l'Amérique Espagnole, ou récit de l'origine, des progrès et de l'état actuel de la guerre entre l'Espagne et l'Amérique Méridionale, par un citoyen de l'Amérique espagnole; traduit de l'anglais. Deuxième édition revue, corrigée et augmentée. *Paris, Monge ainé,* 1824, in-8, br.

viij et 430 pp., « Acte constitutionnel de la confédération mexicaine. » 52 pp.

1303. (REYNOSO (Fray Diego de)). Arte, y Vocabvlario en lengva Mame. Dirigido A nuestro Reuerendissimo Padre Maestro F. Marcos Salmeron, Calificador del Supremo Consejo de la Inquisicion, General de todo el Orden 'de N. Señora dela Merced, señor dela Varonia de Algar. *Con licencia en Mexico. Por Francisco Robledo, Impressor del secreto del S. Oficio,* 1644, in-4, vél.

Tel est le titre exact d'un volume des plus précieux, et dont on ne connait pas d'exemplaire dans les bibliothèques publiques de l'Europe (Cf. Ludewig. *Bibl. Glottica,* p. 227). La langue Mame est parlée par les Indiens du même nom, qui habitent le Guatemala.

Collation : Titre rapporté ci-dessus sur lequel on a gravé un portrait de S. Pierre de Nolasco; au verso est un sonnet de Sebastian Ramirez dont les premières lettres donnent le nom de l'auteur du livre *Diego de Reinoso;* suit la dédicace (1 fnc.) au P. Marcos Salmeron, datée du 20 octobre 1643. « Arte » ff. 1-36. « Vocabvlario desta lengva ZaElohpaEap » ff. 37-87. Dans le titre qui se lit au f. 1, l'auteur annonce une doctrine chrétienne et d'autres notices sur cette langue. Ces pièces n'ont point été imprimées.

Voici comment le P. Reynoso tire l'origine du mot *Mame,* nom donné aux Indiens et à la langue qu'ils parlent. « Ordinairement lorsque les missionnaires parlent à ces indiens, ils répondent avec cette parole *Man,* qui veut dire Père, pour cette raison nous les avons nommés Mames ainsi que leur langue, laquelle anciennement se nommait *ZaElohpaEap.* »

Notre volume est très-grand de marges et magnifique de conservation. Il n'est pas cité par Antonio ni par Pinelo.

1304. REZABAL Y UGARTE (D. Joseph de). Tratado del real derecho de las Medias-Anatas seculares y del servicio de lanzas á que estan obligados los titulos de Castilla. Orígen histórico de este juzgado
en el reyno del Perú. *Madrid, Benito Cano,* 1792, in-fol., bas.

> 6 fnc., 252 pp., 1 tableau. L'auteur était doyen conseiller de la nouvelle au-
> dience royale de Cuzco, membre honorifique de celle de Lima. Il n'est connu à
> Salva et à Brunet que par l'ouvrage suivant, qu'il fit imprimer à Madrid : « *Bi-*
> *bliotheca de los escritores que han sido individuos de los seis Colegios Mayores.*
> 1805, in-4° ».

1305. RIBAS (P. Andres Perez de). Historia de los trivmphos de Nvestra santa fee entre gentes las mas barbaras, y fieras del nueuo Orbe :
Conseguidos por los soldados de la Milicia de la Compañia de Jesvs en
las missiones de la provincia de Nueua-España. Refierense assi mismo
las costvmbres, ritos, y supersticiones que usauan estas Gentes : sus
puestos, y temples : las vitorias que de algunas dellas alcançaron con
las armas los Catolicos Españoles, quando les obligaron à tomarlas : y
las dichosas muertes de veinte religiosos de la Compañia, ecc. *Madrid,*
por Alóso de Paredes, 1645, in-fol., vél.

> 19 fnc., 764 pp. Très-bel exemplaire d'un ouvrage important, provenant de la
> bibliothèque du Collège de la Société de Jésus, de Bruxelles.
>
> Ce livre est divisé en deux parties ; la première est relative à la province de
> Cinaloa. La seconde traite des missions de la Sierra de Topia, de San Andres, de
> Parras y Laguna grande de San Pedro, de la conversion de la nation Tepeguana.
>
> L'auteur le P. Perez de Ribas, né à Cordoue, en 1576, entra dans la Compagnie
> de Jésus en 1602. Il fut envoyé la même année au Mexique, où il mourut en
> 1655, provincial de la Nouvelle Espagne, après avoir passé 42 ans dans les mis-
> sions de ce pays.
>
> Son ouvrage est un des plus importants que nous ayons pour l'histoire ecclé-
> siastique et civile de la Nouvelle-Espagne et surtout pour la province de Cina-
> loa, sur laquelle il n'existe que des documents insuffisants.

1306. (RICARDO O-FARILL. (Joseph)). En la junta de sociedad pa-
triotica de 24 de Noviembre de 1796, se leyó un oficio de la clase de
agricultura, remitiendo el informe pedido à D. J. Ricardo O-Farill
sobre las ideas que en la memoria de la conservacion de los montes
del Padre Manuel Gil halle adaptables à este pais. In-4, br.

> 24 pp. On lit au bas de la dernière page « *Havana 22 de Octubre de 1796.* —
> Joseph Ricardo O-Farill. »

1307. RICO (Juan-Joseph, procurador general de la Compañia de Jesus
nel Paraguay). Reparos que se han hecho contra la buena conducta, y

govierno civil de los treinta pueblos de Indios Guaranis, que estan a cargo de la Compañia de Jesus del Paraguay (*Madrid, ca.* 1740), in-4, br.

36 pp. Pièce inconnue aux PP. DE BACKER et à PINELO.

1308. RIGGS (Rev. S. R.). Grammar and Dictionary of the Dakota language. Collected by the members of the Dakota mission. *Washington city, Smithsonian institution,* 1852, gr. in-4, cart.

xi pp. « Dakota Bibliography » 1 pnc. « Dakota grammar » pp. 1-64. « Dakota-English dictionary » pp. 65-276. « Appendix » pp. 277-278. » — Part. II. « English-Dakota dictionary » pp. 279-338.

1309. RINCON (El general Manuel) Justificado a los ojos de los mexicanos imparciales, de las imputaciones calumniosas y gratuitas, que el escel. señor general don Manuel Gomez Pedraza le hace en su manifiesto publicado en Nueva-Orleans, el 17 de marzo de 1831. *Mexico, A. Valdès,* 1831, pet. in-4, demi rel.

89 pp. « Documentos relativos al anterior manifiesto » 108 pp., 1 fnc., 1 tableau plié. Le faux titre est intitulé : Campaña de Perote y Oaxaca, por la division del supremo gobierno en el año de 1828. »

1310. RIO (Manuel del, provincial de Santo Domingo en Philipinas). Relacion de los successos de la Mission de Santa Cruz de Ytuy en la Provincia de Paniqui, media entre las de Pangasinan, y Cagayan en las Philippinas : Año de 1739. (*Manila,* 1739), in-4, br.

15 fnc.

1311. RIPALDA (P. Geronymo de). Catecismo Mexicano, Que contiene toda la doctrina Christiana con todas sus declaraciones.... Dispusolo primeramente en Castellano.... y despues para la comun utilidad de los Indios; y especialmente para alguna ayuda de sus zelosos ministros, clara, gemima, y literalmente lo traduxo del Castellano, en el puro, y proprio Idioma Mexicano el P. IGNACIO DE PAREDES. *Mexico. Imprenta de la Bibliotheca Mexicana,* 1758, in-8, vél.

14 fnc., 170 pp., 1 fnc. Traduction en mexicain du célèbre catéchisme du P. RIPALDA, qui a été traduit dans presque toutes les langues.

La traduction mexicaine est du P. IGNACIO DE PAREDES, savant fort distingué, qui a donné en 1759 un abrégé de la grammaire mexicaine du P. CAROCHI. — Voyez ce nom, n° 269, et n° 1126.

1312. —— Catecismo libro bagang pinagpapalamnan nang dilan pangadyi, at maiclit, biglang Casaysayan nang aral Christiano. Ang may cat ha nito sa vican Castila, ay ang R. P. Mro GERON. DE RIPALDA, sa la comp. ni Jesus. Ay tinagalog nang P. Predic. Fr. LUIS DE AMESQUITA, padre sa S. Augustin. *Reimpressa en Manila, por D. Nicolas de la Cruz Bagay*, 1747, in-32, vél.

> 5 pnc., 80 ff. Imprimé sur papier de riz. La première édition de ce catéchisme en langue Tagale, a été imprimée à Manille en 1666.
>
> Non cité par PINELO ni par ANTONIO. Les PP. DE BACKER, vol. II. pp. 523-525, donnent une liste très-étendue, d'après le P. Gusta, des traductions faites de ce catéchisme. Cependant il n'en indique aucune en langue Tagale.

1313. RIVA-AGÜERO (D. Jose de la). Memoria dirijida desde Amberes al congreso del Peru. *Santiago de Chile, Ambrosy y Cᵃ.,* 1828, in-4, br.

> xv et 97 pp.

1314. RIVERO (Mariano Eduardo de) y TSCHUDI (Juan Diego de). Antigüedades Peruanas. *Viena,* 1851, in-4, et atlas gr. in-fol., cart.

> « Texto » XIV et 328 pp., front. gravé représentant Manco Capac y Mama Ocllo. — « Atlas ». Titre et 59 pl. coloriées.
>
> Le texte se divise en dix chapitres. Le chapitre 5 est relatif à la langue Quichua et contient une notice de toutes les grammaires et de tous les vocabulaires qui traitent de cette langue.

1315. ROBERTO monacho. Bellvm Christianorvm Principvm, præcipve gallorvm, contra saracenos, anno salvtis M. LXXXVIII. pro terra sancta gestum : autore ROBERTO momacho *(sic).* — CAROLVS VERARDVS de expugnatione regni Granatæ...—CHRISTOPHORUS COLOM DE PRIMA INSULARUM, IN MARI INDICO SITARUM, LUSTRATIONE, QUÆ SUB REGE FERDINANDO HISPANIARUM FACTA EST. — De legatione regis Aethiopiæ ad Clementem pontificem VII. ac Regé Portugalliæ : item de regno, hominibus, atq̃ moribus eiusdem populi, qui Trogloditæ hodie esse putantur. — JOAN. BAPTISTA EGNATIUS de origine Turcarum. — POMPONIUS LÆTUS de exortu Maomethis. *Basileæ excvdebat Henricvs Petrvs mense Avgvsto,* (A la fin) 1533, in-fol., rel. *aux armes.*

> Collation : 2 fnc., pour l'avis au lecteur et l'Index ; 1 f. blanc. « ROBERTI monachi historia » pp. 1-84.—CAROLI VERARDI historiam Bœticam ad Raph. Riarivm Cardinalem » pp. 85-115. — « CRISTOPHERI COLOM DE INSVLIS NVPER INVENTIS..... EPISTOLA, AD RAPHAELEM SANXIS : DEINDE PER AL. DE COSCO LATINITATE DONATUM » pp. 116-121. — « De legatione imperatoris potentissimi Æthiopiæ ad Clementem Pontificem VII » pp. 122-142. — « Jo. B. Egnatii de origine tvrcarvm » pp.

143-146. —Pomponii Laeti de origine Maomethis » pp. 146-149, 1 f. blanc pour la marque de l'imprimeur.

Cette collection comprend la relation de la première croisade du moine Robert dont les anciennes éditions sont de la plus grande rareté. — L'histoire de la conquête de Grenade de Ch. Verard. L'édition originale de cette pièce a paru à Rome en 1493. — La traduction latine par Al. de Cosco de la lettre de Colomb. Ces deux pièces (Verard et Colomb) avaient déjà été imprimées à *Bale* en 1494. — La relation de l'ambassade du roi d'Ethiopie David au Pape Clément VII, suivie des lettres du même David aux Rois de Portugal Jean et Emmanuel. Brunet cite une édition de cette pièce, *Bologne*, 1533, in-4°, qui a été traduite aussitôt en italien. Dans notre vol. on dit ces lettres traduites de l'éthiopien en portugais et ensuite en latin. — L'histoire de l'origine des Turcs de J. B. Ignatio. (Brunet mentionne plusieurs pièces de cet auteur, mais ne cite pas celle-ci). —Enfin une pièce sur le même sujet de P. Lætus.

1316. ROBERTSON (Wm.). The history of America. *London, A. Strahan*, 1800-01, 3 vol. in-18, demi rel.

Vol. I. xli et 417 pp., front. gravé, 4 fig. — Vol. II. 458 pp., 7 fig. — Vol. III. 438 pp., 1 fnc.

Cette histoire estimée à juste titre concerne principalement l'Amérique Espagnole. Elle a été faite sur les documents les plus authentiques des meilleurs historiens et voyageurs.

Le catalogue des ouvrages imprimés ou mss., cités dans le livre, se trouve en tête du vol. I.

1317. —— L'histoire de l'Amerique. Traduite de l'anglois (par Suart et Morellet). *Paris, Panckoucke*, 1778, 2 vol. in-4, rel.

Vol. I. xx et 540 pp., 4 cartes, « Table chronologique des Mexicains », 1 pl. d'hiéroglyphes. — Vol. II. 553 pp., 1 fnc.

Le catalogue des livres et mss. occupe les pp. 526-538.

1318. —— Histoire de l'Amérique livres IX et X ; contenant l'histoire de la Virginie jusqu'à l'année 1688, et celle de la Nouvelle Angleterre jusqu'à l'année 1652 : Ouvrage posthume de feu M. Robertson; traduit par A. Morellet. *Paris, Denné*, 1798, 2 part. en 1 vol. in-12, rel.

Première partie. xvj et 216 pp. — Seconde partie. 124 pp. Ce volume est le complément indispensable de chaque exemplaire de l'histoire de l'Amérique, en 4 vol. in-12. Il est devenu peu commun.

Le libraire annonce que cet ouvrage sera publié dans le format in-4°, pour servir de complément à l'édition de ce format ; mais ce projet n'a pas eu lieu.

1319. ROBIN (abbé). Nouveau voyage dans l'Amérique Septentrionale, en l'année 1781 ; et Campagne de l'armée de M. le Comte de Rochambeau. *Philadelphie et Paris, Moutard*, 1782, in-8, rel.

ix et 222 pp. Relation très-estimée qui a été traduite en plusieurs langues. On y trouve des renseignements utiles sur la marche des troupes françaises pendant cette année mémorable.

1320. ROBIN (abbé). Nouveau voyage dans l'Amérique Septentrionale, en l'année 1781; et Campagne de l'armée de M. le Comte de Rochambeau. *Paris,* 1782, in-8, rel.

A la suite :

VOYAGE du comte Duprat dans l'Inde, écrit par lui-même. *Londres,* 1780, 133 pp.

1321. (ROCHEFORT (César de)). Histoire natvrelle et morale des iles Antilles de l'Amerique. Enrichie de plusieurs belles figures de raretez les plus considerables qui y sont d'écrites. Avec un vocabulaire Caraïbe. *Amsterdam, Arnould Leers,* 1658, in-4, vél.

2 fnc., signés C. DE ROCHEFORT, portrait de J. Amproux; 4 fnc., 527 pp., 6 fnc., deux titres, dont l'un gravé, figures dans le texte. Le *Vocabulaire Caraïbe* occupe les pp. 515-527.

PREMIÈRE ÉDITION de l'ouvrage de CÉSAR DE ROCHEFORT. La dédicace et le portrait qui sont dans notre exemplaire manquent très-souvent. — Le P. DUTERTRE, dans son histoire, dit positivement que ROCHEFORT lui a volé son manuscrit.

1322. —— Le même ouvrage. Seconde edition. Reveuë et augmentée de plusieurs descriptions et de quelques éclaircissemens, qu'on desiroit en la precedente. *Roterdam, Arnout Leers,* 1665, in-4, rel.

16 fnc., 583 pp., 13 fnc., front. gravé, figures dans le texte. — Cette seconde édition a la préface signée de ROCHEFORT ; tandis que dans la précédente, elle est signée L. D. P. (LONVILLIERS DE POINCY). De plus elle est augmentée de 3 grandes pl. gravées, hors le texte, et la description de l'île de Tabago y est beaucoup plus étendue. A la p. 18 on voit les armes des Lampsins barons de Tabago. Le *Vocabulaire Caraïbe* occupe les pp. 571-583.

1323. —— Le même ouvrage. *Lyon, Christofle Fovrmy,* 1667, 2 vol. in-12, rel.

Vol. I. 29 fnc., 566 pp., 1 grande pl. pliée, nomb. figures dans le texte. — Vol. II. 2 fnc., 680 pp., 2 grandes fig. Le *Vocabulaire* est aux pp. 652-680.

Cette édition, la troisième de l'ouvrage, porte sur le titre le nom de ROCHEFORT. Elle est dédiée à Camille de Nevfville, archevesque de Lyon. — La relation de l'île de Tabago est très-complète.

1324. —— Le même ouvrage. Derniere edition. Reueuë et augmentée par l'autheur d'un Recit de l'Estat present des celebres Colonies de la Virginie, de Marie-Land, de la Caroline, du nouveau Duché d'York, de Penn-Sylvania, et de la nouvelle Angleterre, etc. *Rotterdam, R. Leers*, 1681, in-4, rel.

16 fnc., 583 pp., 13 pnc., fig. dans le texte, front. gravé. « Recit de l'estat present des celebres Colonies, etc. *Rotterdam, Leers*, 1681 », 43 pp., 3 grandes pl.

Edition la plus complète et la plus recherchée ; le *Vocabulaire Caraïbe* occupe les pp. 571-583.

1325. (ROCHEFORT (César de)). Le tableau de l'isle de Tabago, ou de la Nouvelle Oüalchre, l'une des isles Antilles de l'Amérique. *A Leyde, chez Jean le Carpentier*, 1665, in-12, v.

7 fnc., 144 pp. Edition originale, non citée par Ternaux.

Les pp. 141-144 contiennent une paraphrase du psaume VIII, faite par David de la Roche.

1326. —— Le même ouvrage. *A Paris, chez Lovys Billaine*, 1666, in-12, vél.

7 fnc., 128 pp. Le nom de l'auteur est imprimé sur le titre de cette édition.

1327. RODERO (el Padre Gaspar; procurador general de la Cⁱᵃ de Jesus en las Indias). Hechos de la verdad contra los artificios de la calumnia, representados con la mas rendida veneracion al supremo real consejo de las Indias, en defensa de las missiones del Paraguay, contra las calumnias divulgadas por toda la Europa, en vn libelo infamatorio de vn annonymo estrangero. (*Madrid*, 1733), in-fol., demi rel.

23 ff. A la suite :

Instruccion (primera y segunda), que puede tenerse presente en la fundacion de los Pueblos, que se forman por mandato de S. M. en el Reyno de Chile, entre los limites del Valle de Copiapò, y la Frontera del Rio Biobío. *S. L. N. A.* 32 pp. — Representaciọn del Reyno de Chile sobre la importancia, y necessidad de reducir à Pueblos sus habitadores, dispersos por los campos : Y de los medios de conseguirlo, sin gasto del Erario, ni gravamen de los particulares. 8 fnc. — Representacion del Reyno de Chile sobre la importancia, y necessidad de sujetar, y reducir à Pueblos los Indios Araucanos..... 6 fnc. (Ces trois pièces vont ensemble et ne doivent pas être séparées. Elles ont probablement été imprimées à Madrid vers 1730-40). — Copia de Cedula de el Rey dando gracias à los Padres de la Cⁱᵃ de Jesus, à cuyo cargo corren las missiones del Paraguay, y Buenos-Ayres, ecc. 1 fnc., et une autre lettre sur le même sujet, toutes deux datées de « *Buen-Retiro*, 1743 » (Ces deux pièces sont en double). — El Rey. Aviendo puesto en mi Real noticia el año de 1726.... 16 fnc. (Lettre sur les missions du Paraguay, adressée aux vice-rois et gouverneurs des possessions espagnoles dans l'Amérique, datée de « *Buen-Retiro*, 1743 ».)

1328. RODRIGUEZ (P. Manuel, de la Cᶦᵃ de Jesvs. Procvrador general de las provincias de Indias, en la corte de Madrid). El Marañon y Amazonas. Historia de los descvbrimientos, entradas, y redvccion de naciones. Trabajos malogrados de algvnos conqvistadores, y dichosos de otros, assi temporales, como espiritvales, en las dilatadas montañas, y mayores rios de la America. *Madrid, Antonio Gonçaleȝ de Reyes,* 1684, in-fol., vél.

> 10 fnc., 444 pp., à 2 col., 4 fnc.
>
> « Ouvrage estimé et dont les exemplaires sont rares » BRUNET.
>
> Le célèbre ouvrage du P. Acuña : *Descubrimiento del gran rio de las Amaȝonas*, ecc. est réimprimé presque en entier dans ce vol. Il occupe les chapitres V à XIV du deuxième livre II. pp. 93-149.
>
> Les pp. 425-428 contiennent aussi la réimpression du Mémoire présenté au Roi, par le P. Acuña. V. le nᵒ 17.
>
> On a ajouté à notre exemplaire le *Compendio historial, e Indice chronologico Pervano, y del Nuevo Reyno de Granada, desde el principio de los descubrimientos de las Indias Occidentales, tocando varias cosas memorables de ellas, assi Eclesiasticas, como Seculares.* Cet opuscule, du même auteur est composé de 12 fnc., sans titre, ni tables. Il commence à l'année 1491 et se termine avec l'année 1684. PINELO cite cet opuscule et le donne comme imprimé à Madrid, en 1688.

1329. ROGERS (Woodes). Voyage autour du monde, commencé en 1708 et fini en 1711. Traduit de l'anglois. Où l'on a joint quelques pièces curieuses touchant la riviere des Amazones et la Guiane. *Amsterdam, veuve P. Marret,* 1716, 2 vol. in-12, rel.

> Vol. I. 4 fnc., 415 pp., 29 pnc., front. gravé, 1 mappemonde, 8 fig. — Vol. II. 162 pp., front. gravé, 6 fig. — « SUPLÉMENT ou description des côtes, rades, havres, etc., depuis Acapulco jusques à l'Isle de Chiloé. Tirée de bons mss. espagnols trouvez à bord de quelques vaisseaux pris dans la mer du Sud. *Amsterdam, veuve P. Marret,* 1716. » 75 pp., 12 fnc., 3 cartes. — « RELATION de la riviere des Amazones, traduite par GOMBERVILLE..... sur la copie imprimée à Paris en 1682. » 255 pp., 24 pnc., (réimpression de la traduction de l'ouvrage du P. Acuña. Voyez nᵒˢ 18 et suiv.)
>
> Ce voyage d'abord paru à Londres en 1712, in-8ᵒ, a été réimprimé en 1718 et 1726. La traduction française, beaucoup plus complète est préférable à cause des pièces ajoutées (la description des côtes, et la relation des Amazones) qui ne sont pas dans l'original.
>
> C'est aussi dans ce livre qu'on trouve le récit de la rencontre d'un matelot écossais, nommé Selkirk, dans l'île de J. Fernandez, qui a fourni le sujet au livre si populaire de « *Robinson Crusoé* ».

1330. ROMAY (D. Tomas). Informe presentado en juntas generales, celebradas por la Rl. sociedad económica de la Havana, el 12 de diciembre de 1805. *Havana, Imprenta de la Capitania general* (1805), in-4, br.

13 pp. A la suite :

Govin (D. Joseph). Informe presentado en juntas generales celebradas por la Rl. Sociedad económica de la Havana, el 12 de diciembre de 1805. *Havana, Imprenta de la Capitania general* (1805 ?), 8 pp.

1331. ROMERO (P. fray Francisco, del orden de S. Agustin). Llanto Sagrado de la America Meridional, que busca aliuio en los Reales ojos de nuestro señor Don Carlos segvndo rey de las Españas, y emperador de las Indias; para mayor incremento de la militante yglesia. Restablecimiento de la monarqvia. Y nueva dilatacion del imperio Indiano. *En Milan, En el Real y Ducal Palacio, por Marcos Antonio Pandulfo,* 1693, in-4, demi rel.

Cet ouvrage composé par un religieux missionnaire dans le Pérou et natif de cette province, a été présenté au suprême Conseil des Indes, en forme de Mémorial, par fray Pedro Matilla de l'ordre des prédicateurs, inquisiteur et confesseur du Roi. Il a été imprimé aux frais de D. Bart. Vazquez Romero, protonotaire apostolique.

Collation : Epilogo e Indice, 2 ff. (il en manque 1) ; 2 fnc. contenant une lettre adressée par l'auteur au P. Pedro Matilla, datée du 28 août 1692 ; 50 pp. de texte. Entre les pp. 20-21, une pl. col. — Exemplaire très-piqué, le seul connu, provenant du cabinet Ternaux-Compans, avec son chiffre sur les plats. Voici ce qu'il en dit dans sa *Bibliothèque Américaine,* nº 1062, p. 178 :

« Cet auteur traite principalement des missions de la province de Sainte Marthe et du Rio de la Hacha. Page 20 se trouve une grande gravure en bois qui représente l'intérieur d'un temple des Indiens Aruacos dans la province de Sainte-Marthe. Cet ouvrage doit être fort rare ; je n'en ai jamais vu qu'un seul exemplaire et ne l'ai trouvé cité dans aucun catalogue. »

1332. —— (el P. Francisco). Almanaque Peruano y guia de forasteros. in-12, br.

Années : 1812. *Lima, B. Pedro Oyague,* 50 fnc. — 1813. *Lima, D. Martin Saldaña,* 54 fnc. — 1814. *Lima, D. Bernardino Ruiz,* 50 fnc.

1333. ROORBACH (O. A.). *Bibliotheca Americana.* Catalogue of American publications, including reprints and original works from 1820 to 1848, inclusive. *New-York, Orville A. Roorbach,* 1849, in-8, cart.

ix pp., 1 fnc., 360 pp.

1334. —— Supplement to the *Bibliotheca Americana.* Comprising a list of books (re-prints and original works) which have been published in the U. S. within the past year (1849). Together with a list of Periodicals. *New-York, G. P. Putnam,* 1850, in-8, cart.

vii et 124 pp.

1335. ROSACCIO (Gioseppe). Teatro del Cielo, e della Terra. *Ferrara, Vittorio Baldini,* 1594, in-8, vél.

56 pp., cartes et fig. sur bois imprimées dans le texte. Les pp. 29-30 contiennent la carte de l'Amérique avec une description.

A la suite :

Discorsi del Rosaccio nelli quali si tratta breuemente dell' Eternitá, delle stagioni, de 'mesi, dell' eleuatione del Sole, ecc. *Ferrara, V. Baldini,* 1594, 13 pp., 9 fnc. — Le Sei eta del Mondo, da G. Rosaccio. *Bologna, Gio. Rossi,* 1594, 63 pp.

Ces ouvrages, très-curieux pour l'époque à laquelle ils furent publiés, ne sont pas indiqués dans Haym.

1336. ROSARIO (Fr. Antonio do, dos menores de serafica familia de S. Antonio do Brasil). Frutas do Brasil numa nova, e ascetica Monarchia. *Lisboa, A. Pedroço Galram,* 1702, in-4, demi rel.

11 fnc., 208 pp. L'auteur de ce livre rare, vécut pendant longtemps parmi les Indiens du Brésil. V. la *Bibl. Lusitana de* Barbosa Machado.

1337. ROSS (Alex.). Les religions du monde, ou démonstration de toutes les religions et heresies de l'Asie, Afrique, Amérique et de l'Europe, depuis le commencement du monde jusqu'à présent. Traduit par Thomas la Grue. *Amsterdam, J. Schipper,* 1668, in-4, rel.

6 fnc., 400 pp., front. gravé, 15 fig. dans le texte.

La « *Troisiesme division* » pp. 70-89, traite de la religion de l'Amérique (de la Virginie ; de la Floride ; de la Nouvelle Espagne ; de Mexico ; de Yucatan ; de la Guyane ; du Brésil ; du Pérou et de S. Domingue).

1338. ROULIN. Mémoire pour servir à l'histoire du Tapir, et description d'une espèce nouvelle (*le Tapir Pinchaque*) appartenant aux hautes régions de la cordillère des Andes. Lu à l'Académie le 9 février 1829. *Paris, Bachelier,* 1835, in-4, br.

95 pp., 3 pl. Extrait des *Mémoires des savants étrangers.* Vol. 6.

1339. RUFZ (le docteur E.). Etudes historiques et statistiques, sur la population de la Martinique. *Saint-Pierre-Martinique, Imprimerie de Carles,* 1850, 2 to. en 1 vol. in-8, demi rel.

Vol. I. vii et 443 pp. « Un tableau entre les pp. 102-103, contenant le relevé du recensement général des iles de la Martinique, de la Guadeloupe, et Saint-Christophe, en 1701 ». — Vol. II. 377 pp., 5 tableaux.

1340. RVIZ BLANCO (P. fr. Matias, de la observancia de S. Francisco). Conversion de Piritu, de Indios Cvmanagotos, Palenqves, y otros. Svs principios, y incrementos que oy tiene, con todas las cosas mas singulares del Pais, politica, y ritos de sus naturales, practica que se observa en su Reduccion, y otras cosas dignas de memoria. *Madrid, Juan Garcia Infançon,* 1690, in-8, vél.

> 7 fnc., 160 pp., 4 fnc. A partir de la p. 112 jusqu'à la p. 160, on trouve sous ce titre « *Practica de la conuersion* » la doctrine chrétienne en langue des Indiens de la Nouvelle Andalousie et de la Nouvelle Barcelone, qui avait déjà été imprimée à Burgos en 1683. (Voir ci-dessous.)
>
> Notre exemplaire du traité de la Conversion de Piritu, contient, en plus de ce que PINELO et les autres bibliographes annoncent, le volume suivant :
>
> REGLAS PARA LA INTELIGENCIA DE LA LENGUA DE LOS INDIOS DE PIRITU.
>
> Cette précieuse suite se compose de 46 pages pour les règles grammaticales de la langue Cumanagota ; d'un vocabulaire espagnol Cumanagota, occupant les pp. 47 à 250 ; suivis de 3 fnc., pour la table et l'errata. Le dernier contient une hymne à la Vierge en langue indienne.
>
> Cet *Arte y Vocabulario,* non cité jusqu'à présent est une nouvelle édition augmentée et corrigée de l'ouvrage du P. M. DE YANGUES (V. ce nom), intitulé *Principios y Reglas de la lengua Cumanagota......* imp. à *Burgos,* en 1683.

1341. —— Manval para catekizar, y administrar los Santos Sacramentos à los Indios que habitan la Prouincia de la nueua Andaluzia, y nueua Barcelona, y San Christoval de los Cumanagotos. *En Burgos : Por Juan de Viar. Año* 1683, in-8, vél.

> 6 fnc., 101 pp.
>
> Cette doctrine chrétienne, en langue des Indiens Cumanagotos, est fort rare, ainsi que les autres ouvrages sur la même langue publiés par ce savant missionnaire.

1342. —— Señor. Fray Mathias Ruiz Blanco, de la regular observancia de N. P. San Francisco, Lector de Theologia, Ex-Comissario Apostolico, y Padre el mas antiguo de las santas conversiones de Piritu....dize... (*Madrid, vers* 1695), in-fol., non rel.

> 7 fnc. Ce précieux mémoire présenté au roi, contient un abrégé de la découverte de la province de la Nouvelle Barcelone, et la relation des missions parmi les Indiens Cumanagotos, Palenques, ó Guaribes, Tucuyos, Tumazas, Cuacas et Cores.

1343. RUIZ DE LEON (Don Francisco, hijo de la Nueva-España). Hernandia. Triumphos de la fe, y gloria de las armas españolas. Poema heroyco. Conquista de Mexico, Cabeza del imperio septentrional de la Nueva España. Proezas de Hernan-Cortes, catholicos blasones militares, y grandezas del Nuevo Mundo. *Madrid, viuda de Manuel Fernandez,* 1755, in-4, v. fil.

9 fnc., 383 pp. Ce poëme tout entier à la louange de Fernand Cortez est un des livres les plus intéressants publiés sur la Conquête du Nouveau-monde. Il est divisé en douze chants.

1344. RVIZ DE MONTOYA. (P. Antonio). Arte, y Bocabvlario de la lengva Gvarani. *En Madrid, por Juan Sanchez,* 1640, in-4, vél.

5 fnc., pour les approbations et l'errata ; « Arte de la lengva Gvarani » pp. 1-100 ; « Advertencias » pp. 101-102 ; « Vocabvlario de la lengva Gvarani. Parte primera. (Español Guarani) » pp. 103-234.

Sur le titre une fig. représentant la Vierge.

1345. —— (Tesoro de la Lengua Guarani que se usa en el Perù, Paraguay y Rio de la Plata. *Madrid, Juan Sanchez,* 1639.) In-4, vél.

2 fnc. « Advertencias » ff. 1-2. « Tesoro de la lengva Gvarani. Segvnda parte (Vocabvlario Guarani Español) » ff. 3-407 à 2 col.

Exemplaire incomplet du titre et des 6 ff. de préliminaires.

Ces deux ouvrages, qui ne doivent pas être séparés, sont excessivement rares, et, dans la classe des grammaires et des dictionnaires des langues américaines, ils sont des plus importants.

Le premier ouvrage, non cité par M. Brunet, ni par les PP. de Backer a été réimprimé dans les missions du Paraguay (*Santa Maria la Mayor*), en 1734.

Exemplaires fort bien conservés.

1346. —— Catecismo de la lengva Gvarani, compvesto por el Padre Antonio Ruyz dela Compañia de Jesus. *Madrid, Diego Diaz de la Carrera,* 1640, in-8, vél.

7 fnc., 336 pp. à 2 col. Guarani-Espagnol.

Ce catéchisme fort rare a été omis dans la Bibl. des PP. de Backer. Brunet et Ternaux ne le citent pas non plus.

Pinelo indique encore de cet auteur des Sermons pour les dimanches et les fêtes, en langue Guarani. Il ne dit pas s'ils sont imprimés.

1347. —— Conqvista espiritval hecha por los religiosos de la Compañia de Jesus, en las Prouincias del Paraguay, Parana, Vruguay, y Tape. *Madrid, Imprenta del Reyno,* 1639, in-4, vél.

3 fnc., 103 ff. de texte, et 1 f. pour le Colophon.

1348. RVIZ DE MONTOYA (P. Antonio). Conqvista espiritval hecha por los religiosos de la Compañia de Jesus, en las Prouincias del Paraguay, Parana, Vruguay, y Tape. *Madrid,* 1639, in-4, demi mar. vert.

Dans cet exempl. les ff. 41-42, sont refaits à la plume avec un grand soin.

1349. —— Padre Antonio, procurador general de la prouincia del Paraguay, dize : Que estando prohibido por cedulas, y ordenes Reales, so graues penas, que los Portugueses del Brasil no puedan entrar en la dicha prouincia.... *S. L. N. A.,* in-fol.

2 fnc. Cette requête présentée au Roi d'Espagne, a été faite contre un nommé Antonio Raposo de Tauarès, de S. Paul, qui, avec le titre de capitaine, sortit de cette ville à la tête de 150 arquebusiers et 1500 indiens. Il entra dans le Paraguay par Buenos-Ayres et saccagea la mission de Jesus Maria.

1350. —— Deuxième mémoire sur le même sujet. In-fol.

7 fnc., commençant : HASEME mádado, q̃ assi como representè a su Magestad, y señores del Real Consejo, en vn memorial impresso los agrauios enormes, q̃ los vezinos d la villa de S. Pablo, y demas villas de la Costa del Brasil han hecho, y al presente hazen a los Indios Christianos, è infieles de las prouincias del Paraguay, y Rio de la Plata, ecc., ecc.

Le P. RUIZ DE MONTOYA, célèbre missionnaire du Paraguay, était né à Lima, en 1583. Il entra dans la Compagnie de Jésus, en 1606 et fut envoyé dans les missions où il convertit plus de cent mille Indiens. Il mourut à Lima en 1652.

Les deux dernières pièces relatives au Paraguay, imprimées à Madrid, de 1610 à 1620, sont restées inconnues à ANTONIO et à PINELO. Les PP. DE BACKER n'en font pas mention non plus.

1351. RUS DE CEA (Genaro). Observaciones acerca de la intervencion europea en Mejico. *Paris,* 1859, in-8, demi mar.

183 pp., 1 fnc. Envoi aut. de l'auteur.

1352. RUZ (Rev. J.). A Yucatecan grammar : translated from the Spanish into Maya, and abridged for the instruction of the native Indians, by the Rev. J. RUZ; translated from the Maya into English, by JOHN KINGDOM. *Belize (Honduras), mission press,* 1847, in-8, br.

68 pp.

1353. SACRA RITVVM Congregatione Er̃no, et Rr̃no Dño Card. de Bellvga Manilana Philippinarum in Indijs Orientalibus. Beatificationis, et canonizationis Ven. Servæ dei sor. Hieronymæ ab Assumptione, fundatricis, et primæ abbatissæ monasterij monalium Excalceatarum sanctæ Claræ, ord. S. Francisci. *Romæ, ex typographia Reu. Cam. Apost.*, 1734, in-fol., vél.

> 20, 144, 8 et 37 pp. Sur la dernière se voit le cachet et la signature d'un évêque.

> Collection fort précieuse de documents pour la canonisation de la sœur Jérôme de l'Assomption, fondatrice du couvent de Sainte-Claire, à Manille. Ce livre, ainsi que tous ceux du même genre, est extrêmement difficile à trouver dans le commerce, attendu que l'on en imprimait que peu d'exempl. pour les principaux personnages de la cour de Rome.

1354. SAGARD (Gabriel Théodat, Récollet de S. François). Le grand voyage dv pays des Hvrons, situé en l'Amerique vers la Mer douce, és derniers confins de la nouuelle France, dite Canada.... Auec vn Dictionnaire de la langue Huronne, pour la commodité de ceux qui ont à voyager dans le pays, et n'ont l'intelligence d'icelle langue. *Paris, Denys Moreav,* 1632, in-8, cart.

> 10 fnc., 380 pp., « *Dictionnaire de la langve Hvronne* » 12 pp. pour le titre et l'introduction, et 66 fnc., pour le dictionnaire ; « Table » 7 fnc.

> Extrêmement rare. L'exemplaire bien conservé, aurait besoin d'être lavé.

1355.——— Histoire dv Canada et Voyagès qve les freres Mineurs Recollects y ont faicts pour la conuersion des Infidelles. Divisez en qvatre livres. Où est amplement traicté des choses principales arriuées dans le pays depuis l'an 1615 iusques à la prise qui en a esté faicte par les Anglois, etc. *Paris, Clavde Sonnivs,* 1636, in-8, v. brun.

> « Epistre à l'Archevesque de Rheims » pp. 3-9 ; « av lectevr » pp. 10-22 ; « privilège, approbations » pp. 23-27. « Histoire dv Canada » 1005 pp., 47 pnc., contenant le décret de la propagande confirmant la mission des PP. Récollets au Canada et la table des matières. Entre les pp. 176-177, sont 4 fnc., dont 3 contiennent la musique, avec paroles huronnes, de quelques chants indiens.

> Cet ouvrage du P. Sagard est bien plus rare que son voyage aux Hurons. C'est parmi les livres d'histoire du Canada, l'un des plus importants et des plus précieux. Il manque dans presque toutes les collections.

> Exemplaire dans sa reliure originale, d'une grandeur extraordinaire, et de la plus belle conservation.

1356 SAINT HILAIRE (Aug. de). Voyage aux sources du Rio de S. Francisco et dans la province de Goyaz. *Paris, A. Bertrand,* 1847-48, 2 vol. in-8, rel.

> Vol. I. xv et 380 pp. — Vol. II. 349 pp., 1 fnc. Voyage important pour l'histoire naturelle du Brésil. Envoi autographe de l'auteur.

1357. SAINT QUANTIN (A. de). Guyane française, ses limites vers l'Amazone. *Paris, P. Dupont,* 1858, in-8, rel.

112 pp., 8 cartes. Extrait de la *Revue Coloniale,* Août et Septembre 1858.

1358. (SAINT VALIER). Estat present de l'eglise et de la Colonie françoise dans la Nouvelle France, Par M. l'Evêque de Quebec. *Paris, Robert Pepie,* 1688, in-8, v. br. fil.

267 pp., au bas de la dernière on lit : *A Paris, de l'Imprimerie de la veuve Denis Langlois,* 1688. » Au verso, le privilège du Roi. Exemplaire trés-grand de marges.

« M. DE S. VALIER ayant été nommé à l'Évêché de Quebec, vacant par la démission de M. de Laval, voulut, avant que d'être sacré, prendre connoissance de son diocèse, et s'embarqua en 1685 pour le Canada. L'année suivante il retourna en France, et composa en forme de lettre une relation de son voyage, où il exposoit la situation presente de la Nouvelle France. Ce petit ouvrage est bien écrit, et digne de son auteur, qui a gouverné plus de quarante ans cette église, et y a laissé d'illustres marques de sa charité, de sa piété, de son désintéressement et de son zèle » CHARLEVOIX.

1359. SALAZAR (C. Carlos). Memoria de la secretaria jeneral de estado del supremo gobierno de Guatemala , en la federacion de Centro-America, sobre todos los ramos de la administracion publica. Presentada á la legislatura de 1837. *Guatemala, Imprenta de la Academia de Ciencias,* in-fol., br.

26 pp., 6 tableaux, 1 fnc. Daté de : *Guatemala,* 23 *de Febrero de* 1837.

1360. SALAZAR y OLARTE (D. Ignacio de). Historia de la conquista de Mexico, poblacion, y progressos de la America Septentrional, conocida por el nombre de Nueva-España. Segunda parte. *Cordoba, G. Antonio Serrano,* 1743, in-fol., vél.

18 fnc., 474 pp., titre gravé. Cette suite de l'ouvrage de SOLIS, est peu commune.

1361. SALMERON (fray Marcos, general de la Orden). Recverdos historicos y politicos de los servicios qve los Generales, y Varones ilvstres de la religion de Nvestra Señora de la Merced, Redencion de Cautiuos han hecho a los Reyes de España en los dos Mundos, desde su fundacion, que fue el año de 1218, hasta el año de 1640. *Valencia, en casa de los herederos de Ch. Garriz, por B. Nogues,* 1646, in-fol., vél.

10 fnc., 550 pp., 22 fnc., 1 f. pour la souscription, deux titres dont l'un gravé. Une partie de ce vol. est relatif aux missions de l'ordre dans la Nouvelle-Espagne, et contient de précieux documents pour l'histoire ecclésiastique de ce pays.

1362. SAN ALBERTO. Carta, que el illustrisimo Señor D. Fr. Joseph Antonio de San Alberto, Arzobispo de la Plata, escribió à los Indios infieles Chirihuanos, con motivo de pasar los comisionados de esta Villa de Tarija, à tratar de Treguas, ò Paces solicitadas por ellos mismos, y obtenida antes la licencia del marquès de Loreto, Virrey de Buenos-Ayres. *En la Imprenta Real de los niños expositos,* 1788, in-4, br.

> 38 pp. Cette curieuse lettre datée de Tarija, le 23 octobre 1787, est écrite en espagnol et en langue chiriguana (Guarani).

> C'est la plus ancienne impression connue, faite à Buenos-Ayres.

1363. —— Oracion funebre que en las solemnes excequias de Carlos III, Celebradas en la iglesia Metropolitana de la Plata, dixo D. Joseph Antonio de San Alberto, Arzobispo de la Plata. *Buenos Ayres..... Imprenta de los niños expósitos,* 1789, in-4, mar. rou. orn. en or, d. s. t.

> Titre rouge et noir; 128 pp. Ce livre est soigneusement imprimé sur très-beau papier. Exemplaire de dédicace dans sa reliure originale très-bien conservée.

1364. SAN ANTONIO (P. Fr. Jvan Francisco). Chronica de la apostolica provincia de S. Gregorio de religiosos descalzos de N. S. P. S. Francisco en las islas Philipinas, China, Japon, ecc. *Impressa.... en el Convento de Nra señora de Loreto del Pueblo de Sampaloc,....* 1738, in-fol., vél.

> 31 fnc., 782 pp., 21 fnc. Imprimé sur papier de riz.

> Cette histoire de l'ordre des Franciscains, aux Philippines et aux Indes, est infiniment précieuse. Elle se compose de trois parties, la première est relative aux Philippines, la seconde à la Chine, et la troisième au Japon.

> Le volume que nous annonçons est la *Première partie* de l'ouvrage.

1365. SAN AVGVSTIN (P. Gaspar de, prior de el convento de Tambobong). Compendio de la Arte de la lengua Tagala. Segvnda impression. *Imprenta de Nuestra señora de Loreto del Pueblo de Sampaloc,* 1787, in-8, *non relié.*

> 6 fnc., 192 pp., 1 tableau, 4 fnc. Impression sur papier de riz.

> La première édition de cette grammaire a paru à Manille en 1703. Cet auteur a composé aussi une histoire de la Conquête des Philippines, impr. à Manille en 1698, in-fol.

1366. —— (Fr. Andres de, Guardian del convento de San Phelipe, y Santiago del Pueblo de Minalabag). Arte de la lengua Bicol, para la Enseñanza de este Idioma en la Provincia de Camarines. *Segunda*

ves Reimpresso en el Convento del Pueblo de Sampaloc por el her-
mano Pedro Arguelles de la Concepcion, 1795, in-8, vél.

> 2 fnc., 167 pp. Imprimé sur papier de riz. Volume fort rare, sur lequel nous
> n'avons trouvé aucun renseignement. Nous ne pouvons donc pas fixer la date de
> la première édition.

1367. SANCHEZ DE LA ROCHA (El capitan Jvan), vezino de la ciudad de los Reyes del Pirú.... (Memoria) sobre los injustos, grandes, y
excessiuos agrauios, que el licenciado Don Juan de Padilla, Alcalde
del crimen mas antiguo de aquella Real audiencia, le ha hecho con el
poder, y mano de su oficio, en vengança de sus passiones.... in-fol.,
non rel.

> 17 ff., au bas du dernier, la signature autographe de JUAN SANCHEZ DE LA ROCHA.
> Cette pièce doit être imprimée à Lima en 1651, car les faits y relatés sont de
> 1650 (dos de enero del año passado), comme on le voit au verso du f. 1. A la suite
> de ces 17 ff., il s'en trouve 4 non chiff., imprimés dans la même ville et dans la
> même année, lesquels contiennent la défense de JUAN DE PADILLA, présentée à
> S. M. sous forme de mémoire.
>
> Ces deux pièces n'ont été envoyées en Espagne qu'à quelques personnes
> seulement ; elles sont restées inconnues, même de PINELO.
>
> A la col. 588, de la *Bibliotheca* de cet auteur, on trouve cité un autre mémoire
> du même J. SANCHEZ DE LA ROCHA, relatif à la défense de la Jamaique contre les
> flibustiers. S. L. d'impression.

1368. SANDOVAL (D. Rafael). Arte de la lengua Mexicana. *México,*
D. Manuel Antonio Valdés, (1810), in-8, demi rel. cuir de Russie,
coins.

> 7 fnc., 62 pp., 1 fnc. « DOCTRINA breve sacada del Catecismo Mexicano, que
> dispuso el P: IGNACIO DE PAREDES » 8 fnc., au bas du dernier, on lit : *Reimpresa*
> *en la oficina de D. Mariano de Zuñiga y Ontiveros,* 1809.
>
> D. RAFAEL SANDOVAL, l'auteur de cette grammaire mexicaine, était curé des dis-
> tricts de Chiconquauhtla, Ecatzinco, et Tetela del Volcan, etc. Cet exemplaire a
> de nombreuses corrections mss.

1369. SANRROMAN (fray Antonio de). Historia general de la India
Oriental. *Valladodid, Luys Sanchez,* 1603, in-fol., rel.

> 12 fnc., 804 pp., 8 fnc., et 1 f. pour le Colophon.
>
> Ouvrage fort rare, composé par un religieux de l'Ordre de S. Benoît. Il traite
> des découvertes faites par les Portugais dans le Brésil.

1370. SANSON D'ABBEVILLE. L'Ameriqve en plvsievrs cartes nov-
velles, et exactes, etc. en divers traitez de geographie, et d'histoire.
Là où sont descrits succinctement, et auec vne belle methode, et facile,
ses empires, ses monarchies, ses estats, etc., les mœurs, les langves,

les religions, le negoce et la richesse de ses pevples, etc. Et ce qu'il y a de plus beau et de plus rare dans toutes ses parties, et dans ses isles. *Paris, chez l'Avthevr, ruë S. Jacques à l'Esperance* (1656), in-4, rel.

40 fnc. et 15 cartes, savoir : 1. Americqve Septentrionale. 2. Le Canada, ou la Nouvelle France. 3. La Floride. 4. Audience de Mexico. 5. Audience de Guadalajara. 6. Audience de Guatimala. 7. Les isles Antilles. 8. Ameriqve Meridionale. 9. Terre ferme, Nouveau royaume de Grenade. 10. Guiane. 11. Le Pérou et le cours de la rivière Amazone. 12. Le Chili. 13. Le Bresil. 14. Le Paraguay. 15. Destroit de Magellan.

Cette collection de cartes sur l'Amérique mérite d'être recherchée. Elle est extraite de la *Géographie générale* du même auteur.

1371. SANTA-CRUZ. El jeneral SANTA-CRUZ esplica su conducta publica y los moviles de su politica, en la presidencia de Bolivia y en el protectorado de la confederacion Peru-Boliviana. *Quito, Imprenta de Alvarado,* 1840, in-4, br.

1 fnc., 107 pp., 1 fnc. Daté de : *Quito a 26 de enero de 1840.* Signé : ANDRES SANTA CRUZ.

1372. SANTA-CRUZ. Código de procederes. *Año de 1833, Imprenta Chuquisaqueña dirijida por Aillon y Castillo,* in-4, rel.

1 fnc., 212 et VIII pp.

1373. SANTA JUSTA y RUFINA (D. Basilio Sancho de, Arzobispo de Manila). Memorial al rey nuestro señor D. Carlos III. hecho con el motivo de los disturbios, que han intentado mover algunos Regulares de Philipinas, mal afectos á la jurisdicion episcopal, ecc. *Manila, Imprenta de la vniversidad de Santo Thomas,* 1768, in-fol., non rel.

12 ff. imprimés sur papier de riz. Exemplaire avec la signature autographe de l'Archevêque au dernier f. Le coin de la marge a été atteint par le feu.

1374. —— El Arzobispo de Manila à los parrocos de su obediencia. *Manila, Imprenta del Seminario, por Pedro Ignacio Ad-Vincula,* 1775, in-fol., vél.

128 pp. A la suite :

« CARTA PASTORAL, que enseña las obligaciones del Christiano en orden a Dios, a su Rey, a la Republica, a la Patria, ecc. *Manila, Imprenta del Seminario,* 1775. » 3 fnc., 240 pp.

Deux ouvrages rares, imprimés sur papier de riz. Très-beaux exemplaires.

1375. SANTA MARIA (el R. P. fr. Fernando de, de la orden de predicadores). Manval de medicinas caseras para consuelo de los pobres Indios, en las provincias, y pueblos donde no ay medicos, ni botica. *Con
las licenc. necesarias en el colleg. y vniversidad de Santo Thomas
de Manila, por D. Franc. de la Cruz,* 1815, in-8, vél.

> 5 fnc., 343 pp. Imprimé sur papier de riz. Le lieu d'impression et la date de ce
> curieux volume sont au verso du titre.

> Ouvrage rare en France. Ce qui le recommande particulièrement, c'est une
> table générale des noms des plantes, animaux et autres objets naturels qui peu-
> vent s'employer contre les maladies, avec la synonymie de ces noms, en *Espa-
> gnol, Tagala, Pampango, Pangasinan, Cagayan, Bisaya, Camarines, Zambales
> et Ylocos.* Cette table occupe les pp. 316 à fin.

1376. SANTAREM (Vicomte de). Recherches historiques, critiques et
bibliographiques sur Améric Vespuce et ses voyages. *Paris, A. Bertrand,* 1842, in-8, br.

> xvi et 284 pp.

1377. SANTOS (fray Domingo de los, de la orden de S. Francisco). Vocabulario de la lengua Tagala primera, y segunda parte. En la primera, se pone primero el Castellano, y despues el Tagalo; Y en la segunda al contrario, que son las raices simples con sus acentos. *Reimpresso, en la Imprenta nueva de D. Jose Maria Dayot, por Tomas
Oliva,* 1835 *(Manila),* in-fol., vél.

> 3 fnc., 739 et 118 pp. Imprimé sur papier de riz. La première édition de ce
> précieux lexique a été imprimée à *Toyabas (Filipinas),* 1703, in-fol. Le seul ex.
> connu se trouvait dans la collection MARSDEN. Une deuxième édition a été faite à
> *Manille,* en 1794, in-fol. Celle que nous annonçons est la troisième de cet ouvrage,
> elle est déjà rare aux Philippines.

1378. SARGENT (W.) and SMITH BARTON (B.). Papers relative to
certain American antiquities. *Philadelphia, Thomas Dobson,* 1796,
in-4, br. *non rogné.*

> iv et 39 pp., 2 pl. gravées par VALLANCE. Morceau important et peu connu. Il
> est extrait du vol. 4, des *Transactions of the Philosophical Society* of Philadel-
> phia.

1379. SARIÑANA (Isidro). Llanto del Occidente en el Ocaso del mas
claro Sol de las Españas. Fvnebres demostraciones, qve hizo Pyra real,
qve erigio en las Exequias del Rey N. Señor D. Felipe IIII. El Grande.
El Exmo. señor D. Antonio Sebastian de Toledo, marques de Man-

zera, Virrey de la Nueva España, con la real audiencia, en la S. Yglesia metropolitana de Mexico, ciudad Imperial del Nuevo Mundo....
Escribelas el doctor Isidro Sariñana, cura proprietario de la parroquial de la S. Vera-Cruz de Mexico, Cathedratico, que fue de substitucion de prima de Teologia en su real vniversidad. *En Mexico, Por
la uiuda de Bernardo Calderon,* 1666, in-4, vél.

> Ce très-rare et curieux volume se compose de 7 fnc., et 151 ff. de texte, d'une
> grande planche pliée représentant le Catafalque, et de 16 figures emblématiques,
> avec explication en vers espagnols, gravées à l'eau-forte, d'une exécution mé-
> diocre ; mais elles ont de l'intérêt pour avoir été exécutées à une époque où l'art de
> la gravure n'était pas florissant en Espagne, et encore bien moins en Amérique.
>
> Notre exemplaire est incomplet de 2 fig., et la grande planche est déchirée;
> piqures dans les marges.

1380. SARMIENTO DE GAMBOA (Pedro). Viage al estrecho de Magallanes, en los años de 1579. y 1580. y noticia de la expedicion que
despues hizo para poblarle. *Madrid, Imprenta de la Gaʒeta,* 1768,
in-4, rel.

> LXXXIV et 402 pp., 3 pl. « Declaracion que de orden del Virréi del Peru, Dʳ
> Franc. de Borja, hizo Tomé Hernandez, de lo sucedido en las dos poblaciones fun-
> dadas en el Estrecho de Magallánes por P. Sarmiento de Gamboa » xxxiii pp.
>
> Publication importante faite pour la première fois sur un mss. conservé à la
> Bibl. Royale de Madrid, par D. Bernardo Yriarte. Ce voyage de Lima en Espagne,
> en passant par le détroit de Magellan, a été exécuté par l'ordre du Vice-Roi.

1381. (SAUVAGE (de la)). Dictionnaire Galibi, présenté sous deux
formes; 1º Commençant par le mot françois; 11º par le mot Galibi.
Précédé d'un essai de Grammaire. *Paris, Bauche,* 1763, in-8, cart.
non rogné.

> xvj, 24 et 126 pp., 1 fnc. Cet ouvrage est extrait de celui de Préfontaine
> *Maison rustique de Cayenne* (Nº 1199). C'est le meilleur ouvrage et le plus com-
> plet que nous ayons sur la langue Galibi, parlée par la principale peuplade de la
> Guyane française. Il a été composé d'après les vocabulaires du P. Pelleprat, de
> Boyer, de Biet, mais principalement sur des documents mss. que le P. Pelle-
> prat composa pendant son séjour dans les missions.
>
> L'auteur de ce dict. est aussi nommé de la Salle de Lestang

1383. (SCHEDEL (Hartmann)). Registrum huius operis libri cronica-
rum cú figuris et ymagíbus ab inicio múdi. (*Nuremberge Anthonius
Koberger.* 1493) gr. in-fol. gothique, rel.

> 19 fnc., pour le Registre, ccc ff. (le dernier non chiffré). Les ff. cclviiii-cclxi
> qui sont blancs. Ils étaient destinés à recevoir des notes et des additions. Entre
> les ff. cclxvi-cclxvii sont 6 fnc., (le dernier blanc) contenant une description de la

Sarmatie d'Europe. Ces ff. blancs et ce dernier traité manquent généralement. Les deux derniers ff. contiennent une cartede l'Europe centrale.

Ce magnifique volume, connu sous le nom de « *Chronique de Nuremberg* », est une des plus riches productions illustrées du XVᵉ siècle. Il ne renferme pas moins de *deux-mille-deux-cent-cinquante* bois dont plusieurs de la grandeur des pages, gravés par Wolgemuth le maître du célèbre Albert Durer, et W. Pleydenwurff. Les noms de ces deux graveurs sont indiqués dans la suscription qui se trouve au verso du f. 3oo.

Nous plaçons ce livre dans notre Collection Américaine, parceque on y lit au verso du f. ccxc que le roi de Portugal, Jean II, envoya en 1483, Diego Cam, navigateur portugais et Martin Behaim de Nuremberg, célèbre cosmographe, avec plusieurs vaisseaux en Afrique, qu'ils vinrent sur les côtes de la mer du Sud et qu'après avoir traversés la ligne, ils virent le Nouveau-Monde. Enfin, après une navigation de vingt-six mois ils retournèrent en Portugal, et pour preuve de leur découverte apportèrent du poivre et d'autres graines.

Ce passage évidemment apocryphe n'existe pas dans le mss. original de la traduction allemande, et, dans le mss. latin, il a été écrit par une autre main que tout le reste de l'ouvrage.

Ce fut dans ce voyage que Diego Cam découvrit le royaume de Benin et du Congo.

1384. SCHEDEL (Hartmann). Das büch Der Croniken vnnd geschichten mit figuren vnd pildmissen von Aṇbeginn der welt bisz auff dise Vnsere Zeÿt (au verso du f. cccxvii, on lit :) *Hie endet sich das büch der Cronick vñ geschichtẽ mit figurẽ vñ pildniszen võ anbergiñ d welt bisʒ.auf dise vnser ʒeit. Gedruckt vñ volẽt in d kayserlichen staat Auspurg durch Hañsen Schönsperger Im iar nach Cristi geburt vnsers herren. M. cccc.* (1500), in-fol., gothique, peau de truie, fig. sur bois.

cccxvii ff. de texte à 2 colonnes, 1 f. blanc, 2 f. contenant la carte de l'Europe, avec une explication tenant une page pleine. « Register » 11 fnc. Le passage relatif à Martin Behaim et à Diego Cam, est au verso du dernier f.

Pour plus de détails, consultez la *Bibl. Americana Vetustissima* qui ne cite pas notre édition de 15oo.

Traduction allemande de la *Chronique de Schedel,* faite par un nommé Georges Alt ou Alten.

1385. SCHEFFER. Histoire des Etats-Unis de l'Amérique septentrionale. *Paris, Raymond,* 1825, in-12, cart.

312 pp.

1386. SCHERER (Jean Benoît). Recherches historiques et géographi-

ques sur le Nouveau-Monde. *Paris, Brunet,* 1777, in-8, demi rel.,
non rogné.

xij pp., 2 fnc., 352 pp., carte (dressée et levée en allant de Jakutsk jusqu'au
port d'Ochotzk) d'après WALTON, gravée par DUSSY, 8pl. Ouvrage estimé et important.

Les pp. 266-277, contiennent une table comparée de la langue des Latins, des
Scythes, des Tatares, des Tibétains, des Chinois, des Kalmuks, des Mongols, des
Mandchoux, des Lamutes. Un essai sur les rapports des mots entre les langues
du Nouveau-Monde et celles de l'ancien, par l'auteur du *Monde Primitif* (COURT
DE GEBELIN), occupe les pp. 302-345.

La carte et les pl. manquent souvent.

1387. SCHMIDEL (Huldericus). Vera historia, admirandæ cvivsdam
nauigationis, quam H. SCHMIDEL, Straubingensis, ab anno 1534. usque
ad annum 1554 in Americam vel nouum Mundum, iuxta Brasiliam
et Rio della Plata Confecit. *Noribergæ, Levini Hulsii,* 1599, in-4,
vél.

Portrait de l'auteur « Contrafactur Vlrichs Schmidels » 1 f., dédicace à l'évêque
de Bamberg, avec ses armes; avis au lecteur par L. HULSIUS et texte 101 pp., 17
pl. (il manque 2 pl. à notre exempl.).

Cette relation traduite par HULSIUS, sur l'original allemand de 1567, forme la
quatrième partie de sa collection.

L'ouvrage de H. SCHMIDEL est un des plus intéressants volumes publiés sur
l'Amérique. Ainsi que Hans Staden et Diaz de Castillo, SCHMIDT raconte avec simplicité et sans exagération. Dans quelques exempl. de cette relation, se trouve
jointe une pièce intitulée :

BREVIS et admiranda descriptio regni Guianæ in America, quod ann.
1594-96, per D. G. RALEGH detectum est. *Norimbergæ,* 1599, in-4, de 10
ff. avec 7 pl.

Cette pièce forme la Vᵉ partie de la collection de HULSIUS ; c'est la seule, avec la
relation de SCHMIDT, qui soit traduite en latin.

1388. SCHOOLCRAFT (H.). Travels in the central portions of the
Mississippi valley ; comprising observations on its, mineral geography, internal resources, and aboriginal population (Performed under
the sanction of government, in the year 1821). *New-York, Collins and
Hannay,* 1825, in-8, cart.

iv et 459 pp., 2 cartes et 3 fig. Les pp. 383-385', contiennent un *aperçu de la
langue des Indiens Pottowattomies,* et les pp. 425-434, sont occupées par des
chansons en Chippeway, avec une traduction anglaise.

1389. —— Narrative of an expedition through the upper Mississippi to
Itasca lake, the actual source of his river ; embracing an exploratory

trip through the St. Croix and Burntwood (or Broule) rivers; in 1832. *New-York, Harper,* 1834, in-8, cart.

> 307 pp., 5 cartes. Les pp. 169-202 (Appendix), renferment une *Grammaire* assez étendue de la langue *Chippeway*, et les pp. 203-210, contiennent un *Dictionnaire Anglais-Chippeway (A-B)*; l'auteur annonce que diverses circonstances empêchent l'impression de la fin de ce Vocabulaire.

1390. SCHOVTEN. Jovrnal ou description du merveilleux voyage de Gvilliavme Schovten, fait es années 1615, 1616 et 1617. Comme (en circumnavigeant le globe terrestre) il a descouvert vers le Zud du destroit de Magellan un nouveau passage, jusques à la grande mer de Zud. *Amstredam, Guillaume Janson,* 1618, in-4, demi rel.

> 3 fnc., 88 pp., 9 fig. et cartes. Seconde édition de la traduction française de cet ouvrage, l'un des plus importants voyages exécutés au XVIIe siècle. Exemplaire un peu fatigué et piqué.

1391. —— Jovrnal ov relation exacte dv voyage de Gvill. Schovten; dans les Indes : Par un nouueau destroit et par les grandes Mers Australes qu'il a descouuert, vers le pole Antartique. Ensemble des nouuelles Terres auparauant incognues, Isles, Fruicts, Peuples, et Animaux estranges, qu'il a trouué en son chemin : et des rares obseruations qu'il y à fait touchant la déclinaison de l'aymant. *Paris, M. Gobert,* 1619, pet. in-8, demi rel.

> 6 fnc., 232 pp., 7 fig. et cartes.

1392. —— Diarivm vel Descriptio laboriosissimi, et Molestissimi Itineris, facti a G. Cor. Schovtenio, hornano. Annis 1615-1617. Cum à parte Australi freti Magellanici, novum ductum, aut fretum, in Magnum Mare Australe detexit, totumque Orbem terrarum circumnavigavit. *Amstredami, Apud Petrum Kærium,* 1619, in-4, vél.

> 3 fnc., 71 pp., (les pp. 17-24 sont par erreur de numérotage, répétées deux fois) vignette sur le titre, 8 pl. et cartes. (Trömel annonce 9 pl.)

1393. SEÑALES Que huvo en las Indias, de que se havia de establecer en ellas La Ley de Jesu-Christo. Muestras que diò el Emperador Motezuma. De abrazar su Santa Ley. Renuncia que voluntariamente hizo, al señor Emperador Carlos V. del Imperio que poseia. Y Pleito omenague que Otorgo su hijo Don Pedro. De guardar Fidelidad y Obediencia à la Corona de España. In-4, non rel.

> Manuscrit (inédit ?) du siècle dernier, de 34 ff., sur papier, d'une belle écriture ronde.

1394. SENTMANAT (Antonio, Cardenal de). Declaracion general de las personas que pertenecen á la jurisdiccion éclesiástica castrense, y de los privilegios que respectivamente deber gozar. *Reimpreso en Lima,* 1805, in-4, br.

> 13 pp. L'édition sur laquelle cette réimpression a été faite a paru à Madrid, en 1804.

1395. SEPULUEDA. Dialogo llamado Democrates cõpuesto por el doctor JUAN DE SEPULUEDA : capellá y coronista de su. S. E. C. M. del empador: agora nueuamente impresso. Con preuilegio imperial. M. d. xlj. (A la fin):.... *Fue impresso en la muy noble et muy Leal ciudad de Seuilla : en casa de Juan crõberjer difunto que dios aya.... Mil y quinientos y q̃renta y vn años* (1541), in-4, GOTHIQUE, vél.

> Titre imp. rouge et noir dans une jolie bordure gravée sur bois, lxxix ff., de texte et 1 fnc., pour la suscription rapportée ci-dessus et la marque de Cromberger; « Tabla » 5 pnc., « Tabla de vicios » 1 pnc. Cette table d'errata doit se composer d'un autre f. qui manque dans notre exemplaire.
>
> Traduction espagnole du célèbre traité de Sepulvéda, intitulé « *Democrates* » faite par ANTONIO BARBA, secrétaire du Cardinal de Quiñones. L'original latin, imprimé à Rome en 1535, in-4°, a été réimprimé à Paris avec d'autres opuscules du même auteur, en 1541, in-8°.
>
> Cet ouvrage arrangé en forme de dialogues entre trois personnages, (Leopoldo Aleman, Alonso de Guevara, Democrates) dans lequel on discute de la justice de la guerre, précèda de quelques années un autre ouvrage sur le même sujet et qu'on intitula « *Democrates alter* ». Les idées et les opinions émises par le Docteur SEPULVEDA dans ces deux ouvrages firent que l'impression du dernier n'en fut pas permise en Espagne malgré la grande influence de l'auteur. Dans le dernier surtout, l'opinion de SEPULVEDA sur la guerre faite dans les Indes donna lieu à une dispute très-vive entre lui et le célèbre évêque de Chiapa, BART. DE LAS CASAS (V. n° 838, IV). SEPULVEDA fit une apologie de son livre, qui a été imprimée à Rome en 1550.
>
> Quoique dans le volume que nous possédons il n'y ait aucun passage relatif aux Indes, nous avons pensé qu'il devait faire partie de toute Collection Américaine. Ecrit dans le même esprit que le *Democrates alter*, ce dernier ouvrage et l'Apologie ne peuvent être complets sans ce livre.

1396. —— Opera, cum edita, tum inedita, accurante regia historiæ Academia (edente Fr. CERDA y RICO). *Matriti, typographia regia,* 1780, 4 vol. in-4, vél. NON ROGNÉ.

> Vol. I. 6 fnc., CXLIII pp., 24 pp., 4 fnc., XLVI et 468 pp., portrait de Charles Quint. — Vol. II. LXVI et 544 pp., 75 fnc. Ces deux premiers volumes contiennent une histoire de Charles Quint qui était restée INÉDITE. — Vol. III. 1 fnc., XXVIII pp., « De rebus hispanorum gestis ad novum Orbem Mexicumque ». 244 pp., « Index » 9 fnc., « De rebus gestis Philippi II » 8 fnc., 134 pp., 7 fnc., « Epistolæ duæ ad M. Canum » 399 pp., 5 fnc. — Vol. IV. 591 pp., 10 fnc. Entr'autres pièces

qui intéressent l'Amérique, nous citons : « *Democrates, sive de convenientia disciplinæ militaris cum christiana religione dialogus* » pp. 225-328. « *Apologia J. G.* Sepulvedæ *pro libro de justis belli causis* » pp. 329-351. Ce dernier traité est l'apologie de son célèbre ouvrage « *Democrates Alter* ».

Très-belle édition des œuvres de Juan Ginez de Sepulvéda, l'un des savants espagnols les plus célèbres du XVI⁰ siècle, surnommé le Cicéron Castillan. Tous ces ouvrages sont réunis ici pour la première fois.

1397. SHEA (J. M.). Relations diverses sur la bataille du Malangueulé. Gagnée le 9 juillet, 1775, par les François sous M. de Beaujeu, Commandant du Fort du Quesne sur les Anglois sous M. Braddock, Général en chef des troupes Angloises. *Nouvelle York. De la presse Cramoisy*, 1860, in-8, cart.

xv pp., pour l'Avant-propos et la Notice sur Daniel Hyacinthe Marie Lienard de Beaujeu (d'une ancienne famille du Dauphiné, issue de celle qui a laissé son nom au Beaujolais) né à Montréal le 9 août 1711; texte pp. 9-51 ; portrait de Beaujeu.

Cet engagement désigné par les écrivains Anglais et Américains sous le nom de « *déroute de Braddock* » est un des plus glorieux faits d'armes remporté par nos troupes des Colonies sur les Anglais. Ces derniers au nombre de 2000 h. commandés par le général Braddock s'avancèrent contre le fort du Quesne, où M. de Beaujeu commandait ; il vint au devant de l'ennemi avec 150 Français, Canadiens et 600 sauvages et fut tué au commencement de l'action. Les Anglais furent mis dans une déroute complète.

1398. —— (John Gilmary). Dictionnaire françois-Onontagué, édité d'après un manuscrit du 17⁰ siècle. *Nouvelle York : à la presse Cramoisy*, 1859, gr. in-8, br.

Deux titres, dont l'un en anglais et 2 pages pour la préface ; 103 pp. Tiré à 100 ex. et imprimé avec le plus grand soin.

Ce dictionnaire a été imprimé sur une copie du mss. original appartenant à la bibliothèque Mazarine, faite par les soins du P. Martin de la C⁰ de Jésus. M. Shea, qui l'a édité, l'attribue à un Père Jésuite missionnaire qui vivait dans le milieu ou à la fin du 17⁰ siècle.

La langue Onontagué est parlée par une tribu Iroquoise, qui habitait à l'ouest de l'état de New-York.

1399. SHEFFIELD (John Lord). Observations on the commerce of the American states. With an Appendix; containing tables of the imports and exports of Great Britain to and from all parts from 1700 to 1783. Also the exports of America, etc. *London, J. Debrett*, 1784, in-8, cart.

1 fnc., xlvii et 345 pp., 29 tableaux, 13 fnc.

1400. SHELVOCKE (Capt. George). A voyage round the world, by the way of the Great south sea; performed in a private expedition during the war, which broke out with Spain, in the year 1718. The second edition, revised and republished by G. SHELVOCKE, Esq. *London, W. Innys and J. Richardson*, 1757, in-8, rel.

2 fnc., iii, 3 et 476 pp., 5 fig. et carte. Cette relation est la même que celle publiée par W. BETAGH, et imprimée à Londres en 1728.

1401. SITJAR (P. fray Buenaventura, del orden de S. Francisco). Vocabulario de la lengua de los naturales de la mision de San Antonio, Alta California. *Nueva-York, Cramoisy Press*, 1861, gr. in-8, br.

XIX pp., phrases interrogatives, 1 fnc.; l'Oraison dominicale, d'après DUFLOT DE MOFRAS, 1 fnc., « Diccionario » pp. 9-53. Tiré à *Cent exemplaires*, épuisés.

Ce volume, ainsi que la grammaire Mutsun, du P. ARROYO DE LA CUESTA (n° 85), a été imprimée d'après le mss. original appartenant à la « *Smithsonian Institution* » donné par A. S. Taylor, Esq.

La mission de San Antonio de Padua fut fondée par le P. Junipero Serra (Pour l'histoire de la vie de ce missionnaire, l'apôtre de la Californie, V. le n° 1121), le 14 Juillet 1771, dans la Sierra de Santa Lucia, à 25 lieues S. S. O. de Monterey. Le P. B. SITJAR, et le P. MIGUEL PIERAS, auteurs de ce Vocabulaire, en furent les premiers missionnaires. — [DUFLOT DE MOFRAS appelle les indiens de cette mission *Tatché* ou *Telamé*.

Le P. B. SITJAR, né à Perreras, près Palma, ile Majorque, le 9 déc. 1739, fut l'un des fondateurs des missions de San Antonio en 1771, et de San Miguel, en 1797. Il mourut à San Antonio le 3 sept. 1808 et fut enterré près l'autel de l'église de la mission. Son compagnon, le P. MIGUEL PIERAS, aussi Majorquin, mourut vers 1795. Les Indiens qui parlent cette langue sont presque anéantis; l'éditeur de ce Vocabulaire parle de moins de 50 individus. — On dit qu'ils étaient si nombreux autrefois, qu'ils parlaient environ 20 dialectes.

1402. SIVERS (Henrich). Bericht von Gröhnland, Gezogen aus zwo Chronicken : Einer alten Ihslandischen, und einer neuen Dänischen; überges and in Frantzösischer Sprahche.... Ietzo aber Deutsch gegäben, und, um desto färtiger ihn zu gebrauchen, imterschihdlich eingeteihlet von H. SIVERS. *Hamburg, Johan Naumans*, 1674, in-4, mar. jaune, orn. en or, d. s. t.

2 fnc., 70 pp., 1 fnc., 3 pl., 1 carte. Traduction par H. SIVERS, de la Relation du Groenland d'ISAAC LA PEYRÈRE. V. n°s 831 et suivants.

1403. SKINNER (Joseph.). The present state of Peru. *London, R. Phillips*, 1805, in-4, cart. non rogné.

xiv et 487 pp., 20 pl. coloriées (manquent les pl. 1, 5 et 12), représentant les habillements des différentes classes d'habitants à Lima.

Cet ouvrage est extrait du « *Mercurio Peruano* » (V. n° 985) et contient des détails intéressants sur ce journal et sur les autres qui l'ont suivi.

1404. SMITH (Buckingham). Arte de la lengua Névome, que se dice Pima, propia de Sonora, con la doctrina christiana y confesionario añadidos. *San Augustin de la Florida, año de* 1862. *Nueva York, Cramoisy Press,* 1862, gr. in-8, br.

> Deux titres dont l'un en anglais, 97 pp., « Doctrina Christiana » 32 pp. Imprimé à 160 ex. entièrement épuisés.
>
> Cette grammaire de la langue Pima, ainsi qu'un vocabulaire de la même langue, furent rapportés de Tolede par M. B. S. Ils provenaient de la collection de Bartolomé Gallardo.
>
> L'auteur, dont le nom est resté inconnu, était un Père Jésuite. Son manuscrit fut probablement apporté du Mexique, en Espagne, en 1767, après la suppression de l'ordre.

1405. —— A grammatical sketch of the Heve lenguage, translated from an unpublished spanish manuscript. By B. SMITH. *(New York, Cramoisy Press)*, 1862, in-8, br.

> 26 pp. Tiré à Cent exemplaires, entièrement épuisés.
>
> Le dialecte Heve était la langue parlée par les Eudeve, ou Dohema, habitant l'une des sept provinces comprises dans la Nouvelle Galice, du temps de la domination espagnole.

1406. SMITH (Captaine John). The trve travels, adventvres and observations of Captaine IOHN SMITH, in Europe, Asia, Africke, and America: beginning about the yeere 1593, and continued to this present 1629. From the London edition of 1629. *Richmond, Francklin press,* 1819, 2 to. en 1 vol. in-8, rel. v.

> Vol. I. 5 fnc., 247 pp., 1 portrait, 2 pl., 1 carte. — Vol. II. xi et 282 pp., frontispice gravé. Réimpression d'un ouvrage excessivement rare, devenue elle-même peu commune.

1407. —— De Gedenkwaardige Reizen vanden beroemden Capiteyn Johan SMITH na Virginien ; Gedaan in den Jare 1606. en vervolgens.... Nu aldereerst uit her Engels vertaald. *Te Leyden, Pieter vander Aa,* 1707, in-8, demi rel.

> 224 pp., Register, 11 fnc., 7 pl., 1 carte. Cette célèbre relation du capitaine SMITH, traduite en hollandais, fait partie d'une collection de voyages publiée sous le nom de GOTTFRIED, en 29 vol. in-8, (Nº 1059) et en 8 vol. in-fol. Les pl. qui ornent cette traduction sont des copies de celles des frères DE BRY.

1408. SMITHSONIAN Institution. Tenth Annual Report of the board of regents of the Smiths. inst., showing the operations, expenditures, and condition of the institution, up to January 1, 1856. and the proceedings of the board up to March 22, 1856. *Washington, Nichol-son*, 1856, in-8, cart.

438 pp., 1 fnc., fig. dans le texte.

1409. SMITHSONIAN Institution. The same Annual report; contaı-ning the operations, expenditures, and condition of the institution for the year 1857. *Washington, W. Harris,* 1858, in-8, cart.

438 pp., fig.

1410. SMYTH (J. F. D.). A Tour in the U. S. of America : contai-ning an account of the present situation of that country; the popu-lation, agriculture, commerce, customs, and manners of the Inhabi-tants; with a description of the Indian nations. *Dublin, G. Perrin,* 1784, 2 vol. in-12, v.

Vol. I. v, 6 fnc., et 263 pp. — Vol. II. 5 fnc., 288 pp.

« Virginia, Maryland, the two Carolinas and Louisiana are here described with considerable talent, and in a pleasing style » Lowndes'.

Une édition de cet ouvrage a été publiée la même année à Londres. C'est celle citée par Lowndes'.

1411. SOLA y FUENTE (Geronymo de). Relacion e informe Al señor D. Gaspar de la Cerda y Leyra; en que se dá cuenta del estado, que tenia la real mina al tiempo, que la recibiò en el año passado de 1736; los adelantamientos, con que queda y todo lo demás, que se necessita para la comprension de este vasto, é importante manejo, de que se origina la subsistencia de los reynos Perúanos, por la habilitacion de sus minerales de Plata. *Lima, Imprenta de la Plazuela de san Chris-toval,* 1748, in-fol., demi rel.

3 fnc., 105 pp., 3 fnc., 1 tableau. Pièce rare, relative aux mines de Guancave-lica.

1412. SOLIS (D. Ant. de). Historia de la conqvista de Mexico, pobla-cion, y progressos de la America Septentrional, conocida por el nom-bre de Nveva España. *Madrid, Imprenta de Bernardo de Villa Die-go,* 1684. — SALAZAR y OLARTE (D. Ign. de). Historia de la Conquista de Mexico, Segunda parte. *Cordoba, Gonzalo Antonio Serrano por Fernando de Ros,* 1743, ensemble 2 vol. in-fol. v. fauve. fil., ornements à froid, d. s. tr.

Collation : Solis : 15 fnc., 548 pp., 8 fnc., beau front. gravé, avec le portrait de Solis. Edition originale. — Salazar : 18 fnc., 474 pp., titre ornementé.

Superbe exemplaire, en reliure uniforme et très-grand de marges. Il est très-

difficile de rencontrer les deux parties réunies et surtout dans une pareille condition. L'exemplaire provient de la bibliothèque de J. ANT. CONDE, vendue à Londres, en 1824; il fut alors payé 40 fr. non relié.

1413. SOLÍS (D. Ant. de). Historia de la Conquista de Mexico. Nueva
Edicion, enriquezeda con diversas estampas, y aumentada con la vida
del autor, que escrivió Don JUAN DE GOYENECHE. *Brusselas, Francisco
Foppens,* 1704, in-fol., rel.

> 9 fnc., 302 pp. chiff. 604, 9 fnc., 2 cartes, 12 pl.

> Edition fort belle et très-estimée. Il y a des exemplaires qui portent l'adresse
de *Juan Verdussen;* mais le titre seul est changé.

1414. —— El mismo libro. *Barcelona, Imprenta de PP. Carmelitas
Descalços,* 1766, in-fol., rel.

> 13 fnc., 527 pp., 13 pnc., 7 pl. in-8º ajoutées. Le titre est sali.

1415. —— El mismo libro. *Madrid, D. Antonio Sancha,* 1783-84, 2
vol. in-4, rel.

> Vol. I. Portraits de Cortès et Solis, L pp., 4 fnc., 489 pp., 2 cartes, 12 pl., 6 vi-
gnettes. — Vol. II. VIII et 460 pp., 12 pl., 4 vignettes.

> Magnifique édition, qui ne laisse rien à désirer sous le rapport de l'exécution
typographique et des gravures, qui sont dues aux meilleurs artistes de l'Espagne.

1416. —— El mismo libro. *Madrid, Cano,* 1798-99, 5 vol. pet. in-12,
bas.

> Charmante édition, peu commune. — Vol. I. XLVIII et 251 pp., 2 portr., 2 fig.
— Vol. II. 316 pp., 4 fig. — Vol. III. 304 pp., 4 fig. — Vol. IV. 303 pp., 5 fig.
— Vol. V. 268 pp., 3 fig.

1417. —— Histoire de la conquête du Mexique, ou de la Nouvelle-Espagne. Traduite de l'Espagnol (par BON ANDRÉ, COMTE DE BROÉ, SEI-
GNEUR DE CITRI ET DE LA GUETTE). *Paris, Robert Pepie,* 1691, in-4,
rel.

> 14 fnc., 630 pp., 13 fnc., 2 cartes, 12 pl. gravées par M. FOUARD. TRADUCTION
ORIGINALE.

1418. —— Le même ouvrage. *La Haye, Adrien Moetjens,* 1692, 2 vol.
in-12, rel.

> Vol. I. 17 fnc., 412 pp., 8 fnc., 9 fig. et 2 cartes. — Vol. II. 5 fnc., 378 pp., 8
fnc., 3 fig. Non cité par TERNAUX.

1419. SOLIS (D. Ant. de). Histoire de la conquête du Mexique, ou de la Nouvelle-Espagne. *Paris, par la Compagnie des libraires,* 1730, 2 vol. in-12, rel.

> Vol. I. xxxij et 606 pp., 13 fnc., 9 pl., 2 cartes. — Vol. II. 5 fnc., 560 pp., 11 fnc., 3 pl.

1420. —— Istoria della conquista del Messico.... tradotta in toscano da un' accademico della Crusca (Filippo Corsini). *Venezia, Andrea Poletti,* 1704, in-4, rel.

> 7 fnc., 624 pp., portraits de Solis, F. Cortès, Motezuma, 5 fig.

1421. —— Lo stesso libro. *Venezia, Andrea Poleti,* 1733, in-4, rel.

> 7 fnc., 624 pp., 3 portraits, 5 fig.

1422. SOLIS y VALENÇUELA. Epitome breve de la vida, y mverte del ilvstrissimo dotor Don Bernardino de Almansa, Criollo de la Ciudad de Lima, Tesorero de la Ciudad de Cartagena, Arcediano de la Plata, Inquisidor de Logroño y de Toledo, Arçobispo de la Isla de S. Domingo primado de las Indias, y Arçobispo de Santa Fè de Bogota, ecc. Hecho por D. Pedro Solis y Valençuela sacado de los escritos del Padre don Bruno de Valençuela monge Cartuxo su coronista. *En Lima, por Pedro de Cabrera,* 1646, in-4, vél.

> 7 fnc., 72 ff. Ce livre est cité par Ternaux dans sa Bibliothèque Américaine, (N° 655) sous la date de 1647.
>
> Au commencement et à la fin du volume, on trouve un certain nombre de sonnets et d'épigrammes, composés en l'honneur de D. Bernardino de Almansa, ou de l'auteur.

1423. SOLORZANO PEREIRA (Joannis de). Dispvtationem de Indiarvm jvre, sive de iuxta Indiarum Occidentalium inquisitione, acquisitione, et retentione tribvs libris comprehensam. *Matriti, Francisci Martinez,* 1629-39, 2 vol. in-fol., vél.

> Vol. I. 13 fnc., 751 pp., 50 fnc., titre gravé. — Vol. II. 2 titres dont l'un gravé, 26 fnc., 1076 pp., 68 fnc., portrait de l'auteur. EDITION ORIGINALE d'un ouvrage important et très-estimé.

1424. —— Politica Indiana.... Obra de sumo trabajo, importancia, y utilidad, no solo para los de las provincias de las Indias, sino de las de España, y otras naciones. Corregida é ilustrada con notas. Por el lic do D. Francisco Ramiro de Valenzuela, relator de Supremo Consejo, y Cámára de Indias. *Madrid, Imprenta Real,* 1776, 2 vol. in-fol., vél.

Vol. I. 7 fnc., 438 et 21 pp. — Vol. II. 1 fnc., 522 et 132 pp.

1425. SOLORZANO PEREIRA (Juan de). Obras varias posthumas. Contienen una recopilacion de diversos Tratados, Memoriales, Papeles eruditos, y algunos escritos en causas fiscales, y todos llenos de mucha enseñanza y erudicion. Corregidas y emendadas por D. Francisco Maria Vallarua. *Madrid, Imprenta Real,* 1776, in-fol., rel.

7 fnc., 339 pp. Recueil de vii traités de ce jurisconsulte distingué, imprimés ou mss.

En tête de cette belle édition, il y a un privilège de D. Diego Dormer, daté de Zaragoza, 1676, ce qui ferait supposer une édition portant cette date.

1426. SOULÈS (François). Histoire des troubles de l'Amérique angloise, écrite sur les mémoires les plus authentiques. *Paris, Buisson,* 1787, 4 vol. in-8, rel.

Vol. I. 2 fnc., 379 pp. — Vol. II. 365 pp. — Vol. III. 420 pp. — Vol. IV. 272 pp., 43 pp., 3 cartes.

Ouvrage exact et intéressant.

1427. SOUTHEY (Capt. Thomas). Chronological history of the West-Indies. *London, Longman,* 1827, 3 vol. in-8, demi rel.

Vol. I. 2 fnc., 336 pp. — Vol. II. 1 fnc., 552 pp. — Vol. III. 620 pp. Exemplaire ayant sur les plats le chiffre de Ternaux Compans.

1428. SOUZA SILVA (Joaquim Roberto de). Modulaçoens poeticas. Precedidas de um bosquejo da historia da Poesia Brasileira. *Rio de Janeiro,* 1841, in-8, cart.

166 pp. A la suite :

Teixeira e Sousa (Ant. Gons.). Os tres dias de um noivado, poema. *Rio de Janeiro, P. Brito,* 1844, xxiv et 174 pp., 4 fnc. — Magalhâes (D. J. G. de). Antonio José ou o poeta e a inquisição, tragedia. *Rio de Janeiro, P. Brito,* 1839, v, 112 et 12 pp.

(Antonio Jose da Silva, le héros de cette tragédie, naquit à Rio de Janeiro, en 1705 ; il fut envoyé par son père pour étudier le droit à l'Université de Coïmbra. Doué d'un génie éminemment comique et satirique, il composa plusieurs pièces de théâtre qui eurent beaucoup de succès. Il fut brûlé comme juif, à Lisbonne, en 1739, par ordre de l'inquisition.)

Teixera e Sousa (Ant. Gons.). Canticos lyricos. *Rio de Janeiro, P. Brito,* 1841-42 ; Vol. I. xiij et 188 pp., 6 fnc. — Vol. II. vi et 96 pp., 2 fnc.

1429. SPAFFORD (H. G.). A Gazetteer of the state of New-York; carefully written from original and authentic materials, arranged on a new plan, in three parts. *Albany, H. C. Southwick,* 1813, in-8, rel.

334 et ii pp., carte, 3 pl.

1430. SPILBERGEN (Georgius a). Specvlvm orientalis Occidentalisqve Indiæ navigationvm ; quarum una Georgij a Spilbergen classis cum potestate præfecti, altera Jacobi Le Maire auspicijs imperioque directa, annis 1614, 15, 16, 17, 18. *Lugduni Batauorum, apud Nicolaum à Geelkercken.* An. 1619, in-4, obl. v.

3 fnc., texte pp. 9-175, 25 fig. et cartes, titre gravé. Édition originale extrêmement rare de cette célèbre relation.

Notre exempl. qui est très-beau renferme la pl. 19, qui manque souvent.

1431. —— Miroir Oost et West-Indical, auquel sont descriptes les deux dernieres navigations, faictes es années 1614. 1615. 1616. 1617. et 1618. l'une par le renommé guerrier de mer, George de Spilbergen, par le destroict de Magellan, et ainsi tout autour de toute la terre, avec toutes les batailles données tant par terre que par eau. Icy sont aussi adioustées deux Histoires, l'une des Indes Orientales, l'autre des Indes Occidentales, avec le nombre des navires, forts, soldats et artillerie. L'autre faicte par Jacob le Maire, lequel au costé du Zud du Destroict de Magellan, a descouvert un nouveau Destroict. Avec la description de tous pays, gens et nations. Le tout embelli de belles cartes et figures a ce servantes. *A Amstelredam, chez Jan Jansz, sur l'eau, a la pas-carte, l'an* 1621, in-4, obl. v. f.

1 fnc., 172 pp., 26 pl. et cartes numérotées 25. Magnifique exemplaire.

« Ce texte français est plus rare et plus recherché que le latin. On y indique la mort de Le Maire, le 16 décembre 1616 ; et le journal de ce navigateur, qui, dans la première édition, s'arrête au 2 novembre de la même année, est continué dans celle-ci jusqu'au 1er juillet 1617. Les pl. sont les mêmes dans les deux éditions. » Brunet.

La relation de Spilberg a été insérée dans la onzième partie des grands voyages; on la traduisit en français en 1621 et en allemand en 1625 ; une nouvelle rédaction en a été faite et insérée dans le « Recueil des voyages qui ont servi à l'établissement de la Cie des Indes hollandaises ». De ces éditions, la plus recherchée et la plus correcte est la première en latin. La flotte que commandait Spilberg, partit du Texel, le 8 août 1614 et le 1er juillet 1615 elle aborda dans un des ports de la Zélande ; elle se composait de six vaisseaux équipés par la Cie des Indes Orientales. Sa mission était de se rendre aux Moluques par le détroit de Magellan. A la suite de la relation de Spilberg, l'éditeur a ajouté une relation du voyage de Le Maire (pp. 121-173). Une notice des voyageurs qui à cette époque avaient fait le tour du monde, se trouve aux pp. 174-175. Pour plus de détails consultez le *Mémoire de* Camus.

TERNAUX ne cite pas l'édition latine de 1619. Il indique sous la date de 1620 une édition qui forme la 17ᵉ partie de la collection de HULSIUS. Une édition hollandaise, sous la date de 1621, est indiquée dans le *Catalogue* de la vente de *Steevens*.

1432. SPIZELIUS (Theoph.). Elevatio relationis Montezinianæ de repertis in America tribubus israeliticis; et discussio argumentorum pro Origine gentium Americanarum Israelitica à MENASSE BEN ISRAEL in מקור־ישׂ דאר seu spe israelis Conquisitorum. Cum JOH. BUXTORFII ad Th. Spizelium Epistola. *Basileæ, Joannem Könic,* 1661, in-8, rel.

11 fnc., 128 pp. — Ouvrage fort rare, l'un des plus curieux publiés sur l'origine des Américains. L'opinion de l'auteur a été adoptée par plusieurs écrivains.

1433. SQUIER (E. C.). Monograph of Authors who have written on the Languages of Central America, and collected Vocabularies or composed works in the native dialects of that country. *London, Trübner,* (*New York*), 1861, in-4, br.

70 pp. Ce volume, très-soigneusement imprimé en caract. anciens, n'a été tiré qu'à cent exemplaires.

1434. ——— Collection of rare and original Documents and Relations concerning the discovery and Conquest of America; chiefly from the spanish archives. *New York, B. Norton,* 1860, in-4, br.

Nº 1. Carta dirigida al Rey de España por D. DIEGO GARCIA DE PALACIO, Oydor de la Real Audiencia de Guatemala; año 1576.

129 pp., 2 pnc., carte. Impression soignée faite à petit nombre.

1435. STADEN (Hans). Veritable histoire et description d'un pays habité par des hommes sauvages, nus, féroces et antropophages, situé dans le Nouveau-Monde nommé Amérique, avec une relation des mœurs et coutumes des Tuppinambas. *Paris, A. Bertrand,* 1837, in-8.

335 pp. Vol. 3 de la collection de TERNAUX COMPANS, annoncée [ci-après.

1436. STIGLIANI (Fra' Tomaso). Il mondo nvovo. Diuiso in trentaquattro Canti, cogli argomenti dell'istesso avtore. *In Roma, appresso Giacomo Mascardi,* 1628, pet. in-12, non rel. rogné.

1011 pp., 16 fnc., carte gravée sur le titre. Poëme curieux en octave, divisé en trente-quatre chants. La première édition publiée à Plaisance en 1617, in-12, ne contient que les 20 premirs chants.

HAYM cite par erreur cette édition du format in-4º.

1437. SULLIVAN (James). The history of the district of Maine. Illustrated by a new correct map of the district. *Boston, J. Thomas and E. T. Andrews,* 1795, in-8, demi rel. v.

vii pp., 2 fnc., 421 pp. La carte annoncée sur le titre, manque dans notre exempl. qui est interfolié de papier blanc. Il provient du cabinet du comte Menou, qui résida très-longtemps en Amérique avec le titre de chargé d'affaires près le gouvernement des Etats-unis.

1438. SYNODO diocesana, que celebró el ilustríssimo señor doctor Don MANUEL DE ALDAY y AZPEE, Obispo de Santiago de Chile. A que se dió princípio el dia quatro de Enero de 1763; y se publicó en veintidos de abril de dicho año. *Lima, oficina de la Calle de la Encuadernacion,* 1764, in-fol., vél.

2 fnc., 170 pp., 13 fnc. Cet ouvrage, imprimé avec luxe, a un titre en rouge et noir et le texte est encadré. A la suite l'ouvrage suivant :

SYNODO diocesana, con la Carta pastoral convocatoria para ella : y otra, en orden a la paga de los diezmos. Celebróla Don fray BERNARDO CARRASCO Y SAAVEDRA, obispo de Santiago de Chile. Aque se dio princípio domingo 18 de Enero de 1688, y se publicó en los 2 de Mayo de dicho año. *Reimpresa en Lima en la Imprenta real,* 1764, 6 fnc., et 168 pp.

Cet ouvrage, de même que le précédent, est imprimé avec luxe. Il avait déjà été publié à Lima en 1690.

1439. SZUHANYI (Fr. Xavier). Notitia orbis e variis peregrinationibus ab illustribus viris susceptis deprompta. *Cassoviæ, M. Landerer,* 1788, in-4, demi mar.

185 pp., 3 pnc. Les pp. 124-185 sont relatives à l'Amérique.

1440. TALBOT (Ed. A.). Voyage au Canada, traduit de l'anglais par M*** (DUBERGIER), suivi d'un extrait du voyage de M. J. M. DUNCAN en 1818 et 1819; traduit de l'anglais par EYRIÈS. *Paris, Boulland,* 1825, 3 vol. in-8, br.

Vol. I. III, xiii et 364 pp. — Vol. II. 323 pp. — Vol. III. 175 pp., 3 cartes, 5 pl.

1441. —— Le même ouvrage. *Paris, Librairie centrale,* 1833, 3 to. en 2 vol. in-8, demi rel.

Cette édition est la même que la précédente, à laquelle on a mis un nouveau titre.

1442. TAMAIO DE VARGAS (D. Thomas). Restavracion de la civdad del Salvador, i baia de Todos-Sanctos, en la provincia del Brasil. Por las armas de D. Philippe IV. *Madrid, por la vivda de Alonso Martin,* 1628, in-4, vél.

7 fnc., 178 ff., 4 fnc. Antonio cite ce livre sous la date de 1626. Exempl. ayant sur le titre la signature de l'auteur.

Tamaio de Vargas, né en 1587, chroniqueur de Philippe IV, fut l'un des hommes les plus instruits de son temps. Il mourut en 1641. N. Antonio donne une liste de ses nombreux ouvrages.

1443. TAPIA (fray Diego de). Confessonario en lengua Cumanagota, y de otras naciones de Indios de la provincia de Cumanà, con vnas Advertencias previas al confessonario para los confessores. *Madrid, Pedro Fernandez,* 1723, in-8, vél.

1 pl. représentant la Vierge à laquelle ce livre est dédié, 18 fnc., pour la dédicace et les approbations; « Advertencias previas » pp. 1-238 ; « Platica, en que se enseña a los Indios el modo de confessarse » pp. 239-696 (en deux langues, Espagnole et Cumanagota); « Indice » pp. 697-732.

Cet ouvrage fort rare, a été composé par un missionnaire de l'ordre de Saint-François qui avait passé plus de 23 ans parmi les Indiens. Imprimé pour être envoyé dans les missions de la province de Cumana, un très-petit nombre d'ex. est resté en Espagne. Le nôtre est bien conservé.

1444. TAPIA y RIVERA (D. Alejandro). Bibliotheca historica de Puerto-Rico, que contiene varios documentos de los siglos XV, XVI, XVII y XVIII. *Puerto-Rico, Marquez,* 1854, in-4, rel.

587 pp., 14 pnc., 2 tableaux. Cet important volume peu connu en Europe, a été composé d'après les nombreux documents imprimés ou mss., qui existent depuis la découverte de l'Amérique jusqu'à la fin du XVIIIe siècle et qui traitent de Puerto Rico. Parmi les documents imprimés, nous citerons les noms de Oviedo, Herrera, Laet, etc. Pour les documents mss., ils sont extraits d'une précieuse collection, réunie par l'historien Muñoz, et conservée à l'Académie de l'histoire de Madrid.

1445. TAPIA ZENTENO (Carlos de, Cura que fué de la Iglesia de Tampamolon, ecc.). Noticia de la lengua Huasteca, con Cathecismo, y Doctrina christiana. *Mexico, Imprenta de la Bibliotheca Mexicana,* 1767, in-4, vél.

4 fnc., « Noticia » pp. 1-47; « Diccionario Huasteco (Español Huasteco) » pp. 48-88; « Cathecismo » pp. 89-128.

Très-bel exemplaire d'une grammaire fort rare, et la seule qui existe sur ce dialecte, celle d'Olmos n'étant pas connue imprimée. Elle a été composée d'après les ordres du savant Lorenzana, et imprimée à ses frais.

1446. TAUNAY. Idylles Brésiliennes, écrites en vers latins par Théod.

TAUNAY, et traduites en vers français par F. EMILE TAUNAY. *Rio de Janeiro, Gueffier et Cⁱᵉ*, 1830, in-8, demi rel.

131 pp., 1 fnc.

1447. TECHO (P. Nicolao del). Historia provinciæ Paraquariæ Societatis Jesu. *Leodii, J. M. Hovius*, 1673, in-fol., rel.

18 fnc., 390 pp., 10 fnc., texte encadré. Cet ouvrage, un des plus importants publiés sur l'histoire du Paraguay, a beaucoup servi aux écrivains de cette province et même au P. CHARLEVOIX. Il est fort rare et très-peu connu.

Son auteur, le P. NICOLAS DU TOICT, cité par les historiens du Paraguay sous son nom espagnol DEL TECHO, est né à Lille en 1611; il entra dans la Cⁱᵉ de Jésus en 1630 et professa pendant quelques temps les humanités. Il s'embarqua pour les missions du Paraguay en 1649; son zèle apostolique dans cette province le fit nommer supérieur de ces missions. Il mourut vers 1680.

1448. S. TERESA. Istoria delle gverre del regno del Brasile accadvte tra la corona di Portogallo, e la repvblica di Olanda composta, ed offerta alla sagra reale maesta' di Pietro secondo re di Portogallo ecc. Dal P. GIO: GIOSEPPE DI S. TERESA Carmelitano scalzo. *In Roma, nella stamperia degl' Eredi del Corbeletti*, 1698, 2 part. en 1 vol. in-fol., rel.

« Parte prima » 5 fnc., 232 pp., 8 fnc., front. gravé, 15 cartes et plans, portrait de Pierre II. — « Parte seconda » 211 pp., 10 fnc., 8 cartes et plans, portrait de Jean IV.

Parmi les nombreux ouvrages et pamphlets publiés au XVIIᵉ siècle, sur l'histoire de la guerre entre les Portugais et les Hollandais, celui du P. JOSEPH DE STE. THÉRÈSE, est le plus important que l'on ait écrit sur cette époque. Les nombreuses cartes et plans dont il est enrichi, et qui manquent très-souvent, ne font qu'ajouter à sa valeur historique.

TERNAUX dans sa *Biblioth. Américaine*, cite cet ouvrage sous la date de 1697, in-4°. On cite aussi une édition ayant un titre daté de 1700.

1449. TERNAUX(H.). Bibliothèque Américaine, ou Catalogue des ouvrages relatifs à l'Amérique qui ont paru depuis sa découverte jusqu'à l'an 1700. *Paris, Arthus Bertrand*, 1837, in-8, br.

viij et 191 pp.

Cette bibliographie, qui pourrait être améliorée de beaucoup, est devenue très-rare.

1450. —— Le même ouvrage. *Paris, A. Bertrand*, 1837, in-8, br.

viij et 191 pp. UN DES TRÈS-RARES EXEMPLAIRES SUR GRAND PAPIER, de format in-4°.

1451. —— Voyages, relations et mémoires originaux pour servir à l'his-

toire de la découverte de l'Amérique, publiés pour la première fois en
français. *Paris, A. Bertrand,* 1837-38, in-8, br.

PREMIÈRE SÉRIE, en 10 vol. in-8º :

Vol. I. Belle et agréable narration du premier voyage de M. FEDER-
MANN le jeune, d'Ulm, aux Indes de la mer Océane, et de tout ce qui lui
est arrivé dans ce pays jusqu'à son retour en Espagne, écrite brièvement,
et divertissante à lire. *Haguenau,* 1557, 227 pp. — Vol. II. Histoire de
la province de Sancta-Cruz, que nous nommons ordinairement le Brésil,
par PERO DE MAGALHANES DE GANDAVO. *Lisbonne,* 1576, 162 pp. — Vol.
III. Véritable histoire et description d'un pays habité par des hommes
sauvages, nus, féroces et anthropophages, situé dans le Nouveau-Monde
nommé Amérique, inconnu dans le pays de Hesse, avant et depuis la
naissance de J. C., jusqu'à l'année dernière. HANS STADEN de Homberg,
en Hesse, l'a connu par sa propre expérience et le fait connaître actuellement par le moyen de l'impression. *Marbourg,* 1557, 223 pp. — Relation véridique et précise des mœurs et coutumes des Tuppinambas chez
lesquels j'ai été fait prisonnier et dont le pays est situé à 24 degrés au
dela de la ligne equinoxiale, près d'une rivière nommée Rio de Janeiro,
pp. 225-335. — Vol. IV. Relation véridique de la conquête du Pérou
et de la province de Cuzco nommée Nouvelle-Castille, subjuguée par
François Pizarre. Par F. XÉRÈS. *Salamanque,* 1547, VIII et 198 pp. —
Vol. V. Histoire véritable d'un voyage curieux fait par ULRICH SCHMIDEL
de Straubing, dans l'Amérique ou le Nouveau Monde, par le Brésil, et
le Rio de la Plata, depuis l'année 1534 jusqu'en 1554. *Nuremberg,* 1599,
VIII et 264 pp. — Vol. VI. Commentaires d'ALVAR NUÑEZ CABEÇA DE VACA,
adelantade et gouverneur du Rio de la Plata, rédigés par PERO HERNAN-
DEZ. *Valladolid,* 1555, 507 pp. — Vol. VII. Relation et naufrages d'ALVAR
NUÑEZ CABEÇA DE VACA. *Valladolid,* 1555, 8 et 302 pp. — Vol. VIII. Cruautés horribles des conquérants du Mexique, et des Indiens qui les aidèrent
à soumettre cet empire à la couronne d'Espagne. Mémoire de Don FER-
NANDO d'ALVA IXTLILXOCHITL ; supplément à l'histoire du P. Sahagun,
publié par CH. DE BUSTAMENTE. *Mexico,* 1829, XLVII et 312 pp. — Vol.
IX. Relation du voyage de Cibola entrepris en 1540 ; où l'on traite de
toutes les peuplades qui habitent cette contrée, de leurs mœurs et coutumes, par PEDRO DE CASTAÑEDA DE NAGERA *(Inédit).* XVI et 246 pp. —
Instruction donnée par D. ANT. DE MENDOZA, vice roi de la Nouvelle
Espagne, au P. MARCOS DE NIZA. pp., 247-255. — Relation de frère
MARCOS DE NIZA. pp., 256-284. — Lettres de D. ANTONIO DE MENDOZA,
à l'empereur Charles V. pp., 285-298. — Relation de la navigation et
de la découverte faite par FERNANDO ALARCON. Par l'ordre de Antonio
de Mendoza, donnée à Colima, port de la Nouvelle Espagne. pp., 299-
348. — Lettres de VAZQUEZ CORONADO gouverneur de la Nouvelle Ga-
lice. pp., 349-363. — Relation du voyage fait à la Nouvelle Terre sous
les ordres du général Francisco Vazquez de Coronado. Rédigée par le
capitaine J. JARAMILLO. pp., 364-382. — Notice sur la grande maison dite

de Moctecuzoma (Extrait d'un journal rédigé par le P. Pédro Font, du Collège de Santa-Cruz de Queretaco pendant un voyage qu'il fit de Monterrey au port Saint-François, l'an 1775) pp., 383-386. — Table pp., 387-392. — Vol. X. Recueil de pièces (22) relatives à la conquête du Mexique. vii et 472 pp. (*Inédit*).

1452. TERNAUX (H.). Notice historique sur la Guyane française. *Paris, F. Didot,* 1843, in-8, br.

viii et 192 pp. Les pp. 169-190, contiennent la *Bibliographie* de la Guyane française.

1453. —— Essai sur l'ancien Cudinamarca. *Paris, A. Bertrand,* in-8, br.

110 pp.

1454. TERRALLA y LANDA (Don Estevan). El sol en el medio dia: Año feliz, y jubilo particular con que la Nacion Indica de esta muy noble Ciudad de Lima, solemnisó la exaltacion al trono de Ntro. Augustisimo Monarca el señor Don Carlos IV. En los dias 7. 8. y 9. de Febrero de 1790. *(Lima) Impreso en la Casa Real de Niños Expósitos,* 1790, in-4, vél.

138 fnc. Ce volume dans lequel on célèbre l'avènement au trône de Charles IV, ne contient que des poésies. Une légère piquure traverse le volume.

1455. (TERRAUBE (Gallard de)). Tableau de Cayenne ou de la Guyane française. Contenant des renseignements exacts sur son climat, ses productions, les naturels du pays etc. *Paris, Tilliard, an VII,* in-8, demi rel. '

230 pp. — M. Gallard de Terraube, officier et homme de lettres, a composé son ouvrage non sur des mémoires, mais sur ses propres observations faites avec soin pendant un séjour d'un an dans la Colonie.

1456. TESTAMENT (Die Nieuwe) van ons Heere en Heiland Jesus Christus, na Creol-taal. *Barby,* 1802, in-8, cart.

812 pp., 5 fnc. Deuxième édition du N. Testament en dialecte Créole hollandais (généralement appelé à tort Créole-danois) parlé par les nègres des îles S. Thomas, Ste Croix et S. Jean. La première édition du N. Testament dans ce jargon a été imprimée à *Copenhague* en 1781. Une troisième a paru dans la même ville en 1818; c'est celle que M. Brunet cite d'après le *Catalogue S. de Sacy,* vol. I, n° 843, comme étant la seconde.

1457. —— (Die Nywe) van ons Heer Jesus Christus ka set over in die

Creols Tael en ka giev na die ligt tot dienst van die Deen Mission in America. *Copenhagen, Schultz,* 1818, in-8, rel.

9 fnc., 1166 pp.

Troisième édition du Nouveau Testament Créole, quoique le titre porte : Deuxième édition.

1458. TESTAMENT (Da Njoe) va wi masra en helpiman Jesus Christus. Translated into the Negro-English language, by the missionaries of the Unitas fratrum or, United brethren (Edited by C. A. Austen and C. J. Latrobe). *London, W. M' Dowall,* 1829, in-8, rel.

484 pp., 2 fnc. Première édition de cette curieuse traduction ; elle est devenue très-rare et des ex. ont été vendus *L.* 3. 4 *s.* et *L.* 2. 6 *s.* V. Lowndes' *Bibliographer's manual,* vol. V, part. I, p. 2655.

1459. —— Le même ouvrage. *Bautzen, E. Moritz Monse,* 1846, in-8, rel.

592 pp.

1460. —— Nutak, eller det nye Testamente, oversat i det Grönlandske Sprog, med Forklaringer, Paralleler, og udförlige Summarier, af Paul Egede. *Kiöbenhavn, Trykt paa Missionens Bekostning, af Gerhard Giese Salikath,* 1766, in-8, rel.

11 fnc., 1000 pp., 4 fnc.

Première édition de la traduction du Nouveau Testament en Groenlandais.

1461. —— Nalegapta Jesusib Kristusib, piulijipta pinniarningit; okautsiñik tussarnertuñik; aglangniartut sittamæt, kattisimavut attautsimut. *Londonneme, W. Mc. Dowallib,* 1810, in-12, demi rel.

8 fnc., 366 pp. Nouveau Testament en langue des Esquimaux. Sur le titre on lit :

Printed for the Brethren's Society for the furtherance of the Gospel among the Heathen; for the use of the Christian Esquimaux in the Brethren's settlements, Nain, Okkak, and Hopedale, on the Coast of Labrador.

1462. —— The N. T. of our lord and saviour Jesus Christ: translated into the language of the Ojibwa Indians. Ju Otoshki kikindiuin au tebeniminvng gaie bemajünvng Jesus Christ: ima ojibue inueuining güzhitong. *New-York, American Bible society,* 1856, in-12, bas. gauf.

iv et 717 pp.

1463. THEVENOT (Melchisedec). Relations de divers voyages curieux, qui n'ont point esté publiées. Et qu'on a traduit ou tiré des originaux des voyageurs françois, espagnols, allemands, portugais, anglois, hollandois, persans, arabes et autres orientaux. *Paris, Thomas Moette,* 1696, 4 to. en 2 vol. in-fol., rel. fig. et cartes.

Exemplaire conforme à la description faite par M. Brunet dans le *Manuel.*

Parmi les pièces rarissimes qui se trouvent à la fin du vol. 4, notre exempl. contient les suivantes :

Voyage d'Abel Tasman l'an 1642. 4 pp. — Instrvction des vents qvi se rencontrent, et regnent plus frequemment entre les Païs bas et l'isle de Java. 12 pp. — Ambassade de S'chahrok, fils de Tamerlan. et d'autres princes ses voisins, à l'Empereur du Khatai. 16 pp. — Synopsis chronologica monarchiæ Sinicæ ab anno CC.LXXV. usque ad annum M.DC. LXVI. 76 pp. — Relation des chrestiens de S. Jean, faite par le P. Ignace de Jesus carme déchaux. 2 fnc. — Voyage de la Tercere, faite par M. De Chaste. 18 pp. — L'Asie de Barros, ou histoire des conqvestes des portvgais aux Indes Orientales. 16 pp.—Elementa linguæ Tartaricæ. 34 pp.

1464. —— Recueil de voyages. Dedié av roy. *Paris, Estienne Michallet,* 1682, in-8, rel.

Ce volume devenu très-rare, renferme les pièces indiquées ci-dessous. Il est très-important, surtout pour la relation des découvertes du P. Marquette, et du sieur Joliet.

Collation : Titre, au verso le contenu de l'ouvrage avec l'intitulé : *Suite du Recueil.* 16 pages pour l'*Avis,* la table des pièces et relations qui forment les quatre parties du grand *Recueil,* l'extrait du privilège au bas de la page 16, et aussi la carte de la route d'Abel Tasman autour de la terre Australe, suivie de l'explication de la carte de la découverte de la terre d'Ielmer. (Cette carte manque non-seulement dans presque tous les ex. mais dans ceux qui la possèdent elle est coupée au milieu. La nôtre est intacte et très-belle.) — Découverte de quelques pays et nations de l'Amérique Septentrionale (par le P. MARQUETTE et le sieur JOLIET) 43 pp. avec la carte du cours du Mississipi, jusqu'à l'endroit où les voyageurs étaient arrivés en descendant. Cette carte est encore plus rare que celle de la route d'Abel Tasman, presque tous les ex. en sont dépourvus. La notre est fort belle. — Voyage d'un ambassadeur que le tzaar de Moscovie envoya par terre à la Chine l'année 1653. 18 pp. 1 f. blanc. — Discours sur l'art de la navigation. 32 pp., 1 pl. (Dans plusieurs ex. cette pl. a une explication imprimée collée au verso) — Les histoires naturelles de l'ephemere et du Cancellus ou Bernard l'hermite, décrites par M. Swammerdam... 1 fnc. pour l'Errata, 20 pp., pl. imp. dans le texte et explications 14 pp., 2 grandes pl. entre les pp. 8 et 10. — Histoire du Cancellus. 8 pp., avec pl. gravées dans le texte ; la vie est séparément. — Le cabinet de M. Swammerdam.... 16 pp.

Le P. Jacques Marquette, missionnaire né à Laon en 1637, obtint les missions du Canada. Chargé de reconnaître le cours du Mississipi, il s'embarqua le 13 mai 1673 avec le sieur Joliet et 5 autres Français. Il descendit le grand fleuve jusqu'au pays des Rakansas. Il le remonta après jusqu'à la rivière des Illinois et alla ensuite chez les Miamis où il mourut en 1673. Une nouvelle édition de ses découvertes, a été donnée à New-York, par les soins de M. LENOX (1855).

1465. THEVET (F. André). Les singvlaritez de la France Antarctiqve, avtrement nommée Amerique, et de plusieurs Terres et Isles decouuertes de nostre temps. *A Anvers, de l'imprimerie de Christophle Plantin,* 1558, in-8, v. f. fil.

> 7 fnc., 163 ff., 3 pnc., fig. sur bois impr. dans le texte. Titre doublé. Cette édition faite sur celle de *Paris,* 1558, in-4°; est imprimée en caractères italiques. Elle doit être plus rare que la première, car TERNAUX n'en fait pas mention.

1466. —— Le même ouvrage. *Anvers, Plantin,* 1558, in-8. mar. rouge, fil. d. s. t.

> Très-bel exemplaire relié par *Thompson.*

1467. —— Historia dell' India America detta altramente Francia Antartica; tradotta di francese in lingva italiana, da M. GIVSEPPE HOROLOGGI. *In Venegia appresso Gabriel Giolito de' Ferrari,* 1561, in-8, vél.

> 15 fnc., pour la table et la dédicace du traducteur, 363 pp., de texte et 1 fnc., pour la marque de l'imprimeur. Cette traduction n'est pas moins rare que l'original français. Non citée par TERNAUX.

1468. THIERY DE MENONVILLE. Traité de la culture du Nopal, et de l'éducation de la Cochenille dans les colonies françaises de l'Amérique; précédé d'un voyage à Guaxaca. *Au Cap français, Vᵉ Herbault; Paris, Delalain; Bordeaux, Bergeret,* 1787, 2 vol. in-8, br.

> Vol. I. CXLIV et 262 pp. — Vol. II. pp. 263-436 « Supplement au voyage de Guaxaca » 96 pp., 2 fig. col.
>
> Cet ouvrage publié sur les mss. de l'auteur par le *Cercle des Philadelphes du Cap,* sous la présidence du Dʳ. Arthaud, est rare en France, presque tous les exemplaires ayant été souscrits par les négociants, cultivateurs, employés, etc. de notre Colonie.
>
> Son auteur, M. THIERY DE MENONVILLE, naquit à Saint Mihiel en Lorraine et mourut d'une fièvre maligne en 1780. Il fut dans sa jeunesse destiné à l'état ecclésiastique; il devint avocat en parlement; mais il voulait être naturaliste. A cet effet il vint à Paris, étudia la botanique sous Mrs. de Jussieu. Il mérita l'estime de ses maîtres. Nommé botaniste du roi à St. Domingue, il arriva dans cette colonie en 1776. A partir de cette époque, il n'eut plus qu'un seul but, celui de doter son pays d'un arbrisseau et d'un insecte précieux et de l'affranchir du tribut qu'il paie à une nation étrangère pour se procurer une denrée que le luxe a rendu nécessaire. Après s'être embarqué pour le Mexique, il parcourut plusieurs provinces de cet empire, et ce ne fut qu'après les plus grandes fatigues et les plus grands dangers qu'il parvint à faire sortir du Mexique une quantité considérable de branches et de plants de nopal, chargés de leurs précieux

insectes. Il eut le regret de voir périr, dans une mauvaise traversée, une grande partie de son trésor ; il en sauva assez pour faire prospérer l'une et l'autre cochenille dans son jardin à St. Domingue. Sa mort prématurée et l'insouciance de l'administration firent perdre la cochenille fine. Un colon de St. Domingue parvint cependant à naturaliser la cochenille sylvestre sur son habitation. C'est avec cette cochenille que fut teinte, pour premier essai, la partie écarlate du drapeau présenté à la Convention. Ce fut aussi avec la même cochenille, que l'on teignit un habit pour le premier Consul.

1469. THOMAS (P. F.). Essai sur la fièvre Jaune d'Amérique, ou considérations sur les causes, les symptômes, la nature et le traitement de cette maladie, avec l'histoire de l'épidémie de la Nouvelle-Orléans, en 1822 ; précédé de considérations hygiéniques sur la Nouvelle-Orléans, par J. M. PICORNELL. *A la Nouvelle-Orléans, et Paris, Baillière,* 1823, in-8, br.

> vij et 138 pp., 1 fnc. Envoi autographe de l'auteur.

1470. THOMAS (Isaiah). The history of printing in America. With a biography of printers and an account of Newspapers. To which is prefixed a concise view of the discovery and progress of the art in other parts of the world. *Worcester : from the press of Isaiah Thomas, jun.,* 1810, 2 vol. in-8, rel.

> Vol. I. 487 pp. « 1 fac-simile des impressions de *Laurent Coster* d'après MEERMAN » p. 70., et 2 fac-simile des impressions de *Caxton*, pp. 127 et 137. — Vol. II. 576 pp., 2 pl.
>
> Ouvrage précieux et fort rare. L'histoire de l'imprimerie en Amérique occupe les pp. 203-487 du vol. I, et tout le vol. II.
>
> . . . . . . « For American in general, *Thomas' History* . . . . . a book which at present is so very scarce in this country, that I have never been able to see a single copy except my own. Thomas, who himself was a printer of some eminence, appears to have described with much minuteness the chief productions of the several American presses : but with respect to some of the most ancient and curious specimens of their typography, it has chanced to me to have opportunities of inspecting, here in England, volumes of which the very existence was utterly unknown to him. » COTTON. *Typographical Gazetteer*, Introduction p. xv.
>
> Comme on le voit par cette note, ce livre est d'une grande importance pour l'histoire de l'imprimerie en Amérique. Il contient des détails biographiques très-intéressants sur les journaux et les imprimeurs de ce pays.

1471. THOMASSY (R.). Cartographie de la Louisiane. *Montpellier,* 1859, in-4, br.

> Extrait de la Géologie pratique de la Louisiane, pp. 205-226 (du *Bulletin de la Société géologique de France?*)

1472. TOMADA (A) de Cayena pelos Portuguezes aos Francezes, e a ca-

pitulacão com que se reņdeo. *Lisboa, Impressão regia,* 1809, in-4, br.
7 pp.

1473. TONTI (le Chevalier, Gouverneur du Fort Saint Loüis, aux Islinois). Dernieres decouvertes dans l'Amerique Septentrionale de M. de
la Salle. *Paris, J. Guignard,* 1697, in-12, rel.

« Extrait du privilege » 1 fnc., 333 pp., 21 pnc. Cette relation a été réimprimée
dans le *Récueil des Voyages au Nord,* sous le titre de *Relation de la Louisiane* (V. n⁰ 1265). Le P. CHARLEVOIX en parlant de cette réimpression dit que
le chevalier TONTI a désavoué cette relation ; cependant le privilège donne très-bien
le nom du chevalier comme étant celui de l'auteur. Pour la malheureuse expédition de M. de la Salle, voyez JOUTEL, n⁰ 783. V. aussi l'ouvrage de HENNEPIN,
n⁰ˢ 696 et suivants, ainsi que la relation de CAVELIER (N⁰. 303).

1474. TORFÆUS (Th.). Historia Vinlandiæ antiquæ, seu partis Americæ Septentrionalis. *Havniæ. Ex Typographéo Regiæ Majest. et
Universit.* 1705. *Impensis authoris,* pet. in-8, cart.

25 fnc., 83 pp., 8 fnc.
Ouvrage rare et très-important, pour l'histoire des découvertes des Islandais
en Amérique.

1475.——Gronlandia Antiqva, seu veteris Gronlandiæ descriptio. *Havniæ, H. Ch. Paulli,* 1715. 64, 269 et 19 pnc., 5 cartes. Les pp. 241-
256 sont composées de tableaux contenant le Catalogue des Archevêques et Evêques du Groenland, depuis l'année 982 à 1406. — HIS-
TORIA Vinlandiæ antiquæ, seu partis Americæ Septentrionalis.... ex
Antiquitatibus Islandicis in lucem producta exponuntur per Th. TOR-
FÆUM. *Havniæ, H. Ch. Paulli,* 1715, 25 fnc., 93 pp., 8 fnc. — HIS-
TORIA Hrolfi, krakii inter potentissimos in Ethnicismo Daniæ reges
celeberrimi, ab avo ejus Halfdano II. et patre Helgio, hujusq; fratre
Hroare, secundum monumentorum Islandicorum nanuductionem de-
ducta. *Havniæ, H. Ch. Paulli,* 1715, 23 fnc., 179 et 13 pnc.

Bel exemplaire de trois ouvrages importants pour l'histoire de l'Islande, de
l'Amérique et du Groenland.

1476. TORQUEMADA (F. Juan de, prouincial de la orden de San Francisco en la prouincia de Mexico). Los veinte i vn libros rituales i monarchia Indiana, con el origen y guerras, de los Indios Ocidentales,
de sus poblaciones, descubrimiento, conquista, conuersion, y otras cosas marauillosas de la mesma tierra. *Madrid, N. Rodriguez Franco,*
1723, 3 vol. in-fol., vél.

Vol. I. titre gravé, 19 fnc., 768 pp., 36 fnc., carte. — Vol. II. 6 fnc., 623 pp.,
28 fnc., titre gravé. — Vol. III. 5 fnc., 4 et 634 pp., 21 fnc.

Cette nouvelle édition éditée par l'infatigable Barcia, est plus complète et préférée à la première qui fut imprimée à *Madrid*, en 1613, aussi en 3 vol.

« Je ne trouve nulle part d'autres renseignements sur cet auteur que celui que nous donne le titre de son livre, qu'il était religieux franciscain ; cet ouvrage est cependant ce que nous possédons de plus complet sur l'ancien Mexique. La moitié du premier volume est consacrée à l'histoire du pays avant la découverte, et la totalité du second à la religion et aux lois, mœurs, usages des Mexicains » Ternaux.

Juan de Torquemada, que Lucas Alaman dans ses *Dissertaciones* (No 30) appelle le Tite Live de la Nouvelle Espagne, fit ses études au Mexique, où il prit l'habit de S. François. Il fut nommé gardien du couvent de Tlatelolco et élu en 1614 provincial des franciscains au Mexique. Il écrivit sa *Monarquia Indiana* après avoir recueilli tout ce qu'il put trouver sur l'histoire du pays, les usages, coutumes, loix, etc. de ses habitants. Cet ouvrage est un recueil indispensable à quiconque désire connaître l'histoire ancienne du Mexique et de ses populations, aussi presque tous les écrivains spéciaux lui ont-ils fait de nombreux emprunts.

1477. TORREJON (P. Thomas de, de la Compañia de Jesus). Parentacion Real, sentimiento publico, luctuosa pompa, funebre solemnidad en las reales exequias de Don Lvis I rey de las Españas y de las Indias. *Lima, Imprenta de la Calle de Palacio*, 1725, in-4, vél.

2 fnc., 160 ff., texte encadré. « Oracion funebre a las reales exequias del rey Don Luis I..... dixola el P. Alonso Messia de la Comp. de Jesus. » 34 fnc.

Cet ouvrage a été écrit d'après l'ordre du Marquis de Castel-Fuerte, vice-roi du Pérou. Les PP. de Backer n'ont pas connu le P. Torrejon ; ils n'en font pas mention dans leur Bibliothèque.

1478. TORRES RUBIO (P. Diego de, de la Compañia de Jesus). Arte de la lengva Qvichva. *En Lima, por Francisco Lasso*, 1619, in-8, non rel, tr. dórées et ciselées.

3 fnc., pour les licences, le prologue et les litanies de la Vierge en langue Quichua ; « Arte » 44 ff., au verso du dernier la table des matières. Prologo 1 fnc., « Vocabvlario breve en la lengva Qvichva, de los vocablos mas ordinarios » 23 fnc., « Breve Vocabvlario qve comiença por los vocablos Quichua » 15 fnc., « Acto de contricion » 1 fnc., « Confessonario breve en Qvichva » 12 ff., chiff. en partie, « Orden de celebrar el matrimonio » 3 pnc., « Para administrar el viatico » 3 fnc.

Bel exemplaire d'un livre excessivement rare. Cette édition a été publiée par les soins du P. Juan de Perlin.

Une première édition avec un titre latin, imp. à *Rome* en 1603 est citée par Antonio et les PP. de Backer. Ludewig lui donne un titre espagnol et la dit imp. à *Séville* en 1603. Réimprimée à *Lima* en 1700 et en 1754.

Le P. Diego de Torres Rubio, né à Alcazar de Consuegra, dans le diocèse de Tolède, en 1547, s'embarqua pour le Pérou en 1579. Il fit une étude sérieuse des langues des indigènes et les enseigna pendant 30 ans à Chuquisaca. Il mourut dans cette ville en 1638 à l'âge de 91 ans.

Il composa aussi et fit imprimer en 1616, une grammaire de la langue Aymara.

1479. TORRES RUBIO (P. Diego de, de la Compañia de Jesus). Arte y Vocabulario de la lengua Quichua, general de los Indios de el Peru. .... Añadio el P. JUAN DE FIGUEREDO. Ahora nuevamente Corregido, y Aumentado en machos *(sic)* vocables, y varias advertencias, Notas, y Observaciones, para la mejor inteligencia del ydioma.... por vn Religioso de la misma Compañia. *Reimpresso en Lima, en la Imprenta de la Plaçuela de San Christoval,* 1754, in-8, vél.

> 5 fnc., « Arte » ff. 1-51, « Doctrina Christiana oraciones, y Cathesismo que añadio el fadre *(sic)* JUAN DE FIGUEREDO » ff. 52-72, « Vocabulario (Quichua-Español) » ff. 72 verso-107, Vocabulario (Español-Quichua) ff. 108-146, « Addiciones a estos dos Vocabularios (ces additions sont extraites en grande partie du célèbre dictionnaire du P. HOLGUIN) » ff. 147-212, « Vocabulario de la lengua Chinchaisuyo, y algunos modos mas vsados de ella . . . . . . que compvso el P. JUAN DE FIGUEREDO » ff. 213-231, « Confessonario breve en Quichua » ff. 231 verso-244, « Orden de celebrar el matrimonio, ecc. » ff. 245-254, « Indice » 5 pnc.
>
> Cette édition de la grammaire du P. TORRES RUBIO, mérite d'être recherchée, comme étant la plus complète. Le dialecte Chinchaisuyu, dont on trouve dans cet ouvrage un vocabulaire, est parlé par les Indiens des environs de Lima.

1480. TORRES (Diego de). La novvelle histoire dv Perov, par la relation dv Pere DIEGO DE TORRES, de la Compagnie de Jesvs, Procureur de la Prouince du Perov, touchant les choses notables y aduenuës ez annees dernieres : et le fruict qui se recueille auec les Indiens d'icelluy royaume. *A Paris, pour Catherine Niuerd, veufue de Claude de Monstr'œil,* 1604, in-8, demi v. f.

> 7 fnc., 56 ff. Le P. DIEGO DE TORRES, né à Villalpando en 1550 ou 1551 d'une famille noble d'Espagne, commença son noviciat à Valladolid. Il fut envoyé au Pérou en qualité de missionnaire, revint ensuite à Rome comme procureur de son ordre et y publia sa relation. Il retourna ensuite en Amérique avec 60 religieux et fonda la mission du Paraguay. Il mourut à Buenos-Ayres en 1638 à l'âge de 87 ans (88 ans selon ANTONIO) après avoir passé 67 ans dans la Compagnie.
>
> Son ouvrage qui ne manque pas d'intérêt a été augmenté de relations d'autres missionnaires sur le Tucuman, Santa Cruz de la Sierra et les Philippines. Il a été publié pour la première fois en italien (*Rome* 1603, sous la même date en latin TERNAUX), *Venise,* 1604 ; trad. en latin, *Mayence* 1603 (ANTONIO), 1604 (TERNAUX), *Anvers* 1604 et 1650 (PINELO) ; en allemand, 1604, (PINELO) ; en français, trad. par le P. CAYER, docteur en théologie, en 1604 ; en espagnol la même année ; en polonais, en 1603 imp. à *Cracovie* (PP. DE BACKER).
>
> Il est à remarquer que deux Pères de la Cⁱᵉ de Jésus du même nom, vinrent à Rome, et firent imprimer l'un une histoire du Pérou, l'autre une grammaire quichua, en 1603, et que tous deux moururent la même année. Les bibliographes cependant les font naître dans deux endroits bien différents. N'y aurait-il pas erreur et ne serait-ce pas le même DIEGO TORRES RUBIO, l'auteur de l'*Arte* qui serait l'auteur de la *Relation* que nous indiquons également qui fut traduite en 5 langues diverses ?

1481. TORRONTÉGUI (Manuel de) y ARANGO y PARREÑO (D. Franc.). Informe que se presento en 9 de junio de 1796. A la junta de gobierno del real consulado de agricultura y comercio de esta ciudad e isla, quando exâminó la mencionada Real junta el reglamento y Arancel de capturas de esclavos cimarrones, y propuso al Rey su reforma. *Havana, Imprenta de la capitania general,* (1796), in-4, br.

40 pp.

1482. TORRUBIA (P. Fr. Joseph; Chronista general de la orden de San Francisco). Dissertacion historico-politica, y en mucha parte geografica, de las islas Philipinas, extension del mahometismo en ellas, grandes estragos, que han hecho los Mindanao, Joloes, Camucones, y confederados de esta secta en nuestros pueblos christianos. *Madrid, A. de Gordejuela y Sierra,* 1753, in-12, br.

23 fnc., 115 pp.

1483. TOTANES (fray Sebastian de, de la orden de S. Francisco). Arte de la lengva Tagala, y Manval Tagalog, para la administracion de los santos sacramentos. *Sapaloc, Imprenta del Convento de Nra. Señora de Loreto, Extra-muros de la ciudad de Manila,* 1745, in-4, rel.

13 fnc., 135 pp., 5 pnc. « MANVAL Tagalog, para avxilio a los religiosos de esta santa provincia de S. Gregorio Magno de descalzos. . . . . . Compvso fr. SEB. DE TOTANES. *Sampaloc,* 1745. » 218 pp., 2 fnc., imprimé à 2 col. Tagale-Espagnol. Très-bel ex. de l'EDITION ORIGINALE d'un livre excessivement rare, imprimé sur papier de riz.

1484. —— El mismo libro. *Reimpresso en la Imprenta de Nra. Sra. de Loreto en el Pueblo de Sampaloc. extra-muros de Manila. Por el herm. Pedro Argüelles de la Concepcion,* 1796, in-4, vél.

7 fnc., 148 pp., 3 fnc., « *Manual Tagalog......* Sampaloc, 1796. » 247 pp., 1 fnc. Imprimé sur papier de riz. Le Manuel est imprimé à 2 col. (tagale-espagnol).

1485. —— El mismo libro. *Manila, Colegio de Sto. Tomás,* 1850, in-4, vél.

XII et 139 pp. « Manual Tagalog » 183 pp., 1 fnc.
La meilleure grammaire Tagale qui existe.

1486. TOURON (Le P. de l'ordre des frères prêcheurs). Histoire générale de l'Amérique depuis sa découverte; qui comprend l'histoire naturelle, ecclésiastique, militaire, morale et civile des contrées de cette grande partie du monde. *Paris, J. Thomas Hérissant,* 1768-70, 14 vol. in-12, rel.

Vol. I. cij et 414 pp. — Vol. II. 410 pp. — Vol. III. 471 pp. — Vol. IV. 376 pp. — Vol. V. 320 pp. — Vol. VI. 375 pp. — Vol. VII. pp. ciij-cxviij, 413 pp. — Vol. VIII. 276 pp., 3 fnc. — Vol. IX. 482 pp. — Vol. X. 460 pp. — Vol. XI. 454 pp. — Vol. XII. 632 pp. — Vol. XIII. 498 pp. — Vol. XIV. 560 pp.

Cet ouvrage estimé est une histoire générale ecclésiastique de l'Amérique.

1487. TRANCHEPAIN (la R. mère St. Augustin de, supérieure). Relation du voyage des premières Ursulines à la Nouvelle Orléans et de leur établissement en cette ville. Avec les lettres circulaires de quelques unes de ses sœurs, et de la dite mère. *Nouvelle York, Isle de Manate, De la presse Cramoisy de Jean Marie Shea,* 1859, in-8, cart., non rogné.

62 pp., 1 fnc., sur lequel on lit : « Achevé d'Imprimer d'après la Cronique du Monastère par J. Munsell, à Albany, ce 4 janvier 1859 ».

Publié par J. M. SHEA, et imprimé avec des caractères et fleurons elzéviriens à 100 ex., aujourd'hui dispersés.

1488. TRANSACTIONS of the American Ethnological Society. *New-York, Bartlett et Welford,* 1845, in-8, br.

Vol. I. xii pp. — NOTES on the semi-civilized nations of Mexico, Yucatan, and Central America. By A. GALLATIN. (pp. 1-353, 4 tabl. pliés, 1 pl.). Cet important article contient sous forme d'Appendix des notices grammaticales très-étendues sur les langues Mexicaine, Tarasca, Otomi, Maya, Poconchi et Huasteca ; une analyse de l'ouvrage de lord Kingsborough, etc., etc. — AN ACCOUNT of some ancient remains in Tennessee by G. TROOST. (pp. 354-365, fig.). — OBSERVATIONS respecting the grave Creek mound in W. Virginia, by H. SCHOOLCRAFT. (pp. 367-420, fig. et 2 pl.). — ON the discoveries of Himyaritic inscriptions in S. Africa. By W. TURNER. (pp. 421-473. pl.). — ACCOUNT of the punico-libyan monument at Dugga. By F. CATERWOOD (pp. 475-491, pl. et fig.).

De cette collection il n'a été imprimé que trois volumes. Le premier est le plus important pour les études linguistiques de l'Amérique espagnole.

1489. —— of the American Philosophical Society, held at Philadelphia, for promoting useful Knowledge. Volume I. from January 1 st, 1769, to January 1 st, 1771. *Philadelphia, William and T. Bradford,* 1771, in-4, v.

xxviii, xvii et 340 pp., 7 pl.

Cette précieuse collection, dont nous ne possédons que le premier volume, se compose de 6 vol. ; le dernier a été publié en 1818. Depuis, une nouvelle série a été continuée jusqu'en 1858, et forme 11 vol. in-4° qui se vendent 5o fr. chacun.

Le célèbre B. Franklin était président de cette société, la première de ce genre qui ait été formée en Amérique.

1490. TRANSACTIONS of the historical et literary committee of the American Philosophical Society. *Philadelphia, A. Small,* 1819, in-8, demi rel.

l et 464 pp., 1 fnc. Vol. I. seul publié contient :

N° I : HECKEWELDER (John). An account of the history, manners, and customs, of the Indian nations, who once inhabited Pennsylvania and the Neighbouring states. (pp. 1-348).—N° II : A Correspondence between the Rev. John Heckewelder, and Peter S. Duponceau ; respecting the languages of the American Indians. (pp. 349-448). — N° III : HECKEWELDER. Words, phrases, and short Dialogues, in the language of the Lenni-Lenape, or Delaware Indians. (pp. 449-464.)

1491. —— of the literary and historical Society of Quebec. *Quebec, Thomas Cary et C°,* 1831, in-8, cart.

III et 444 pp., 1 fnc., v pp., 1 fnc., 2 cartes. Vol. II seulement contenant :

BAYFIELD (R. N.). Remarks on coral Animals in the Gulf of St. Lawrence. pp. 1-7. — INGALL. Remarks on the district traversed by the St. Maurice expedition. pp. 7-23. — GREEN (W.). On some processes in use among the Huron Indians in dyeing. pp. 23-25. — ADAMS (J.). Sketches of the Tete de Boule Indians, river St. Maurice. pp. 25-39. — SHEPPARD (W.). Notes on some of the plants of Lower Canada. pp. 39-64. — WILKIE (D.). On length and space. pp. 64-76. — BADDELEY. Additional notes on the geognosy of Saint Paul's Bay. pp. 76-94. — GRAMMAR OF THE HURON LANGUAGE, by a missionary of the village of Huron Indians at Lorette, near Quebec, found amongst the papers of the mission and translated from the latin by Mr. K. JOHN WILKIE. pp. 94-198. — BERTHELOT (Amable). Dissertation sur le canon de bronze trouvé en 1826 sur un banc de sable dans le Saint Laurent. pp. 198-215. — INGALL. Remarks on the country lying between the Rivers St. Maurice and Saguenay, on the north Shore of the St. Lawrence. pp. 216-230. — SEWELL. A few notes upon the Dark Days of Canada. pp. 230-242. — SHERRIFF (Alex.). Topographical notices of the country lying between the Mouth of the Rideau and Penetanguishine, on Lake Huron. pp. 243-309. — GREEN (W.). Notes respecting certain Textile Substances in use among the North American Indians. pp. 310-312. — SEWELL. Autograph letter of COTTON MATHER, on Witchcraft. pp. 313-316. — PERRAULT (J. F.). Plan raisonné d'éducation générale et permanente, le plus propre à faire la prospérité du Bas-Canada, en égard à ses circonstances actuelles. pp. 317-325. — SEWELL. Remarks on the stoves used in Russia for warming dwelling houses. pp. 327-331. — BADDELY. An essay on the localities of metallic minerals in the Canadas. pp. 332-426.

1492. TROIL. Lettres sur l'Islande, par M. DE TROIL, Evêque de Lin-
kœping. Traduites du Suédois, par M. LINDBLOM. *A Paris, de l'imprimerie de Monsieur,* 1781, in-8, demi rel.

xlviij et 474 pp., 2 cartes, 3 fig., 1 tableau. Ouvrage très-intéressant et rempli
de notes précieuses pour l'histoire de l'Islande.

Les pp. xxviij-xxxviij, contiennent un catalogue des écrits relatifs à l'Islande, et
forme 120 Nos. La lettre XI (pp. 148-196) sur la littérature Islandaise, présente un
certain intérêt, en ce qu'elle donne quelques renseignements sur la langue Islandaise, et une critique judicieuse des grammaires, dictionnaires, etc. qui existaient
à cette époque. Les pp. 163-177 de la même lettre, sont occupées par un catalogue
raisonné des anciennes Sagas; l'auteur a eu le soin d'indiquer celles qui ont été
imprimées, le lieu d'impression, la date et le format y sont donnés avec soin. La
lettre XII (pp. 197-202) est relative à l'histoire de l'Imprimerie en Islande. Le premier livre qui soit sorti des presses islandaises, est un *Breviarium Nidarosiense,*
mis au jour en 1531, par l'imprimeur *Jon Mathieson.* Le seul exemplaire connu
de cette édition, qui se trouvait dans la bibliothèque du savant Arnas Magnœus, a
été perdu lors de l'incendie de Copenhague en 1728. Les lettres XIII, XIV et XV,
sur les antiquités, la poésie Islandoise et les Eddas, ne laissent rien à désirer sous
le rapport littéraire.

1493. TRUXILLO (Fr. Manuel María). Exhortacion pastoral avisos
importantes, y reglamentos útiles, que para la mejor observancia de la
disciplina regular, ó ilustracion de la líteratura en todas las provincias
y colegios apostólicos de America y Filipinas. *Madrid, por la viuda
de Ibarra,* 1786, in-4, rel.

1 fnc., 240 pp., 1 tableau.

1494. —— El mismo libro. *Madrid, viuda de Ibarra,* 1786, in-4, mar.
rou. d. s. tr.

Exemplaire en GRAND PAPIER, dans sa reliure originale. L'impression de ce volume est fort belle.

1495. TSCHUDI (J. J. von). Die kechua-sprache. *Wien,* 1853, 3 part.
en 2 vol. in-8, br.

Partie I. *Sprachlehre,* IV et 268 pp., 1 fnc. — Partie II. *Sprachproben,* VI et 110
pp., 1 fnc. — Partie III. *Wörterbuch,* VIII et 508 pp., 1 fnc.

1496. TSIATAK NIHONON8ENTSIAKE onk8e on8e akoiatonse-
ra.... Le livre des sept nations ou Paroissien Iroquois, auquel on a
ajouté, pour l'usage de la mission du Lac des Deux Montagnes, quelques cantiques en langue algonquine. *Tiohtiake (Montreal), J. Lo-
ell,* 1865, in-12, cart.

4 fnc., 460 pp., plain-chant.

1497. TYTLER (Patrick Fraser). Life of sir Walter Raleigh: founded on authentic and original documents, some of them never before published. *Edinburgh, Oliver et Boyd,* 1833, in-12, demi mar.

468 pp., fac-simile du sceau de Raleigh, et un charmant portrait gravé par HORSBURG, 7 portraits et fac-simile de sceaux et de sign. impr. dans le texte.

1498. (ULLOA (fray Nicolas)). Por la Provincia de Lima, del orden de San Agvstin, en el reyno del Perù. In-fol., non rel.

16 ff. Au bas du dernier, on lit le nom de l'auteur FRAY NICOLAS DE VLLOA (Prieur du Couvent de relig. de St. Augustin à Lima). Cette pièce, en forme de *Mémorial,* doit avoir été imprimée à Lima, vers 1645. PINELO ne la cite pas.

1499. ULLOA (Don Jorge Juan, y don Antonio de). Noticias secretas de America, sobre el estado naval, militar, y politico de los reynos del Peru y provincias de Quito, costas de Nueva Granada y Chile : gobierno y regimen particular de los pueblos de indios : cruel opresion y extorsiones de sus corregidores y curas : abusos escandalosos introducidos entre estos habitantes por los misioneros : causas de su origen y motivos de su continuacion por el espacio de tres siglos. Escritas fielmente segun las instrucciones del marques de la Ensenada, primer secretario de estado, y presentadas en informe secreto á D. Fernando VI. Sacadas a luz para el verdadero conocimiento del gobierno de los españoles en la America Meridional, por Don DAVID BARRY. *Londres,* 1826, 2 part. en 1 vol. in-4, br.

Parte I. « Sobre el estado militar y politico de las costas del mar pacifico » xiii et 224 pp., portrait de Antonio de Ulloa. — Parte Segunda « Sobre el gobierno, administracion de justicia estado del clero, y costumbres entre los Indios del interior » pp. 229-610, « Apéndice » pp. 611-690, « Indice » pp. 691-707, portrait de D. Jorge de Ulloa.

« These secret memoirs, in which every thing concerning the manners, government and state of defence of that portion of America which belonged once to Spain, is accurately described, are written with that truth, impartiality and good judgment which distinguished the informants, D. Jorge Juan y D. Antonio de Ulloa. » SALVA (Nº 4121 où l'ex. est coté *L. 3. 3 s.*)

1500. —— Relacion historica del viage a la America Meridional hecho de orden de S. Mag. para medir algunos grados de meridiano terrestre, y venir por ellos en conocimiento de la verdadera figura y magnitud de la Tierra, con otras varias observaciones astronomicas, y phisicas. *Madrid, Antonio Marin y Juan de Zuñiga,* 1748, 5 vol. in-4, vél.

Vol. I. 10 fnc., 404 pp., front. gravé, vignettes, xi cartes et pl. (manque les pl.

vi-vii). — Vol. II. pp. 405-682, vignettes, pl. et cartes xii-xxi (manque les pl. xii-xiii-xx). — Vol. III. 4 fnc., 379 pp., front. gravé, vignettes, x cartes et pl. (manque les pl. i-ii). — Vol. IV. pp. 381-603. « Resumen historico del origen, y succession de los Incas, y demas Soberanos del Perú, con noticias de los sucessos mas notables en el reynado de cada uno » cxcv pp., vignettes, 1 carte num. xi. — Vol. V. « Observaciones astronomicas, y phisicas » 6 fnc., xxviij et 396 pp., 7 fnc., front. gravé, vignettes, ix pl., entre les pp. 80-81, une pl. sans Nᵒˢ représentant la description de la lune.

Ouvrage important contenant de nombreuses notices relatives à la navigation, à l'histoire civile et naturelle du Pérou. Les deux auteurs reçurent de nombreux éloges de la part des savants étrangers, principalement pour leurs observations astronomiques.

1501. ULLOA (Don Jorge Juan, y don Antonio de). Voyage historique de l'Amérique Meridionale fait par ordre du Roi d'Espagne; ouvrage qui contient une histoire des Yncas du Pérou (extrait de la traduction de GARCILASSO DE LA VEGA par RICHELET), et les observations astronomiques et physiques, faites pour déterminer la figure et la grandeur de la terre. *Amsterdam et Leipzig, Arkstée et Merkus,* 1752, 2 vol. in-4, rel.

Vol. I. 10 fnc., 554 pp., front. gravé par PUNT, vignettes de PUNT, COCHIN, etc. 25 pl. et cartes en 24 feuilles. — Vol. II. 316 pp., 3 fnc., observations astronomiques, 4 fnc., 309 pp., 3 pnc., front. gravé, 29 fig. gravées par FOLKEMA et B. PICART.

La traduction française de cet ouvrage estimé a été faite par DE MAUVILLON. L'extrait de l'ouvrage de GARCILASO DE LA VEGA, est orné des mêmes fig. que la trad. de ce livre faite à Amsterdam en 1733.

1502. —— Noticias Americanas : entretenimientos fisico-históricos sobre la América Meridional, y la Septentrional oriental : Comparacion general de los territorios, climas y producciones en las tres especies vegetal, animal y mineral ; con una relacion particular de los Indios de aquellos paises, sus costumbres y usos, de las petrificaciones de cuerpos marinos, y de las antigüedades. Con un discurso sobre el idioma, y conjeturas sobre el modo conque pasáron los primeros pobladores. *Madrid, Imprenta Real,* 1792, in-4, vél.

7 fnc., 342 pp. Ouvrage curieux et fort intéressant. Traduit en français sous le titre de *Mémoires philosophiques* (V. ci-dessous).

1503. —— Mémoires philosophiques, historiques, physiques, concernant la découverte de l'Amérique, ses anciens habitans, leurs mœurs, leurs usages etc. Avec des observations et additions sur toutes les matières. Traduit par M*** (Le Febvre de Villebrune). *Paris, Buisson,* 1787, 2 vol. in-8, rel.

> Vol. I. viij, 376 et xv pp. — Vol. II. 499 et xv pp. Les observations et additions sont de J. G. Schneider, elles occupent les pp. 137-499 du vol. II.

1504. ULLOA (José Casimiro). Huano. (Apuntes economicos y administrativos). *Lima,* 1859, in-8, br.

> 132 et xiii pp.

1505. UNANUE (Don Joseph Hipólito). Guia politica, eclesiastica y militar del virreynato del Perú, para el año de 1796. *(Lima) Impresa en la Imprenta Real de los Niños Huerfanos,* 1796, in-12, rel.

> xii pp., 1 fnc., 323 pp., 1 fnc., plan du royaume du Pérou, gravé en 1792, et 7 états divers relatifs à l'administration et au commerce du Pérou.

1506. —— El mismo libro, para el año de 1793. *(Lima,* 1793), in-8, vél.

> Exempl. incomplet de plusieurs pages.

1507. UNITED States Acts. 6 vol. in-fol. demi rel.

> Collection factice et extrêmement importante, de pièces relatives à l'administration du gouvernement des Etats-Unis. Cette collection peut-être considérée comme UNIQUE; elle provient du *cabinet* de M. LA ROCHEFOUCAULT-LIANCOURT, qui l'a sans aucun doute formée lors de son séjour aux Etats-Unis. Elle a dû lui être très-utile pour les renseignements administratifs et économiques, qui enrichissent son voyage, publié à *Paris* en 1799.
>
> Nous donnons ci-dessous le détail des principales pièces qui la composent :
>
> Sundry statements by the secretary of the treasury ; (Al. Hamilton) in conformity with the resolution of the house of representatives of the 23d of January 1793. *(Philadelphia), Printed by Childs and Swaine,* 31 pp. — Report of the commissionners for purchasing the public debt. *(Philadelphia), Francis Childs,* 1793, 23 pp., tabl. — The treasurer of the U. S. accounts of payments and receipts of public monies. *(Philadelphia), Childs and Swaine,* 1794, 51 pp. — Accounts of the treasurer of the U. S. (Samuel Meredith) of payements and receipts of public monies, also his account of receipts and expenditures for the war department. *(Philadelphia), F. Childs,* 1795, 31 et 16 pp. — Letter of the secretary of the treasury (Ol. Wolcott), to the chairman of the committee of ways and means. *(Philadelphia),* 1796, 16 pp. — George Washington president of the U. S........ Treaty of peace between the U. S. and the tribes of Indians called the Wyandots, Delawares, Shawanoes, Ottawas, Chipewas, Putawatimes, Miamis, Eel-river, Weeás Kikapoos, Piankashaws, and Kaskaskias ; was made and concluded on the third day of August, 1795, by Anthony Wayne. *(Philadelphia),* 1795, 8 pp. — Letter from

the secretary of the treasury (OL. WOLCOTT), accompanying a report and sundry statements. (*Philadelphia*), 1796, 25 pp. — Letter from the secretary (OL. WOLCOTT) relative to the redemption of the public debt. (*Philadelphia*), 1796, 6 pp. — Letter from the secretary (OL. WOLCOTT) accompanying sundry statements. (*Philadelphia*), 1796, 40 pp., 2 tabl. (2 exempl.).—Resolves of the general court of Massachusetts. *Boston, Adams and Nourse,* 1789, 42 pp. — Acts and laws passed by the general court of Massachusetts ; 1793, 94, 95, 96. *Boston, Thomas Adams and Larkin,* 1793-96 ; pp. 231-287, 337-434, 493-581. — Acts and laws passed by the general court of Massachusetts; 1791, 92, 93, 95. *Boston, Thomas Adams and Larkin,* 1791-95; pp. 75-230, 289-336, 435-491. (Il ne manque pour compléter cette précieuse série, que l'année 1790, ou pp. 1-74). — Acts and resolutions of the general assembly, of the state of South-Carolina. *Charleston, Timothy and Mason,* 1794, 44 pp. — Letter from the secretary of the treasury, inclosing a statement of the tonnage of the shipping of the U. S. (*Philadelphia*), *John H. Oswald,* 1799, 1 fnc., 5 tabl. — Acts of the general assembly of the state of South-Carolina. *Charleston, Markland et M' Iver and B. Bowen,* 1791, 98 pp., 2 fnc. — Acts and resolutions.... of South Carolina. *Charleston, B. Bowen,* 1792, 60 pp., 2 fnc. — Acts and resolutions...... of S. C. *Charleston,* 1793, 86 pp. — Acts and resolutions.... of S. C. *Charleston, Timothy and Mason,* 1794, 31 pp. — Acts and resolutions.... of S. C. *Charleston, W. P. Young and D. Faust,* 1796, 59 pp., 2 pnc., 88 pp., 1 fnc. — Le niveau de l'Europe et de l'Amérique Septentrionalle ; ou le guide de l'observateur ; par PIERRE EYRON, éditeur et Cⁱᵉ. *Philadelphie, Guilliaume W. Woodward,* 1795, 147 pp., tabl. — Acts of the state of Georgia, passed at Augusta december 1794, and january 1795. *Augusta, printed by John E. Smith,* 1795, 31 pp. L'une des premières (sinon la première) productions typographiques d'Augusta. — Report of the register-general of the state of the finances of Pennsylvania, for the year 1794. *Philadelphia, Zachariah Poulson,* 1795, 19 pp. — The same report; for the year 1796. *Philadelphia, Zachariah Poulson,* 1797, 19 pp. — Accounts of the treasury of Pennsylvania, from the 1st. of january to the 31st. of december 1796. *Philadelphia, Hall and Sellers,* 1797, 10 pp. — Acts passed at a general assembly of Virginia. *Richmond, Augustin Davis,* 1797, 48 pp. — Acts of the eleventh and twelfth general assembly of the state of New-Jersey. *Trenton, Isaac Collins,* 1787, pp. 387-452. — The thirteenth. *Trenton, Isaac Collins,* 1788, pp. 473-514, 1 fnc. — The fourteenth. *New-Brunswick, Abraham Blauvelt,* 1790, pp. 583-654, 2 fnc. — The seventeenth. *Trenton, Isaac Collins,* 1793, pp. 833-870, 1 fnc. — The eighteenth. *Trenton, Isaac Collins,* 1794, pp. 875-914. — The nineteenth. *Trenton, Matthias Day,* 1795, pp. 925-978.

1508. URICOECHEA (E.). Mapoteca Colombiana. Coleccion de los titulos de todos los mapas, planos, vistas etc. relativos á la América Española, Brasil é Islas adyacentes. Arreglada cronologicamente i precedida de una introduccion sobre la historia cartográfica de América. *Londres, Trübner,* 1860, in-8, br.

xvi et 215 pp. Monographie faite avec soin indiquant la grandeur et la largeur de chaque carte citée. Cet ouvrage est très-intéressant pour l'histoire de la Cartographie de l'Amérique du Sud.

1509. URICOECHEA (E.). Memoria sobre las Antigüedades Neo-Granadinas. *Berlin, Schneider,* 1854, in-4, br.

viii et 76 pp., 4 pl.

1510. URLSPERGER (Samuel). Der ausführlichen Nachrichten Von der Königlich-Grosz-Britannischen Colonie Saltzburgischer Emigranten in America. *Halle und Augsburg,* 1736-52, 18 parties, in-4, cart.

Collation : Vol. I. Der ausführlichen....... Erster Theil, Worin Von der Gelegenheit und andern Umständen ihrer Aufnahme, ihrem dreyfachen Transport aus Teutschland nach Georgien in America.... *Halle,* 1741, 6 fnc., 242 pp., portrait de Tomo Chachi Mico roi de Yamacran et de son fils. Cette relation du voyage des émigrés a été écrite à Augsbourg en 1735. — Zuverlässiges Sendschreiben Von den geist-und leiblichen Umständen Der Saltzburgischen Emigranten, die sich in America nie dergelassen haben, Wie sich solche bis den isten September 1735. befunden..... *Halle,* 1736, 14 pp., 1 fnc. avant le titre, contenant quelques observations sur la carte de la Savannah qui se trouve dans cet exempl. à la p. 174, de la première partie décrite ci-dessus. — Erste Continvation..... *Halle,* 1738, 9 fnc., pp. 243-574. — Zweyte Continvation... *Halle,* 1739, 8 fnc., pp. 575-980. — Dritte Continvation.... *Halle,* 1740, 5 fnc., pp. 981-1172 (chiff. 2072). — Vierte Continvation.... *Halle,* 1740, 5 fnc., pp. chiff. 2073-2312. — Fünfte Continvation.... *Halle,* 1740, 13 fnc., pp. chiff. 2313-2598., « Register » 19 fnc.

Vol. II. Sechste Continvation... *Halle,* 1741, 7 fnc., 358 pp., 1 fnc. — Siebente Continvation... *Halle,* 1741, 25 fnc., 1 tableau, pp. 361-716. — Achte Continvation... *Halle,* 1742, 36 pp.; pp. 717-1014. — Neunte Continvation.... *Halle,* 1743, 1 fnc., pp. 1015-1270. — Zehente Continvation... *Halle,* 1744, 11 fnc., pp. chiff. 1771-1930. — Elfte Continvation..... *Halle,* 1745, 5 fnc., pp. chiff. 1931-2138. — Zwölfte Continvation..... *Halle,* 1746, 5 fnc., pp. chiff. 2139-2270.

Vol. III. Dreyzehenden Continvation..... Erster Theil. *Halle u. Augsburg,* 1747, 2 titres, 3 fnc., 72 pp., plan d'Eben Ezer, carte d'une partie de la Caroline, où se trouve située la colonie d'Eben Ezer. Zweyter Theil. *Halle u. Augsburg,* 1749, 9 fnc., pp. 73-203 ; — Vierzehente Continvation...... *Halle u. Augsburg,* 1749, 6 fnc., pp. 205-340. Après les ff. prél. il y a une petite pièce de 8 pp., contenant un cantique, avec ce titre : « Erbauliche Gedanken von der Nachtigall. » — Fünfzehente Continvation... *Halle u. Augsburg,* 1749, 3 fnc., pp. 341-436. — (La Seizième Continuation manque) . . . . — Siebenzehente Continvation.... *Halle u. Augsburg,* 1752, 2 fnc., 30 pp., pp. 537-774. — Achtzehente Continvation... *Halle u. Augsburg,* 1752, 6 fnc., pp. 777-1004, « Inhalt » 9 fnc.

On a ajouté à cet exemplaire les pièces suivantes qui complètent la collection :

HECKING (G.). J. N. D. de præstantia Coloniæ Georgico-Anglicanæ

præ Coloniis aliis. *Aug. Vindelicorum*, 1747, 3 fnc., 52 pp., 4 fnc. —
URLSPERGER (Samuel). Americanisches Ackerwerk Gottes ; oder Zu-
verlässige Nachrichten, den Zustand der americanisch englischen und
von saltzburgischen Emigranten erbauten Pflanzstadt Ebenezer in Georgien betreffend, aus dorther eingeschickten glaubwürdigen Diarien ge-
nommen, und mit Briefen der dasigen Herren Prediger noch weiter
bestättiget. *Augsburg*, 1754-56, 3 vol. — Vol. I. 6 fnc., 174 pp., portrait
de Jean Martin Bolzius premier prédicateur de la colonie d'Eben-Ezer.
— Vol. II. 11 fnc., pp. 175-334. — Vol. III. 3 fnc., pp. chiff. 353-525,
12 fnc.

Collection COMPLÈTE ET PRÉCIEUSE d'un livre très-important pour l'histoire de
l'Amérique du Nord et de l'émigration des peuples de l'Europe dans cette partie
du monde. Les pièces que nous ajoutons aux 18 vol. sont le complément indispensable de l'ouvrage, cependant nous devons dire que leur rareté fait qu'elles
manquent à presque tous les exemplaires.

Les habitants réformés de Saltzbourg, expulsés en 1733 par l'archevêque Eleu-
therius de Firmian, émigraient en partie pour l'Amérique du Nord et fondaient
en Géorgie, non loin de Savannah, une colonie appelée *Eben-Ezer*. J. M. BOLZIUS
et GRONAU (J. Chr.) ministres de la colonie envoyaient chaque année une relation
en forme de journal, à SAMUEL URLSPERGER, ministre protestant à Augsbourg, qui
la faisait imprimer avec d'autres pièces concernant les établissements des Allemands dans l'Amérique du Nord.

1511. URQUINAONA. Demostracion de los motivos que han originado los rezagos de este tribunal y real audiencia de cuentas, que con
idéa de hacerlos conocer al público ha compilado Don JOSE MARIA UR-
QUINAONA, contestando el discurso del Hortelano, sus dudas, y reflexiones que aparecen publicadas en los impresos nominados Tertulia
de la Habana de 22 de noviembre del año pasado, 21, 24 de enero 4 y
7 febrero del corriente. *Habana, Juan de Pablo*, 1812, in-4, br.

18 pp.

1512. VADIANUS (Joachim). Epitome trivm terræ partivm, Asiæ,
Africæ et Evropæ compendiariam locorum descriptionem continens,
præcipue autem quorum in Actis Lucas, passim autem Euangelistæ
et Apostoli meminere. Accesserunt et Tabulæ regionum ac insularū
omnium, quarum in scriptura noui Instrumenti fit mentio. *Tigvri,
Apvd Frosch. Anno*, M.D.XLVIII, in-8, rel. v. vert.

7 fnc., suivis de 24 fnc., contenant des cartes doubles de la grandeur des pages
gravées sur bois; 524 pp. de texte.

Il est question de l'Amérique dans le chapitre intitulé « INSVLÆ *Oceani præ-
cipuæ* » qui commence à la page 503.

Édition non citée dans la *Bibliotheca Vetustissima*, qui mentionne les suivantes :
Zurich, 1534, in-fol. ; *Anvers*, 1535, in-8⁰, et *Zürich*, 1534, in-8⁰.

L'édition de *Zurich*, 1548 (celle que nous annonçons) contient en plus des éditions citées, 14 fnc., comprenant 12 cartes qui doivent faire partie du livre ainsi
que l'indique le titre. Ces cartes ne sont autres que celles de la *Cosmographie
de Honter*, dont un exemplaire est décrit sous le N° 733 de ce *Catalogue*. (Les
29 ff. qui forment le texte de ce volume sont supprimés).

Exemplaire ayant le titre légèrement raccommodé, provenant des célèbres bibliothèques C. van Hulthem et C. Lammens.

1513. VALADES (P. F. Didacus; ord. fratrum minorum, Proc. Gen.
in romana Curia). Rhetorica Christianæ ad concionandi, et orandi
vsvm accommodata, vtrivsq̃ facvltatis exemplis svo loco insertis ; qvæ
qvidem, ex Indorvm maximè deprompta svnt historiis, vnde præter
doctrinam, svmã qvoqve delectatio comparabitvr. An°. Dñi. M.D.
LXXVIIII. (A la fin :) *Pervsiæ, Apud Petrumiacobum Petrutium,*
1579, in-4, vél.

Titre gravé, avec les armes de Grégoire XIII à qui le livre est dédié et la date
de 1579 ; dédicace, 4 fnc. ; préface, 3 fnc. ; index 2 fnc. ; texte 378 pp. ; index 8
fnc., chaque page avec encadrement de deux filets ; 26 fig., gravées sur cuivre par
l'auteur, dont 12 hors le texte ; la grande planche pliée, qui se trouve placée entre
les pp. 168-169, représente le sacrifice humain des anciens Mexicains. Entre les
pp. 298-299 il y a un tableau plié.

« Cet ouvrage est moins recherché pour ce qui en fait le fond, que, pour les di-
gressions sur l'Amérique, dont l'auteur, ancien missionnaire dans ce pays, a sur-
chargé son texte, et qu'il a illustrées de gravures tantôt allégoriques et mnémo-
niques, tantôt historiques et relatives aux mœurs et usages des Indiens » BRUNET.

ANTONIO et PINELO (ed. de Barcia) annoncent une édition augmentée du même
ouvrage sous la date de 1583 ; le dernier cite par erreur 1575 au lieu de 1579
et donne à penser que l'édition de 1583 est en Espagnol. WADINGUS cite aussi
une édition faite à *Pérusia* en 1583. — Il fixe la mort du P. VALADES, l'un des
premiers religieux qui visitèrent l'Amérique, à l'année 1570, ce qui est une erreur.

1514. VALDIVIA (Padre Luis). Doctrina Christiana, y Cathecismo
aprobado por el Concilio Prouincial de Lima con dos traducciones en
lengua de Chile, q̃ examinarõ, y aprobaron conforme al decreto del
dicho Cócilio los dos Reuerendissimos señores Obispos del mismo
Reyno, cada qual la de su obispado. *En Lima, por Francisco del
Canto*, 1606, in-4, non rel.

Copie mss. de 20 ff., d'une fort belle écriture imitant les caractères d'impression,
faite par M. MARCEL.

Les deux traductions chiliennes annoncées sur le titre sont en dialecte de Santiago et en dialecte Impérial.

Ce Catéchisme a été imprimé à la suite de l'*Arte* et du *Vocabulario* du même
auteur. C'est un livre extrêmement rare.

1515. VALDIVIA (Padre Luis). Confessionario breve en la lengva del reyno de Chile. *Lima, Francisco del Canto,* 1606, in-8, demi rel.

34 ff., 1 fnc. Copie exécutée avec grand soin par M. Marcel. Ce *Confessionaire* de même que la *Doctrine chrétienne* indiquée ci-dessus, est imprimé également à la suite de l'*Arte* et du *Vocabulario* du même auteur.

Le P. Luis de Valdivia, né à Grenade en 1561, passa plusieurs années dans les missions du Pérou et du Chili, où il acquit une connaissance parfaite de la langue de ces deux pays (le Quichua et l'Araucan). Il revint en Espagne en 1621 et mourut à Valladolid en 1642.

1516. VALVERDE (D. Antonio Sanchez). Idea del valor de la Isla Española, y utilidades, que de ella puede sacar su monarquia. *Madrid, D. Pedro Marin,* 1785, in-4, vél.

3 fnc., xx et 208 pp., 2 fnc., 1 tabl. entre les pp. 136-137, carte.

« Je recourerai fréquemment aux lumières de D. Antoine Valverde, qui paraît en outre avoir songé à écrire l'Histoire de St. Domingue espagnol huit ans avant que j'entreprisse celle de St. Domingue français. Aidé par des matériaux que son père a recueillis pendant une vingtaine d'années, et ayant eu lui-même une longue résidence dans la partie espagnole, sa patrie, l'histoire qu'il promet ne peut qu'exciter de très-vifs désirs. » Moreau de St. Méry. *St. Domingue,* partie espagnole, vol. I. p. 37 (N° 1037).

1517. VAN ALSTEIN. Notes autographes et inédites sur les langues Américaines. In-4, cart.

Ce recueil, dont nous indiquons ci-dessous les pièces principales, est une compilation d'ouvrages imprimés, enrichie de notes et d'analyses par M. Van Alstein, de Gand, bibliophile et philologue distingué.

Oraison dominicale en Othomi, en Maya, en Kachiquel, en Mosquito, en Quiché, en Poconchi, etc. — La conjugaison du verbe *parler,* en Mosquito. — El devoto instruido en el sacrificio de la misa : por el P. Luis Lanzi. Trad. libre al idioma Yucateco. *Merida de Yucatan,* 1835. — Estracto de la grammatica Maya, por el P. Beltran. — A grammar of the Moskito language by Al. Henderson. *New-York,* 1846. — A Yucatecan grammar translated from the spanish into Maya and abridged by J. Ruz. *Belize,* 1847. A la fin de cette grammaire on lit la note suivante : « J'ai « autant que possible copié le texte même fautif avec les corrections « jointes. La grammaire en langue Maya est l'exemplaire même dont M. « Kingdon a fait usage pour son travail, et cet exemplaire est chargé de « ses corrections et observations mss., le tout accompagné des autres do-« cuments mss. corrections etc., du même auteur sur les langues améri-« caines. » — Gramática Yucateca por el P. Fr. Joaquin Ruz, formada para la instruccion de los indigenos sobre el compendio de D. Diego Herranz y Quiros. *Mérida de Yucatan,* 1844, etc.

1518. VARELA (Dn. Joachim Bouso, Rector de la Universidad de S.

Marco). Oracion panegyrica, con que la Real Universidad de San Marcos de Lima, Capital del Perú celebró en su recibimiento. Al señor don Manuel de Guirior, capitan general del Perú y Chile. Dixola el doctor don J. Bouso Varela. (*Lima*) *Imprenta de los Niños huerfanos*, 1778, in-4, vél.

78 fnc. Bel exempl. Une partie de ce volume contient des poésies en espagnol et en latin.

1519. VARGAS MACHUCA (F. Joan de; de la orden de Predicadores). Prodigio milagroso del Occidente, el niño credito de Pisco, y admiracion de Lima. Francisco en el nombre, en el habito, y en la humilidad. ecc. *Con licencia. En Lima, año* de 1667, in-4, rel.

9 fnc., 53 ff., Tabla 1 fnc. Ce volume est imprimé avec de gros caractères et des encadrements à chaque page.

Non cité par Antonio, ni par Pinelo, ni par Ternaux. Ces bibliographes indiquent un autre ouvrage du même auteur (La Rosa del Piru soror Isabel de Santa Maria del Abito de Santo Domingo. 1659) imprimé à Séville.

1520. VARTHEMA. Itinerario de Ludovico de Varthema bolognese. (A la fin :) *Impresso in Venetia per Zorʒi di Rusconi milanese*, 1520, in-8, à 2 col. caract. ronds.

Édition rare de cet itinéraire; elle se compose de 103 fnc. Il manque à notre exemplaire, le titre et le premier f. de la signature N; il est court de marges et les premiers ff. sont endommagés. Cette édition contient dans les 12 derniers ff., une pièce intitulée :

« Qui Comincia lo Itinerario de lisola de Juchathan nouamente ritrouata per il signor Joan de Grisalue Capitan Generale de Larmata del Re de Spagna et per il suo Capellano composta. »

Ce précieux document, est la description de la célèbre expédition faite par Juan de Grijalva au Yucatan, dans l'année 1518. Grijalva écrivit une relation de son voyage, qu'il fit remettre au Roi par l'entremise de Oviedo. Cette pièce est maintenant perdue. Juan Diaz qui accompagna Fernan Cortès au Yucatan et à Mexico, avec le dominicain Bart. de Olmedo, fit aussi une narration de cette expédition, écrite en espagnol, qui elle aussi n'a jamais été publiée et que l'on ne connait plus. Il ne nous reste de cette pièce que la traduction italienne qui se trouve à la suite de l'itinéraire de Varthema; on la trouve aussi dans les éditions italiennes de ce livre, de 1522, 1526 et 1535. J. Diaz fut le premier religieux qui dit la messe au Yucatan, février 1519 et Diaz de la Calle, dans son *Memorial*, assure qu'il est le premier qui dit la sainte messe dans Mexico.

Pour ce qui regarde cette édition de 1520, elle est tellement rare que l'auteur de la *Bibl. Vetustissima* doute de son existence. Le seul ex. connu est celui de la vente *Hibbert* d'après lequel Brunet et Graesse parlent de cette édition. Celle indiquée dans la *Bibl. Vetustissima* sous la date de 1520, est imprimée à *Venise*, sans date par *Matthio Paganin Frezʒa'*.

1521. VASCONCELLOS (P. Simão de). Chronica da Companhia de Jesv do estado do Brasil: e do qve obrarão sevs filhos nesta parte do Novo Mvndo. Tomo I primeira da entrada da Companhia de Jesv nas
partes do Brasil e dos fundamentos que nellas lançárao, e continua-
raó seus religiosos em quanto alli trabalhou o Padre de Nobrega primeiro provincial desta provincia.... *Lisboa, Henrique Valente de
Oliueira,* 1663, in-fol., rel.

5 fnc., « Noticias curiosas » 188 pp., « Chronica » pp. 1-479, « Versós do padre
Joseph de Anchieta em louuor da Virgem » pp. 481-528, « Indice » 6 fnc.
Chronique fort importante comprenant les années 1549-1570.

1522. —— Noticias cvriosas e necessarias das covsas do Brasil. *Lisboa,
Joám da Costa,* 1668, in-4, vél.

3 fnc., 291 pp., 6 fnc. Ce volume, très-estimé, est la réimpression des 188 pp.
qui servent d'introduction à la chronique notée ci-dessus.

Le P. Simon de Vasconcellos naquit à Porto en 1597. Il passa à Bahia, où il
reçut les ordres et entra dans le collège des PP. Jésuites de cette ville, à l'âge de
19 ans. Il fut procureur de sa province à Rome et mourut d'apoplexie à Rio de
Janeiro, le 29 sept. 1671, à l'âge de 74 ans. (Cf. la *Bibl. Luzitana de Barboza.* Vol.
III. pp. 724.)

1523. VASTEY (le baron de). Réflexions politiques sur quelques ouvrages et journaux français, concernant Hayti. *A Sans-Souci, de
l'imprimerie royale, année* 1817, 14e *de l'Indépendance,* in-8, br.

Curieuse production des presses Haytiennes, exécutée à Sans-Souci, habitation
particulière du roi Henri.

Ce volume fort rare et très-peu connu en Europe, est surtout dirigé contre
l'ouvrage intitulé : *Nouveau système de colonisation pour Saint-Domingue........
par le Borgne de Boigne ;* et un article du *Journal des Débats.*

L'article suivant est le complément indispensable des *Réflexions.*

1524. —— Essai sur les causes de la révolution et des guerres civiles
d'Hayti, faisant suite aux réflexions politiques sur quelques ouvrages
et journaux français concernant Hayti. Par M. le Baron de Vastey,
chancelier du Roi, membre de son conseil privé, maréchal de camp
de ses armées, Chevalier de l'ordre royal et militaire de Saint-Henry,
etc. *A Sans-Souci, de l'Imprimerie Royale,* 1819 *an* 16ème *de l'Indépendance,* in-8, cart. *non rogné.*

xxiv et 403 pp. « Pièces justificatives » 140 pp.

« Le Baron de Vastey, né au Quartier de la Marmelade, île d'Haïti, abandonne
les drapeaux de la République française, en 1795, pour embrasser ceux de l'Es-

pagne, alors en guerre avec la métropole. Il fut tué au Cap le 8 octobre 1820, propre jour où son maître le roi Christophe était réduit à se brûler la cervelle pour se dérober à la vengeance populaire. » *Note mss. signée* SAINT REMY.

1525. VAUGONDY (Robert de). Observations critiques sur les nouvelles découvertes de l'amiral de la Fuente. Présentées à l'Académie des sciences, le 26 mai 1753. *Paris, A. Boudet, 1753,* in-12, monté sur papier in-4, rel.

> 23 pp. A la suite :
>
> DE L'ISLE. Explication de la carte des nouvelles decouvertes au Nord de la mer du Sud. *Paris, Desaint et Saillant,* 1752, in-4, 18 pp., carte coloriée. — DE L'ISLE. Nouvelles cartes des découvertes de l'amiral de Fonte et autres navigateurs espagnols, portugais, anglois, hollandois, françois et russes dans les mers septentrionales avec leur explication. *Paris,* 1753, 60 pp., 4 cartes. — BUACHE (Philippe). Considérations géographiques et physiques sur les nouvelles découvertes au Nord de la grande mer, appellée vulgairement la mer du Sud ; avec des cartes qui y sont relatives. *Paris,* 1753, 49 pp., 2 fnc., 6 cartes.

1526. VEGA (P. Manuel de la, Franciscano). Historia del descubrimiento de la America Septentrional por Cristobal Colon. Dala a luz con varias notas para mayor inteligencia de la historia de las Conquistas de Hernán Cortés que puso en mexicano CHIMALPAIN, CARLOS M. DE BUSTAMENTE. *Mexico, oficina de Ontiveros,* 1826, in-4, demi rel.

> 5 fnc., 237 pp. Exemplaire au chiffre de H. Ternaux Compans.
>
> Ouvrage fort important pour l'histoire des découvertes de C. COLOMB, publié ici pour la première fois, avec des notes précieuses du savant BUSTAMENTE.

1527. VEITIA LINAGE (D. Joseph de). Norte de la contratacion de las Indias Occidentales. Dirigido a D. Gaspar de Bracamonte y Gvzman, conde de Peñaranda. *En Sevilla, por Juan Francisco de Blas,* 1672, 2 part. en 1 vol in-fol., vél.

> « Libro primero » 15 fnc., 299 pp., deux titres dont l'un gravé par OROZCO portant la date de 1671. — « Libro segvndo » 264 pp., 35 fnc., plus 1 f. pour la suscription.
>
> Cet ouvrage contient un résumé des loix et institutions des Indes Occidentales. « Ce livre est rare, et SALVA l'estime *L 2. 2 s.* » BRUNET.
>
> « J. DE VEITIA LINAGE, Burgensis, eques ordinis Sancti Jacobi, thesaurarius domus Indico-Hispalensis (La Contratacion de las Indias vulgo audit) deinde Indico-Matritensis senatus patribus a secretis Mexicanarum partium, vir singularis dexteritate et ingenio, quibus dotibus dignum se præstitit ut, diem suum obeunte Martio mense 1682. D. H. de Eguia, Regi nostro Carolo a secretis universæ ut vocant expeditionis, in locum ejus subrogaretur » ANTONIO.

1528. VENEGAS (Miguèl). Noticia de la California, y de su conquista temporal, y espiritual hasta el tiempo presente. Sacada de la historia manuscrita, formada en Mexico año de 1739, por el Padre MIGUÈL VENEGAS, de la Cⁱᵃ de Jesus; y de otras noticias, y relaciones antiguas y modernas. *Madrid, viuda de Manuel Fernandez,* 1757, 3 vol. in-4, rel.

Vol. I. 11 fnc., 240 pp., 1 carte. — Vol. II. 3 fnc., 564 pp., 2 cartes. — Vol. III. 3 fnc., 436 pp., carte. Dans le vol. III, pp. 140–194 se trouve : DERROTERO del viage, que en descubrimiento de la costa Oriental de Californias, hasta el Rio Colorado, en donde se acaba su estrecho, hizo el P. FERNANDO CONSAG, año de 1746.

Les sources dont se servit le P. VENEGAS sont une quantité de relations composées par des missionnaires de la Californie, une histoire mss. des missions de Sonora par le P. KINO, etc. On trouve dans son livre des détails peu connus sur les travaux de la mission et sur les mœurs des habitants de la Californie.

Les mss. du P. VENEGAS, d'après lesquels le P. M. ANDRÉ BURIEL, publia cet ouvrage, sont conservés dans la bibl. de l'Université de Mexico, et dans celle du collège de S. Grégoire, de la même ville. Cf. DE BACKER, vol. V, pp. 726-728. Le P. BURIEL mourut le 19 Juin 1762, à l'âge de 42 ans.

1529. —— Histoire naturelle et civile de la Californie. Traduite de l'anglois par M. E (IDOUS). *Paris, Durand,* 1767, 3 vol. in-12, demi rel.

Vol. I. xxiv et 360 pp., carte. — Vol. II. viij et·375 pp. — Vol. III. viij et 354 pp., 1 fnc.

La traduction anglaise sur laquelle a été faite celle - ci a paru à Londres en 1759, 2 vol. in-8°.

1530. VENEGAS (Franc.). Vindicacion de los agravios infundados, injustos y groseros con que el Capitan General D. Gregorio de la Cuesta, ha intentado manchar le reputacion del teniente general y Virei de Nueva-España D. FRANC. XAVIER VENEGAS, en su manifiesto impreso en Palma de Mallorca, en 1811. *Cádiz, imprenta del estado-mayor general,* (1811), in-fol., br.

31 pp., « documentos » 62 pp. Ce mémoire est daté de *Mexico, 6 de noviembre de* 1811 et signé FR. VENÈGAS.

1531. VERA (Gerardo de). Diariym navticvm, seu vera descriptio trium navigationum admirandarum, et nunquam auditarum, tribus continuis annis factarum, a Hollandicis et Zelandicis navibus, ad Septentrionem, supra Norvagiam, Moscoviam et Tartariam versus Cathay et Sinarum regna.... *Amstelrodami, Cornelij Nicolaij,* 1598, in-fol., vél.

43 ff., fig. sur cuivre imprimées dans le texte. ÉDITION ORIGINALE fort rare de cette curieuse et intéressante navigation. (V. le n° 1202.)

« Les héritiers de Bry ont employé la rélation écrite par Gérard de Veer ; ils l'annoncent eux-mêmes, et ils transcrivent ses préfaces : cependant ils ne se sont pas contentés de changer le texte latin de 1598, mais ils ont fait beaucoup de retranchemens » Camus.

1532. VERA (Gerardo de). Tre navigationi fatte dagli Olandesi e Zelandesi al Settentrione nella Norvegia, Moscovia, e Tartaria, verso il Catai, e Regno de' Sini, doue scopersero il mare di Veygatz, La Nvova Zembla, Et un paese nell' Ottantesimo grado creduto la Groenlandia. Descritte in latino da Gerardo di Vera, e nuouamente da Giouan Giunio Parisio tradotte nella lingua italiana. *In Venetia, presso Jeronimo Porro, et Compagni,* 1599, in-4, vél.

3 fnc., 79 ff., 32 fig. sur cuivre imprimées dans le texte ; celle du f. 48, dans plusieurs exempl., est tirée en bistre.

1533. VERA CRUZ (Franc. Alonso de la). Ordinarivm | sacri ordinis heremitarũ | sancti Augustini episco | pi et regularis obser | uatie, sic denuò | correctũ, sic q̃ | nõ secũdum | more an | tiquũ | ce- | remo nie fiant, sed se- | cũdũ choros altos. | *Mexici. anno.* | *dñi.* 1556. | *idibus* | *Jullj.* In-4. — Regvla beatis- | simi patris nostri Augu | stini episcopi, et docto | ris ecclesiæ, quam in | Africa apud Hip | ponẽ ci- | uitatẽ | ædidit, et p̃palauit. In-4. — Prologus. Incipit prologus super cõstitutiones fratruum hæremitarum, sancti patris ñri Augustini Hiponensis episcopi et doctoris ecclesie. In-4.

Ces trois ouvrages sortis des presses de Giov. Paolo di Brescia, le premier imprimeur de Mexico, sont inconnus en Europe et probablement uniques. Ce sont de précieux documents pour l'histoire de l'imprimerie au Nouveau-Monde.

Le premier de ces ouvrages ; l'*Ordinaire des frères de l'ordre de St. Augustin,* se compose 1° du titre rapporté ci-dessus imprimé en rouge et entouré d'une jolie bordure gravée sur bois, avec Adam et Eve et les initiales I T dans le bas ; au verso une magnifique pl. sur bois de la grandeur de la page représentant S. Augustin au milieu de ses disciples avec cette légende : « *S. Pater Avgvsti — Ante omnia diligatvr* » ; 2° de 40 ff. chiff., sign. A-D de 8 ff. chacune. Ce volume renferme indépendamment du texte, de la musique notée pour les différentes intonations. Cette partie fort intéressante, imp. en rouge et noir occupe les ff. 32-40. Il y manque les ff. de la fin contenant la suite des intonations et oraisons pour la messe, vêpres et matines.

Le second ouvrage, la *Règle des religieux du même ordre de St. Augustin,* a le titre imprimé en noir, avec la même bordure que sur le précédent ; au-dessous du titre, un cœur percé de trois flèches, qui nous paraît être la marque de Jean Paul cet emblème étant répété ailleurs ; au verso du titre la même pl. representant S. Augustin ; suivent 12 ff. pour le texte ; au verso du dernier on lit une épitre de l'imprimeur au lecteur, commençant : *Joannes Pavlvs Brissensis...* et finissant ainsi : *Bene vale ex ñra calchographica officina Nonis Augusti. Anno. D.* 556 », au-dessous l'errata.

Le troisième ouvrage contenant les *Constitutions du même ordre,* est incomplet du titre ; il commence par le prologue, sign. a ij, tout le vol. se compose de 84 ff. (le f. 8. manque aussi) sign. A-I la dernière de 4 ff. seulement. Au bas du f. 66 on voit le cœur percé de trois flèches ; cet emblème se retrouve aussi au bas du f. 84. Le verso de ce dernier est occupé par un errata qui remplit toute la page.

Ces 3 pièces sont bien imprimées avec de nombreuses lettres initiales ornées. Ce sont certainement les premières impressions en musique faites au Mexique ; elles sont très-bien conservées. Les *Constitutions* auraient besoin d'être lavées.

Fray ALONSO DE VERA CRUZ, alias GUTIERREZ, né à Caspueñas, ville du diocèse de Tolède, fut professeur à Alcala. Il vint au Mexique et débarqua à la Vera-Cruz où il prit l'habit des religieux de S. Augustin et voulut s'appeler en religion du même nom que cette ville. Ce savant religieux mourut au Mexique à l'âge d'environ 80 ans, en 1584 (EGUIARA) 1564 (ANTONIO) et 1580 (DAVILA). Parmi ses ouvrages, dont la liste se trouve dans EGUIARA et HARRISSE, nous mentionnerons les suivants imprimés à Mexico, qui de même que ceux que nous possédons, paraissent être presque inconnus puisque aucun d'eux n'est cité par ANTONIO :

1. Recognitio Summularum cum textu Petri Hispani et Aristotelis. *Mexici, Joanne Paulo,* 1554, in-folio. Réimprimé à Salamanca en 1573 et 1593. — 2. Dialectica resolutio cum textu Aristotelis. *Mexici, Joanne Paulo,* 1554, in-fol. Réimpr. également à Salamanca en 1573. 3. Physica speculatio. *Mexici, J. Paulo,* 1557, in-fol. Réimpr. en 1573 à Salamanca. — 4. Speculum Conjugiorum. *Mexici, J. Paulo,* 1557, in-4. (1556 HARRISSE). Réimpr. en 1562, 1572 et 1599. — HARRISSE, sous la date de 1556 cite notre ouvrage. EGUIARA n'en parle que d'après ANTONIO. PINELO le cite aussi, mais seulement en mss. Sous la date de 1559, HARRISSE cite aussi une lettre de 14 ff. écrite par le P. ALONSO DE LA VERA CRUZ, imprimée à Mexico.

1534. VERANES (D. Felix de). Oracion fúnebre que en las solemnes exéquias que el venerable clero de la villa de Santa Maria de Puerto Principe, diocesis de Cuba, dedicó en sufragio de los valientes patriotas que sacrificaron sus vidas en defensa de nuestra religion, de nuestro rey, y nuestra patria. *Impreso en Cuba, por don Matias Alqueᶎa,* 1808, in-4, br.

19 pp.

1535. (VERBIEST (le P. Ferd.)). Voyages de l'empereur de la Chine dans la Tartarie, ausquels on a joint une nouvelle découverte au Mexique. *Paris, E. Michallet,* 1685, in-12, cuir de Russie.

3 fnc., 110 pp. Exemplaire Rœtzel, de ce curieux volume qui contient une « *Nouvelle descente des Espagnols dans l'Isle de Californie, l'an* 1683 » (pp. 79-110).

Le P. VERBIEST à qui l'on attribue ce volume (dans l'épistre au Roy, il est dit, que, ces deux voyages ont été traduits mot à mot des lettres du P. VERBIEST) naquit à Pitthem près de Courtrai, le 9 Octobre 1623. Il mourut à Pékin, président du tribunal des Mathématiques, le 28 Janvier 1688.

1536. VERDADERO PERUANO. *Lima, Imprenta de los huerfanos, por B. Ruiz, 1813, 2 vol., in-4, vél.*

Tome I. 5 fnc., 28 N⁰ˢ formant 276 pp., « Peruano Extraordinario » 19 pp. « El Aprendix (*sic*) » 4 pp. Ce volume commence le 22 Septembre 1812 et finit le 1ᵉʳ Avril 1813. — Tome II. de Mai 1813 jusqu'au 26 Août de la même année; 1 fnc., XVII N⁰ˢ formant 142 pp., plus un tableau entre les pp. 16 et 17.

EXEMPLAIRE COMPLET. Ce journal a été rédigé par les hommes les plus considérables du Pérou. Le Vice-Roi même y travailla. Le prix de l'abonnement était fixé à 10 piastres pour Lima et à 16 piastres pour la province. Le dernier Numéro du vol. II, contient un article signé TOMAS FLOREZ l'un des principaux rédacteurs, qui annonce que le *Verdadero Peruano* cessera de paraître faute de fonds.

On a ajouté à cet exemplaire les articles suivants qui en font une curieuse collection :

ARGOS CONSTITUCIONAL DE LIMA. (*Lima, Imprenta B. Ruiz*), 1813. VII N⁰ˢ formant 56 pp., précédés de 2 fnc. — ANTI-ARGOS (*Lima*), 1813, 3 N⁰ˢ formant 20 pp. — EL FRENO. Dialogo de los editores del Argos. 10 pp. Sign. Manuel Salcedo y Hernández. (L'*Argos Constitucional* devait se publier tous les dimanches à partir du 7 février 1813, mais il n'en parut que VII N⁰ˢ, c. à d. jusqu'au 23 mars de la même année. Les rédacteurs de cette feuille et ceux de *l'Anti-Argos* se réunirent après cette époque et publièrent en commun le *Verdadero Peruano*).

Le Vol. II est précédé d'une pièce de 12 pp., relatant les faits qui se sont passés à Lima le 28 mars 1813, jour des élections des députés. — EL PE-RUANO LIBERAL. *Lima, Imprenta Peruana,* 1813, XXI N⁰ˢ formant 179 pp. (Commencé le 3 octobre 1813 et terminé le 9 décembre. Ce journal paraissait deux fois par semaine.) — EL COMETA. *Lima, B. Ruiz,* 1813, N⁰ˢ V et VI.

Le dernier Numéro du *Péruvien libéral* est taché par l'humidité.

1537. VERGENNES. (Ministre de Louis XVI). Mémoire historique et politique sur la Louisiane. Accompagné d'un précis de la vie de ce ministre, et suivi d'autres mémoires sur l'Indostan, Saint-Domingue, la Corse et la Guyane. *Paris, Lepetis, an X-1802, in-8, br.*

xxiv et 315 pp., portrait. Mémoire intéressant pour l'histoire de la Louisiane.

1538. VERTOT (Abbé). The history of the revolutions of Portugal. Continued to the present time, with historical and critical notes, a chronological table of the Kings of Portugal, and a description of Brasil. By LOUIS DE BOISGELIN. *London,* 1809, in-12, v. f.

xxxiii et 316 pp. Les ff. prélim. contiennent un Catalogue des principaux ouvrages relatifs à l'histoire du Portugal et du Brésil.

1539. VETANCVRT (R. P. Fr. Avgvstin de). Teatro Mexicano descripcion breve de los svcessos exemplares, historicos, politicos, militares, y religiosos del nuevo mundo Occidental de las Indias. *En Mexico, por Doña Maria de Benavides viuda de Juan de Ribera, Año de* 1698, in-fol., vél.

5 fnc., « Parte primera » 66 pp. — « Parte segunda y tercera » 168 pp., 1 fnc.

Ce livre, composé par un des religieux les plus instruits et les plus savants dans la langue nahuatl, sur de nombreux documents imprimés et manuscrits, est un des ouvrages les plus précieux qui existent pour l'histoire mexicaine.

Parmi les mss. qui ont servi au P. Augustin de Vetancourt (ou Betancourt) nous en citerons deux du P. de Sahagun (entr'autre le neuvième livre de son ouvrage « *Conquista de Mexico* »), des *cartes, livres,* ou *manuscrits peints* des anciens mexicains ; des mss. de Alvarado Tezozomoc, A. Muñon Chimalpain, de Carlos de Siguensa y Gongora, etc.

Une quatrième partie, du *Teatro Mexicano* avec la date de 1697, a été publiée sous ce titre : « *Chronica de la Provincia del Santo Evangelio de Mexico* » suivie du « *Menologio Franciscano* ».

1540. VETANCVRT (R. P. Fr. Avgvstin de). Arte de la lengva Mexicana, dispvesto por orden, y mandato de fr. Francisco Treviño, predicador y comissario general de todas las provincias de la Nueva España. *Mexico, Francisco Rodrigue͜z Lupercio,* 1673, in-4, vél.

5 fnc., 49 ff. « Instrvccion breve para administrar los santos Sacramétos....... y Catecismo mexicano » 8 fnc.

Grammaire mexicaine de la plus grande rareté. Elle est citée par Pinelo sous la date de 1675. Notre exempl. est fatigué et incomplet d'1 fnc., et des ff. 1, 4 et 5. Pour les autres ouvrages de Vetancurt, Voyez Eguiara, p. 438 et seqq.

1541. VIEIRA (P. Antonio, da C. de Jesus). Vozes saudosas, da eloquencia, do espirito, do zelo ; e eminente sabedoria ; acompanhadas com hum fidelissimo echo, que sonoramente resulta do interior da obra Clavis prophetárum. Concorda no fim a suavidade das musas em elogios raros, tudo reverente dedica ao Principe o P. André de Barros da C. de Jesus. *Lisboa Occidental, M. Rodrigues,* 1736, in-4, bas.

11 fnc., 315 pp. Cet ouvrage, de ce célèbre prédicateur, est fort rare. Il contient une histoire complète des missions des PP. Jésuites dans le Maragnan. Pour le détail des pièces qui composent ce vol. Voyez la *Biblioth. des écrivains des PP. de la C͞ie de Jésus.* Vol. V, pp. 755-756.

1542. —— Voz sagrada, politica, rhetorica, e metrica ou supplemento as vozes saudosas do Padre Ant. Vieira. *Lisboa, Luis Ameno,* 1748, in-4, bas.

19 fnc., 247 pp. Ce volume contient un éloge du P. Vieira par Diogo Barbosa

Machado; un sermon et des lettres du P. Vieira; différentes pièces latines et des poésies portugaises du même Père; un discours du P. G. Cataneo et du P. Vieira sur Democrite et Héraclite; une relation abrégée des funérailles du P. Vieira et son oraison funèbre prononcée le 17 Décembre 1697 par Manoel Caetano de Sousa, conseiller du Roi et censeur de l'Académie royale; etc., etc.

Pour la bibliographie détaillée des ouvrages ou sermons du P. Vieira, imprimés ou mss, consultez la *Biblioth.* des PP. de Backer. Vol. V, pp. 753-762.

Le P. Ant. Vieira prédicateur célèbre, né à Lisbonne le 6 février 1608, entra au noviciat de Bahia en 1623. Envoyé en Portugal, il y prêcha avec une grande réputation et le roi l'envoya dans plusieurs ambassades. Il se distingua aussi dans les missions et mourut à Bahia en 1697.

1543. VIEW (A) of North America, in its former happy, and its present Belligerent state. Being a Compendious description of the several cultivated Colonies, previous to these disturbances; also the rise, progress, and effects of the war with Great-Britain.... with the travels and adventures of the author, through great part of that continent, in the years 1774, 75, 76, 77, and 78. Containing a concise account of the Indians.... *Glasgow, William Smith,* 1781, in-8, rel.

247 pp.

1544. VILLACASTIN. Manga panalanging pagtatagobilin sa Calo-lova nang tavong (nag hihingalo). Ang may catha sa vican Castilla ang P. Thomas de Villacastin sa mahal na Compañia ni Jesvs. At ysinalin sa vican Tagalog ni D. Gaspar Aquino de Belen. *Manila, Imprenta de la Compañia de Jesvs por D. Nicolas de la Cruz Bagay,* 1760, in-8, vél.

23 fnc., 127 ff., front. gravé représentant les quatre évangélistes; 15 pl. gravées par Nic. de la Cruz Bagay et Fco. Suarez. Impression excessivement rare, sur papier de riz.

La trad. du titre en espagnol, d'après les licences est: « Recomendacion del alma por Thomas de Villacastin; trasuntado en tagalo por G. Aquino de Belen impressor de libros ». — Traduction en langue tagale des exercices spirituels du P. Villacastin dont l'édition originale parut à Saragoza, en 1613, in-16. Ce livre très-souvent réimprimé a été traduit en italien, en français, en anglais, etc.

La date de 1703 qui se lit au bas des privilèges et licences font supposer une édition antérieure à celle de 1760.

Le P. Th. de Villacastin né en 1570 mourut à Valladolid en 1649.

1545. VILLAGOMEZ (Pedro de, Arçobispo de Lima). Informacion en derecho, en defensa de las salvtaciones q̃ los predicadores an hecho primero a los señores Obispos, que a los señores de la Real Audiencia. Dirigida a Señores desta Real Audiencia de la ciudad de los Reyes. (*Lima*) 1650, in-4, rel.

> 64 ff. Ce petit volume écrit en latin est fort rare n'ayant été imprimé que pour les membres de l'Audience Royale de Lima. Aussi ANTONIO et PINELO n'en font-ils pas mention.

1546. VILLAGVTIERRE SOTO-MAYOR (Don Jvan de). Historia de la Conquista de la provincia de el Itza, redvccion, y progressos de la de el Lacandon, y otras naciones de Indios barbaros, de la mediacion de el reyno de Guatimala, a las provincias de Yvcatan. (*Madrid*, 1701), in-fol., vél.

> 31 fnc., 660 pp., 17 fnc., front. gravé représentant les armes d'Espagne placées entre deux colonnes avec ces mots : *plus ultra.* Cette pl. signée : *Marcus Oroȝco, Delin*ᵗ. *et Scup*ᵗ. *Ma*ᵗⁱ. 1701, manque très-souvent ainsi qu'un feuillet placé après la table, sur lequel on lit :
>
> « Con privilegio se Imprimio esta Primera Parte en Madrid : en la Imprenta de Lucas Antonio de Bedmar, y Narvaez, portero de Camara de sv Magestad, y impressor de los reynos de Castilla, y Leon, en la Calle de los preciados, año M.DCC.I. »
>
> Il est regrettable que l'auteur n'ait publié que la première partie de cet intéressant volume, qui est resté inconnu à ANTONIO.
>
> JUAN VILLAGUTIERRE DE SOTO-MAYOR, était avocat des Conseils royaux et rapporteur du Conseil des Indes. Il écrivit aussi une histoire du Nouveau Mexique, qui est restée manuscrite.

1548. VILLARREAL (Don Joaquin de). Informe hecho al Rey Fernando el VI, sobre contener y reducir á la debida obediencia los Indios del reyno de Chile. In-4, non rel.

> 162 pp. Extrait du tome XXIII de la *Collection des documents inédits de* NAVARRETE et SALVA ?
>
> Cette pièce relative aux Indiens du Chili est datée de *Madrid*, 22 *Décembre* 1752. (Cf. le Nᵒ 1222.)

1547. VILLAVICENCIO (Manuel). Geografia de la Republica del Ecuador. *New-York, R. Craighead*, 1858, in-8, br.

> ix et 503 pp., portrait, 5 fig., 2 plans « Quito et Guayaquil ».

1549. VINDICACION de los agravios infundados, injustos y groseros con que el capitan general D. Gregorio de la Cuesta ha intentado manchar la reputacion del teniente general y virei de Nueva-España D. Francisco Xavier Venegas, en su manifiesto impreso en Palma de Mallorca en 1811. *Cádiȝ, Imprenta del estado mayor general* (1812 ?), in-fol., br.

> 31 et 62 pp.

1550. (VISSIER (Paul)). Histoire de la tribu des Osages, peuplade sauvage de l'Amérique Septentrionale, dans l'état de Missouri, écrite d'après les six Osages actuellement à Paris. *Paris, Bechet*, 1827, in-8, br.

92 pp.

1551. VOCABULAIRE français et créole. In-8, br.

Ce curieux spécimen du patois Créole - français est le premier vocabulaire que l'on ait donné de ce jargon. Il forme les pp. 283-393, du vol. II, de l'ouvrage de Ducœur-Joly, publié à Paris en 1802 (Voyez Nº 476).

1552. VOCABULARIO de la lengua de los Campas, en la pampa del Sacramento nel Perú. In-4, cart.

Manuscrit sur papier, composé ainsi : *Vocabulario Castellano-Campa;* 7 ff. *Vocabulario Campa-Castellano;* 3 ff. — Sur le f. de garde, on lit la note suivante : « Copie d'un Vocabulaire de la langue Campa ou Andes (Antis), appartenant à Dⁿ. Manuel Ames gouverneur de Andamarca, en 1833, communiqué par M. Andrews Matthews $\frac{12}{13}$ 1835.

Ce mss. est celui annoncé dans le *Catal.* Chaumette, sous le Nº 581. — Voy. Ludewig. *Bibliotheca Glottica*, p. 162.

1553. VOCABULARY of the Jargon or Trade language of Oregon. *Washington*, 1853, in-8, demi rel. mar.

1 fnc., 22 pp. Published by the Smithsonian Institution.

Ce Vocabulaire français, anglais et oregon, a été composé par un missionnaire français. Il fut trouvé par le Dr. Rush Mitchell qui le présenta à l'institution Smithsonian pour être imprimé et distribué dans l'Orégon.

1554. VOLNEY (C. F.). Tableau du climat et du sol des Etats-Unis d'Amérique. Suivi d'éclaircissements sur la Floride, sur la colonie française au Scioto, sur quelques colonies Canadiennes et sur les Sauvages. *Paris, Courcier, Dentu, an* XII-1803, 2 vol. in-8, rel.

Vol. I. 3 pnc., xvj et 300 pp., 2 fig. — Vol. II. pp. 301-532, 2 cartes. Les pp. 525-532, contiennent un Vocabulaire de la langue des Miamis.

Cet ouvrage fruit de trois ans de séjour, de l'auteur, dans les États-Unis, est rempli de documents précieux par leur exactitude sur les mœurs des Indiens et des Colons, et principalement sur le climat de ce pays.

1555. VOYAGE d'Amérique. Dialogue en vers, entre l'auteur et l'ab-bé ***. *Londres et Paris, Pichard,* 1786, in-12, rel.

156 pp.

1556. ⸺ du général Lafayette aux Etats-Unis d'Amérique, en 1824 et 1825, accompagné d'une carte. *Paris, L'huillier*, 1826, in-8, br.

> 30 et 364 pp., 1 fnc., portrait. La carte annoncée sur le titre, manque.
>
> Ce voyage est précédé de la traduction du discours sur les améliorations des gouvernements par Ch. J. Ingersoll, lu le 1er Oct. 1824 à Philadelphie.

1557. VOYAGES aux côtes de Guinée et en Amérique. Par Mr. N***. *Amsterdam, E. Roger*, 1719, in-12, br. *non rogné*.

> 416 pp., front. gravé. Ce voyage est augmenté de plusieurs anecdoctes et histoires facétieuses.
>
> Le titre annonce des fig. qui ne sont pas dans cet exemplaire.

1558. —— d'un francois, Exilé pour la Religion, avec une description de la Virginie et Marilan dans l'Amerique. *A la Haye, Imprimé pour l'Autheur*, 1687, pet. in-12, rel.

> 140 pp. Ce volume, écrit par un protestant, est fort rare.
>
> A la page 4, l'auteur nous apprend le nom de sa famille : « Je suis né, dit-il, dans la province de Daufiné, de la famille des Durans, famille noble et ancienne. Le chef d'icelle se nomme René de Durand, etc. »
>
> Les pp. 137-140 contiennent sous le titre de « *Propositions pour la Virginie* » les conditions auxquelles les propriétaires de la terre située proche le Comté de Stafford en Virginie, s'engagent à transporter des Colons. Cet avis est daté de Londres, 30 May 1687, et signé Nic. Hayward.

1559. VUE de la colonie Espagnole du Mississipi, ou des provinces de Louisiane et Floride Occidentale; en l'année 1802. Par un observateur résident sur les lieux. B.... Duvallon, éditeur. *Paris, Imprimerie expéditive, an XI de la République, et IV du gouvernement consulaire*, 1803, in-8, cart.

> xx et 318 pp., 4 fnc., 2 cartes coloriées. « Sur les nombreuses relations que nous avons de la Louisiane, ces observations ont l'avantage d'offrir le dernier état d'un pays si vaste et des contrées qui l'avoisinent. Bibl. des Voyages.

1560. WAFFER (Lionnel). Ses voyages contenant une description très exacte de l'isthme de l'Amérique et de toute la Nouvelle Espagne. Traduits de l'anglois par de Montirat. *Paris, Cl. Cellier*, 1706, in-12, rel.

> 3 fnc., 398 pp., 2 fnc., 2 cartes. Ce voyage est curieux et intéressant, attendu qu'il est le premier ouvrage publié particulièrement sur l'isthme de Panama et qu'il est d'une grande exactitude.

1561. WALKER (Horenden). A Journal or full account of the late expedition to Canada. With an Appendix containing commissions, orders, instructions, letters, memorials, courts martial, councils of war etc., relating thereto. *London, D. Browne,* 1720, in-8, rel.

> 1 fnc., 304 pp. Cet ouvrage a été écrit par sir WALKER, pour se justifier, ainsi que les officiers qui commandaient cette expédition, laquelle, par l'inexpérience des pilotes perdit huit vaisseaux et près de mille hommes dans le fleuve S. Laurent. FARIBAULT cite une édition de 1712, et LOWNDES' indique des exemplaires qui sont sans date.

1562. WALTON (Wm.). Present state of the Spanish Colonies; including a particular report of Hispañola, or the Spanish part of Santo Domingo; with a general survey of the settlements on the south continent of America. *London, Longman,* 1810, 2 vol., in-8, demi rel.

> Vol. I. xiv et 384 pp., plan de la route suivie par l'armée anglaise en 1809, contre S. Domingue, portrait de Ferdinand VII. — Vol. II. 2 fnc., 386 pp., 1 pl. d'antiquités. Publié à *L.* 1. 4 *s.*

1563. WARD (D. Bernardo). Proyecto economico, en que se proponen varias providencias dirigidas à promover los intereses de España, con los medios y fondos necesarios para su plantificacion: Escrita en el año de 1762. Obra Postuma. *Madrid, Joachim Ibarra,* 1779, in-4, vél.

> xxviii et 400 pp. La seconde partie de cet ouvrage (pp. 225-313) est relative à l'Amérique. Cet ouvrage estimé a été publié par le Comte de CAMPOMANES.

1564. (WARDEN. D. B.). A Chorographical and statistical description of the district of Columbia, the seat of the general government of the U. S. *Paris,* 1816, in-8, br.

> VII et 212 pp., 1 fnc., carte et pl.

1565. —— Histoire de l'empire du Brésil, depuis sa découverte jusqu'à nos jours. Extraite de l'Art de vérifier les dates publié par le Mis. de FORTIA. *Paris,* 1832-33, 2 vol. in-8, br.

> Vol. I. 462 pp. — Vol. II. 464 pp.

1566. —— Recherches sur les antiquités de l'Amérique Septentrionale. *Paris,* 1827, in-4, bas.

> 144 pp., 12 pl. d'antiquités qui se trouvent dans l'état de l'Ohio et quelques spécimens des magnifiques bas-reliefs de Palenqué. Cet ouvrage est un extrait du vol. II des *Mémoires de la Société de Géographie.*

1567. —— Description statistique, historique et politique des Etats-Unis de l'Amérique Septentrionale, depuis l'époque des premiers établisse-mens jusqu'à nos jours. *Paris, Rey,* 1820, 5 vol. in-8, br.

Vol. I. lxxxij et 537 pp., 1 pl. — Vol. II. xj et 528 pp. — Vol. III. xij et 581 pp. — Vol. IV. xiij et 718 pp. — Vol. V. xv et 658 pp., 2 cartes, 2 grands tabl.

Cet ouvrage contient une foule de renseignements sur l'histoire, le gouverne-ment et l'industrie des Etats-Unis. A la fin de la description de chaque état, l'au-teur a ajouté un Catalogue des ouvrages imprimés et des cartes relatifs à chacun d'eux.

1568. WASHASHE wageressa pahvgreh tse. The Osage first book. *Boston, Crocker and Brewster,* 1834, in-18, cart.

126 pp., fig. — Syllabaire et passages extraits de la *Bible,* en langue Osage.

1569. (WASHINGTON (Capt. John).). Eskimaux and English Voca-bulary for the use of the Artic expeditions. Published by order of the lords commissioners of the admiralty. *London, John Murray,* 1850, in-12, obl. cart.

x pp. — Brief sketch of the Eskimaux grammar (chiefly from GRANTZ's history of Greenland and PARRY's second voyage) (pp. XI-XVI). — English and Eskimaux vocabulary. (pp. 1-109). — Comparative table of a few words of the Eskimaux (or Innuit), Chukchi, Aleutian and Karyak languages, chiefly from BALBI's and KLA-PROTH's (pp. 110-114). — Eskimaux and English vocabulary. (pp. 115-160).

1570. WELD (Isaac). Voyage au Canada, pendant les années 1795, 96 et 97. Traduit de l'anglais. *Paris, Lepetit,* (1800), 3 vol. in-8, rel. v.

Vol. I. viij et 321 pp., 6 pl. — Vol. II. 344 pp., 4 pl. — Vol. III. 294 pp., 1 carte et 1 pl. Ouvrage estimé et très-recherché.

1571. WHEELER (John H.). Historical sketches of North Carolina, from 1584 to 1851. Compiled from original records, official documents, and traditional statements. With biographical sketches of her dis-tinguished statesmen, jurists, lawyers, soldiers, etc. *Philadelphia, Lippincott, Grambo and C°.,* 1851, 2 to. en 1 vol. gr. in-8, cart.

Vol. I. 138 pp., carte de la Virginie en 1584, *fac-simile* de celle du voyage de HARIOT qui se trouve dans la collection des frères DE BRY. — Vol. II. 480 pp., fig.

1572. WHITE (Jos.). Message from the President of the U. S., trans-mitting information in relation to the execution of the act of the 23d may last, supplementary to the several acts providing for the settle-ment and confirmation of private land claims in Florida. *Washing-ton,* 1828, in-8, rel.

277 et xiv pp. Envoi d'auteur à Barbé Marbois.

1573. WICOICAGE WOWAPI, qa odowan wakan, heberi iapi etan-
han kagapi.... The book of Genesis, and a part of the Psalms, in the
Dakota language; transl. from the original hebrew, by the Missionaries of the A. B. C. F. M., and JOSEPH RENVILLE. *Cincinnati, Ohio:
Kendall and Barnard,* 1842, in-8, br.

> 296 pp. A la suite :
>
> JESUS OHNIHDE wicaye cin oranyanpi qon : qa Palos wowapi kage ciqon
> ..... The Acts of the Apostles ; and the Epistles of Paul ; with the reve-
> lation of John; in the Dakota language ; transl. from the greek by STE-
> PHEN R. RIGGS. *Cincinnati,* 1843, 228 pp.

1574. WILKINSON (General James). Memoirs of my own times.
Philadelphia, Abraham Small, 1816, 3 vol. in-8, demi rel.

> Vol. I. xv et 855 pp., 22 fnc., 7 tabl., 3 fac-simile de lettres, dont 2 du général
> Burgoyne. — Vol. II. 578 pp., 130 fnc. — Vol. III. 496 pp., 31 fnc., 2 pl.
>
> Ouvrage important pour l'histoire de l'indépendance des États-Unis, écrit par
> un témoin oculaire et dont la véracité ne saurait être mise en doute. Cette his-
> toire n'est composée que d'après des documents officiels, qu'il serait très-difficile
> de consulter aujourd'hui.

1575. WILLIAMSON (Wm. D.). The history of the state of Maine;
from its first discovery, A. D. 1602, to the separation, A. D. 1820,
inclusive. With an Appendix and general Index. *Hallowell, Glazier,*
1839, 2 vol. in-8, rel.

> Vol. I. xii et 696 pp., portrait de l'auteur. — Vol. II. 729 pp., 1 pl. vue de la
> maison d'état. La première édition de cet ouvrage a été publiée en 1832.
>
> Exemplaire de la bibliothèque du comte de Menou.

1576. WINTERBOTHAM (W.). An historical geographical, commercial, and philosophical view of the American United States, and of
the European settlements in America and the West-Indies. *London,
J. Ridgway,* 1795, 4 vol. in-8, demi mar. rouge. NON ROGNÉ.

> Vol. I. viii et 591 pp. ; portrait de Washington, 2 cartes, 1 pl. — Vol. II. 1 fnc.,
> 493 pp., portrait de W. Penn, 2 cartes, 1 pl. — Vol. III. 525 pp., portrait de l'au-
> teur, 7 pl. et cartes, 1 tableau. (Manque le titre). — Vol. IV. 1 fnc., 415 pp. « Ap-
> pendix » 54 pp., 10 fnc., 17 pl. et cartes, 4 tableaux. (Manque le portrait de
> Franklin).

1577. (WRIGHT (A.)).Montevideo. Apuntes históricos de la defensa
de la Republica. Coleccion de noticias, de hechos autenticos, y de documentos de un caracter oficial, publicados unos, ineditos otros; con

las esplicaciones indispensables para la mejor inteligencia. *Montevideo, Imprenta del Nacional*, 1845, in-4, demi rel.

Vol. I. seulement. ii et 429 pp., 1 fnc., 6 tableaux, « Indice » pp. 439-448.

Exemplaire ayant sur le titre l'envoi autographe suivant : « Al señor Thiers, ilustre historiador, distinguido ministro, elocuente diputado. Omenage de el autor A. WRIGHT, ex diputado de Bᵒˢ Ayres ».

1578. WULLSCHLÄGEL (H. R.). Deutsch-Negerenglisches Wörterbuch, Nebst einem Anhang, Negerenglische Sprüchwörter enthaltend. *Löbau, J. A. Duroldt*, 1856, in-8, br.

x et 340 pp.

1579. —— Kurzgefasste Neger-Englische Grammatik. *Bautzen, M. Monse*, 1854, in-8, cart.

67 pp.

1580. WYTFLIET (Cornelius). Descriptionis Ptolemaicæ avgmentvm. Siue Occidentis Notitia, Breui commentario illustrata, et hac secunda editione magna sui parte aucta CORNELIO WYTFLIET Louaniensi auctore. *Lovanii, Tijpis Gerardi Riuij*, 1598, in-fol., rel. v.

3 fnc., 191 pp., titre gravé. Au verso de la dernière page la table des cartes qui sont au nombre de 19, savoir : 1° Les deux hémisphères ; 2° la terre australe et la Patagonie ; 3° le Chili ; 4° la Plata ; 5° le Brésil ; 6° le Pérou ; 7° la Nouvelle-Castille ; 8° le Para et Cumana ; 9° S. Domingue ; 10° Cuba et la Jamaïque ; 11° Yucatan et les Hondures ; 12° la Nouvelle Espagne ; 13° Nouvelle Grenade et Californie ; 14° carte de *Quuira* et *Aniam* (Pays situés au Nord du Nouveau-Mexique); 15° *Conibas regio* (idem); 16° la Floride ; 17° la Virginie; 18° Nouvelle France ; 19° Groenland et terre de Labrador.

Les nombreuses cartes qui ornent ce livre, le feront toujours rechercher. Elles sont fort bien gravées. TERNAUX cite une première édition de *Douai* 1597. Celle que nous annonçons lui est restée inconnue.

1581. —— Histoire vniverselle des Indes Orientales et Occidentales. Divisée en deux livres. Le premier par CORNILLE WYTFLIET : Le second par ANT. M(AGIN) et avtres historiens. *A Douay aux despens de François Fabri*, 1605, pet. in-fol., demi rel.

1 fnc., 126 pp., 1 fnc., 19 cartes, 52 pp., 4 cartes sur 2 ff.

1582. —— Le même ouvrage. *Dovay, François Fabri*, 1607, in-fol., rel. v. fil.

5 fnc., 72 pp., titre gravé, 4 cartes en 2 ff. — « La svite de l'histoire des Indes. *Dovay, Fr. Fabri*, 1607. » titre gravé, ff. 1-8, pp. 9-72 ; 2 fnc. — « Histoire des Indes Occidentales, 1607. » titre gravé, 3 fnc., 136 pp., 3 fnc., 19 cartes.

1583. WYTFLIET (Cornelius). Histoire vniverselle des Indes Occidentales et Orientales, et de la conversion des Indiens. Diuisee en trois parties, par CORNILLE WYTFLIET, et ANTHOINE MAGIN, et autres historiens. *Dovay, François Fabri,* 1611, in-fol., rel.

> 7 fnc., 108 pp., 19 cartes, titre gravé. — « HISTOIRE des Indes Orientales: *Dovay, F. Fabri,* 1611. » 5 fnc., 66 pp., titre gravé, 4 cartes en 2 ff. : *India Orientalis; Japaniæ regnvm; Chinæ regnvm; Insulæ Philippinæ.* — « SVITE de l'histoire des Indes...... Conversion des Indiens. *Dovay, F. Fabri,* 1611. » 54 pp., 2 fnc., titre, gravé.

> Ce livre a été très-souvent réimprimé, et cependant il doit être peu commun, puisque M. DUTHILLŒUL, dans sa *Bibliographie douaisienne,* ne cite qu'une édition française de 1607. Il ne fait pas mention de Gerard de Rive, l'imprimeur de l'édition latine de 1598, dans sa liste des typographes douaisiens. BRUNET cite une édition latine de 1603, qui serait la même que celle de 1598 à l'exception du titre; et une première partie de la traduction française datée de 1601.

1584. XEREZ (Francisco de). Conquista del Peru. Verdadera relacion dela conquista del Peru et prouincia del Cuzco llamada la nueua Castilla. Conquistada por Francisco piçarro... Embiada a su magestad por FRANCISCO DE XEREZ, natural de Seuilla (A la fin :).... *se acabo el presente tractado llamado La Conquista del Peru. Fue Impreso en Salamanca por Juan de Junta.... año del.... Mil et Quinientos et quarenta et siete* (1547) in-fol., GOTHIQUE, non rel.

> xxij pp. à 2 col. et 1 pnc., contenant des vers adressés à l'Empereur et roi Charles Quint; au verso la suscription et la marque de l'imprimeur. Gravure en bois au titre, qui est entouré d'une jolie bordure également sur bois.

> Cette relation écrite par un des conquérants, FRANCISCO DE XEREZ, est remplie d'intérêt. Elle a été faite d'après les ordres de Franc. Pizarre, le conquérant du Pérou, et terminé dans la ville de Caxamalca. — FRANC. DE XEREZ était secrétaire de Franc. Pizarre.

> Cette édition de 1547 fait partie de l'*Histoire des Indes* de OVIEDO (V. ce nom Nos 1114 et 1115), publiée dans la même ville, la même année et par le même imprimeur.

> La première édition a été imprimée à *Séville* en 1534; traduite en italien par Dom. DE GAZTELU (*Venise* 1535, et *Milan* 1535). Une autre relation de la conquête du Pérou, imprimée également à *Séville,* en 1534, a été composée par un autre compagnon de Pizarre, elle diffère beaucoup de celle de Xerez.

1585. —— Relation véridique de la Conquête du Pérou et de la province de Cuzco nommée Nouvelle-Castille, subjugué par François Pizarre. Salamanque, 1547. *Paris,* 1837, in-8, br.

> VIII et 198 pp. —Vol. IV de la collection de TERNAUX COMPANS, citée au N° 1453.

1586. XIMENEZ (R. P. F. Francisco). Las historias del origen de los

Indios de esta provincia de Guatemala, traducidas de la lengua Qui-
chè al Castellano para mas comodidad de los ministros del S. Evangelio. *Viena,* 1857, in-8; br.

xvi et 216 pp. Cet ouvrage a été publié par le D^r. SCHERZER, d'après une copie,
faite sur le mss. original qui se trouve à la bibliothèque de l'université de Guatemala.

1587. YANGUES (Fr. Manuel de, del orden de S. Francisco). Principios, y reglas de la lengva Cvmmanagota, general en varias naciones,
qve-habitan en la Provincia de Cvmana…. Sacados a lvz aora nvevamente, corregidos, y reducidos à mayor claridad, y breuedad, junto
con vn Diccionario que ha compuesto el R. P. MATHIAS BLANCO. *En
Bvrgos: Por Juan de Viar,* 1683, in-4, bas.

3 fnc., «Principios» pp. 1-70; «Advertencias» p. 71 ; «Diccionario (Español-
Cumanagoto)» pp. 73-220.

Grammaire excessivement rare. Ainsi que l'indique le titre, elle a été publiée
par le P. MATHIAS RUIZ BLANCO, savant missionnaire, qui y ajouta un dictionnaire assez étendu. Ce même religieux publia en 1690, à la suite de son ouvrage
intitulé «*Conversion de Piritu*» une nouvelle édition de la grammaire du P.
YANGUES et de son dictionnaire espagnol Cumanagoto, arrangés avec plus de clarté.
V. le N° 1339.

1588. YATES (John V. N.) and MOULTON (Joseph W.). History of
the state of New-York, including its Aboriginal and Colonial Annals.
New-York; Published by A. T. Goodrich, 1824, in-8, cart.

Vol. I. *Seulement,* 325 et xi pp. Le vol. II a été imprimé en 1826.

1589. (YTURRIZARA (Miguel de, abogado de las reales audiencias de
Lima y Charcas, ecc.).). Carta Apologetica que escrive aun confidente
suyo residente en Potosi, en respuesta à la que este le dirigiò, incluyen-
dole un papel Anonimo, en que con groseràs imposturas, intenta sù
Author, descreditar este Reyno, ecc. *En Buenosaires. Con las licencias necesarias* (1783), in-4, non rel.

1 fnc., 121 pp. Cette lettre est datée de Cuzco, 14 Novembre 1783. Elle donne
des renseignements curieux et précis, sur la révolte de Tupac Amaru en 1780.

Une main contemporaine a écrit sur le titre le nom du D^r. Miguel Yturrizàra,
et le nomme « el famoso Ignacio Castro, Th. D. y Cura en el Cuzco ».

1590. ZAPPULLO (Michele). Historie di quattro principali città del
Mondo, Gervsalemme, Roma, Napoli, e Venetia… Aggiuntoui vn compendio dell' Istorie dell' Indie, et anchè le tavole astronomiche, per

maggior documento de' lettori. *Vicenza, Giorgio Greco,* 1603, in-4, rel.

> 7 fnc., 450 pp. Ouvrage intéressant. Les pp. 341-422 contiennent une description historique de l'Amérique sous le titre de « Compendio dell' istorie dell' Indie ».

1591. ÇARATE pour ZARATE (Augustin de). Historia del descvbrimiento y conqvista de las provincias del Peru, y de los successos que en ella ha auido, desde que se conquistò, hasta que el Licenciado de la Gasca Obispo de Siguença boluio a estos reynos : y de las cosas naturales que en la dicha prouincia se hallan dignas de memoria. *Sevilla, Alonso Escriuano,* 1577, in-fol., cart.

> 3 fnc., 117 ff., 4 fnc. Deuxième édition, fort rare, publiée d'après celle d'*Anvers* 1555. Bel exemplaire.
>
> « AUGUSTIN DE ZARATE fut envoyé au Pérou en 1543, avec Blasco Nuñez Vela, en qualité de trésorier de la couronne. Il joua un rôle assez important dans les guerres civiles de ce pays, où il resta plusieurs années. Son ouvrage, qui n'a été publié en français qu'en abrégé, mérite cependant d'être étudié avec soin. » TERNAUX.
>
> « Zarate was a man of rank and education... His history, wether we attend to its matter or composition, is a book of considerable merit.... » ROBERTSON.

1592. —— Le historie... dello scoprimento et conqvista del Perv, nelle quali si ha piena et particolar relatione delle cose successe in quelle bande, dal principio fino alla pacificatione delle Prouincie, si in quel che tocca allo scoprimento, come al successo delle guerre ciuili occorse fra gli Spagnuoli et Capitani, che lo conquistarono. Nvovamente di lingva castigliana tradotte dal S. ALFONSO VLLOA. *In Vinegia, appresso Gabriel Giolito de' Ferrari,* 1563, in-4, cart.

> 7 fnc., 294 pp., la dernière pour la marque de l'imprimeur.
>
> Cette traduction italienne est restée inconnue à TERNAUX, à BRUNET et à RICH.

1593. —— Histoire de la découverte et de la conqueste du Pérou. Traduite de l'espagnol par (DE BROË, Seigneur de Citry et de La Guette). *Amsterdam, Duvillard et Changuion,* 1719, 2 vol. in-12, rel.

> Vol. I. 18 fnc., 307 pp., front. gravé, 13 pl., 1 carte. — Vol. II. 2 fnc., 408 pp. front. gravé.

1594. —— Le même ouvrage. *Paris,* 1742, 2 vol. in-12, rel.

> Vol. I. xl et 360 pp., front. gravé, 13 pl., 1 carte. — Vol. II. viij et 479 pp.

1595. —— Le même ouvrage. *Paris,* 1742, 2 vol. in-12, rel.

> 19 fnc., 360 pp., front. gravé, 13 pl., 1 carte. — Vol. II. 3 fnc., 479 pp.
> Cette édition est plus belle que la précédente et les planches ne sont pas si faibles d'épreuves.

1596. ZAVALA y ZAMORA (Dn. Gaspar). Oderay, usos, trages, ritos, costumbres y leyes de los habitantes de la America Septentrional, traducidas del frances. *Madrid, Gomez Fuentenebro,* 1804, in-12, rel. 288 pp.

1597. ZEISBERGER (David). Essay of a Delaware-Indian and English Spelling book, for the use of the schools of the christian Indians on Muskingum river. *Philadelphia, printed by Henry Miller,* 1776, pet. in-8, cart.

> 113 pp., titre compris. ÉDITION ORIGINALE. Une réimpression de ce livre a été faite dans la même ville en 1806, LUDEWIG (1816 BRUNET.)
>
> « Ce volume se trouve difficilement ». BRUNET.

1598. —— A Grammar of the Language of the Lenni Lenape or Delaware Indians. Translated from the German mss., for the American Philosophical Society, by PETER STEPHEN DUPONCEAU. *Philadelphia, J. Kay,* 1830, in-4, demi rel.

> Cette traduction faite en 1816, a été publiée dans les Mémoires de l'Académie de la Société Philosophique de Philadelphie et en forme les pp. 65-251, du vol. III.

1599. —— A Grammar of the Language of the Lenni Lenape or Delaware Indians. *Philadelphia, James Kay,* 1827, in-4, demi rel., cuir de Russie.

> 188 pp., 1 fnc. — Tirage à part du volume ci-dessus, avec une pagination régulière.
>
> Cette grammaire plus complète et de beaucoup supérieure à celle de J. ELIOT, imprimée à Cambridge en 1666, est un des meilleurs ouvrages publiés sur les langues des indigènes de l'Amérique.

1600. —— Le même ouvrage. *Philadelphia,* 1830, in-4, demi rel.

> A la suite :
>
> Grammatical Sketch and Specimens of the Berber Language : preceded by four Letters on Berber Etymologies, By Wm. HODGSON. *Philadelphia,* 1835. (Extr. of the Transactions of the American Philosophical Society, New Series. Vol. IV. pp. 1-48.) — Names which the Lenni Lenape or Delaware Indians, who once inhabited this country, had given to Rivers, Streams, Places, etc. within the now States of Pennsylvania, New Jersey, Maryland and Virginia...... By Rev. HECKEWELDER... published revised and prepared by P. S. DU PONCEAU. (Extr. of the Transactions of the A. P. Society, New Series. Vol. IV pp. 351-396.) — De linguâ Othomitorum Dissertatio ; Auctore E. NAXERA. *Philadelphia,* 1837. (Extr. of the Transactions of the A. P. Society, New Series. Vol. V. pp. 249-296).

1601. ZEQUEIRA y ARANGO (D. Manuel de). El trivnfo de la lyra. Poema. *Havana, Imprenta de la capitania general,* 1805, in-4, br. 3 fnc., texte pp. 10-36.

1602. (ZIEGLERUS (Jacobus)). Qvæ intvs continentvr. Syria, ad Ptolomaici operis rationem. Præterea Strabone, Plinio, et Antonio auctoribus locupletata. Palestina, iisdem auctoribus. Præterea Historia sacra, et Josepho, et diuo Hieronymo locupletata. Arabia Petræa, siue, Itinera filiorum Israel per desertum, iisdem auctoribus. Ægyptvs iisdem auctoribus, Præterea Joanne Leone arabe grammatico, secundum recentiorum locorum situ illustrata. Schondia, tradita ab auctoribus, qui in eius operis prologo memorantur. Holmiæ, ciuitatis regie Suetiæ, deplorabilis excidij per Christiernum Datiæ cimbricæ regem, historia. Regionvm superiorum, singulæ tabulæ Geographicæ. *Argentorati, apud Petrum Opilionem,* 1532, in-fol., demi rel.

cx ff., 8 cartes doubles avec texte imprimé sur un côté; 2 fnc.

Édition originale d'un ouvrage fort recherché pour les collections d'anciens livres sur la Terre Sainte.

Il a cependant un intérêt pour l'Amérique; on y trouve d'abord une carte où figurent l'Islande et le Groenland, appelés par l'auteur *Schondia.* Dans le chapitre *Gronlandia* ff. xcii-xciii, on lit au verso du premier une note relative aux voyages de Séb. Cabot:

« Petrus martyr Mediolanensis in hispanicis nauigatiōibvs scribit, Antoninum quendam Cabotum soluentem à Britannia, nauigasse continue uersus septentrionem, quo ad inciderèt in crustas glatiales mense Julio, inde ergo conuersum remigasse continue secundum littus sese incuruans austrum uersus, donec ueniret ab situm contra Hispaniam supra Cubam insulam Canibalum, etc.

Cet ouvrage est cité dans la *Bibl. Vetustissima,* d'après l'exemplaire du British Museum. Mr. Harrisse mentionne aussi une édition imprimée à *Strasbourg,* en 1536.

SUPPLÉMENT

1603. ACOSTA (P. Joseph de). Histoire natvrelle et moralle dès Indes, tant Orientalles qu'Occidentalles... traduite en françois par ROBERT REGNAULT Cauxois. Derniere edition reueuë et corrigee de nouueau. *Paris, Marc Orry*, 1600, in-8, demi rel.

> 6 fnc., 375 ff., 34 pnc. Deuxième édition de cette traduction. (Voy. les N⁰ˢ 6-12.)

1604. AIAMIE TIPADJIMO8IN Masinaigan ka ojitogobanen kaiat ka niina8isi mekate8ikonaie8igobanen kanactageng 8ak8i ena8indibanen. *Moniang, John Lovell*, 1859, in-12, rel.

> 338 pp., 1 fnc. Extraits de la *Bible* en langue algonquine, imprimés à *Montréal* pour les missionnaires. A la suite :
>
> KA TITC tebeniminang Jezos, ondaje aking. *Moniang, John Lovell*, 1861, 396 pp.
>
> Histoires tirées de la vie de J.-C., traduites en langue algonquine.

1605. AJOKŒRSOIRSUN Atuagekseit Nalegbingne Gröndlandme. Ritual over Kirke-Forretningerne ved den Danske Mission paa Grönland. *Kiöbenhavn, H. Ch. Schröder*, 1783, in-8, cart.

> 63 pp. Groenlandais et Danois.
>
> Rituel ecclésiastique à l'usage des missions danoises au Groenland ; traduit et publié par EGEDE ?
>
> C'est un volume qui jusqu'à présent est resté presque inconnu. Imprimé pour être distribué dans le pays, il n'a dû rester en Europe que fort peu d'exemplaires.

1606. ALBERDI (J. B.). Organizacion de la Confederacion Argentina. Nueva edicion oficial, corregida y aumentada por el autor. *Besançon, J. Jacquin*, 1858, 2 vol. in-8, demi rel.

> Vol. I. XVII et 360 pp., « Apendice » CXXVI pp., 1 fnc.; (Contient la Constitution de la province de Mendoza, de Buenos Aires, etc.) — Vol. II, pp. 363-864.

1607. ANNUAIRE du Comité d'Archéologie Américaine, 1866-67. *Paris, Maisonneuve et C*ie, 1867, in-8, br.

Deuxième année. Le premier fascicule vient de paraître (Juin 1867) et contient outre un Discours de M. Lucien de Rosny et d'autres pièces, un article important de M. Martin de Moussy sur le régime des commanderies établies par les Espagnols dans les deux Amériques.

La première année de cet *Annuaire* est annoncée sous le Nº 58 du *Catalogue*. Il n'en reste plus que quelques exemplaires.

1608. APIANUS (Petrus). Cosmographicvs liber Petri Apiani mathematici, studiose correctus, ac erroribus vindicatus per Gemmam Phrysium. Væneunt Antuerpiæ in ædibus Rolandi Bollaert (A la fin :) *Excusum Antuerpiæ impensis Rolandi Bollaert, Typis Joannis Graphei, Anno à Christo nato* M. D. XXIX. mense Febr. In-4, cart.

lv ff., 1 fnc., nombreuses fig. sur bois imprimées dans le texte, dont plusieurs mappemondes. Sur celle du recto du f. ii, l'*Amérique* est indiquée.

Seconde édition de la Cosmographie d'Apian (l'original est de 1524) mais la *première* avec les excellentes additions de Gemma Frisius (ou plutôt Regnier). La *Bibliotheca Vetustissima* ne la cite que d'après la Bibl. curieuse de Clément.

Le passage relatif à l'Amérique occupe le verso et le recto du f. xxxiiii, il n'y est pas question de Colomb. A. Vespuce y est seul nommé.

1609. ARCHÆOLOGIA AMERICANA. Transactions and Collections of the American Antiquarian Society. Published by direction of the Society. *Worcester, Cambridge and Boston*, 1820-60, 4 vol. in-8, cart.

Pour la collation et le contenu des deux premiers volumes. Voyez le Nº 70 de ce Catalogue.

Vol. III. *Cambridge et Boston*, 1850-57, cxxxviii et 378 pp. *Contenu* : Records of the Company of the Massachusetts Bay, to the embarkation of Winthrop and his associates for New-England (pp. ix-cxxxviii ; 1-107). — The Diaries of John Hull, Mint-master and Treasurer of the Colony of Massachusetts-Bay. From the original manuscript. *Boston, J. Wilson and son*, 1857. (pp. 109-316, fac-simile du mss., et un alphabet des lettres employées par Hull, d'après le système de Metcalfe. Ce genre d'écriture est une espèce de sténographie.) — Memoirs of Thomas Lindall Winthrop, second president of the Amer. Ant. Soc. ; and of J. Davis, its fourth president (pp. 317-362). Le reste du volume est occupé par la liste des membres de la société et un Index.

Vol. IV, *Boston, J. Wilson and son*, 1860, viii et 355 pp. *Contenu* : Original documents from the state-paper office, London and the B. Museum ; illustrating the History of sir W. Raleigh's first American Colony, and the Colony at Jamestown. With an Appendix, containing a Memoir of sir Ralph Lane, the gov. of the Colony of Roanoke. Edited by E. Hale (pp. 1-65). — A discourse of Virginia. By E. Wingfield. Now first printed from the original mss. in the Lambeth Library. By Ch. DEANE (pp. 67-103). — New-England's rarities discovered by J. JOSSELYN. With an Introduction and notes by E. TUCKERMAN. (pp. 105-238, fig. dans le texte). La réimpression de l'ouvrage de JOSSELYN (imprimé à Londres en 1672) occupe les pp. 133-238. le titre est en *fac-simile*. Le même auteur fit imprimer à Londres en 1672, la relation de deux voyages dans la Nouvelle Angleterre. — Narrative of a Voyage to Spitzbergen in the year 1613, at the charge of the fellowship of english merchants for the discovery of new trades; commonly called the Muscovy company : Now first printed from the original mss. With an Introduction and notes, by S. F. HAVEN. (pp. 239-314, fig. en *fac-simile* et une carte du voyage). — Appendix (Life of sir Ralph Lane) (pp. 315-344). — Notice of S. Jennison, by the president S. SALISBURY (pp. 345-351) (Index (pp. 353-355).

1610. BARBARA (F.). Usos y costumbres de los indios Pampas y algunos apuntes históricos sobre la guerra de la frontera. *Buenos Ayres, Bernheim,* 1856, in-12, br.

98 pp. Les pp. 92-98, sous ce titre « *Del dialecto de los Indios* » renferment des dialogues en espagnol et en Puelche.

Les *Puelches* indigènes de la république Argentine, entre le Rio Negro et le Rio Colorado, sont divisés en trois familles nommées *Chechehet, Divihet* et *Taluhet;* les deux dernières sont appelées par les espagnols *Pampas.*

1611. BELTRAMI (J. C.). Le Mexique. *Paris, Crevot,* 1830, 2 vol. in-8, demi rel.

Ce Voyage au travers le Mexique est écrit en forme de lettres. Il renferme de curieuses notices sur les défenseurs de l'indépendance Mexicaine.

Ce fut ce même BELTRAMI qui rapporta de Mexico les Évangiles trad. en mexicain par le savant SAHAGUN et que M. BIONDELLI publia à *Milan* en 1858 (V. N° 169). En outre ces deux vol. font suite à un ouvrage du même auteur publié à la *Nouvelle-Orléans,* en 1824 (V. N° 135).

1612. BRAVET. Le Paraguai Jésuitique; ou Description succinte des terres dont les Jésuites Espagnols se sont emparés dans l'Amérique Méridionale, en y portant la foi... Le tout extrait fidellement des Mémoires du sieur BRAVET, Ingénieur à la Martinique, que ces Peres firent Généralissime de leurs troupes dans la guerre contre les Xaraïes en 1718. *Amsterdam,* 1768, in-12, BROCHÉ.

55 pp., 3 pnc. Pièce fort rare dans cette condition. Dans l'avertissement, on la dit extraite des *Mémoires de Bravet,* qui, dans une lettre adressée en 1721 au duc d'Orléans, alors régent, raconte l'évènement qui le fit entrer au Paraguay.

1613. CAMPO (Est. del). Fausto. Impresiones del gaucho Anastasio el

Pollo en la representacion de esta ópera. *Buenos Aires*, 1866, gr. in-8, br.

73 pp., Plus une feuille lithographiée représentant deux gauchos dans leur costume original.

Cet ouvrage, en vers, est écrit dans le langage des *Gauchos* paysans de la république Argentine.

1614. CATLIN (G.). O-Kee-Pa: a Religious ceremony; and other customs of the Mandans. *London, Trübner,* 1867, in-8, cart., d. s. tr.

vii et 52 pp., 13 pl. coloriées.

Cette nouvelle publication est importante pour l'histoire religieuse des indigènes de l'Amérique du Nord.

1615. CHAMPLAIN. LES VOYAGES DE LA NOVVELLE FRANCE OCCIDENTALE, DICTE CANADA, faits par le Sr DE CHAMPLAIN Xainctongeois, Capitaine pour le Roy en la Marine du Ponant, et toutes les Descouuertes qu'il a faites en ce païs depuis l'an 1603. iusques en l'an 1629. *Paris, Clavde Collet*, 1632, in-4, cart.

Très-bel exemplaire *fort grand* de marges, d'un livre excessivement rare et recherché. C'est de toutes les éditions du livre de CHAMPLAIN, la plus complète.

Collation : « Dédicace au Cal. de Richelieu » pp. 3-6 ; « Svr le livre dv sievr de Champlain » pp. 7-8. Pièce de vers signée Pierre Trichet ; « Av lectevr » 1 fnc. ; « Table des chapitres » pp. 9-16 ; « Texte (Première partie) » 308 pp., fig. sur cuivre imprimées dans le texte ; « Seconde partie » 310 pp., 1 f. blanc ; « Table de la carte » 8 pp. ; « Traitté de la marine » 54 pp., fig dans le texte, 1 f. blanc ; « Doctrine chrestienne, dv R. P. LEDESME de la Compagnie de Jesvs. Traduicte en Langage Canadois, autre que celuy des Montagnars, pour la Conuersion des habitans dudit pays. Par le R. P. BREBŒUF de la mesme Compagnie » 20 pp., à 2 col.

Il manque à l'exemplaire la grande carte, laquelle du reste fait défaut dans presque tous les exemplaires. Elle a été reproduite en *fac-simile* il y a quelques années.

1616. CIEZA DI LEONE (Pietro). La prima parte dell' istorie del Perv; dove si tratta l'ordine delle Prouincie, delle città nuoue in quel Paese edificate, i riti et costumi de gti Indiani, con molte cose notabile, et degne, che uengano à notitia. *Venetia, Andrea Arriuabene,* 1556, in-8, non relié.

11 fnc., 215 ff. de texte et 1 fnc., pour le registre et la marque de l'imprimeur.

Seconde édition de la traduction italienne de la chronique du Pérou, de CIEÇA DE LEON, faite par AGOSTINO CRAVALIZ. Elle est inconnue aux bibliographes. (Cf. TRÖMEL *Bibl. Americaine,* No 19). La première édition de cette traduction est de *Rome* 1555, in-8º.

1617. CIEZA DI LEONE (Pietro). Lo stesso libro. *Venetia, Lorenzini da Turino*, 1560, in-8, vél.

> 10 fnc., 1 f. blanc, 219 ff.

1618. —— La prima parte dell'historie del Perv. *Venetia, G. Ziletti*, 1560. 7 fnc., 215 ff., et 1 f. pour le registre et la marque de l'imprimeur; on a ajouté à l'ex. une carte de l'Amérique exécutée pour Bellero d'Anvers. — LA SECONDA PARTE delle historie dell'Indie. *Venetia, G. Ziletti*, 1565, 15 fnc., 324 pp. — LA TERZA PARTE delle historie dell'Indie. *Venetia, G. Ziletti*, 1566, 31 fnc., 402 ff. — Ensemble 2 vol. in-8, vél.

> Exemplaire, piqué dans les marges, d'une collection dont il est presque impossible de rencontrer les trois volumes réunis. Elle a été réimprimée sous un titre collectif en 1576, à Venise.
>
> Le premier volume est la traduction de CRAVALIZ de l'ouvrage de CIEZA DE LEONE; le second est la traduction de l'histoire de la Conquête des Indes de GOMARA par LUCIO MAURO (V. Nos 643 et suivants). Le troisième est la trad. de l'histoire de la Conquête du Mexique, du même écrivain (V. Nos 645 et suiv.) faite également par LUCIO MAURO. — Cf. aussi les Nos 1627-29.

1619. COLOMB (Fernand). La vie de Cristofle Colomb, et la decouverte qu'il a faite des Indes Occidentales, vulgairement appellées le Nouveau Monde.... traduite en françois (par C. COTOLENDY). *Paris, Cl. Barbin et Ch. Ballard*, 1681, 2 vol. in-12, rel.

> Vol. I. 11 fnc., 262 pp. — Vol. II. 11 fnc., (l'épitre et le privilège qui sont dans le vol. I, sont répétés dans le second) 260 pp.

1620. EICHTHAL (G. d'). Etudes sur les origines bouddhiques de la civilisation américaine. *Paris*, 1865, in-8, br.

> Première partie: 1 fnc., 86 pp., 1 pl., fig. dans le texte. Extrait de la *Revue Archéologique*.

1621. —— Etudes sur l'histoire primitive des races Océaniennes et Américaines. (*Paris*, 1845), in-8, br.

> 172 pp., 1 fnc. Extrait du vol. II des : *Mémoires de la Société Ethnologique.* Cet ouvrage fait suite à celui du même auteur intitulé « *Histoire et Origine des Foulahs* ». Il est divisé en dix études ou chapitres, dont cinq relatives à l'Amérique, savoir : VI° Etude. Rapports de la Polynésie et de l'Amérique. — VII° Etude. Similitude des modes de sépulture chez les Américains et les Polynésiens. — VIII° Etude. Rapports des langues Caribe et Polynésienne. — IX° Etude. Rapports entre quelques langues Américaines et le Copte. — X° Etude. Rapports des langues Caribe et Ouolofe.

1622. ERCILLA y ZUÑIGA. La Araucana. *Madrid, Ant. de Sancha,* 1776, 2 vol. in-8, v. ant. comp. d. s. tr. (*Petit*).

> Vol. I. LVI et 298 pp., portrait de l'auteur, 1 pl., et 1 carte de la partie du Chili où se sont passés les faits chantés par Ercilla. — Vol. II. 2 fnc., 413 pp., 2 fig.
> Très-bel exemplaire de cette édition devenue rare. (Voy. les Nᵒˢ 510-512.)

1623. ESTANCELIN (L.). Recherches sur les Voyages et découvertes des navigateurs normands en Afrique, dans les Indes Orientales et en Amérique. *Paris,* 1832, in-8, br.

> xij et 361 pp., 1 fnc. Cet ouvrage renferme des documents très-intéressants en faveur des navigateurs français aux Indes Orientales et Occidentales. Entr'autres nous citerons la relation du *Voyage de* Parmentier, publiée ici pour la première fois sur le mss. original. Celle du capitaine Cousin qui aurait visité le grand fleuve des Amazones en 1488. Il avait à son bord un étranger nommé Pinçon ou Pinzon, que M. Estancelin croit être le même que celui qui fut un des trois compagnons de Colomb. Une partie de la relation de J. Parmentier a été insérée dans le recueil de Ramusio, vol. III. (Navigationi d'un gran Capitano del mare.... di Dieppa) qui ignorait le nom du Navigateur.

1624. EXQUEMELIN (A. O.). Histoires des aventuriers flibustiers qui se sont signalés dans les Indes. *Trevoux, par la Compagnie,* 1775, 4 vol. in-12, cart. *non rogné.*

> Vol. I. 5 fnc., 394 pp., 1 fnc., front. gravé, 5 fig. et cartes. — Vol. II. 428 pp., 2 cartes. Vol. III. 347 pp. — Vol. IV. lx et 355 pp., 2 pnc.

1625. FABRICIUS (Otho). Forsög til en forbedret Grönlandsk Grammatica. *Kiöbenhavn, C. Friderich Schubart,* 1791, in-8, demi rel.

> VIII et 322 pp., plus 4 tableaux contenaut des paradigmes des verbes groenlandais, numérotés 171-174.
> Bel exemplaire ayant sur le f. de garde un envoi autographe au *Citoyen Silvestre de Sacy.*
> Pour le dictionnaire groenlandais du même auteur. V. le Nᵒ 547.

1626. —— Le même ouvrage. Seconde édition. *Kiöbenhavn, Schubart,* 1801, in-12, rel.

> 388 pp., et 4 tableaux pour les conjugaisons des verbes.

1627. GOMARA (Fr. Lopez di). Historia delle nvove Indie occidentali, con tvtti i discoprimenti et cose notabili, auuenute dopo l'acquisto di esse. Parte seconda.... Tradotta... per A. Craualiz. *Venetia, G. Bonadio,* 1564, in-8, cart.

> 7 fnc., 312 ff. Traduction italienne de l'histoire générale des Indes de Gomara

faite par A. Cravaliz et qui avait déjà été imprimée à Rome, en 1556 (V. N° 649). Les mots « *parte seconda* » qui se lisent sur le titre indiquent que ce volume forme le deuxième tome de la Collection annoncée à l'article Cieça de Leone, (N° 1618) mais d'une autre édition.

1628. GOMARA (Fr. Lopez di). Historia di D. Ferdinando Cortes, marchese della Valle.... con le sve maravigliose prodezze nel tempo, che discopri, et acquistò là Nuoua Spagna.... Tradotta.... per Ag. di Cravaliz. *Venetia, G. Bonadio,* 1564, in-8, cart.

> 7 fnc., 355 ff. Traduction de la seconde partie du livre de Gomara. De même que le précédent, ce volume appartient à la même Collection et en forme la troisième partie. Seulement l'édition de Bonadio est faite d'après les traductions de Cravaliz, tandis que dans l'autre (N° 1618) les deux ouvrages de Gomara sont traduits par Lucio Mauro.

1629. —— Historia di D. Ferdinando Cortes... Tradotta per Ag. di Cravaliz. *Venetia, Lorenzini da Turino,* 1560, in-8, vél.

> 10 fnc., 348 pp. — Ce volume est encore d'une autre édition de la Collection déjà indiquée. Les mots « *parte terza* » qui étaient sur le titre sont coupés. Le premier volume de cette édition est annoncé sous le N° 1617.

1630. HERNANDEZ (Franc.). Rerum medicarum novæ Hispaniæ thesaurus, seu plantarum animalium mineralium mexicanorum historia ex Francisci Hernandi Noui orbis medici Primarij relationibus in ipsa Mexicana vrbe conscriptis à Nardo Antonio Reccho..... Collecta ac in ordinem digesta à Joanne Terrentio lynceo notis illustrata. Nunc primum in naturaliú rerú studiosor gratiá et utilitatẽ studio et impensis Lynceorum Publici iuris facta Philippo magno dicata. *Romæ.* M.DCXXVIII *Ex Typographeio Jacobi Mascardi,* (1628) in-fol., rel.

> Titre gravé, 950 pp., 17 fnc. « *Historiæ Animalium....* » 90 pp., 3 fnc., figures nombreuses dans le texte.
>
> Ainsi que nous le disions dans la note du N° 702, cette édition de l'ouvrage de Hernandez est la même que celle datée de 1651, à l'exception des deux titres qui ont été changés. Dans notre exemplaire il n'y a pas de titre imprimé, mais le beau titre gravé s'y trouve (entouré de figures avec une petite carte du Mexique dans le bas). Au verso on lit : *De la Bibliothèque de Mr. Pavon Botaniste de S. M.*

1631. JOMARD. Seconde note sur une pierre gravée, trouvée dans un ancien tumulus Américain. Et, à cette occasion, sur l'idiome Libyen. *Paris, B. Duprat,* 1845, in-8, br.

> 30 pp., 1 grande pl. contenant un alphabet des signes de la pierre Américaine

comparés à ceux des Touaregs, à l'inscription de Thougga, au Phénicien, et à l'alphabet berbère.

Cette pierre a été trouvée dans un tumulus à Grave-Creek, près de l'Ohio.

1632. JOURNAL (The) of the royal Geographical Society of London. *London*, 1833-51, vol. I-XIX demi rel. v. non rogné et vol. XXI rel. en mar. bleu, cartes et pl. nombreuses

> Collection extrêmement importante renfermant beaucoup de documents sur l'histoire et les langues des deux Amériques.

1633. JUAN DE LA CONCEPCION (P. Fr., Recoleto Agustino Descalzo, ecc.). HISTORIA GENERAL DE PHILIPINAS. Conqvistas espiritvales y temporales de estos Españoles Dominios, establecimientos Progresos, y Decadencias, con Noticias universales geographicas, hidrographicas de Historia Natural de Politica de Costumbres y de Religiones, ecc. *En Man. Impr. del Seminar. Conciliar. y Real de S. Carlos : Por Agustin de la Rosa, y Balagtas*, 1788 (Vol. I-V); *En el Conv. de Nra. Sra. de Loreto del Pueblo de Sampaloc : Por el hermano Balthasar Mariano*, 1788-92 (Vol. VI-XIV), 14 vol. in-4, vél.

> Vol. I. 26 fnc., 434 pp., 31 fnc., 2 cartes. — Vol. II. 502 pp., 29 fnc., 3 cartes. — Vol. III. 439 pp., 28 fnc., 1 carte. — Vol. IV. 487 pp., 31 fnc. — Vol. V. 478 pp., 35 fnc. — Vol. VI. 439 pp., 35 fnc., 1 carte. — Vol. VII. 364 pp., 26 fnc., 2 cartes. — Vol. VIII. 391 pp., 28 fnc. — Vol. IX. 424 pp., 32 fnc., 1 carte. — Vol. X. 410 pp., 25 fnc. — Vol. XI. 420 pp., 24 fnc. — Vol. XII. 419 pp., 19 fnc. — Vol. XIII. 464 pp., 17 fnc. — Vol. XIV. 381 pp., 16 fnc.

> Ce précieux ouvrage est non-seulement la meilleure histoire qui existe des îles Philippines, mais aussi la meilleure chronique des religieux récollets établis dans ces îles depuis leur découverte. En même temps ce livre est important pour toutes les possessions des Espagnols dans l'Amérique et dans ces parages.

> Le P. JUAN DE LA CONCEPCION était déjà mort lorsque son livre fut donné à l'impression. C'est le P. JOACHIN DE LA VIRGEN DE SOPETRAN, provincial de la province de S. Nicolas, qui le publia.

1634. JUARROS (Don Domingo). Compendio de la historia de la ciudad de Guatemala. Edicion del Museo Guatemalteco. *Guatemala, imprenta de Luna*, 1857, 2 tomes en 1 vol. in-8, demi mar. bleu.

> Vol. I. 374 pp., 1 fnc. — Vol. II. 384 pp.

> La première édition de cet ouvrage a été imprimée également à Guatemala, en 1808-18, 2 vol. in-4° (V. le N° 785).

1635. LAET (Joannis de). Responsio ad dissertationem secundam Hv-

GONIS GROTII, de Origine Gentium Americanarum. *Amstelrodami, Apud Ludovicum Elsevirium,* 1644, pet. in-8, cart.

1 fnc., 116 pp., 4 fnc., pour l'Index. Un exemplaire incomplet a été annoncé précédemment sous le N° 813. Celui-ci est complet et NON ROGNÉ et devient ainsi un *Elzevier* précieux.

1636. LANDA (D. Ambrosio Cerdan de). Tratado jeneral sobre las aguas que fertilizan los valles de Lima. *Reimpreso en el Callao, Estevan Dañino,* 1852, in-4, br.

138 pp.

1637. LA PEYRÈRE. Relation dv Groenland. *Paris, Lovis Billaine,* 1663. — Relation de l'Islande. *Paris, Lovis Billaine,* 1663, ens. 1 vol. in-8, rel.

Pour la Collation, voyez les N°ˢ 831 et 833 du Catalogue.

L'exemplaire que nous indiquons maintenant a cela de particulier, que la *Relation du Groenland* est précédée de deux titres, l'un à l'adresse de Billaine et l'autre à celle de Courbé avec la date de 1647 ; la *Relation de l'Islande* est aussi à l'adresse de Billaine et non à celle de Thomas Jolly. Toutefois ces particularités n'en font pas une édition différente.

1638. LE PROPAGATEUR Haïtien, Journal politique et littéraire, rédigé par plusieurs Haïtiens. *Imprimé au Port-au-Prince,* 1822, in-4, br.

Ce périodique paraissait les 1ᵉʳ et 15 de chaque mois ; nous ne possédons que les N°ˢ 1 à 9 — Juin-Octobre 1822 — (le N° 8 manque).

1639. MARRACCI (P. Hippolyto, è congreg. cleric. Regul.). De diva virgine, Copacavana, in peruano novi mvndi Regno celeberrima. Liber vnvs. Quo eius Origo, et Miracula compendio descripta. *Romæ, Apud Hæred. Colinij,* 1656, in-8, vél.

1 fnc., pp. 5-125 ; 13 fnc., deux titres dont l'un gravé « *Retrato de N. S. de Copacauana i guia Protectora del Imperio del Perú* ».

Parmi les nombreux ouvrages du P. MARRACCI (V. les N°ˢ 885, 886, 7678 et suiv. de nos catalogues de librairie ancienne) relatifs à la Sainte Vierge, celui-ci est sans aucun doute le plus rare et il est d'un grand intérêt pour une collection Américaine.

N. Dame de la Chandeleur se trouve dans Copacavana, ville du Pérou, province de Oma Suyos, située sur une langue de terre qui entre dans la grande lagune de Titicaca ou de Chucuito.

L'image miraculeuse qui s'y vénère fut mise dès l'année 1583 dans un temple somptueux. Tous les fidèles du Pérou viennent en pélerinage y faire leurs dévotions.

Non mentionné par TERNAUX, et cité par PINELO sous la date de 1658.

1640. MARURE (Al.). Bosquejo historico de las revoluciones de Centro-America, desde 1811 hasta 1834. *Guatemala, Imprenta de la N. Academia de estudios,* 1837, in-4, br.

> Tomo Primero : 2 fnc., 295 pp., « Documentos » LXVI pp., « Indice » 8 fnc., 1 pl. représentant les sceaux et l'étendard de la république.
>
> Malgré nos recherches, nous n'avons pu découvrir s'il existait d'autres volumes de cet ouvrage.

1641. MUNGUIA (Cl. de Jesus, obispo de Michoacan). Defensa eclesiastica en el obispado de Michoacan desde fines de 1855 hasta principios de 1858, ó sea Coleccion de representaciones y protestas, comunicaciones oficiales, circulares y decretos diocesanos, con motivo de las leyes, decretos y circulares del gobierno general, constitucion federal de 1857, decretos y providencias de los gobiernos de los estados de Michoacan, y Guanajuato, contra la soberania, independencia, y derechos de la santa iglesia, ecc. *Mexico, Vicente Segura,* 1858, 2 vol. gr. in-8, mar. rouge, orn. en or, tr. dorées.

> Vol. I. VIII et 642 pp., 3 fnc. — Vol. II. 657 pp. (plusieurs sont répétées 4 et 6 fois), un carton pour les pp. 189-190; 1 fnc.
>
> Cet ouvrage imprimé avec grand soin et sur beau papier, offre un grand intérêt pour l'histoire ecclésiastique moderne du Mexique. L'évêque de Michoacan y a ajouté ses instructions pastorales.

1642. PELAEZ (D. Francisco de Paula Garcia, arzobispo de Guatemala). Memorias para la historia del antiguo reyno de Guatemala. *Guatemala, L. Luna,* 1851-52, 3 tomes en 1 vol in-4, demi mar. bleu.

> Vol. I. 3 fnc., 310 pp. — Vol. II. III et 304 pp. ? (Les pp. 297 à fin manquent, elles contiennent les chapitres 91 et 92). — Vol. III. III et 299 pp.
>
> Ces Mémoires rédigés par l'Archevêque de Guatemala, pendant les années 1833 à 1841, sont à peine connus en Europe. Ce sont cependant l'une des meilleures histoires de la province de Guatemala.

1643. RELATION DES JÉSUITES contenant ce qui s'est passé de plus remarquable dans les missions des Pères de la Compagnie de Jésus dans la Nouvelle-France. Ouvrage publié sous les auspices du gouvernement canadien. *Quebec, A. Coté,* 1858, 3 vol. gr. in-8, demi rel. veau rose, coins, doré en tête, *non rogné.*

> Très-bel exemplaire d'un ouvrage des plus importants. Il renferme la réimpres-

sion de la précieuse collection des anciennes relations des PP. Jésuites, dont les éditions originales sont excessivement rares et chères.

Vol. I. Embrassant les années 1611, 1626 et la période de 1632 à 1641. — Vol. II. Embrassant les années de 1642 à 1655. — Vol. III. Embrassant les années de 1656 à 1672, et une table analytique des matières contenues dans tout l'ouvrage. Chaque relation a une pagination séparée.

1644. REVUE ORIENTALE et Américaine publiée avec le concours de membres de l'Institut, de diplomates, de savants, de voyageurs, d'orientalistes et d'industriels par Léon de Rosny. *Paris,* 1859-66, 11 vol. in-8, demi rel. mar., et br.

Première Série complète et entièrement épuisée. Parmi les articles relatifs à l'Amérique, qui sont dans ces volumes, voici les plus importants :

Vol. I. Sur un ancien mss. américain inédit, par Jose Perez (pp. 35-39, 1 pl.). — Découverte des Scandinaves en Amérique du X au XIIIe siècles. Fragments de sagas islandaises trad. par E. Beauvois (pp. 97-114, 137-154). — Essai historique sur les sources de la philologie mexicaine par Brasseur de Bourbourg (premier article, pp. 354-380).

Vol. II. Le percement de l'isthme de Panama, par G. de Charencey (pp. 5-15, 1 carte). — Découvertes des Scandinaves en Amérique par E. de Beauvois, suite (pp. 23-36 ; 116-129 ; 358-369). — Essai historique sur les sources de la philologie mexicaine par B. de Bourbourg (fin) (pp. 64-75). — Notice sur un ancien mss. mexicain dit Codex *Telleriano-Remensis* (pp. 215-220, 1 planche col.).

Vol. III. Notice sur la peinture mexicaine du Corps législatif, par Aubin (pp. 165-169). — Mémoire sur la peinture didactique et l'écriture figurative des anciens Mexicains, par le même (premier article, pp. 224-255).

Vol. IV. Mémoire sur la peinture didactique des anciens Mexicains, par Aubin (suite) (pp. 33-51 ; 270-282). — L'Amérique avant sa découverte par l'abbé Domenech (pp. 85-102 ; 199-215).

Vol V. La Confédération Grenadine et sa population, par J. Semper (pp. 157-162). — Coup-d'œil sur la nation et la langue des Wabi, population maritime de la côte de Tehuantepec, par B. de Bourbourg (pp. 261-271.) Monographie intéressante avec un petit Vocabulaire de la langue des Wabi. — Mémoire sur la peinture didactique des anciens Mexicains, par Aubin (fin) (pp. 361-392, 3 grandes planches : Histoire du royaume d'Acolhuacan ou de Tezcuco. *Fac-simile* d'une peinture mexicaine non chronologique).

Vol. VI. La Confédération Grenadine et sa population, par J. Semper (suite et fin) (pp. 115-127 ; 242-256).

Vol. VII. Etude sur l'antiquité Américaine par Schœbel (pp. 174-

192 ; 287-305). — Du caractère distinctif de l'art ancien dans les deux Amériques par JOMARD (pp. 131-137.)

    Vol. VIII. Eléments de la grammaire Othomi (pp. 15-49. Extrait de l'ouvrage de NEVE Y MOLINA). — Les sacrifices sanglants au Mexique, par C. LABARTHE (pp. 53-74; 1 pl. double col.). — Mémoires sur les relations des anciens Américains avec les peuples de l'Europe, de l'Asie et de l'Afrique, par J. PEREZ (pp. 162-198). — Recherches faites et à faire sur l'origine de la race mexicaine indigène, par BONTÉ (pp. 263-280 ; 304-318).

    A partir du vol. XI commence la *seconde série* avec ce titre seulement : *Revue Américaine.* Le tome XI, le premier de cette série, devant comprendre une bibliographie Américaine n'est pas publié.

    Vol. XII. De l'importance et de la classification méthodiques des études américaines, par BELLECOMBE (pp. 7-22) — Des origines américaines par CASTAING (pp. 22-35) — Etude d'archéologie américaine comparée par LUCIEN DE ROSNY (pp. 35-53) — Notice sur les Qquipos des anciens péruviens par J. PEREZ (pp. 54-57, pl. coloriée.) — Description du bas-relief de la croix dessiné aux ruines de Palenqué par de WALDECK (pp. 69-88, 1 planche photolitho.) — Le déluge d'après les traditions indiennes de l'Amérique du Nord, par CHARENCEY (pp. 88-98 ; 310-320) — L'Amérique avant sa découverte par DOMENECH (pp. 98-111 *fin*) — Recherches sur l'origine de la race mexicaine, par A. BONTÉ (pp. 133-162 *fin*) — Mémoire sur les relations des anciens Américains, par J. PEREZ (2e et 3e articles, pp. 162-175 carte ; 300-310) — Notice sur la langue Tarasca par SMITH (pp. 180-186) — A. de Humboldt américaniste par CASTAING (pp. 197-213 ; 279-300) — De l'état social et politique du Mexique, avant l'arrivée des Espagnols, par de LABARTHE (pp. 213-234) — L'écriture hiératique de l'Amérique Centrale par L. DE ROSNY (pp. 241-245, planche) — Coup-d'œil sur l'histoire du bassin de la Plata, avant la découverte par MARTIN DE MOUSSY (pp. 261-278, une carte de l'empire des Incas au XVIe siècle). — Mémoire sur les produits de la république argentine, par le même (pp. 325-348) — Le tabac et ses accessoires parmi les indigènes de l'Amérique par LUCIEN DE ROSNY (pp. 356-387. *Premier article*) — Notice analytique de la collection de Kingsborough par LÉON DE ROSNY (Premier article, pp. 387-397, 3 pl. coloriées).

1645. ROSNY (Léon de). Les écritures figuratives et hiéroglyphiques des différents peuples anciens et modernes. *Paris, Maisonneuve et Cie*, 1860, in-4, br.

    VIII et 75 pp., 11 pl. noires et coloriées. Les pp. 14-21 traitent des *écritures américaines*. Cette partie est ornée de deux planches coloriées, représentant l'une un *fac-simile* de la collection de Mendoza et l'autre un *fac-simile* du mss. de la Bibliothèque de Dresde.

1646. SAAVEDRA (P. F. Marcos de ; de el orden de Sto. Domingo).

Confessonario breve activo, y passivo, en lengua Mexicana. *Reimpresso en Mexico : En la Imprenta de doña Maria de Rivera*, 1746, in-8, br.

> 8 fnc., titre compris. Cet ouvrage n'est pas cité par Antonio ni par Pinelo. Nous ne savons pas à quelle date fixer la première édition.
>
> . Pinelo cite de ce Père un *Arte para aprender la lengua de los Indios de la Nueva Segovia* et des *Sermons* dans la même langue.

1647. TROMEL (Paul). Bibliothèque Américaine. Catalogue raisonné d'une Collection de livres précieux sur l'Amérique parus depuis sa découverte jusqu'à l'an 1700. *Leipzig, Brockhaus,* 1861, in-8, cart.

> xi et 133 pp.
>
> Ce volume savamment rédigé est un des ouvrages les mieux faits qui existent pour la Bibliographie, non-seulement Américaine, mais en général. — La liste des prix est imprimée à la fin du livre.

Arras typ. Schoutheer, rue des Trois-Visages.

Arras, typ. Schoutheer, rue des Trois-Visages.

www.ingramcontent.com/pod-product-compliance
Lightning Source LLC
Chambersburg PA
CBHW071957270326
41928CB00009B/1464